Ecologia e sustentabilidade

TRADUÇÃO DA 6ª EDIÇÃO NORTE-AMERICANA

G. TYLER MILLER, JR.

SCOTT E. SPOOLMAN

Dados Internacionais de Catalogação na Publicação (CIP)
(Câmara Brasileira do Livro, SP, Brasil)

Miller, G. Tyler
  Ecologia e sustentabilidade / G. Tyler Miller e
Scott E. Spoolman; tradução Ez2Translate;
revisão técnica Marcio Silva Araujo, David
Lapola e Eduinetty P. M. de Sousa. -- São Paulo:
Cengage Learning, 2020.

  1. reimpr. da 1. ed. brasileira de 2013.
  Título original: Essentials of ecology
  ISBN 978-85-221-1152-7

  1. Ecologia 2. Meio ambiente
  3. Sustentabilidade I. Spoolman, Scott E..
  II. Título.

12-02865   CDD-577

Índices para catálogo sistemático:

1. Ecologia e sustentablidade 577

Ecologia e sustentabilidade

Tradução da 6ª edição norte-americana

G. Tyler Miller, Jr. e Scott E. Spoolman

Tradução
Ez2Translate

Revisão técnica

Marcio Silva Araújo
Formado em Ciências Biológicas pela Universidade Estadual de Campinas em 1997, Mestre em Ecologia pela mesma instituição em 1999 e Doutor em Ecologia pela mesma instituição em 2007. Atua na área de Ecologia Evolutiva e Ecologia Teórica.

David Lapola
Professor da Universidade Estadual Paulista de Rio Claro (Unesp), graduado em Ecologia pela Unesp em 2005, Mestre em Meteorologia pelo INPE em 2007 e Doutor em modelagem do sistema terrestre em 2010. Atua na área de mudanças ambientais globais.

Eduinetty Ceci P. M. de Sousa
Formada em Biologia pela Universidade de São Paulo, pós-graduada em Oceanografia pelo Instituto Oceanográfico da Universidade de São Paulo. Professora doutora do Departamento de Oceanografia Biológica do Instituto Oceanográfico da USP.

CENGAGE

Austrália • Brasil • Japão • Coreia • México • Cingapura • Espanha • Reino Unido • Estados Unidos

CENGAGE

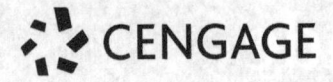

Ecologia e sustentabilidade
Tradução da 6ª edição norte-americana
G. Tyler Miller, Jr. e Scott E. Spoolman

Gerente editorial: Patricia La Rosa

Supervisora editorial: Noelma Brocanelli

Supervisora de Produção Editorial: Fabiana Alencar Albuquerque

Título Original: Essentials of ecology 6TH edition

ISBN Original 13: 978-0-538-73537-7
ISBN Original 10: 0-538-73537-6

Tradução: Ez2Translate

Revisão Técnica: Marcio Silva Araújo (capítulos 1 a 7)
David Lapola (capítulos 8 a 10) e
Eduinetty Ceci P. M. de Sousa (capítulo 11)

Copidesque: Isabel Aparecida Ribeiro da Silva

Revisão: Rosangela Ramos da Silva e Jean Xavier

Diagramação: Alfredo Carracedo Castillo

Capa: Sergio Bergocce

Pesquisa iconográfica: HN Fotos e Vivian Rosa

© 2013 Cengage Learning Edições Ltda.
Todos os direitos reservados. Nenhuma parte deste livro poderá ser reproduzida, sejam quais forem os meios empregados, sem a permissão por escrito da Editora. Aos infratores aplicam-se as sanções previstas nos artigos 102, 104, 106, 107 da Lei n. 9.610, de 19 de fevereiro de 1998.

Esta editora empenhou-se em contatar os responsáveis pelos direitos autorais de todas as imagens e de outros materiais utilizados neste livro. Se porventura for constatada a omissão involuntária na identificação de algum deles, dipomo-nos a efetuar, futuramente, os possíveis acertos.

Para informações sobre nossos produtos, entre em contato pelo telefone
0800 11 19 39
Para permissão de uso de material desta obra, envie seu pedido para
direitosautorais@cengage.com

© 2013 Cengage Learning.
Todos os direitos reservados.
ISBN-13: 978-85-221-1152-7
ISBN-10: 85-221-1152-9

Cengage Learning
Condomínio E-Business Park
Rua Werner Siemens, 111 – Prédio 20
Espaço 04 – Lapa de Baixo
CEP 05069-900 – São Paulo – SP
Tel.: (11) 3665-9900 – Fax: (11) 3665-9901
SAC: 0800 11 19 39

Para suas soluções de curso e aprendizado, visite **www.cengage.com.br**

Impresso no Brasil.
1. reimpr. de 2020.

Conteúdo detalhado

Habilidades de aprendizagem 1

HUMANOS E SUSTENTABILIDADE: UMA VISÃO GERAL

1 Os problemas ambientais, suas causas e sustentabilidade 5
ESTUDO DE CASO PRINCIPAL Uma visão de um mundo mais sustentável em 2060 5

QUESTÕES E CONCEITOS PRINCIPAIS 6

1-1 Quais são os três princípios da sustentabilidade? 6

1-2 Como nossas pegadas ecológicas estão influenciando a Terra? 13
ESTUDO DE CASO Os novos consumidores afluentes da China 18

1-3 Por que temos problemas ambientais? 20

1-4 O que é uma sociedade ambientalmente sustentável? 25
ESTUDO DE CASO A transformação ambiental de Chattanooga, Tennessee 26
REVISITANDO A visão de uma terra mais sustentável 28

CIÊNCIA, PRINCÍPIOS ECOLÓGICOS E SUSTENTABILIDADE

2 Ciência, matéria, energia e sistemas 31
ESTUDO DE CASO PRINCIPAL Como cientistas aprendem sobre a natureza? A história de uma floresta 31

QUESTÕES E CONCEITOS PRINCIPAIS 32

2-1 O que os cientistas fazem? 32
CIÊNCIA EM FOCO Ilha de Páscoa: algumas revisões em uma história ambiental popular 35
CIÊNCIA EM FOCO Estatísticas e probabilidade 38

2-2 O que é matéria? 39

2-3 O que acontece quando a matéria sofre alterações? 44

2-4 O que é energia e o que acontece quando ela sofre mudanças? 45

2-5 O que são sistemas e como eles respondem a alterações? 49
CIÊNCIA EM FOCO A utilidade dos modelos 50
REVISITANDO Floresta experimental Hubbard Brook e a sustentabilidade 52

3 Ecossistemas: o que são e como funcionam? 55
ESTUDO DE CASO PRINCIPAL As florestas tropicais estão desaparecendo 55

QUESTÕES E CONCEITOS PRINCIPAIS 56

3-1 O que nos mantém e a outros organismos vivos? 56

3-2 Quais são os principais componentes de um ecossistema? 59
CIÊNCIA EM FOCO Muitos dos organismos mais importantes do mundo são invisíveis para nós 63

Foto 1 Floresta temperada decídua, inverno, Rhode Island (EUA). Veja a mesma área durante o outono na Figura 7-13, foto do meio.

Foto 2 População (cardume) de peixe-vidro no Mar Vermelho.

3-3 O que acontece com a energia em um ecossistema? 64

3-4 O que acontece com a matéria em um ecossistema? 67
 CIÊNCIA EM FOCO As propriedades únicas da água 69

3-5 Como os cientistas estudam os ecossistemas? 76
 CIÊNCIA EM FOCO Satélites, Google Earth e o meio ambiente 77
 REVISITANDO Florestas tropicais e sustentabilidade 79

4 Biodiversidade e evolução 81
ESTUDO DE CASO PRINCIPAL Por que devemos proteger os tubarões? 81

QUESTÕES E CONCEITOS PRINCIPAIS 82

4-1 O que é a biodiversidade e por que é importante? 82
 CIÊNCIA EM FOCO Você já agradeceu aos insetos hoje? 84
 PESSOAS FAZEM A DIFERENÇA Edward O. Wilson: um defensor da biodiversidade 86

4-2 Como a vida na Terra muda ao longo do tempo? 86
 ESTUDO DE CASO Como os humanos se tornaram uma espécie tão poderosa? 88

4-3 Como processos geológicos e mudanças climáticas afetam a evolução? 90
 CIÊNCIA EM FOCO A Terra é adequada para a vida prosperar 91

4-4 Como a especiação, a extinção e as atividades humanas afetam a biodiversidade? 92
 CIÊNCIA EM FOCO Mudando as características genéticas das populações 94

4-5 O que é a diversidade de espécies e por que é importante? 95
 CIÊNCIA EM FOCO A riqueza de espécies em ilhas 96

4-6 Que papel desempenham as espécies em um ecossistema? 97
 ESTUDO DE CASO Baratas: as últimas sobreviventes da natureza 98
 ESTUDO DE CASO Por que os anfíbios estão desaparecendo? 100

ESTUDO DE CASO O jacaré norte-americano – uma espécie-chave que quase foi extinta 102
REVISITANDO Tubarões e sustentabilidade 104

5 Biodiversidade, interações entre espécies e controle da população 107
ESTUDO DE CASO PRINCIPAL A lontra marinha do sul: uma espécie em recuperação 107

QUESTÕES E CONCEITOS PRINCIPAIS 108

5-1 Como as espécies interagem? 108
 CIÊNCIA EM FOCO Ameaças às florestas de kelp 111

5-2 O que limita o crescimento das populações? 115
 CIÊNCIA EM FOCO Por que as lontras marinhas da Califórnia enfrentam um futuro incerto? 118
 ESTUDO DE CASO A explosão das populações de veados-de-cauda-branca selvagens nos Estados Unidos 119

5-3 Como as comunidades e ecossistemas respondem às mudanças das condições ambientais? 123
 CIÊNCIA EM FOCO Como as espécies substituem umas às outras na sucessão ecológica? 125
 REVISITANDO As lontras marinhas do sul e a sustentabilidade 126

6 A população humana e seu impacto 129
ESTUDO DE CASO PRINCIPAL Desacelerando o crescimento populacional na China: uma história de sucesso 129

QUESTÕES E CONCEITOS PRINCIPAIS 130

Foto 3 Árvore saudável (à esquerda) e árvore infestada com visco parasitário (à direita).

Foto 4 A ameaçada flor cadáver de Sumatra.

6-1 Quantas pessoas mais a Terra pode suportar? 130
CIÊNCIA EM FOCO Projetando a mudança na população 132
CIÊNCIA EM FOCO Quanto tempo a população humana pode continuar crescendo? 133

6-2 Quais fatores influenciam o tamanho da população humana? 134
ESTUDO DE CASO A população norte-americana está crescendo rapidamente 135
ESTUDO DE CASO Os Estados Unidos da América: uma nação de imigrantes 139

6-3 Como a estrutura etária de uma população afeta seu crescimento ou declínio? 140
ESTUDO DE CASO O *baby boom* norte-americano 141

6-4 Como podemos desacelerar o crescimento da população humana? 144
ESTUDO DE CASO Diminuindo o crescimento populacional na Índia 148
REVISITANDO Crescimento populacional e sustentabilidade na China 149

7 Clima e biodiversidade 153
ESTUDO DE CASO PRINCIPAL Climas diferentes suportam diferentes formas de vida 153
QUESTÕES E CONCEITOS PRINCIPAIS 154

7-1 Que fatores influenciam o clima? 154

7-2 Como o clima afeta a natureza e a localização dos biomas? 158
CIÊNCIA EM FOCO Sobrevivendo no deserto 162

7-3 Como temos afetado os ecossistemas terrestres do mundo? 170
REVISITANDO Clima, biodiversidade e sustentabilidade 172

8 Biodiversidade aquática 175
ESTUDO DE CASO PRINCIPAL Por que devemos nos preocupar com os recifes de coral? 175
QUESTÕES E CONCEITOS PRINCIPAIS 176

8-1 Qual é a natureza geral dos sistemas aquáticos? 176

8-2 Por que os sistemas aquáticos marinhos são importantes? 179

8-3 Como as atividades humanas têm afetado os ecossistemas marinhos? 185
ESTUDO DE CASO A Baía de Chesapeake – um estuário em apuros 187

8-4 Por que os ecossistemas de água doce são importantes? 188
ESTUDO DE CASO Barragens, deltas, zonas úmidas, furacões e Nova Orleans 191

8-5 Como as atividades humanas têm afetado os ecossistemas de água doce? 194
REVISITANDO Os recifes de coral e sustentabilidade 195

SUSTENTANDO A BIODIVERSIDADE

9 Biodiversidade sustentável: a abordagem das espécies 199
ESTUDO DE CASO PRINCIPAL Ursos-polares e as alterações climáticas 199
QUESTÕES E CONCEITOS PRINCIPAIS 200

9-1 Qual é o papel dos humanos na extinção das espécies? 200
CIÊNCIA EM FOCO Estimando as taxas de extinção 201
ESTUDO DE CASO Pombo-passageiro: extinto para sempre 204

Foto 5 Reserva natural na Costa Rica.

Foto 6 Navio encalhado no deserto formado pelo encolhimento do Mar de Aral.

9-2 Por que devemos nos preocupar com o aumento da taxa de extinção de espécies? 204

9-3 Como os humanos aceleram a extinção das espécies? 207
ESTUDO DE CASO A videira kudzu 209
ESTUDO DE CASO Onde foram parar todas as abelhas? 214
PESSOAS FAZEM A DIFERENÇA O cientista que enfrentou os caçadores 216
ESTUDO DE CASO Uma mensagem preocupante das aves 218
CIÊNCIA EM FOCO Urubus, cães selvagens e raiva: algumas conexões científicas inesperadas 219

9-4 Como podemos proteger as espécies silvestres da extinção? 220
CIÊNCIA EM FOCO As realizações da Lei de Espécies Ameaçadas 221
ESTUDO DE CASO Tentando salvar o condor da Califórnia 224
REVISITANDO Ursos-polares e sustentabilidade 225

10 Sustentando a biodiversidade terrestre: a abordagem ecossistêmica 229
ESTUDO DE CASO PRINCIPAL Wangari Maathai e o Movimento Cinturão Verde 229

QUESTÕES E CONCEITOS PRINCIPAIS 230

10-1 Quais são as principais ameaças aos ecossistemas da floresta? 230
CIÊNCIA EM FOCO Colocando preço nos serviços ecológicos da natureza 233
ESTUDO DE CASO Muitas florestas desmatadas nos Estados Unidos têm crescido novamente 237

10-2 Como devemos gerir e manter as florestas? 242
CIÊNCIA EM FOCO Certificação da madeira de crescimento sustentável 243

ESTUDO DE CASO O desmatamento e a crise da lenha 244

10-3 Como devemos gerir e manter as savanas? 246
ESTUDO DE CASO A região fronteiriça de Malpai 247
ESTUDO DE CASO Pastoreio e desenvolvimento urbano no oeste norte-americano – vacas ou condomínios? 248

10-4 Como devemos gerenciar e manter parques e reservas naturais? 249
ESTUDO DE CASO Estresses nos parques públicos dos Estados Unidos 249
CIÊNCIA EM FOCO Reintrodução do lobo cinzento no Parque Nacional de Yellowstone 251
ESTUDO DE CASO Costa Rica – o líder global da conservação 254
ESTUDO DE CASO Controvérsia sobre a proteção de áreas selvagens nos Estados Unidos 255

10-5 Qual é a abordagem ecossistêmica para sustentar a biodiversidade? 256
CIÊNCIA EM FOCO Restauração ecológica de uma floresta tropical seca na Costa Rica 259
ESTUDO DE CASO O desafio blackfoot – ecologia de reconciliação em ação 260
REVISITANDO Movimento Cinturão Verde e a sustentabilidade 261

Foto 7 Mina de ouro ilegal na Bacia Amazônia brasileira.

Foto 8 Jardim de telhado e células solares em uma casa abrigada pela terra no País de Gales, Machynlleth (Reino Unido).
Martin Bond/Peter Arnold

11 Sustentando a biodiversidade aquática 265

ESTUDO DE CASO PRINCIPAL Protegendo as baleias: uma história de sucesso... até agora 265

QUESTÕES E CONCEITOS PRINCIPAIS 266

11-1 Quais são as principais ameaças à biodiversidade aquática? 266
   CIÊNCIA EM FOCO Submarino robô ao resgate 268
   ESTUDO DE CASO Os invasores devastaram o Lago Victoria 269
   CIÊNCIA EM FOCO Como as carpas turvaram algumas águas 271
   ESTUDO DE CASO Métodos de pesca industrial 274
   CIÊNCIA EM FOCO Visões científicas divergentes podem levar à cooperação e progresso 274

11-2 Como podemos proteger e sustentar a biodiversidade marinha? 277
   ESTUDO DE CASO A moratória comercial sobre a caça das baleias 277
   ESTUDO DE CASO Buscando esperanças para as tartarugas marinhas 278
   PESSOAS FAZEM A DIFERENÇA Criando um recife artificial de coral em Israel 281

11-3 Como devemos realizar o manejo e sustentar a pesca marinha? 282

11-4 Como devemos proteger e sustentar zonas úmidas? 285
   ESTUDO DE CASO Podemos recuperar o Everglades na Flórida? 286

11-5 Como devemos proteger e gerenciar os lagos, rios e pesqueiros de água doce? 288
   ESTUDO DE CASO A região dos Grandes Lagos pode sobreviver a repetidas invasões por espécies exóticas? 288

11-6 Quais devem ser nossas prioridades para a manutenção da biodiversidade aquática? 291
   REVISITANDO Baleias e sustentabilidade 292

SUPLEMENTOS

1 Unidades de medida S3
   Capítulos 2, 3
2 Leitura de gráficos e mapas S4
   Capítulos 1-11
3 História ambiental dos Estados Unidos S7
   Capítulos 3, 9, 10
4 Um pouco de química básica S13
   Capítulos 1-4
5 Classificação e nomenclatura das espécies S21
   Capítulos 1, 3-5, 9
6 Componentes e interações nos principais biomas S23
   Capítulos 3, 7, 10
7 Princípios do tempo: El Niño, furacões e ciclones tropicais S29
   Capítulo 7
8 Mapas S34
   Capítulos 1, 3, 5-11

Glossário G1

Índice remissivo I1

Foto 9 Casa de palha eficiente em energia em Crested Butte, Colorado (EUA) durante a construção.
Alison Gannett

Foto 10 Término da casa de palha eficiente em energia em Crested Butte, Colorado (EUA).
Alison Gannett

PREFÁCIO
Para os professores

O que há de novo

Nesta edição, reforçaremos os pontos fortes das edições anteriores com as seguintes grandes novidades:

- Cada capítulo contém novas caixas de *Conexões*, descrevendo de maneira breve as ligações entre as atividades humanas e as consequências ecológicas e ambientais.
- Sete dos 11 capítulos do livro têm um novo *Estudo de caso principal* a ser desenvolvido ao longo de cada capítulo.
- Estamos melhorando o já forte impacto visual deste livro adicionando 100 fotos e 35 novas figuras, desenvolvendo ou atualizando 60 figuras e utilizando um *design* inovador, a fim de reforçar e melhorar sua aprendizagem.

Abordagem centralizada em conceitos

Para ajudar os alunos a se concentrar nas principais ideias, construímos as seções em torno de um ou dois *conceitos-chave*, que descrevem as mensagens mais importantes. Cada capítulo começa com uma lista de questões e conceitos-chave destacados e referenciados ao longo deles. Também resumimos e reforçamos o aprendizado listando três grandes ideias no final dos capítulo, outro novo recurso de aprendizado desta edição.

Sustentabilidade é o tema de integração deste livro

Sustentabilidade, a palavra de ordem do século XXI para aqueles preocupados com o meio ambiente, é o tema principal deste livro.

Do ponto de vista ambiental, sustentabilidade é a capacidade dos sistemas naturais da Terra e dos sistemas culturais humanos de sobreviver, prosperar e se adaptar às mudanças em um futuro muito distante. Do ponto de vista humano, trata-se de pessoas que se importam o suficiente para melhorar a vida de hoje e transmitir uma cultura humana próspera, adaptável e socialmente justa para todas as gerações vindouras. Três **princípios de sustentabilidade** desempenham um papel importante na condução do tema sustentabilidade deste livro. Eles são apresentados no Capítulo 1, mostrados na Figura 1-3 e utilizados por todo o livro, cada referência marcada na margem por .

Estudos de caso principais e o tema sustentabilidade

Os capítulos começam com um *Estudo de caso principal*, que será aplicado no seu desenvolvimento. As conexões com o *Estudo de caso principal* estão indicadas na margem da página pelo símbolo .

Os exercícios *Pensando sobre* estão estrategicamente localizados ao longo dos capítulos, desafiando os alunos a fazer conexões. Ao final de cada capítulo há um boxe *Revisitando*, que conecta o *Estudo de caso principal* e outros assuntos discutidos aos três princípios de sustentabilidade.

Cinco subtemas mostram o caminho para a sustentabilidade

Usamos os cinco principais subtemas para integrar o material ao longo deste livro.

- **Capital natural:** a sustentabilidade incide sobre os recursos e serviços naturais que sustentam todas as vidas e economias. Exemplos de diagramas que ilustram este subtema são as Figuras 1-4, 8-5 e 10-4.
- **Degradação do capital natural:** descrevemos como as atividades humanas podem degradar o capital natural. Exemplos de diagramas que ilustram este subtema são as Figuras 1-9, 7-18 e 10-14.
- **Soluções:** damos muita atenção à busca de soluções para a degradação do capital natural e outros problemas ambientais. São apresentadas propostas de maneira equilibrada e desafiamos os alunos a usar o pensamento crítico para avaliá-las. Algumas figuras e muitas seções e subseções apresentam soluções comprovadas e possíveis para diversos problemas ambientais. Exemplos são as Figuras 10-16, 10-19 e 10-26.

- **Compromissos:** a busca de soluções requer compromissos, pois há a necessidade de balancear as vantagens e as desvantagens (observe a Figura 10-8).
- **Pessoas fazem a diferença:** ao longo do livro, os boxes *Pessoas fazem a diferença* e alguns dos *Estudos de caso principais* descrevem o que vários cientistas e cidadãos preocupados fizeram para nos ajudar a alcançar a sustentabilidade. Além disso, os diagramas *O que você pode fazer?* descrevem como os leitores podem lidar com os problemas que enfrentamos. Exemplos são as Figuras 9-14, 9-22 e 10-28.

Cobertura global com base na ciência

Os Capítulos 2 a 8 discutem como os cientistas trabalham e introduzem princípios científicos necessários para um entendimento básico de como a Terra funciona e para avaliar propostas de soluções dos problemas ambientais. Temas científicos ambientais importantes são explorados em profundidade nos boxes *Ciência em Foco*. A ciência também está integrada ao longo do livro em vários *Estudos de Caso* e em diversas figuras.

Este livro também oferece uma perspectiva global em dois níveis. Primeiro, os princípios ecológicos revelam como toda a vida está conectada e sustentada dentro da biosfera (Capítulo 3). Segundo, o texto integra informações e imagens de todo o mundo na apresentação de problemas ambientais e suas possíveis soluções, incluindo 17 mapas globais e 18 mapas dos Estados Unidos no livro e no Suplemento 8.

Estudos de caso

Além dos 11 *Estudos de casos principais* integrados em cada capítulo, 34 *Estudos de Caso* adicionais aparecem ao longo do livro. Oferecem uma visão detalhada sobre problemas ecológicos e ambientais específicos, acompanhados de suas possíveis soluções.

Pensamento crítico

A introdução sobre *Habilidades de Aprendizagem* descreve as habilidades relacionadas ao pensamento crítico para os estudantes. Exercícios específicos são utilizados em todo o livro de várias maneiras:
- Nos 47 exercícios *Pensando sobre*. Esta abordagem interativa de aprendizagem reforça as informações e conceitos textuais e gráficos, solicitando aos alunos que analisem o material logo após ter sido apresentado, em vez de esperar até o final do capítulo.
- Em todos os boxes *Ciência em Foco*.
- Nos boxes *Conexões* que estimulam o pensamento crítico ao explorar ligações muitas vezes surpreendentes relacionadas aos problemas ambientais.
- Nas legendas da maioria das figuras.
- Nas questões ao final de cada capítulo.

Os grandes desafios desta edição: um olhar mais detalhado

- O uso de itens *Boas Notícias*, identificados por [BOAS NOTÍCIAS], para destacar as muitas realizações positivas ao lidar com os problemas ambientais.
- Os boxes *Conexões*, que descrevem de forma breve as ligações entre as atividades humanas e as consequências ambientais, as questões ambientais e sociais e os problemas e soluções.
- Sete novos *Estudos de caso principal* na abertura dos capítulos e 12 *Estudos de Caso* novos dentro dos capítulos.
- Novas fotografias cuidadosamente selecionadas.
- Dezessete novas figuras e 12 atualizadas.
- Três *grandes ideias* para cada capítulo. Estão listadas antes das questões de revisão no final de cada capítulo e reforçam as três principais mensagens da seção.
- Quatro novos boxes *Ciência em Foco*, que proporcionam um maior conhecimento sobre os conceitos científicos e o trabalho dos cientistas ambientais.
- Mais de 1.200 atualizações com base em informações e dados publicados em 2007, 2008, 2009 e 2010, com muitas destas fontes citadas, destacando o ano, no livro.
- *Links* para *The Habitable Planet*, um conjunto de 13 vídeos produzidos pela Annenberg Media. Cada vídeo de meia hora descreve a pesquisa que dois cientistas diferentes estão fazendo sobre um problema ambiental específico.
- Integração de material em grande parte do livro sobre os crescentes impactos ecológicos e econômicos da China.
- Mais de 40 tópicos novos ou atualizados, incluindo *Uma visão de um mundo mais sustentável em 2060*; equações IPAT de impactos ambientais; pontos decisivos; a utilidade dos modelos; satélites, Google Earth e meio ambiente; diminuição das espécies de tubarão; (*Pessoas fazem a diferença*: Edward O. Wilson); coloração e espécies perigosas; projetando a mudança na população; China, meninos e a falta de noivas; alterações climáticas e refugiados ambientais; canteiros de algas marinhas; pítons e jiboias na Flórida; salvando as águias, sobrepesca e a perda dos raros corvos-marinhos; pesticidas, abelhas e o preço dos alimentos; o comércio de animais de estimação e doenças infecciosas; o cientista que enfrentou os caçadores; alterações climáticas e queimadas nas florestas; regeneração das florestas tropicais desmatadas; bambu bom e ruim; as áreas fronteiriças de Malpai; parques nacionais e alterações climáticas;

a perda dos canteiros de algas marinhas; robôs para pesquisa oceânica; o peixe-leão como uma espécie invasora; a proteção dos manguezais e as alterações climáticas; efeitos prejudiciais do aumento da acidez dos oceanos; visões científicas divergentes sobre as estimativas de população de peixes; subsídios e a caça às baleias; e a ameaça aos Grandes Lagos pela invasão da carpa asiática.
- Suplementos.

Apoios para o estudo contidos no livro

Os capítulos começam com uma lista de *Perguntas e Conceitos Principais* mostrando como o capítulo está organizado e o que os alunos irão aprender. Quando um termo novo é introduzido e definido, aparece em negrito, e todos esses termos estão resumidos no glossário, no final do livro, e destacados nas questões de revisão no final do capítulo.

Exercícios *Pensando sobre* (47 ao todo) reforçam o aprendizado, pedindo aos alunos que pensem criticamente sobre as implicações das várias questões e soluções ambientais imediatamente após serem discutidas no livro. As legendas de muitas das figuras contêm perguntas que envolvem os alunos, fazendo que pensem e avaliem seu conteúdo.

Cada capítulo termina com uma seção de *Revisão*, contendo um conjunto detalhado de perguntas que abrangem todos os termos-chave do capítulo em negrito, seguida por um conjunto de questões de *Pensamento Crítico* para incentivar os alunos a pensar criticamente e aplicar o que aprenderam em suas vidas. Após essas questões, há um problema de *Análise dos Dados* ou *Análise da Pegada Ecológica* construído em torno de dados sobre "pegada ecológica" ou outros conjuntos de dados ambientais.

Suplementos para professores

Estão disponíveis PowerPoints® na página do livro em www.cengage.com.br, para professores que comprovadamente adotam a obra.

Ajude-nos a melhorar este livro e/ou seus suplementos

Envie suas sugestões de como melhorar este livro. Se você encontrar qualquer erro, parcialidade ou explicações confusas, por favor, mande um e-mail com suas dúvidas para: **mtg89@hotmail.com** e **spoolman@tds.net**.

Podemos corrigir a maioria dos erros nas próximas impressões desta edição, além de observá-los para as edições futuras.

Agradecimentos

Gostaríamos de agradecer a muitos alunos e professores que responderam de modo favorável às cinco edições anteriores de *Fundamentos da Ecologia*, às 16 de *Vivendo no Meio Ambiente*, às 13 de *Ciências Ambientais*, às 10 de *Sustentando a Terra* e a todos os que corrigiram os erros e ofereceram muitas sugestões de melhorias. Também somos profundamente agradecidos aos mais de 295 revisores, que apontaram erros e sugeriram várias melhorias importantes nas várias edições desses quatro livros.

É preciso uma aldeia para produzir um livro didático, e os membros da talentosa equipe de produção nos deram contribuições vitais. Nossos agradecimentos especiais para o editor de desenvolvimento Christopher Delgado, que, com paciência e perícia, nos mantém no caminho certo; aos editores de produção Hal Humphrey e Nicole Barone; à revisora Deborah Thompson; à especialista em layout Judy Maenle; à pesquisadora de fotografia Abigail Reip; ao artista Patrick Lane; à editora de mídia Alexandria Brady; ao editor-assistente Alexis Glubka; aos assistentes editoriais Brandusa Radoias e Joshua Taylor; e à comprometida equipe de vendas da Brooks/Cole. Finalmente, estamos felizes e satisfeitos por trabalhar com Yolanda Cossio, a editora de *Biologia* da Brooks/Cole. Temos que lhe agradecer por sua liderança, inspiração e pelas suas várias sugestões e perguntas que nos ajudaram a melhorar este livro.

Agradecemos também a Ed Wells, à equipe que desenvolveu o *Manual de Laboratório*[1] para acompanhar este livro e às pessoas que o traduziram para oito idiomas para que possa ser usado em todo o mundo.

G. Tyler Miller Jr.
Scott E. Spoolman

---

[1] O *Manual de Laboratório* não está disponível na edição brasileira (N.E.)

Ensaístas convidados

Ensaios escritos pelos seguintes autores convidados estão disponíveis no *CengageNOW:* M. Kat Anderson, etnoecologista do National Plant Center, Natural Resource Conservation Center do USDA; Lester R. Brown, presidente, Earth Policy Institute; Alberto Ruz Buenfil, ativista ambiental, escritor e artista; Robert D. Bullard, professor de sociologia e diretor do Environmental Justice Resource Center, Clark Atlanta University; Michael Cain, ecologista e professor adjunto no Bowdoin College; Herman E. Daly, pesquisador sênior, School of Public Affairs, University of Maryland; Lois Marie Gibbs, diretora, Center for Health, Environment, and Justice; Garrett Hardin, professor emérito (*in memoriam*) de ecologia humana, University of California, Santa Barbara; John Harte, professor de energia e recursos, University of California, Berkeley; Paul G. Hawken, autor ambientalista e líder de negócios; Jane Heinze-Fry, educadora ambiental; Paul F. Kamitsuja, perito em doenças infecciosas e médico; Amory B. Lovins, consultor de políticas de energia e diretor de pesquisas, Rocky Mountain Institute; Bobbi S. Low, professor de ecologia de recursos, University of Michigan; Lester W. Milbrath, diretor do programa de pesquisa sobre meio ambiente e sociedade, State University of New York, Buffalo; Peter Montague, diretor, Environmental Research Foundation; Norman Myers, ecologista tropical e consultor na área de meio ambiente e desenvolvimento; David W. Orr, professor de estudos ambientais, Oberlin College; Noel Perrin, professor adjunto de estudos ambientais, Dartmouth College; David Pimentel, professor de ecologia de insetos e ciências agrícolas, Cornell University; John Pichtel, Ball State University; Andrew C. Revkin, autor ambiental e repórter ambiental para o *New York Times;* Vandana Shiva, médica, educadora, consultora ambiental; Nancy Wicks, ecopioneira e diretora da Round Mountain Organics; e Donald Worster, historiador ambiental e professor de História Norte-Americana, University of Kansas.

Colaboradores dos exercícios quantitativos

Dr. Dean Goodwin e seus colegas, Berry Cobb, Deborah Stevens, Jeannette Adkins, Jim Lehner, Judy Treharne, Lonnie Miller e Tom Mowbray forneceram contribuições excelentes para os exercícios de análise de dados e análise da pegada ecológica.

Revisores cumulativos

Barbara J. Abraham, Hampton College; Donald D. Adams, State University of New York at Plattsburgh; Larry G. Allen, California State University, Northridge; Susan Allen-Gil, Ithaca College; James R. Anderson, U.S. Geological Survey; Mark W. Anderson, University of Maine; Kenneth B. Armitage, University of Kansas; Samuel Arthur, Bowling Green State University; Gary J. Atchison, Iowa State University; Thomas W. H. Backman, Lewis-Clark State College; Marvin W. Baker, Jr., University of Oklahoma; Virgil R. Baker, Arizona State University; Stephen W. Banks, Louisiana State University in Shreveport; Ian G. Barbour, Carleton College; Albert J. Beck, California State University, Chico; Eugene C. Beckham, Northwood University; Diane B. Beechinor, Northeast Lakeview College; W. Behan, Northern Arizona University; David Belt, Johnson County Community College; Keith L. Bildstein, Winthrop College; Andrea Bixler, Clarke College; Jeff Bland, University of Puget Sound; Roger G. Bland, Central Michigan University; Grady Blount II, Texas A&M University, Corpus Christi; Lisa K. Bonneau, University of Missouri-Kansas City; Georg Borgstrom, Michigan State University; Arthur C. Borror, University of New Hampshire; John H. Bounds, Sam Houston State University; Leon F. Bouvier, Population Reference Bureau; Daniel J. Bovin, Université Laval; Jan Boyle, University of Great Falls; James A. Brenneman, University of Evansville; Michael F. Brewer, Resources for the Future, Inc.; Mark M. Brinson, East Carolina University; Dale Brown, University of Hartford; Patrick E. Brunelle, Contra Costa College; Terrence J. Burgess, Saddleback College North; David Byman, Pennsylvania State University, Worthington-Scranton; Michael L. Cain, Bowdoin College, Lynton K. Caldwell, Indiana University;

Faith Thompson Campbell, Natural Resources Defense Council, Inc.; John S. Campbell, Northwest College; Ray Canterbery, Florida State University; Ted J. Case, University of San Diego; Ann Causey, Auburn University; Richard A. Cellarius, Evergreen State University; William U. Chandler, Worldwatch Institute; F. Christman, University of North Carolina, Chapel Hill; Lu Anne Clark, Lansing Community College; Preston Cloud, University of California, Santa Barbara; Bernard C. Cohen, University of Pittsburgh; Richard A. Cooley, University of California, Santa Cruz; Dennis J. Corrigan; George Cox, San Diego State University; John D. Cunningham, Keene State College; Herman E. Daly, University of Maryland; Raymond F. Dasmann, University of California, Santa Cruz; Kingsley Davis, Hoover Institution; Edward E. DeMartini, University of California, Santa Barbara; James Demastes, University of Northern Iowa; Charles E. DePoe, Northeast Louisiana University; Thomas R. Det-wyler, University of Wisconsin; Bruce DeVantier, Southern Illinois University Carbondale; Peter H. Diage, University of California, Riverside; Stephanie Dockstader, Monroe Community College; Lon D. Drake, University of Iowa; Michael Draney, University of Wisconsin-Green Bay; David DuBose, Shasta College; Dietrich Earnhart, University of Kansas; Robert East, Washington & Jefferson College; T. Edmonson, University of Washington; Thomas Eisner, Cornell University; Michael Esler, Southern Illinois University; David E. Fairbrothers, Rutgers University; Paul P. Feeny, Cornell University; Richard S. Feldman, Marist College; Vicki FellaPleier, La Salle University; Nancy Field, Bellevue Community College; Allan Fitzsimmons, University of Kentucky; Andrew J. Friedland, Dartmouth College; Kenneth O. Fulgham, Humboldt State University; Lowell L. Getz, University of Illinois at Urbana-Champaign; Frederick F. Gilbert, Washington State University; Jay Glassman, Los Angeles Valley College; Harold Goetz, North Dakota State University; Srikanth Gogineni, Axia College of University of Phoenix; Jeffery J. Gordon, Bowling Green State University; Eville Gorham, University of Minnesota; Michael Gough, Resources for the Future; Ernest M. Gould, Jr., Harvard University; Peter Green, Golden West College; Katharine B. Gregg, West Virginia Wesleyan College; Paul K. Grogger, University of Colorado at Colorado Springs; L. Guernsey, Indiana State University; Ralph Guzman, University of California, Santa Cruz; Raymond Hames, University of Nebraska, Lincoln; Robert Hamilton IV, Kent State University, Stark Campus; Raymond E. Hampton, Central Michigan University; Ted L. Hanes, California State University, Fullerton; William S. Hardenbergh, Southern Illinois University at Carbondale; John P. Harley, Eastern Kentucky University; Neil A. Harriman, University of Wisconsin, Oshkosh; Grant A. Harris, Washington State University; Harry S. Hass, San Jose City College; Arthur N. Haupt, Population Reference Bureau; Denis A. Hayes, environmental consultant; Stephen Heard, University of Iowa; Gene Heinze-Fry, Department of Utilities, Commonwealth of Massachusetts; Jane Heinze-Fry, environmental educator; John G. Hewston, Humboldt State University; David L. Hicks, Whitworth College; Kenneth M. Hinkel, University of Cincinnati; Eric Hirst, Oak Ridge National Laboratory; Doug Hix, University of Hartford; S. Holling, University of British Columbia; Sue Holt, Cabrillo College; Donald Holtgrieve, California State University, Hayward; Michelle Homan, Gannon University; Michael H. Horn, California State University, Fullerton; Mark A. Hornberger, Bloomsburg University; Marilyn Houck, Pennsylvania State University; Richard D. Houk, Winthrop College; Robert J. Huggett, College of William and Mary; Donald Huisingh, North Carolina State University; Catherine Hurlbut, Florida Community College at Jacksonville; Marlene K. Hutt, IBM; David R. Inglis, University of Massachusetts; Robert Janiskee, University of South Carolina; Hugo H. John, University of Connecticut; Brian A. Johnson, University of Pennsylvania, Bloomsburg; David I. Johnson, Michigan State University; Mark Jonasson, Crafton Hills College; Zoghlul Kabir, Rutgers, New Brunswick; Agnes Kadar, Nassau Community College; Thomas L. Keefe, Eastern Kentucky University; David Kelley, University of St. Thomas; William E. Kelso, Louisiana State University; Nathan Keyfitz, Harvard University; David Kidd, University of New Mexico; Pamela S. Kimbrough; Jesse Klingebiel, Kent School; Edward J. Kormondy, University of Hawaii-Hilo/West Oahu College; John V. Krutilla, Resources for the Future, Inc.; Judith Kunofsky, Sierra Club; E. Kurtz; Theodore Kury, State University of New York at Buffalo; Troy A. Ladine, East Texas Baptist University; Steve Ladochy, University of Winnipeg; Anna J. Lang, Weber State University; Mark B. Lapping, Kansas State University; Michael L. Larsen, Campbell University; Linda Lee, University of Connecticut; Tom Leege, Idaho Department of Fish and Game; Maureen Leupold, Genesee Community College; William S. Lindsay, Monterey Peninsula College; E. S. Lindstrom, Pennsylvania State University; M. Lippiman, New York University Medical Center; Valerie A. Liston, University of Minnesota; Dennis Livingston, Rensselaer Polytechnic Institute; James P. Lodge, air pollution consultant; Raymond C.

Loehr, University of Texas at Austin; Ruth Logan, Santa Monica City College; Robert D. Loring, DePauw University; Paul F. Love, Angelo State University; Thomas Lovering, University of California, Santa Barbara; Amory B. Lovins, Rocky Mountain Institute; Hunter Lovins, Rocky Mountain Institute; Gene A. Lucas, Drake University; Claudia Luke, University of California, Berkeley; David Lynn; Timothy F. Lyon, Ball State University; Stephen Malcolm, Western Michigan University; Melvin G. Marcus, Arizona State University; Gordon E. Matzke, Oregon State University; Parker Mauldin, Rockefeller Foundation; Marie McClune, The Agnes Irwin School (Rosemont, Pennsylvania); Theodore R. McDowell, California State University; Vincent E. McKelvey, U.S. Geological Survey; Robert T. McMaster, Smith College; John G. Merriam, Bowling Green State University; A. Steven Messenger, Northern Illinois University; John Meyers, Middlesex Community College; Raymond W. Miller, Utah State University; Arthur B. Millman, University of Massachusetts, Boston; Sheila Miracle, Southeast Kentucky Community & Technical College; Fred Montague, University of Utah; Rolf Monteen, California Polytechnic State University; Debbie Moore, Troy University Dothan Campus; Michael K. Moore, Mercer University; Ralph Morris, Brock University, St. Catherine's, Ontario, Canada; Angela Morrow, Auburn University; William W. Murdoch, University of California, Santa Barbara; Norman Myers, environmental consultant; Brian C. Myres, Cypress College; A. Neale, Illinois State University; Duane Nellis, Kansas State University; Jan Newhouse, University of Hawaii, Manoa; Jim Norwine, Texas A&M University, Kingsville; John E. Oliver, Indiana State University; Mark Olsen, University of Notre Dame; Carol Page, copy editor; Eric Pallant, Allegheny College; Bill Paletski, Penn State University; Charles F. Park, Stanford University; Richard J. Pedersen, U.S. Department of Agriculture, Forest Service; David Pelliam, Bureau of Land Management, U.S. Department of the Interior; Murray Paton Pendarvis, Southeastern Louisiana University; Dave Perault, Lynchburg College; Rodney Peterson, Colorado State University; Julie Phillips, De Anza College; John Pichtel, Ball State University; William S. Pierce, Case Western Reserve University; David Pimentel, Cornell University; Peter Pizor, Northwest Community College; Mark D. Plunkett, Bellevue Community College; Grace L. Powell, University of Akron; James H. Price, Oklahoma College; Marian E. Reeve, Merritt College; Carl H. Reidel, University of Vermont; Charles C. Reith, Tulane University; Roger Revelle, California State University, San Diego; L. Reynolds, University of Central Arkansas; Ronald R. Rhein, Kutztown University of Pennsylvania; Charles Rhyne, Jackson State University; Robert A. Richardson, University of Wisconsin; Benjamin F. Richason III, St. Cloud State University; Jennifer Rivers, Northeastern University; Ronald Robberecht, University of Idaho; William Van B. Robertson, School of Medicine, Stanford University; C. Lee Rockett, Bowling Green State University; Terry D. Roelofs, Humboldt State University; Daniel Ropek, Columbia George Community College; Christopher Rose, California Polytechnic State University; Richard G. Rose, West Valley College; Stephen T. Ross, University of Southern Mississippi; Robert E. Roth, Ohio State University; Dorna Sakurai, Santa Monica College; Arthur N. Samel, Bowling Green State University; Shamili Sandiford, College of DuPage; Floyd Sanford, Coe College; David Satterthwaite, I.E.E.D., London; Stephen W. Sawyer, University of Maryland; Arnold Schecter, State University of New York; Frank Schiavo, San Jose State University; William H. Schlesinger, Ecological Society of America; Stephen H. Schneider, National Center for Atmospheric Research; Clarence A. Schoenfeld, University of Wisconsin, Madison; Madeline Schreiber, Virginia Polytechnic Institute; Henry A. Schroeder, Dartmouth Medical School; Lauren A. Schroeder, Youngstown State University; Norman B. Schwartz, University of Delaware; George Sessions, Sierra College; David J. Severn, Clement Associates; Don Sheets, Gardner-Webb University; Paul Shepard, Pitzer College and Claremont Graduate School; Michael P. Shields, Southern Illinois University at Carbondale; Kenneth Shiovitz; R Siewert, Ball State University; E. K. Silbergold, Environmental Defense Fund; Joseph L. Simon, University of South Florida; William E. Sloey, University of Wisconsin, Oshkosh; Robert L. Smith, West Virginia University; Val Smith, University of Kansas; Howard M. Smolkin, U.S. Environmental Protection Agency; Patricia M. Sparks, Glassboro State College; John E. Stanley, University of Virginia; Mel Stanley, California State Polytechnic University, Pomona; Richard Stevens, Monroe Community College; Norman R. Stewart, University of Wisconsin, Milwaukee; Frank E. Studnicka, University of Wisconsin, Platteville; Chris Tarp, Contra Costa College; Roger E. Thibault, Bowling Green State University; William L. Thomas, California State University, Hayward; Shari Turney, copy editor; John D. Usis, Youngstown State University; Tinco E. A. van Hylckama, Texas Tech University; Robert R. Van Kirk, Humboldt State University; Donald E. Van Meter, Ball State University; Rick Van Schoik, San Diego State University; Gary Varner, Texas A&M University; John D. Vitek, Oklahoma State University; Harry A.

Wagner, Victoria College; Lee B. Waian, Saddleback College; Warren C. Walker, Stephen F. Austin State University; Thomas D. Warner, South Dakota State University; Kenneth E. F. Watt, University of California, Davis; Alvin M. Weinberg, Institute of Energy Analysis, Oak Ridge Associated Universities; Brian Weiss; Margery Weitkamp, James Monroe High School (Granada Hills, California); Anthony Weston, State University of New York at Stony Brook; Raymond White, San Francisco City College; Douglas Wickum, University of Wisconsin, Stout; Charles G. Wilber, Colorado State University; Nancy Lee Wilkinson, San Francisco State University; John C. Williams, College of San Mateo; Ray Williams, Rio Hondo College; Roberta Williams, University of Nevada, Las Vegas; Samuel J. Williamson, New York University; Dwina Willis, Freed-Hardeman University; Ted L. Willrich, Oregon State University; James Winsor, Pennsylvania State University; Fred Witzig, University of Minnesota at Duluth; Martha Wolfe, Elizabethtown Community and Technical College; George M. Woodwell, Woods Hole Research Center; Todd Yetter, University of the Cumberlands; Robert Yoerg, Belmont Hills Hospital; Hideo Yonenaka, San Francisco State University; Brenda Young, Daemen College; Anita Závodská, Barry University; Malcolm J. Zwolinski, University of Arizona.

Sobre os autores

G. Tyler Miller Jr.

G. Tyler Miller Jr. já escreveu 59 livros didáticos para os cursos de introdução à ciência ambiental, ecologia básica, energia e química ambiental. Desde 1975, suas obras foram as mais utilizadas em aulas de ciência ambiental nos Estados Unidos e em todo o mundo. E já foram utilizadas por quase 3 milhões de estudantes e traduzidas em oito idiomas.

Miller tem experiência profissional em química, física e ecologia. Ph.D. pela University of Virginia, recebeu dois doutorados *honoris causa* por sua contribuição à educação ambiental. Lecionou em faculdades por 20 anos, criou um dos primeiros programas de estudos ambientais do país e desenvolveu um programa inovador de ciência interdisciplinar de graduação antes de se decidir a escrever livros de ciência ambiental em tempo integral em 1975. Atualmente, é presidente da Earth Education and Research, dedicado à melhoria da educação ambiental.

Scott Spoolman

Scott Spoolman é escritor e editor de livros com mais de 25 anos de experiência no mercado editorial educacional. Trabalha com Tyler Miller desde 2003, como editor colaborador em edições anteriores de *Vivendo no Meio Ambiente, Ciência Ambiental* e *Sustentando a Terra.*

Spoolman é mestre em jornalismo científico pela University of Minnesota. Autor de inúmeros artigos nos campos da ciência, engenharia ambiental, política e negócios. Trabalhou como editor de aquisições em uma série de livros didáticos florestais de faculdade e como editor de consultoria no desenvolvimento de mais de 70 livros universitários e escolares nas áreas das ciências naturais e sociais.

Em seu tempo livre, gosta de explorar as florestas e as águas de sua nativa Wisconsin com sua família – sua esposa, a educadora ambiental Gail Martinelli, e seus filhos, Will e Katie.

G. Tyler descreve suas esperanças para o futuro da seguinte forma:

Se eu tivesse de escolher uma época para estar vivo seria os próximos 75 anos. Por quê? Primeiro, há provas científicas irrefutáveis de que estamos em um processo de séria degradação do nosso próprio sistema de apoio à vida. Ou seja, estamos vivendo de maneira insustentável. Em segundo lugar, no decorrer de nossas vidas, teremos a oportunidade de aprender a viver de forma mais sustentável, trabalhando com o restante da natureza, conforme descrito neste livro. Tenho a sorte de ter três filhos inteligentes, talentosos e maravilhosos, Greg, David e Bill. Sinto-me privilegiado por ter Kathleen como minha esposa, minha melhor amiga e parceira de pesquisa. É inspirador ter como companheira de vida uma mulher brilhante, bonita (por dentro e por fora) e forte, que se preocupa profundamente com a natureza. Ela é minha heroína. Dedico-lhe este livro e a Terra.

Spoolman fala sobre sua colaboração com Tyler Miller:

Sinto-me honrado em trabalhar com Tyler Miller como coautor para continuar sua tradição de escrever de forma completa, clara e envolvente sobre o vasto e complexo campo das ciências ambientais. Compartilho da sua paixão para garantir que esses livros e suplementos de multimídia sejam ferramentas valiosas para estudantes e instrutores. Para este fim, nos esforçamos para apresentar este campo interdisciplinar de uma maneira informativa e sóbria, mas igualmente tentadora e motivadora.

Se o outro lado de qualquer problema é de fato uma oportunidade, então este é realmente um dos momentos mais emocionantes da história para os alunos que estão iniciando uma carreira ambiental. Os problemas ambientais são numerosos, graves e assustadores, mas as possíveis soluções geram novas oportunidades de carreiras emocionantes. Colocamos as grandes prioridades na inspiração dos estudantes com esses anseios, desafiando-os a manter um foco científico, apontando-os para carreiras gratificantes e satisfatórias e, ao fazê-lo, estamos trabalhando para ajudar a sustentar a vida na Terra.

Minha Jornada Ambiental
G. Tyler Miller, Jr.

Minha viagem ambiental começou em 1966, quando assisti a uma palestra sobre os problemas da população e da poluição ministrada por Dean Cowie, um biofísico da Pesquisa Geológica dos Estados Unidos. Essa palestra mudou minha vida. Eu lhe disse que, se metade do que dissera fosse válido, eu me sentiria eticamente obrigado a passar o resto da minha carreira ensinando e escrevendo para ajudar os alunos a aprender sobre os fundamentos da ciência ambiental. Depois de passar seis meses estudando a literatura ambiental, concluí que ele tinha subestimado, e muito, a gravidade desses problemas.

Desenvolvi um dos primeiros programas de estudos ambientais de graduação do país e, em 1971, publiquei meu primeiro livro de introdução à ciência ambiental, um estudo interdisciplinar das conexões entre as leis da energia (termodinâmica), química e ecologia. Em 1975, publiquei a primeira edição de *Vivendo no Meio Ambiente*. Desde então, já completei várias edições desse livro e de três outros derivados dele, juntamente com outros.

Começando em 1985, passei dez anos na floresta, vivendo em um ônibus escolar adaptado que usei como um laboratório de ciências ambientais, escrevendo livros de ciência ambiental. Avaliei o uso do projeto de energia solar passiva para aquecimento da estrutura; enterrei tubos na terra para trazer ar refrigerado através deles (refrigeração geotérmica) a um custo de US$ 1 por verão; criei sistemas ativos e passivos para fornecer água quente; instalei um aquecedor com eficiência energética para água quente instantânea alimentado por GLP; instalei janelas de eficiência energética e eletrodomésticos e um banheiro (sem água) de compostagem; usei métodos de controle biológico de pragas; transformei restos de comida em adubo; utilizei plantação natural (sem grama ou relva); cultivei jardins organicamente; e experimentei uma série de outras possíveis soluções para os principais problemas ambientais que enfrentamos.

Também usei esse tempo para aprender e pensar sobre como a natureza funciona, estudando as plantas e animais ao meu redor. Minha experiência de viver na natureza reflete-se em grande parte no material deste livro. Isto também me ajudou a desenvolver os três princípios simples de sustentabilidade que servem como tema integrador para este livro, e a aplicá-los para viver minha vida de maneira mais sustentável.

Saí da floresta em 1995 para aprender sobre como viver de forma mais sustentável em um ambiente urbano, onde a maioria das pessoas vive. Desde então, vivi em duas aldeias urbanas, uma em uma cidade pequena, e outra, dentro de uma grande área metropolitana.

Desde 1970, meu objetivo tem sido utilizar o carro o mínimo possível. Como trabalho em casa, faço minha "viagem de baixa poluição" do meu quarto até uma cadeira e um computador portátil. Geralmente faço uma viagem de avião por ano para visitar minha irmã e meu editor.

Como você aprenderá neste livro, a vida envolve uma série de compensações ambientais. Como a maioria das pessoas, ainda causo um grande impacto ambiental, mas continuo lutando para reduzi-lo. Espero que vocês se juntem a mim neste esforço para viver de maneira mais sustentável e compartilhar o que aprenderam com os outros. Nem sempre é fácil, mas certamente é divertido.

COMPROMISSO CENGAGE LEARNING COM AS PRÁTICAS SUSTENTÁVEIS

Práticas sustentáveis da Cengage Learning Norte-Americana:

- Utilizar papel produzido de forma sustentável. A indústria editorial está empenhada em aumentar o uso de fibras recicladas, e a Cengage Learning está sempre buscando maneiras de aumentar esse uso. Esta editora trabalha com fornecedores para maximizar o uso de papel que contém fibras de madeira certificada produzida de forma sustentável, pelo crescimento e corte de árvores até a produção de papel.
- Reduzir os recursos utilizados por livro. A editora mantém um programa para reduzir a quantidade de polpa de madeira, fibras virgens e outros materiais que entram em cada folha de papel usado. Máquinas de impressão novas, especialmente concebidas, também reduzem a quantidade de aparas de papel produzidas por livro.
- Reciclagem. As editoras reciclam as aparas de papel produzidas como parte do processo de impressão. A Cengage Learning também recicla o papelão de embalagens de transporte, juntamente com outros materiais utilizados no processo de publicação.
- Melhorias de processo. Anos atrás, a indústria da publicação envolvia o uso de uma grande quantidade de papel e tinta para escrever e editar manuscritos, edição de texto, revisão de provas e criação de ilustrações. Quase todos esses materiais

são agora economizados com a utilização de arquivos eletrônicos. Exceto pela nossa revisão de provas em papel, muito pouco papel e tinta foram utilizados na elaboração deste livro.

Práticas sustentáveis da Cengage Learning Brasil:

- Carbon Free: A Cengage Learning Edições aderiu ao Programa Carbon Free, que, pela utilização de metodologias aprovadas pela ONU e ferramentas de Análise de Ciclo de Vida, calculou as emissões de gases de efeito estufa referentes à produção desta obra (expressas em CO_2 equivalente). Com base no resultado, será realizado um plantio de árvores que visa compensar essas emissões e minimizar o impacto ambiental da atuação da empresa no meio ambiente.
- Utilizar papel produzido de forma sustentável: A Cengage Learning utiliza papel sulfite em sua sede no Brasil feito de bagaço de cana-de-açúcar, contribuindo, dessa forma, com a preservação das florestas e do meio ambiente.
- Reciclagem: As aparas de papel produzidas no processo de publicação da Cengage Learning são reciclados e o lixo vai para uma cooperativa também para reciclagem. O objetivo é contribuir com a redução do impacto ambiental que toda a cadeia de produção do livro causa.
- Sustentabilidade interna: Campanhas de conscientização interna de sustentabilidade, como o consumo consciente da água e a não utilização de copos plásticos descartáveis, são desenvolvidas durante todo o ano por meio do trabalho de colaboradores que participam do Conselho de Inovação, Desenvolvimento e Sustentabilidade (CIDS).
- Carta da Terra: a Cengage Learning aderiu à Carta da Terra, cujo objetivo é inspirar os povos por meio de princípios éticos e de responsabilidade compartilhada a promoverem o bem-estar de todas as pessoas hoje e das futuras gerações. A adesão significa compromisso com os objetivos da Carta. Para saber mais, visite: www.cartadaterra.org.
- Produtos sustentáveis: priorizamos o consumo de produtos de empresas que praticam a sustentabilidade.

Habilidades de aprendizagem

Alunos que podem começar, já no início de suas vidas, a pensar nas coisas como estando conectadas, mesmo que revisem seus conceitos todos os anos, começaram a vida de aprendizagem.

MARK VAN DOREN

Por que é importante estudar ciência ambiental?

Bem-vindo à **ciência ambiental**, o estudo interdisciplinar de como a Terra funciona, como interagimos com ela e de como podemos lidar com os problemas ambientais que enfrentamos. Como as questões ambientais afetam todas as partes da sua vida, os conceitos, informações e questões discutidos neste livro e durante o curso de que está participando lhe serão úteis agora e durante toda sua vida.

Compreensivelmente, somos tendenciosos, mas acreditamos piamente que a ciência ambiental é o curso mais importante em sua educação. O que poderia ser mais importante do que aprender como a Terra funciona, como estamos afetando seu sistema de suporte à vida e como podemos reduzir nosso impacto ambiental?

Vivemos em uma época incrivelmente desafiadora. Estamos nos tornando cada vez mais conscientes do que somos durante este século, e precisamos fazer uma nova transição cultural para aprendermos a viver de forma mais sustentável, reduzindo a degradação do nosso sistema de suporte à vida. Esperamos que este livro o inspire a se envolver nessa mudança da maneira de ver e tratar a Terra, que nos sustenta, as nossas economias e a todos os outros seres vivos.

Você pode melhorar suas habilidades de estudo e aprendizagem

A maximização da sua capacidade de aprender deve ser uma das metas mais importantes da sua vida educacional. Ela envolve sempre tentar melhorar as habilidades de estudo e aprendizagem. Aqui estão algumas sugestões para fazer isto:

Desenvolva uma paixão por aprender. Como o famoso físico e filósofo Albert Einstein disse, "Não tenho nenhum talento especial. Sou apenas apaixonadamente curioso".

Organize-se. Tornar-se mais eficiente ao estudar faz que você tenha mais tempo para outros interesses.

Faça listas de tarefas diárias por escrito. Coloque os itens em ordem de importância, focando nas tarefas mais importantes e atribuindo um tempo para trabalhar com esses itens. Como a vida é cheia de incertezas, você pode ter a sorte de conseguir fazer a metade dos itens de sua lista diária. Mude sua agenda conforme necessário para cumprir os mais importantes.

Crie uma rotina de estudos em um ambiente livre de distrações. Desenvolva um cronograma de estudo diário por escrito e cumpra-o. Estude em um espaço silencioso e bem iluminado. Trabalhar sentado em uma mesa ou balcão, e não deitado no sofá ou na cama. Faça pausas a cada hora. Durante cada pausa, respire fundo várias vezes e movimente-se, isso o ajudará a ficar mais alerta e focado.

Evite procrastinar. Evite deixar o trabalho para depois. Não se atrase em sua leitura e outras atribuições. Separe um tempo especial para estudar todo dia e torne isso parte de sua rotina diária.

Não coma a sobremesa primeiro. Caso contrário, você nunca chegará à refeição principal (o estudo). Quando você tiver atingido seus objetivos de estudo, recompense a si mesmo com a sobremesa (jogo ou lazer).

Faça montes de montanhas. É psicologicamente mais difícil escalar uma montanha, e assim também é quando a missão é ler um livro inteiro, um capítulo de um livro, escrever um trabalho, ou estudar na noite anterior para um teste. Em vez disso, quebre essas tarefas grandes (montanhas) em uma série de pequenas tarefas (montes). Diariamente, leia algumas páginas do livro ou do capítulo, escreva alguns parágrafos de um trabalho e revise o que você tem estudado e aprendido. Como o projetista e construtor de automóveis norte-americano Henry Ford disse: "Nada é particularmente difícil se você dividir em pequenas tarefas".

Olhe para a foto grande primeiro. Tenha uma visão geral a cada leitura de início de capítulo deste livro olhando para as *Questões e Conceitos Principais*, já no começo de cada um. Esta abertura lista as principais questões exploradas nas seções e seus conceitos-chave correspondentes, que são as lições fundamentais para aprender em cada capítulo. Use essa lista como um roteiro. Ao terminar o capítulo, você também poderá usá-la para uma revisão.

Faça e responda às perguntas enquanto você lê. Por exemplo: "Qual é o ponto principal desta subseção ou parágrafo?". Relacione suas próprias perguntas às perguntas e conceitos-chave abordados em cada seção principal do capítulo. Desta forma, você pode traçar um esboço para ajudá-lo a entender o material contido no capítulo. Você pode até fazê-lo por escrito.

Concentre-se nos termos-chave. Use o glossário do livro para pesquisar o significado de termos ou palavras que você não entende. Este livro mostra todos os principais termos em **negrito**, e termos secundários, mas ainda assim importantes, em *itálico*. As perguntas de revisão no final de cada capítulo também in*cluem seus termos-chave em negrito*.

Interaja com o que você lê. Sugerimos que marque frases e parágrafos importantes com um marca-texto ou caneta. Considere colocar um asterisco na margem próxima ao material que você pensa ser importante, e dois ao lado do que considera como sendo especialmente importante. Escreva comentários nas margens, como bonito, confuso, enganoso ou errado. Você pode dobrar os cantos superiores das páginas nas quais destacou as passagens, e os superiores e inferiores daquelas especialmente importantes. Dessa forma, você poderá folhear um capítulo ou livro e rever rapidamente as ideias-chave.

Revise para reforçar o aprendizado. Antes de cada aula, revise o material que aprendeu na aula anterior e leia o material indicado.

Torne-se um bom tomador de notas. Não tente anotar tudo o que o professor diz. Em vez disso, anote os pontos principais e fatos importantes utilizando seu próprio sistema de taquigrafia. Revise, preencha e organize suas anotações assim que possível após a aula.

Escreva respostas para as perguntas para se concentrar e reforçar o aprendizado. Responda às perguntas de pensamento crítico, encontradas nos boxes *Pensando sobre* ao longo dos capítulos, em muitas das legendas das figuras e no final de cada capítulo. Essas perguntas são projetadas para inspirá-lo a pensar criticamente sobre as ideias-chave e conectá-las a outras noções e à sua própria vida. Também responda às perguntas de revisão encontradas no final de cada capítulo.

Use o sistema de pares. Estude com um amigo ou torne-se membro de um grupo de estudo para comparar suas anotações, material de revisão e de preparação para testes. Explicar algo para alguém é uma ótima maneira de concentrar seus pensamentos e reforçar sua aprendizagem. Participe de quaisquer sessões de análise oferecidas por professores ou assistentes de ensino.

Conheça o estilo de prova do seu professor. Seu professor enfatiza perguntas de múltipla escolha, preenchimento de lacunas, verdadeiro ou falso, dissertativas ou redação? Quanto do teste será do livro e quanto do material de palestras? Adapte sua aprendizagem e métodos de estudo a este estilo. Você pode discordar dele e sentir que não reflete adequadamente o que sabe. No entanto, a realidade é que o professor é quem está no comando.

Torne-se um bom fazedor de testes. Evite estudar de véspera. Coma e durma bem antes de um teste. Chegue na hora, ou adiantado. Acalme-se e aumente seu consumo de oxigênio respirando profundamente algumas vezes. (Faça isso também a cada 10-15 minutos durante o teste.) Olhe o teste e responda às perguntas que você sabe bem primeiro. Depois, trabalhe nas que são mais difíceis. Utilize o processo de eliminação para diminuir as opções para questões de múltipla escolha. Chegar a duas opções lhe dá 50% de chance de apontar a resposta certa. Para questões dissertativas, organize seus pensamentos antes de começar a escrever. Se não faz nem ideia do que significa uma pergunta, dê um palpite. Você pode ganhar uma nota parcial e evitar um zero. Outra estratégia para obter nota é mostrar seu conhecimento e raciocínio ao escrever algo como: "Se esta questão quer dizer isso e aquilo, então minha resposta é _____".

Desenvolva uma visão otimista, mas realista. Tente ser uma pessoa que vê o "copo meio cheio", em vez de o "copo meio vazio". Pessimismo, ansiedade, medo e preocupação excessiva (especialmente sobre coisas que você não pode controlar) são destrutivos e levam à inação. Tente manter sentimentos energizados de otimismo realista ligeiramente à frente de qualquer sentimento de pessimismo imobilizante. Então, você sempre seguirá em frente.

Tenha tempo para gozar a vida. Todos os dias, dê-se tempo para rir e desfrutar da natureza, da beleza e da amizade.

Você pode melhorar suas habilidades de pensamento crítico: torne-se bom em detectar disparates

Pensamento crítico envolve o desenvolvimento de habilidades para analisar as informações e ideias, julgar sua validade e tomar decisões. Ele ajuda a distinguir entre fatos e opiniões, avaliar as provas e argumentos, ter e defender posições informadas, integrar informações e ver as relações, além de aplicar seus conhecimentos para lidar com problemas novos e diferentes, e para seu próprio estilo de vida. Aqui estão algumas habilidades básicas para aprender a pensar mais criticamente.

Questione tudo e todos. Seja cético, como todo bom cientista. Não acredite em tudo que ouve e lê, incluindo o conteúdo deste livro, sem avaliar as informações que recebeu. Procure outras fontes e opiniões.

Identifique e avalie suas opiniões e crenças pessoais. Cada um de nós tem preconceitos e crenças ensinadas pelos nossos pais, professores, amigos, modelos

e nossa própria experiência. Quais são suas crenças, valores e preconceitos básicos? De onde eles vêm? Em quais hipóteses são fundamentados? Como você sabe se suas crenças, valores e pressupostos estão certos, e por quê? De acordo com o psicólogo e filósofo americano William James: "Muitas pessoas acreditam que estão pensando, quando na verdade estão meramente reorganizando seus preconceitos".
Tenha a mente aberta e flexível. Esteja aberto para considerar diferentes pontos de vista. Não julgue até ter mais provas e estar disposto a mudar sua mente. Reconheça que pode haver um número de soluções úteis e aceitáveis para um problema, e que poucas questões são somente pretas ou brancas. Existem compromissos envolvidos em qualquer questão ambiental, como você aprenderá neste livro. Uma forma de avaliar opiniões divergentes é tentar obter pontos de vista de outras pessoas. Como elas veem o mundo? Quais são seus pressupostos e crenças básicos? Suas posições são logicamente consistentes com suas suposições e crenças?
Seja humilde sobre o que você sabe. Algumas pessoas são tão confiantes no que sabem, que param de pensar e questionar. Para parafrasear o escritor norte-americano Mark Twain: "O que nos prejudica é o que achamos que é verdadeiro, mas não é".
Avalie como a informação relacionada a um problema foi obtida. As declarações que você ouviu ou leu têm base em conhecimento primário e pesquisas, ou em boatos? Fontes anônimas são utilizadas? As informações têm base em estudos científicos reprodutíveis e amplamente aceitos, ou em resultados científicos preliminares que podem ser válidos, mas precisam de mais testes? As informações têm base em algumas histórias ou experiências isoladas, ou em estudos cuidadosamente controlados, cujos resultados foram analisados por especialistas na área envolvida (revisão por pares)? Têm base em informações científicas, ou em crenças infundadas e duvidosas?
Questione as evidências e conclusões apresentadas. Quais são as conclusões ou reivindicações? Que evidência é apresentada para apoiá-las? As evidências as apoiam? Existe a necessidade de recolher mais provas para testar as conclusões? Existem outras conclusões mais razoáveis?
Tente descobrir diferenças entre crenças e pressupostos básicos. Na superfície, a maioria dos argumentos ou desentendimentos envolve diferenças de opiniões sobre a validade ou o significado de certos fatos ou conclusões. Procure um pouco mais e você descobrirá que a maioria das discordâncias geralmente tem base em diferentes (e muitas vezes ocultos) pressupostos básicos sobre a forma como olhamos e interpretamos o mundo ao nosso redor. Descobrir essas diferenças básicas pode permitir que as partes envolvidas compreendam de onde cada um está vindo e concordem em discordar sobre seus pressupostos básicos, crenças ou princípios.

Tente identificar e avaliar as razões por parte daqueles que apresentam evidências e chegam às conclusões. Qual é a experiência deles nesta área? Eles têm algumas suposições, crenças, preconceitos ou valores velados? Têm um motivo pessoal? Eles podem se beneficiar financeira ou politicamente da aceitação de suas provas e conclusões? Será que pesquisadores com diferentes pressupostos ou crenças usam os mesmos dados e chegam a conclusões diferentes?
Espere e tolere a incerteza. Reconheça que os cientistas não conseguem estabelecer nenhuma prova absoluta ou certeza de nada. No entanto, os resultados da ciência confiável têm um alto grau de certeza.
Será que os argumentos utilizados envolvem falácias lógicas ou truques discutíveis? Aqui estão seis dos muitos exemplos de tais truques. Primeiro, atacar o apresentador de um argumento em vez do argumento em si. Segundo, apelar para a emoção em vez de fatos e lógica. Terceiro, alegar que, se um conjunto de provas ou uma conclusão é falsa, então todas as outras partes relacionadas às provas e às conclusões também são. Quarto, dizer que a conclusão é falsa porque não foi cientificamente comprovada (os cientistas nunca provam nada de maneira absoluta). Quinto, injetar informações irrelevantes ou enganosas para desviar a atenção de pontos importantes. Sexto, apresentar somente alternativas e/ou quando pode haver uma série de opções.
Não acredite em tudo que você lê na Internet. A Internet é uma fonte maravilhosa e facilmente acessível de informações, incluindo explicações alternativas e opiniões sobre praticamente qualquer assunto ou questão, muitas das quais não estão disponíveis na mídia e em artigos acadêmicos. Os web logs ou blogs tornaram-se uma importante fonte de informações e são ainda mais importantes do que a mídia padrão para algumas pessoas. No entanto, porque a Internet é tão aberta, qualquer um pode postar qualquer coisa que quiser em alguns blogs e sites sem nenhum controle editorial ou revisão por especialistas. Como resultado, avaliar as informações na Internet é uma das melhores formas de colocar em prática os princípios do pensamento crítico aqui discutidos. Use e desfrute da Internet, mas pense criticamente e com prudência.
Desenvolva princípios ou regras para a avaliação de evidências. Desenvolva uma lista escrita de princípios que lhe sirvam como diretrizes para avaliação de evidências e alegações (como a lista que estamos apresentando aqui). Continuamente avalie-a e a modifique com base em sua experiência.
Torne-se um buscador de sabedoria, não um reservatório de informações. Muitas pessoas acreditam que o principal objetivo da educação é aprender o máximo que puder, reunindo mais e mais informações. Nós acreditamos que o principal objetivo é aprender a vascular pilhas de fatos e ideias para encontrar as poucas *pepitas de sabedoria* que são as mais úteis para a compreensão do mundo e a tomada de decisões. Este

livro está cheio de fatos e números, que são úteis apenas na medida em que conduzem a uma compreensão das ideias principais, leis científicas, teorias, conceitos e conexões. Os principais objetivos do estudo da ciência ambiental são descobrir como a natureza funciona e se sustenta *(sabedoria ambiental) e* usar os *princípios da sabedoria ambiental* para ajudar a tornar as sociedades humanas e as economias mais sustentáveis, mais justas, mais benéficas e agradáveis para todos. Como a escritora Sandra Carey observou, "Nunca confunda conhecimento com sabedoria. Um o ajuda a ganhar a vida, o outro o ajuda a fazer uma vida". Ou, como o escritor norte-americano Walker Percy sugeriu, "Alguns indivíduos com alto grau de inteligência, mas sem sabedoria, podem obter todos os As e reprovar na vida".

Para ajudá-lo a praticar o pensamento crítico, oferecemos as questões ao longo deste livro, encontradas em boxes intitulados *Pensando sobre,* nas legendas de muitas figuras e no final de cada capítulo. Não existem respostas certas ou erradas para muitas delas. Uma boa maneira de melhorar suas habilidades de pensamento crítico é comparar suas respostas com as dos seus colegas e discutir como você chegou até elas.

Conheça seu próprio estilo de aprendizagem

As pessoas têm diferentes formas de aprender, e pode ser útil conhecer seu próprio estilo de aprendizagem. *Alunos visuais* aprendem melhor por meio da leitura e visualização de ilustrações e diagramas. Este é um livro muito visual, com muitas fotografias cuidadosamente selecionadas e diagramas desenhados para ilustrar ideias, conceitos e processos importantes.

Alunos auditivos aprendem melhor ouvindo e discutindo. Estes podem se beneficiar da leitura em voz alta enquanto estudam, e do uso de um gravador durante as palestras para estudar e revisar. *Alunos lógicos* aprendem melhor por meio de conceitos e lógica para descobrir e entender um assunto em vez de confiar em sua memória.

Parte do que determina seu estilo de aprendizagem é a forma como seu cérebro funciona. De acordo com a *hipótese de divisão do cérebro,* o hemisfério esquerdo do cérebro é bom em lógica, análise e avaliação, e a metade direita é boa na visualização, síntese e criação. Um dos nossos objetivos é fornecer um material que estimule ambos os lados de seu cérebro.

O estudo e as habilidades de pensamento crítico incentivados neste livro, e na maioria dos cursos, em grande parte envolvem o cérebro esquerdo. No entanto, você pode melhorar essas habilidades, dando uma pausa ao seu lado esquerdo do cérebro deixando seu lado criativo solto. Você pode fazer isso com um *brainstorming* de ideias junto a seus colegas, com a regra de que nenhuma crítica originada do lado esquerdo do cérebro seja permitida até que a sessão termine.

Quando você estiver tentando resolver um problema, tente descansar, meditar, fazer uma caminhada, exercitar-se, ou fazer alguma coisa para encerrar sua atividade cerebral esquerda controladora. Isto permitirá que o lado direito de seu cérebro trabalhe sobre o problema de uma forma menos controlada e mais criativa.

Este livro apresenta uma visão ambiental positiva e realista do futuro

Há sempre *concessões* envolvidas na elaboração e implantação de decisões ambientais. Nosso desafio é conseguir uma apresentação equilibrada de diferentes pontos de vista, das vantagens e desvantagens das várias tecnologias e das soluções propostas para os problemas ambientais, além das boas e más notícias sobre eles, e fazê-lo sem o viés pessoal.

Estudando um assunto tão importante quanto a ciência ambiental e chegar a nenhuma conclusão, opinião ou crença significa que tanto o professor quanto o aluno falharam. No entanto, qualquer conclusão deve ter base no uso do pensamento crítico para avaliar as diferentes ideias e compreender os compromissos envolvidos. Nosso objetivo é apresentar uma visão positiva do nosso futuro ambiental com base no otimismo realista.

Ajude-nos a melhorar este livro

Pesquisar e escrever um livro que abrange e interliga ideias em uma variedade de disciplinas é uma tarefa desafiadora e excitante. Quase todos os dias aprendemos alguma nova conexão na natureza.

Em um livro tão complexo, certamente haverá alguns erros – alguns erros tipográficos que passam completamente despercebidos e algumas afirmações que você pode questionar com base em seu conhecimento e pesquisas. Nós o convidamos a entrar em contato conosco para apontar qualquer viés, corrigir quaisquer erros que encontrar e sugerir formas de melhorar este livro. Por favor, envie suas sugestões por e-mail para Tyler Miller: mtg@hotmail.com, ou para Scott Spoolman: spoolman@tds.net.

Agora, inicie sua jornada neste estudo fascinante e importante de como a Terra funciona e como podemos deixar o planeta em uma condição ao menos tão boa como a que encontramos. Divirta-se.

Estude a natureza, ame a natureza, fique perto da natureza. Ela nunca o abandonará.
FRANK LLOYD WRIGHT

Os problemas ambientais, suas causas e sustentabilidade

1

ESTUDO DE CASO PRINCIPAL

Uma visão de um mundo mais sustentável em 2060

Emily Briggs e Michael Rodriguez formaram-se na faculdade em 2014. Michael conseguiu um mestrado em educação ambiental, tornou-se professor do ensino médio e adorava lecionar ciências ambientais. Emily, nesse meio tempo, foi para a faculdade de Direito e, em seguida, abriu um escritório bem-sucedido na área de direito ambiental.

Em 2022, Michael e Emily encontraram-se quando estavam fazendo trabalho voluntário para uma organização ambiental. Mais tarde, casaram-se, tiveram uma filha e lhe falaram sobre alguns dos problemas ambientais do mundo (Figura 1-1, à esquerda) e sobre as alegrias da natureza que tinham vivido quando eram crianças (Figura 1-1, à direita). Como resultado, sua filha também se envolveu decididamente no trabalho de promover um mundo mais sustentável e, eventualmente, também passou isso para seu filho.

Quando Michael e Emily estavam crescendo, havia sinais maiores de estresse no sistema de suporte à vida na Terra – o solo, o ar, a água e a vida silvestre – por causa dos impactos ambientais de mais pessoas consumindo mais recursos. Entretanto, uma grande transição na consciência ambiental teve início por volta de 2010, quando um número crescente de pessoas começou a transformar seu estilo de vida e seus hábitos de consumo, entrando em sintonia com o modo pelo qual a natureza tinha se mantido por bilhões de anos antes de os seres humanos aparecerem na Terra. Por várias décadas, essa combinação de consciência ambiental e ação valeu a pena.

Em janeiro de 2060, Emily e Michael comemoraram o nascimento de seu neto, que nasceu em um mundo que ainda tinha uma grande diversidade de plantas, animais e ecossistemas. A perda dessa diversidade biológica, uma ameaça iminente quando Michael e Emily eram jovens, havia diminuído muito, e a atmosfera, os oceanos, os lagos e os rios estavam gradualmente se purificando.

O desperdício de energia havia sido cortado pela metade. As energias do sol, do vento, da água corrente, do calor subterrâneo e de combustíveis produzidos a partir de gramíneas e algas cultivadas havia substituído amplamente as energias altamente poluentes do petróleo e do carvão, bem como a energia nuclear, com seus perigosos resíduos radioativos de longa duração. O aquecimento da atmosfera e as consequentes mudanças climáticas previstas para o ano de 2050 teminaram por ocorrer, de acordo com as projeções feitas por muitos cientistas na década de 1990. No entanto, a ameaça de mudanças climáticas ainda maiores havia começado a diminuir à medida que a utilização de recursos energéticos mais limpos tornou-se mais comum.

Em 2060, os agricultores que produziam a maior parte dos alimentos do mundo já tinham adotado práticas agrícolas que ajudavam a preservar a água e a renovar os solos esgotados. A população humana atingiu um pico de 8 bilhões em 2040, em vez dos 9,5 bilhões estimados, e havia entrado em lento declínio.

Em 2060, Emily e Michael sentiam-se muito orgulhosos de saber que eles, seus filhos e muitos outros haviam ajudado a promover essas melhorias para que as futuras gerações pudessem viver de forma mais sustentável neste planeta maravilhoso, nossa única casa.

Sustentabilidade é a capacidade dos sistemas naturais da Terra e dos sistemas culturais humanos de sobreviver, prosperar e se adaptar às mudanças nas condições ambientais no longo prazo, conceito que também se refere a pessoas preocupadas em transmitir um mundo melhor para as gerações vindouras. Esse é o tema principal deste livro. Aqui, descreveremos os problemas ambientais que enfrentamos e exploraremos possíveis soluções. Nosso objetivo é apresentar a você uma visão realista e esperançosa da possibilidade de futuro.

Figura 1-1 Esses pais, como Emily e Michael em nossa visão ficcional de um mundo possível em 2060, estão mostrando a suas crianças alguns dos problemas ambientais do mundo (à esquerda) e ajudando-os a desfrutar das maravilhas da natureza (à direita). O objetivo deles é ensinar seus filhos a cuidar bem da Terra, na esperança de transmitir um mundo melhor para as gerações futuras.

Questões e conceitos principais*

1-1 Quais são os três princípios da sustentabilidade?

CONCEITO 1-1A A natureza tem se sustentado por bilhões de anos por meio da energia solar, da biodiversidade e da ciclagem de nutrientes.

CONCEITO 1-1B Nossas vidas e economias dependem da energia do sol e dos recursos e serviços naturais (*capital natural*) fornecidos pela Terra.

1-2 Como nossas pegadas ecológicas estão influenciando a Terra?

CONCEITO 1-2 Conforme nossas pegadas ecológicas aumentam, estamos destruindo e degradando cada vez mais o capital natural da Terra.

1-3 Por que temos problemas ambientais?

CONCEITO 1-3 As maiores causas dos problemas ambientais são o crescimento populacional, o uso insustentável e pouco eficiente de recursos, a pobreza e a não inclusão dos custos ambientais do uso dos recursos nos preços de mercado de bens e serviços.

1-4 O que é uma sociedade ambientalmente sustentável?

CONCEITO 1-4 Viver de maneira sustentável significa sustentar-se com os rendimentos naturais da Terra sem esgotar ou degradar o capital natural que os fornece.

Obs.: Os Suplementos 2, 4, 5 e 8 podem ser utilizados com este capítulo.
* Este é um livro com *foco no conceito* e tem as principais seções de cada capítulo construídas em torno de um ou dois conceitos-chave derivados das ciências naturais ou sociais. As questões e conceitos principais estão resumidos no início de cada capítulo. Você pode usar esse resumo como uma introdução e revisão das ideias-chave ao longo do livro.

Sozinho no espaço, solitário em seus sistemas de suporte à vida, alimentado por energias inacreditáveis, intermediando essas energias por meio de ajustes delicados, rebelde, improvável, imprevisível, mas alimentando-nos, animando e nos enriquecendo ao máximo – este não é um lar precioso para todos nós? Não merece o nosso amor?

BARBARA WARD E RENÉ DUBOS

1-1 Quais são os três princípios da sustentabilidade?

▶ **CONCEITO 1-1A** A natureza tem se sustentado por bilhões de anos por meio da energia solar, da biodiversidade e da ciclagem de nutrientes.

▶ **CONCEITO 1-1B** Nossas vidas e economias dependem da energia do sol e dos recursos e serviços naturais (*capital natural*) fornecidos pela Terra.

A ciência ambiental é o estudo das conexões na natureza

O meio ambiente é tudo o que nos cerca, ou, como o famoso físico Albert Einstein disse: "O meio ambiente é tudo o que não é parte de mim". Ele inclui os seres vivos e as coisas não vivas (ar, água e energia) com as quais interagimos em uma complexa teia de relações que nos ligam uns aos outros e ao mundo em que vivemos.

Apesar dos nossos muitos avanços científicos e tecnológicos, somos totalmente dependentes do meio ambiente para a obtenção de ar e água limpos, comida, abrigo, energia e tudo o mais que precisamos para permanecer vivos e saudáveis. Como resultado, somos parte e não à parte do restante da natureza.

Este livro é uma introdução à **ciência ambiental**, um estudo *interdisciplinar* sobre como os humanos interagem com as partes vivas e não vivas de seu ambiente. Ele integra informações e ideias das *ciências naturais*, tais como biologia, química e geologia; *sociais*, como a geografia, economia e ciência política; e *humanas*, como filosofia e ética. Os três objetivos da ciência ambiental são *aprender como a natureza funciona, entender a forma como interagimos com o meio*

CAPÍTULO 1 — Os problemas ambientais, suas causas e sustentabilidade

ambiente e encontrar maneiras de lidar com problemas ambientais e viver de forma mais sustentável.

Um componente fundamental da ciência ambiental é a **ecologia**, ciência biológica que estuda como **organismos** ou seres vivos interagem uns com os outros e com seu meio ambiente. Cada organismo é um membro de uma determinada **espécie**, grupo de organismos que têm um conjunto único de características que os distinguem de todos os outros e, por meio de organismos que se reproduzem sexualmente, podem produzir descendentes férteis. Por exemplo, todos os seres humanos são membros de uma espécie que os biólogos têm chamado *Homo sapiens sapiens*. (Veja Suplemento 5).

Um dos pontos principais da ecologia é o estudo dos ecossistemas. **Ecossistema** é um conjunto de organismos dentro de determinada área ou volume interagindo uns com os outros e com seu meio ambiente de matéria inanimada e energia. Por exemplo, um ecossistema florestal é constituído de plantas (principalmente árvores), animais e microrganismos minúsculos, que decompõem os materiais orgânicos e reciclam seus produtos químicos, todos interagindo entre si e com a energia solar e os produtos químicos no ar, na água e no solo do ecossistema.

Não devemos confundir ciências ambientais e ecologia com *ambientalismo*, movimento social dedicado a proteger os sistemas de suporte à vida na Terra. O ambientalismo é mais praticado nas arenas políticas e éticas do que no campo da ciência.

As estratégias de sobrevivência da natureza seguem os três princípios da sustentabilidade

A natureza tem lidado com mudanças significativas nas condições ambientais que têm influenciado o planeta há pelo menos 3,5 bilhões de anos. Por isso, muitos especialistas em meio ambiente dizem que, quando estamos diante de uma mudança ambiental que se torna um problema para nós ou para outras espécies, devemos aprender como a natureza tem lidado com essas mudanças e, então, imitar esses mecanismos.

Em nosso estudo da ciência ambiental, a pergunta mais importante que podemos fazer é: Como a incrível variedade de vida na Terra se sustentou por, pelo menos, 3,5 bilhões anos com todas as mudanças catastróficas nas condições ambientais? Tais mudanças tiveram diversas causas, incluindo o impacto de meteoros gigantescos na Terra, as eras glaciais com duração de centenas de milhões de anos e os longos períodos de aquecimento, durante os quais o derretimento do gelo elevou o nível dos mares em centenas de metros.

Comparada aos bilhões de anos de existência da vida na Terra, a da nossa espécie pode ser considerada um período menor que um piscar de olhos (Figura 1-2). Chamamo-nos *Homo sapiens sapiens* (do latim "homem sábio"). Com nossos cérebros grandes e complexos e nossa capacidade de linguagem, somos

Aparecimento das primeiras células simples (há cerca de 3,5 bilhões de anos)

Aparecimento da primeira vida multicelular (há cerca de 1 bilhão de anos)

Aparecimento das primeiras plantas terrestres (há cerca de 475 milhões de anos)

Desaparecimento dos dinossauros (há cerca de 65 milhões de anos)

Chegada do *Homo sapiens* (há cerca de 200.000 anos)

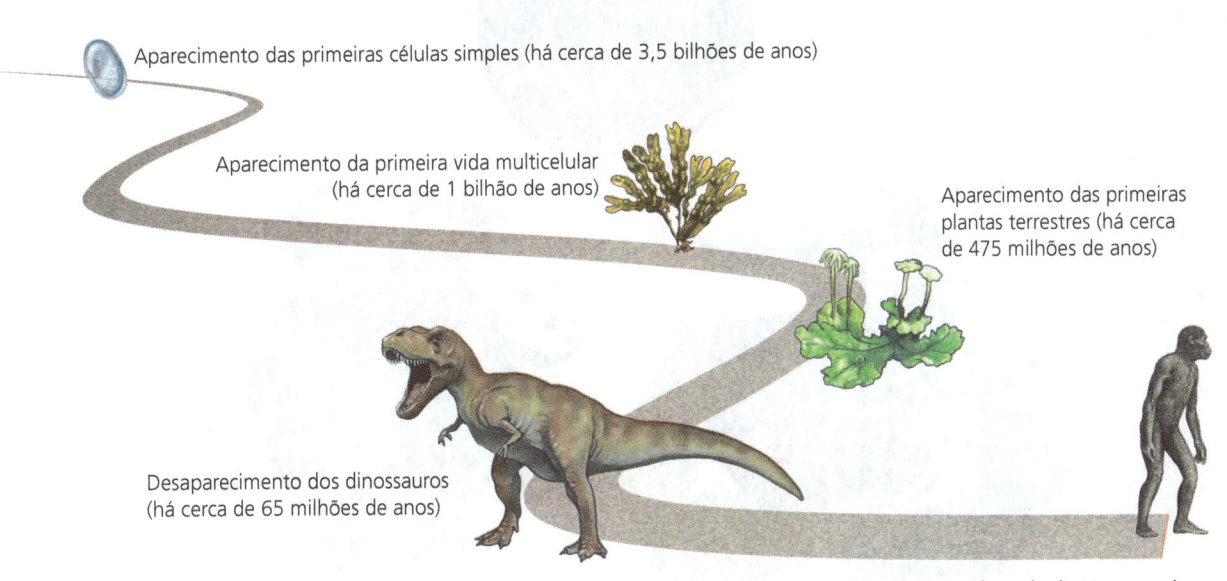

Figura 1-2 Aqui, a duração da existência do *Homo sapiens sapiens* na Terra é comparada com a duração da vida, que começou há cerca de 3,5 bilhões de anos. Se o comprimento da linha do tempo fosse de 1 km, o tempo da humanidade na Terra ocuparia aproximadamente os últimos 3 centésimos de milímetro. Isto é menor do que o diâmetro de um fio de cabelo quando comparado a 1 quilômetro de tempo.

uma espécie muito inteligente, ainda que talvez não tão inteligente quanto nos julgamos ser. Em um período de poucas centenas de anos, apossamo-nos de boa parte do planeta para suprir nossas necessidades básicas e demandas crescentes. Mas, nesse processo, nós a temos degradado cada vez mais. Muitos argumentam que uma espécie que degrada seu próprio sistema de suporte à vida não pode ser considerada sábia.

Para aprender a viver de forma mais sustentável e, portanto, mais sabiamente, precisamos descobrir como a vida na Terra tem se mantido. Nossa pesquisa nos leva a crer que, em face das drásticas mudanças ambientais, há três grandes temas relacionados à sustentabilidade de longo prazo da vida neste planeta: a *energia solar, a biodiversidade e a ciclagem química*. (**Conceito 1-1A**), resumidos na Figura 1-3. Em outras palavras, depender do sol, fomentar as várias formas de vida e reduzir o desperdício. Essas ideias poderosas e ao mesmo tempo simples são os três **princípios da sustentabilidade**, ou *lições da natureza* que usamos neste livro para nos orientar em direção a uma vida mais sustentável.

- **Dependência da energia solar:** O sol aquece o planeta e propicia *a fotossíntese* – um processo químico complexo usado pelas plantas para fornecer os *nutrientes* ou substâncias químicas de que a maioria dos organismos necessita para sobreviver e se reproduzir. Sem o sol, não haveria plantas, animais ou comida. O sol também alimenta indiretamente outras formas de energia, tais como o vento e a água corrente, que podemos usar para produzir eletricidade.

- **Biodiversidade** (abreviação para *diversidade biológica):* Trata-se da espantosa variedade de organismos e dos sistemas naturais onde estes existem e interagem (tais como os desertos, as pastagens naturais, as florestas e os oceanos), e os serviços naturais que esses organismos e sistemas vivos fornecem gratuitamente (como a renovação do solo, o controle de pragas e a purificação da água e do ar). A biodiversidade também propicia inúmeras maneiras para que a vida se adapte às mudanças das condições ambientais. Sem ela, grande parte da vida teria sido eliminada há muito tempo.

- **Ciclagem química:** Também conhecida como ciclagem de nutrientes, essa circulação de produtos químicos do ambiente (principalmente

Energia Solar

Ciclagem química   **Biodiversidade**

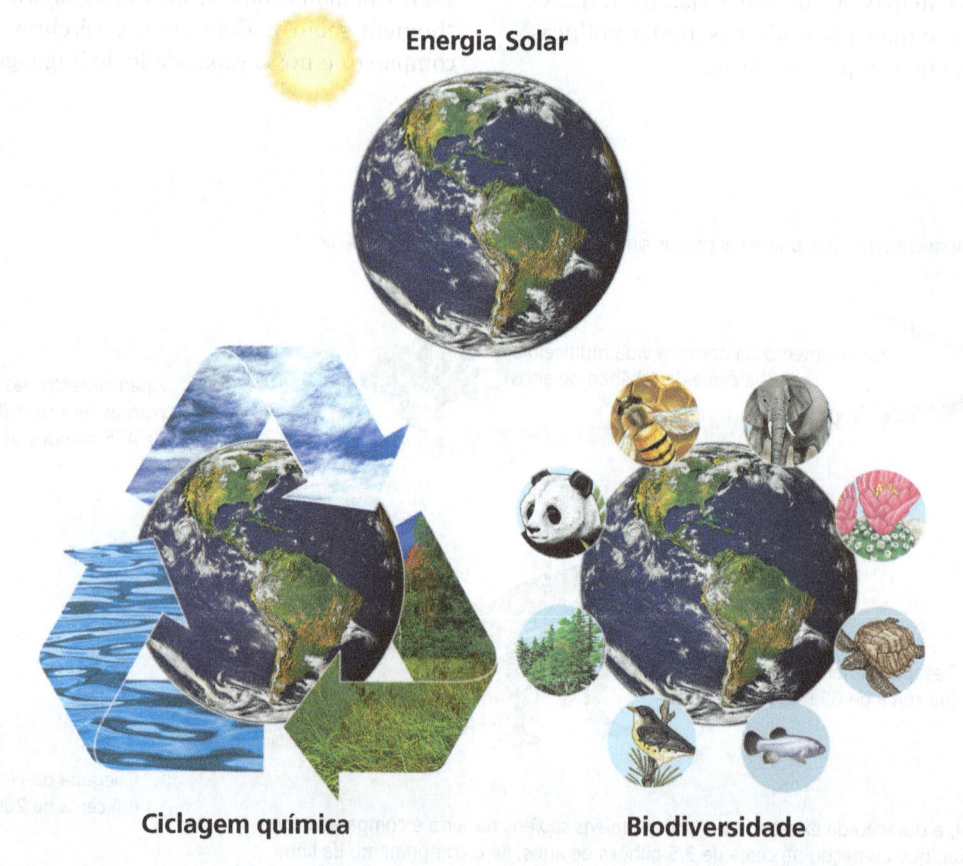

Figura 1-3 Os três princípios da sustentabilidade: Nós formulamos estes três princípios interligados da sustentabilidade com base no conhecimento de como a natureza tem sustentado uma enorme diversidade de vida na Terra por pelo menos 3,5 bilhões de anos, apesar de mudanças drásticas nas condições ambientais (**Conceito 1-1A**).

do solo e da água) por intermédio dos organismos e de volta ao ambiente é necessária para a vida. Os processos naturais são os mantenedores desse ciclo, e a Terra não recebe nenhum novo suprimento desses produtos químicos. Portanto, para a vida se sustentar, esses nutrientes devem ser reciclados indefinidamente. Sem essa ciclagem química não haveria ar, água, solo, comida ou vida.

A sustentabilidade tem componentes-chave específicos

Sustentabilidade, o tema central de integração deste livro, tem vários componentes críticos que usaremos como subtemas. Um deles é o **capital natural** – os recursos e serviços naturais que nos mantêm e as outras formas de vida, saudáveis, e sustenta nossas economias humanas (Figura 1-4).

Recursos naturais são materiais e energia na natureza essenciais, ou úteis, aos seres humanos, em geral são classificados como *renováveis* (ar, água, solo, plantas e vento) ou *não renováveis* (como cobre, petróleo e carvão). **Serviços naturais** são processos que acontecem na natureza, como a purificação do ar e da água, e a renovação do solo, que sustentam a vida e as economias humanas.

Em termos econômicos, *capital* refere-se a dinheiro e outras formas de riqueza que podem manter uma pessoa, uma população ou uma economia, e proporcionar um rendimento sustentável se utilizado corretamente, ou seja, se não os esgotarmos muito

Capital natural

Capital Natural = Recursos Naturais + Serviços Naturais

- Energia solar
- Ar
  - Purificação do ar
  - Regulação do clima
  - Proteção UV (camada de ozônio)
- Energia renovável (sol, vento, fluxos de água)
- Água
  - Purificação da água
  - Tratamento de resíduos
- Minerais não renováveis (ferro, areia)
- Gás natural
- Petróleo
- Solo
  - Renovação do solo
- Energia não renovável (combustíveis fósseis)
- Veios de carvão
- Vida (biodiversidade)
  - Controle populacional
  - Controle de pragas
- Terra
  - Produção de alimentos
  - Reciclagem de nutrientes

Legenda:
- Recursos naturais
- Serviços naturais

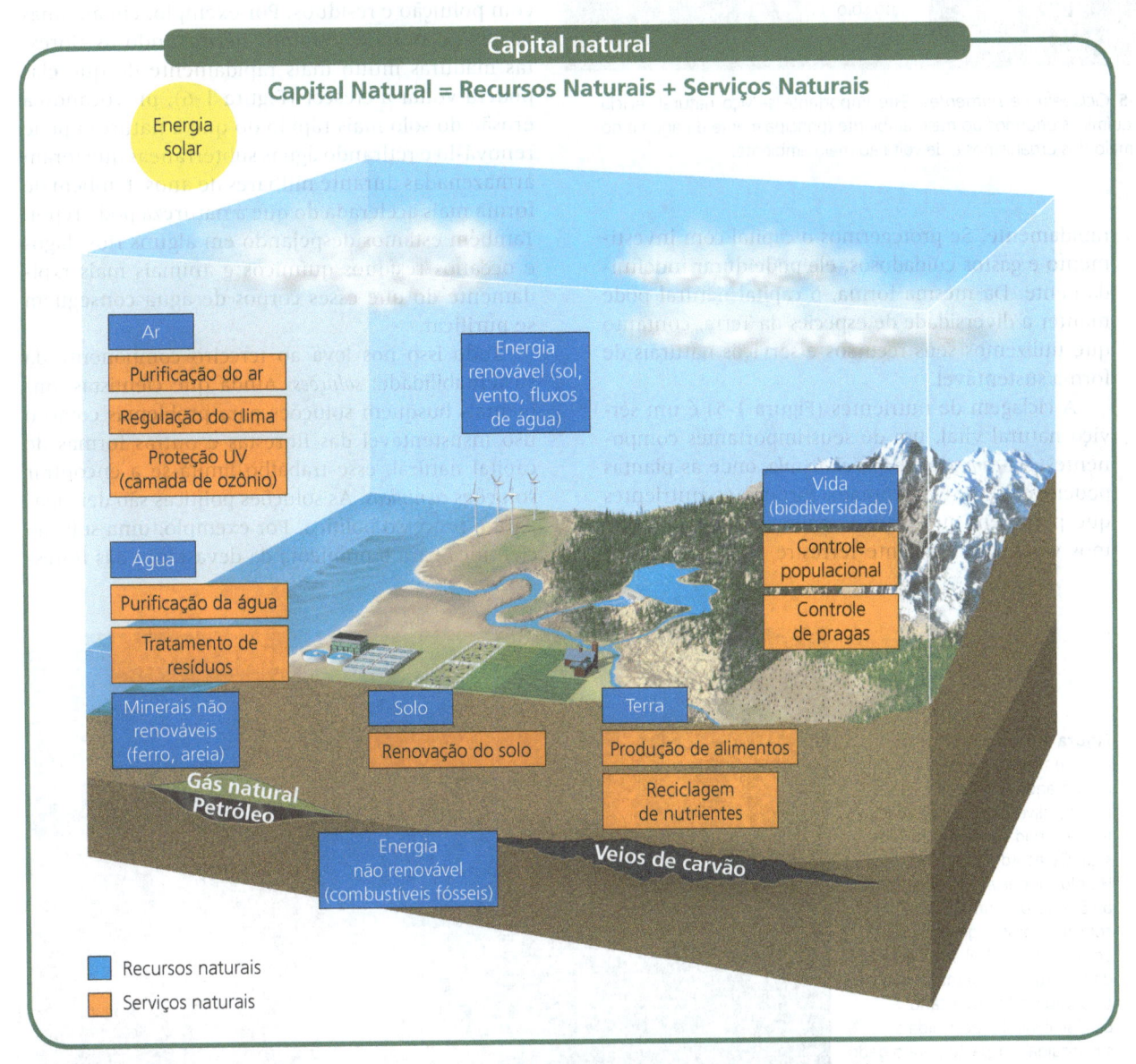

Figura 1-4 Estes importantes *recursos naturais* (azul) e *serviços naturais* (laranja) sustentam e mantêm a vida do planeta e as economias humanas (**Conceito 1-1A**).

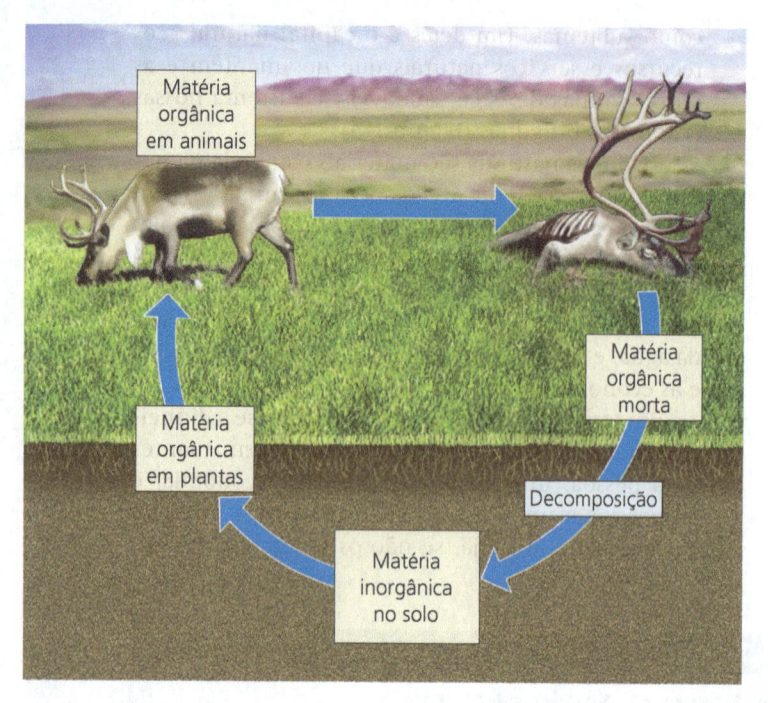

Figura 1-5 *Ciclagem de nutrientes:* Este importante serviço natural recicla produtos químicos oriundos do meio ambiente (principalmente da água e do solo) por meio dos organismos e de volta ao meio ambiente.

de nutrientes na camada superficial do solo, a vida como a conhecemos não poderia existir. Portanto, ela está na base de um dos três **princípios da sustentabilidade**.

O capital natural é mantido pela energia proveniente do sol, outro dos **princípios da sustentabilidade** (Figura 1-3). Sem energia solar, esse capital e a vida que ele sustenta entrariam em colapso. Assim, nossas vidas e economias dependem da energia do sol, dos recursos e dos serviços naturais *(capital natural)* fornecidos pela Terra (**Conceito 1-1B**).

Um segundo componente da sustentabilidade, outro subtema deste livro, é o reconhecimento de que muitas atividades humanas podem *degradar o capital natural* ao utilizar recursos normalmente renováveis mais rapidamente do que a natureza pode recuperá-los, sobrecarregando os sistemas naturais com poluição e resíduos. Por exemplo, em algumas partes do mundo, estamos desmatando as florestas maduras muito mais rapidamente do que elas podem voltar a crescer (Figura 1-6), provocando a erosão do solo mais rápido do que a natureza pode renová-lo e retirando águas subterrâneas que foram armazenadas durante milhares de anos, também de forma mais acelerada do que a natureza pode repor. Também estamos despejando em alguns rios, lagos e oceanos resíduos químicos e animais mais rapidamente do que esses corpos de água conseguem se purificar.

Tudo isso nos leva ao terceiro componente da sustentabilidade: *soluções*. Ainda que cientistas ambientais busquem soluções para problemas como o uso insustentável das florestas e outras formas de capital natural, esse trabalho limita-se a encontrar soluções *científicas*. As soluções políticas são deixadas para o processo político. Por exemplo, uma solução científica para o problema da devastação das flores-

rapidamente. Se protegermos o capital com investimento e gastos cuidadosos, ele pode durar indefinidamente. Da mesma forma, o capital natural pode manter a diversidade de espécies da Terra, contanto que utilizemos seus recursos e serviços naturais de forma sustentável.

A ciclagem de nutrientes (Figura 1-5) é um serviço natural vital, um de seus importantes componentes é a *camada superficial do solo*, onde as plantas podem crescer. Essa camada fornece os nutrientes que permitem que plantas, animais e microrganismos vivam no ambiente terrestre. Sem a ciclagem

Figura 1-6 Degradação do capital natural: Esta já foi uma grande área de floresta tropical diversa no Brasil, mas foi derrubada para o cultivo de soja. De acordo com o ecólogo Harold Mooney, da Universidade de Stanford, estimativas conservadoras sugerem que, entre 1992 e 2008, uma área de floresta tropical maior que o Estado norte-americano da Califórnia foi destruída e substituída por pasto para o gado e plantações para a produção de alimentos e de biocombustíveis.

tas poderia ser a cessação das queimadas e cortes das florestas maduras que contêm uma grande diversidade biológica, a fim de permitir que a natureza possa recompô-las. Já para o problema da poluição dos rios, pode se evitar o despejo de produtos químicos e resíduos em córregos, permitindo, assim, que eles se recuperem naturalmente. Mas, para implementar tais soluções, os governos teriam de promulgar e aplicar leis e regulamentos ambientais.

A busca de soluções muitas vezes envolve conflitos. Por exemplo, quando um cientista defende a proteção de uma floresta natural para ajudar a preservar sua importante diversidade de plantas e animais, a empresa madeireira que planejava cortar as árvores naquela área certamente protestará. Lidar com esses conflitos muitas vezes envolve *trocas* ou *negociações* – outro componente da sustentabilidade. Por exemplo, a empresa madeireira poderia ser persuadida a plantar uma *fazenda de árvores*, um pedaço de terra cultivado de forma sistemática com espécies arbóreas de rápido crescimento, em uma área já degradada, em vez de derrubar as árvores em uma floresta diversa natural. Em contrapartida, a empresa poderia receber a terra com pouco ou nenhum custo e cortar as árvores para sua renda em um tempo razoavelmente curto.

Uma mudança em direção à sustentabilidade ambiental (**Estudo de caso principal**)* deve ser baseada em conceitos e resultados científicos que sejam amplamente aceitos por especialistas em um determinado campo, conforme discutido em detalhes no Capítulo 2. Mas, ao fazer tal mudança, o que cada um de nós faz no seu dia a dia é importante. Em outras palavras, os *indivíduos são importantes*. Esse é outro subtema deste livro. Algumas pessoas são boas para pensar em novas ideias científicas e soluções inovadoras, ao passo que outras são boas em colocar pressão política sobre os líderes do governo e dos negócios de forma que as implementem. Em qualquer caso, uma mudança da sociedade rumo à sustentabilidade depende, em última instância, das ações dos indivíduos, começando com as escolhas diárias que todos nós fazemos. Assim, a *sustentabilidade começa no nível pessoal e local*.

Alguns recursos são renováveis, outros não

Do ponto de vista humano, **recurso** é qualquer coisa que podemos obter do meio ambiente para satisfazer nossas necessidades e demandas. Alguns, tais como energia solar, solo fértil e plantas silvestres comestíveis, estão diretamente disponíveis para uso. Outros, como petróleo, ferro, água subterrânea e plantações cultivadas, somente se tornam úteis para nós após algum esforço e engenhosidade tecnológica. Por exemplo, o petróleo era apenas um fluido misterioso e oleoso, até que se descobriu uma maneira de encontrá-lo, extraí-lo e convertê-lo em gasolina, óleo para aquecimento e outros produtos.

Os recursos variam em termos de quão rapidamente podemos utilizá-los e como a natureza pode repô-los depois de terem sido utilizados. A energia solar é chamada de **recurso perpétuo**, pois sua oferta é contínua, e estima-se que deva durar pelo menos 6 bilhões de anos, quando o sol completa seu ciclo de vida. Um recurso que leva de vários dias a várias centenas de anos para ser reposto por processos naturais é chamado **recurso renovável**, desde que não o utilizemos mais rapidamente do que a natureza pode renová-lo. Exemplos incluem florestas, pastagens, populações de peixes, água doce, ar puro e solo fértil. A maior taxa em que podemos utilizar um recurso renovável indefinidamente sem reduzir sua oferta é chamada **produção sustentável**.

Recursos não renováveis são aqueles que existem em uma quantidade fixa, ou *estoque*, na crosta da Terra. Em uma escala de tempo de milhões a bilhões de anos, os processos geológicos podem renová-los. Mas, numa escala de tempo humana, muito mais curta, de centenas de milhares de anos, podemos esgotá-los muito mais rapidamente do que a natureza pode formá-los. Tais estoques esgotáveis incluem *recursos energéticos* (tais como carvão e petróleo), *recursos minerais metálicos* (tais como cobre e alumínio) e *recursos minerais não metálicos* (tais como sal e areia).

Conforme esgotamos tais recursos, a engenhosidade humana pode frequentemente encontrar substitutos. Por exemplo, durante este século, uma combinação de recursos energéticos renováveis, tais como o vento, o sol, a água corrente e o calor no interior da Terra, poderia reduzir nossa dependência dos combustíveis não renováveis, como o petróleo e o carvão. Além disso, vários tipos de plásticos (alguns feitos de plantas) e materiais compostos podem substituir certos metais. Mas, por vezes, não há substituto aceitável ou cujo preço seja acessível.

Podemos reciclar ou reutilizar alguns dos recursos não renováveis, como cobre e alumínio, para prolongar seu fornecimento. **Reutilização** é o uso de um recurso, várias vezes, sob uma mesma forma. Por exemplo, podemos recolher, lavar e reabastecer as garrafas de vidro muitas vezes (Figura 1-7). **Reciclagem**, por sua vez, envolve a coleta de resíduos (Figura 1-8) e sua transformação em novos materiais. Por exemplo, podemos amassar e derreter o alumí-

---

* O Estudo de caso proncipal do início do capítulo é referência para conectar e integrar grande parte do material em cada capítulo. O ícone indica essas conexões.

Figura 1-7 *Reutilização:* Esta criança e sua família, em Catmandu, no Nepal, recolhem garrafas de cerveja e as vendem para uma cervejaria que as reutiliza.

nio descartado para fazer novas latas de alumínio ou outros produtos. No entanto, não podemos reciclar recursos energéticos como petróleo e carvão, pois uma vez queimados, sua energia concentrada não nos está mais disponível. Reutilização e reciclagem são dois modos de viver de maneira mais sustentável (**Estudo de caso principal**), seguindo um dos três princípios da sustentabilidade da natureza (Figura 1-3).

Figura 1-8 *Reciclagem:* Esta família está trazendo itens para reciclagem. Cientistas estimam que poderíamos reciclar e reutilizar de 80% a 90% dos recursos que utilizamos agora e, assim, chegar perto de imitar a maneira como a natureza recicla praticamente tudo. A reciclagem é importante, mas implica lidar com os resíduos que produzimos. Idealmente, devemos nos concentrar mais em usar menos, reutilizando itens e, assim, reduzindo o desperdício desnecessário de recursos.

A reciclagem de recursos metálicos não renováveis utiliza muito menos energia e água, além de resultar em muito menos poluição e degradação ambiental do que a sua exploração quando ainda virgens. Reutilizá-los (Figura 1-7) requer ainda menos energia e água e produz menos poluição e degradação ambiental que a reciclagem.

Países diferem em níveis de insustentabilidade

Poucas pessoas querem conscientemente degradar o meio ambiente. No passado, a maioria pode até, provavelmente, ter feito isso sem perceber. Mas, conforme a população humana cresce, mais e mais pessoas buscam satisfazer suas necessidades e desejos utilizando cada vez mais recursos. Líderes governamentais e da sociedade são acusados de tornar isso possível pela manutenção e expansão de suas economias nacionais, que podem levar a grandes problemas ambientais.

Crescimento econômico é o aumento na produção de bens e serviços de uma nação, comumente medido pelo percentual de mudança no **produto interno bruto (PIB)** de um país, que é o valor anual de mercado de todos os bens e serviços produzidos por todas as empresas, nacionais e estrangeiras, que operam dentro de um país. As alterações no crescimento econômico de um país por pessoa são medidas pelo **PIB** *per capita*, sendo o PIB dividido pelo total da população no meio do ano.

O crescimento econômico proporciona às pessoas mais bens e serviços, mas o **desenvolvimento econômico** é um esforço que visa usá-lo para a melhoria da qualidade de vida. A Organização das Nações Unidas (ONU) classifica os países do mundo entre os que são economicamente mais ou menos desenvolvidos com base principalmente na renda média de suas populações. Os **países mais desenvolvidos** são aqueles com renda média alta, grupo no qual estão incluídos Estados Unidos, Canadá, Japão, Austrália, Nova Zelândia e a maioria dos países europeus. De acordo com dados da ONU e do Banco Mundial, os países mais desenvolvidos, com apenas 19% da população mundial, utilizam cerca de 88% de todos os recursos e produzem cerca de 75% da poluição e dos resíduos do mundo.

Todas as outras nações, onde vivem 81% da população mundial, são classificadas como **países menos desenvolvidos**, a maioria deles na África, Ásia e América Latina. Alguns são *países de renda média, moderadamente desenvolvidos,* como China, Índia, Brasil, Turquia, Tailândia e México. Outros são de *baixa renda, menos desenvolvidos,* como Congo, Haiti, Nigéria e Nicarágua. (Veja, na Figura 1, do Suplemento 8, um mapa dos países de renda alta, média-alta, média-baixa e baixa.)

1-2 Como nossas pegadas ecológicas estão influenciando a Terra?

▶ **CONCEITO 1-2** Conforme nossas pegadas ecológicas aumentam, estamos destruindo e degradando cada vez mais o capital natural da Terra.

Estamos vivendo de maneira insustentável

A má notícia é que, de acordo com grande e crescente quantidade de conhecimento científico, estamos vivendo de maneira insustentável, desperdiçando, empobrecendo e degradando o capital natural da Terra em um ritmo acelerado. Esse processo todo é conhecido como **degradação ambiental**, resumido na Figura 1-9. Também nos referimos a este fenômeno como **degradação do capital natural**.

Somos uma civilização em sérios apuros. Em muitas partes do mundo, florestas potencialmente renováveis estão diminuindo, desertos se expandindo, solos erodindo e terras agrícolas se deteriorando. Além disso, a baixa atmosfera está se aquecendo, as geleiras, derretendo, o nível do mar, subindo, e inundações, secas, clima severo e incêndios florestais, aumentando em algumas áreas. Em muitas regiões, rios potencialmente renováveis estão secando, colheitas de muitas espécies de peixes comestíveis, caindo acentuadamente e recifes de corais, desaparecendo. Espécies são extintas pelo menos cem vezes mais rapidamente do que eram nos tempos pré-humanos, e essa taxa deve aumentar.

Em 2005, a ONU lançou o *Millennium Ecosystem Assessment*. De acordo com esse estudo de quatro anos, feito por 1.360 especialistas de 95 países, as atividades humanas têm degradado aproximadamente 60% dos serviços naturais da Terra (Figura 1-4), principalmente nos últimos 50 anos. Em seu resumo, o relatório adverte que "a atividade humana está colocando tanta pressão sobre as funções naturais da Terra que a capacidade dos ecossistemas do planeta de sustentar as futuras gerações já não pode ser tida como certa".

A boa notícia, também incluída no relatório da ONU, é que temos o conhecimento e as ferramentas para preservar, em vez de destruir, o capital natural do planeta, e há uma série de estratégias para fazê-lo.

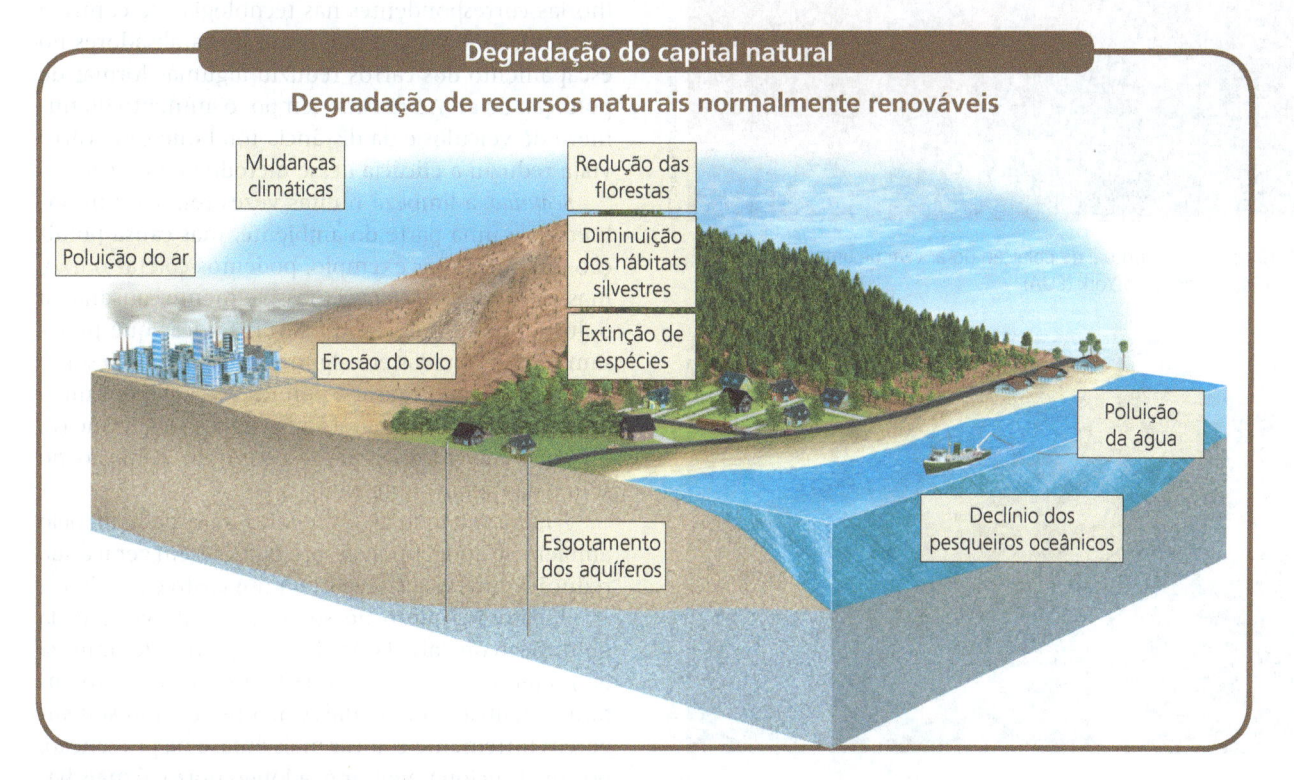

Figura 1-9 Estes são exemplos da degradação de recursos e serviços naturais normalmente renováveis em determinadas partes do mundo, principalmente como resultado do crescimento demográfico e utilização de recursos por pessoa.

A poluição provém de diversas fontes

Um dos primeiros problemas ambientais que os cientistas abordaram, e que é fundamental para muitas outras questões ambientais, é a **poluição** – qualquer presença de agente químico ou de outros agentes no meio ambiente, como ruído ou calor num nível prejudicial à saúde, à sobrevivência, ou às atividades dos seres humanos ou outros organismos. Substâncias poluidoras ou *poluentes* podem atingir o meio ambiente naturalmente, por meio de erupções vulcânicas, ou por meio de atividades humanas, como a queima de carvão ou gasolina e o despejo de produtos químicos em rios e oceanos.

Os poluentes que produzimos são provenientes de dois tipos de fontes. **Fontes pontuais** são únicas, identificáveis. Exemplos são a chaminé de uma usina industrial que queima carvão (Figura 1-10), o cano de esgoto de uma fábrica, o escapamento de um automóvel. **Fontes difusas** são dispersas, e muitas vezes difíceis de ser identificadas. Exemplos são pesticidas pulverizados no ar e o escoamento de fertilizantes, pesticidas e lixo do solo para córregos e lagos (Figura 1-11). É muito mais fácil e mais econômico identificar, controlar ou prevenir a poluição proveniente de fontes pontuais do que a das difusas.

Existem dois principais tipos de poluentes. Os *biodegradáveis* são materiais nocivos que processos naturais podem decompor ao longo do tempo; por exemplo, o esgoto humano e os jornais. Já os *não degradáveis* são produtos químicos nocivos que processos naturais não podem decompor; por exemplo, elementos químicos tóxicos como chumbo, mercúrio e arsênico. (Veja Suplemento 4, para uma introdução à química básica.)

Poluentes provocam três tipos de efeitos indesejados. *Primeiro*, perturbam ou degradam os sistemas de suporte à vida dos seres humanos e de outras espécies. *Segundo*, danificam a vida silvestre, a saúde humana e a propriedade. *Terceiro*, criam perturbações, como ruído, mau cheiro, gosto ruim e poluição visual.

Tentamos lidar com a poluição de duas maneiras muito diferentes. Um método é a **limpeza da poluição**, ou **controle da poluição produzida**, que envolve a limpeza ou diluição dos poluentes depois de tê-los produzido. Outro, é a **prevenção da poluição,** ou **controle da produção de poluição**, que reduz ou elimina a produção de poluentes.

Cientistas ambientais identificaram três problemas com relação à limpeza da poluição. *Primeiro*, ela é apenas uma medida paliativa, se as populações e os níveis de consumo continuam crescendo sem melhorias correspondentes nas tecnologias de controle de poluição. Por exemplo, o uso de catalisadores no escapamento dos carros reduziu algumas formas de poluição do ar. Ao mesmo tempo, o aumento do número de veículos e da distância total que cada carro viaja reduziu a eficácia desse método de limpeza.

Segundo, a limpeza muitas vezes remove um poluente de uma parte do ambiente, mas causa poluição em outra. Por exemplo, podemos coletar o lixo, mas ele é então *queimado* (possivelmente causando a poluição do ar e deixando cinzas tóxicas que precisam ser depositadas em algum lugar), *despejado* sobre a terra (podendo causar a poluição da água por meio do escoamento ou infiltração em águas subterrâneas), ou *enterrado* (possivelmente causando poluição do solo e das águas subterrâneas).

Terceiro, quando os poluentes se espalham pelo ambiente e atingem níveis prejudiciais, em geral a sua redução a níveis aceitáveis tem um custo excessivo.

Precisamos tanto de soluções de prevenção da poluição (controle da produção) quanto de limpeza da poluição (controle do que foi produzido). No entanto, cientistas ambientais e alguns economistas sugerem fortemente colocar mais ênfase na prevenção, porque funciona melhor e, a longo prazo, é mais barata do que a limpeza.

Figura 1-10 Esta fonte pontual de poluição do ar vem de uma fábrica de celulose no Estado de Nova York (EUA).

Figura 1-11 O lixo neste rio veio de uma grande área de terra, um exemplo de poluição difusa da água.

A tragédia dos comuns: a superexploração de recursos naturais renováveis comumente compartilhados

Existem três tipos de direitos de propriedade ou de recurso. Um é a *propriedade privada*, segundo o qual indivíduos ou empresas detêm os direitos da terra, minérios e outros recursos. Outro, a *propriedade comum*, pelo qual os direitos de determinados recursos são detidos por grandes grupos de indivíduos; por exemplo, aproximadamente um terço do território dos Estados Unidos é de propriedade conjunta de todos os seus cidadãos, mantido e gerido, para eles, pelo governo.

A terceira categoria consiste em *recursos renováveis de livre acesso*, de propriedade de ninguém e disponíveis para o uso por qualquer pessoa, com pouco ou nenhum custo. Exemplos de tais recursos renováveis compartilhados incluem a atmosfera, as reservas de água subterrâneas e o alto mar e sua vida marinha.

Muitos recursos renováveis de propriedade comum e de livre acesso têm sido degradados. Em 1968, o biólogo Garrett Hardin (1915-2003) chamou tal degradação de *tragédia dos comuns*. Isso ocorre porque cada um dos seus usuários pensa: "Se eu não usar esse recurso, outro o fará. O pouco que eu usar ou poluir não fará diferença, e, de qualquer maneira, é um recurso renovável".

Quando o número de usuários é pequeno, essa lógica funciona. Com o tempo, porém, o efeito cumulativo de muitas pessoas tentando explorar um recurso compartilhado pode degradá-lo e eventualmente extingui-lo ou destruí-lo. Então, ninguém mais poderá beneficiar-se dele. Tal degradação ameaça nossa capacidade de garantir a sustentabilidade a longo prazo em termos econômicos e ambientais dos recursos de livre acesso, como a atmosfera ou as espécies de peixes no oceano.

Há duas principais maneiras de lidar com esse difícil problema. Uma é usar um recurso renovável compartilhado a uma taxa bem abaixo da sua produção sustentável estimada e/ou regulamentar seu acesso, ou ambos. Por exemplo, os governos podem estabelecer leis e regulamentos que limitem a pesca anual de vários tipos de peixes oceânicos que têm sido explorados em níveis insustentáveis e, também, regulamentar a quantidade de poluentes que adicionamos à atmosfera e aos oceanos.

A outra maneira é transferir recursos renováveis de livre acesso à propriedade privada. O raciocínio é que, se você possui algo, é mais provável que proteja o que é seu. Isso pode ser verdade, mas essa abordagem não é prática para os recursos globais de acesso livre, como a atmosfera e os oceanos, que não podem ser divididos nem vendidos como propriedade privada.

Pegadas ecológicas: um modelo de uso insustentável dos recursos

Muitas pessoas nos países menos desenvolvidos lutam para sobreviver. Seu uso individual de recursos e consequente impacto ambiental é baixo, e dedicado principalmente a satisfazer às suas necessidades básicas (Figura 1-12a). No entanto, na totalidade países extremamente pobres, se reunidos, praticamente derrubam todas as árvores disponíveis para conseguir madeira suficiente para se aquecer e cozinhar. Nesses casos, a sobrevivência imediata é uma prioridade mais urgente do que a sustentabilidade a longo prazo. Em contrapartida, muitas pessoas em países mais desenvolvidos beneficiam-se da **afluência**, ou seja, da riqueza, consumindo grandes quantidades de recursos muito além de suas necessidades básicas (Figura 1-12b).

Figura 1-12 *Padrões de consumo de recursos naturais:* A Figura 1-12a mostra uma família de cinco agricultores de subsistência, com todas as suas posses. Eles vivem na aldeia de Shingkhey, no Butão, cordilheira do Himalaia, entre a China e a Índia, no sul da Ásia. A Figura 1-12b mostra uma típica família norte-americana de quatro pessoas que vivem em Pearland, no Texas, com suas posses.

Fornecer recursos renováveis à população resulta em resíduos e poluição, o que, por consequência, pode acarretar um enorme impacto ambiental. Podemos pensar nisso como uma **pegada ecológica** – quantidade de terra biologicamente produtiva e água necessária para prover as pessoas de um determinado país ou região com uma oferta ilimitada de recursos renováveis, e absorver e reciclar os resíduos e a poluição produzida pela utilização de tais recursos. (Os desenvolvedores dessa ferramenta optaram por se concentrar em recursos renováveis, embora a utilização dos não renováveis também contribua para os impactos ambientais.) **Pegada ecológica** *per capita* é a representação do impacto ambiental médio dos indivíduos em determinado país ou região.

Se a pegada ecológica total de um país (ou do mundo) for maior do que sua *capacidade biológica* de repor os recursos renováveis e de absorver os resíduos e a poluição, dizemos que há um *déficit ecológico*. Em outras palavras, esse país está vivendo de forma insustentável, esgotando seu capital natural, em vez de viver do rendimento fornecido por ele. Em 2008, o World Wildlife Fund (WWF) e a Global Footprint Network estimaram que a pegada ecológica global da humanidade excedeu a capacidade biológica da Terra de suportar seres humanos e outras formas de vida por tempo indefinido em pelo menos 30% (Figura 1-13). Essa estimativa foi de cerca de 88% em países de alta renda, como os Estados Unidos.

Ou seja, a humanidade está vivendo de maneira insustentável. Segundo o WWF, é preciso aproximadamente o equivalente a, pelo menos, 1,3 planeta Terra para prover uma fonte infinita de recursos renováveis em sua atual taxa média de utilização por pessoa, e eliminar a poluição e os resíduos resultantes indefinidamente. Se o número de pessoas e a taxa média de utilização de recursos renováveis por pessoa continuar a crescer como projetado, por volta de 2035 precisaremos do equivalente a dois planetas Terra (Figura 1-13) para prover tais recursos indefinidamente (**Conceito 1-2**). (No Suplemento 8, veja na Figura 6, o mapa da pegada ecológica humana no mundo, e, na Figura 7, o de países que são credores ou devedores ecológicos.

Pegada ecológica *per capita* é uma estimativa de quanto dos recursos renováveis da Terra um indivíduo consome. Ao lado dos Emirados Árabes Unidos, ricos em petróleo, estão os Estados Unidos, com a segunda maior pegada ecológica *per capita* do mundo. Em 2003 (últimos dados disponíveis), esse consumo *per capita* norte-americano foi de cerca de 4,5 vezes a média global por pessoa, seis vezes maior que a pegada *per capita* da China e 12 vezes a dos países de baixa renda.

Pegada ecológica total (milhões de hectares) e proporção da capacidade biológica global (%)

Estados Unidos	2.810 (25%)
União Europeia	2.160 (19%)
China	2.050 (18%)
India	780 (7%)
Japão	540 (5%)

Pegada ecológica *per capita* (hectares por pessoa)

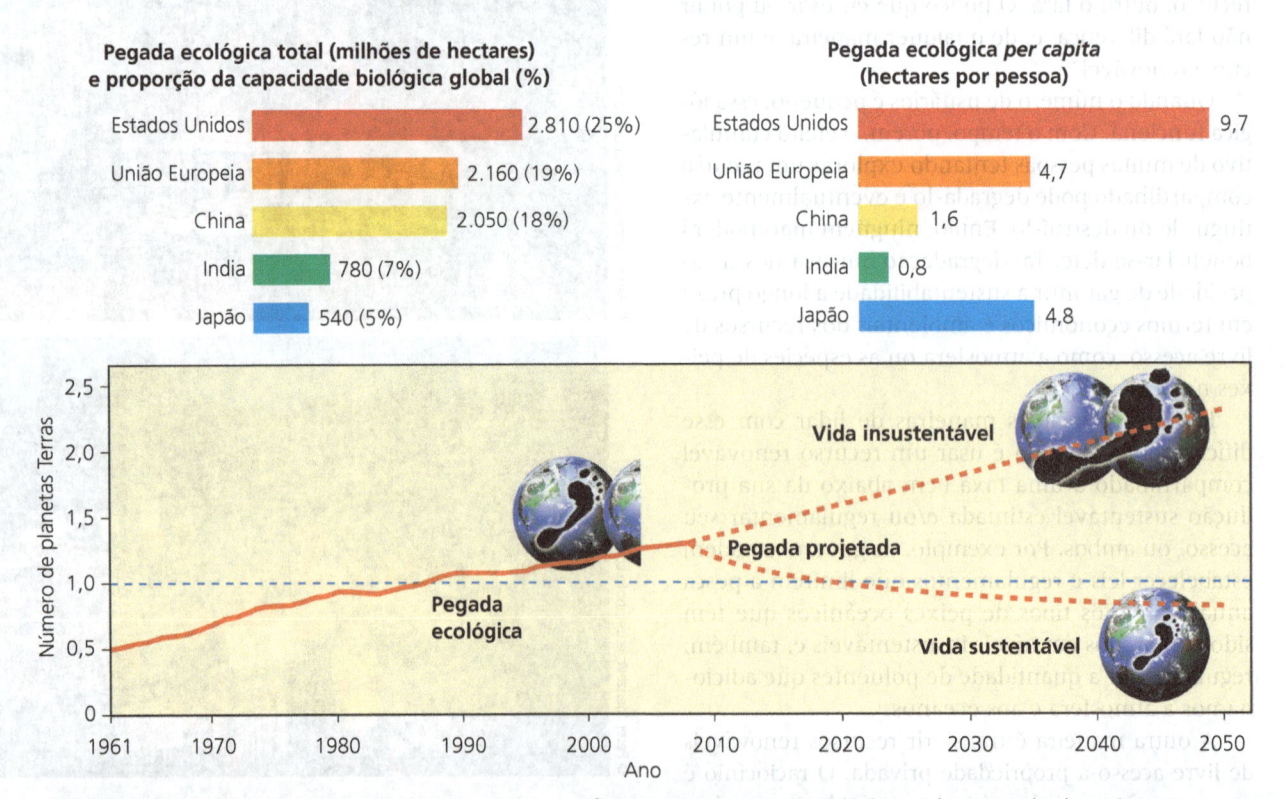

Estados Unidos	9,7
União Europeia	4,7
China	1,6
India	0,8
Japão	4,8

Figura 1-13 Uso e degradação do capital natural: Estes gráficos mostram a pegada ecológica total e *per capita* dos países selecionados (acima). Em 2008, o total global era, pelo menos, 30% maior do que a capacidade biológica da Terra (parte inferior), e estudos projetam que chegará ao dobro por volta de 2035.
Pergunta: Se estamos vivendo além da capacidade biológica renovável da Terra, por que você acha que a população humana e o consumo *per capita* dos recursos ainda estão crescendo rapidamente? (Dados do Worldwide Fund for Nature, Global Footprint Network, *Living Planet Report 2008*. Acesse www.footprintnetwork.org/en/index.php/GFN/page/world_footprint/)

Alguns analistas de pegadas ecológicas tentaram colocar essas medidas em termos de área terrestre real. Outros dizem que essas estimativas são passíveis de discussão, mas, para fins de comparação, grosso modo, concordam que elas funcionam bem. De acordo com um estudo, a pegada ecológica *per capita* mundial equivale a cerca de cinco campos de futebol americano em termos de extensão territorial. Outras estimativas indicam dezoito campos de futebol americano por pessoa nos Estados Unidos, oito na Alemanha e quatro na China.

De acordo com William Rees e Mathis Wackernagel, os formuladores do conceito de "pegada ecológica", com a tecnologia atual, seria necessária uma área de aproximadamente mais *cinco planetas Terra* para o resto do mundo alcançar os níveis atuais de consumo de recursos renováveis nos Estados Unidos. Dito de outra forma, se todos consumissem tanto quanto o norte-americano médio consome hoje, a Terra poderia suportar por tempo indefinido apenas cerca de 1,3 bilhão de pessoas – não as 6,9 bilhões que vivem atualmente no planeta. Nos atuais níveis de consumo de recursos, o território dos Estados Unidos poderia sustentar indefinidamente cerca de 186 milhões de pessoas. A população real dos Estados Unidos em 2010 era de 310 milhões, 67% maior do que a capacidade biológica estimada do país.

IPAT, outro modelo de impacto ambiental

No início dos anos 1970, os cientistas Paul Ehrlich e John Holdren desenvolveram um modelo simples que mostra como o tamanho da população (P), a afluência ou o consumo de recursos por pessoa (A) e os efeitos positivos e negativos das tecnologias ambientais (T) ajudam a determinar o impacto ambiental (I) das atividades humanas. Podemos resumir esse modelo com a simples equação $I = P \times A \times T$.

Impacto (I) = População (P) × Afluência (A) × Tecnologia (T)

A Figura 1-14 mostra a importância relativa desses três fatores em países menos e mais desenvolvidos. Enquanto o modelo de pegada ecológica enfatiza o uso de recursos renováveis, este inclui o uso *per capita* de ambos os recursos, renováveis e não renováveis. O impacto ambiental (I) é uma estimativa aproximada de quanto a humanidade está degradando o capital natural do qual depende.

Note que algumas formas de tecnologia, tais como fábricas e automóveis poluidores e usinas de queima de carvão, aumentam o impacto ambiental, exacerbando o fator T na equação. No entanto, outras tecnologias reduzem esse impacto, diminuindo o fator T. Exemplos são as tecnologias de controle e prevenção da poluição,

> **PENSANDO SOBRE**
> **Sua pegada ecológica**
> Visite o site **www.myfootprint.org/** e faça uma estimativa da sua própria pegada ecológica. De acordo com o resultado, ela é maior ou menor do que você pensou que seria? Por que você acha que é assim?

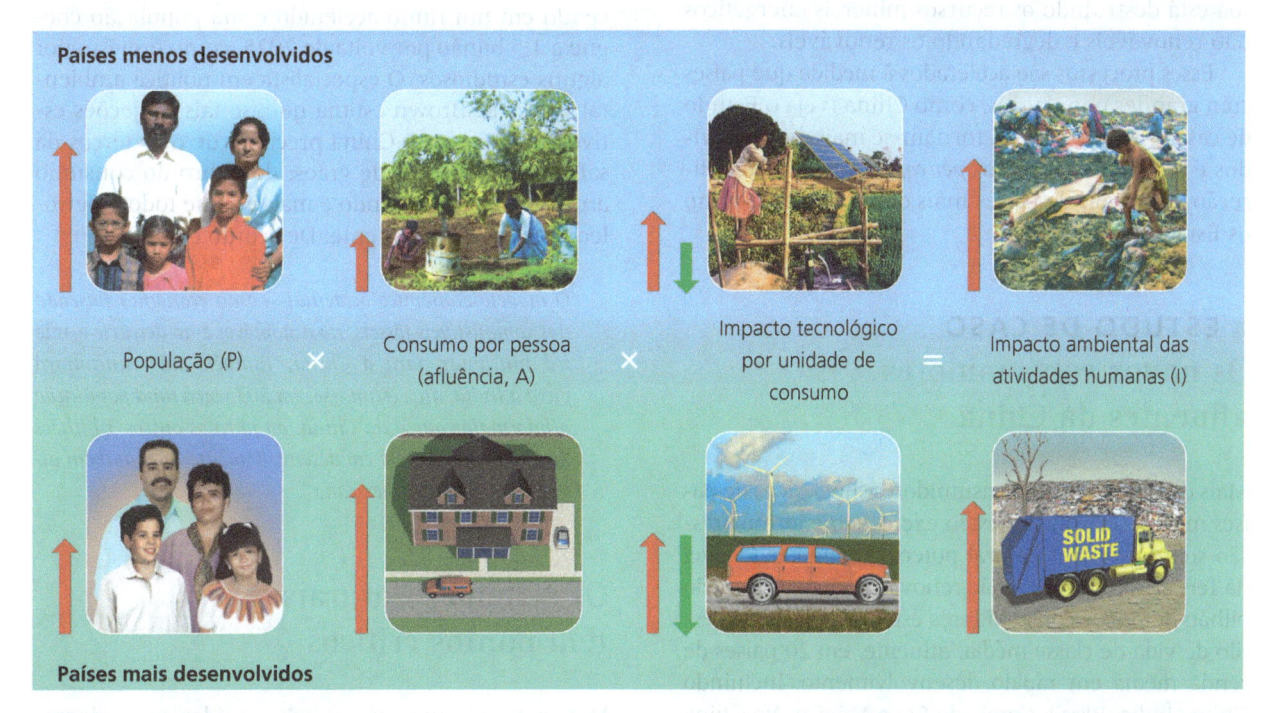

Figura 1-14 *Conexões:* Este modelo simples demonstra como três fatores – número de pessoas, afluência (uso de recursos por pessoa) e tecnologia – influenciam o impacto ambiental das atividades humanas de países menos desenvolvidos (acima) e países mais desenvolvidos (abaixo).

turbinas eólicas e painéis solares que geram eletricidade e carros com queima eficiente de combustível. Em outras palavras, algumas formas de tecnologia são *prejudiciais para o ambiente* e outras, *benéficas*.

Na maioria dos países menos desenvolvidos, os principais fatores do impacto ambiental total (Figura 1-14) são o tamanho da população e a degradação dos recursos renováveis, pois um grande número de pessoas pobres luta para sobreviver. Nesses países, onde a utilização *per capita* de recursos é baixa, cerca de 1,4 bilhão de pessoas pobres lutam para sobreviver com o equivalente a US$ 1,25 por dia, e cerca de metade das pessoas do mundo vivem com o equivalente a menos de US$ 2,25 por dia.

Em países mais desenvolvidos, as altas taxas de uso de recursos *per capita* e os consequentes altos níveis individuais de poluição e esgotamento dos recursos e degradação são, em geral, os principais fatores que determinam o impacto ambiental global (Figura 1-14). Em outras palavras, o *consumo excessivo* de cerca de 1 bilhão de pessoas está colocando forte pressão sobre nossos sistemas de suporte à vida. Para alguns analistas, esse fator é mais importante do que o de crescimento da população.

Como a população humana continua crescendo à razão de mais de 80 milhões de pessoas por ano, acabamos por empobrecer mais o solo ao aumentar a produção alimentar, perfuramos mais poços de água cada vez mais profundos, usamos mais energia e gastamos mais dinheiro para o transporte de combustíveis fósseis, água, minerais e alimentos para cada vez mais longe. Essa combinação de crescimento populacional e aumento da utilização de recursos por pessoa está destruindo os recursos minerais energéticos não renováveis e degradando os renováveis.

Esses processos são acelerados à medida que países com grandes populações, como China (veja o Estudo de caso a seguir) e Índia, tornam-se mais desenvolvidos e seu uso de recursos *per capita* aumenta em direção aos níveis de países mais desenvolvidos, como os Estados Unidos.

▪ ESTUDO DE CASO
Os novos consumidores afluentes da China

Mais de um bilhão de consumidores super-ricos de países mais desenvolvidos estão exercendo enorme pressão sobre o capital natural potencialmente renovável da Terra e seus recursos não renováveis. E mais de meio bilhão de novos consumidores estão atingindo um estilo de vida de classe média, afluente, em 20 países de renda média em rápido desenvolvimento, incluindo China, Índia, Brasil, Coreia do Sul e México. Na China e na Índia, o número de consumidores de classe média é de cerca de 150 milhões, aproximadamente igual à metade da população dos Estados Unidos, e esse número cresce rapidamente. Em 2006, o Banco Mundial projetou que até 2030 o número de consumidores de classe média que vivem em nações atualmente menos desenvolvidas chegará a 1,2 bilhão – cerca de quatro vezes a população atual dos Estados Unidos.

A China tem a maior população e a segunda maior economia do mundo, e é o maior consumidor mundial de trigo, arroz, carne, carvão, fertilizantes, aço e cimento, e o segundo maior consumidor de petróleo depois dos Estados Unidos. A China lidera o mundo no consumo de bens como televisores, celulares e refrigeradores; construiu o maior edifício, o trem mais rápido e a maior represa do mundo; e já produziu mais turbinas eólicas que qualquer outro país, e logo se tornará o maior produtor mundial de painéis solares. Em 2009, o número de usuários de internet na China era maior que a população inteira dos Estados Unidos, e esse número está crescendo rapidamente. Até 2015, espera-se que a China seja o maior produtor e consumidor mundial de automóveis, a maioria deles mais econômicos em combustível que os produzidos nos Estados Unidos e na Europa.

No entanto, após 20 anos de industrialização, a China agora tem dois terços das cidades mais poluídas do mundo. Alguns de seus principais rios estão sufocados pelos resíduos e pela poluição, e algumas áreas do seu litoral estão basicamente desprovidas de peixes e outras formas de vida marinha. Uma enorme nuvem de poluição no ar, gerada principalmente na China, atinge outros países da Ásia, o Oceano Pacífico e a costa oeste da América do Norte.

Suponha que a economia chinesa continue crescendo em um ritmo acelerado e sua população chegue a 1,5 bilhão por volta de 2025, como previsto por alguns estudiosos. O especialista em política ambiental Lester R. Brown estima que, se tais projeções estiverem corretas, a China precisará de dois terços da safra mundial atual de grãos, do dobro do consumo atual de papel do mundo e mais do que todo o petróleo produzido atualmente. De acordo com Brown:

> *O modelo econômico ocidental – o da economia baseada nos combustíveis fósseis, no automóvel e no descarte – não irá funcionar para a China. Também não funcionará para a Índia, que, estima-se, em 2033 terá uma população ainda maior que a da China, ou para os outros 3 bilhões de pessoas nos países em desenvolvimento que também almejam o "sonho americano".*

Os sistemas naturais têm pontos críticos

Um problema que enfrentamos ao lidar com a degradação ambiental é o *atraso de tempo* entre o uso insus-

CAPÍTULO 1 Os problemas ambientais, suas causas e sustentabilidade

tentável dos recursos renováveis e os consequentes efeitos ambientais prejudiciais. Atrasos de tempo podem fazer que um problema ambiental vá se formando lentamente, até atingir um *limiar*, ou **ponto crítico ecológico**, que provoca uma mudança muitas vezes irreversível no comportamento de um sistema natural (Figura 1-15).

Atingir um ponto crítico é como esticar um elástico. Podemos esticá-lo até que ele atinja várias vezes seu comprimento total, mas, em algum momento, chegaremos a um ponto crítico irreversível em que ele se quebrará.

Três potenciais pontos críticos que enfrentamos neste momento são: o colapso de determinadas populações de peixes por causa da pesca excessiva; a extinção prematura de muitas espécies resultante do excesso de caça ou redução de seus hábitats; e as mudanças climáticas de longo prazo causadas em parte pela queima de petróleo e carvão, gerando a emissão de gases que causam o aquecimento mais rápido da atmosfera do que seria sem tais emissões. Examinaremos cada um desses problemas nos próximos capítulos.

Mudanças culturais aumentaram nossas pegadas ecológicas

Cultura é o conjunto de todo o conhecimento, crenças, tecnologias e práticas de uma sociedade, e as mudanças culturais humanas tiveram efeitos profundos na Terra.

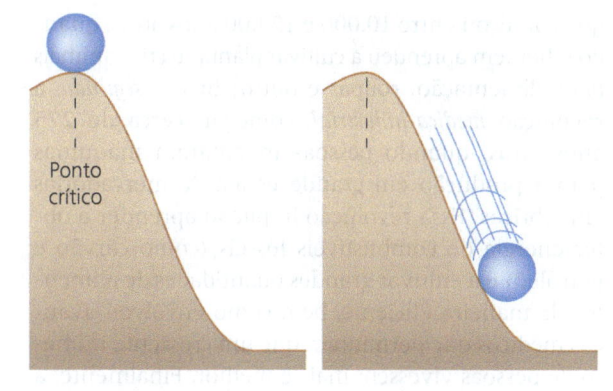

Figura 1-15 Neste exemplo, você pode controlar a bola conforme a empurra até o ponto crítico. Se passar desse ponto, você perde o controle. Os pontos críticos ecológicos podem ameaçar a totalidade ou parte do sistema de suporte à vida da Terra.

Evidências de organismos do passado e estudos de culturas antigas sugerem que a forma atual de nossa espécie, *Homo sapiens sapiens*, tem vivido sobre a Terra por cerca de 200.000 anos – menos do que um piscar de olhos quando comparado com os 3,5 bilhões de anos de vida da Terra (Figura 1-2). Até cerca de 12 mil anos atrás, éramos, em nossa maioria, *caçadores coletores* que obtinham alimentos por meio da caça de animais silvestres ou se alimentavam de seus restos e coleta de plantas silvestres. Os primeiros caçadores coletores viviam em pequenos grupos e mudavam de acordo com a necessidade de encontrar alimento suficiente para sua sobrevivência.

Desde então, três grandes mudanças culturais ocorreram (Figura 1-16). A *primeira* foi a *revolução agrícola*,

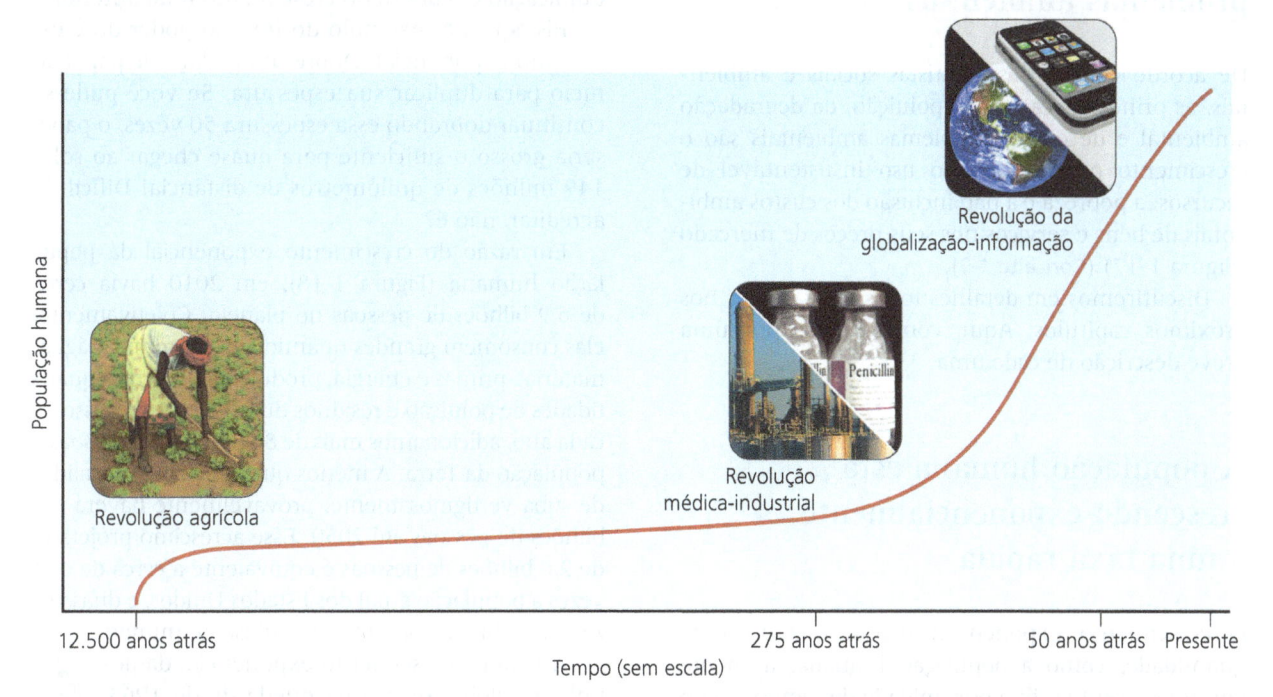

Figura 1-16 As inovações tecnológicas têm levado a um maior controle humano sobre o restante da natureza e a um crescimento da população humana.

que começou entre 10.000 e 12.000 anos atrás, quando o homem aprendeu a cultivar plantas e criar animais para alimentação, roupas e outros fins. *A segunda*, a revolução *médica-industrial*, começou cerca de 275 anos atrás, quando pessoas inventaram máquinas para a produção em grande escala de mercadorias em fábricas. Essa revolução implicou aprender a obter energia de combustíveis fósseis (como carvão e petróleo) e a cultivar grandes quantidades de alimentos de maneira eficiente, bem como envolveu avanços médicos que permitiram que um crescente número de pessoas vivessem mais e melhor. Finalmente, a revolução da *globalização-informação*, iniciada há cerca de 50 anos, quando desenvolvemos novas tecnologias para acesso rápido à informação e a muito mais recursos em escala global.

Cada uma dessas três mudanças culturais nos deu mais energia e novas tecnologias com as quais alteramos e controlamos ainda mais o planeta para satisfazer às nossas necessidades básicas e crescentes vontades. Também permitiram a expansão da população humana, principalmente em razão do aumento do suprimento de alimentos e vida mais longa. Além disso, cada uma dessas mudanças resultou em maior uso de recursos, poluição e degradação ambiental, porque permitiu que dominássemos o planeta e expandíssemos nossas pegadas ecológicas.

Muitos cientistas ambientais e outros analistas clamam agora pela quarta grande mudança cultural, uma revolução de sustentabilidade durante este século. Esta transformação cultural deve envolver o aprendizado de como reduzir a nossa pegada ecológica e de como viver de forma mais sustentável (**Estudo de caso principal**). Uma maneira de fazer isso é imitar a natureza, utilizando os três **princípios da sustentabilidade** (Figura 1-3) para guiar nosso estilo de vida e economias.

1-3 Por que temos problemas ambientais?

▶ **CONCEITO 1-3** As maiores causas de problemas ambientais são: crescimento populacional, uso insustentável e ineficiente de recursos, a pobreza e a não inclusão dos custos ambientais da utilização dos recursos nos preços de mercado de bens e serviços.

Especialistas identificaram quatro causas básicas para problemas ambientais

De acordo com vários cientistas sociais e ambientais, as principais causas da poluição, da degradação ambiental e de outros problemas ambientais são o crescimento populacional, o uso insustentável de recursos, a pobreza e a não inclusão dos custos ambientais de bens e serviços nos seus preços de mercado (Figura 1-17) (**Conceito 1-3**).

Discutiremos em detalhes todas estas causas nos próximos capítulos. Aqui, começaremos por uma breve descrição de cada uma.

A população humana está crescendo exponencialmente a uma taxa rápida

O **crescimento exponencial** ocorre quando uma quantidade, como a população humana, aumenta em um percentual fixo por unidade de tempo, como 2% ao ano, por exemplo. Esse crescimento começa de forma lenta, mas, eventualmente, faz que a quantidade dobre várias vezes. Depois de apenas algumas duplicações, cresce a números enormes, porque cada duplicação é o dobro do crescimento total anterior.

Eis aqui um exemplo do imenso poder do crescimento exponencial. Dobre um pedaço de papel ao meio para duplicar sua espessura. Se você pudesse continuar dobrando essa espessura 50 vezes, o papel seria grosso o suficiente para quase chegar ao sol – 149 milhões de quilômetros de distância! Difícil de acreditar, não é?

Em razão do crescimento exponencial da população humana (Figura 1-18), em 2010 havia cerca de 6,9 bilhões de pessoas no planeta. Coletivamente, elas consomem grandes quantidades de comida, água, matérias-primas e energia, produzindo enormes quantidades de poluição e resíduos durante esse processo. A cada ano, adicionamos mais de 80 milhões de pessoas à população da Terra. A menos que a taxa de mortalidade suba vertiginosamente, provavelmente haverá 9,5 bilhões de pessoas até 2050. Esse acréscimo projetado de 2,6 bilhões de pessoas é equivalente a cerca de oito vezes a população atual dos Estados Unidos, e duas vezes a da China, o país mais populoso do mundo.

A taxa de crescimento exponencial da população global teve uma queda desde 1963. Mesmo assim, em 2010 foram adicionadas por volta

CAPÍTULO 1 Os problemas ambientais, suas causas e sustentabilidade

Causas de problemas ambientais

| Crescimento da população | Uso não sustentável de recursos | Pobreza | Não inclusão dos custos ambientais nos preços de mercado |

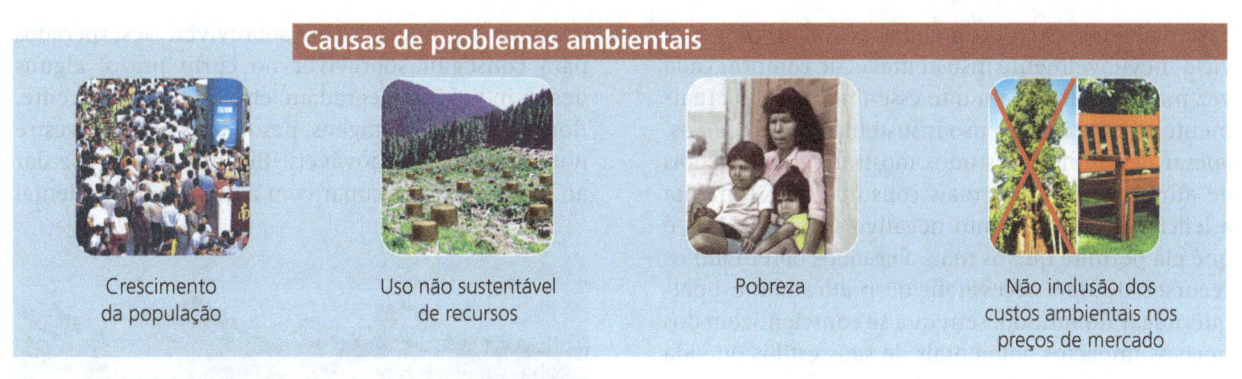

Figura 1-17 Cientistas ambientais e sociais identificaram quatro causas básicas para os problemas ambientais que enfrentamos (**Conceito 1-3**). **Pergunta:** Para cada uma dessas causas, quais são os dois problemas ambientais resultantes?

de 83 milhões de pessoas à Terra – uma média de cerca de 227 mil pessoas por dia. Isso é aproximadamente o equivalente a acrescentar uma nova cidade de Los Angeles, na Califórnia, a cada duas semanas; uma nova França a cada nove meses; ou um novo Estados Unidos – o terceiro país mais populoso do mundo – a cada quatro anos.

Ninguém sabe quantas pessoas e que nível de consumo de recursos a Terra pode suportar indefinidamente sem que a habilidade do planeta de suportar os seres humanos, nossas economias e outras formas de vida seja seriamente degradada. Mas, ainda assim, a expansão das pegadas ecológicas mundial e *per capita* (Figura 1-13) é preocupante sinal de alerta.

Podemos retardar o crescimento da população com o objetivo de tê-lo no patamar de cerca de 8 bilhões até 2040, como sugerido no **Estudo de caso principal**. Algumas maneiras de fazer isto são, por exemplo, reduzir a pobreza por meio do desenvolvimento econômico, promover o planejamento familiar e elevar o *status* da mulher, como será discutido no Capítulo 6.

Figura 1-18 Crescimento exponencial: A curva em forma de J representa os crescimentos populacionais exponenciais do passado, com projeções para 2100 mostrando uma possível estabilização, à medida que a curva assume uma forma de S. (Figura sem escala.) (Dados do Banco Mundial e das Nações Unidas, 2008; foto L. Yong/UNEP/Peter Arnold, Inc.)

A afluência tem efeitos ambientais benéficos e nocivos

O estilo de vida de muitos consumidores em países mais e menos desenvolvidos, tais como a Índia e a China (veja Estudo de caso), é construído sobre uma crescente afluência, o que resulta em elevados níveis de consumo e desperdício desnecessário de recursos. Tal afluência é lastreada principalmente no pressuposto – alimentado pela publicidade de massa – de que a contínua compra de bens materiais traz satisfação e felicidade.

Os efeitos ambientais nocivos da afluência são dramáticos. A população dos Estados Unidos é de apenas cerca de um quarto da população da Índia. No entanto, o norte-americano médio consome cerca de 30 vezes mais do que o indiano médio, e 100 vezes a média por pessoa nos países mais pobres do mundo. Como resultado, a média do impacto ambiental, ou pegada ecológica, por pessoa nos Estados Unidos é muito maior do que aquela medida nos países menos desenvolvidos (Figura 1-13).

Por exemplo, de acordo com alguns cálculos de pegadas ecológicas, são necessários cerca de 27 caminhões carregados de recursos, por ano, para sustentar um norte-americano, ou 8,3 bilhões de caminhões por ano para sustentar toda a população dos Estados Unidos. Enfileirados um atrás do outro, cada ano esses caminhões alcançariam o sol! Em seu relatório *Living Planet Report* de 2006, o World Wildlife Fund (WWF) estimou que os Estados Unidos são responsáveis por quase a metade da pegada ecológica global (Figura 1-13).

Alguns analistas dizem que muitos consumidores ricos nos Estados Unidos e em outros países mais desenvolvidos estão acometidos por *afluenza*[1] – um vício inevitavelmente insustentável de comprar cada vez mais. Argumentam que esse tipo de vício atualmente alimenta nosso uso insustentável de recursos, apesar de inúmeros estudos mostrarem que, depois de atingir certo nível, mais consumo não aumenta a felicidade. Outro ponto negativo para a riqueza é que ela permite que os mais abastados obtenham os recursos de que necessitam de praticamente qualquer lugar do mundo, sem que se conscientizem dos nocivos impactos ambientais de seus estilos de vida de alto consumo e alta geração de resíduos.

No entanto, a riqueza pode prover melhor educação, que pode levar as pessoas a se tornarem mais preocupadas com a qualidade ambiental. Também fornece dinheiro para o desenvolvimento de tecnologias para reduzir a poluição, a degradação ambiental e o desperdício de recursos. Como resultado, nos Estados Unidos, e na maioria dos outros países ricos, o ar está mais limpo, a água potável mais pura, e a maioria dos rios e lagos está mais limpa do que estavam na década de 1970. Além disso, o fornecimento de alimentos está mais abundante e seguro, a incidência de doenças infecciosas fatais foi bastante reduzida, a expectativa de vida é mais longa, e algumas espécies ameaçadas estão sendo resgatadas da extinção por vezes acelerada pelas atividades humanas.

Essas melhorias na qualidade ambiental foram alcançadas graças ao grande aumento da pesquisa científica e tecnológica financiada pela riqueza. A educação estimulou muitos cidadãos a pressionar as empresas e os governos a trabalhar para a melhoria da qualidade ambiental (**Estudo de caso principal**).

A pobreza tem efeitos nocivos sobre o ambiente e a saúde

A **pobreza** ocorre quando as pessoas são incapazes de satisfazer suas necessidades básicas de alimentação, água, abrigo, saúde e educação adequados. De acordo com um estudo realizado em 2008 pelo Banco Mundial, 1,4 bilhão de pessoas – uma em cada cinco no planeta, e quase cinco vezes o número de pessoas nos Estados Unidos – vivem em *extrema pobreza* (Figura 1-19) e lutam para sobreviver com o equivalente a menos de US$ 1,25 por dia. Você conseguiria?

A pobreza provoca uma série de efeitos nocivos para o ambiente e a saúde (Figura 1-20). A vida diária das pessoas mais pobres do mundo resume-se à obtenção de comida, água e combustível suficientes para cozinhar e se aquecer para sobreviver. Desesperados para conseguir sobreviver no curto prazo, alguns desses indivíduos degradam, em um ritmo crescente, florestas, solos, pastagens, pesqueiros e vida silvestre potencialmente renováveis. Eles não podem se dar ao luxo de se preocupar com a qualidade ambiental

Figura 1-19 *Pobreza extrema:* Este menino está procurando, em um lixão no Rio de Janeiro, Brasil, por itens que possa vender. Muitas crianças de famílias pobres que vivem em favelas próximas a lixões frequentemente passam a maior parte do dia neles buscando comida e outros itens para ajudar suas famílias a sobreviver.

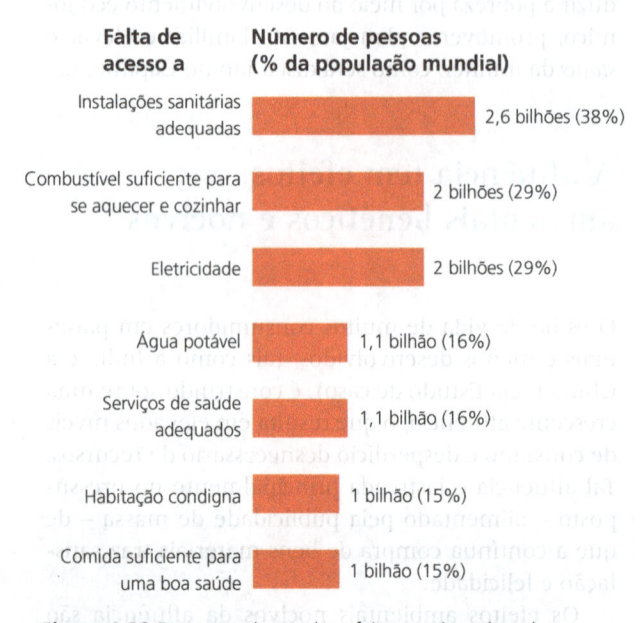

Falta de acesso a	Número de pessoas (% da população mundial)
Instalações sanitárias adequadas	2,6 bilhões (38%)
Combustível suficiente para se aquecer e cozinhar	2 bilhões (29%)
Eletricidade	2 bilhões (29%)
Água potável	1,1 bilhão (16%)
Serviços de saúde adequados	1,1 bilhão (16%)
Habitação condigna	1 bilhão (15%)
Comida suficiente para uma boa saúde	1 bilhão (15%)

Figura 1-20 Estes são alguns dos efeitos nocivos da pobreza. **Perguntas:** Quais dois efeitos você acredita serem os mais prejudiciais? Por quê? (Dados da Organização das Nações Unidas, Banco Mundial e Organização Mundial da Saúde)

---
[1] Termo usado por críticos do capitalismo e do consumismo em excesso.

a longo prazo ou com a sustentabilidade. Embora os pobres nos países menos desenvolvidos não tenham escolha senão usar poucos recursos por pessoa, o grande tamanho da sua população leva a um impacto global ambiental elevado (Figura 1-14).

> **CONEXÕES**
>
> **Pobreza e crescimento populacional**
>
> Para muitas pessoas pobres, ter mais filhos é uma questão de sobrevivência. Suas crianças as ajudam a buscar combustível (principalmente madeira e fezes de animais), carregar água potável e cuidar da lavoura e da pecuária. As crianças também auxiliam no cuidado com os pais em sua velhice (com 40 ou 50 anos nos países mais pobres) porque estes não têm previdência social, serviços de saúde nem aposentadoria. Essa é basicamente a razão principal pela qual populações de alguns países menos desenvolvidos continuam a crescer a taxas elevadas.

Enquanto a pobreza pode aumentar alguns tipos de degradação ambiental, o contrário também é verdadeiro. A poluição e a degradação ambiental têm um impacto severo sobre os pobres, e pode, inclusive, aumentar a sua pobreza. Por consequência, muitas das pessoas mais pobres do mundo morrem prematuramente em razão de vários problemas de saúde que poderiam ser prevenidos. Exemplo é a *desnutrição*, causada pela falta de proteínas e outros nutrientes necessários para uma boa saúde (Figura 1-21). A condição de enfraquecimento resultante desse processo pode aumentar as chances de um indivíduo morrer por doenças normalmente não fatais, como diarreia e sarampo.

Um segundo problema de saúde é o acesso limitado a instalações sanitárias adequadas e água potável. Mais de 2,6 bilhões de pessoas – mais de oito vezes a população dos Estados Unidos – não têm instalações sanitárias decentes e são forçadas a usar quintais, becos, canais e córregos. Como resultado, uma grande parcela dessas pessoas – uma em cada sete no mundo – pegam água para beber, lavar e cozinhar de fontes poluídas por fezes humanas e animais. Um terceiro problema são as doenças respiratórias graves que as pessoas adquirem por respirar a fumaça de fogareiros ou fogões pouco ventilados utilizados para aquecer e cozinhar dentro das casas.

Em 2008, a Organização Mundial de Saúde estimou que esses fatores, principalmente relacionados com a pobreza, causam a morte prematura de, pelo menos, 6 milhões de crianças por ano. Um pouco de esperança está na notícia de que o número dessas mortes anuais é menor do que os 12,5 milhões de 1990. Mesmo assim, todos os dias uma média de, pelo menos, 16.400 crianças morrem prematuramente em decorrência dessas causas, o que é equivalente a *82 aviões com capacidade para 200 passageiros caindo a cada dia sem deixar sobreviventes!* O noticiário diário raramente destaca essa tragédia humana em curso.

> **PENSANDO SOBRE**
>
> **Os pobres, os afluentes e o crescimento populacional em rápida expansão**
>
> Alguns veem o rápido crescimento populacional dos pobres nos países menos desenvolvidos como a principal causa de nossos problemas ambientais. Outros dizem que o uso de muito mais recursos por pessoa em países mais desenvolvidos é o fator mais importante. Qual desses fatores você acredita ser o mais importante? Por quê?

Preços não incluem o valor do capital natural

Outra causa básica dos problemas ambientais tem a ver com a forma como bens e serviços são cotados no mercado.

Empresas que utilizam recursos para fornecer bens aos consumidores geralmente não precisam pagar pelos custos ambientais nocivos para fornecê-los. Por exemplo, as empresas de pesca pagam os custos da captura de peixes, mas não indenizam pela diminuição dos estoques de peixes. Madeireiras pagam o custo da derrubada de florestas, mas não pela

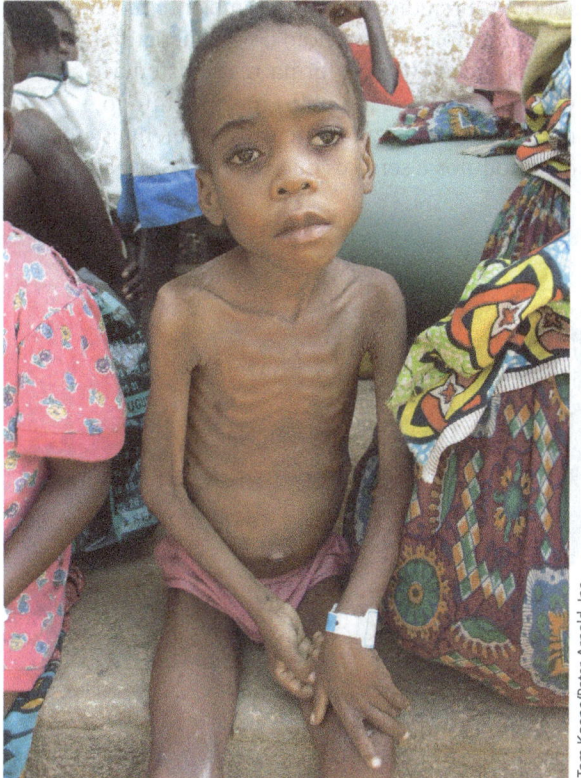

Figura 1-21 *Visão Global:* Uma em cada três crianças menores de cinco anos, como esta, em Lunda, Angola, sofre de desnutrição severa causada por falta de calorias e proteínas. Segundo a Organização Mundial de Saúde, a cada dia, pelo menos 16.400 crianças menores de cinco anos morrem prematuramente de desnutrição e de doenças infecciosas, muitas vezes causadas por ingestão de água contaminada.

degradação ambiental resultante nem pela perda do hábitat da vida silvestre. O principal objetivo dessas empresas é a maximização dos lucros para seus proprietários ou acionistas, que é como o capitalismo funciona. Na verdade, para elas seria um suicídio econômico adicionar esses custos aos seus preços, a menos que regulamentações governamentais criassem um mecanismo econômico justo por meio de taxas ou regulamentos que exigissem que todas as empresas pagassem os custos ambientais da produção de seus produtos.

Como resultado, os preços dos bens e serviços não incluem os nocivos custos ambientais (Figura 1-22) e, portanto, os consumidores não têm nenhuma maneira eficiente para avaliar esses efeitos nocivos, decorrentes da produção e do uso desses bens e serviços, sobre sua própria saúde e sobre os sistemas de suporte à vida da Terra.

Outro problema surge quando os governos dão às empresas *subsídios*, tais como incentivos fiscais e isenções, para ajudá-los na exploração de recursos necessários aos seus negócios. Isso ajuda a criar empregos e estimular as economias, mas também pode degradar o capital natural, porque, novamente, as empresas não incluem o valor do capital natural nos preços de mercado dos seus produtos e serviços. De fato, subsídios prejudiciais ao meio ambiente incentivam o esgotamento e a degradação do capital natural.

Podemos viver de forma mais sustentável (**Estudo de caso principal**) incluindo no preço de mercado os custos ambientais nocivos dos produtos e serviços que utilizamos. Duas maneiras de fazer isso ao longo das próximas duas décadas serão a transformação dos subsídios governamentais que causam a degradação da Terra em subvenções, visando à sustentabilidade, e o aumento dos impostos sobre a poluição e o desperdício, com a concomitante redução dos impostos sobre a renda e a riqueza. Discutiremos tais *mudanças de subsídio* e *de impostos* no Capítulo 23.

As pessoas têm visões diferentes sobre problemas ambientais e suas soluções

Outro desafio que enfrentamos é o de as pessoas discordarem sobre a gravidade dos problemas ambientais do mundo e o que devemos fazer para ajudar a resolvê-los. Essa divergência pode atrasar nosso envolvimento com esses problemas, o que pode torná-los mais difíceis de resolver.

A divergência de opiniões sobre problemas ambientais surge principalmente de diferenças de visão mundo. Sua **visão de mundo ambiental** é o seu conjunto de pressupostos e valores que refletem a sua crença de como o mundo funciona e qual o seu papel dentro dele. Consciente ou inconscientemente, baseamos a maior parte de nossas ações em nossa visão de mundo. **Ética ambiental**, que é o conjunto de crenças sobre o que é certo e errado em relação à maneira como tratamos o meio ambiente, é um importante elemento em nossa visão de mundo. Aqui estão algumas importantes questões éticas relacionadas ao meio ambiente:

- Por que devemos nos preocupar com o meio ambiente?
- Somos os seres mais importantes do planeta, ou apenas um entre os milhões de diferentes formas de vida da terra?
- Será que temos obrigação de assegurar que nossas atividades não provoquem a extinção de outras espécies? Devemos tentar proteger todas as espécies, ou apenas algumas? Como vamos decidir qual delas proteger?
- Temos a obrigação ética de passar às gerações futuras o extraordinário mundo natural em uma condição tão boa ou melhor do que quando o herdamos?
- Toda pessoa tem direito a igual proteção contra riscos ambientais, independente de raça, sexo, idade, nacionalidade, renda, classe social, ou qualquer outro fator? Essa é a questão ética e política central para o que é conhecido como *movimento de justiça ambiental*.
- Como podemos promover a sustentabilidade?

Figura 1-22 O Hummer H3, um veículo utilitário esportivo, queima uma grande quantidade de combustível em comparação a outros veículos mais eficientes. Por isso, adiciona mais poluentes à atmosfera e, por ser um veículo muito pesado, causa mais danos às estradas e terrenos por onde trafega. Também requer mais material e energia para ser construído e mantido do que a maioria dos outros veículos disponíveis. Esses custos nocivos não são incluídos no seu preço de venda.

> **PENSANDO SOBRE**
> **Nossas responsabilidades**
> Como você responderia a cada uma dessas perguntas? Compare suas respostas com as de seus colegas. Registre suas respostas e, no final deste curso, volte a essas perguntas para ver se suas respostas mudaram.

Pessoas com visões de mundo sobre o ambiente muito diferentes podem tomar os mesmos dados, ser logicamente coerentes em relação a eles e chegar a conclusões bastante diferentes, porque partem de diferentes pressupostos e crenças morais, éticas ou religiosas. Visões de mundo sobre o ambiente serão discutidas em detalhes no Capítulo 25, mas deixamos aqui uma breve introdução.

A **visão de mundo da gestão planetária** afirma que estamos à parte e no comando da natureza, que a natureza existe principalmente para atender às nossas necessidades e aos nossos desejos, e que podemos usar nossa engenhosidade e tecnologia para gerenciar os sistemas de suporte à vida da Terra, principalmente para nosso benefício, por tempo indeterminado.

A **visão de mundo da responsabilidade** afirma que podemos e devemos gerir a Terra para nosso benefício, mas que temos a responsabilidade ética de ser administradores cuidadosos e responsáveis. Diz ainda que devemos incentivar formas ambientalmente benéficas de crescimento e desenvolvimento econômico, e desencorajar formas prejudiciais ao ambiente.

A **visão de mundo da sabedoria ambiental** sustenta que somos parte e dependemos da natureza, e que ela existe para todas as espécies, não só para nós. De acordo com essa visão, nosso sucesso depende de aprendermos como a vida na Terra se sustenta (Figura 1-3) e integrar tais sabedorias ambientais na maneira como pensamos e agimos.

1-4 O que é uma sociedade ambientalmente sustentável?

▶ **CONCEITO 1-4** Viver de maneira sustentável significa sustentar-se com os rendimentos naturais da Terra sem esgotar ou degradar o capital natural que os fornece.

Sociedades ambientalmente sustentáveis protegem o capital natural e vivem de seus rendimentos

Segundo a maioria dos cientistas ambientais, nosso objetivo final deve ser alcançar uma **sociedade ambientalmente sustentável** – que atenda às atuais e futuras necessidades básicas do seu povo de maneira justa e equitativa, sem comprometer a capacidade das gerações futuras de suprir suas necessidades básicas (**Estudo de caso principal**).

Imagine que você ganhou $1 milhão na loteria. Suponha que invista esse dinheiro (o capital) e receba 10% de juros por ano. Se viver com apenas os juros ou a renda gerada pelo seu capital, terá um rendimento anual sustentável de $100.000, que poderá gastar anual e indefinidamente sem esgotar seu capital. No entanto, se gastar $200.000 por ano, mesmo tendo o acúmulo de juros, seu capital de $1 milhão terá se esgotado logo no início do sétimo ano. Mesmo que você gaste apenas $110.000 por ano, permitindo que os juros se acumulem, você estará falido no início do décimo oitavo ano.

A lição aqui não é nenhuma novidade: *Proteja seu capital e viva dos juros que ele proporciona.* Use ou desperdice seu capital e passará de um estilo de vida sustentável a outro insustentável.

A mesma lição se aplica ao nosso uso do capital natural da terra – fundo de aplicação global que a natureza oferece para nós, nossos filhos e netos (Figura 1-1), entre outras espécies da Terra. *Viver sustentavelmente* significa sustentar-se do **rendimento natural**, dos recursos renováveis, como plantas, animais e solo fornecidos pelo capital natural da Terra.

Isso também significa não esgotar ou degradar o capital natural da Terra, responsável por fornecer esse rendimento e proporcionar à população humana acesso adequado e equitativo a esse capital e renda naturais para o futuro próximo (**Conceito 1-4**).

Há evidências crescentes de que estamos vivendo de maneira insustentável, e um exemplo gritante disto é o crescimento total e *per capita* de nossas pegadas ecológicas (Figura 1-13).

Podemos trabalhar juntos para resolver problemas ambientais

A mudança para uma sociedade e economia mais sustentáveis inclui a construção do que sociólogos chamam **capital social**. Trata-se de reunir pessoas com diferentes visões e valores para falar e ouvir uns aos outros, a fim de que encontrem um denominador comum baseado na compreensão e confiança, para que possam trabalhar juntos visando resolver os problemas ambientais e outros que nossas sociedades enfrentam.

As soluções para os problemas ambientais não são do tipo preto no branco, mas sim em tons de cinza, porque os defensores de todos os lados dessas questões têm algumas visões legítimas e úteis. Além disso, qualquer solução proposta tem vantagens e desvantagens a curto e longo prazos que precisam ser avaliadas. Isso significa que cidadãos precisam trabalhar juntos para encontrar *soluções de compromisso* para os problemas ambientais – um tema importante deste livro. Eles também podem tentar chegar a visões em comum do futuro e trabalhar em conjunto no desenvolvimento de estratégias para a implementação dessas visões, começando no nível local, como os cidadãos de Chattanooga, no Tennessee (Estados Unidos), fizeram.

■ ESTUDO DE CASO
A transformação ambiental de Chattanooga, Tennessee

Autoridades, empresários e cidadãos locais têm trabalhado em conjunto para transformar Chattanooga, no Tennessee, de uma cidade altamente poluída em uma das cidades mais sustentáveis e habitáveis nos Estados Unidos (Figura 1-23).

Durante os anos 1960, funcionários do governo dos Estados Unidos avaliaram essa cidade como uma das mais sujas do país. O ar estava tão poluído pela fumaça de suas indústrias que as pessoas às vezes tinham de ligar os faróis de seus veículos em pleno dia claro. O rio Tennessee, que corre através do centro industrial da cidade, borbulha cheio de resíduos tóxicos. Pessoas e indústrias fugiram do centro da cidade, deixando atrás de si um terreno baldio, infestado de fábricas abandonadas e poluentes, edifícios fechados com tábuas, alto nível de desemprego e criminalidade.

Figura 1-23 Desde 1984, os cidadãos têm trabalhado em conjunto para tornar a cidade de Chattanooga, no Tennessee, um dos melhores e mais sustentáveis lugares para viver nos Estados Unidos.

Em 1984, a cidade decidiu levar a sério a melhoria da sua qualidade ambiental. Líderes civis iniciaram um processo que denominaram *Visão 2000*, com uma série de reuniões com a comunidade durante 20 semanas, às quais mais de 1.700 cidadãos de todas as esferas compareceram para chegar a um consenso sobre o que a cidade poderia ser na virada do século. Cidadãos identificaram os principais problemas da cidade, definiram metas e discutiram milhares de ideias para encontrar soluções.

Em 1995, Chattanooga tinha atingido a maior parte de seus objetivos originais. A cidade incentivou as indústrias de emissão zero a se instalarem ali e substituiu seus ônibus a diesel por uma frota silenciosa de ônibus elétricos, com emissão zero, fabricados por uma nova empresa local.

A cidade também lançou um inovador programa de reciclagem, depois que cidadãos ambientalmente preocupados impediram a construção de um novo incinerador de lixo que emitiria poluentes atmosféricos nocivos. Esses esforços foram recompensados. Desde 1989, os níveis dos sete principais poluentes atmosféricos em Chattanooga têm sido inferiores aos exigidos pelas normas federais.

Outro projeto envolveu a reforma de grande parte das moradias de baixa renda da cidade e a construção de novas unidades com o mesmo perfil para locação. Chattanooga também construiu o maior aquário de água doce do país, que se tornou a atração principal na revitalização do centro da cidade, e desenvolveu um parque ao longo das duas margens do rio Tennessee, no ponto onde ele corta a cidade, que passou a atrair mais de 1 milhão de visitantes por ano. À medida que as propriedades se valorizaram e as condições de vida melhoraram, as pessoas e empresas reocuparam o centro da cidade.

Em 1993, a comunidade deu início ao processo da *Revisão 2000*. Dessa vez, as metas previram a transformação de uma área abandonada e arruinada do sul de Chattanooga em uma comunidade mista de residências, lojas e indústrias com emissão zero, onde funcionários podem viver perto de seus locais de trabalho. A maioria dessas metas foi implementada.

A história de sucesso ambiental de Chattanooga, protagonizada por pessoas que trabalham em conjunto para produzir uma cidade mais habitável e sustentável, é um exemplo brilhante do que outras cidades poderiam fazer por meio da construção de seu capital social.

Pessoas fazem a diferença

A história de Chattanooga mostra que uma chave para encontrar soluções para problemas ambientais e fazer a transição para uma sociedade mais sustentável é reconhecer que a maioria das mudanças sociais resulta de ações individuais e de indivíduos agindo juntos para promover a mudança por meio de ações populares, *de baixo para cima*. Em outras palavras, as *pessoas fazem a diferença* – outro tema importante deste livro.

Aqui estão duas boas notícias. *Primeira:* pesquisas realizadas por cientistas sociais sugerem que são necessários apenas entre 5% e 10% da população de uma comunidade, um país ou do mundo para fazer que grandes mudanças sociais aconteçam. *Segunda:* essas pesquisas também mostram que mudanças sociais significativas podem ocorrer em um tempo muito menor do que a maioria das pessoas acredita.

A antropóloga Margaret Mead resume assim nosso potencial para mudança social: "Nunca duvide de que um pequeno grupo de cidadãos preocupados e comprometidos possa mudar o mundo. Na verdade, é a única coisa que já conseguiu mudar o mundo".

Evidência científica indica que talvez tenhamos apenas 50 anos, e não mais de 100, para fazer uma nova mudança cultural de uma vida insustentável para outra mais sustentável, se começarmos agora. Muitos analistas argumentam que, como essas mudanças podem demorar pelo menos 50 anos para ser integralmente aplicadas, estamos diante de uma encruzilhada crítica nessa trajetória e precisamos escolher entre um caminho em direção à sustentabilidade ou continuar em nosso curso atual insustentável. Um dos objetivos deste livro é oferecer-lhe uma visão realista de um futuro ambientalmente mais sustentável. Em vez de imobilizá-lo pelo medo, pela tristeza e pela desgraça, esperamos energizá-lo pela inspiração de uma esperança realista enquanto você cumpre seu papel na decisão de qual caminho seguir.

Com base nos três **princípios da sustentabilidade** (Figura 1-3), podemos derivar três estratégias para reduzir nossa pegada ecológica, ajudando a sustentar o capital natural da Terra e a fazer a transição para estilos de vida e economias mais sustentáveis (**Estudo de caso principal**). Essas estratégias estão resumidas nas *três grandes ideias* deste capítulo:

- Depender mais da energia renovável do sol, incluindo as formas indiretas de energia solar, como a eólica (Figura 1-24) e a água corrente, para atender à maioria das nossas necessidades de aquecimento e de eletricidade.

- Proteger a biodiversidade, evitando a degradação das espécies, dos ecossistemas e dos processos naturais da Terra, e restaurar as áreas que degradamos (Figura 1-25).

- Ajudar a manter os ciclos químicos naturais da Terra, reduzindo a produção de resíduos e poluição, não sobrecarregando os sistemas naturais com produtos químicos tóxicos nem removendo produtos químicos naturais mais rapidamente do que os ciclos da natureza podem substituí-los.

Figura 1-24 A energia eólica é uma das formas de geração de eletricidade que têm crescido mais rapidamente e uma das menos prejudiciais ao meio ambiente.

Figura 1-25 Esta criança, assim como o neto de Emily e Michael em nosso cenário fictício de um futuro possível (**Estudo de caso principal**), está promovendo a sustentabilidade por meio da preparação da terra para plantar uma árvore. Um programa mundial para plantar e colher bilhões de árvores por ano contribuiria para restaurar áreas degradadas, promover a biodiversidade e reduzir a ameaça das alterações climáticas por causa do aquecimento atmosférico.

REVISITANDO: A visão de uma terra mais sustentável

Enfrentamos uma série de graves problemas ambientais, e este livro trata das soluções para esses problemas. A chave para a maioria das soluções é aplicar os **três princípios da sustentabilidade** (Figura 1-3 e as *três grandes ideias* listadas anteriormente) ao planejamento dos nossos sistemas econômico e social e ao nosso estilo de vida individual. Podemos usar tais estratégias para tentar retardar as perdas de biodiversidade que crescem constantemente, optar por fontes mais sustentáveis de energia, propagar formas mais sustentáveis de agricultura e outros usos da terra e da água, reduzir drasticamente a pobreza, o crescimento populacional humano e criar um mundo melhor para nós e as gerações futuras.

Se fizermos as escolhas certas durante este século, tais como Emily, Michael e pessoas como eles fizeram no **Estudo de caso principal** que abre este capítulo, poderemos criar um futuro extraordinário e mais sustentável para nós e a maioria das outras formas de vida em nosso lar planetário. Se fizermos as escolhas erradas, enfrentaremos rupturas ecológicas irreversíveis, que podem fazer que a humanidade retroceda em séculos e acabe por extinguir até a metade das espécies do mundo, assim como grande parte da população humana.

Você teve a boa sorte de ser um membro da geração de transição do século XXI que vai decidir o rumo da humanidade, o que significa enfrentar os desafios urgentes apresentados pelos graves problemas ambientais discutidos neste livro. No entanto, os desafios também apresentarão oportunidades para um futuro promissor e emocionante, baseadas em trabalhar com e para a Terra que nos sustenta. Como o autor e empresário ambientalista Paul Hawken nos lembra, "Trabalhar para a Terra não é uma maneira de ficar rico, mas de ser rico".

Qual é a vantagem de ter uma casa, se você não tiver um planeta decente para colocá-la?
HENRY DAVID THOREAU

REVISÃO

1. Revise as Perguntas e os Conceitos principais deste capítulo. O que é **sustentabilidade** e por que devemos nos preocupar com isso? Quais são os três princípios que a natureza tem usado para se sustentar por pelo menos 3,5 bilhões de anos e como podemos usá-los para viver de forma mais sustentável?

2. Defina **meio ambiente**. Faça a distinção entre **ciência ambiental, ecologia** e **ambientalismo**. Faça a distinção entre um **organismo** e uma **espécie**. O que é um **ecossistema**? Defina **capital natural, recursos naturais** e **serviços naturais.** Defina **ciclagem de nutrientes** e explique sua importância. Descreva como podemos degradar o capital natural e como a busca de soluções para os problemas ambientais envolve compromissos (*trade-offs*). Explique por que as pessoas são importantes ao lidar com os problemas ambientais que enfrentamos.

3. O que é um **recurso**? Faça a distinção entre **recurso perpétuo** e **recurso renovável**, e dê um exemplo de cada um. O que é **produção sustentável**? Defina e dê dois exemplos de um **recurso não renovável**. Faça a distinção entre **reciclagem** e **reutilização**, e dê um exemplo de cada um. O que é **crescimento econômico**? Faça a distinção entre **Produto Interno Bruto (PIB)** e o **PIB** *per capita*. O que é **desenvolvimento econômico**? Faça a distinção entre **países mais desenvolvidos** e **países menos desenvolvidos**.

4. Defina e dê três exemplos de **degradação ambiental** (degradação do capital natural). Defina **poluição**. Faça a distinção entre **fontes pontuais** e **fontes difusas** de poluição. Faça a distinção entre **limpeza da poluição** (controle da poluição produzida) e **prevenção da poluição** (controle da produção de poluição) e dê um exemplo de cada. Descreva três desvantagens de soluções que se baseiam principalmente na limpeza da poluição. O que é a *tragédia dos comuns*?

5. O que é uma **pegada ecológica**? O que é uma **pegada ecológica** *per capita*? Compare as pegadas ecológicas totais e *per capita* dos Estados Unidos e da China. Use o conceito de pegada ecológica para explicar como estamos vivendo de maneira insustentável. O que é o **modelo IPAT** para estimar o impacto ambiental? Explique como podemos usá-lo para estimar os impactos das populações humanas em países menos e mais desenvolvidos. Descreva os impactos ambientais dos novos consumidores ricos da China. O que é **ponto crítico ecológico**?

6. Defina **cultura**. Descreva três grandes mudanças culturais que ocorreram desde que os seres humanos

eram caçadores coletores. O que seria uma **revolução de sustentabilidade**?

7. Identifique quatro causas básicas para os problemas ambientais que enfrentamos. O que é **crescimento exponencial**? Descreva esse crescimento da população humana mundial no passado, atualmente e a projeção futura. O que é **afluência**? Como norte-americanos, indianos e as pessoas comuns nos países mais pobres podem ser comparados em termos de consumo? Quais são os dois tipos de danos ambientais decorrentes da crescente afluência? Como ela pode nos ajudar a resolver os problemas ambientais? O que é **pobreza** e quais são seus três nocivos efeitos ambientais e de saúde? Descreva a ligação entre pobreza e crescimento populacional.

8. Explique como a não inclusão, nos preços de bens e serviços, dos custos ambientais nocivos da sua produção influencia os problemas ambientais que enfrentamos. Qual é a ligação entre subsídios do governo, uso dos recursos e degradação ambiental? O que é **visão ambiental global**? O que é **ética ambiental**? Faça a distinção entre visões de mundo da **gestão planetária, da responsabilidade e de sabedoria ambiental**.

9. Descreva uma **sociedade ambientalmente sustentável**. O que é **renda natural**? O que é **capital social**? Descreva a transformação ambiental de Chattanooga, no Tennessee.

10. Quanto tempo alguns cientistas estimam que temos para fazer a mudança para uma economia e estilo de vida mais ambientalmente sustentáveis? Com base nos três **princípios da sustentabilidade**, quais são as três melhores maneiras de fazer essa transição, conforme resumido nas *três grandes ideias* deste capítulo? Explique como podemos usar esses três princípios para nos aproximarmos da visão de um planeta sustentável descrito no **Estudo de caso principal** que abre este capítulo.

PENSAMENTO CRÍTICO

1. Você acredita estar vivendo de forma insustentável? Explique. Em caso afirmativo, quais são os três componentes mais ambientalmente insustentáveis da sua vida? Liste duas maneiras pelas quais você poderia aplicar cada um dos três **princípios da sustentabilidade** (Figura 1-3) para tornar seu estilo de vida ambientalmente mais sustentável.

2. Você acredita que uma visão como a descrita no **Estudo de caso principal** que abre este capítulo seja possível? Por quê? O que você acredita que será diferente com base nessa visão? Explique. Se sua visão de como 2060 será for nitidamente diferente da apresentada no Estudo de caso principal, descreva-a. Compare suas respostas com as de seus colegas.

3. Para cada uma das seguintes ações, indique um ou mais dos três **princípios da sustentabilidade** (Figura 1-3) que estão envolvidos: (a) reciclagem de latas de alumínio; (b) utilização de um rastelo/ancinho, em vez de um ventilador de folhas; (c) ir a pé ou de bicicleta para a aula em vez de dirigir; (d) ter suas próprias sacolas reutilizáveis para ir ao supermercado e levar suas compras para casa; (e) ser voluntário para ajudar a restaurar uma pradaria; e (f) fazer *lobby* aos políticos eleitos para exigir que 20% da eletricidade de seu país sejam produzidos por energia eólica renovável até 2020.

4. Explique por que você concorda ou discorda das seguintes proposições:

    a. Estabilizar a população não é desejável, pois, sem mais consumidores, o crescimento econômico pararia.
    b. O mundo nunca ficará sem recursos, porque podemos usar a tecnologia para encontrar substitutos e para nos ajudar a reduzir o desperdício de recursos.

5. O que você pensa quando lê que: (a) o norte-americano médio consome 30 vezes mais recursos do que um cidadão médio na Índia; e (b) espera-se que as atividades humanas tornem o clima da Terra mais quente? Você se sente cético, indiferente, triste, desamparado, culpado, preocupado ou indignado? Quais desses sentimentos podem ajudar a perpetuar esses problemas e quais podem ajudar a resolvê-los?

6. Quando você lê que, pelo menos, 16.400 crianças de até cinco anos morrem por dia (13 por minuto) de desnutrição e doenças infecciosas evitáveis, como se sente? Consegue pensar em algo que você e outros poderiam fazer para resolver esse problema? O quê?

7. Explique por que você concorda ou discorda de cada uma das seguintes afirmações: (a) os seres humanos são superiores a outras formas de vida; (b) os seres humanos estão no comando da Terra; (c) o valor de outras formas de vida depende somente de elas serem

úteis aos seres humanos; (d) com base em extinções do passado e na história da vida na Terra nos últimos 3,5 bilhões de anos, todas as formas de vida acabarão por ser extintas, portanto, não devemos nos preocupar se nossas atividades causam sua extinção prematura; (e) todas as formas de vida têm o direito inerente de existir; (f) o crescimento econômico é bom, (g) a natureza tem uma reserva ilimitada de recursos para uso humano; (h) a tecnologia pode resolver nossos problemas ambientais; (i) não acredito que tenha nenhuma obrigação com as gerações futuras; e (j) não acredito que tenha obrigação com nenhuma outra forma de vida.

8. Quais são as crenças básicas embutidas na sua visão de mundo ambiental? Anote sua resposta. Ao final deste curso, volte para esta resposta e veja se sua visão ambiental mudou.

9. As crenças incluídas em sua visão de mundo ambiental (Questão 8) são coerentes com suas respostas à pergunta 7? Suas ações que influenciam o meio ambiente são coerentes com sua visão de mundo ambiental? Explique.

10. Liste duas questões que gostaria que tivessem sido respondidas como resultado da leitura deste capítulo.

ANÁLISE DA PEGADA ECOLÓGICA

Se a *pegada ecológica per capita* de um país, ou do mundo (Figura 1-13), for maior do que sua *capacidade biológica per capita* de repor seus recursos renováveis e absorver os resíduos e a poluição, diz-se que o país, ou o mundo, tem um *déficit ecológico*. Se o inverso é verdadeiro, o país, ou o mundo, tem um *crédito*, ou reserva *ecológica*. Use os dados a seguir para calcular o déficit ou crédito ecológico dos países listados e do mundo. (Para um mapa de credores e devedores ecológicos, veja a Figura 7, no Suplemento 8).

Local	Pegada ecológica *per capita* (hectares por pessoa)	Capacidade biológica *per capita* (hectares por pessoa)	Crédito (+) ou débito (-) ecológico (hectares por pessoa)
Mundo	2,2	1,8	- 0,4
Estados Unidos	9,8	4,7	
China	1,6	0,8	
Índia	0,8	0,4	
Rússia	4,4	0,9	
Japão	4,4	0,7	
Brasil	2,1	9,9	
Alemanha	4,5	1,7	
Reino Unido	5,6	1,6	
México	2,6	1,7	
Canadá	7,6	14,5	

Fonte: Dados do WWF *Living Planet Report 2006*.

1. Quais são os dois países com os maiores déficits ecológicos? Por que você acredita que eles têm esse déficit tão grande?

2. Quais são os dois países com crédito ecológico? Por que você acha que esses países têm esse crédito?

3. Liste os países na ordem do maior para o menor pela sua pegada ecológica *per capita*.

Ciência, matéria, energia e sistemas

2

ESTUDO DE CASO PRINCIPAL

Como cientistas aprendem sobre a natureza? A história de uma floresta

Imagine que você descobre os planos de uma empresa madeireira de cortar todas as árvores na encosta de uma colina em volta da sua casa. Você está muito preocupado e deseja conhecer os possíveis efeitos ambientais nocivos dessa ação para o morro, o córrego no fundo da encosta e seu quintal.

Uma maneira de aprender sobre esses efeitos é a realização de um *experimento controlado*, assim como fazem os cientistas ambientais. Eles começam por identificar a *variável* chave, tais como a perda de água e nutrientes do solo, que podem mudar depois que as árvores forem cortadas. Então, definem dois grupos: o *grupo experimental*, no qual uma variável escolhida é alterada de maneira conhecida e o *grupo controle*, no qual a variável escolhida não é alterada. O objetivo dos cientistas é comparar os dois grupos após a variável ter sido alterada e procurar as diferenças resultantes da mudança.

Em 1963, o botânico F. Herbert Bormann, o ecólogo florestal Gene Likens e seus colegas começaram um experimento controlado desse tipo. O objetivo era comparar a perda de água e nutrientes do solo de uma área de floresta em pé (a *área controle*) com uma área que teve sua floresta derrubada (a *área experimental*).

Construíram barragens de concreto em forma de V em todos os riachos no fundo dos vários vales florestais no Hubbard Brook Experimental Forest, em New Hampshire (Figura 2-1), projetadas para que todas as águas superficiais que deixassem cada vale florestal tivessem de fluir através da represa, onde os cientistas podiam medir seu volume e o conteúdo de nutrientes dissolvidos.

Primeiro, os pesquisadores mediram as quantidades de água e nutrientes dissolvidos do solo que fluíam de uma área de floresta intacta em um dos vales (a área controle, Figura 2-1, à esquerda). Essas medições mostraram que uma floresta intacta madura é muito eficiente no armazenamento de água e retenção de nutrientes químicos em seu solo.

Em seguida, montaram uma área experimental de floresta em outro vale da floresta (a área experimental, Figura 2-1, à direita). Em um inverno, cortaram todas as árvores e arbustos do vale, deixando-os onde caíram, e pulverizaram a área com herbicidas para evitar a rebrota da vegetação. Então, por três anos, compararam a vazão de água e nutrientes neste local com a do controle.

Sem as plantas para ajudar a absorver e reter a água, a quantidade que fluía para fora do vale desmatado aumentou em 30%-40%. Como esse excesso de água corria rapidamente sobre o solo, causava erosão e removia nutrientes dissolvidos da área desmatada. Em geral, a perda de nutrientes essenciais da floresta experimental foi de 6 a 8 vezes maior que a da floresta controle intacta vizinha.

Este experimento controlado revelou uma das maneiras pelas quais os cientistas podem aprender sobre os efeitos de nossas ações em sistemas naturais, como as florestas. Neste capítulo, você aprenderá mais sobre como os cientistas estudam a natureza e sobre a matéria e a energia que compõem o mundo físico, dentro e ao redor de todos nós. Também aprenderá como os cientistas descobriram *três leis científicas*, ou regras da natureza, que regem as mudanças às quais a matéria e a energia estão sujeitas.

Figura 2-1 Este experimento controlado mediu os efeitos do desmatamento sobre a perda de água e nutrientes do solo de uma floresta. Barragens em V foram construídas no fundo de dois vales arborizados, para que toda a água e nutrientes que fluíssem de cada um deles pudessem ser coletados e medidos em volume e em conteúdo mineral. Essas medidas foram registradas para o vale florestal (à esquerda), que funcionou como a área controle, e para o outro, que serviu como área experimental (à direita). Todas as árvores do vale experimental foram cortadas e, por três anos, os fluxos de água e nutrientes do solo de ambos os vales foram medidos e comparados.

Questões e conceitos principais

2-1 O que os cientistas fazem?

CONCEITO 2-1 Os cientistas coletam dados e desenvolvem teorias, modelos e leis sobre o funcionamento da natureza.

2-2 O que é matéria?

CONCEITO 2-2 A matéria consiste em elementos e compostos, que são, por sua vez, constituídos de átomos, íons ou moléculas.

2-3 O que acontece quando a matéria sofre alterações?

CONCEITO 2-3 Sempre que a matéria sofre uma alteração física ou química, nenhum átomo é criado ou destruído (lei da conservação da matéria).

2-4 O que é energia e o que acontece quando ela sofre mudanças?

CONCEITO 2-4A Sempre que a energia é convertida de uma forma em outra em uma alteração física ou química, nenhuma energia é criada ou destruída (primeira lei da termodinâmica).

CONCEITO 2-4B Sempre que a energia é convertida de uma forma em outra por meio de uma alteração física ou química, acaba-se tendo uma energia de menor qualidade ou menos utilizável do que a original. (segunda lei da termodinâmica).

2-5 O que são sistemas e como eles respondem a mudança?

CONCEITO 2-5 Sistemas têm entradas, fluxos e saídas de matéria e energia, e a retroalimentação pode alterar seu comportamento.

Obs.: Os Suplementos 1, 2 e 4 podem ser utilizados com este capítulo.

A ciência é feita de fatos, como uma casa é feita de pedras; mas um acúmulo de fatos não é ciência, assim como um monte de pedras não é uma casa.

HENRI POINCARÉ

2-1 O que os cientistas fazem?

▶ **CONCEITO 2-1** Os cientistas coletam dados e desenvolvem teorias, modelos e leis sobre o funcionamento da natureza.

Ciência é a busca de ordem na natureza

Ciência é um esforço humano para descobrir como o mundo físico funciona por meio de observações, medições e da condução de experimentos. Ela tem base na suposição de que os eventos no mundo físico seguem padrões ordenados de causa e efeito que podemos compreender.

Você pode já ter ouvido que cientistas seguem um conjunto específico de etapas chamado *método científico* para saber mais sobre como funciona o mundo físico. Na verdade, eles usam uma variedade de métodos para estudar a natureza, embora estes tendam a se conformar ao processo geral descrito na Figura 2-2.

Não há nada de misterioso sobre esse processo. Você o usa o tempo todo na tomada de decisões, como mostrado na Figura 2-3. Como o famoso físico Albert Einstein disse: "Toda a ciência nada mais é do que um refinamento do pensar cotidiano".

Cientistas usam observações, experimentos e modelos para responder a perguntas sobre como a natureza funciona

Aqui está uma descrição mais formal das etapas que os cientistas costumam seguir na tentativa de compreender o mundo natural, embora nem sempre na ordem listada. Este esquema tem base no experimento científico realizado por Bormann e Likens (**Estudo de caso principal**), que ilustra a natureza do processo científico apresentado na Figura 2-2.

- *Identifique um problema.* Bormann e Likens identificaram a perda de água e nutrientes do solo em florestas cortadas como um problema digno de ser estudado.

CAPÍTULO 2 Ciência, matéria, energia e sistemas   **33**

Fluxograma (esquerda):

Identifique um problema
↓
Descubra o que já se conhece sobre o problema (pesquisa bibliográfica)
↓
Faça uma pergunta a ser investigada
↓
Conduza um experimento para responder à pergunta e colete dados
↓
Analise os dados (verificação de padrões) → **Lei científica** Padrão estabelecido nos dados
↓
Proponha uma hipótese para explicar os dados
↓
Use a hipótese para fazer previsões que possam ser testadas
↓
Conduza um experimento para testar as previsões
↓
Aceite a hipótese / Reveja a hipótese / Faça previsões testáveis
↓
Teste as previsões
↓
Teoria científica Hipótese bem testada e amplamente aceita

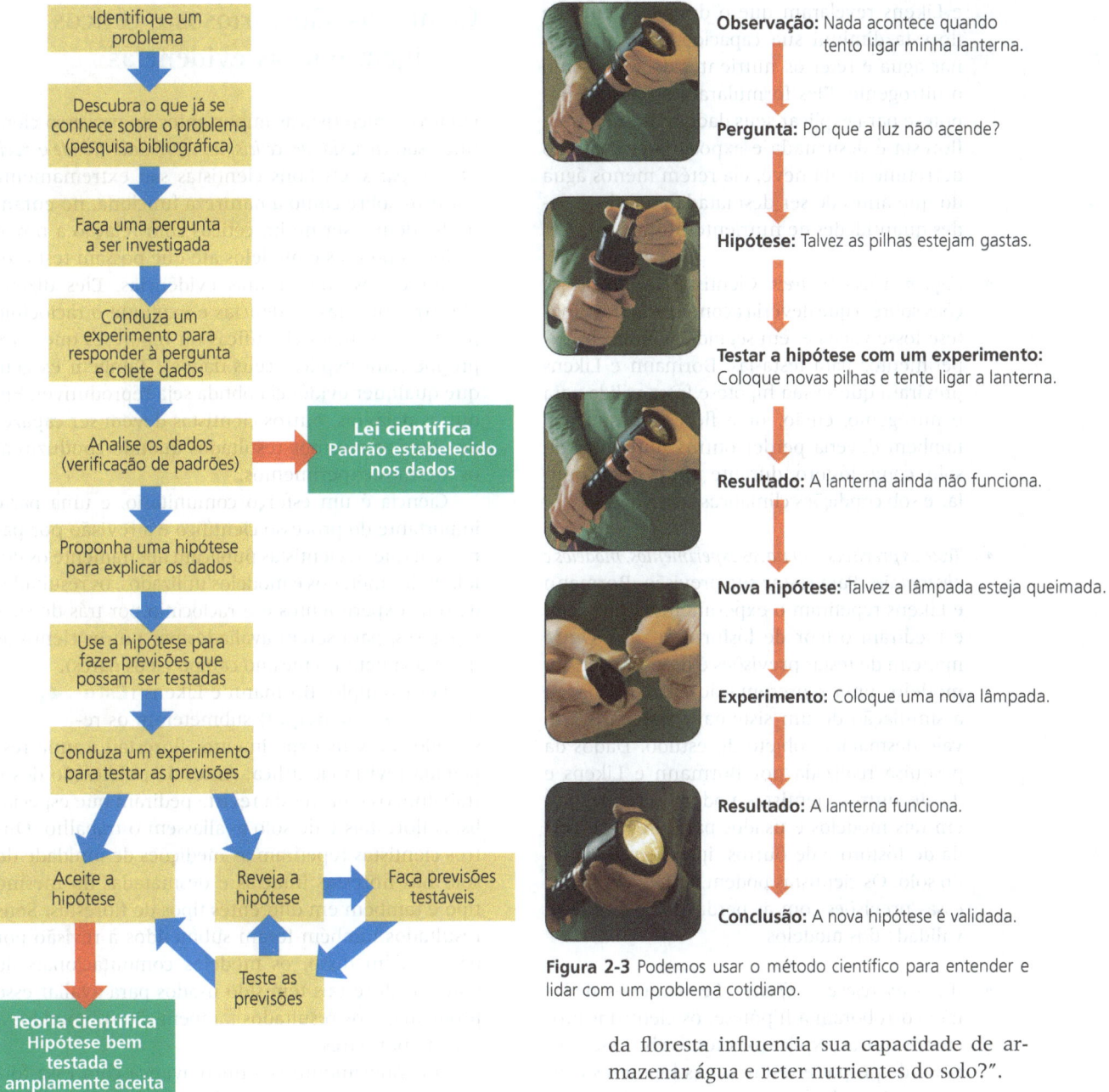

Figura 2-2 Este diagrama ilustra o que os cientistas fazem. Eles usam este processo geral para testar ideias sobre como o mundo natural funciona. No entanto, não seguem necessariamente a ordem das etapas mostradas aqui. Por exemplo, às vezes um cientista pode começar com uma hipótese para responder à pergunta inicial e, em seguida, conduzir experimentos para testar a hipótese.

Fluxograma (direita):

Observação: Nada acontece quando tento ligar minha lanterna.
↓
Pergunta: Por que a luz não acende?
↓
Hipótese: Talvez as pilhas estejam gastas.
↓
Testar a hipótese com um experimento: Coloque novas pilhas e tente ligar a lanterna.
↓
Resultado: A lanterna ainda não funciona.
↓
Nova hipótese: Talvez a lâmpada esteja queimada.
↓
Experimento: Coloque uma nova lâmpada.
↓
Resultado: A lanterna funciona.
↓
Conclusão: A nova hipótese é validada.

Figura 2-3 Podemos usar o método científico para entender e lidar com um problema cotidiano.

- *Descubra o que é conhecido sobre o problema.* Bormann e Likens procuraram na literatura científica para descobrir o que os cientistas sabiam tanto sobre a retenção quanto sobre a perda de água e nutrientes do solo em florestas.

- *Formule uma pergunta a ser investigada.* Os cientistas perguntaram: "Como a área desmatada da floresta influencia sua capacidade de armazenar água e reter nutrientes do solo?".

- *Colete dados para responder à pergunta.* Para coletar **dados** – informações necessárias para responder às suas perguntas –, os cientistas fazem observações e medições. Bormann e Likens coletaram e analisaram os dados sobre a água e os nutrientes do solo que fluíram de um vale com a floresta intacta (Figura 2-1, à esquerda) e de um vale vizinho, onde a floresta tinha sido desmatada para seu experimento (Figura 2-1, à direita).

- *Proponha uma hipótese para explicar os dados.* Os cientistas sugerem uma **hipótese científica** – uma possível explicação do que observam na natureza ou nos resultados de seus experimentos. Os dados recolhidos por Bormann e Likens revelaram que o desmatamento da floresta diminui sua capacidade de armazenar água e reter os nutrientes do solo, como o nitrogênio. Eles formularam a seguinte hipótese para explicar seus dados: Quando uma floresta é desmatada e exposta à chuva e ao derretimento da neve, ela retém menos água do que antes de ser desmatada e perde grandes quantidades de nutrientes do seu solo.

- *Faça previsões testáveis.* Cientistas fazem projeções sobre o que deveria acontecer se sua hipótese fosse válida e, em seguida, conduzem experimentos para testá-las. Bormann e Likens previram que se sua hipótese fosse válida para o nitrogênio, então, uma floresta desmatada também deveria perder outros nutrientes do solo, como fósforo, durante um período similar e sob condições climáticas semelhantes.

- *Teste as previsões com novos experimentos, modelos e observações.* Para testar sua previsão, Bormann e Likens repetiram o experimento controlado e mediram o teor de fósforo do solo. Outra maneira de testar previsões é desenvolver um **modelo**, uma representação aproximada ou a simulação de um sistema; nesse caso, um vale desmatado, objeto do estudo. Dados da pesquisa realizada por Bormann e Likens e da de outros cientistas podem ser inseridos em tais modelos e usados para prever a perda de fósforo e de outros tipos de nutrientes do solo. Os cientistas podem, então, comparar essas previsões com as perdas reais e testar a validade dos modelos.

- *Aceite ou rejeite a hipótese.* Se os novos dados não corroboram a hipótese, os cientistas procuram outras explicações testáveis. Esse processo de propor e testar várias hipóteses continua até que haja um consenso geral entre os cientistas nesse campo de estudo de que uma determinada hipótese é a melhor explicação para os dados. Depois que Bormann e Likens confirmaram que o solo de uma floresta desmatada também perde fósforo, eles mediram as perdas de outros nutrientes, o que corroborou ainda mais sua hipótese. Pesquisas e modelos de outros cientistas também corroboraram a hipótese. Uma hipótese científica bem testada e amplamente aceita, ou um grupo de hipóteses relacionadas, é chamada **teoria científica**. Assim, Bormann, Likens e outros cientistas desenvolveram uma teoria que diz que as árvores e outras plantas mantêm o solo no local e ajudam a reter água e nutrientes que as plantas precisam para seu crescimento.

Cientistas são curiosos e céticos e exigem muitas evidências

Quatro características importantes do processo científico são *curiosidade, ceticismo, reprodutibilidade* e *revisão por pares*. Os bons cientistas são extremamente curiosos sobre como a natureza funciona, no entanto, tendem a ser muito céticos com relação a novos dados, hipóteses e modelos até que possam testá-los e verificá-los com muitas evidências. Eles dizem: "Mostre-me suas evidências e explique o raciocínio por trás das ideias científicas ou hipóteses que você propõe para explicar seus dados". Também exigem que qualquer evidência obtida seja reprodutível. Em outras palavras, outros cientistas devem ser capazes de obter os mesmos resultados quando conduzirem os mesmos experimentos.

Ciência é um esforço comunitário, e uma parte importante do processo científico é a **revisão por pares**, em que os cientistas publicam abertamente os detalhes dos métodos e modelos utilizados, os resultados de seus experimentos e o raciocínio por trás de suas hipóteses, para serem avaliados por outros cientistas que trabalham no mesmo campo (seus pares).

Por exemplo, Bormann e Likens (**Estudo de caso principal**) submeteram os resultados de seus experimentos florestais a uma respeitada revista científica. Antes da publicação desse trabalho, os editores da revista pediram que especialistas florestais e de solo avaliassem o trabalho. Outros cientistas repetiram as medições de umidade do solo nas florestas intactas e desmatadas do mesmo tipo e também em diferentes tipos de florestas. Seus resultados também foram submetidos à revisão por pares. Além disso, os modelos computacionais de sistemas florestais têm sido usados para avaliar esse problema, e os resultados também são submetidos à revisão por pares.

O conhecimento científico avança com essa forma de autocorreção, na qual cientistas estão sempre questionando as medições e os dados produzidos por seus pares. Eles também coletam novos dados e, às vezes, propõem novas e melhores hipóteses (Ciência em foco). O ceticismo e o debate entre a comunidade científica é essencial para o processo científico – que explica por que a ciência é, às vezes, descrita como o ceticismo organizado.

Pensamento crítico e criatividade são importantes na ciência

Os cientistas usam o raciocínio lógico e as habilidades de pensamento crítico para aprender sobre o mundo natural. Tais habilidades os ajudam, e ao resto

CIÊNCIA EM FOCO

Ilha de Páscoa: algumas revisões em uma história ambiental popular

Há anos a história da Ilha de Páscoa tem sido usada em livros didáticos como exemplo de como os seres humanos podem degradar seriamente seu próprio sistema de suporte à vida. Trata-se de uma civilização que outrora prosperou e, em seguida, praticamente desapareceu de uma ilha pequena e isolada localizada a cerca de 3.600 km da costa do Chile, na grande extensão do Pacífico Sul.

Os cientistas usaram evidências antropológicas e medições científicas para estimar a idade de algumas das mais de 300 estátuas gigantes (Figura 2-A) encontradas na Ilha de Páscoa. Supuseram que, há cerca de 2.900 anos, os polinésios usaram canoas marítimas de casco duplo para colonizar a ilha. Os colonizadores provavelmente encontraram um paraíso com solo fértil, que sustentava florestas densas e diversificadas, e gramados viçosos. Segundo essa hipótese, os habitantes da ilha prosperaram, e sua população cresceu até atingir 15 mil pessoas.

Medições feitas por cientistas pareciam indicar que, ao longo do tempo, os polinésios começaram a viver de forma insustentável, usando a floresta e os recursos do solo da ilha mais rápido do que estes poderiam ser renovados. Eles derrubaram as árvores para uso como lenha, para construção de canoas marítimas e para mover e erguer as gigantescas estátuas. Uma vez que já tinham usado as árvores de grande porte, os habitantes da ilha não mais podiam construir suas tradicionais canoas para a pesca marítima em águas mais profundas, e ninguém podia escapar de barco da ilha.

Postula-se que, sem as florestas, outrora grandes para absorver e liberar lentamente a água, nascentes e riachos secaram, solos expostos foram erodidos, colheitas despencaram e a fome se abateu. Não havia lenha para cozinhar nem para se manter aquecido. De acordo com a hipótese inicial, a população e a civilização ruíram com as lutas que clãs rivais travavam entre si pelos míseros estoques de alimentos, e, com isso, a população da ilha diminuiu drasticamente. Ao final de 1870, apenas cerca de 100 ilhéus nativos ainda existiam.

Em 2006, o antropólogo Terry L. Hunt, diretor da Escola de Campo em Arqueologia da Universidade do Havaí Rapa Nui (Ilha de Páscoa), avaliou a precisão das medições anteriores e outras evidências, e conduziu novas medições para estimar as idades de várias estátuas e outros artefatos. Ele usou esses dados para formular uma hipótese alternativa que descreve a tragédia humana na Ilha de Páscoa.

Hunt utilizou os dados que reuniu para chegar a algumas conclusões novas. Primeiro, os polinésios chegaram à ilha há cerca de 800 anos, e não 2.900 anos. Segundo, seu tamanho populacional provavelmente nunca ultrapassou 3 mil, ao contrário da estimativa anterior de 15 mil. Terceiro, os polinésios de fato usavam as árvores da ilha e outras formas de vegetação de forma insustentável, e, em 1722, os visitantes relataram que a maioria das árvores da ilha tinha desaparecido.

Figura 2-A Estas e muitas outras figuras de pedra maciça alinhavam-se nas encostas da Ilha de Páscoa e são os vestígios da tecnologia criada na ilha por uma civilização antiga de polinésios. Algumas delas são mais altas que um edifício de cinco andares e podem pesar até 89 toneladas.

Mas uma pergunta nunca respondida pela hipótese anterior foi: por que as árvores não cresceram novamente? Evidências recentes e a nova hipótese de Hunt sugerem que os ratos (que vieram junto com os colonos originais como passageiros clandestinos, ou trazidos como uma fonte de proteína para a longa viagem) desempenharam um papel fundamental no desmatamento permanente da ilha. Ao longo dos anos, os ratos multiplicaram-se rapidamente, até chegar aos milhões, e devoraram as sementes que teriam regenerado as florestas.

Outra conclusão de Hunt foi que, depois de 1722, a população dos polinésios na ilha caiu para cerca de 100, em grande parte por causa do contato com visitantes europeus e invasores. Hunt formulou a hipótese de que esses recém-chegados introduziram doenças fatais, mataram alguns dos habitantes da ilha e levaram um grande número deles para ser vendidos como escravos.

Essa história é um excelente exemplo de como a ciência funciona. A coleta de novos dados científicos e a reavaliação de dados mais antigos levaram a uma hipótese revisada que desafia o pensamento anterior sobre o declínio da civilização da Ilha de Páscoa. Como resultado, a tragédia talvez não seja mais um exemplo tão claro de como os seres humanos causaram um colapso ecológico como antes se pensava.

Pensamento crítico

A nova dúvida sobre a hipótese original da Ilha de Páscoa significa que não devemos nos preocupar com a utilização de recursos de forma insustentável da ilha no espaço que chamamos Terra? Explique.

---

de nós, a distinguir entre fatos e opiniões, avaliar as evidências e os argumentos, e a desenvolver opiniões informadas sobre as questões.

Pensar criticamente envolve três importantes etapas:

1. Seja cético sobre tudo o que ler ou ouvir.

2. Examine a evidência para avaliá-la e também todas as informações e opiniões relacionadas que podem vir de várias fontes. Validar a informação

é especialmente importante na era da internet, em que podemos ser expostos a dados não confiáveis, alguns dos quais podem ser apenas opiniões de amadores desinformados que se julgam especialistas.

3. Identifique e avalie suas suposições pessoais, seus preconceitos e suas crenças. Como o psicólogo e filósofo americano William James observou: "Muitas pessoas acreditam que estão pensando, quando estão simplesmente reorganizando seus preconceitos". Também podemos prestar atenção às palavras do escritor norte-americano Mark Twain: "O que nos prejudica é o que sabemos que é verdadeiro, mas de fato não é".

Lógica e pensamento crítico são ferramentas muito importantes na ciência, mas a imaginação, a criatividade e a intuição são tão vitais quanto. De acordo com o físico Albert Einstein, "Não há nenhum caminho completamente lógico para uma nova ideia científica". A maioria dos grandes avanços científicos é alcançada por pessoas criativas que propõem novas e melhores formas de nos ajudar a entender como o mundo natural funciona. Como o educador norte-americano John Dewey observou: "Todo grande avanço na ciência foi atingido a partir de uma nova audácia da imaginação".

Teorias e leis científicas são os resultados mais importantes e seguros das ciências

Fatos e dados são essenciais para a ciência, mas seu verdadeiro objetivo é o desenvolvimento de teorias e leis, com base em fatos, que expliquem como o mundo físico funciona, como ilustrado na citação que abre este capítulo.

Quando um enorme conjunto de observações e medições corrobora uma hipótese científica, ou grupo de hipóteses relacionadas, ele se torna uma teoria científica. *Não se deve jamais subestimar a importância de uma teoria científica*, uma vez que ela já foi amplamente testada, é apoiada por ampla evidência e é aceita como uma explicação útil pela maioria dos cientistas em determinada área ou áreas afins.

Por causa desse rigoroso processo de teste, as teorias científicas raramente são derrubadas, a menos que novas evidências as desacreditem ou que outros cientistas surjam com explicações melhores. Então, quando você ouvir alguém dizer: "Ah, isso é apenas uma teoria", saberá que essa pessoa não tem uma compreensão clara do que seja uma teoria científica, qual sua importância e o quão rigorosamente foi testada antes de chegar a esse nível de aceitação. Em termos desportivos, o desenvolvimento de uma teoria científica amplamente aceita é quase o equivalente a ganhar uma medalha de ouro nas Olimpíadas.

Outro resultado importante e confiável da ciência é a **lei científica**, ou **lei da natureza** – uma descrição bem testada e amplamente aceita do que vemos acontecer repetidas vezes na natureza da mesma maneira. Um exemplo é a *lei da gravidade*. Após milhares de observações e medições de queda de objetos de diferentes alturas, os cientistas desenvolveram a seguinte lei científica: Todos os objetos caem na superfície da Terra a velocidades previsíveis.

Podemos violar a lei de uma sociedade, por exemplo, quando dirigimos acima do limite de velocidade, mas *não podemos violar uma lei científica*, a menos que possamos descobrir novos dados que levem a mudanças nessa lei.

Para uma visão soberba sobre a forma como um processo científico é aplicado para expandir nossa compreensão do mundo natural, veja a série de vídeos Annenberg, *The Habitable Planet: A Systems Approach to Environmental Science* (acesse **www.learner.org/resources/series209.html**). Cada um dos 13 vídeos descreve como os cientistas trabalhando em dois diferentes problemas relacionados a cada assunto estão aprendendo como a natureza funciona. Aqui, regularmente fazemos referências cruzadas entre o material deste livro e esses vídeos.

Os resultados da ciência podem ser provisórios, confiáveis ou não confiáveis

Uma parte fundamental da ciência é o *teste*. Os cientistas insistem em testar suas hipóteses, seus modelos, seus métodos e seus resultados várias vezes. Dessa forma, procuram estabelecer a confiabilidade desses instrumentos científicos e as conclusões resultantes que revelam sobre como alguma parte do mundo físico funciona.

Por vezes, resultados científicos preliminares que viram notícia são controversos, pois não foram amplamente testados nem aceitos pela revisão por pares, ou seja, ainda não são considerados confiáveis e podem ser vistos como **ciência provisória**, ou **ciência de fronteira**. Alguns desses resultados serão validados e classificados como confiáveis e outros, desacreditados e classificados como não confiáveis. Na fase de fronteira, é normal que os cientistas discordem sobre o significado e a veracidade dos dados e a validade das hipóteses e resultados, porém essa é a maneira pela qual o conhecimento científico avança. Mas, a menos que os críticos possam vir com novos dados e melhores hipóteses, sua discordância torna-se improdutiva.

Nesse ponto, a maioria dos cientistas em um campo específico para de ouvi-los e segue em frente.

Em contrapartida, a **ciência confiável** consiste em dados, hipóteses, modelos, teorias e leis que são amplamente aceitos por todos, ou pela maioria dos cientistas considerados especialistas na área de estudo, no que é referido como um *consenso científico*. Os resultados da ciência confiável têm base no processo de autocorreção de testes, na revisão aberta por pares, na reprodutibilidade e no debate. Novas evidências e melhores hipóteses podem desacreditar ou alterar pontos de vista aceitos. Mas, até isso acontecer, essas opiniões são consideradas resultados da ciência confiável.

As hipóteses e os resultados científicos apresentados como confiáveis sem ter sido submetidos aos rigores da revisão generalizada por pares, ou que tenham sido descartados após essa revisão, são considerados **ciência não confiável**. Aqui estão algumas perguntas de pensamento crítico que você pode usar para descobrir se a ciência não é confiável:

- O experimento foi bem delineado? Envolveu um grupo controle? (**Estudo de caso principal**)

- Outros cientistas já reproduziram os resultados?

- A hipótese proposta é capaz de explicar os dados? Os cientistas fizeram e verificaram as previsões baseadas na hipótese?

- Não existe nenhuma outra explicação mais provável para os dados?

- Os pesquisadores são imparciais em suas interpretações dos resultados? O financiamento veio todo de fontes imparciais?

- Os dados e as conclusões foram submetidos à revisão por pares?

- As conclusões da pesquisa são amplamente aceitas por outros especialistas nesta área?

Se você respondeu afirmativamente a cada uma dessas perguntas, então poderá classificar os resultados como ciência confiável. Caso contrário, os resultados podem representar **ciência tentativa**, que precisa de mais testes e avaliação, ou como ciência não confiável.

A ciência tem algumas limitações

A ciência em geral e a ambiental têm cinco limitações importantes. *Primeiro*, os cientistas não podem provar ou refutar nada de maneira absoluta, porque há sempre algum grau de incerteza nas medições, nas observações e nos modelos científicos. Em vez disso, eles tentam demonstrar que determinada teoria científica ou lei tem uma *probabilidade* ou *certeza* muito altas (de pelo menos 90%) de que seja útil para a compreensão de alguns aspectos da natureza. Muitos cientistas não usam a palavra prova, porque ela implica uma "prova absoluta" para as pessoas que não entendem como a ciência funciona. Por exemplo, a maioria dos cientistas raramente dirá algo como: "Cigarros causam câncer de pulmão". Em vez disso, podem dizer: "Forte evidência com base em milhares de estudos indica que pessoas que fumam têm uma chance muito maior de desenvolver câncer de pulmão".

Suponha que alguém lhe diga que alguma afirmação não é verdadeira porque não foi provada cientificamente. Quando isso acontecer, você pode tirar uma de duas conclusões:

1. A pessoa não entende como a ciência funciona, porque, enquanto os cientistas podem estabelecer um alto grau de certeza (mais de 90%) de que uma teoria científica é útil para explicar algo sobre como a natureza funciona, não podem provar ou refutar nada de maneira absoluta.

2. A pessoa está usando um velho truque de debate para influenciar seu pensamento dizendo algo que é verdadeiro, mas irrelevante e enganador.

> **PENSANDO SOBRE**
> **Prova científica**
> Será que o fato de a ciência não poder provar nada de forma absoluta significa que seus resultados não são válidos ou úteis? Explique.

Uma *segunda* limitação da ciência é que os cientistas são humanos e, portanto, não estão totalmente livres de preconceitos sobre seus próprios resultados e suas hipóteses. No entanto, os elevados padrões de evidência exigidos pela revisão por pares em geral podem revelar ou reduzir muito o viés pessoal e expor eventuais fraudes de cientistas que falsificam seus resultados.

Uma *terceira* limitação – especialmente importante para a ciência ambiental – é que muitos sistemas no mundo natural envolvem um grande número de variáveis com interações complexas, o que torna difícil e oneroso demais testar uma variável por vez em experimentos controlados, tais como o descrito no **Estudo de caso principal** que abre este capítulo.

Para tentar lidar com esse problema, os cientistas desenvolvem *modelos matemáticos* que podem levar em consideração as interações de muitas variáveis. Executar tais modelos em computadores de alta velocidade às vezes pode superar as limitações de testar cada variável individualmente, poupando tempo e dinheiro. Além disso, eles podem usar modelos de computador para simular experimentos sobre fenômenos globais, como as alterações climáticas, que são impossíveis de ser feitos em um experimento físico controlado.

Uma *quarta* limitação da ciência envolve o uso de ferramentas estatísticas. Por exemplo, não há como medir com precisão quantas toneladas de solo são erodidas anualmente no mundo. Em vez disso, os cientistas usam a amostragem estatística e outros métodos matemáticos para estimar esses números (Ciência em foco, a seguir). No entanto, esses resultados não devem ser desprezados como "apenas estimativas", porque podem indicar tendências importantes.

Finalmente, o processo científico é limitado à compreensão do mundo natural, isto é, não pode ser aplicado a questões morais ou éticas, porque estas se referem a assuntos para os quais os cientistas não podem coletar dados do mundo natural. Por exemplo, eles podem usar o processo científico para compreender os efeitos da remoção das árvores de um ecossistema, mas esse processo não lhes diz se é moral ou eticamente certo ou errado removê-las.

Apesar dessas cinco limitações, a ciência é a forma mais útil que temos para aprender sobre como a natureza funciona e prever como pode se comportar no futuro. Com esse importante conjunto de ferramentas, temos feito progressos significativos, mas ainda sabemos muito pouco sobre o funcionamento da Terra, seu estado atual de saúde ambiental e os impactos ambientais atuais e futuros de nossas atividades. Essas lacunas de conhecimento apontam para importantes *fronteiras de investigação*, muitas das quais serão destacadas ao longo deste livro.

CIÊNCIA EM FOCO

Estatística e probabilidade

A **estatística** consiste em ferramentas matemáticas que podemos utilizar para coletar, organizar e interpretar dados numéricos. Por exemplo, suponha que façamos medições do peso de cada indivíduo em uma população de 15 coelhos. Podemos usar a estatística para calcular o peso médio da população. Para fazer isso, somamos o peso combinado dos 15 coelhos e dividimos o total por 15. Em outro exemplo, Bormann e Likens (**Estudo de caso principal**) fizeram inúmeras medições dos níveis de nitrato na água que fluía tanto dos vales conservados quanto dos desmatados (Figura 2-1) e, em seguida, fizeram a média dos resultados para obter o valor mais confiável.

Os cientistas também utilizam o conceito de probabilidade estatística para avaliar seus resultados. **Probabilidade** é a chance de que algo acontecerá ou será válido. Por exemplo, se você jogar uma moeda para o alto, qual é a chance de que sairá cara? Se sua resposta é 50%, você está correto. A probabilidade de uma moeda ser cara é 1/2, que também pode ser expressa como 50% ou 0,5. A probabilidade é, com frequência, expressa como um número entre 0 e 1, escrito em número decimal (por exemplo, 0,5).

Agora, suponha que você jogue a moeda dez vezes e apareça cara seis vezes. Será que isso significa que a probabilidade de sair cara é de 0,6 ou 60%? A resposta é não, porque o tamanho da amostra – o número de objetos ou eventos estudados – foi pequeno demais para produzir um resultado estatisticamente acurado. Se você aumentar o tamanho da amostra para mil, lançando a moeda mil vezes, pode ter quase certeza de que 50% das vezes sairá cara e 50% coroa.

Além de ter um tamanho de amostra suficientemente grande, também é importante, quando se faz uma investigação científica em uma área física, coletar amostras de diferentes lugares, a fim de obter uma avaliação razoável da variável que se está estudando. Por exemplo, se você quisesse estudar os efeitos de certo poluente do ar nas folhas de uma espécie de pinheiro, precisaria localizar diferentes áreas onde ela está exposta aos poluentes durante determinado período de tempo. Em cada local, seria necessário fazer medições dos níveis atmosféricos de poluentes em diferentes épocas e obter a média dos resultados. Você também precisaria medir os danos (como a perda de folhas) de um número suficientemente grande de árvores em cada local durante o mesmo período de tempo. Então, dessa forma obteria a média dos resultados em cada local e teria de comparar os resultados entre todos os locais.

Se os resultados médios fossem consistentes em diferentes locais, você poderia então dizer que há certa probabilidade, digamos 60% (ou 0,6), de que esse tipo de pinheiro sofreu certa porcentagem de perda de suas agulhas quando exposto a um nível médio especificado do poluente em um determinado período. Você também precisaria conduzir mais experimentos para determinar que outros fatores, tais como a perda natural de folhas, temperaturas extremas, insetos, doenças e seca não causaram os danos observados. Como você pode ver, a obtenção de resultados científicos confiáveis não é um processo simples.

Pensamento crítico

O que significa quando um órgão internacional de especialistas que estuda o clima diz que há pelo menos uma chance de 90% (probabilidade de 0,9) de que as atividades humanas, principalmente a queima de combustíveis fósseis e as emissões de dióxido de carbono resultantes, têm sido uma causa importante do aquecimento observado na atmosfera durante os últimos 35 anos? Por que nós, provavelmente, nunca veríamos uma chance de 100%?

2-2 O que é matéria?

▶ **CONCEITO 2-2** A matéria consiste em elementos e compostos, que são, por sua vez, constituídos de átomos, íons ou moléculas.

A matéria consiste em elementos e compostos

Para iniciar nosso estudo de ciência ambiental, vamos olhar para a matéria – o material que compõe a vida e seu ambiente. **Matéria** é tudo aquilo que tem massa e ocupa espaço. Pode existir em três *estados físicos* – sólido, líquido e gasoso. A água, por exemplo, existe como gelo sólido, líquida ou vapor, dependendo, principalmente, de sua temperatura.

A matéria também existe em duas *formas químicas* – elementos e compostos. **Elemento** é um tipo fundamental de matéria que tem um conjunto único de propriedades e não pode ser decomposto em substâncias mais simples por meios químicos. Por exemplo, os elementos ouro (Figura 2-4, à esquerda) e mercúrio (Figura 2-4, à direita) não podem ser decompostos quimicamente em nenhuma outra substância.

Algumas matérias são compostas de um elemento, como o ouro ou o mercúrio (Figura 2-4). Mas, grande parte da matéria consiste de **compostos**, combinações de dois ou mais elementos diferentes unidos em proporções fixas. Por exemplo, a água é um composto dos elementos hidrogênio e oxigênio, que se combinam quimicamente. (Veja no Suplemento 4 uma discussão mais ampla sobre química básica.)

Para simplificar, os químicos representam cada elemento por um símbolo de uma ou duas letras. A Tabela 2-1 lista os elementos e símbolos que você precisa saber para entender o material neste livro.

Tabela 2-1 Elementos químicos usados neste livro

Elemento	Símbolo
Arsênico	As
Bromo	Br
Cálcio	Ca
Carbono	C
Cloro	Cl
Flúor	F
Ouro	Au
Chumbo	Pb
Lítio	Li
Mercúrio	Hg
Nitrogênio	N
Fósforo	P
Sódio	Na
Enxofre	S
Urânio	U

Átomos, moléculas e íons são as unidades básicas da matéria

A unidade mais básica da matéria é o **átomo**, a menor unidade de matéria em que um elemento pode ser dividido e ainda manter suas propriedades químicas características. A ideia de que todos os elementos são compostos de átomos é chamada **teoria atômica**, a teoria científica mais aceita na química.

CONEXÕES

Quanto é um milhão? Um bilhão? Um trilhão?

Números como milhões, bilhões e trilhões são muito utilizados, mas muitas vezes difíceis de compreender. Aqui estão algumas maneiras de pensar sobre eles. Se você fosse começar a contar um número por segundo, e continuar contando 24 horas por dia, você levaria 12 dias (sem pausas) para chegar a um milhão, e 32 anos para chegar a um bilhão. E teria de contar por 32 mil anos para chegar a um trilhão. Se fosse pago por seus esforços com um dólar por número e juntasse as notas (cada conjunto de cinco notas de um dólar tendo um milímetro de altura), seu primeiro milhão de dólares teria 20 metros de altura – maior que um edifício de três andares. Uma pilha de um bilhão de notas de um dólar chegaria a uma altura de 200 quilômetros, ou quase a distância entre Pittsburgh, na Pensilvânia, e Cleveland, em Ohio (EUA). Uma pilha de um trilhão de notas de um dólar atingiria cerca de 200 mil quilômetros, que é mais do que meio caminho para a lua.

Figura 2-4 O ouro (esquerda) e o mercúrio (direita) são elementos químicos; cada um com um conjunto único de propriedades, e não podem ser decompostos em substâncias mais simples.

Os átomos são extremamente pequenos. Na verdade, mais de 3 milhões de átomos de hidrogênio poderiam ser colocados lado a lado sobre o ponto final no fim desta frase.

Os átomos têm uma estrutura interna. Se você pudesse vê-los com um supermicroscópio, descobriria que cada tipo diferente de átomo contém certo número de três tipos de *partículas subatômicas:* **nêutrons** (n) sem carga elétrica, **prótons** (p) com carga elétrica positiva (+) e **elétrons** (e) com carga elétrica negativa (-).

Cada átomo contém um centro muito pequeno chamado **núcleo** – que contém um ou mais prótons e, na maioria dos casos, um ou mais nêutrons – e um ou mais elétrons em movimento rápido em algum lugar ao redor do núcleo (Figura 2-5). Cada átomo tem um número igual de prótons carregados positivamente e elétrons carregados negativamente. Como essas cargas elétricas se cancelam, *os átomos como um todo não têm carga elétrica líquida.*

Cada elemento tem um **número atômico** único igual ao número de prótons no núcleo de seu átomo. O carbono (C), com 6 prótons em seu núcleo (Figura 2-5), tem número atômico 6, ao passo que o urânio (U), um átomo muito maior, tem 92 prótons em seu núcleo e número atômico 92.

Como os elétrons têm tão pouca massa em comparação aos prótons e nêutrons, *a maior parte da massa do átomo está concentrada em seu núcleo*. A massa de um átomo é descrita pelo seu **número de massa**, o número total de prótons e nêutrons em seu núcleo. Por exemplo, um átomo de carbono com seis prótons e seis nêutrons em seu núcleo tem número de massa 12, e um átomo de urânio, com 92 prótons e 143 nêutrons em seu núcleo, tem número de massa 235 (92 + 143 = 235).

Cada átomo de um elemento tem o mesmo número de prótons em seu núcleo, mas os núcleos dos átomos de um elemento podem variar pelo número de nêutrons que contêm e, portanto, variar em seus números de massa. As formas de um elemento com o mesmo número atômico, mas diferentes números de massa, são chamadas **isótopos** do mesmo elemento. Cientistas identificam isótopos anexando os respectivos números de massa ao nome ou ao símbolo do elemento. Por exemplo, os três isótopos mais comuns do carbono são o carbono-12 (Figura 2-5, com seis prótons e seis nêutrons), o carbono-13 (com seis prótons e sete nêutrons) e o carbono-14 (com seis prótons e oito nêutrons). O carbono-12 é responsável por cerca de 98,9% de todo o carbono que ocorre naturalmente.

Uma segunda unidade básica da matéria é a **molécula**, uma combinação de dois ou mais átomos de elementos iguais ou diferentes, mantidos juntos por forças chamadas *ligações químicas*. Moléculas são as unidades básicas de muitos compostos. Exemplos delas são a água, ou H_2O, que consiste em dois átomos de hidrogênio e de oxigênio unidos por ligações químicas. Outro exemplo é o metano, ou CH_4 (o principal componente do gás natural), que consiste em quatro átomos de hidrogênio e um de carbono. (Veja outros exemplos de moléculas na Figura 4 no Suplemento 4).

Uma terceira unidade básica de alguns tipos de matéria é o **íon** – um átomo ou um grupo destes com uma ou mais cargas elétricas líquidas positivas ou negativas. Como os átomos, os íons são formados por prótons, nêutrons e elétrons. Um íon positivo é formado quando um átomo perde um ou mais de seus elétrons de carga negativa, e um íon negativo se forma quando um átomo ganha um ou mais elétrons carregados negativamente. (Para mais detalhes sobre como os íons se formam, veja o Suplemento 4.)

Os químicos usam um sobrescrito depois do símbolo de um íon para indicar quantas cargas elétricas positivas ou negativas ele tem, como mostrado na Tabela 2-2. (Uma carga positiva ou negativa é mostrada por um sinal positivo ou negativo, respectivamente.) Observe na tabela que alguns íons são formas de um elemento, como o hidrogênio (H^+), e outros são combinações de mais de um, como oxigênio e hidrogênio (OH^-).

Um exemplo da importância dos íons em nosso estudo da ciência ambiental é o do íon nitrato (NO_3^-), um nutriente essencial para o crescimento das plantas. A Figura 2-6 mostra as medições da perda de íons nitrato da área desmatada (Figura 2-1, à direita) no experimento controlado realizado por Bormann e Likens (**Estudo de caso principal**). ⮕ ESTUDO DE CASO PRINCIPAL

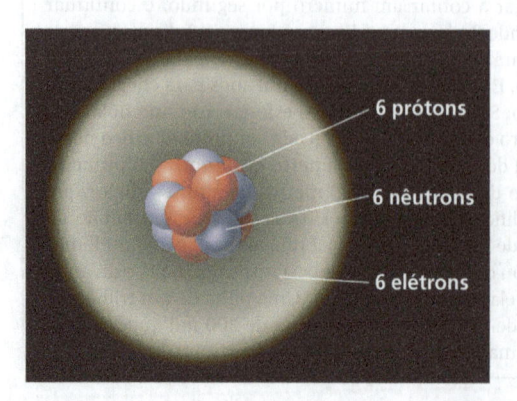

Figura 2-5 Este é um modelo bastante simplificado de um átomo de carbono-12. Consiste em um núcleo contendo seis prótons, cada um com carga elétrica positiva, e seis nêutrons sem carga elétrica. Seis elétrons carregados negativamente podem ser encontrados fora do seu núcleo. Não podemos determinar a localização exata dos elétrons. Em vez disso, podemos estimar a probabilidade de que eles serão encontrados em vários locais fora do núcleo – às vezes chamada nuvem de probabilidade de elétrons. Isso é mais ou menos como dizer que há seis aviões voando dentro de uma nuvem. Não sabemos sua localização exata, mas a nuvem representa uma área onde provavelmente poderemos encontrá-los.

Tabela 2-2 Íons químicos usados neste livro

Íon positivo	Símbolo	Componentes
íon hidrogênio	H^+	Um átomo de H, uma carga positiva
íon sódio	Na^+	Um átomo de Na, uma carga positiva
íon cálcio	Ca^{2+}	Um átomo de Ca, duas cargas positivas
íon alumínio	Al^{3+}	Um átomo de Al, três cargas positivas
íon amônio	NH_4^+	Um átomo de N, quatro átomos de H, uma carga positiva

Íon negativo	Símbolo	Componentes
íon cloreto	Cl^-	Um átomo de cloro, uma carga negativa
íon hidróxido	OH^-	Um átomo de oxigênio, um átomo de hidrogênio, uma carga negativa
íon nitrato	NO_3^-	Um átomo de nitrogênio, três átomos de oxigênio, uma carga negativa
íon carbonato	CO_3^{2-}	Um átomo de carbono, três átomos de oxigênio, duas cargas negativas
íon sulfato	SO_4^{2-}	Um átomo de enxofre, quatro átomos de oxigênio, duas cargas negativas
íon fosfato	PO_4^{3-}	Um átomo de fósforo, quatro átomos de oxigênio, três cargas negativas

Inúmeras análises químicas da água que fluiu através da barragem no local onde estava a floresta desmatada mostraram um aumento médio de 60 vezes na concentração de NO_3^- em comparação com a água vinda da área florestada. Depois de alguns anos, no entanto, a vegetação começou a crescer novamente no vale desmatado, e os níveis de nitrato no escoamento retornaram ao normal.

Íons também são importantes para medir a **acidez** de uma substância em solução aquosa, uma característica química que ajuda a determinar como uma substância dissolvida em água interagirá e afetará seu meio ambiente. A acidez de uma solução aquosa é baseada nas quantidades comparativas de íons hidrogênio (H^+) e íons hidróxido (OH^-) contidas em determinado volume de solução. Os cientistas usam o pH como uma medida de acidez. A água pura (não a água da torneira ou da chuva) tem um número igual de íons H^+ e OH^-. É a chamada solução neutra, que tem pH 7. Uma *solução ácida* tem mais íons hidrogênio do que hidróxido, e pH menor que 7. Uma *solução básica* tem mais íons de hidróxido que de hidrogênio, e pH superior a 7. (Veja mais detalhes na Figura 5 no Suplemento 4).

Os químicos usam uma **fórmula química** para mostrar o número de cada tipo de átomo ou íon em um composto. Essa abreviatura contém o símbolo de cada elemento presente (Tabela 2-1) e usa subscrito para mostrar o número de átomos ou íons de cada elemento na unidade estrutural básica do composto. Por exemplo, a água é um *composto molecular* feito com moléculas de H_2O. Cloreto de sódio (NaCl) é um *composto iônico* feito de uma rede regular de íons sódio positivamente carregados (Na^+) e íons cloreto negativamente carregados (Cl^-) (como mostrado na Figura 2 no Suplemento 4). Esses e outros compostos importantes para o nosso estudo das ciências ambientais estão listados na Tabela 2-3.

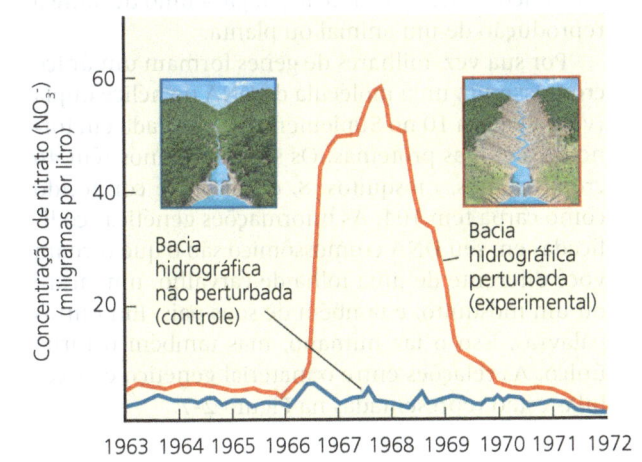

Figura 2-6 Este gráfico mostra a perda de íons nitrato ($NO3^-$) de uma bacia desmatada na Floresta Experimental Hubbard Brook (Figura 2-1, à direita). A concentração média de íons nitrato no escoamento da bacia experimental desmatada foi aproximadamente 60 vezes maior do que em uma bacia nas proximidades que não foi desmatada, utilizada como controle (Figura 2-1, à esquerda). (Dados de F. H. Bormann e Gene Likens)

Tabela 2-3 Compostos usados neste livro

Compostos	Fórmula
cloreto de sódio	NaCl
hidróxido de sódio	NaOH
monóxido de carbono	CO
oxigênio	O_2
nitrogênio	N_2
cloro	Cl_2
dióxido de carbono	CO_2
óxido nítrico	NO
dióxido de nitrogênio	NO_2
óxido nitroso	N_2O
ácido nítrico	HNO_3
metano	CH_4
glicose	$C_6H_{12}O_6$
água	H_2O
sulfeto de hidrogênio	H_2S
dióxido de enxofre	SO_2
ácido sulfúrico	H_2SO_4
amônia	NH_3
carbonato de cálcio	$CaCO_3$

Talvez você queira marcar as páginas que contêm as tabelas 2-1, 2-2 e 2-3, pois elas mostram os principais elementos químicos, íons e compostos utilizados neste livro. Pense neles como as listas dos principais personagens químicos na história da matéria que compõe o mundo natural.

Compostos orgânicos são a química da vida

Plásticos, assim como o açúcar, vitaminas, aspirina, penicilina e a maioria das substâncias químicas em seu corpo são chamados **compostos orgânicos**, pois contêm pelo menos dois átomos de carbono combinados com átomos de um ou mais elementos. Todos os outros compostos são chamados **compostos inorgânicos**. Há somente uma exceção, o metano (CH_4), que tem apenas um átomo de carbono, mas é considerado um composto orgânico.

Os milhões de compostos orgânicos (à base de carbono) conhecidos incluem:

- *Hidrocarbonetos:* compostos de átomos de carbono e hidrogênio. Um exemplo é o metano (CH_4), principal componente do gás natural, e os compostos orgânicos simples. Outro exemplo é o octano (C_8H_{18}), um dos principais componentes da gasolina.

- *Hidrocarbonetos clorados:* compostos de átomos de carbono, hidrogênio e cloro. Um exemplo é o inseticida DDT ($C_{14}H_9Cl_5$).

- *Carboidratos simples* (*açúcares simples*): certos tipos de compostos de átomos de carbono, hidrogênio e oxigênio. Um exemplo é a glicose ($C_6H_{12}O_6$), que a maioria das plantas e animais processam em suas células para obter energia. (Para mais detalhes, veja a Figura 7 no Suplemento 4.)

Compostos orgânicos maiores e mais complexos, essenciais para a vida, são formados por *macromoléculas*. Algumas dessas moléculas são chamadas *polímeros*, formados quando uma série de moléculas orgânicas simples (*monômeros*) são unidas por ligações químicas, algo como vagões ligados em um trem de carga. Os três principais tipos de polímeros orgânicos são:

- *Carboidratos complexos,* tais como celulose e amido, que consistem em dois ou mais monômeros de açúcares simples, tais como a glicose (veja a Figura 7 no Suplemento 4);

- *Proteínas* formadas por monômeros chamados *aminoácidos* (veja a Figura 8 no Suplemento 4); e

- *Ácidos nucleicos* (DNA e RNA), formados por monômeros chamados *nucleotídeos* (veja as Figuras 9 e 10 no Suplemento 4).

Lipídios, que incluem as gorduras e ceras, não são feitos de monômeros, mas constituem um quarto tipo de macromolécula essencial para a vida (veja a Figura 11, no Suplemento 4).

A matéria ganha vida por intermédio dos genes, cromossomos e células

A matéria, começando com o átomo de hidrogênio, torna-se mais complexa à medida que as moléculas aumentam em complexidade. Isso não é menos verdadeiro quando examinamos os componentes fundamentais da vida. A ponte entre a matéria viva e a inanimada está em algum lugar entre as grandes moléculas e **células** – as unidades estruturais e funcionais fundamentais da vida.

Todos os organismos são compostos de células, compartimentos minúsculos cobertos por uma fina membrana; dentro delas ocorrem os processos da vida. A ideia de que todos os seres vivos são compostos de células é chamada *teoria celular*, a teoria científica mais aceita na biologia.

Mencionamos os nucleotídeos do DNA (veja as Figuras 9 e 10 no Suplemento 4). Dentro de algumas moléculas de DNA temos certas sequências de nucleotídeos chamados **genes**. Cada uma dessas peças distintas de DNA contém instruções, ou códigos, chamados *informações genéticas*, para produzir proteínas específicas. Cada uma dessas unidades codificadas de informação genética leva a um **traço** específico, ou características passado de pai para filho durante a reprodução de um animal ou planta.

Por sua vez, milhares de genes formam um único **cromossomo,** uma molécula de DNA de hélice dupla (veja a Figura 10 no Suplemento 4) enrolada em torno de algumas proteínas. Os seres humanos têm 46 cromossomos, mosquitos, 8, e um peixe conhecido como carpa tem 104. As informações genéticas codificadas em seu DNA cromossômico são o que tornam você diferente de uma folha de carvalho, um jacaré ou um mosquito, e também de seus pais. Em outras palavras, isso o faz humano, mas também o torna único. As relações entre o material genético e as células estão representadas na Figura 2-7.

Algumas formas de matéria são mais úteis que outras

Qualidade da matéria é uma medida de quão útil uma forma de matéria é, como recurso, para os seres humanos, com base na sua disponibilidade e *concentração* – a quantidade dela contida em determinada área ou volume. **Matéria de alta qualidade** é altamente concentrada, normalmente encontrada perto da superfície da Terra, com grande potencial para ser utilizada como recurso. **Matéria de baixa qualidade** não é muito concentrada, muitas vezes encontrada em subsolo profundo ou dispersa no oceano ou na atmosfera e, em geral, tem pouco potencial para uso como recurso. A Figura 2-8 ilustra exemplos de diferenças na qualidade da matéria.

Em resumo, a matéria é constituída de elementos e compostos que, por sua vez, são constituídos de átomos, íons ou moléculas (**Conceito 2-2**). Algumas formas de matéria são mais úteis como recursos do que outras, em razão da sua disponibilidade e concentração.

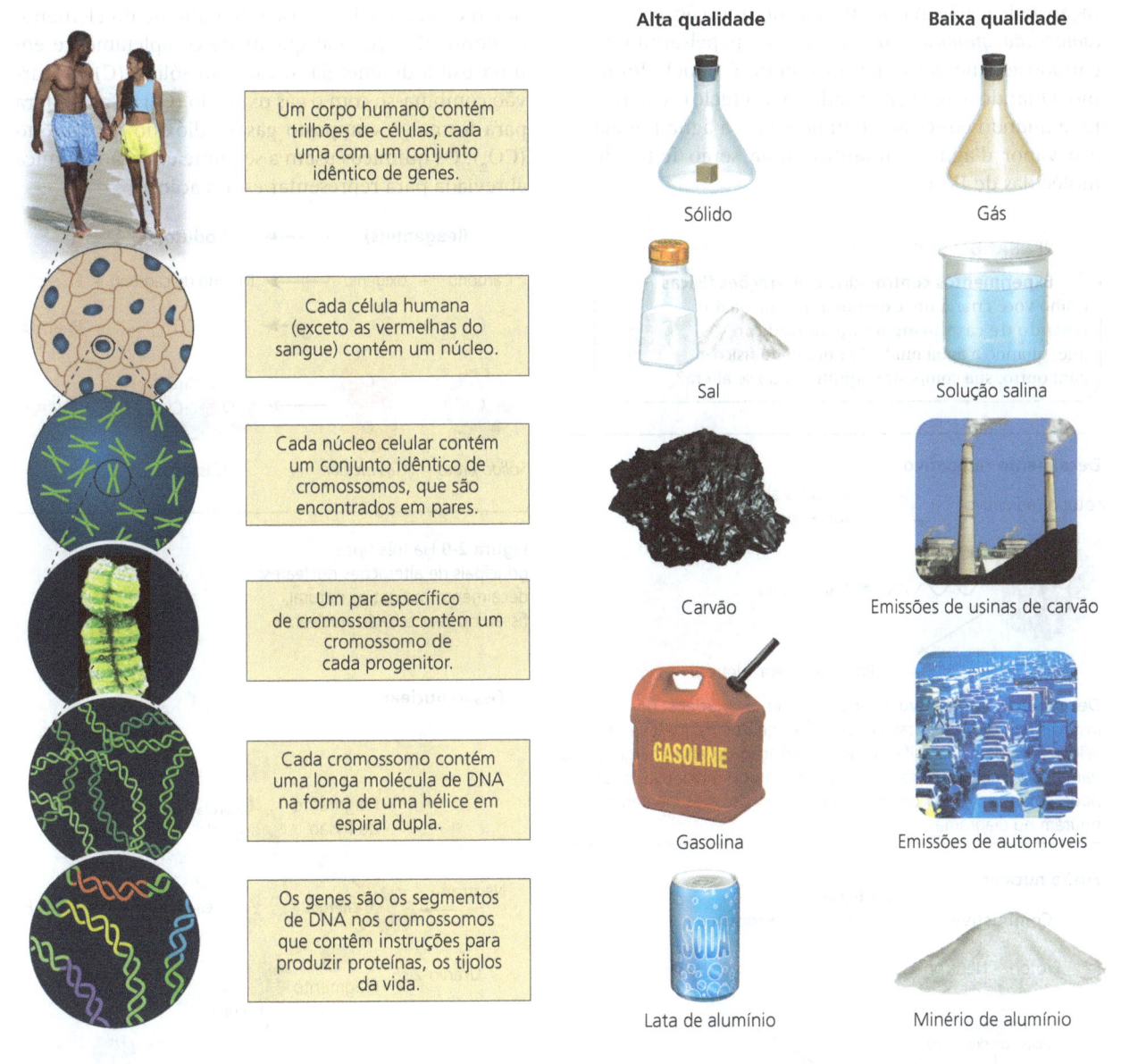

Figura 2-7 Este diagrama mostra as relações entre células, núcleos, cromossomos, DNA e genes.

Figura 2-8 Estes exemplos ilustram as diferenças na qualidade da matéria. Matéria de alta qualidade (coluna da esquerda) é bastante fácil de extrair e é altamente concentrada; matéria de baixa qualidade (coluna da direita) não é muito concentrada e mais difícil de extrair que a de alta qualidade.

2-3 O que acontece quando a matéria sofre alterações?

▶ **CONCEITO 2-3** Sempre que a matéria sofre uma alteração física ou química, nenhum átomo é criado ou destruído (a lei da conservação da matéria).

A matéria sofre alterações químicas, físicas e nucleares

Quando uma amostra de matéria sofre uma **alteração física**, não há nenhuma modificação em sua *composição química*. Um pedaço de papel-alumínio cortado em porções menores ainda é papel-alumínio. Quando a água em estado sólido (gelo) se derrete, e quando em estado líquido ferve, a água líquida e o vapor d'água resultantes ainda serão feitos de moléculas de H_2O.

> **PENSANDO SOBRE**
> **Experimentos controlados e alterações físicas**
> Como você criaria um experimento controlado (**Estudo de caso principal**) para verificar que, quando a água muda de um estado físico para outro, sua composição química não se altera?

Decaimento radioativo

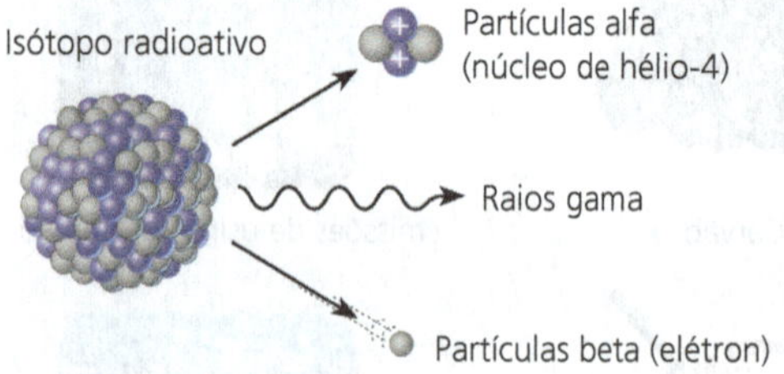

Isótopo radioativo → Partículas alfa (núcleo de hélio-4)
→ Raios gama
→ Partículas beta (elétron)

Decaimento radioativo ocorre quando os núcleos de isótopos instáveis emitem espontaneamente fragmentos de matéria em alta velocidade (partículas alfa ou beta), radiação de alta energia (raios gama), ou ambos, a uma taxa fixa. Um isótopo radioativo específico pode emitir um único ou uma combinação dos três elementos que figuram no diagrama.

Fusão nuclear

Combustível — Condições de reação — Produtos

Próton, Nêutron
Hidrogênio-2 (núcleo de deutério)
Hidrogênio-3 (núcleo de trítio)
→ 100 milhões °C → Núcleo de hélio-4 + Energia + Nêutron

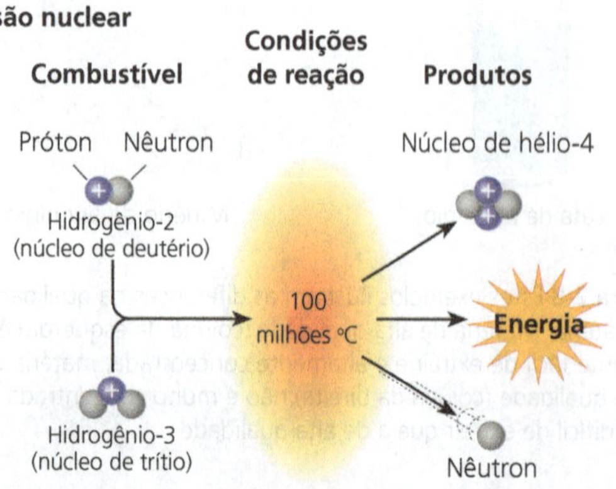

Fusão nuclear ocorre quando dois isótopos de elementos leves, como o hidrogênio, são forçados um contra o outro sob temperaturas extremamente altas até se fundirem em um núcleo mais pesado, liberando uma enorme quantidade de energia.

Quando uma **alteração**, ou **reação**, **química** ocorre, há uma mudança na composição química das substâncias envolvidas. Os químicos usam uma *equação química* para mostrar como os produtos químicos são reordenados em uma reação química. Por exemplo, o carvão é feito quase inteiramente do elemento carbono (C). Quando queimado completamente em uma usina de energia, o carbono sólido (C) no carvão combina-se com o gás oxigênio (O_2) da atmosfera para formar o composto gasoso dióxido de carbono (CO_2). Os químicos usam a seguinte equação química abreviada para representar essa reação:

Reagente(s) ⟶ Produto(s)

Carbono + oxigênio ⟶ Dióxido de carbono + Energia

C + O_2 ⟶ CO_2 + Energia

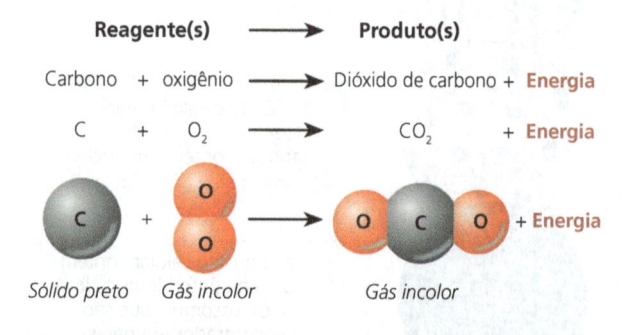

Sólido preto + *Gás incolor* ⟶ *Gás incolor* + Energia

Figura 2-9 Há três tipos principais de alterações nucleares: decaimento radioativo natural, fissão nuclear e fusão nuclear.

Fissão nuclear

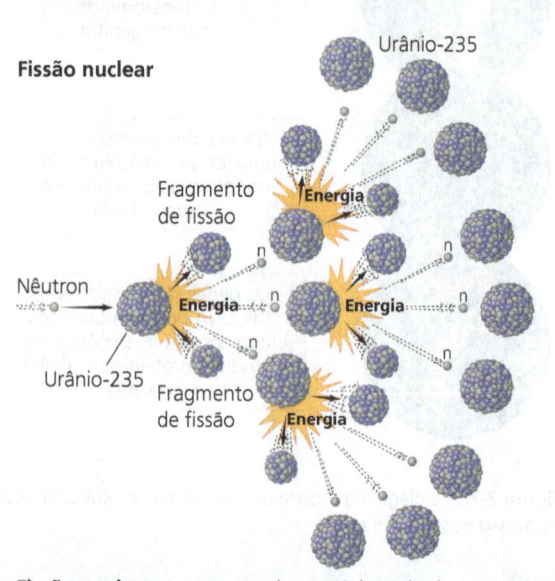

Urânio-235
Fragmento de fissão
Nêutron
Urânio-235
Fragmento de fissão

Fissão nuclear ocorre quando os núcleos de determinados isótopos com grandes números de massa (como o urânio-235) são quebrados em núcleos mais leves ao serem atingidos por um nêutron e liberam energia, além de mais dois ou três nêutrons. Cada nêutron pode desencadear uma nova reação de fissão e levar a uma reação em cadeia, que libera uma quantidade enorme de energia muito rapidamente.

CAPÍTULO 2 Ciência, matéria, energia e sistemas

Além das mudanças físicas e químicas, a matéria pode passar por três tipos de **alterações nucleares**, ou mudanças no núcleo de seus átomos: decaimento radioativo, fissão nuclear e fusão nuclear, que são descritos e definidos na Figura 2-9.

Não podemos criar ou destruir átomos: a lei da conservação da matéria

Podemos mudar os elementos e compostos de uma forma física ou química para outra, mas jamais criar ou destruir nenhum dos átomos envolvidos em qualquer mudança física ou química. Tudo o que podemos fazer é reorganizar os átomos, íons ou moléculas em diferentes padrões espaciais (mudanças físicas) ou combinações químicas (mudanças químicas). Esses fatos, baseados em milhares de medições, descrevem uma lei científica conhecida como **lei da conservação da matéria**: sempre que a matéria sofre uma alteração física ou química, nenhum átomo é criado ou destruído (**Conceito 2-3**).

> **CONEXÕES**
> **Resíduos e a lei da conservação da matéria**
> A lei da conservação da matéria significa que, realmente, nunca podemos jogar nada fora, porque os átomos em qualquer forma de matéria não podem ser destruídos quando sofrem alterações físicas ou químicas. Coisas que colocamos no lixo podem ser enterradas em um aterro sanitário, mas não a jogamos fora de fato, pois os átomos nesses resíduos sempre existirão, de uma forma ou de outra. Podemos queimar o lixo, mas depois ficamos com as cinzas, que devem ser colocadas em algum lugar, e os gases emitidos pela queima que podem poluir o ar. Podemos reutilizar ou reciclar alguns materiais e produtos químicos, mas a lei da conservação da matéria significa que teremos sempre de enfrentar o problema do que fazer com a quantidade de resíduos e poluentes que produzimos, porque seus átomos não podem ser destruídos.

2-4 O que é energia e o que acontece quando ela sofre alterações?

▶ **CONCEITO 2-4A** Sempre que a energia é convertida de uma forma em outra por meio de mudança física ou química, nenhuma energia é criada ou destruída (primeira lei da termodinâmica).

▶ **CONCEITO 2-4B** Sempre que a energia é convertida de uma forma em outra por meio de mudança física ou química, o resultado é uma energia de menor qualidade ou menos utilizável do que a original (segunda lei da termodinâmica).

A energia vem em muitas formas

Suponha que você encontre este livro no chão e o pegue para colocá-lo sobre sua mesa. Ao fazer isso, precisou usar uma certa quantidade de força muscular para mover o livro e, portanto, realizou um trabalho. Em termos científicos, trabalho é realizado quando um objeto é movido a uma certa distância (trabalho = força × distância). Além disso, sempre que você toca em um objeto quente, como um fogão, o calor deste flui para seu dedo. Esses dois exemplos envolvem **energia**: a capacidade de realizar trabalho ou a transferência de calor.

Existem dois principais tipos de energia: *em movimento* (chamada energia cinética) e *armazenada* (chamada energia potencial). A matéria em movimento tem **energia cinética**, que é a energia associada ao movimento. Exemplos são água corrente, eletricidade (elétrons que fluem através de um fio ou outro material condutor) e vento (uma massa de ar em movimento que podemos usar para produzir eletricidade, como mostrado na Figura 2-10).

Figura 2-10 A energia cinética, criada pelas moléculas de gás em uma massa de ar que se move, gira as pás da turbina eólica, que converte a energia cinética em elétrica, outra forma de energia cinética.

Outra forma de energia cinética é o calor, a energia cinética total de todos os átomos, íons ou moléculas que se deslocam dentro de determinada substância. Quando dois objetos com temperaturas diferentes entram em contato um com o outro, o calor do mais quente flui para o mais frio. Você aprendeu isso na primeira vez em que tocou em um fogão quente.

Outra, ainda, é chamada **radiação eletromagnética**, em que a energia viaja na forma de uma *onda* como resultado de mudanças nos campos elétricos e magnéticos. Existem muitas formas diferentes de radiação eletromagnética (Figura 2-11), e cada uma tem diferentes *comprimentos de onda* (a distância entre os sucessivos picos ou vales na onda) e *teores de energia*. Formas de radiação eletromagnética com comprimento de onda curtos, como os raios gama, raios X e ultravioleta (UV), têm mais energia do que aquelas com comprimentos de onda mais longos, tais como a luz visível e a radiação infravermelha (IR). A luz visível representa a maior parte do espectro da radiação eletromagnética emitida pelo sol.

Outro tipo principal de energia é a **energia potencial**, que é armazenada e potencialmente disponível para uso. Exemplos incluem uma pedra que você segura na mão, a água em um reservatório atrás de uma represa e a energia química armazenada nos átomos de carbono do carvão.

Podemos transformar a energia potencial em cinética. Se você segurar este livro nas mãos, ele tem energia potencial. Entretanto, se deixá-lo cair no seu pé, ela se transforma em energia cinética. Quando o motor de um carro queima gasolina, a energia potencial armazenada nas ligações químicas das moléculas da gasolina se transforma em cinética, que impulsiona o carro, e em calor, que flui para o meio ambiente. Quando a água em um reservatório (Figura 2-12) flui através de canais em uma represa,

Figura 2-12 A água armazenada nesta represa, no Estado do Tennessee, Estados Unidos, tem energia potencial que se transforma em cinética quando a água flui através de canais construídos na represa faz girar uma turbina que produz eletricidade, outra forma de energia cinética.

a energia potencial se transforma em cinética, que pode ser usada para girar as turbinas da barragem para a produção de eletricidade – uma outra forma de energia cinética.

Cerca de 99% da energia que aquece a Terra e nossos edifícios, mantém as plantas vivas (pelo processo chamado fotossíntese) e nos provê, e a outros organismos, com alimentos, vem do sol (Figura 2-13), sem nos exigir nenhum custo. Isso está de acordo com o **princípio da sustentabilidade**. Sem essa fonte essencialmente inesgotável de energia solar, a temperatura média da Terra seria de -240° C, e a vida como a conhecemos não existiria.

Essa entrada direta de energia solar produz várias outras formas indiretas de energia solar renovável, como a *eólica* (Figura 2-10), a *hidrelétrica* (queda d'água corrente, Figura 2-12) e a *biomassa* (energia solar convertida em energia química, armazenada

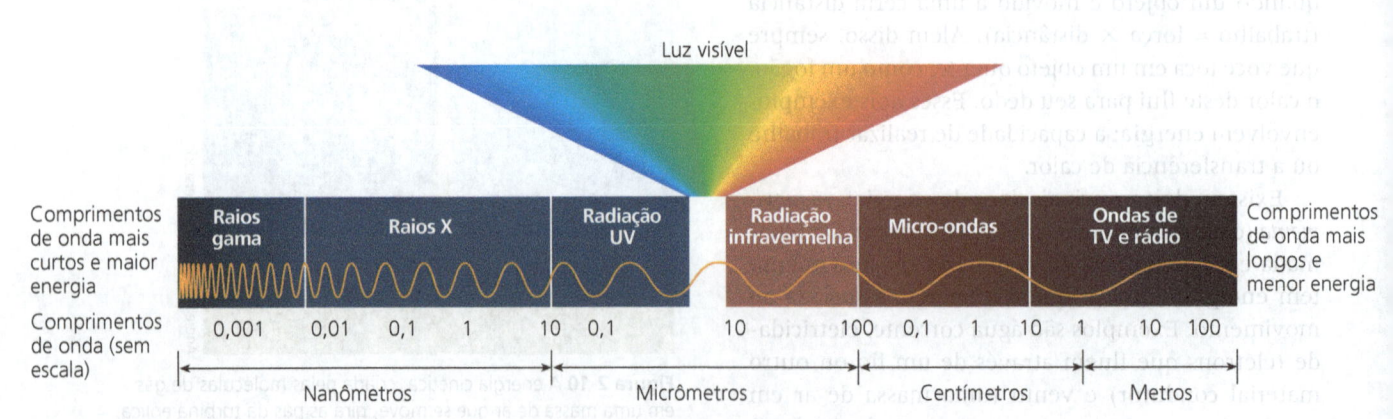

Figura 2-11 O espectro eletromagnético consiste em uma série de ondas eletromagnéticas que diferem no seu comprimento (a distância entre os sucessivos picos ou vales) e teor de energia.

nas ligações químicas dos compostos orgânicos em árvores e outras plantas).

A energia comercial vendida no mercado representa 1% restante da energia que usamos para completar a entrada direta da energia solar na Terra. Cerca de 79% da energia comercial utilizada no mundo e 85% da energia comercial que é usada nos Estados Unidos vêm da queima de petróleo, carvão e gás natural (Figura 2-14). Estes são chamados **combustíveis fósseis**, porque foram formados durante milhões de anos quando as camadas de decomposição de restos de plantas e animais antigos (os fósseis) foram expostas ao calor intenso e à pressão no interior da crosta terrestre.

Alguns tipos de energia são mais úteis que outros

Qualidade da energia é uma medida da capacidade de um tipo de energia fazer trabalho útil. A **energia de alta qualidade** tem grande capacidade de fazer trabalho útil, porque é concentrada. Exemplos são calor de temperatura muito alta, luz solar concentrada, vento de alta velocidade (Figura 2-10) e a energia liberada quando queimamos gasolina ou carvão.

Em contrapartida, a **energia de baixa qualidade** é tão dispersa, que tem pouca capacidade de fazer trabalho útil. Por exemplo, o calor de baixa temperatura gerado pelo enorme número de moléculas em movimento na atmosfera ou no oceano (Figura 2-15) é de qualidade tão baixa que não podemos usá-lo para aquecer coisas a altas temperaturas.

As mudanças de energia são regidas por duas leis científicas

Termodinâmica é o estudo das transformações de energia. Após observar e medir a energia sendo transformada

Figura 2-13 A energia do sol sustenta a vida humana e as economias. Essa energia é produzida longe da terra por fusão nuclear (Figura 2-9). Nesse processo, os núcleos de elementos leves, como o hidrogênio são forçados um contra o outro sob temperaturas extremamente altas, até que se fundem em um núcleo mais pesado, resultando na liberação de uma enorme quantidade de energia irradiada pelo espaço.

Figura 2-15 Uma enorme quantidade de energia solar é armazenada como calor nos oceanos do mundo. Mas a temperatura dessa energia muito dispersa é tão baixa que não podemos usá-la para aquecer a matéria a uma temperatura elevada. Portanto, o calor armazenado no oceano é uma energia de baixa qualidade. Pergunta: Por que a energia solar direta é uma forma de energia de maior qualidade do que o calor do oceano?

Figura 2-14 *Combustíveis fósseis:* Petróleo, carvão e gás natural (esquerda, centro e direita, respectivamente) fornecem a maior parte da energia comercial que usamos para complementar a energia do sol. A queima de combustíveis fósseis nos proporciona muitos benefícios, como calor, eletricidade, ar-condicionado, produção de bens e mobilidade. Mas, ao queimar esses combustíveis, automaticamente adicionamos dióxido de carbono e vários outros poluentes à atmosfera.

de uma forma em outra em milhões de mudanças físicas e químicas, os cientistas resumiram seus resultados na **primeira lei da termodinâmica**, também conhecida como **lei da conservação de energia**. Segundo essa lei científica, sempre que a energia é convertida de uma forma em outra por meio de uma alteração física ou química, nenhuma energia é criada ou destruída (**Conceito 2-4 A**).

Essa lei científica nos diz que, não importa o quanto tentemos, ou o quanto sejamos espertos, não podemos obter mais energia de uma alteração física ou química do que a quantidade que colocamos nela. Essa é uma das regras básicas da natureza que nunca foi violada.

Como a primeira lei da termodinâmica diz que energia não pode ser criada ou destruída, mas apenas convertida de uma forma em outra, você pode ser levado a pensar que nunca terá de se preocupar com a falta de energia. No entanto, se você encher o tanque de um carro com gasolina e dirigir por aí, ou usar uma lanterna a pilha até que ela se acabe, algo foi perdido. O que é? A resposta é a *qualidade da energia*, a quantidade de energia disponível para realizar trabalho útil.

Milhares de experimentos mostraram que, sempre que a energia é convertida de uma forma em outra por meio de alteração física ou química, acabamos com uma energia de menor qualidade ou menos utilizável do que a original (**Conceito 2-4 B**). Essa é a afirmativa da **segunda lei da termodinâmica**. A energia de baixa qualidade resultante normalmente assume a forma de calor que flui para o meio ambiente. Neste, o movimento aleatório de moléculas de ar ou de água dispersa ainda mais o calor, diminuindo sua temperatura até o ponto em que a qualidade da energia é muito baixa para fazer qualquer trabalho útil.

Em outras palavras, *quando a energia é alterada de uma forma em outra, ela sempre se transforma de uma forma mais útil em outra menos útil*. Ninguém jamais foi capaz de violar essa lei científica fundamental.

Podemos reciclar várias formas de matéria, como papel e alumínio, no entanto, em razão da segunda lei da termodinâmica, nunca podemos reciclar ou reaproveitar energia de alta qualidade para realizar um trabalho útil. Uma vez que a energia concentrada em uma porção de comida, um litro de gasolina, ou um pedaço de urânio é lançada, ela se degrada em calor de baixa qualidade e se dispersa no meio ambiente a baixa temperatura. Segundo o astrofísico britânico Arthur S. Eddington (1882-1944): "A segunda lei da termodinâmica tem, penso eu, a posição suprema entre as leis da natureza [...] Se sua teoria estiver indo contra a segunda lei da termodinâmica, não posso lhe dar nenhuma esperança".

Duas tecnologias amplamente utilizadas – a lâmpada incandescente e o motor de combustão interna encontrado na maioria dos automóveis – desperdiçam enormes quantidades de energia (Figura 2-16). Até metade desse desperdício ocorre automaticamente, pois a energia de alta qualidade na eletricidade e na gasolina é degradada em calor de baixa qualidade que flui para o meio ambiente, como manda a segunda lei da termodinâmica. Mas, a maior parte do restante da energia de alta qualidade é desperdiçada desnecessariamente por causa do conceito ineficiente dessas tecnologias, cada vez mais ultrapassadas.

Figura 2-16 Duas tecnologias amplamente usadas desperdiçam enormes quantidades de energia. Em uma lâmpada incandescente (à direita), cerca de 95% da energia elétrica que flui para dentro dela se transforma em calor e apenas 5% se converte em luz. Em comparação, em uma lâmpada fluorescente compacta (à esquerda) com o mesmo brilho, cerca de 20% da entrada de energia se transforma em luz. No motor de combustão interna (foto à direita), encontrado na maioria dos veículos, cerca de 87% da energia química fornecida pelo combustível flui para o meio ambiente na forma de calor de baixa qualidade. (Dados do Departamento de Energia Americano (U.S. Department of Energy) e Amory Lovins)

2-5 O que são sistemas e como respondem a alterações?

▶ **CONCEITO 2-5** Sistemas têm entradas, fluxos e saídas de matéria e energia, e a retroalimentação pode afetar seu comportamento.

Sistemas têm entradas, fluxos e saídas

Sistema é um conjunto de componentes que funciona e interage em alguma forma regular. O corpo humano, um rio, uma economia e a Terra são todos sistemas.

A maioria dos sistemas tem os seguintes componentes principais: as **entradas** oriundas do meio ambiente, os **fluxos** ou **produtividade** de matéria e energia dentro do sistema e as **saídas** para o meio ambiente (Figura 2-17) (**Conceito 2-5**). Uma das ferramentas mais poderosas utilizadas pelos cientistas ambientais para estudar como esses componentes de sistemas interagem é a modelagem por computador (Ciência em foco).

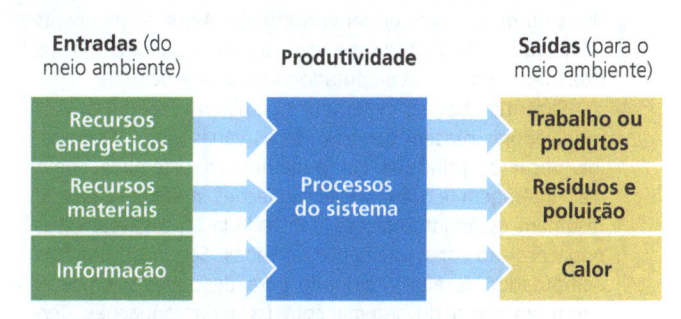

Figura 2-17 O diagrama ilustra um modelo bastante simplificado de um sistema. A maioria dos sistemas depende de entradas de recursos materiais e energia, e produz saídas de resíduos, poluentes e calor para o meio ambiente. Um sistema pode se tornar insustentável se a produtividade de recursos materiais e energia excederem as capacidades do meio ambiente de fornecer os recursos necessários e de absorver ou diluir os resíduos, poluentes e calor resultantes.

Sistemas respondem à mudança por meio de circuitos de *feedback*

Quando alguém lhe pede um *feedback*, em geral está buscando sua resposta para algo que ele dissera ou fez. Ele pode inserir sua resposta de volta em seus processos mentais para ajudá-lo a decidir se e como mudar o que está dizendo ou fazendo.

Da mesma forma, a maioria dos sistemas é afetado de uma maneira ou outra pelo *feedback*, qualquer processo que aumente (*feedback* positivo) ou diminua (*feedback* negativo) uma alteração no sistema (**Conceito 2-5**). Tal processo, chamado **circuito de *feedback***, ocorre quando uma saída de matéria, energia ou informação é realimentada no sistema como uma entrada e causa alterações nesse sistema. Perceba que, diferente do cérebro humano, a maioria dos sistemas não decide de maneira consciente como responder aos comentários. No entanto, o *feedback* pode afetar o comportamento de sistemas.

Um **circuito de *feedback* positivo** faz que um sistema se altere ainda mais na mesma direção (Figura 2-18). Nos experimentos de Hubbard Brook, por exemplo (**Estudo de caso principal**), os pesquisadores descobriram que, quando a vegetação foi removida de um fundo de vale, a água que fluiu da precipitação causou erosão e perda de nutrientes, fazendo que mais vegetação morresse. Com muito menos vegetação para segurar o solo no local, a

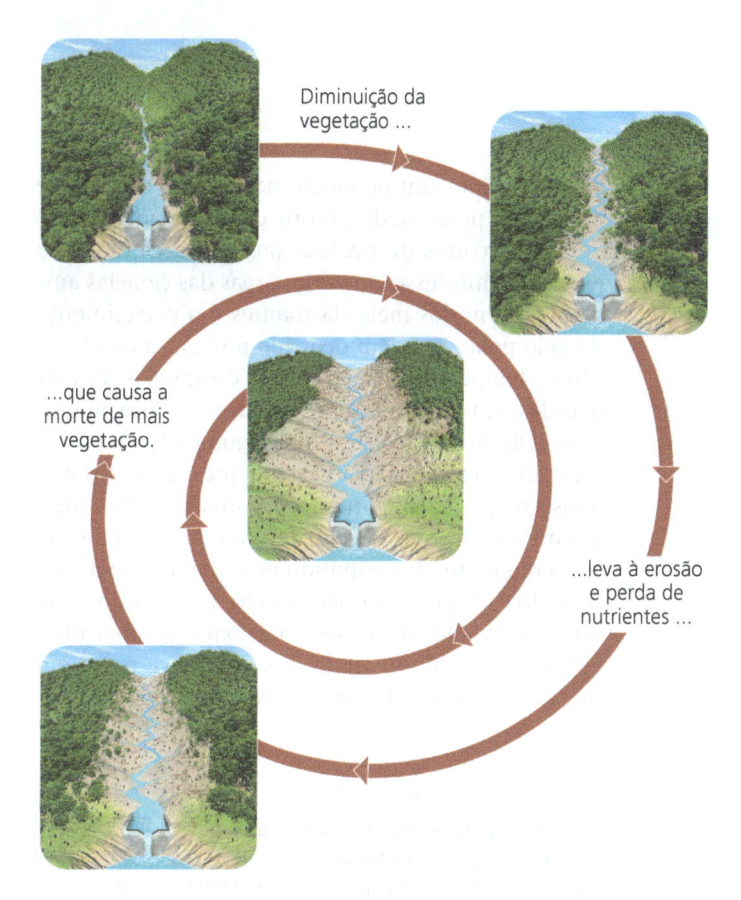

Figura 2-18 Este diagrama representa um circuito de *feedback* positivo. A diminuição da vegetação em um vale provoca o aumento da erosão e perdas de nutrientes que, por sua vez, fazem que mais vegetação morra, resultando em mais erosão e perda de nutrientes. **Pergunta:** Você consegue pensar em outro ciclo de *feedback* positivo na natureza?

CIÊNCIA EM FOCO

A utilidade dos modelos

Cientistas usam *modelos*, ou simulações, para aprender como os sistemas funcionam. Os modelos matemáticos são especialmente úteis quando há muitas variáveis interagindo, quando o período dos eventos que estamos modelando é longo e quando experimentos controlados são impossíveis ou muito caros de ser conduzidos. Algumas de nossas tecnologias mais poderosas e úteis são modelos matemáticos executados em supercomputadores de alta velocidade.

Fazer um modelo matemático geralmente requer que os modeladores passem por três etapas várias vezes. *Primeiro*, identificar os principais componentes do sistema e como eles interagem e desenvolver equações matemáticas que resumam essas informações. Em rodadas sucessivas, essas equações são constantemente refinadas. *Segundo*, usar um computador de alta velocidade para descrever o provável comportamento do sistema com base nas equações. *Terceiro*, comparar o comportamento previsto do sistema com as informações conhecidas sobre seu comportamento real. Continue fazendo isso até que o modelo reproduza os comportamentos anterior e atual do sistema.

Após construir e testar um modelo matemático, os cientistas podem usá-lo para projetar o que é *provável* que aconteça sob uma variedade de condições. Na verdade, eles usam modelos matemáticos para responder a perguntas do tipo *se–então*: "*Se* fizermos isso e aquilo, *então*, o que é provável que aconteça agora e no futuro?". Esse processo pode nos dar uma variedade de projeções de possíveis resultados com base em premissas diferentes. Os modelos matemáticos (como todos os outros) não são melhores que os pressupostos sobre os quais são construídos e os dados que neles são inseridos.

Esse processo de construção de modelos foi aplicado aos dados coletados por Bormann e Likens em seu experimento em Hubbard Brook (**Estudo de caso principal**). Outros cientistas criaram modelos matemáticos com base nesses dados para descrever uma floresta e projetar o que poderia acontecer com os nutrientes do solo e outras variáveis quando a floresta é perturbada ou cortada.

Outras áreas da ciência ambiental nas quais modelos de computador estão se tornando cada vez mais importantes incluem o estudo dos sistemas complexos que governam as mudanças climáticas, desmatamento, perda da biodiversidade e os oceanos.

Pensamento crítico
Quais são as duas limitações dos modelos computacionais? Isso quer dizer que não devemos confiar em tais modelos? Explique.

água que fluiu causou ainda mais erosão e perda de nutrientes, provocando a morte de mais plantas.

Tais circuitos de *feedback* positivo acelerado são de grande interesse em várias áreas das ciências ambientais. Um dos mais alarmantes é o derretimento do gelo polar, que tem ocorrido por causa da elevação da temperatura da atmosfera durante as últimas décadas. Conforme esse gelo derrete, sobra menos para refletir a luz solar, e mais água é exposta à luz solar. Como a água é mais escura que o gelo, absorve mais energia solar, tornando as áreas polares mais quentes e fazendo o gelo derreter mais rápido, e, consequentemente, expondo mais água. Esse derretimento está, portanto, acelerando, e causando, uma série de problemas sérios, que exploraremos mais adiante no Capítulo 19. Se o sistema fica preso em um ciclo de *feedback* positivo acelerado, pode atingir um ponto de ruptura que pode destruir o sistema ou mudar seu comportamento de forma irreversível.

Um **circuito de** *feedback* **negativo**, ou **corretivo**, faz que um sistema mude em direção oposta à que está se movendo. Um exemplo simples é o termostato, um dispositivo que controla a frequência e o tempo de funcionamento de um sistema de aquecimento ou resfriamento (Figura 2-19). Quando a caldeira em uma casa é ligada e começa a aquecê-la, podemos ajustar o termostato para desligá-la quando a temperatura na casa atingir um número definido. A casa então para de ser aquecida e começa a esfriar.

Um importante exemplo de *feedback* negativo é a reciclagem e a reutilização de alguns recursos, tais como o alumínio e o cobre. Por exemplo, uma lata de alumínio é a saída de um sistema de mineração e manufatura. Quando a reciclamos, essa produção se torna uma entrada, reduzindo assim a quantidade de minério de alumínio que temos de extrair e processar para a fabricação de latas de alumínio e, ainda, os impactos ambientais nocivos da mineração e do processamento de minério de alumínio. Esse *feedback* negativo, portanto, pode ajudar a reduzir os impactos ambientais nocivos das atividades humanas, diminuindo o uso de recursos de matéria e energia, e a quantidade de poluição e de resíduos sólidos produzidos pelo uso de tais recursos.

> **PENSANDO SOBRE**
>
> **Os experimentos Hubbard Brook e os circuitos de *feedback***
>
> Como os investigadores poderiam ter empregado um circuito de *feedback* negativo para parar, ou corrigir, o circuito de *feedback* positivo que resultou no aumento da erosão e perdas de nutrientes na floresta experimental de Hubbard Brook?

Figura 2-19 O diagrama ilustra um circuito de *feedback* negativo. Quando uma casa sendo aquecida por uma caldeira atinge certa temperatura, o termostato está configurado para desligar a caldeira, e a casa começa a esfriar, em vez de continuar a ficar mais quente. Quando a temperatura da casa cai abaixo da configuração estabelecida, essa informação é realimentada, e a caldeira volta a ficar ligada até que a temperatura desejada seja atingida novamente.

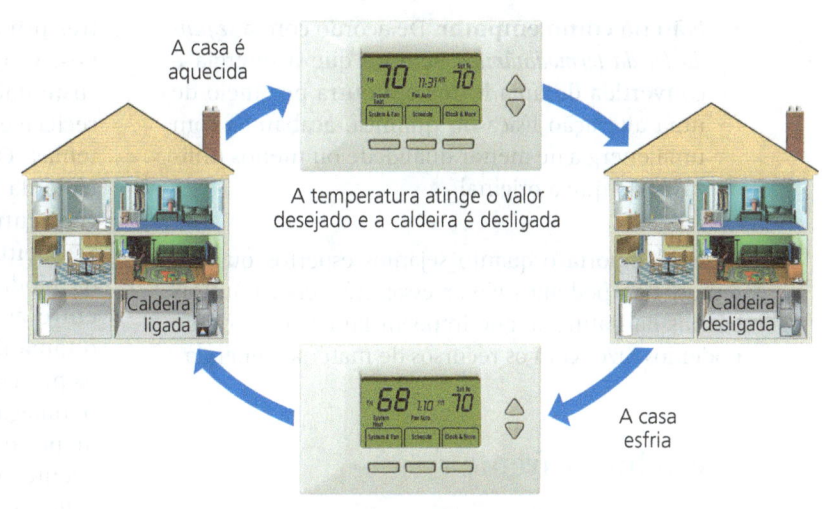

Pode demorar um bom tempo para que um sistema responda aos *feedbacks*

Um sistema complexo apresentará um **atraso**, ou falta de resposta, durante um período de tempo entre a entrada de um estímulo de *feedback* e a respectiva resposta do sistema. Por exemplo, os cientistas poderiam plantar árvores em uma área degradada, tal como a floresta experimental de Hubbard Brook, para diminuir a erosão e as perdas de nutrientes (**Estudo de caso principal**). No entanto, levaria anos para que árvores e outros tipos de vegetação crescessem a fim de atingir esse objetivo.

Esses atrasos podem permitir que um problema ambiental vá se formando lentamente, até atingir um *limiar*, ou **ponto crítico** – ponto no qual uma alteração fundamental no comportamento de um sistema ocorre. Atrasos prolongados amortecem os mecanismos de *feedback* negativo que poderiam retardar, impedir ou bloquear os problemas ambientais. No exemplo de Hubbard Brook, se a erosão do solo e as perdas de nutrientes chegassem ao ponto no qual a terra não pudesse mais sustentar a vegetação, um ponto crítico teria sido alcançado e seria inútil simplesmente plantar árvores para tentar restaurar o sistema. Outros problemas ambientais que podem atingir níveis críticos são o derretimento das calotas polares (como descrito anteriormente), o crescimento populacional e a redução das populações de peixes em razão da pesca excessiva.

Os efeitos do sistema podem ser ampliados pela sinergia

Uma **interação sinérgica**, ou **sinergia**, ocorre quando dois ou mais processos interagem de forma que o efeito combinado seja maior que a soma de seus efeitos isolados. Por exemplo, estudos científicos revelam tal interação entre tabagismo e inalação de partículas de amianto. Os não fumantes que são expostos a partículas de amianto por longos períodos de tempo têm cinco vezes mais risco de contrair câncer de pulmão. No entanto, as pessoas que fumam e assim são expostas têm 50 vezes mais riscos que os não fumantes de desenvolver câncer de pulmão.

Por outro lado, a sinergia pode ser útil. Você pode achar que é capaz de estudar por mais tempo ou correr mais se fizer essas atividades com um companheiro de estudo ou de corrida. Seus sistemas físicos e mentais podem realizar certa quantidade de trabalho por conta própria, mas o efeito sinérgico de você e seu parceiro trabalhando em conjunto pode tornar seus sistemas individuais capazes de realizar mais na mesma quantidade de tempo.

As seguintes leis científicas da matéria e energia são as *três grandes ideias* deste capítulo:

- **Não há como pôr fim.** De acordo com a *lei da conservação da matéria*, nenhum átomo é criado ou destruído quando a matéria sofre uma alteração física ou química. Assim, não podemos pôr fim à matéria; somente alterá-la de um estado físico ou forma química para outra.

- **Não se consegue nada de graça.** De acordo com a *primeira lei da termodinâmica*, ou *lei da conservação de energia*, sempre que a energia é convertida de uma forma em outra em uma alteração física ou química, nenhuma energia é criada ou destruída, o que significa que, em tais mudanças, não podemos obter mais energia além da que nela colocamos.

- **Não há como empatar.** De acordo com a *segunda lei da termodinâmica*, sempre que a energia é convertida de uma forma em outra por meio de uma alteração física ou química, acabamos com uma energia de menor qualidade ou menos utilizável do que a original.

Não importa o quanto sejamos espertos ou tentemos, não podemos violar essas três leis científicas básicas da natureza, que impõem limites para o que podemos fazer com os recursos de matéria e energia.

Um olhar à frente

Nos próximos seis capítulos, aplicaremos as três leis básicas da matéria e da termodinâmica, e os três princípios da sustentabilidade aos sistemas vivos. O Capítulo 3 mostra como os princípios da sustentabilidade relacionados com a energia solar e reciclagem de nutrientes são aplicados nos ecossistemas. O Capítulo 4 abrange a utilização do princípio da biodiversidade para compreender as relações entre a diversidade de espécies e a evolução. O Capítulo 5 examina a forma como o princípio da biodiversidade se relaciona com as interações entre as espécies e como tais interações regulam o tamanho da população. No capítulo 6 aplicamos os princípios de sustentabilidade ao crescimento da população humana. No Capítulo 7 olhamos mais de perto a biodiversidade terrestre e o ciclo de nutrientes em diferentes tipos de desertos, pradarias e florestas. O Capítulo 8 analisa a biodiversidade nos sistemas aquáticos, tais como oceanos, lagos, pântanos e rios.

REVISITANDO — Floresta experimental Hubbard Brook e a sustentabilidade

O experimento controlado discutido no **Estudo de caso principal** que abriu este capítulo revela que o desmatamento de uma floresta madura degrada uma parte do seu capital natural (veja a Figura 1-4). Especificamente, a perda de árvores e vegetação alterou a capacidade da floresta de reter e reciclar água e outros nutrientes essenciais para as plantas – uma função ecológica crucial, baseada em um dos três **princípios da sustentabilidade** (veja Figura 1-3). Em outras palavras, a floresta em pé era um sistema mais sustentável do que uma área semelhante de floresta desmatada (Figura 2-1).

Este desmatamento da vegetação também violou os outros dois princípios da sustentabilidade. Por exemplo, a floresta desmatada perdeu a maioria das plantas que havia usado a energia solar para produzir alimentos para os animais. E essa perda de plantas e, consequentemente, de animais reduziu a biodiversidade que sustentava a vida da floresta desmatada.

Os humanos desmatam as florestas para plantar, construir assentamentos e expandir as cidades. A questão fundamental é: quanto podemos avançar na expansão da nossa pegada ecológica (veja a Figura 1-13 e o **Conceito 1-2**) sem ameaçar a qualidade de vida para nossa própria espécie e para as outras que nos mantêm vivos e apoiam nossas economias? Para viver de maneira mais sustentável, precisamos encontrar e manter um equilíbrio entre a preservação dos sistemas naturais não perturbados e a modificação de outros sistemas naturais para nosso uso.

O pensamento lógico levará você de A para B. A imaginação o levará a qualquer lugar.
ALBERT EINSTEIN

REVISÃO

1. Revise as questões e os conceitos principais deste capítulo. Descreva o *experimento científico controlado* realizado na Floresta experimental Hubbard Brook.

2. O que é **ciência**? Descreva as etapas envolvidas em um processo científico. O que são **dados**? O que é um **modelo**? Faça a distinção entre **hipótese científica**, **teoria científica** e **lei científica** (lei da natureza). O que é **revisão por pares** e por que é importante? Explique por que as teorias científicas devem ser consideradas sérias e por que as pessoas muitas vezes usam o termo *teoria* incorretamente. Descreva como uma hipótese sobre o declínio da civilização da Ilha de Páscoa tem sido desafiada por novos dados.

3. Explique por que as teorias e as leis científicas são os resultados mais importantes e mais certos da ciência.

4. Faça a distinção entre ciência provisória (ciência de fronteira), ciência confiável e ciência não confiável.

O que é estatística? O que é **probabilidade** e qual seu papel nas conclusões e provas científicas? Quais são as três limitações da ciência em geral e da ciência ambiental em particular?

5. O que é **matéria**? Faça a distinção entre um **elemento** e um **composto**, e dê um exemplo de cada. Faça a distinção entre **átomos, moléculas e íons**, e dê um exemplo de cada. O que é **teoria atômica**? Faça a distinção entre **prótons, nêutrons e elétrons**. O que é o **núcleo** de um átomo? Faça a distinção entre **número atômico** e **número de massa** de um elemento. O que é um **isótopo**? O que é **acidez**? O que é **pH**?

6. O que é uma **fórmula química**? Faça a distinção entre **compostos orgânicos e inorgânicos**, e dê um exemplo de cada. Faça a distinção entre carboidratos complexos, proteínas, ácidos nucleicos e lipídios. O que é uma **célula**? Faça a distinção entre **gene, traço** e **cromossomo**. O que é **qualidade da matéria**? Faça a distinção entre **matéria de alta qualidade** e **matéria de baixa qualidade**, e dê um exemplo de cada.

7. Faça a distinção entre uma **alteração física** e uma **alteração química (reação química)**, e dê um exemplo de cada. O que é uma **alteração nuclear**? Explique as diferenças entre **decaimento radioativo, fissão nuclear** e **fusão nuclear**. Qual é a **lei da conservação da matéria** e por que ela é importante?

8. O que é **energia**? Faça a distinção entre **energia cinética** e **energia potencial**, e dê um exemplo de cada. O que é **calor**? Defina e dê dois exemplos de **radiação eletromagnética**. O que são **combustíveis fósseis** e quais são os três que usamos com mais frequência para complementar a energia do sol? O que é **qualidade da energia**? Faça a distinção entre **energia de alta qualidade** e **energia de baixa qualidade**, e dê um exemplo de cada. Qual é a **primeira lei da termodinâmica (lei da conservação de energia)** e por que ela é importante? Qual é a **segunda lei da termodinâmica** e por que ela é importante? Explique por que a segunda lei significa que nunca podemos reciclar ou reutilizar a energia de alta qualidade.

9. Defina e dê um exemplo de um **sistema**. Faça a distinção entre a **entrada, fluxo (produtividade)** e **saída** de um sistema. Por que os modelos científicos são úteis? O que é *feedback*? O que é um **circuito de** *feedback*? Faça a distinção entre **circuito de** *feedback* **positivo** e **circuito de** *feedback* **negativo (corretivo)** em um sistema e dê um exemplo de cada. Faça a distinção entre **atraso** e **interação sinérgica (sinergia)** em um sistema, e dê um exemplo de cada. O que é um **ponto crítico**?

10. Quais são as *três grandes ideias deste capítulo*? Relacione os três **princípios da sustentabilidade** ao experimento controlado da Floresta experimental de Hubbard Brook.

Observação: Os termos-chave estão em negrito.

PENSAMENTO CRÍTICO

1. Que lição ecológica podemos aprender com o experimento controlado sobre o desmatamento de florestas descrito no **Estudo de caso principal** que abre este capítulo?

2. Você percebe que todos os peixes em uma lagoa desapareceram. Descreva como pode usar o processo científico descrito no **Estudo de caso principal** para determinar a causa da morte desses peixes.

3. Descreva uma situação em que você aplicou o processo científico descrito neste capítulo (veja Figura 2-2) na sua própria vida e as conclusões que tirou desse processo. Descreva um problema novo que você gostaria de resolver usando esse processo.

4. Responda às seguintes afirmações:
   a. Os cientistas não conseguiram provar com absoluta certeza que alguém já morreu por fumar cigarros.
   b. A teoria do efeito estufa natural – de que certos gases, tais como vapor d'água e dióxido de carbono, aquecem a baixa atmosfera – não é uma ideia confiável porque é apenas uma teoria científica.

5. Uma árvore cresce e aumenta sua massa. Explique por que isso não é uma violação da lei da conservação da matéria.

6. Se não há um lugar onde os organismos possam "pôr fim" aos seus dejetos por causa da lei da conservação da matéria, por que o mundo não está repleto desses dejetos?

7. Alguém quer que você invista dinheiro em um motor automotivo, alegando que ele produzirá mais energia do que a do combustível usado para fazê-lo funcionar. Qual é a sua resposta? Explique.

8. Use a segunda lei da termodinâmica para explicar por que podemos usar o óleo apenas uma vez como combustível, ou, em outras palavras, por que não podemos reciclar sua energia de alta qualidade.

9. **a.** Imagine que você tenha o poder de revogar a lei da conservação da matéria por um dia. Quais as três coisas que faria com esse poder? Explique suas escolhas.

   b. Imagine que você tenha o poder de violar a primeira lei da termodinâmica por um dia. Quais as três coisas que faria com esse poder? Explique suas escolhas.

10. Liste duas questões que gostaria que tivessem sido respondidas como resultado da leitura deste capítulo.

ANÁLISE DOS DADOS

Considere o gráfico ao lado, que mostra a perda de cálcio de uma área de corte experimental da Floresta experimental de Hubbard Brook em comparação com a área controle. Note que esta figura é muito semelhante à 2-6, que compara a perda de nitratos dos dois locais (**Estudo de caso principal**). Depois de estudar o gráfico, responda às perguntas abaixo:

1. Em que ano a perda de cálcio do local experimental começou a crescer de maneira acentuada? Em que ano chegou ao pico? Em que ano voltou a se nivelar?

2. Em que ano as perdas de cálcio dos dois locais foram mais próximas? No intervalo de tempo entre 1963 e 1972, chegaram a ser tão próximas novamente?

3. Este gráfico é capaz de apoiar a hipótese de que o corte das árvores de uma área de floresta faz que o solo perca nutrientes mais rapidamente do que se as deixarmos em seu lugar? Explique.

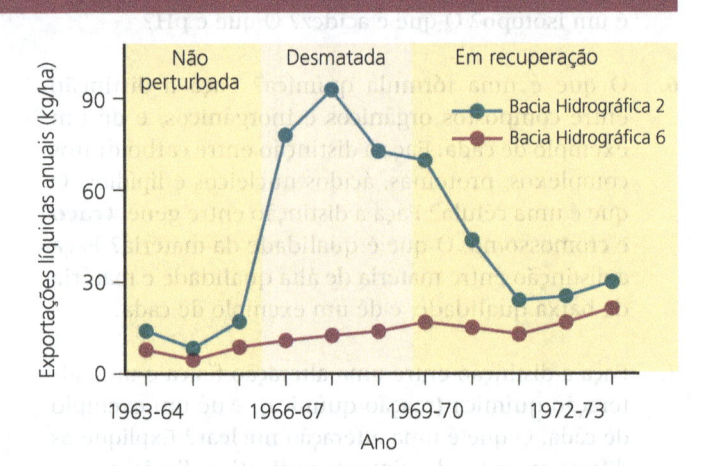

Ecossistemas: o que são e como funcionam?

3

ESTUDO DE CASO PRINCIPAL

As florestas tropicais estão desaparecendo

As florestas tropicais são encontradas perto da linha do Equador, características por possuírem uma variedade incrível de vida. Exuberantes, são quentes o ano todo e têm alta umidade, com fortes chuvas quase todos os dias. Embora cubram apenas cerca de 2% da superfície terrestre do planeta, estudos indicam que elas contêm até metade das espécies de animais e plantas conhecidas da Terra. Por essas razões, são um excelente laboratório natural para o estudo dos ecossistemas – comunidades de organismos que interagem uns com os outros e com o ambiente físico de matéria e energia em que vivem.

Até agora, pelo menos metade dessas florestas foi destruída ou alterada pelo homem, cortando árvores, cultivando lavouras, criando gado, construindo assentamentos (Figura 3-1) e, assim, a degradação desses centros de biodiversidade está aumentando. Ecólogos advertem que, sem fortes medidas de proteção, a maioria dessas florestas terá provavelmente desaparecido ou terá sido severamente degradada daqui há uma geração.

Então, por que devemos nos preocupar com o fato de as florestas tropicais estarem desaparecendo? Os cientistas nos oferecem três razões. *Primeiro*, o desmatamento dessas florestas reduzirá a biodiversidade vital da Terra, destruindo ou degradando o hábitat de muitas espécies únicas de plantas e animais que nelas vivem, o que poderia levar à sua extinção precoce. *Segundo*, o desmatamento está ajudando a acelerar o aquecimento da atmosfera e, portanto, aumentando as alterações climáticas (como discutido em detalhes no Capítulo 19), pois, com a eliminação de grandes áreas de árvores mais rapidamente do que possam voltar a crescer, estamos degradando a capacidade das florestas de remover da atmosfera o gás de efeito estufa, que é o dióxido de carbono (CO_2).

Terceiro, isso mudará os padrões climáticos regionais de maneira que poderiam impedir o retorno de diversas florestas tropicais em áreas desmatadas ou severamente degradadas. Se esse *ponto crítico ecológico* irreversível for atingido, as florestas tropicais em tais áreas se tornarão pastagens tropicais muito menos diversificadas.

Neste capítulo, vamos olhar mais de perto como as florestas tropicais e os ecossistemas em geral funcionam. Também examinaremos de que modo as atividades humanas, como o corte raso de florestas, podem interromper o ciclo de nutrientes dentro dos ecossistemas e o fluxo de energia por meio deles.

Figura 3-1 Degradação do capital natural: esta imagem de satélite mostra a perda de floresta tropical, desmatada para a agricultura, criação de gado e assentamentos, perto da cidade boliviana de Santa Cruz, entre junho de 1975 (à esquerda) e maio de 2003 (à direita).

Questões e conceitos principais

3-1 O que nos mantém e a outros organismos vivos?

CONCEITO 3-1A Os quatro principais componentes do sistema terrestre de suporte à vida são atmosfera (ar), hidrosfera (água), litosfera (rochas, solos e sedimentos) e biosfera (seres vivos).

CONCEITO 3-1B A vida é sustentada pelo fluxo de energia do sol através da biosfera, pelo ciclo de nutrientes dentro da biosfera e pela gravidade.

3-2 Quais são os principais componentes de um ecossistema?

CONCEITO 3-2 Alguns organismos produzem os nutrientes de que precisam, outros os obtêm ao consumir outros organismos além disso alguns reciclam os nutrientes de volta para os produtores pela decomposição dos resíduos e pelos restos de outros organismos.

3-3 O que acontece com a energia em um ecossistema?

CONCEITO 3-3 Como a energia flui pelos ecossistemas em cadeias e teias alimentares, a quantidade de energia química disponível aos organismos em cada nível sucessivo de alimentação diminui.

3-4 O que acontece com a matéria em um ecossistema?

CONCEITO 3-4 Matéria, na forma de nutrientes, circula dentro e entre os ecossistemas e a biosfera, e as atividades humanas estão alterando esses ciclos químicos.

3-5 Como os cientistas estudam os ecossistemas?

CONCEITO 3-5 Cientistas usam tanto as pesquisas de campo e em laboratório quanto modelos matemáticos e outros modelos para aprender sobre os ecossistemas.

Obs.: Suplementos 1, 2, 3, 4, 5, 6, 8 e 9 podem ser utilizados com este capítulo.

Para parar o declínio de um ecossistema, é preciso pensar como um ecossistema.
DOUGLAS WHEELER

3-1 O que nos mantém e a outros organismos vivos?

▶ **CONCEITO 3-1A** Os quatro principais componentes do sistema terrestre de suporte à vida são atmosfera (ar), hidrosfera (água), litosfera (rochas, solos e sedimentos) e biosfera (seres vivos).

▶ **CONCEITO 3-1B** A vida é sustentada pelo fluxo de energia do sol através da biosfera, pelo ciclo de nutrientes dentro da biosfera e pela gravidade.

O sistema de suporte à vida da Terra consiste em quatro componentes principais

O sistema de suporte à vida da Terra consiste em quatro sistemas esféricos principais que interagem uns com os outros – atmosfera (ar), hidrosfera (água), litosfera (rochas, solos e sedimentos) e biosfera (seres vivos) (Figuras 3-2 e 3-3 e **Conceito 3-1A**).

A **atmosfera** é um envelope esférico fino de gases ao redor da superfície da terra. Sua camada interna, a **troposfera**, estende-se somente até cerca de 17 km acima do nível do mar nos trópicos e 7 km acima dos polos norte e sul. Contém o ar que respiramos, composto principalmente de nitrogênio (78% do volume total) e oxigênio (21%). O 1% restante do ar inclui vapor d'água, dióxido de carbono e metano, que são chamados **gases de efeito estufa**, os quais absorvem e liberam energia que aquece a atmosfera inferior. Sem esses gases, a Terra seria muito fria para a existência da vida como a conhecemos. Quase todas as condições meteorológicas da Terra ocorrem dentro dessa camada.

A camada seguinte, que se estende 17-50 km acima da superfície da Terra, é chamada **estratosfera**. Sua parte inferior contém ozônio (O_3) suficiente para filtrar cerca de 95% dos *raios solares ultravioleta (UV)* prejudiciais. Esse filtro solar global permite que a vida exista na Terra e nas camadas superficiais dos corpos d'água.

A **hidrosfera** consiste em toda a água sobre ou próxima à superfície da Terra. É encontrada na forma de *vapor d'água* na atmosfera, *água líquida* na superfície e no subsolo e *gelo* – gelo polar, *icebergs*, geleiras e gelo nas camadas de solo congeladas, conhecidas como *permafrost*. Os oceanos, que cobrem cerca de 71% do globo terrestre, contêm cerca de 97% da água da Terra.

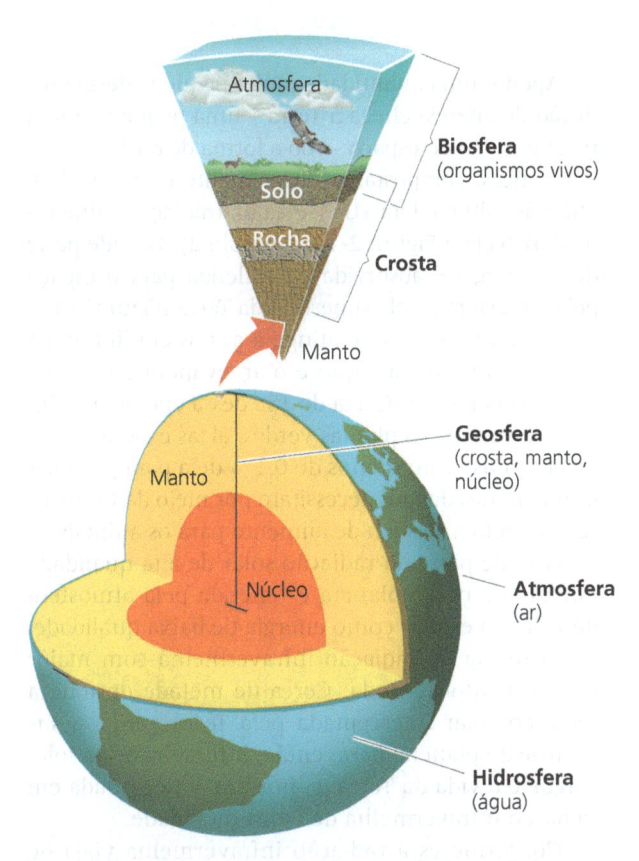

CAPÍTULO 3 Ecossistemas: O que são e como funcionam?

A **geosfera** consiste do *núcleo* extremamente quente da Terra, um espesso *manto* composto principalmente por rochas e uma fina *crosta* exterior. A maior parte da geosfera está localizada no interior da Terra, e sua parte superior contém combustíveis fósseis não renováveis e minerais que utilizamos, bem como produtos químicos renováveis do solo (nutrientes) que os organismos necessitam para viver, crescer e se reproduzir.

A **biosfera** consiste das partes da atmosfera, hidrosfera e geosfera onde a vida é encontrada. Se a Terra fosse uma maçã, a biosfera não seria mais espessa do que sua pele. *Um objetivo importante da ciência ambiental é compreender as interações que ocorrem dentro dessa fina camada de ar, água, solo e organismos.*

Figura 3-2 Capital natural: este diagrama ilustra a estrutura geral da Terra, mostrando que ela consiste de quatro esferas: uma terrestre (*geosfera*), uma de ar (*atmosfera*), uma de água (*hidrosfera*) e uma de vida (*biosfera*) (**Conceito 3-1A**).

Três fatores sustentam a vida na Terra

A vida na Terra depende de três fatores interligados (**Conceito 3-1B**):

1. O fluxo *unidirecional de energia de alta qualidade* do sol, pelos seres vivos em suas interações alimentares, para o meio ambiente como energia de baixa qualidade (principalmente o calor disperso no ar ou na água a uma temperatura baixa) e, finalmente,

(a) Terra, ar, água e plantas na Sibéria

(b) Borboleta-monarca e flor

(c) Tigre Siberiano ameaçado de extinção

Figura 3-3 Capital natural: terra, ar, água e uma variedade de plantas e animais mantêm a diversidade da vida humana e das economias da Terra.

(d) Recife de corais no Havaí

voltando para o espaço como calor. Nenhuma viagem de ida e volta é permitida, porque a energia de alta qualidade não pode ser reciclada. As duas leis da termodinâmica (veja Capítulo 2) governam esse fluxo de energia.

2. O *ciclo de nutrientes* (os átomos, íons e moléculas necessários para a sobrevivência de organismos vivos) através de partes da biosfera. Como a Terra está fechada para entradas significativas de matéria do espaço, sua fonte de nutrientes essencialmente fixos deve ser continuamente reciclada para suportar a vida (veja Figura 1-5, Capítulo 1). Os ciclos de nutrientes nos ecossistemas e na biosfera são idas e vindas, que podem levar de segundos a séculos para ser concluídas. A lei da conservação da matéria (veja Capítulo 2) regulamenta o processo de ciclagem de nutrientes.

3. A *gravidade* permite que o planeta mantenha sua atmosfera e ajuda na circulação e na ciclagem de produtos químicos no ar, na água, no solo e nos organismos.

Sol, Terra, vida e clima

A milhões de quilômetros da Terra, existe um reator de fusão nuclear imenso a que chamamos Sol (veja a Figura 2-13, Capítulo 2). Nessa estrela, os núcleos de hidrogênio se fundem para formar núcleos maiores de hélio (veja a Figura 2-9, Capítulo 2, inferior), liberando quantidades enormes de energia no espaço.

Apenas uma quantidade muito pequena dessa produção de energia chega à Terra – uma pequena esfera na imensidão do espaço – sob a forma de ondas eletromagnéticas, compostas principalmente de luz visível, radiação ultravioleta (UV) e calor (radiação infravermelha) (veja a Figura 2-11, Capítulo 2). Grande parte dessa energia é absorvida ou refletida para o espaço pela atmosfera e pela superfície da Terra (Figura 3-4).

A energia solar que atinge a atmosfera ilumina a Terra durante o dia, aquece o ar, evapora e recicla a água pela biosfera. Cerca de 1% dessa energia recebida gera ventos. As plantas verdes, algas e alguns tipos de bactérias usam menos de 0,1% dela para produzir os nutrientes de que necessitam por meio da fotossíntese, e, então, servem de alimento para os animais.

Grande parte da radiação solar de alta qualidade que atinge nosso planeta é refletida pela atmosfera de volta ao espaço como energia de baixa qualidade, sob a forma de radiação infravermelha com maior comprimento de onda. Cerca de metade de toda a radiação solar interceptada pela Terra atinge a superfície do planeta, para, então, interagir com o solo, a água e a vida da Terra, e, por fim, é degradada em radiação infravermelha de baixa qualidade.

Conforme essa radiação infravermelha viaja de volta da superfície da Terra para a baixa atmosfera, encontra gases de efeito estufa, tais como vapor d'água, dióxido de carbono, metano, óxido nitroso e ozônio. Parte dela flui de volta para o espaço em forma de calor. O restante faz que as moléculas de gases do efeito estufa vibrem e liberem radiação infravermelha com comprimento de ondas mais longas.

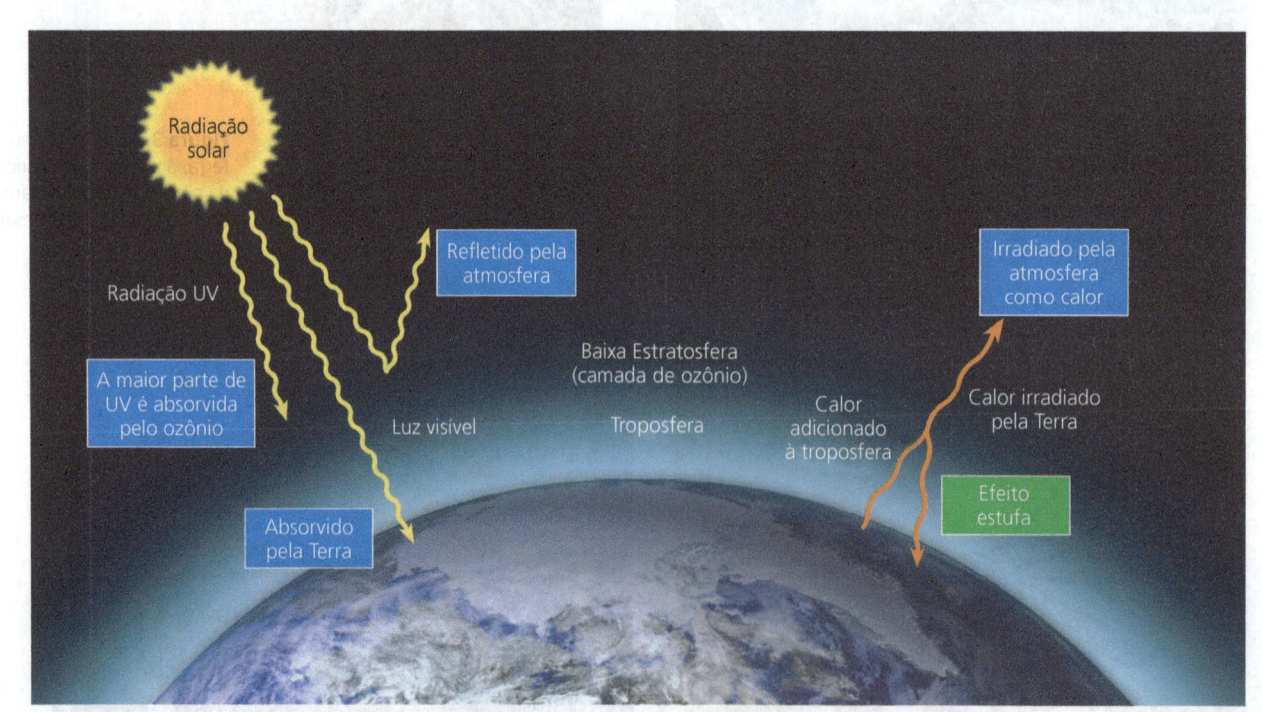

Figura 3-4 Energia solar de alta qualidade flui do sol para a Terra. Conforme interage com o ar, a água, o solo e a vida na Terra, degrada-se em energia de baixa qualidade (calor), que flui de volta ao espaço.

As moléculas gasosas vibrantes têm maior energia cinética, o que ajuda a aquecer a atmosfera inferior e a superfície do planeta. Sem este **efeito estufa natural**, a Terra seria muito fria para abrigar as formas de vida que conhecemos hoje (veja *The Habitable Planet*, Vídeo 2, em www.learner.org/resources/series209.html).

As atividades humanas adicionam gases de efeito estufa à atmosfera. Por exemplo, a queima de combustíveis contendo carbono, tais como carvão, gasolina e gás natural (veja Figura 2-14), liberam enormes quantidades de dióxido de carbono (CO_2) na atmosfera. O cultivo de plantações e a criação de animais liberam grandes quantidades de metano (CH_4) e óxido nitroso (N_2O). Há uma quantidade considerável de evidências mostrando que essas entradas estão intensificando o efeito estufa natural e o aquecimento da superfície e atmosfera da Terra. Isto, por sua vez, alterará o clima da Terra durante este século, como discutido mais profundamente no Capítulo 19.

3-2 Quais são os principais componentes de um ecossistema?

▶ **CONCEITO 3-2** Alguns organismos produzem os nutrientes de que precisam, outros os obtêm ao consumir certos organismos e alguns reciclam os nutrientes de volta para os produtores pela decomposição dos resíduos e restos de outros organismos.

Ecólogos estudam as interações na natureza

Ecologia é a ciência que foca em como os organismos interagem entre si e com seu meio ambiente não vivo de matéria e energia. Os cientistas classificam a matéria em níveis de organização, de átomos a galáxias. Os ecólogos estudam as interações dentro e entre cinco desses níveis – **organismos**, **populações** (veja Foto 2 nos Conteúdos Detalhados), **comunidades**, **ecossistemas** e **biosfera**, ilustrados e definidos na Figura 3-5.

Ecossistemas têm componentes vivos e não vivos

A biosfera e seus ecossistemas são formados de componentes vivos *(bióticos)* e não vivos *(abióticos)*. Exemplos destes últimos são a água, o ar, nutrientes, rochas, calor e energia solar. Componentes vivos incluem plantas, animais, micróbios e todos os outros organismos. A Figura 3-6 apresenta um diagrama muito simplificado de alguns dos componentes vivos e não vivos de um ecossistema terrestre.

Os ecólogos atribuem cada tipo de organismo em um ecossistema a um *nível alimentar*, ou **nível trófico**, dependendo de suas fontes de alimento ou nutrientes. Em geral, podemos classificar os organismos vivos que transferem energia e nutrientes de um nível

Figura 3-5 Este diagrama ilustra alguns níveis da organização da matéria na natureza. A ecologia foca nos cinco níveis superiores.

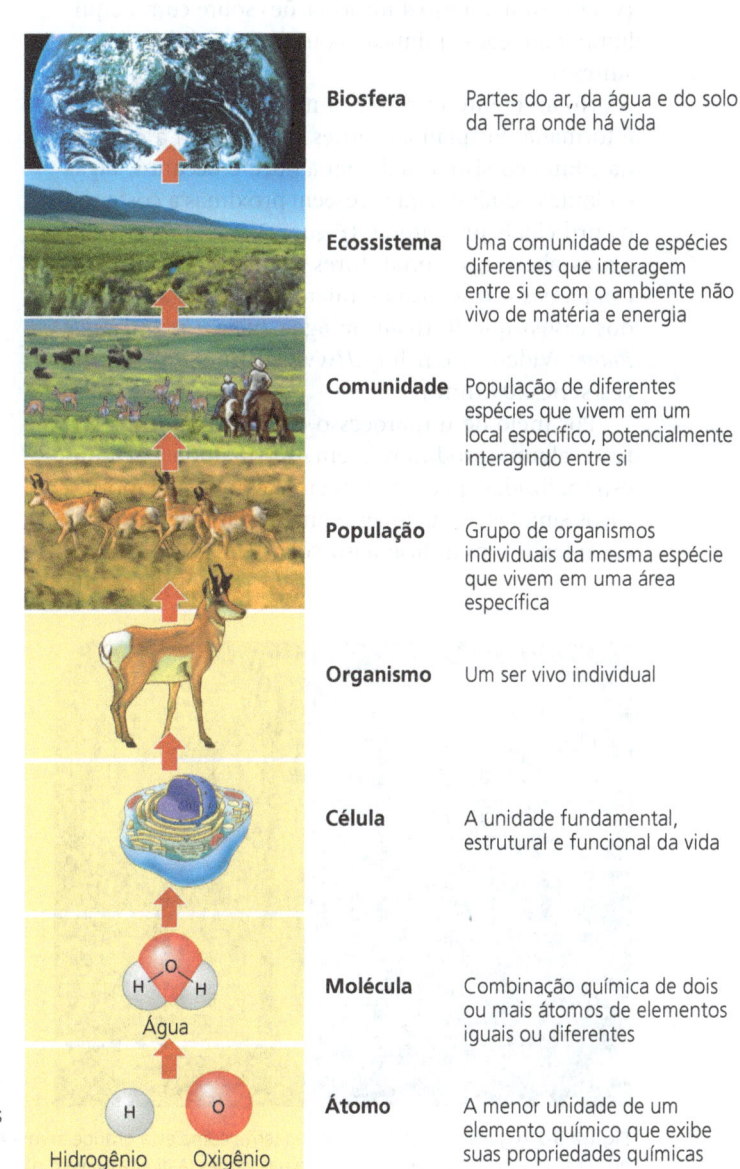

Biosfera	Partes do ar, da água e do solo da Terra onde há vida
Ecossistema	Uma comunidade de espécies diferentes que interagem entre si e com o ambiente não vivo de matéria e energia
Comunidade	População de diferentes espécies que vivem em um local específico, potencialmente interagindo entre si
População	Grupo de organismos individuais da mesma espécie que vivem em uma área específica
Organismo	Um ser vivo individual
Célula	A unidade fundamental, estrutural e funcional da vida
Molécula	Combinação química de dois ou mais átomos de elementos iguais ou diferentes
Átomo	A menor unidade de um elemento químico que exibe suas propriedades químicas

trófico a outro dentro de um ecossistema como produtores e consumidores.

Produtores, algumas vezes chamados **autótrofos** (autoalimentadores), fabricam os nutrientes de que precisam de compostos e energia obtidos de seu meio ambiente (Conceito 3-2). Em um processo chamado **fotossíntese**, uma planta tipicamente captura cerca de 1% da energia solar que incide em sua folha e a utiliza em combinação com dióxido de carbono e água para formar moléculas orgânicas, incluindo carboidratos ricos em energia (tais como glicose, $C_6H_{12}O_6$), que armazenam a energia química de que necessita. Embora centenas de alterações químicas aconteçam durante a fotossíntese, podemos resumir a reação geral como:

dióxido de carbono + água + energia solar ~> glicose + oxigênio

$6\ CO_2 + 6\ H_2O +$ energia solar $\leadsto C_6H_{12}O_6 + 6\ O_2$

(veja o Suplemento 4 informações sobre como equilibrar equações químicas como esta e sobre fotossíntese).

No ambiente terrestre, a maioria dos produtores é formada por plantas verdes (Figura 3-7, à esquerda). Em ecossistemas de água doce e oceanos, algas e plantas aquáticas que crescem próximas à costa são os principais produtores (Figura 3-7, à direita). Em águas abertas, os produtores dominantes são os *fitoplânctons* – organismos microscópicos (na maioria dos casos) que flutuam na água (veja *The Habitable Planet*, Vídeo 3, em http://www.learner.org/resources/series209.html).

Por meio de um processo chamado **quimiossíntese**, alguns produtores, em sua maioria bactérias especializadas, podem converter compostos inorgânicos simples do meio ambiente em nutrientes mais complexos sem utilizar a luz solar. Em 1977, os cientistas descobriram comunidades de bactérias vivendo na água extremamente quente ao redor das *aberturas hidrotérmicas* – fissuras a grandes profundidades no assoalho do oceano –, por intermédio das quais calor e gases pressurizados do manto da Terra passam para a superfície. Essas bactérias, fora do alcance dos raios solares, sobrevivem por quimiossíntese e servem de produtores para seus ecossistemas. Elas retiram energia e produzem carboidratos do gás de sulfeto de hidrogênio (H_2S) que escapa pelas aberturas hidrotérmicas. A maioria dos produtores da Terra

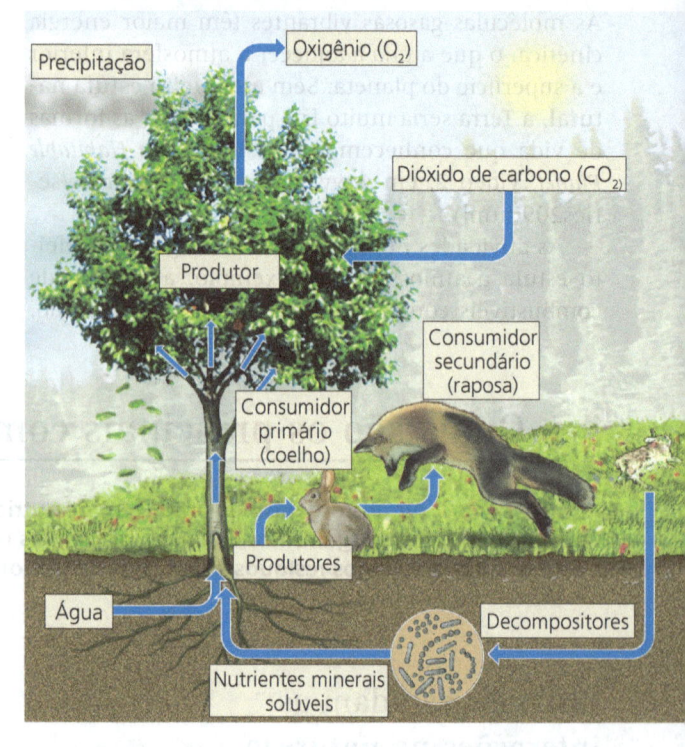

Figura 3-6 Principais componentes vivos e não vivos de um ecossistema em um campo são mostrados neste diagrama.

Figura 3-7 Alguns produtores vivem na terra, como esta grande árvore e outras plantas na floresta amazônica (Estudo de caso principal) no Brasil (à esquerda). Outros, como algas verdes (à direita), vivem na água.

é formada por organismos fotossintéticos que obtêm sua energia do sol e a convertem em energia química armazenada em suas células. No entanto, organismos produtores quimiossintéticos nesses hábitats escuros no fundo do mar sobrevivem da *energia geotérmica* do interior da Terra e representam uma exceção ao primeiro princípio de sustentabilidade.

Todos os outros organismos em um ecossistema são **consumidores**, ou **heterótrofos** ("alimentam-se de outros"), que não podem produzir os nutrientes de que precisam através de fotossíntese ou por outros processos (Conceito 3-2). Têm de obter suas moléculas orgânicas de armazenamento de energia e muitos outros nutrientes pelo consumo de outros organismos (produtores ou outros consumidores) ou seus restos. Em outras palavras, todos os consumidores (incluindo os humanos) dependem dos produtores para obter seus nutrientes.

Há vários tipos de consumidores. **Consumidores primários**, ou **herbívoros** (comedores de plantas), são animais que se alimentam principalmente de plantas verdes. Exemplos são lagartas, girafas (Figura 3-8, à esquerda), e *zooplânctons*, minúsculos animais marinhos que se alimentam de fitoplâncton. **Carnívoros** (comedores de carne) são animais que se alimentam da carne de outros animais. Alguns, como as aranhas, os leões (Figura 3-8, à direita) e a maioria dos peixes pequenos, são **consumidores secundários**, que se alimentam da carne de herbívoros. Outros carnívoros, como tigres, gaviões e baleias assassinas (orcas), são **consumidores terciários** (ou de níveis superiores), alimentam-se da carne de outros carnívoros. Algumas dessas relações estão mostrados na Figura 3-6. Os **onívoros**, como porcos, ratos e seres humanos comem plantas e outros animais.

Decompositores são consumidores que, no processo de obter seus próprios nutrientes, os metabolizam de resíduos ou restos de plantas e animais e, então, os

> **PENSANDO SOBRE**
> **O que você come**
> Quando você fez sua última refeição, você foi um herbívoro, carnívoro ou onívoro?

devolvem ao solo, à água e ao ar para serem utilizados pelos produtores (Conceito 3-2). A maior parte dos decompositores são bactérias e fungos (Figura 3-9, à esquerda). Outros consumidores, chamados **consumidores de detrito**, ou **detritívoros**, alimentam-se dos dejetos ou restos mortais de outros organismos; esses dejetos são chamados *detritos*. Exemplos são minhocas, alguns insetos e urubus (Figura 3-9, à direita).

Grandes quantidades de detritívoros e decompositores podem transformar um tronco de árvore caído em partículas de madeira, e, finalmente, em moléculas inorgânicas simples que as plantas podem absorver como nutrientes (Figura 3-10). Assim, em ecossistemas naturais, os resíduos e corpos mortos de organismos servem como recursos para outros organismos, os nutrientes que tornam a vida possível estão sendo continuamente reciclados, de acordo com um dos três **princípios de sustentabilidade**. Como resultado, *há muito pouco desperdício de nutrientes na natureza.*

Os decompositores e detritívoros, muitos dos quais são organismos microscópicos (Ciência em foco), são fundamentais na ciclagem de nutrientes. Sem eles, o planeta estaria completamente sobrecarregado de lixo de plantas, dejetos e corpos de animais mortos e lixo em geral.

Produtores, consumidores e decompositores usam a energia química armazenada na glicose e em outros componentes orgânicos para abastecer seus processos de vida. Na maioria das células, essa energia é metabolizada pela **respiração aeróbica**, que usa oxigênio para converter a glicose (ou outros nutrientes

Figura 3-8 Girafa (à esquerda) alimentando-se das folhas da árvore – um herbívoro. Leões (à direita) são carnívoros que se alimentam do corpo da girafa que mataram.

Figura 3-9 Este fungo orelha-de-pau, alimentando-se da árvore morta (à esquerda), é um decompositor. Três abutres e dois marabus (à direita), classificados como detritívoros, estão comendo a carcaça de um animal que foi morto por outros.

orgânicos) em dióxido de carbono e água. O resultado líquido de centenas de etapas nesse complexo processo é representado pela seguinte reação química:

glicose + oxigênio ↝ dióxido de carbono + água + **energia**

$C_6H_{12}O_6 + 6\,O_2 \rightsquigarrow 6\,CO_2 + 6\,H_2O$ + **energia**

Embora as etapas detalhadas possam ser diferentes entre si, a alteração química da respiração aeróbica é o oposto daquela para a fotossíntese.

Alguns decompositores conseguem a energia de que precisam ao degradar a glicose (ou outros compostos orgânicos) na *ausência* de oxigênio. Essa forma de respiração celular é chamada de **respiração anaeróbica**, ou **fermentação**.

Em vez de dióxido de carbono e água, os produtos finais desse processo são compostos como gás metano (CH_4, o principal componente do gás natural), álcool etílico (C_2H_6O), ácido acético ($C_2H_4O_2$, o componente principal do vinagre) e sulfeto de hidrogênio (H_2S, quando compostos de enxofre são degradados). Note que todos os organismos obtêm sua energia da respiração aeróbica ou anaeróbica, mas somente as plantas realizam fotossíntese.

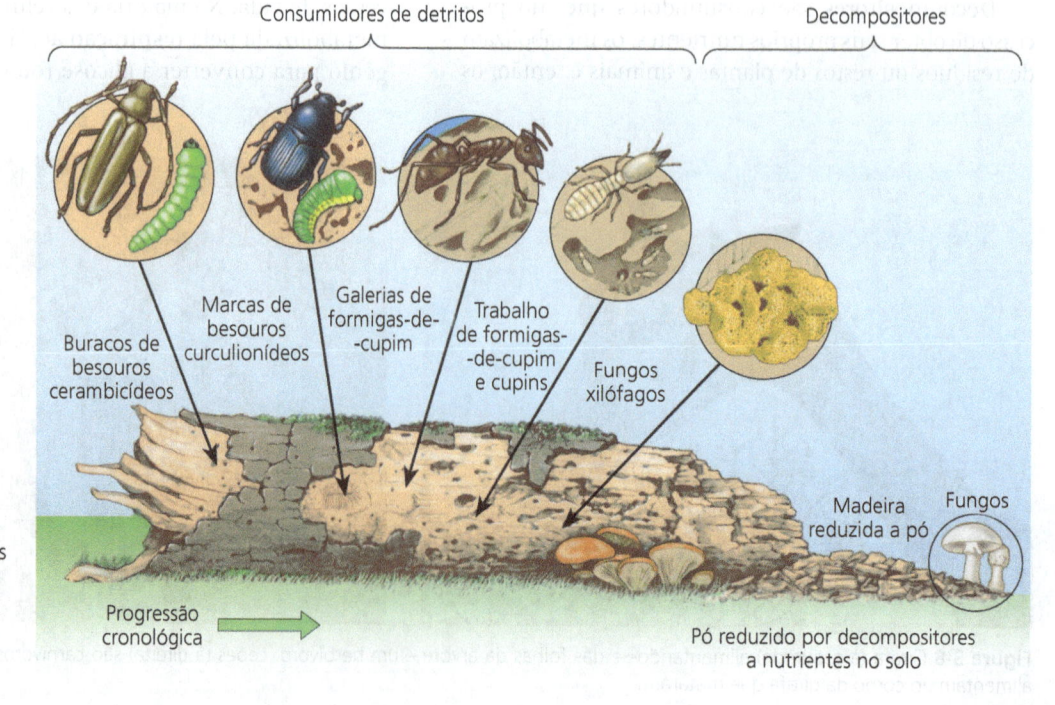

Figura 3-10 Vários detritívoros e decompositores (em sua maioria fungos e bactérias) podem se "alimentar" ou digerir partes de uma tora e converter seus compostos orgânicos complexos em nutrientes inorgânicos mais simples, que podem ser consumidos por produtores.

Consumidores de detritos: Buracos de besouros cerambicídeos; Marcas de besouros curculionídeos; Galerias de formigas-de-cupim; Trabalho de formigas-de-cupim e cupins.

Decompositores: Fungos xilófagos; Madeira reduzida a pó; Fungos; Pó reduzido por decompositores a nutrientes no solo.

Progressão cronológica →

CAPÍTULO 3 Ecossistemas: O que são e como funcionam?

> **PENSANDO SOBRE**
> **Ciclagem química e a lei de conservação da matéria**
> Explique a relação entre a ciclagem química em ecossistemas e a lei de conservação da matéria (Capítulo 2).

Para resumir, os ecossistemas e a biosfera são sustentados pela combinação do *fluxo unilateral de energia* do sol através destes sistemas e da *ciclagem de nutrientes* dentro deles (**Conceito 3-1B**) – mantendo dois dos **princípios de sustentabilidade** (Figura 3-11).

Vamos olhar para o fluxo de energia e a ciclagem de produtos químicos nos ecossistemas com mais atenção.

Figura 3-11 Capital natural: este diagrama mostra os principais componentes estruturais de um ecossistema (energia, produtos químicos e organismos). A ciclagem de nutrientes e o fluxo de energia – primeiramente do sol, depois pelos organismos e finalmente para o meio ambiente como calor de baixa qualidade – unem esses componentes.

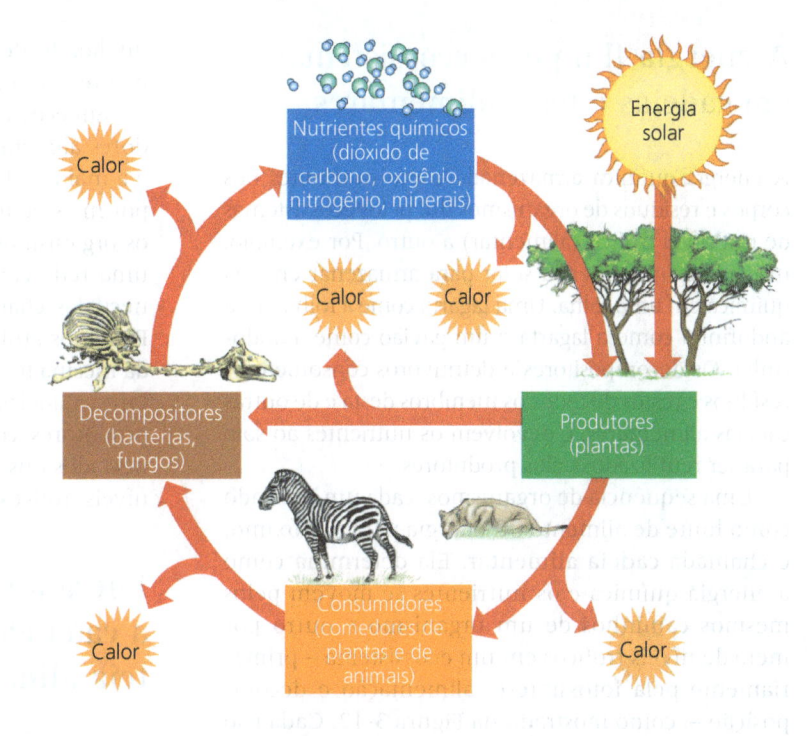

CIÊNCIA EM FOCO

Muitos dos organismos mais importantes do mundo são invisíveis para nós

Estão em toda parte. Bilhões deles podem ser encontrados dentro e sobre seu corpo, em um punhado de solo e em um copo de água do oceano.

Esses dominadores praticamente invisíveis da Terra são os micróbios, ou micro-organismos, termos gerais para muitos milhares de espécies de bactérias, protozoários e fitoplâncton flutuantes – a maioria pequena demais para ser vista a olho nu.

Micróbios não têm o respeito que merecem. A maioria de nós os vê principalmente como uma ameaça à nossa saúde na forma de bactérias infecciosas ou "germes", fungos que causam pé de atleta e outras doenças dermatológicas, e protozoários que podem causar doenças, como a malária. No entanto, esses micróbios nocivos são a minoria.

Estamos vivos por causa dos milhares de micróbios que trabalham de maneira totalmente anônima. As bactérias em nosso trato intestinal ajudam a decompor a comida que comemos, e os micróbios em nosso nariz previnem que bactérias nocivas cheguem aos pulmões.

As bactérias e outros micróbios ajudam a purificar a água que bebemos ao decompor os resíduos animais e vegetais que podem estar contidos nela. As bactérias e os fungos (como o fermento, por exemplo) também ajudam a produzir alimentos, como pão, queijo, iogurte, molho shoyu, cerveja e vinho. As bactérias e os fungos no solo transformam resíduos orgânicos em nutrientes que podem ser consumidos por plantas, as quais humanos e outros animais consomem. Sem essas criaturas minúsculas, poderíamos morrer de fome e estar cheios até o teto de material residual.

Micróbios, especialmente o fitoplâncton no oceano, fornecem muito do oxigênio do planeta e ajudam a regular a temperatura da Terra ao remover dióxido de carbono produzido quando queimamos carvão, gás natural e gasolina (veja *The Habitable Planet*, Vídeo 3, em www.learner.org/resources/series209.html). Os cientistas estão trabalhando no uso de micróbios para desenvolver novos medicamentos e combustíveis, e engenheiros genéticos estão inserindo material genético em microrganismos que já existem e convertendo-os em micróbios que podem ser usados para limpar água e solo poluídos.

Alguns microrganismos nos auxiliam no controle de doenças que afetam plantas e no controle de populações de insetos que atacam nossas culturas. Depender mais desses micróbios para o controle de pragas poderia reduzir o uso de pesticidas químicos potencialmente danosos. Em outras palavras, os micróbios são uma parte vital do capital natural da Terra.

Pensamento crítico
Quais são as três vantagens que os micróbios têm sobre os humanos para prosperar no mundo?

3-3 O que acontece com a energia em um ecossistema?

▶ **CONCEITO 3-3** Como a energia flui pelos ecossistemas em cadeias e teias alimentares, a quantidade de energia química disponível aos organismos em cada nível sucessivo de alimentação diminui.

A energia flui pelos ecossistemas em cadeias e teias alimentares

A energia química armazenada como nutrientes nos corpos e resíduos de organismos flui pelos ecossistemas de um nível trófico (alimentar) a outro. Por exemplo, uma planta usa energia solar para armazenar energia química em uma folha. Uma lagarta come a folha, uma andorinha come a lagarta e um gavião come a andorinha. Os decompositores e detritívoros consomem os resíduos e restos de todos os membros desta e de outras cadeias alimentares, e devolvem os nutrientes ao solo para ser reutilizados pelos produtores.

Uma sequência de organismos, cada um servindo como fonte de alimento ou energia para o próximo, é chamada **cadeia alimentar**. Ela determina como a energia química e os nutrientes se movem pelos mesmos caminhos de um organismo a outro por meio de níveis tróficos em um ecossistema – primariamente pela fotossíntese, alimentação e decomposição –, como mostrado na Figura 3-12. Cada uso e transferência de energia pelos organismos envolve a perda de alguma quantidade de energia de alta qualidade degradada e mandada para o meio ambiente como calor.

Em ecossistemas naturais, a maioria dos consumidores alimenta-se de mais de um tipo de organismo, e a maioria dos organismos é comida ou decomposta por mais de um tipo de consumidor. Por causa disso, os organismos, na maioria dos ecossistemas, formam uma rede complexa de cadeias alimentares interconectadas chamadas **teias alimentares** (Figura 3-13). Podemos atribuir níveis tróficos em teias alimentares da mesma maneira como fazemos em cadeias alimentares. Cadeias e teias alimentares mostram como os produtores, consumidores e decompositores estão conectados uns aos outros conforme a energia flui pelos níveis tróficos em um ecossistema.

Energia utilizável diminui a cada elo em uma cadeia ou teia alimentar

Cada nível trófico em uma cadeia ou teia alimentar contém certa quantidade de **biomassa**, o peso seco

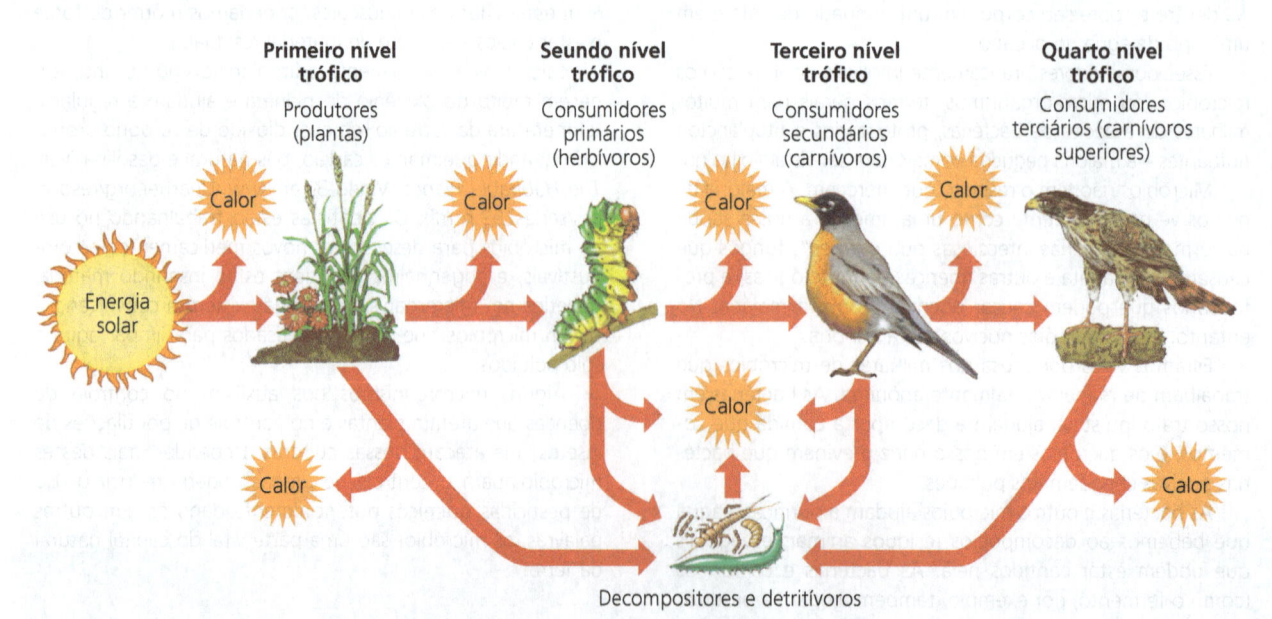

Figura 3-12 Este diagrama ilustra uma cadeia alimentar. As setas mostram como a energia química em nutrientes flui pelos vários níveis tróficos nas transferências de energia. A maior parte da energia é degradada em calor, de acordo com a segunda lei da termodinâmica (veja Capítulo 2). **Pergunta:** Pense sobre o que comeu no café da manhã. Em que nível(is) de uma cadeia alimentar você estava comendo?

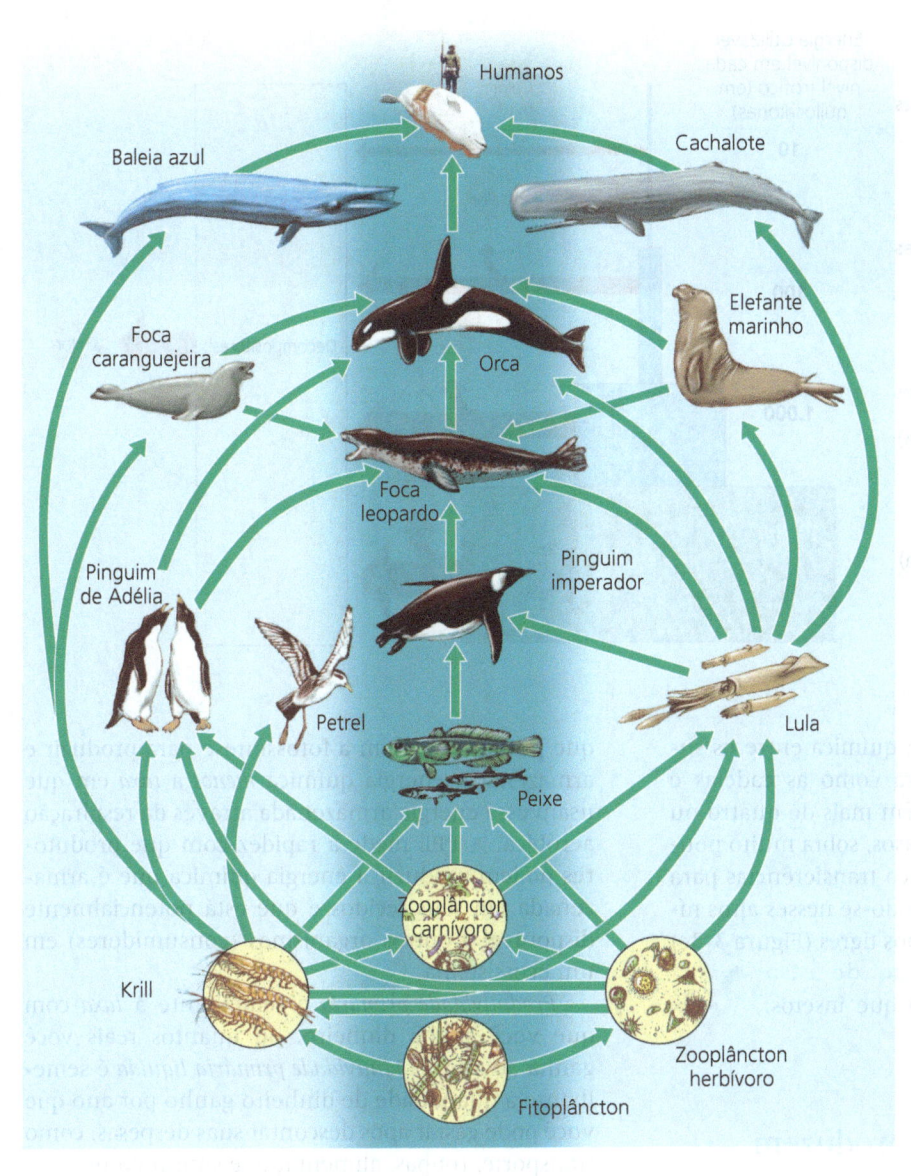

Figura 3-13 Este diagrama ilustra uma versão simplificada de uma teia alimentar no hemisfério sul. A área sombreada do meio mostra uma cadeia alimentar simples. Seus participantes interagem por meio de relações alimentares para formar uma teia alimentar mais complexa mostrada aqui. Muitos outros participantes na teia, incluindo uma gama de organismos decompositores e detritívoros, não são apresentados aqui. **Pergunta:** você consegue imaginar uma teia alimentar da qual faça parte? Tente desenhar um diagrama simples dela.

> **PENSANDO SOBRE**
>
> **Fluxo de energia e a segunda lei da termodinâmica**
> Explique a relação entre a segunda lei da termodinâmica (veja Capítulo 2) e o fluxo de energia por uma teia ou cadeia alimentar.

de toda matéria orgânica contida em seus organismos. Em uma cadeia ou teia alimentar, a energia química armazenada na biomassa é transferida de um nível trófico a outro.

Como resultado da segunda lei da termodinâmica, a transferência de energia pelas cadeias e teias alimentares não é muito eficiente, pois, a cada transferência, um pouco da energia química utilizável é degradada e perdida para o meio ambiente como calor de baixa qualidade. Em outras palavras, como a energia flui pelos ecossistemas em cadeias e teias alimentares, existe uma diminuição na quantidade de energia química disponível para os organismos em cada nível sucessivo de alimentação (**Conceito 3-3**).

A porcentagem de energia química utilizável transferida como biomassa de um nível trófico a outro varia, dependendo de que tipo de espécies e ecossistemas estão envolvidos. Quanto mais níveis tróficos existem em uma cadeia ou teia alimentar,

maior será a perda cumulativa de energia química utilizável enquanto ela flui pelos níveis tróficos. A **pirâmide do fluxo de energia**, na Figura 3-14, ilustra essa perda de energia em uma cadeia alimentar simples, supondo-se uma perda de 90% a cada transferência.

> **CONEXÕES**
>
> **Fluxo de energia e a alimentação das pessoas**
> Pirâmides de fluxo de energia explicam por que a Terra poderia sustentar mais pessoas se todos comessem em níveis tróficos mais baixos, consumindo grãos, vegetais e frutas diretamente, em vez de passar tais culturas por outro nível trófico alimentando-se de animais que comem grãos ou herbívoros, como gado, por exemplo. Cerca de dois terços das pessoas no mundo sobrevivem basicamente alimentando-se de trigo, arroz e milho, no primeiro nível trófico, pois a maioria não tem condições de consumir tanta carne.

Figura 3-14 Este modelo é uma generalização de uma *pirâmide do fluxo de energia* que mostra a diminuição de energia química utilizável em cada nível trófico sucessivo em uma cadeia ou teia alimentar. O modelo supõe que, a cada transferência de um nível trófico a outro, há uma perda, para o meio ambiente, de 90% na energia utilizável na forma de calor de baixa qualidade. (Calorias e joules são usados para medir energia. 1 quilocaloria = 1.000 calorias = 4.184 joules.) **Pergunta:** Por que uma dieta vegetariana é mais eficiente em energia que uma baseada em carne?

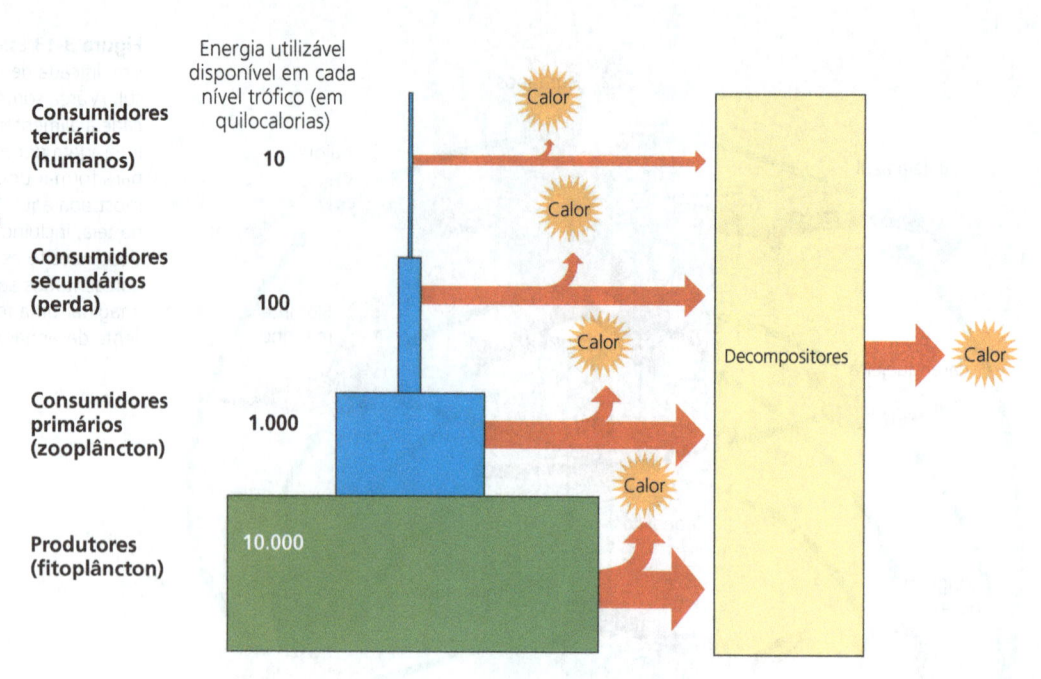

Energia utilizável disponível em cada nível trófico (em quilocalorias)

- Consumidores terciários (humanos): 10
- Consumidores secundários (perda): 100
- Consumidores primários (zooplâncton): 1.000
- Produtores (fitoplâncton): 10.000

A grande perda de energia química entre os sucessivos níveis tróficos explica como as cadeias e teias alimentares raramente têm mais de quatro ou cinco níveis. Na maioria dos casos, sobra muito pouca energia após quatro ou cinco transferências para suportar organismos alimentando-se nesses altos níveis tróficos. Portanto, há menos tigres (Figura 3-3c) em florestas tropicais (**Estudo de caso principal**) e outras áreas do que insetos, por exemplo.

Alguns ecossistemas produzem matéria vegetal mais rapidamente que outros

A quantidade, ou massa, de material orgânico vivo (biomassa) que um ecossistema específico pode sustentar é determinada pelo quanto de energia solar seus produtores podem capturar e armazenar como energia química e quão rapidamente conseguem fazê-lo. **Produtividade primária bruta (PPB)** é a *taxa* em que os produtores de um ecossistema (geralmente plantas) podem converter energia solar em energia química na forma de biomassa encontrada em seus tecidos. É geralmente medida em termos de produção de energia por área unitária em um período de tempo, tal como quilocaloria por metro quadrado por ano (kcal/m²/a).

Para se manter vivo, crescer e reproduzir, produtores devem usar a energia química armazenada na biomassa que produzem para sua própria respiração. **Produtividade primária líquida (PPL)** é a *taxa* em que produtores usam a fotossíntese para produzir e armazenar a energia química *menos* a *taxa* em que usam essa energia armazenada através da respiração aeróbica. A PPL mede a rapidez com que produtores podem produzir a energia química que é armazenada em seus tecidos e que está potencialmente disponível a outros organismos (consumidores) em um ecossistema.

Produtividade primária é semelhante à *taxa* com que você ganha dinheiro, ou quantos reais você ganha ao ano. *Produtividade primária líquida* é semelhante à quantidade de dinheiro ganho por ano que você pode gastar após descontar suas despesas, como transporte, roupas, alimentação e suprimentos.

Ecossistemas e zonas de vida aquática diferem em seus PPL, como mostrado na Figura 3-15. Apesar de seu PPL baixo, o mar aberto produz mais da biomassa da Terra por ano que qualquer outro ecossistema ou zona de vida, simplesmente por haver tanto mar aberto contendo enormes quantidades de produtores, como os minúsculos fitoplânctons, por exemplo.

No ambiente terrestre, as florestas tropicais têm uma produtividade primária líquida muito alta por causa do seu grande número e por sua grande variedade de árvores e outras plantas produtoras (Figura 3-7, à esquerda). Quando tais florestas são desmatadas (**Estudo de caso principal**, Figura 3-1, à direita), queimadas para cultivo (veja Figura 1-6, Capítulo 1) ou transformadas em pastagens, há uma forte queda na produtividade primária líquida e perda de muitas das diversas espécies animais e vegetais.

Como vimos, produtores são a fonte de todos os nutrientes em um ecossistema disponíveis para os próprios produtores e para os consumidores e decompositores que se alimentam deles. Somente a biomassa representada pela PPL está disponível como nutrientes para consumidores, que usam somente uma porção dessa quantidade. Assim, *o PPL do planeta limita o número de consumidores (incluindo os humanos) que podem sobreviver na Terra.* Essa é uma importante lição da natureza.

> **CONEXÕES**
> **Os humanos e a produtividade primária da Terra**
> Peter Vitousek, Stuart Rojstaczer e outros ecólogos estimam que os humanos atualmente usam, desperdiçam ou destroem entre 10% e 55% do PPL potencial total da Terra. Esse valor é extremamente alto, considerando que a população humana representa menos de 1% da biomassa total de todos os consumidores da Terra que dependem de produtores para seus nutrientes.

Ecossistemas terrestres
- Pântanos e mangues
- Floresta tropical
- Floresta temperada
- Floresta de coníferas do norte (taiga)
- Savana
- Terra agrícola
- Bosques e parques
- Pastagens temperadas
- Tundra (ártica e alpina)
- Vegetação de deserto
- Deserto extremo

Ecossistemas aquáticos
- Estuários
- Lagos e rios
- Plataforma continental
- Oceano aberto

Produtividade primária líquida média (kcal/m²/a)

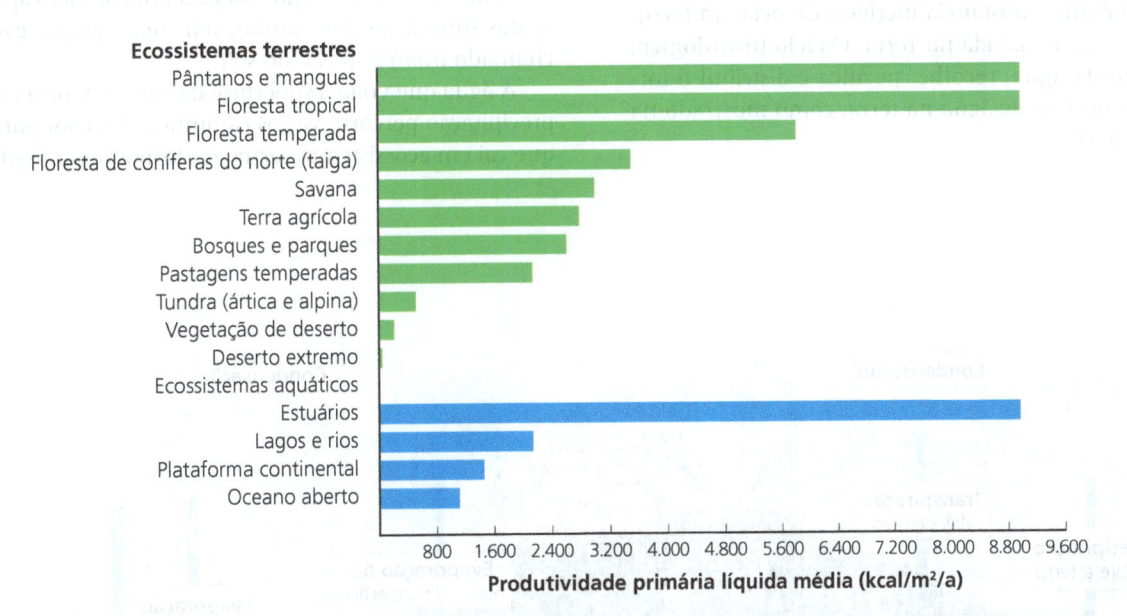

Figura 3-15 A média anual da produtividade primária líquida estimada em zonas importantes de vida e de ecossistemas é mostrada neste gráfico, medida em quilocalorias de energia produzida por metro quadrado por ano (kcal/m²/ano). **Pergunta:** Quais são os três sistemas mais e menos produtivos da natureza? (Dados de R. H. Whittaker, *Communities and Ecosystems*, 2. ed., Nova York: Macmillan, 1975).

3-4 O que acontece com a matéria em um ecossistema?

▶ **CONCEITO 3-4** Matéria, na forma de nutrientes, circula dentro e entre os ecossistemas e a biosfera, e as atividades humanas estão alterando esses ciclos químicos.

Os nutrientes circulam dentro e entre os ecossistemas

Os elementos e compostos que formam os nutrientes movem-se continuamente pelo ar, água, solo, rochas e organismos vivos nos ecossistemas, bem como na biosfera, nos chamados **ciclos biogeoquímicos** (literalmente, ciclos de vida-Terra-químicos), ou **ciclos de nutrientes**. Isto está de acordo com um dos três **princípios da sustentabilidade**.

Esses ciclos, dirigidos direta ou indiretamente pela energia solar recebida e pela gravidade da Terra, incluem os hidrológicos (água), os de carbono, de nitrogênio, de fósforo, de enxofre e outros. São um importante componente do capital natural da Terra (veja a Figura 1-4, Capítulo 1), mas as atividades humanas o estão alterando (**Conceito 3-4**).

Conforme os nutrientes se movem pelos seus ciclos biogeoquímicos, podem se acumular em determinadas partes destes, e, assim, permanecer por

> **CONEXÕES**
> **Ciclagem de nutrientes e vida**
> A ciclagem de nutrientes conecta formas de vida passadas, presentes e futuras. Alguns dos átomos de carbono em sua pele podem já ter sido parte de uma folha de carvalho, da pele de um dinossauro ou até de uma camada de rocha calcária. Sua avó, o roqueiro Bono Vox ou um caçador-coletor que viveu 25 mil anos atrás podem ter inalado algumas das moléculas de nitrogênio que você acabou de inalar.

períodos de tempo diferentes. Esses locais de armazenamento temporário, como a atmosfera, os oceanos e outros corpos de água e depósitos subterrâneos, são chamados *reservatórios*.

O ciclo da água

A água é uma substância incrível (Ciência em foco), necessária para a vida na Terra. O ciclo hidrológico, ou ciclo da água, recolhe, purifica e distribui o fornecimento fixo de água na terra, como mostrado na Figura 3-16.

Esse ciclo é alimentado pela energia do sol e envolve três grandes processos – evaporação, precipitação e transpiração. A energia solar incidente provoca a *evaporação* da água dos oceanos, lagos, rios e solo, transformando a água líquida em vapor de água na atmosfera, e a gravidade puxa a água de volta para a superfície da Terra na forma de *precipitação* (chuva, neve, granizo e orvalho). No ecossistema terrestre, cerca de 90% da água que chega à atmosfera evapora das superfícies das plantas, por meio do processo chamado *transpiração*, e do solo.

A água que volta à superfície da Terra na forma de precipitação percorre vários caminhos. A maior parte que cai em ecossistemas terrestres forma o *escoamento*

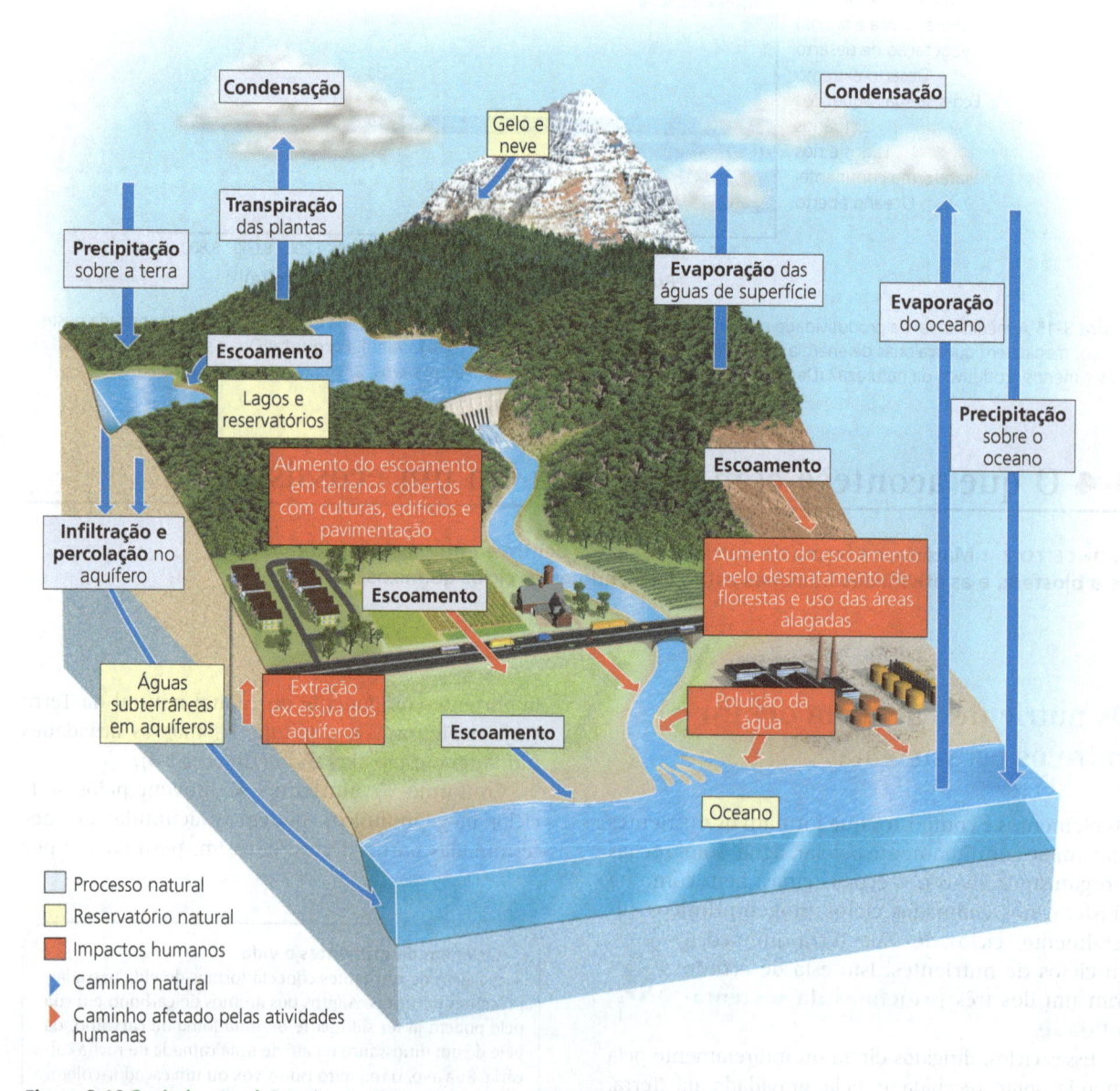

Figura 3-16 Capital natural: Este diagrama é um modelo simplificado do ciclo da água, ou ciclo hidrológico, no qual a água circula em várias formas físicas na biosfera. Os principais impactos das atividades humanas são mostrados pelas setas e caixas vermelhas.
Pergunta: Quais são as três características do seu estilo de vida que afetam direta ou indiretamente o ciclo hidrológico?

superficial. Essa água flui em córregos, que acabarão levando-a de volta aos lagos e oceanos, nos quais poderá evaporar e repetir o ciclo. Um pouco dessa água de superfície também infiltra-se nas camadas superiores do solo, onde é utilizada pelas plantas, para depois evaporar e retornar à atmosfera.

Parte da precipitação é convertida em gelo armazenado em *geleiras* (Figura 3-17), geralmente por longos períodos de tempo. Outra parte afunda no solo e em formações rochosas permeáveis até camadas subterrâneas de rocha, areia e cascalho, os chamados *aquíferos*, onde é armazenada como *água subterrânea*.

Uma pequena quantidade de água na Terra acaba em componentes vivos dos ecossistemas. Como produtoras, as plantas absorvem um pouco dessa água pelas raízes, e a maioria evapora de suas folhas e retorna para a atmosfera durante a transpiração; parte da água combina-se com o dióxido de carbono durante a fotossíntese para produzir compostos orgânicos de alta energia, como carboidratos, por exemplo. Eventualmente, esses compostos são degradados dentro das células vegetais, liberando a água de volta para o ambiente. Os consumidores obtêm água por meio de seus alimentos e bebidas.

Como a água dissolve muitos compostos de nutrientes, é um importante meio para o transporte destes para dentro e entre ecossistemas. Ela também é o principal escultor da paisagem terrestre, ao fluir sobre as rochas e desgastá-las durante milhões de anos (Figura 3-18).

Ao longo do ciclo hidrológico, a água é purificada por meio de muitos processos naturais. A evaporação e subsequente precipitação agem como um processo de destilação natural que remove as impurezas nela dissolvidas. A água que corre acima do solo por córregos e lagos e abaixo do solo, em aquíferos, é naturalmente filtrada e parcialmente purificada por processos químicos e biológicos – principalmente pela ação de bactérias decompositoras – desde que esses processos naturais não estejam sobrecarregados. Assim, *o ciclo hidrológico pode ser visto como um fenômeno de renovação natural da qualidade da água.*

Apenas 0,024% do vasto suprimento de água da Terra está disponível para os seres humanos e outras

CIÊNCIA EM FOCO

As propriedades únicas da água

A água é uma substância notável, com uma combinação única de propriedades:

- As forças de atração, chamadas pontes de hidrogênio (veja Figura 6 no Suplemento 4), mantêm as moléculas de água juntas – o principal fator determinante das propriedades distintas da água.
- A água existe como um líquido sob várias temperaturas em razão das forças de atração entre suas moléculas. Sem o alto ponto de ebulição da água, os oceanos teriam evaporado há muito tempo.
- A água líquida muda lentamente de temperatura porque pode armazenar grande quantidade de calor sem grandes mudanças em sua própria temperatura. Essa elevada capacidade de armazenamento de calor ajuda a proteger os organismos vivos de mudanças de temperatura, modera o clima da Terra e torna a água um excelente líquido de arrefecimento para motores de automóveis e usinas elétricas.
- É preciso uma grande quantidade de energia para evaporar a água por causa das forças de atração entre suas moléculas. A água absorve grandes quantidades de calor à medida que se transforma em vapor e libera calor, enquanto o vapor se condensa de volta para a forma líquida. Esse processo ajuda a distribuir o calor por todo o mundo e a determinar climas regionais e locais e faz também da evaporação um processo de resfriamento – explicando por que você sente mais frio quando o suor evapora da pele.
- A água líquida pode dissolver uma grande variedade de compostos (veja a Figura 3 no Suplemento 4), carrega nutrientes dissolvidos nos tecidos de organismos vivos e retira os resíduos neles depositados, atua como um limpador multiuso e ajuda a remover e diluir os resíduos solúveis em água da civilização. Essa propriedade também significa que tais resíduos podem facilmente contaminá-la.
- A água filtra os comprimentos de onda da radiação ultravioleta do sol, que prejudicariam alguns organismos aquáticos. No entanto, até certa profundidade, ela é transparente à luz solar necessária para a fotossíntese.
- As forças de atração entre as moléculas de água também permitem que a água líquida possa aderir a uma superfície sólida, permitindo que colunas estreitas de água subam pelas raízes de uma planta até atingir suas folhas (processo chamado capilaridade).
- Diferentemente da maioria dos líquidos, a água expande-se quando se congela. Isso significa que o gelo flutua na água porque tem menor densidade (massa por unidade de volume) do que a água líquida. Caso contrário, lagos e rios em climas frios congelariam totalmente, perdendo a maior parte de sua vida aquática. Como a água se expande ao ser congelada, pode romper tubulações, quebrar o bloco do motor de um carro (se não contiver anticongelante) e calçadas e pedras.

Pensamento crítico

Cite três formas que fariam sua vida diferente se não existissem as forças especiais de atração (ligações de hidrogênio) entre as moléculas de água.

espécies sob a forma de água doce líquida depositada em águas subterrâneas acessíveis e em lagos, rios e córregos. O restante é salgada demais para usarmos, armazenada como gelo ou localizada muito profundamente no subterrâneo para poder ser extraída a preços acessíveis, utilizando-se a tecnologia atual.

Alteramos o ciclo da água por três principais maneiras (veja as setas vermelhas e caixas na Figura 3-16). *Primeiro*, retiramos grandes quantidades de água doce de rios, lagos e aquíferos, por vezes de maneira mais rápida do que a natureza pode substituí-la.

Segundo, estamos desmatando a vegetação da terra para agricultura, mineração, construção de estradas e outras atividades e cobrindo grande parte do terreno com construções, concreto e asfalto. Tudo isso aumenta o escoamento, reduz a infiltração que normalmente recarrega os lençóis freáticos, acelera a erosão do solo e aumenta o risco de alagamento.

Terceiro, também estamos aumentando o risco de enchentes quando drenamos e aterramos áreas alagadas naturais e as utilizamos para agricultura e desenvolvimento urbano. Se deixadas sem interferências, as áreas alagadas prestam um serviço natural de controle de inundação, atuando como esponjas para absorver e conter excessos de água de chuvas intensas ou o rápido derretimento de neve.

O ciclo do carbono

Carbono é o elemento básico dos carboidratos, gorduras, proteínas, DNA e outros compostos orgânicos necessários à vida. Vários compostos de carbono circulam pela biosfera, atmosfera e em partes da hidrosfera por meio do **ciclo do carbono**, mostrado na Figura 3-19.

Esse ciclo é baseado no gás de dióxido de carbono (CO_2), que representa 0,039% do volume da atmosfera da Terra, também dissolvido em água. O dióxido de carbono (com o vapor d'água no ciclo da água) é um dos principais componentes do termostato da atmosfera. Se o ciclo do carbono remover muito CO_2 da atmosfera, o clima vai esfriar, e se o gerar em excesso, o clima ficará mais quente. Assim, mesmo pequenas mudanças nesse ciclo causadas por fatores naturais ou humanos podem afetar o clima da Terra e, assim, ajudam a determinar os tipos de vida que podem existir em vários lugares.

Os produtores terrestres removem CO_2 da atmosfera, e os aquáticos o removem da água. (veja *The Habitable Planet*, Vídeo 3, em www.learner.org/resources/series209.html para informações sobre os efeitos do fitoplâncton no ciclo de carbono e no clima da Terra.) Esses produtores usam a fotossíntese para converter o CO_2 em carboidratos mais complexos, tais como a glicose ($C_6H_{12}O_6$).

As células de produtores que consomem oxigênio, consumidores e decompositores realizam respiração aeróbica. Esse processo quebra a glicose e outros compostos orgânicos complexos para produzir CO_2 na atmosfera e na água para ser reutilizada pelos produtores. Tal ligação entre *fotossíntese* em produtores e *respiração aeróbica* em produtores, consumidores e decompositores faz circular o carbono na biosfera. Oxigênio e hidrogênio – outros elementos em carboidratos – circulam quase com o carbono.

Alguns átomos de carbono levam muito tempo para se reciclar. Decompositores liberam o carbono armazenado nos corpos de organismos mortos na Terra de volta ao ar na forma de CO_2. No entanto, na água, decompositores liberam o carbono que pode ser armazenado como carbonatos insolúveis em sedimentos de fundo. Na verdade, os sedimentos

CONEXÕES
Desmatar uma floresta tropical pode afetar o clima local

Desmatar a vegetação (veja a Figura 1-6) pode alterar os padrões climáticos pela redução da transpiração, especialmente em densas florestas tropicais (**Estudo de caso principal** e Figura 3-1). Como muitas plantas nessas florestas transpiram água de volta à atmosfera, a vegetação é a principal fonte de precipitação local. Derrubá-las aumenta a temperatura do solo (porque reduz a sombra) e pode reduzir tanto as chuvas locais, que as florestas podem não voltar a crescer. Quando tal ponto ecológico crítico é atingido, essas florestas biologicamente diversas são convertidas em pastagens tropicais muito menos diversificadas.

Figura 3-17 Geleira Hubbard, no Estado do Alasca, EUA, armazena água por um longo tempo como parte do ciclo hidrológico. No entanto, principalmente por causa do recente aquecimento global, muitas das geleiras do mundo estão derretendo lentamente.

marinhos são o maior depósito de carbono da Terra. Durante milhões de anos, depósitos enterrados de matéria vegetal morta e bactérias são comprimidos entre as camadas de sedimento, em que a alta pressão e o calor os convertem em *combustíveis fósseis* contendo carbono, como carvão, petróleo e gás natural (veja as Figuras 2-14 , e 3-19). Esse carbono não é liberado para a atmosfera como CO_2 para reciclagem até que esses combustíveis sejam extraídos e queimados ou processos geológicos de longo prazo exponham esses depósitos ao ar. Em apenas algumas centenas de anos, extraímos e queimamos enormes quantidades de combustíveis fósseis que levaram milhões de anos para se formar. É por isso que, em uma escala de tempo humana, os combustíveis fósseis são recursos não renováveis.

Estamos alterando o ciclo do carbono (veja as setas vermelhas na Figura 3-19), principalmente pela adição de grandes quantidades de dióxido de carbono na atmosfera (veja a Figura 14 no Suplemento 9) quando queimamos combustíveis fósseis contendo carbono (principalmente carvão, para produzir eletricidade).

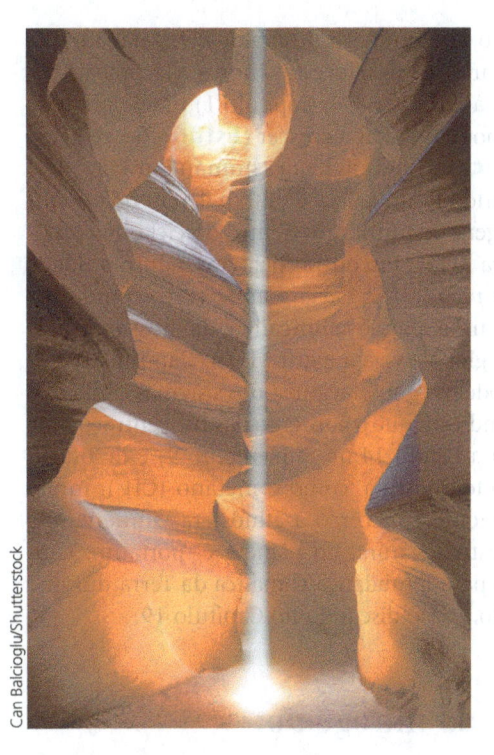

Figura 3-18
A água que corre pela superfície da Terra há milhões de anos teve um papel importante na formação do Canyon Antílope, no Estado americano do Arizona.

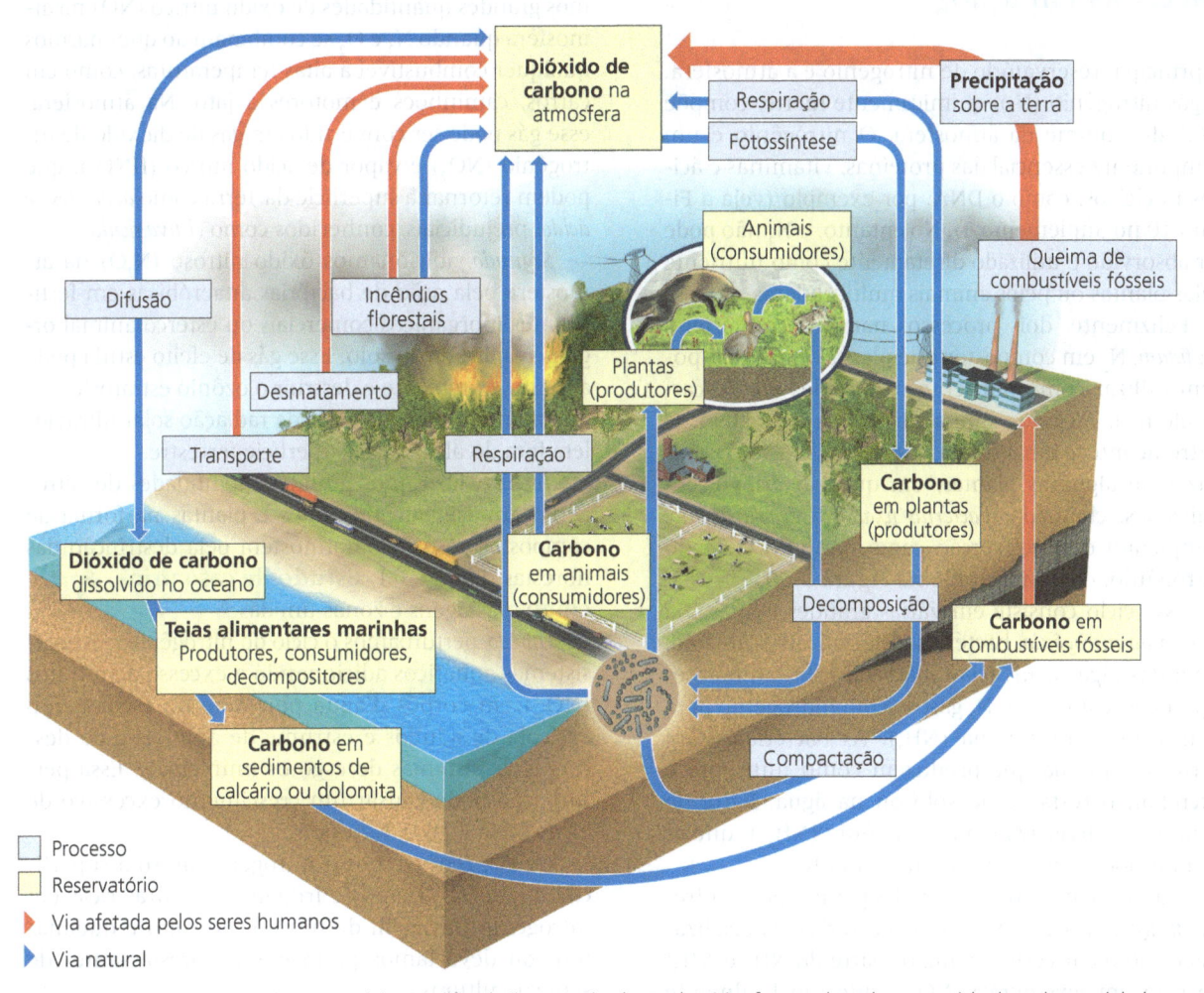

Figura 3-19 Capital natural: Este modelo simplificado ilustra a circulação de várias formas de carbono no ciclo do carbono global, com impactos nocivos de atividades humanas indicados pelas setas vermelhas. **Pergunta:** quais são as três formas pelas quais você afeta direta ou indiretamente o ciclo do carbono?

Também o alteramos ao desmatar a vegetação, que absorve carbono, das florestas (florestas tropicais, Figuras 3-1 à direita, e 1-6, Capítulo 1) mais rápido do que elas podem voltar a crescer (**Estudo de caso principal**). As atividades humanas estão alterando tanto a taxa de fluxo de energia quanto a ciclagem de nutrientes dentro do ciclo do carbono (Figura 3-11). Em outras palavras, a humanidade tem uma *pegada de carbono* grande e crescente, que constitui uma parte significativa da nossa pegada ecológica global (veja a Figura 1-13, Capítulo 1).

Os modelos computacionais dos sistemas climáticos da Terra indicam que o aumento das concentrações de CO_2 (veja a Figura 14 no Suplemento 9) e de outros gases de efeito estufa, como o metano (CH_4), muito provavelmente aquecerão a atmosfera, aumentando o efeito estufa natural do planeta e, portanto, contribuindo para a mudança climática da Terra durante este século, como discutido no Capítulo 19.

O ciclo do nitrogênio: bactérias em ação

O principal reservatório de nitrogênio é a atmosfera. O gás nitrogênio (N_2), quimicamente inerte, compõe 78% do volume da atmosfera. O nitrogênio é um componente essencial das proteínas, vitaminas e ácidos nucleicos, como o DNA, por exemplo (veja a Figura 10 no Suplemento 4). No entanto, o N_2 não pode ser absorvido e utilizado diretamente como nutriente pelas plantas ou pelos animais multicelulares.

Felizmente, dois processos naturais convertem, ou *fixam*, N_2 em compostos que plantas e animais podem utilizar como nutrientes. Um deles é a descarga elétrica, ou raios, que acontece na atmosfera. O outro acontece em sistemas aquáticos, no solo e nas raízes de algumas plantas, em que bactérias especializadas, chamadas *bactérias fixadoras de nitrogênio*, completam essa conversão como parte do **ciclo do nitrogênio**, como mostrado na Figura 3-20.

Esse ciclo consiste em várias grandes etapas. Na *fixação do nitrogênio*, bactérias especializadas no solo, além das algas azuis (cianobactérias) em ambientes aquáticos, combinam N_2 gasoso com hidrogênio para transformar em amônia (NH_3). As bactérias usam parte da amônia que produzem como nutriente e excretam o restante no solo ou na água. Parte da amônia é convertida em íons amônio (NH_4^+), que as plantas podem usar como um nutriente.

A amônia não absorvida pelas plantas pode sofrer *nitrificação*. Nesse processo, as bactérias especializadas do solo convertem a maior parte do NH_3 e NH_4^+ no solo em *íons nitrato* (NO_3^-), que são facilmente absorvidos pelas raízes das plantas. Estas, em seguida, usam essas formas de nitrogênio para produzir diversos aminoácidos, proteínas, ácidos nucleicos e vitaminas. Os animais que comem plantas eventualmente consumirão esses compostos contendo nitrogênio, assim como os detritívoros e decompositores.

Plantas e animais devolvem compostos orgânicos ricos em nitrogênio de volta ao meio ambiente, tanto como resíduos quanto como partículas que são descartadas de tecidos, tais como folhas, pele ou cabelo, e por seus corpos, quando morrem e são decompostos ou comidos por detritívoros. Na *amonificação*, vastos exércitos de bactérias especializadas decompositoras convertem esses detritos em compostos mais simples contendo nitrogênio, tais como amônia (NH_3) e sais solúveis em água contendo íons amônia (NH_4^+).

Na *denitrificação*, bactérias especializadas, estabelecidas no solo alagado e nos sedimentos do fundo de lagos, oceanos, pântanos e brejos, convertem NH_3 e NH_4^+ de volta em íons nitrato, e depois em gás nitrogênio (N_2) e gás de óxido nitroso (N_2O). Esses gases são liberados na atmosfera e iniciam um novo ciclo do nitrogênio.

Interferimos nesse ciclo de cinco modos (veja as setas vermelhas na Figura 3-20). *Primeiro*, adicionamos grandes quantidades de óxido nítrico (NO) na atmosfera quando N_2 e O_2 se combinam ao queimarmos qualquer combustível a altas temperaturas, como em carros, caminhões e motores a jato. Na atmosfera, esse gás pode ser convertido em gás de dióxido de nitrogênio (NO_2) e vapor de ácido nítrico (HNO_3), que podem retornar à superfície da Terra como *depósitos de ácidos* prejudiciais, conhecidos como *chuva ácida*.

Segundo, adicionamos óxido nitroso (N_2O) na atmosfera pela ação de bactérias anaeróbicas em fertilizantes inorgânicos comerciais ou esterco animal orgânico aplicado ao solo. Esse gás de efeito estufa pode aquecer o ambiente e destruir o ozônio estratosférico, que mantém a maior parte da radiação solar ultravioleta fora do alcance da superfície terrestre.

Terceiro, liberamos grandes quantidades de nitrogênio armazenado nos solos e plantas na forma de compostos gasosos na atmosfera pela destruição das florestas (Figura 3-1, **Estudo de caso principal**), pastagens e zonas úmidas.

Quarto, perturbamos o ciclo do nitrogênio nos ecossistemas aquáticos adicionando o excesso de nitratos (NO_3^-) em corpos d'água por meio de escoamento agrícola de adubos e estrume de animais e de descargas de sistemas de esgotos municipais. Essa perturbação pode causar um crescimento excessivo de algas (veja Figura 3-7, à direita).

Quinto, removemos o nitrogênio do solo superficial quando colhemos e irrigamos culturas ricas em nitrogênio (lavagem de nitratos do solo) e queimamos ou devastamos pastagens e florestas antes de semear culturas.

De acordo com a Avaliação de Ecossistemas do Milênio 2005 (2005 *Millennium Ecosystem Assessment*), desde 1950 as atividades humanas têm mais do que duplicado o lançamento anual de nitrogênio de ambientes terrestres para o resto do ambiente – a maioria vem do considerável aumento do uso de fertilizantes inorgânicos para o cultivo –; prevê-se que essa quantidade liberada dobrará novamente em 2050 (veja a Figura 16 no Suplemento 9). Tal entrada excessiva de nitrogênio no ar e na água contribui para a poluição e outros problemas que serão discutidos nos próximos capítulos. A sobrecarga de nitrogênio é um sério e crescente problema ambiental local, regional e global que tem atraído pouca atenção. Robert Socolow, físico da Universidade de Princeton, pede que países ao redor do mundo trabalhem com algum tipo de acordo de manejo do nitrogênio para ajudar a evitar que esse problema atinja níveis críticos.

> **PENSANDO SOBRE**
>
> **O ciclo do nitrogênio e o desmatamento tropical**
>
> Que efeitos o desmatamento e a degradação das florestas tropicais (**Estudo de caso principal**) têm sobre o ciclo do nitrogênio nesses ecossistemas florestais e em qualquer sistema aquático nas proximidades? (veja as Figuras 2-1 e 2-6, Capítulo 2)

O ciclo do fósforo

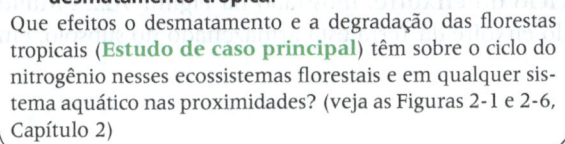

Os compostos de fósforo (P) circulam pela água, da crosta terrestre e organismos vivos no **ciclo do fósforo**, mostrado na Figura 3-21. A maioria desses compostos contém íons *fosfato* (PO_4^{3-}), uma combinação de fósforo e oxigênio e um importante nutriente. Em contraste com os ciclos da água, do carbono e do nitrogênio, o do fósforo não inclui a atmosfera. O principal reservatório de fósforo são os sais de fosfato que contêm íons fosfato (PO_4^{3-}) em formações rochosas terrestres e sedimentos do fundo do oceano. O ciclo do fósforo é lento em comparação com os da água, do carbono e do nitrogênio.

Conforme a água corre sobre rochas expostas, lentamente corrói os compostos inorgânicos que contêm íons fosfato. A água corrente os transporta, dissolvidos, para o solo, onde podem ser absorvidos pelas raízes das plantas e por outros produtores. Os compostos fosfatados também são transferidos por teias alimentares dos produtores aos consumidores, incluindo, eventualmente, detritívoros e decompositores. Tanto em produtores quanto em consumidores, os fosfatos são um componente de moléculas biologicamente importantes, como ácidos nucleicos, por exemplo (veja Figura 9 no Suplemento 4), e moléculas de transferência de energia, tais como ADP e ATP (veja a Figura 13 no

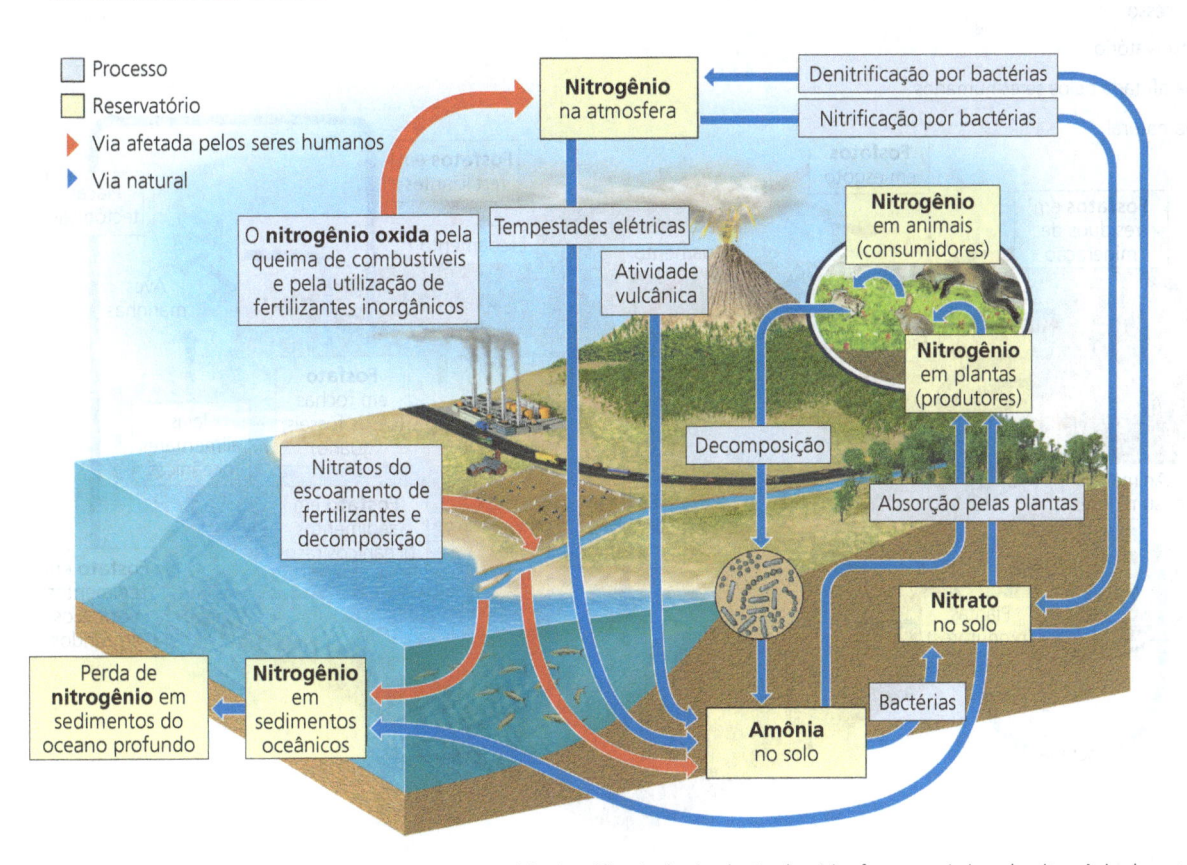

Figura 3-20 Capital natural: Este diagrama é um modelo simplificado da circulação de várias formas químicas do nitrogênio durante seu ciclo em um ecossistema terrestre, com os principais impactos nocivos humanos mostrados pelas setas vermelhas. **Pergunta:** quais são as três formas pelas quais você afeta direta ou indiretamente o ciclo de nitrogênio?

Suplemento 4). O fosfato é também um componente importante de ossos e dentes em vertebrados.

O fosfato pode ser retirado do ciclo por longos períodos de tempo quando é lavado da terra para córregos e rios e transportado para o oceano. Nesse processo, ele pode ser depositado como sedimento marinho e permanecer preso por milhões de anos. Algum dia, os processos geológicos podem elevar e expor esses depósitos do fundo do mar, dos quais o fosfato pode ser erodido para reiniciar seu ciclo.

Como a maioria dos solos contém pouco fosfato, essa escassez muitas vezes limita o crescimento das plantas, a menos que fósforo (na forma de sais de fosfato extraídos da terra) seja aplicado ao solo como adubo. A falta de fósforo também limita o crescimento das populações de produtores em água doce em muitos córregos e lagos, porque os sais de fosfato são pouco solúveis em água e, portanto, não liberam íons fosfato que muitos produtores utilizam como nutrientes.

As atividades humanas estão afetando o ciclo do fósforo (como mostrado pelas setas vermelhas na Figura 3-21). Por exemplo, pela remoção de grandes quantidades de fosfato da terra para produzir fertilizantes e pela redução dos níveis de fosfato em solos tropicais por causa do desmatamento das florestas (**Estudo de caso principal**).

A camada superficial do solo que é erodida de campos de culturas adubadas, gramados e campos de golfe carrega grandes quantidades de íons fosfato para córregos, lagos e oceanos; lá, estimulam o crescimento dos produtores, como algas e diversas plantas aquáticas. O escoamento rico em fosfato pode produzir grandes populações de algas (Figura 3-7, direita), que, por sua vez, podem perturbar os ciclos químicos e outros processos em lagos. Em outras palavras, estamos alterando o ciclo do fósforo pela remoção de íons fosfato já bastante escassos em áreas de terra em que são necessários para as plantas e enviando-os em quantidades excessivas aos produtores em sistemas aquáticos, causando o crescimento exagerado dessas populações produtoras.

O ciclo do enxofre

Este elemento químico circula na biosfera por meio do **ciclo do enxofre**, mostrado na Figura 3-22. Muito do enxofre da Terra está armazenado no subsolo, em

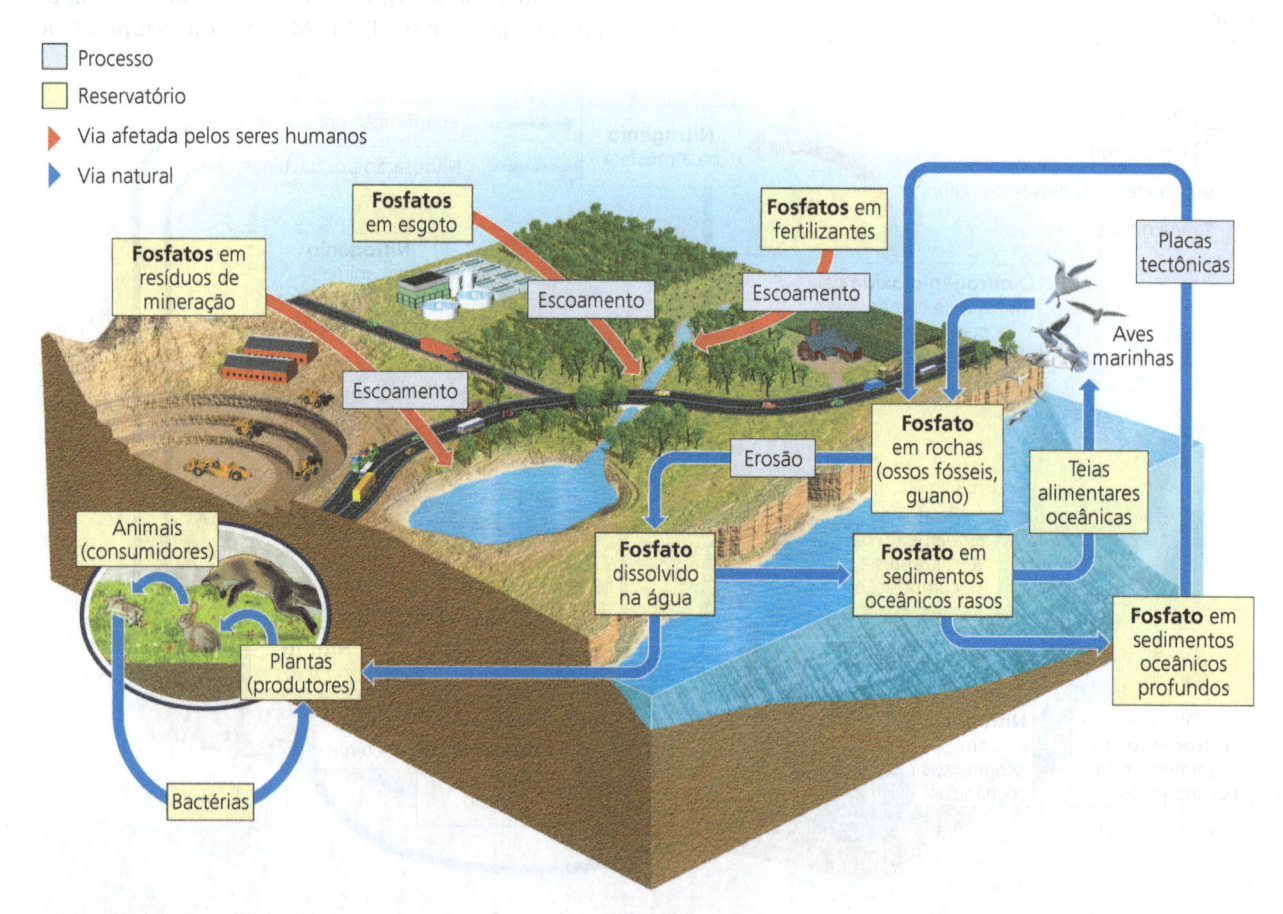

Figura 3-21 Capital natural: Este é um modelo simplificado da circulação de várias formas químicas de fósforo (principalmente fosfatos) no *ciclo do fósforo*, com importantes consequências nocivas humanas mostradas pelas setas vermelhas. **Pergunta:** Quais são as três formas pelas quais você afeta direta ou indiretamente o ciclo do fósforo?

rochas e minerais, na forma de sais de sulfato (SO$_4^{2-}$) enterrados sob sedimentos oceânicos.

O enxofre também entra na atmosfera por várias fontes naturais. O sulfeto de hidrogênio (H$_2$S), um gás incolor e altamente tóxico, com cheiro de ovo podre, é liberado por vulcões ativos e por matéria orgânica em decomposição por decompositores anaeróbios em áreas alagadas, pântanos e planícies de maré. O dióxido de enxofre (SO$_2$), um gás incolor e sufocante, também vem de vulcões.

Partículas de sais de sulfato (SO$_4^{2-}$), como sulfato de amônio, entram na atmosfera a partir de água do mar, tempestades de poeira e incêndios florestais. As raízes das plantas absorvem os íons sulfato e incorporam o enxofre como um componente essencial de muitas proteínas.

Certas algas marinhas produzem grandes quantidades de dimetilsulfureto volátil, ou DMS (CH$_3$SCH$_3$). Pequenas gotas de DMS servem como núcleos de condensação de água em gotículas encontradas em nuvens. Dessa forma, mudanças nas emissões de DMS podem afetar a cobertura de nuvens e o clima.

Na atmosfera, o DMS é convertido em dióxido de enxofre, que, por sua vez, é convertido em gás trióxido de enxofre (SO$_3$) e gotículas de ácido sulfúrico (H$_2$SO$_4$). Ele também reage com outros produtos químicos atmosféricos, como a amônia, por exemplo, para produzir pequenas partículas de sais de sulfato. Essas gotículas e partículas caem na terra como componentes da *deposição ácida*, que, com outros poluentes do ar, podem prejudicar as árvores e a vida aquática.

Em ambientes com deficiência de oxigênio, como solos alagados, pântanos de água doce e planícies de maré, bactérias especializadas convertem íons sulfato em íons sulfeto (S^{2-}). Estes podem reagir com íons metálicos para formar sulfetos metálicos insolúveis, que são depositados como minérios de rocha ou metal (muitas vezes extraídos pela mineração e convertidos em vários metais), e o ciclo continua.

As atividades humanas têm afetado o ciclo do enxofre, principalmente pela liberação de grandes quantidades de dióxido de enxofre (SO$_2$) na atmosfera (como indicado pelas setas vermelhas na Figura 3-22). Liberamos enxofre para a atmosfera de três maneiras. *Primeiro*, queimamos carvão e petróleo contendo enxofre para produzir energia elétrica. *Segundo*, refinamos óleo contendo enxofre (petróleo)

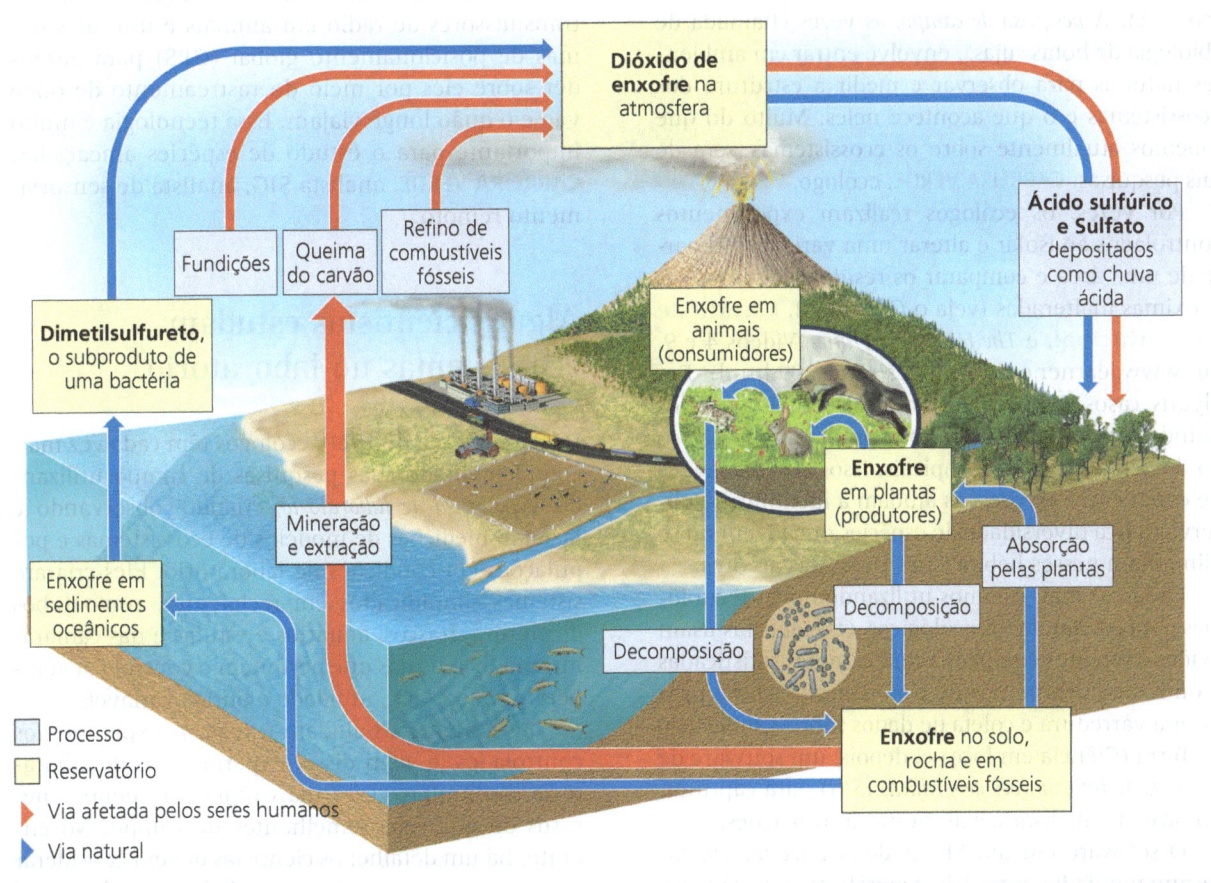

Figura 3-22 Capital natural: Este é um modelo simplificado da circulação de várias formas de enxofre no seu ciclo, com impactos nocivos das atividades humanas mostradas pelas setas vermelhas. **Pergunta:** quais são as três maneiras pelas quais seu estilo de vida afeta direta ou indiretamente o ciclo de enxofre?

para produzir gasolina, óleo para aquecimento e outros produtos úteis. *Terceiro*, extraímos metais, como cobre, chumbo e zinco, de compostos sulfurados em rochas que são exploradas para sua retirada. Uma vez que o enxofre está na atmosfera, SO_2 é convertido em gotículas de ácido sulfúrico (H_2SO_4) e partículas de sais de sulfato (SO_4^{2-}), que retornam à terra na forma de deposição ácida.

A maioria das formas de vida obtém suprimentos de nutrientes essenciais de compostos contendo carbono, nitrogênio, fósforo e enxofre, que transitam em seus respectivos ciclos químicos. Estes, por sua vez, são conduzidos pela gravidade e pelo fluxo unidirecional de energia proveniente do sol. As atividades humanas estão degradando o capital natural da Terra por alterar cada vez mais as taxas em que a energia flui pelos ciclos e em que produtos químicos essenciais são reciclados. Esta é uma grande intromissão nos processos de fluxo de energia e ciclagem de nutrientes (Figura 3-11) que dão suporte à vida na Terra.

3-5 Como os cientistas estudam os ecossistemas?

▶ **CONCEITO 3-5** Cientistas usam tanto as pesquisas de campo e em laboratório quanto modelos matemáticos e outros modelos para aprender sobre os ecossistemas.

Alguns cientistas estudam a natureza diretamente

Cientistas usam tanto as pesquisas de campo e em laboratório, quanto modelos matemáticos e outros modelos para aprender sobre os ecossistemas (**Conceito 3-5**). A *pesquisa de campo*, às vezes chamada de "biologia de botas sujas", envolve entrar em ambientes naturais para observar e medir a estrutura dos ecossistemas e o que acontece neles. Muito do que sabemos atualmente sobre os ecossistemas vem de tais pesquisas. **CARREIRA VERDE**: ecólogo.

Por vezes, os ecólogos realizam experimentos controlados ao isolar e alterar uma variável em parte de uma área e comparar os resultados com áreas próximas inalteradas (veja o Capítulo 2, **Estudo de caso principal**, e *The Habitable Planet*, Vídeos 4 e 9, em www.learner.org/resources/series209.html). Em alguns casos, os ecólogos tropicais ergueram altos guindastes de construção para proporcionar acesso ao dossel das florestas tropicais. Isso, e as passagens de corda entre árvores, os ajudam a identificar e observar a rica diversidade de espécies que vivem ou se alimentam nesses hábitats nas copas das árvores.

Cada vez mais estamos utilizando novas tecnologias para coletar dados ecológicos. Os cientistas usam aviões e satélites equipados com câmeras sofisticadas e outros equipamentos de *sensoriamento remoto* para fazer a varredura e coleta de dados sobre a superfície da Terra (Ciência em foco) e, depois, um software de *sistemas de informações geográficas* (*SIG*) para capturar, armazenar, analisar e exibir essas informações.

O software em um SIG pode armazenar eletronicamente dados espaciais geográficos e ecológicos, como números ou imagens em bancos de dados de computador. Por exemplo, um SIG pode converter as imagens de satélite digitais geradas por sensoriamento remoto em mapas globais, regionais e locais, mostrando as variações na vegetação (veja Figura 5 no Suplemento 8), produtividade primária bruta, padrões de temperatura, emissões de poluição do ar e muitas outras variáveis.

Os cientistas também podem anexar pequenos transmissores de rádio em animais e utilizar sistemas de posicionamento global (GPS) para aprender sobre eles por meio do rastreamento de onde vão e o quão longe viajam. Essa tecnologia é muito importante para o estudo de espécies ameaçadas. **CARREIRA VERDE**: analista SIG; analista de sensoriamento remoto.

Alguns cientistas estudam ecossistemas no laboratório

Desde a década de 1960, ecólogos têm cada vez mais complementado suas pesquisas de campo utilizando a *pesquisa de laboratório*, criando, observando e fazendo medições de modelos de ecossistemas e populações em condições de laboratório. Eles criaram sistemas simplificados em recipientes, como tubos de cultura, frascos, aquários e estufas e nas câmaras internas e externas que permitem o controle de temperatura, luz, CO_2, umidade e outras variáveis.

Tais sistemas os ajudam a realizar experimentos controlados, e além disso, experimentos de laboratório são muitas vezes mais rápidos e menos onerosos do que seus semelhantes no campo. No entanto, há um detalhe: os cientistas devem considerar quanto suas observações e medições científicas em um sistema simplificado e controlado sob condições de laboratório refletem o que realmente ocorre em

CIÊNCIA EM FOCO

Satélites, Google Earth e o meio ambiente

O uso de satélites como equipamentos de sensoriamento remoto é um tipo importante de pesquisa ambiental em rápida expansão, tanto para cientistas quanto para cidadãos que aprenderam a usar o Google Earth (acesse http://earth.google.com/) para monitorar o planeta. Na última década, esse software gratuito permitiu que os indivíduos praticamente voassem para qualquer lugar sobre a terra para ver, em alta resolução, imagens de satélite (Figura 3-A, imagens a e b) e mapas de áreas específicas. Pode-se também ampliar a imagem para obter uma visão 3-D da vegetação, de edifícios, oceanos, cânions e de outras características da superfície da Terra. O Google Earth permite que qualquer pessoa conectada à Internet visualize a superfície da terra de diferentes altitudes (Figura 3-A, imagem **c**).

Os satélites atuais usam câmeras cada vez mais sofisticadas, com sensores de micro-ondas, que podem penetrar as nuvens, e de infravermelho, que podem medir temperaturas em altitudes diferentes e em diferentes partes do mundo.

Os cientistas e grupos ambientalistas agora usam essa tecnologia para ajudar os povos indígenas na Amazônia a mapear e proteger suas terras da exploração ilegal de madeira e mineração, e acompanhar o crescimento da área cultivada e da irrigação na Amazônia. Outros usam essas ferramentas para descobrir e monitorar desmatamentos, derramamentos de petróleo, poluição atmosférica proveniente de várias fontes, pastoreio de animais, pesca ilegal, derretimento do gelo do mar Ártico e a concentração de ozônio na estratosfera sobre a Antártida. Os cientistas, governos e cidadãos comuns estão desenvolvendo vários outros usos para o Google Earth, como monitorar a expansão de espécies de plantas nocivas invasoras e doenças que afetam os seres humanos, seguir os movimentos dos elefantes na África e estudar os efeitos da urbanização.

Por exemplo, em 2008, cientistas britânicos usaram essa tecnologia para encontrar um centro de biodiversidade até então desconhecido em uma floresta numa montanha remota em Moçambique, na África. Os que em seguida visitaram essa área de difícil acesso encontraram centenas de espécies de plantas, animais e insetos, incluindo três novas espécies de borboletas.

O especialista em sensoriamento remoto Mark Mulligan, do King's College, em Londres, utilizou a tecnologia de satélite para permitir que as pessoas olhassem mais de perto cada uma das 77 mil áreas protegidas da Terra (acesse http://healthyplanet.org/). David Tryse, um cidadão comum, desenvolveu um programa de software para a Sociedade Zoológica de Londres que permite que qualquer um navegue pelo mundo para ver e aprender sobre espécies ameaçadas de extinção, monitorar o desmatamento e ver as principais áreas de biodiversidade ameaçada do mundo.

Se você ainda não utilizou essa tecnologia, experimente. Voe ao redor do planeta e veja por si mesmo o que estamos fazendo a parte do capital natural do planeta que é tão importante para nossa sobrevivência. Boa navegação.

Pensamento crítico
Explique como essa tecnologia pode ajudar cidadãos comuns em todo o mundo a conduzir suas próprias investigações biológicas e ambientais e a contribuir para melhorar a qualidade ambiental do planeta e dos lugares onde vivem.

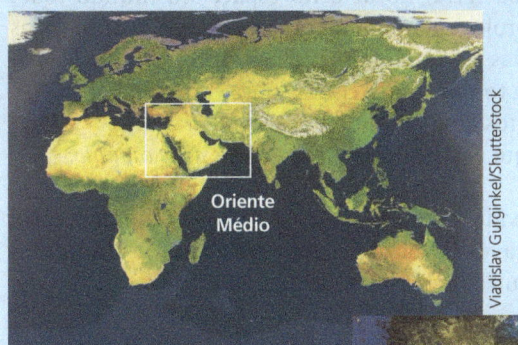

(a) Esta é uma visão por satélite do Hemisfério Oriental visto do espaço.

Figura 3-A Qualquer um conectado à Internet agora pode usar o software Google Earth para conhecer, acompanhar ou apoiar a pesquisa científica em quase qualquer lugar na superfície da Terra. Imagens via satélite de alta resolução foram usadas para produzir essas fotos **(a)** do Hemisfério Oriental e **(b)** do Oriente Médio, com diferentes níveis de *zoom*. Você também pode usar o Google Earth para ver os telhados e ruas de **(c)** Jeddah, na Arábia Saudita, e muitas outras cidades em todo o mundo.

(b) Esta imagem de satélite mostra o Oriente Médio visto do espaço.

(c) Esta é uma visão de satélite de Jeddah, a segunda maior cidade da Arábia Saudita.

condições mais complexas e dinâmicas, como as encontradas na natureza. Assim, os resultados da investigação laboratorial devem ser complementados e apoiados pela pesquisa de campo (veja *The Habitable Planet*, Vídeos 4, 9 e 12, em www.learner.org/resources/series209.html).

> **PENSANDO SOBRE**
>
> **Experimentos de efeito estufa e as florestas tropicais** ESTUDO DE CASO PRINCIPAL
>
> Como você projetaria um experimento que inclui um grupo experimental e um grupo controle, e utiliza uma estufa para determinar como o desmatamento de um pedaço de vegetação de uma floresta tropical (Estudo de caso principal) afeta a temperatura acima da área desmatada?

Alguns cientistas usam modelos para simular ecossistemas

Desde o final dos anos 1960, os ecólogos têm desenvolvido modelos matemáticos e outros modelos para simular ecossistemas. As simulações em computador podem ajudá-los a entender sistemas grandes e muito complexos, como lagos, oceanos, florestas e o sistema climático da Terra, que não podem ser adequadamente estudados e modelados em pesquisas de campo e de laboratório. (veja *The Habitable Planet*, Vídeos 2, 3, e 12, em www.learner.org/resources/series209.html.) Os cientistas estão aprendendo muito sobre como a Terra funciona por meio do uso de dados em modelos mais sofisticados dos seus sistemas e executando-os em supercomputadores de alta velocidade. **CARREIRA VERDE**: modelador de ecossistema.

É claro que simulações e projeções feitas com modelos de ecossistemas não são melhores do que os dados e suposições utilizados para desenvolvê-los. Os ecólogos devem conduzir, cuidadosamente, pesquisas de campo e de laboratório para obter *dados de referência*, ou medições preliminares, das variáveis que estão estudando. Também devem determinar as relações entre as principais variáveis que estiverem usando para desenvolver e testar modelos de ecossistemas.

Precisamos aprender mais sobre a saúde dos ecossistemas do mundo

Precisamos de dados de referência sobre o estado dos ecossistemas do mundo para saber como eles estão se transformando e desenvolver estratégias eficazes para prevenir ou retardar sua degradação.

Por analogia, seu médico precisa de dados de referência sobre sua pressão arterial, seu peso e sobre o funcionamento dos seus órgãos e outros sistemas, que podem ser obtidos por meio de exames básicos. Se sua saúde piorar de algum modo, o médico pode realizar novos exames e comparar os resultados com os dados de referência para identificar as mudanças e sugerir uma causa e um tratamento.

De acordo com um estudo ecológico de 2002 publicado pela Fundação Heinz e a Avaliação de Ecossistemas do Milênio de 2005 (2005 Millennium Ecosystem Assessment), os cientistas têm menos da metade dos dados ecológicos de referência de que precisam para avaliar o estado dos ecossistemas nos Estados Unidos, e menos dados estão disponíveis para a maioria das outras partes do mundo. Ecólogos tem reivindicado um programa intenso de desenvolvimento de dados de referência para os ecossistemas do mundo. Em 2009, a Nasa e a Cisco uniram-se para desenvolver um sistema nervoso global, ou uma *pele planetária*, que integrará os sensores baseados na terra, no ar e no espaço no mundo todo. Esse projeto piloto ajudará os cientistas, o público, as agências governamentais e as empresas privadas na tomada de decisões sobre como reduzir impactos ambientais. BOAS NOTÍCIAS

Aqui estão as *três grandes ideias deste capítulo:*

- A vida é sustentada pelo fluxo de energia do sol através da biosfera, pela ciclagem de nutrientes dentro da biosfera e pela gravidade.

- Alguns organismos produzem os nutrientes de que precisam, outros sobrevivem ao consumir outros organismos e alguns reciclam os nutrientes de volta para os organismos produtores.

- As atividades humanas estão alterando o fluxo de energia nas cadeias e teias alimentares e a ciclagem de nutrientes dentro dos ecossistemas e da biosfera.

REVISITANDO — Florestas tropicais e sustentabilidade

Este capítulo aplicou dois dos **princípios da sustentabilidade** por meio dos quais a biosfera e os ecossistemas que ela contém são sustentados no longo prazo. Primeiro, a fonte de energia para a biosfera e quase todos os seus ecossistemas é a energia solar, que flui através desses sistemas. Segundo, os ecossistemas reciclam os nutrientes químicos de que seus organismos necessitam para sobreviver, crescer e reproduzir. Esses dois importantes processos sustentam e são reforçados pela biodiversidade, em consonância com o terceiro **princípio da sustentabilidade**.

Este capítulo começou com uma discussão sobre a importância da incrível diversidade das florestas tropicais (**Estudo de caso principal**), que mostra o funcionamento dos três **princípios da sustentabilidade**. Produtores dentro das florestas tropicais dependem da energia solar para produzir uma grande quantidade de biomassa por meio da fotossíntese. Espécies que vivem nas florestas participam e dependem da ciclagem de nutrientes e do fluxo de energia na biosfera. As florestas tropicais contêm uma parte grande e vital da biodiversidade da Terra, e as interações entre as espécies que nelas vivem ajudam a sustentar esses complexos ecossistemas. Exploraremos a biodiversidade e essas importantes interações entre espécies mais profundamente nos próximos dois capítulos.

Todas as coisas vêm da Terra, e para a Terra todas retornam.
MENANDRO (342-290 A.C.)

REVISÃO

1. Revise as questões e os conceitos principais para este Capítulo. Quais são os três efeitos nocivos resultantes do desmatamento e da degradação das florestas tropicais?
2. Faça a distinção entre **atmosfera, troposfera, estratosfera, hidrosfera, geosfera** e **biosfera**. O que são **gases de efeito estufa** e por que são importantes? Quais três fatores interconectados sustentam a vida na Terra?
3. Descreva o fluxo de energia para e da Terra. O que é o **efeito estufa natural** e por que é importante? Defina **ecologia**. Defina **organismo, população** e **comunidade**. Defina e faça a distinção entre um **ecossistema** e a **biosfera**.
4. Faça a distinção entre os componentes vivos e não vivos em ecossistemas e dê dois exemplos de cada.
5. O que é **nível trófico**? Faça a distinção entre **produtores (autótrofos), consumidores (heterótrofos), decompositores** e **consumidores de detritos (detritívoros)**, e dê um exemplo de cada em um ecossistema. Faça a distinção entre **consumidores primários (herbívoros), consumidores secundários, carnívoros, consumidores terciários** e **onívoros** e dê um exemplo de cada.
6. Faça a distinção entre **fotossíntese** e **quimiossíntese**; e entre **respiração aeróbica** e **respiração anaeróbica (fermentação)**. Que dois processos sustentam os ecossistemas e a biosfera e como estão conectados? Explique a importância dos micróbios.
7. Faça a distinção entre **cadeia alimentar** e **teia alimentar**. Explique o que acontece com a energia que flui nas cadeias e teias alimentares. O que é **biomassa**? O que é **pirâmide de fluxo de energia**? Por que há mais insetos do que tigres no mundo?
8. Faça a distinção entre **produtividade primária bruta (PPB)** e **produtividade primária líquida (PPL)**, e explique sua importância.
9. O que acontece com a matéria em um ecossistema? O que é **ciclo biogeoquímico (ciclo de nutrientes)**? Descreva o **ciclo hidrológico**, ou **ciclo da água**. Quais são seus três principais processos? Resuma as propriedades únicas da água. Explique como o desmatamento de uma floresta tropical pode afetar o clima local (**Estudo de caso principal**). Explique como as atividades humanas estão afetando o ciclo da água. Descreva os ciclos de **carbono, nitrogênio, fósforo** e **enxofre** e explique como as atividades humanas estão afetando cada um deles. Explique como os ciclos de nutrientes conectam a vida passada, presente e futura.
10. Descreva três maneiras como os cientistas estudam os ecossistemas. Descreva como satélites e a tecnologia do Google Earth podem ser usados para nos ajudar a compreender e acompanhar o mundo natural e como o estamos afetando. Explique por que precisamos de muito mais dados de referência sobre a estrutura e as condições dos ecossistemas do mundo. Quais são as *três grandes ideias* deste capítulo? Como os três **princípios da sustentabilidade** são apresentados nas florestas tropicais?

Obs.: Os termos-chave estão em negrito.

PENSAMENTO CRÍTICO

1. Como você explicaria a importância das florestas tropicais (**Estudo de caso principal**) para as pessoas que pensam que elas não têm nenhuma conexão com suas vidas?
2. Explique por que (a) o fluxo de energia pela biosfera depende da ciclagem de nutrientes e (b) por que a ciclagem de nutrientes depende da gravidade (**Conceito 3-1B**).
3. Explique por que os micróbios são tão importantes. Liste dois benefícios e dois efeitos nocivos dos micróbios em sua saúde e em seu estilo de vida. Escreva uma breve descrição do que você acha que lhe aconteceria se os micróbios fossem eliminados da Terra.
4. Faça uma lista dos alimentos que você comeu no almoço ou jantar de hoje. Encontre a espécie produtora de cada tipo de alimento que consumiu. Descreva a sequência de níveis de alimentação que levaram à sua refeição.
5. Use a segunda lei da termodinâmica (veja Capítulo 2) para explicar por que muitas pessoas pobres em países menos desenvolvidos vivem de uma dieta principalmente vegetariana.
6. Por que os agricultores não precisam aplicar carbono para cultivar suas colheitas, mas muitas vezes é necessário adicionar fertilizantes contendo nitrogênio e fósforo?
7. Que mudanças podem ocorrer no ciclo hidrológico se o clima da Terra se tornar (a) mais quente ou (b) mais frio? Em cada caso, quais são as duas formas pelas quais essas alterações podem afetar seu estilo de vida?
8. O que aconteceria com um ecossistema se (a) todos os seus decompositores e detritívoros fossem eliminados, (b) todos os seus produtores fossem eliminados, ou (c) todos os seus insetos fossem eliminados? Poderia um ecossistema equilibrado existir somente com produtores e decompositores, sem consumidores, como os seres humanos e outros animais? Explique.
9. Liste três maneiras como você poderia aplicar os **Conceitos 3-3** e **3-4** para tornar seu estilo de vida ambientalmente mais sustentável.
10. Liste duas questões que gostaria que tivessem sido respondidas como resultado da leitura deste capítulo.

ANÁLISE DA PEGADA ECOLÓGICA

Com base nos seguintes dados de emissões de dióxido de carbono e sobre a população de 2010, responda às perguntas a seguir.

País	Pegada de carbono total – emissões de dióxido de carbono em gigatoneladas por ano*	População em bilhões (2010)	Pegada de carbono *per capita* – emissões de dióxido de carbono *per capita* por ano
China	5,0	1,3	
Índia	1,3	1,2	
Japão	1,3	0,13	
Rússia	1,5	0,14	
Estados Unidos	6,0	0,31	
Mundo	29	6,9	

(Dados do World Resources Institute e da International Energy Agency)
*O prefixo giga representa 1 bilhão.

1. Calcule a pegada de carbono *per capita* de cada país e do mundo e complete a tabela.
2. Foi sugerido que uma pegada de carbono média sustentável mundial por pessoa não deve ser superior a 2,0 toneladas métricas por pessoa por ano. Quantas vezes a pegada de carbono por pessoa dos Estados Unidos é maior do que (a) o nível sustentável e (b) a média mundial?
3. Em termos de porcentagem, em quanto China, Japão, Rússia, Estados Unidos e o mundo precisam reduzir as emissões de carbono por pessoa para atingir o máximo estimado de emissão de carbono sustentável de 2,0 toneladas por pessoa por ano?

Biodiversidade e evolução

4

ESTUDO DE CASO PRINCIPAL

Por que devemos proteger os tubarões?

Mais de 400 espécies conhecidas de tubarões (Figura 4-1) habitam os oceanos do mundo. Eles variam muito em tamanho e comportamento, do tubarão-anão, do tamanho de um peixinho-dourado, até o tubarão-baleia (Figura 4-1, à esquerda), que pode chegar a um comprimento de até 18 metros e pesar o equivalente a dois elefantes africanos adultos.

Muitas pessoas, influenciadas por filmes, romances populares e pela grande atenção dada pela mídia aos ataques de tubarão, acreditam que esses animais são monstros que se alimentam de pessoas. Na realidade, as três maiores espécies – o tubarão-baleia (Figura 4-1, à esquerda), o tubarão-frade e tubarão-boca-grande – são gigantes gentis. Esses tubarões herbívoros nadam na água com a boca aberta, filtrando e engolindo grandes quantidades de fitoplâncton.

A cobertura da mídia sobre os ataques de tubarões exagera o perigo que eles representam. Todos os anos, membros de algumas espécies, tais como o tubarão-branco, tubarão-touro, tubarão-tigre, galha-branca-oceânico e tubarão-martelo (Figura 4-1, à direita), ferem entre 60 e 75 pessoas no mundo. De 1998 a 2008, houve uma média de seis mortes por ano em consequência de tais ataques. Alguns desses tubarões se alimentam de leões-marinhos e outros mamíferos marinhos, e às vezes confundem nadadores e surfistas com suas presas habituais.

No entanto, *para cada tubarão que fere ou mata uma pessoa por ano, as pessoas matam cerca de 1,2 milhão de tubarões, o que equivale a 79-97 milhões de mortes a cada ano*, de acordo com o Instituto de Pesquisas de Tubarões da Austrália. Muitos são capturados por suas barbatanas valiosas, e depois jogados de volta na água ainda vivos sem elas, para sangrar até a morte ou se afogar, porque já não podem mais nadar. Essa prática é chamada remoção das barbatanas, muito utilizadas na Ásia como ingrediente de sopas e produto farmacêutico cura-tudo. Os tubarões também são mortos para a captura de fígado, carne, couro e maxilares, e também porque temos medo deles. Alguns morrem ao ficarem presos em linhas e redes de pesca.

De acordo com um estudo de 2009, feito pela União Internacional para Conservação da Natureza (International Union for Conservation of Nature – IUCN), 32% das espécies em mar aberto do mundo estão ameaçadas de extinção. Uma das mais ameaçadas é o tubarão-martelo-recortado (Figura 4-1, à direita). Os tubarões são especialmente vulneráveis a declínios populacionais, porque crescem lentamente, tornam-se adultos tardiamente e têm apenas alguns descendentes por geração. Hoje, estão entre os animais mais vulneráveis e menos protegidos da Terra.

Os tubarões existem há mais de 400 milhões de anos. Como espécies-chave, alguns tipos desempenham um papel crucial para ajudar a manter seus ecossistemas em funcionamento. Como se alimentam em posições elevadas ou no topo da cadeia alimentar, removem os animais feridos e doentes do oceano. Sem esse serviço prestado pelos tubarões, o oceano estaria repleto de peixes e mamíferos marinhos mortos e moribundos.

Além de ter importantes funções ecológicas, os tubarões podem ajudar a salvar vidas humanas. Se pudermos aprender por que eles quase nunca têm câncer, seria possível usar essa informação para combater esse mal em nossa própria espécie. Os cientistas também estão estudando seus sistemas imunológicos altamente eficazes, que permitem que neles feridas se curem sem ser infectadas.

Muitas pessoas argumentam que devemos proteger os tubarões simplesmente porque, como qualquer outra espécie, têm o direito de existir. No entanto, outra razão para a importância de sustentar essa parte da biodiversidade ameaçada da Terra é que alguns tubarões são espécies-chave, o que significa que nós e outras espécies precisamos deles. Neste capítulo, exploraremos o papel das espécies-chave e outras funções especiais desempenhadas pelas espécies na história da biodiversidade vital da Terra.

Figura 4-1 O tubarão-baleia ameaçado (à esquerda), que se alimenta de plâncton, é o maior peixe do oceano. O tubarão-martelo-recortado ameaçado (à direita) está nadando em águas próximas às Ilhas Galápagos, no Equador. São conhecidos por comer arraias, parentes dos tubarões.

Questões e conceitos principais

4-1 O que é biodiversidade e por que é importante?

CONCEITO 4-1 A biodiversidade encontrada em genes, espécies, ecossistemas e seus processos é vital para a manutenção da vida na Terra.

4-2 Como a vida na Terra muda ao longo do tempo?

CONCEITO 4-2A A teoria científica da evolução explica como a vida na Terra muda ao longo do tempo por meio de alterações nos genes das populações.

CONCEITO 4-2B As populações evoluem quando seus genes sofrem mutações, conferindo a alguns indivíduos características genéticas que aumentam suas habilidades de sobreviver e produzir descendentes com essas mesmas características (seleção natural).

4-3 Como processos geológicos e mudanças climáticas afetam a evolução?

CONCEITO 4-3 Movimentos de placas tectônicas, erupções vulcânicas, terremotos e mudanças climáticas alteraram os hábitats da vida silvestre, eliminaram um grande número de animais e criaram oportunidades para a evolução de novas espécies.

4-4 Como a especiação, a extinção e as atividades humanas afetam a biodiversidade?

CONCEITO 4-4A Conforme as condições ambientais mudam, o equilíbrio entre a formação de novas espécies e a extinção das existentes determina a biodiversidade da Terra.

CONCEITO 4-4B Atividades humanas estão diminuindo a biodiversidade, causando a extinção de muitas espécies e destruindo ou degradando hábitats necessários para o desenvolvimento de novas espécies.

4-5 O que é a diversidade de espécies e por que é importante?

CONCEITO 4-5 A diversidade de espécies é um componente importante da biodiversidade, que tende a aumentar a sustentabilidade de alguns ecossistemas.

4-6 Que papel desempenham as espécies em um ecossistema?

CONCEITO 4-6A Cada espécie desempenha um papel ecológico específico, chamado nicho.

CONCEITO 4-6B Qualquer espécie pode desempenhar um ou mais entre cinco papéis importantes – nativa, introduzida, indicadora, chave ou engenheira – em um ecossistema específico.

Obs.: Os suplementos 2, 4 e 5 podem ser utilizados com este capítulo.

Há grandiosidade nesta visão da vida... que, enquanto este planeta tem orbitado... infinitas formas as mais belas e mais maravilhosas evoluíram e estão evoluindo.

CHARLES DARWIN

4-1 O que é biodiversidade e por que é importante?

▶ CONCEITO 4-1 **A biodiversidade encontrada em genes, espécies, ecossistemas e seus processos é vital para a manutenção da vida na Terra.**

Biodiversidade é uma parte crucial do capital natural da Terra

Diversidade biológica, ou **biodiversidade**, é a variedade de *espécies* da Terra, ou as variações de formas de vida, os genes que elas contêm, os ecossistemas em que vivem e os processos ecossistêmicos de fluxo de energia e ciclagem de nutrientes que sustentam toda a vida (Figura 4-2).

Para um grupo de organismos de reprodução sexuada, **espécie** é um conjunto de indivíduos que podem se acasalar e produzir descendentes férteis. Cada organismo é um membro de determinada espécie com certas características distintivas. Por exemplo, todos os seres humanos são membros da espécie *Homo sapiens sapiens*. Os cientistas desenvolveram um sistema para classificar e nomear cada espécie, como discutido no Suplemento 5.

Não sabemos quantas espécies existem na Terra. As estimativas variam de 8 a 100 milhões. O melhor palpite é que há 10-14 milhões de espécies. Até agora, os biólogos identificaram cerca de 1,9 milhão (Figura 4-3). Metade das espécies de plantas e animais do mundo vive em florestas tropicais que os seres humanos estão rapidamente desmatando (veja a Figura 3-1, Capítulo 3).

CAPÍTULO 4 Biodiversidade e evolução

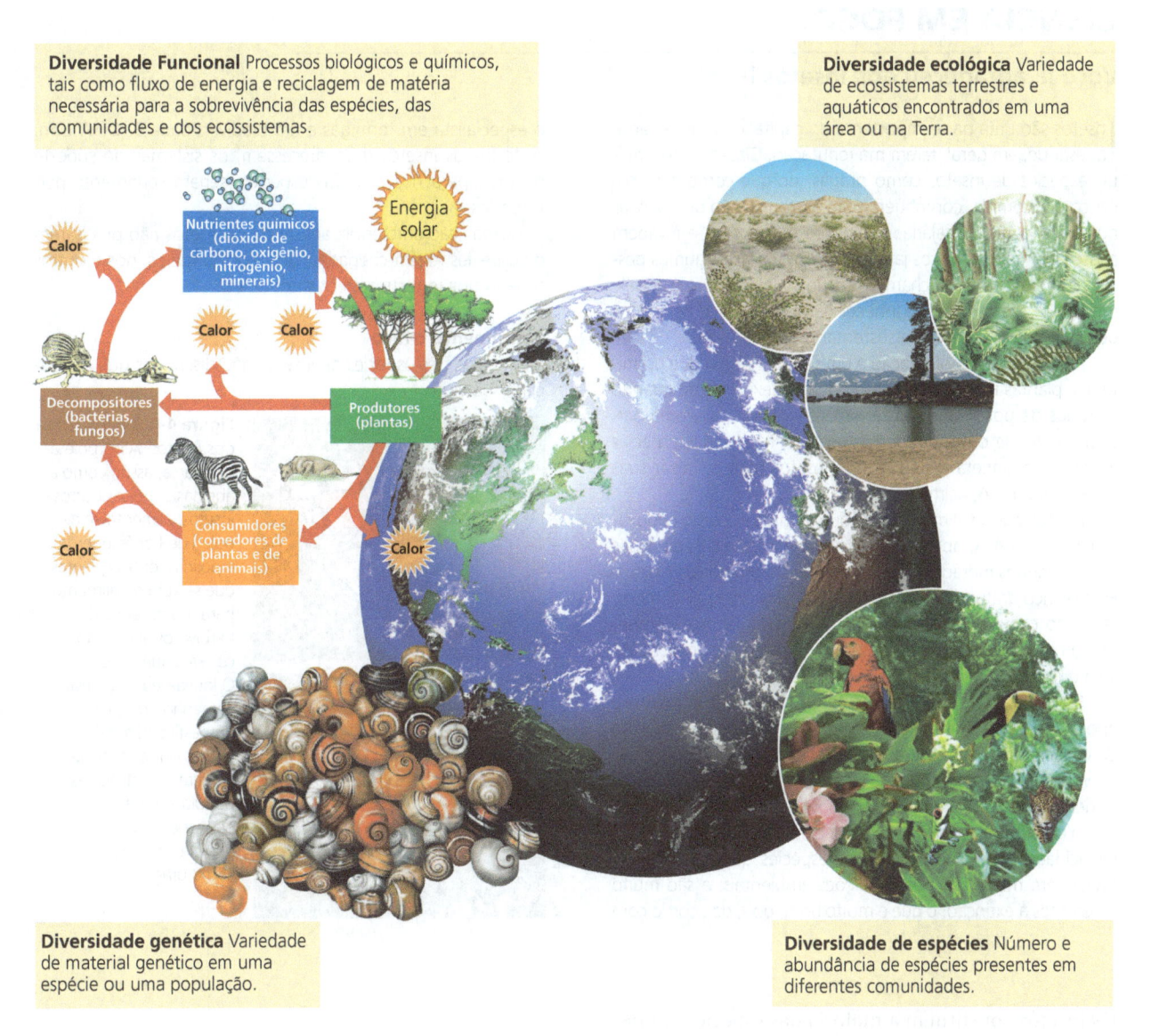

Diversidade Funcional Processos biológicos e químicos, tais como fluxo de energia e reciclagem de matéria necessária para a sobrevivência das espécies, das comunidades e dos ecossistemas.

Diversidade ecológica Variedade de ecossistemas terrestres e aquáticos encontrados em uma área ou na Terra.

Diversidade genética Variedade de material genético em uma espécie ou uma população.

Diversidade de espécies Número e abundância de espécies presentes em diferentes comunidades.

Figura 4-2 Capital natural: Este diagrama ilustra os principais componentes da *biodiversidade* terrestre – um dos mais importantes recursos renováveis da Terra e componente essencial do capital natural do planeta (veja a Figura 1-4, Capítulo 1). **Pergunta:** Qual papel você desempenha nessa degradação?

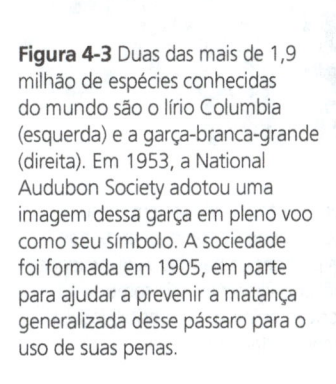

Figura 4-3 Duas das mais de 1,9 milhão de espécies conhecidas do mundo são o lírio Columbia (esquerda) e a garça-branca-grande (direita). Em 1953, a National Audubon Society adotou uma imagem dessa garça em pleno voo como seu símbolo. A sociedade foi formada em 1905, em parte para ajudar a prevenir a matança generalizada desse pássaro para o uso de suas penas.

Ecologia e sustentabilidade

CIÊNCIA EM FOCO

Você já agradeceu aos insetos hoje?

Insetos são uma parte importante do capital natural da Terra, apesar de, em geral, terem má reputação. Classificamos muitas espécies de insetos como pragas, porque competem conosco por comida, contribuem para a propagação de doenças humanas, como a malária, nos picam ou ferroam e invadem nossos gramados, nossos jardins e nossas casas. Algumas pessoas temem insetos e acham que o único inseto bom é aquele morto. Elas deixam de reconhecer o papel vital que os insetos desempenham ajudando a sustentar a vida na Terra.

Por exemplo, a polinização é um serviço natural que permite que plantas florescendo se reproduzam sexualmente quando os grãos de pólen são transferidos da sua flor para uma parte receptiva de outra da mesma espécie. Muitas das espécies vegetais do planeta dependem de insetos para polinizar suas flores (Figura 4-A, acima).

Insetos que se alimentam de outros insetos, como o louva-deus (Figura 4-A, abaixo), ajudam a controlar as populações de pelo menos metade das espécies que chamamos de pragas. Esse serviço gratuito de controle de pragas é uma parte importante do capital natural da Terra. Alguns também desempenham um papel fundamental na flexibilização e renovação do solo que sustenta a vida vegetal na terra.

Os insetos têm existido por pelo menos 400 milhões de anos – cerca de 2 mil vezes mais que a versão mais recente da espécie humana. São formas incrivelmente bem-sucedidas de vida. Alguns se reproduzem a uma velocidade espantosa e podem desenvolver rapidamente novos traços genéticos, tais como resistência aos pesticidas. Também têm uma excepcional capacidade de evoluir para novas espécies quando confrontados com mudanças nas condições ambientais, e são muito resistentes à extinção, o que é muito bom, pois, de acordo com o especialista em formigas e em biodiversidade E. O. Wilson, se todos os insetos desaparecessem, os sistemas de suporte da vida, para nós e outras espécies, seriam seriamente perturbados.

Uma lição ambiental: apesar de os insetos não precisarem de espécies recém-chegadas, como os humanos, nós e outros organismos terrestres precisamos deles.

Pensamento crítico
Identifique três espécies de insetos não discutidas que beneficiam sua vida.

Figura 4-A *A importância dos insetos:* A borboleta-monarca, assim como as abelhas e muitos outros insetos, alimenta-se de pólen de flor (esquerda) e poliniza outras plantas que servem de alimento para muitos animais herbívoros, incluindo os seres humanos. O louva-deus, que está comendo um grilo doméstico (direita), e muitas outras espécies ajudam a controlar as populações da maioria das espécies de insetos que classificamos como pragas.

Os insetos constituem a maioria das espécies conhecidas no mundo (veja Ciência em foco). Os cientistas acreditam que a maioria das espécies não identificadas vive nas florestas tropicais do planeta e nas grandes áreas inexploradas dos oceanos.

Cientistas estão criando a *Enciclopédia da Vida*, site dedicado a, eventualmente, conseguir resumir todas as informações básicas sobre as espécies conhecidas e nomeadas do mundo, que será atualizado continuamente conforme mais espécies estão sendo descobertas (acesse http://www.eol.org/).

A *diversidade de espécies* é o componente mais óbvio, mas não o único, da biodiversidade. Discutiremos esse tema mais detalhadamente na Seção 4-5 deste capítulo. Outro componente importante é a *diversidade genética* (Figura 4-4). A variedade de espécies da Terra contém uma diversidade ainda maior de genes. Essa diversidade genética permite que a vida na Terra se adapte e sobreviva a dramáticas mudanças ambientais.

Diversidade de ecossistemas – a variedade de desertos, pastagens, florestas, montanhas, oceanos, lagos, rios e zonas úmidas da Terra é outro componente importante

Figura 4-4 A *diversidade genética* entre indivíduos em uma população de uma espécie de caracol do Caribe é refletida nas variações na cor da casca e nos padrões de bandas. A diversidade genética também pode incluir outras variações, tais como pequenas diferenças na composição química, na sensibilidade a vários produtos químicos e no comportamento.

da biodiversidade. Cada um desses ecossistemas é um armazém de diversidade genética e de espécies.

Os biólogos classificaram a parte terrestre da biosfera em **biomas** – grandes regiões, tais como florestas, desertos e pradarias, com climas distintos e certas espécies (principalmente de vegetação) a elas adaptadas. A Figura 4-5 mostra os principais biomas diferentes ao longo do paralelo 39°, que abrange os Estados Unidos. Discutiremos esse tema mais detalhadamente no Capítulo 7.

Outro componente importante da biodiversidade é a *diversidade funcional* – a variedade de processos, como o fluxo de energia e a ciclagem de matéria, que ocorrem dentro dos ecossistemas (veja a Figura 3-11, Capítulo 3), conforme as espécies interagem umas com as outras nas teias e cadeias alimentares. Parte da importância de algumas espécies de tubarão (**Estudo de caso principal**) é seu papel na manutenção desses processos dentro de seus ecossistemas, ajudando a manter outras espécies de animais e plantas que neles vivem.

A biodiversidade da Terra é uma parte vital do capital natural que ajuda a nos manter vivos e apoia nossas economias. Com a ajuda da tecnologia, usamos a biodiversidade para nos fornecer alimentos, madeira, fibras, energia que vem de madeira e biocombustíveis e medicamentos. Ela também desempenha um papel fundamental na preservação da qualidade do ar e da água, mantendo a fertilidade do solo, decompondo, reciclando resíduos e controlando populações de espécies que humanos consideram pragas. Na execução desses serviços ecológicos gratuitos, que também são parte do capital natural da Terra (veja Figura 1-4, Capítulo 1), a biodiversidade contribui para sustentar a vida. Devemos muito do que sabemos sobre a biodiversidade a um número relativamente pequeno de pesquisadores, um dos quais é Edward O. Wilson (veja o quadro "Pessoas fazem a diferença").

Dado que a biodiversidade é um conceito tão importante e tão vital para a sustentabilidade, faremos um passeio pela biodiversidade neste e nos próximos sete capítulos. Este abrange a variedade de espécies da Terra, como evoluíram e os papéis principais que desempenham nos ecossistemas. O Capítulo 5 examina como as diferentes interações entre espécies ajudam a controlar o tamanho das populações e promover a biodiversidade. O Capítulo 6 usa os princípios da dinâmica populacional desenvolvidos no 5 para examinar o crescimento da população humana e seus efeitos sobre a biodiversidade. Os capítulos 7 e 8 examinam os principais tipos de ecossistemas terrestres e aquáticos, respectivamente, que são os principais componentes da biodiversidade. Então, nos próximos três, examinaremos as principais ameaças à biodiversidade de espécies (Capítulo 9), à terrestre (Capítulo 10) e à aquática (Capítulo 11), e soluções para lidar com essas ameaças.

> **PENSANDO SOBRE**
> **Tubarões e biodiversidade**
> Quais são as três maneiras pelas quais os tubarões (**Estudo de caso principal**) mantêm um ou mais dos quatro componentes da biodiversidade em seu ambiente?

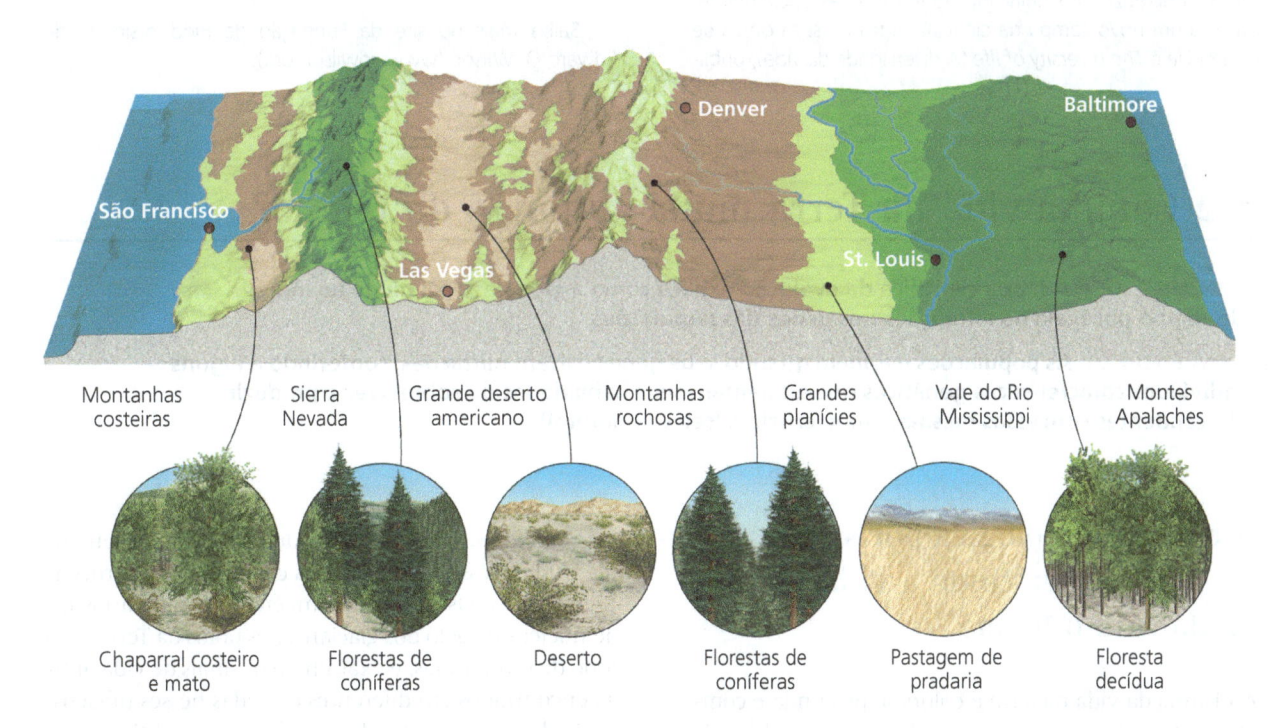

Figura 4-5 Os principais biomas encontrados ao longo do paralelo 39° nos Estados Unidos são mostrados neste diagrama. As diferenças entre espécies de árvores e outras plantas refletem as mudanças no clima, principalmente as alterações na precipitação média anual e temperatura.

PESSOAS FAZEM A DIFERENÇA

Edward O. Wilson: um defensor da biodiversidade

Ainda menino crescendo no sudeste dos Estados Unidos, Edward O. Wilson (Figura 4-B) interessou-se por insetos aos nove anos de idade. Ele disse: "Toda criança tem uma fase de insetos. Eu nunca saí da minha".

Antes de entrar para a faculdade, Wilson tinha decidido que se especializaria no estudo das formigas. Depois que ficou fascinado com esses minúsculos organismos, e por toda sua longa carreira constantemente ampliou seu foco para incluir toda a biosfera. E, agora, passa a maior parte do seu tempo estudando, escrevendo e falando sobre toda a vida – a biodiversidade da Terra – e trabalhando com a Enciclopédia da Vida da Universidade de Harvard, um banco de dados on-line para as espécies conhecidas e classificadas do planeta (acesse http://www.eol.org/).

Durante sua longa carreira de pesquisas, artigos e ensino, Wilson assumiu muitos desafios. Com outros pesquisadores, descobriu como as formigas se comunicam por meio de feromônios. Também estudou o seu complexo comportamento social e reuniu grande parte de seu trabalho no volume épico The ants (As formigas), publicado em 1990. Sua pesquisa sobre formigas tem sido aplicada ao estudo e à compreensão de outros organismos sociais.

Em 1960, Wilson e outros cientistas desenvolveram a teoria da biogeografia de ilhas (Ciência em foco), que trata de como a diversidade de espécies em ilhas é afetada pelas suas dimensões e localizações, e tem sido aplicada a áreas que se assemelham a ilhas, como florestas de montanha, cercadas por áreas antropizadas. Esse estudioso também foi importante na criação de áreas naturais protegidas.

Wilson é por vezes creditado por ter cunhado o termo "biodiversidade". Não foi ele realmente o inventor do termo, mas sim o primeiro a usá-lo em um artigo científico, e, portanto, concretizou o significado do termo e, essencialmente, batizou um novo campo da ciência. Outra de suas obras de referência é The diversity of life (A diversidade da vida), publicada em 1992, na qual estabeleceu os princípios e as questões práticas da biodiversidade de forma mais completa do que qualquer outro fizera até aquele momento.

Desde então, tornou-se profundamente envolvido em escrever e fazer palestras sobre a necessidade de esforços de conservação global. Wilson já ganhou mais de cem prêmios, incluindo a U.S. National Medal of Science, bem como outros prêmios nacionais semelhantes de muitos outros países. Já escreveu 25 livros, dois dos quais ganharam o Prêmio Pulitzer de não ficção geral. Sobre o estudo da biodiversidade, ele escreve:

Figura 4-b Edward O. Wilson

"Até que levemos a sério a exploração da diversidade biológica (...) a ciência e a humanidade em geral estarão voando às cegas no interior da biosfera. Como podemos compreender a ecologia de uma trilha ou lagoa em uma floresta, sem o conhecimento das milhares de espécies (...) os principais canais de materiais e fluxo de energia? Como podemos prevenir e controlar a propagação de novas doenças de cultivares e humanas, se não conhecemos a identidade do inseto e de outras espécies que as transportam? E, finalmente, como podemos salvar da extinção as formas de vida na Terra se não sabemos nem mesmo o que a maioria delas é?"

Saiba mais no site da Fundação de Biodiversidade de Edward O. Wilson (www.eowilson.org).

4-2 Como a vida na Terra muda ao longo do tempo?

▶ **CONCEITO 4-2A** A teoria científica da evolução explica como a vida na Terra muda ao longo do tempo por meio de alterações nos genes das populações.

▶ **CONCEITO 4-2B** As populações evoluem quando seus genes sofrem mutações, conferindo a alguns indivíduos características genéticas que aumentam suas habilidades de sobreviver e produzir descendentes com essas mesmas características (seleção natural).

A evolução biológica por seleção natural explica como a vida muda com o tempo

A história da vida na terra é colorida, profunda e complexa. A maior parte do que sabemos dessa história vem de **fósseis**, réplicas mineralizadas ou petrificadas de esqueletos, ossos, dentes, conchas, folhas e sementes, ou impressões de tais itens encontradas em rochas (Figura 4-6). Os cientistas também perfuram amostras de núcleos de gelo dos glaciares nos polos da Terra e no topo de montanhas, e examinam os sinais de vida antiga encontrados em diferentes camadas nesses núcleos.

Todo o conjunto de evidências recolhidas por esses métodos, chamado *registro fóssil*, é desigual e incompleto. Algumas formas de vida não deixaram fósseis, ou estes foram decompostos. Fósseis encontrados até agora, provavelmente, representam apenas 1% de todas as espécies que já viveram. Tentar reconstruir o desenvolvimento da vida com tão pouca evidência é o trabalho da *paleontologia* – um desafiador jogo de detetive científico. **Carreira Verde**: paleontólogo

Como conseguimos ter essa variedade surpreendente de espécies? A resposta científica envolve a **evolução biológica** (ou simplesmente **evolução**), processo pelo qual ocorreram as mudanças de vida na Terra ao longo do tempo e por meio de alterações nas características genéticas das populações (**Conceito 4-2A**). De acordo com a **teoria da evolução**, todas as espécies descendem de espécies anteriores, ou ancestrais. Em outras palavras, a vida vem da vida.

A ideia de que organismos mudam ao longo do tempo e são descendentes de um único ancestral comum tem existido, de uma forma ou de outra, desde os primeiros filósofos gregos. No entanto, ninguém tinha desenvolvido uma explicação convincente de como isso teria acontecido até 1858, quando os naturalistas Charles Darwin (1809-1882) e Alfred Russel Wallace (1823-1913) propuseram, independentemente, o conceito de *seleção natural* como um mecanismo de evolução biológica. Foi Darwin quem meticulosamente reuniu evidências para apoiar essa ideia e publicou, em 1859, seu livro *A origem das espécies por meio da seleção natural*.

Darwin e Wallace observaram que os organismos individuais devem lutar constantemente para obter comida, água e outros recursos suficientes, de modo a evitar serem comidos e para se reproduzir. Também observaram que os indivíduos em uma população com uma vantagem específica sobre outros nessa mesma população tinham maior probabilidade de sobreviver e de produzir descendentes portadores da mesma vantagem. Essa vantagem era devida a uma característica ou *traço* possuído por esses indivíduos, mas não por outros de sua espécie.

Com base nessas observações, Darwin e Wallace descreveram um processo chamado **seleção natural**, pelo qual indivíduos com certos traços são mais propensos a sobreviver e se reproduzir em um determinado conjunto de condições ambientais do que aqueles sem os traços (**Conceito 4-2B**). Os cientistas concluíram que esses traços que conferem sobrevivência se tornam mais prevalentes nas populações futuras da espécie conforme os indivíduos seus portadores se tornam cada vez mais numerosos e passam suas características aos descendentes.

Um enorme conjunto de evidências tem apoiado essa ideia. Como resultado, *a evolução biológica pela seleção natural* tornou-se uma importante teoria científica que explica, de maneira geral, como a vida tem mudado ao longo dos últimos 3,5 bilhões de anos e

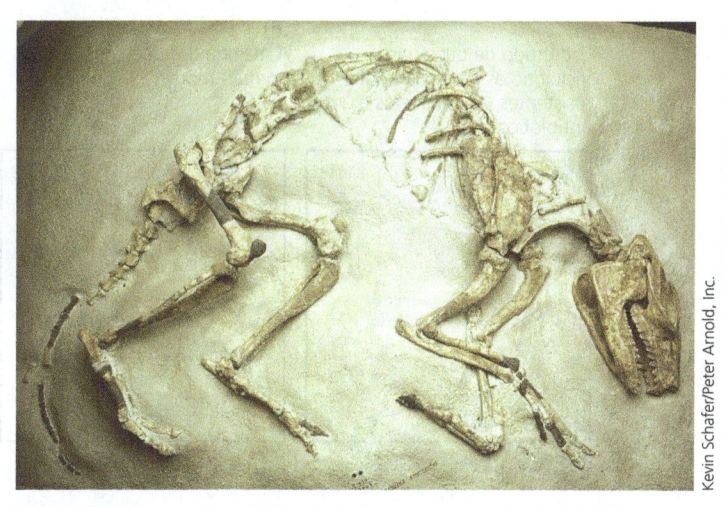

Figura 4-6 Este esqueleto fossilizado é parte dos restos mineralizados de um herbívoro que viveu durante a era Cenozoica, 26 a 66 milhões de anos atrás.

por que a vida é tão diversa hoje em dia (veja a Figura 1, no Suplemento 5). No entanto, ainda existem muitas perguntas sem respostas que geram debates científicos sobre os detalhes da evolução pela seleção natural.

A evolução pela seleção natural funciona por meio de mutações e adaptações

O processo de evolução biológica por seleção natural envolve mudanças na composição genética de uma população pelas sucessivas gerações. Observe que as *populações – não os indivíduos – evoluem, tornando-se geneticamente diferentes*.

O primeiro passo nesse processo é o desenvolvimento da *variabilidade genética*, ou variedade na composição genética dos indivíduos de uma população. Isso ocorre por intermédio de **mutações**, *mudanças aleatórias* nas moléculas de DNA (veja a Figura 10, no Suplemento 4) de um gene em uma célula que pode ser herdada pelos filhos. A maioria das mutações é resultado de mudanças aleatórias que ocorrem nas instruções genéticas, codificadas quando as moléculas de DNA são copiadas cada vez que uma célula se divide e quando um organismo se reproduz. Em outras palavras, esse processo de cópia está sujeito a erros aleatórios. Algumas mutações também ocorrem pela exposição a agentes externos, como radioatividade, raios X e substâncias químicas naturais e artificiais (chamadas *agentes mutagênicos*).

As mutações podem ocorrer em qualquer célula, mas apenas aquelas que acontecem em genes de células reprodutivas são transmitidas à descendência. Às vezes, essa mutação pode resultar em um novo

(a) Um grupo de bactérias, incluindo as geneticamente resistentes, são expostas a um antibiótico

(b) A maioria das bactérias normais morre

(c) As bactérias geneticamente resistentes começam a se multiplicar

(d) No final, a cepa resistente substitui toda ou a maior parte da que é afetada pelos antibióticos

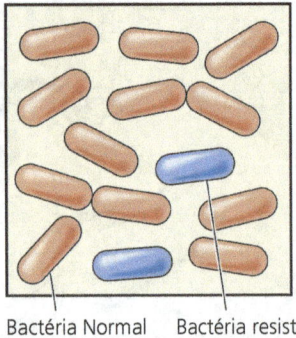

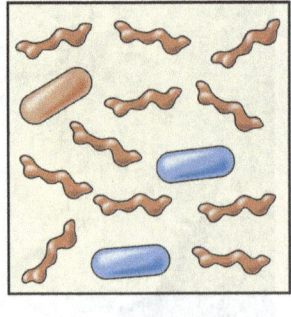

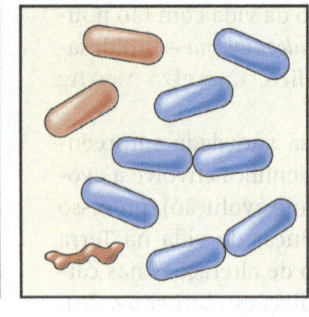

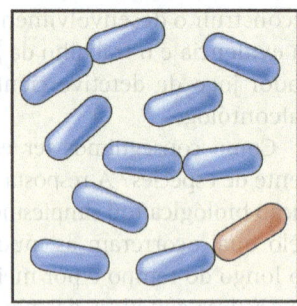

Bactéria Normal   Bactéria resistente

Figura 4-7 *Evolução por meio da seleção natural.* **(a)** Uma população de bactérias é exposta a um antibiótico, que **(b)** mata todos os indivíduos, exceto aqueles que possuem uma característica que os tornam resistentes à droga. **(c)** As bactérias resistentes se multiplicam e, no final, **(d)** substituem todas ou a maioria das não-resistentes.

traço genético, chamado *traço hereditário*, que pode ser passado de uma geração a outra. Dessa maneira, as populações desenvolvem diferenças entre indivíduos, incluindo a variabilidade genética.

O próximo passo na evolução biológica é a *seleção natural*, pela qual as condições ambientais favorecem alguns indivíduos em detrimento de outros. Os favorecidos possuem características hereditárias que lhes oferecem alguma vantagem sobre outros numa dada população. Essa característica é chamada **adaptação**, ou **traço adaptativo**, qualquer característica hereditária que aumenta a capacidade de um organismo individual de sobreviver e se reproduzir em uma taxa superior à de outros de uma mesma população sob as condições ambientais prevalescentes. Para que a seleção natural ocorra, o traço hereditário também deve levar à **reprodução diferencial**, permitindo que indivíduos com essa característica produzam mais descendentes sobreviventes do que outros membros da população.

Por exemplo, em razão da neve e do frio, alguns lobos cinzentos que têm a pele mais grossa em uma população podem viver mais tempo e, assim, produzir mais descendentes do que aqueles sem essa pelagem mais grossa. Conforme esses lobos com mais tempo de vida se acasalam, os genes para uma pele mais grossa são espalhados por toda a população, e os indivíduos com esses genes aumentam em número e passam essa útil característica para os demais descendentes. Assim, o conceito científico de seleção natural explica como as populações se adaptam a mudanças nas condições ambientais.

Resistência genética é a capacidade, de um ou mais organismos em uma população, de tolerar um produto químico destinado a matá-lo. Por exemplo, o organismo pode ter um gene que lhe permite quebrar um produto químico em outros inofensivos. Outro exemplo importante de seleção natural é a evolução da resistência genética aos medicamentos amplamente utilizados, ou antibióticos.

Médicos usam esses medicamentos para ajudar a controlar as bactérias causadoras de doenças, mas eles tem se tornado uma força de seleção natural. Quando tal droga é usada, as poucas bactérias que lhe são geneticamente resistentes (por causa de algum traço que possuem) sobrevivem e rapidamente produzem mais descendentes do que as que foram mortas pela droga poderiam ter produzido. Assim, o antibiótico acaba perdendo sua eficácia conforme bactérias geneticamente resistentes se reproduzem rapidamente, e aquelas que são sensíveis à droga morrem (Figura 4-7).

Uma forma de resumir o processo da evolução biológica pela seleção natural é: *os genes sofrem mutações, os indivíduos são selecionados e as populações evoluem de forma que se tornem mais bem adaptadas para sobreviver e se reproduzir nas condições ambientais existentes* (**Conceito 4-2B**).

Um exemplo notável de evolução de espécies por seleção natural é o *Homo sapiens sapiens*. Evoluímos certos traços que nos permitiram conquistar boa parte do mundo (veja o seguinte Estudo de caso).

■ ESTUDO DE CASO
Como os humanos se tornaram uma espécie tão poderosa?

Como muitas outras espécies, os humanos sobreviveram e prosperaram porque temos, em nós, alguns traços que nos permitem adaptar e modificar partes do meio ambiente para aumentar nossas chances de sobrevivência.

Os biólogos evolutivos atribuem nosso sucesso a três adaptações: *fortes polegares opositores*, que nos permitiram agarrar e utilizar ferramentas melhor do que alguns outros animais que têm polegares; *habilidade de caminhar ereto*, que nos deu agilidade e libertou nossas mãos para muitos usos; e *cérebro complexo*, que nos permitiu desenvolver muitas habilidades, incluindo a capacidade de utilizar a voz para transmitir ideias complexas.

Essas adaptações têm nos ajudado a desenvolver ferramentas, armas, dispositivos de proteção e tecnologias que ampliam nossos limitados sentidos da visão, audição e olfato, compensando algumas de nossas deficiências. Assim, em um piscar de olhos na história de 3,5 bilhões de anos de vida na Terra, desenvolvemos tecnologias poderosas e apossamo-nos de grande parte da produtividade primária líquida da Terra para nosso próprio uso. Ao mesmo tempo, temos degradado muito do sistema de suporte da vida do planeta com o crescimento de nossa pegada ecológica (veja a Figura 1-13, Capítulo 1).

No entanto, as adaptações que fazem uma espécie ter sucesso durante um período de tempo podem não ser suficientes para garantir sua sobrevivência quando as condições ambientais mudam. Isto não é menos verdadeiro para os humanos, e algumas condições ambientais agora estão mudando rapidamente, em grande parte por causa das nossas próprias ações.

Uma de nossas adaptações – nosso poderoso cérebro – pode permitir que vivamos de forma mais sustentável pela compreensão e imitação das formas pelas quais a natureza tem se sustentado há bilhões de anos, apesar das principais mudanças nas condições ambientais.

PENSANDO SOBRE

Adaptações humanas

Uma importante adaptação dos seres humanos são seus fortes polegares opositores, que nos permitem agarrar e manipular objetos com as mãos. Faça uma lista das coisas que você não poderia fazer se não os tivesse.

A adaptação pela seleção natural tem limites

Em um futuro não muito distante, as adaptações às novas condições ambientais por meio da seleção natural permitirão que nossa pele se torne mais resistente aos efeitos nocivos da radiação UV (veja a Figura 2-11, Capítulo 2), ou que nossos pulmões possam lidar com os poluentes do ar, e nossos fígados melhor desintoxicar os poluentes?

Segundo os cientistas nesse campo, a resposta é *não*, por causa de duas limitações na adaptação pela seleção natural. *Primeiro*, uma mudança nas condições ambientais pode levar a essa adaptação apenas traços genéticos já presentes no conjunto de genes de uma população ou de características resultantes de mutações que ocorrem aleatoriamente.

Segundo, mesmo que um traço benéfico hereditário esteja presente em uma população, sua capacidade de se adaptar pode ser limitada pelo seu potencial reprodutivo. Populações de espécies geneticamente diversas que se reproduzem rapidamente – como ervas daninhas, mosquitos, ratos, baratas e bactérias – muitas vezes se adaptam a uma mudança nas condições ambientais em um curto período (dias a anos). Por outro lado, aquelas que não produzem um grande número de descendentes rapidamente – como elefantes, tigres, tubarões e seres humanos – levam muito mais tempo (normalmente milhares ou até mesmo milhões de anos) para se adaptar por meio da seleção natural.

Três mitos comuns sobre a evolução pela seleção natural

De acordo com especialistas em evolução, há três equívocos comuns sobre a evolução biológica pela seleção natural. Um deles é que a "sobrevivência do mais apto" significa a "sobrevivência do mais forte". Para os biólogos, *aptidão* é uma medida de sucesso reprodutivo, e não de força. Assim, os indivíduos mais aptos são aqueles que deixam a maioria dos descendentes.

Outro equívoco é o de que os organismos desenvolvem certos traços porque precisam. Por exemplo, a girafa tem o pescoço muito longo pois precisa dele para se alimentar de vegetação no alto das árvores. Porém, mais propriamente dito, algum ancestral tinha um gene de pescoços longos, que lhe deu uma vantagem sobre os outros membros de sua população na obtenção de alimentos, e essa espécie produziu mais descendentes com pescoços longos.

Um terceiro equívoco é de que a evolução por seleção natural envolve um grande plano da natureza no qual as espécies se tornam mais perfeitamente adaptadas. Do ponto de vista científico, nenhum plano ou objetivo de perfeição genética foi identificado no processo evolutivo.

4-3 Como processos geológicos e mudanças climáticas afetam a evolução?

▶ **CONCEITO 4-3** Movimentos de placas tectônicas, erupções vulcânicas, terremotos e mudanças climáticas alteraram os hábitats da vida silvestre, eliminaram um grande número de animais e criaram oportunidades para a evolução de novas espécies.

Processos geológicos afetam a seleção natural

A superfície da Terra mudou dramaticamente durante sua longa história. Os cientistas descobriram que enormes fluxos de rocha fundida no seu interior quebram sua superfície em uma série de gigantescas placas sólidas, chamadas *placas tectônicas*. Por centenas de milhões de anos, elas se afastaram lentamente no manto do planeta (Figura 4-8). Esse fato de que placas tectônicas se afastam tiveram dois efeitos importantes sobre a evolução e a distribuição da vida na Terra. *Primeiro*, as localizações (latitudes) dos continentes e bacias oceânicas têm grande influência sobre o clima da Terra e, assim, ajudaram a determinar onde as plantas e os animais podem viver.

Segundo, o movimento dos continentes permite que as espécies se movam, se adaptem a novos ambientes e formem novas espécies por meio da seleção natural. Quando os continentes se juntam, as populações podem se dispersar para novas áreas e se adaptar às novas condições ambientais. Quando se separam e ilhas são formadas, as populações devem evoluir em condições isoladas ou se tornam extintas.

Placas tectônicas adjacentes, que estão se movendo lentamente próximas umas das outras, por vezes se movem rapidamente. Tais movimentos bruscos podem causar *terremotos* que, por sua vez, também podem afetar a evolução biológica, provocando fissuras na crosta terrestre, que eventualmente causam a separação e o isolamento de populações de espécies. Durante longos períodos de tempo, esse ciclo pode levar à formação de novas espécies à medida que cada população

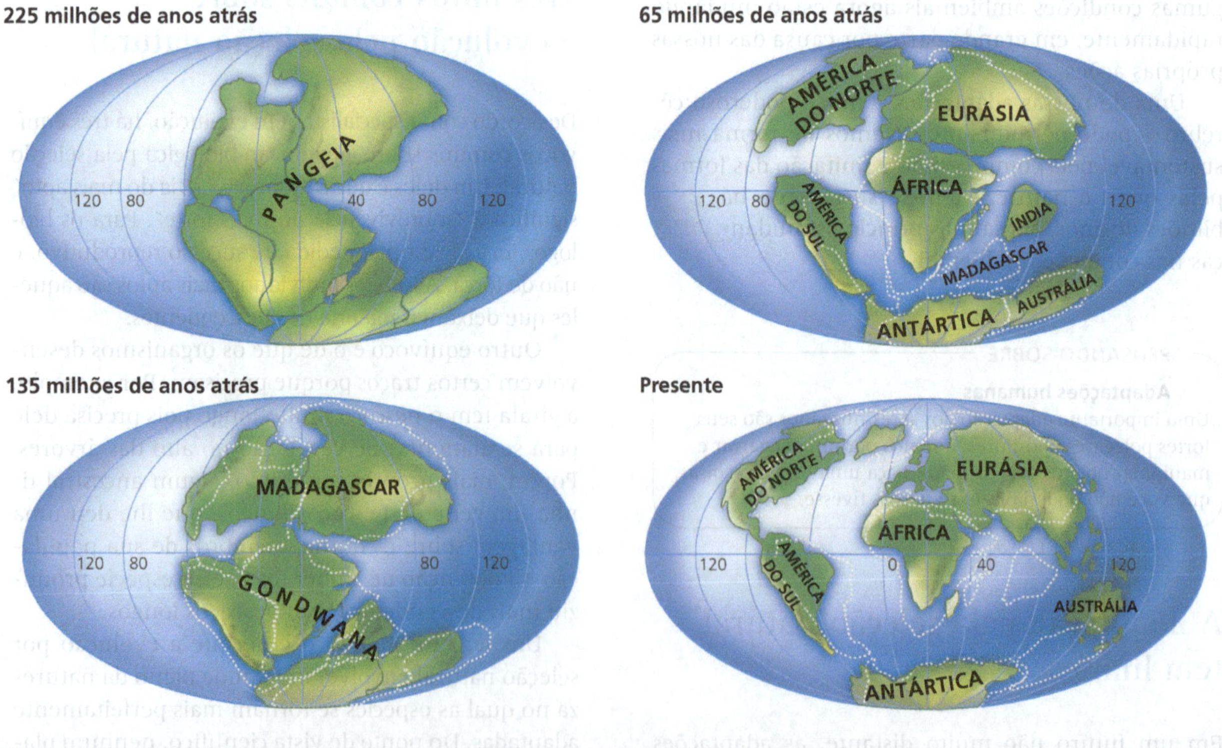

225 milhões de anos atrás

65 milhões de anos atrás

135 milhões de anos atrás

Presente

Figura 4-8 Durante milhões de anos, os continentes da Terra se moveram muito lentamente sobre várias e gigantescas placas tectônicas. Esse processo desempenha um papel importante na extinção de espécies conforme as zonas continentais se separam, e também no surgimento de novas espécies em regiões insulares isoladas, como as Ilhas do Havaí e as Galápagos. Rochas e evidências fósseis indicam que, há 200-250 milhões de anos, todos os continentes que existem atualmente na Terra estavam conectados em um supercontinente chamado Pangeia (esquerda acima). Cerca de 180 milhões de anos atrás, a Pangeia começou a se dividir conforme as placas tectônicas da Terra se moveram, o que resultou na localização atual dos continentes (canto inferior direito). **Pergunta:** Como poderia uma área de terra se separando causar a extinção de uma espécie?

CAPÍTULO 4 Biodiversidade e evolução

CIÊNCIA EM FOCO

A Terra é adequada para a vida prosperar

A vida na Terra, como a conhecemos, pode prosperar somente dentro de determinada faixa de temperatura relacionada às propriedades da água líquida que domina sua superfície. A maioria da vida na Terra requer temperaturas médias entre os pontos de congelamento e ebulição da água.

A órbita da Terra é a distância exata do Sol para fornecer essas condições. Se a Terra estivesse muito mais próxima do Sol, seria demasiado quente – como Vênus – para que vapor de água se condensasse e formasse chuva. Se estivesse muito mais distante, sua superfície seria tão fria – como Marte – que a água existente seria somente gelo. A Terra também gira rápido o suficiente para prevenir que o Sol superaqueça qualquer parte sua. Se não o fizesse, a maioria das formas de vida não poderia existir.

O tamanho da Terra também é o correto para a vida. Tem massa gravitacional suficiente para manter a atmosfera – composta de moléculas gasosas leves necessárias para a vida (tais como N_2, O_2, CO_2 e vapor de H_2O) – presa à Terra.

Embora a vida na Terra tenha sido extremamente adaptável, ela se beneficiou de um intervalo de temperatura favorável. Durante os 3,5 bilhões de anos, desde que a vida surgiu, a temperatura média da superfície terrestre tem permanecido dentro da estreita faixa de 10-20 °C, mesmo com um aumento de 30%-40% na produção de energia solar. Uma razão para isso é a evolução dos organismos que modificam os níveis atmosféricos do gás dióxido de carbono, regulador de temperatura, como parte do ciclo do carbono (veja Figura 3-19, Capítulo 3).

Por centenas de milhões de anos, o oxigênio tem sido responsável por cerca de 21% do volume da atmosfera terrestre. Se esse teor caísse para 15%, seria letal para a maioria das formas de vida. Se aumentasse para 25%, esse gás na atmosfera provavelmente se acenderia em uma bola de fogo gigante. O teor de oxigênio atual da atmosfera é, em grande parte, resultado de organismos produtores e consumidores (especialmente fitoplâncton e certos tipos de bactérias) que interagem no ciclo do carbono. Além disso, em virtude do desenvolvimento de bactérias fotossintetizantes que foram acrescentando oxigênio à atmosfera por mais de 2 bilhões de anos, um protetor solar de moléculas de ozônio (O_3) na estratosfera nos protege e a muitas outras formas de vida de uma overdose de radiação ultravioleta.

Em suma, este planeta extraordinário em que vivemos é adequado de maneira singular à vida como a conhecemos.

Pensamento crítico
Suponha que o teor de oxigênio da atmosfera caísse para 13%. Que tipos de organismos podem eventualmente surgir na Terra?

---

isolada muda geneticamente, em resposta às novas condições ambientais. As *erupções vulcânicas* também ocorrem ao longo dos limites das placas tectônicas e podem afetar a evolução biológica ao destruir hábitats e diminuir ou eliminar as populações das espécies (**Conceito 4-3**).

Alterações climáticas e catástrofes afetam a seleção natural

Durante sua longa história, o clima da Terra mudou drasticamente. Por vezes esfriou e cobriu boa parte da terra com gelo glacial. Em outras, aqueceu-se, derretendo o gelo e fazendo subir drasticamente o nível do mar, o que aumentou a área total coberta por oceanos e diminuiu a da terra. Tais períodos alternados de resfriamento e aquecimento levaram ao avanço e recuo das camadas de gelo em altas latitudes em grande parte do hemisfério norte mais recentemente, cerca de 18 mil anos atrás (Figura 4-9).

Essas mudanças climáticas de longo prazo têm um efeito importante sobre a evolução biológica pela determinação dos locais onde plantas e animais podem sobreviver e prosperar, e pela mudança da localização de diferentes tipos de ecossistemas, tais como desertos, pradarias e florestas (**Conceito 4-3**). Algumas espécies foram extintas, porque o clima mudou muito rapidamente para que se adaptassem e sobrevivessem, e novas espécies evoluíram para preencher suas funções ecológicas.

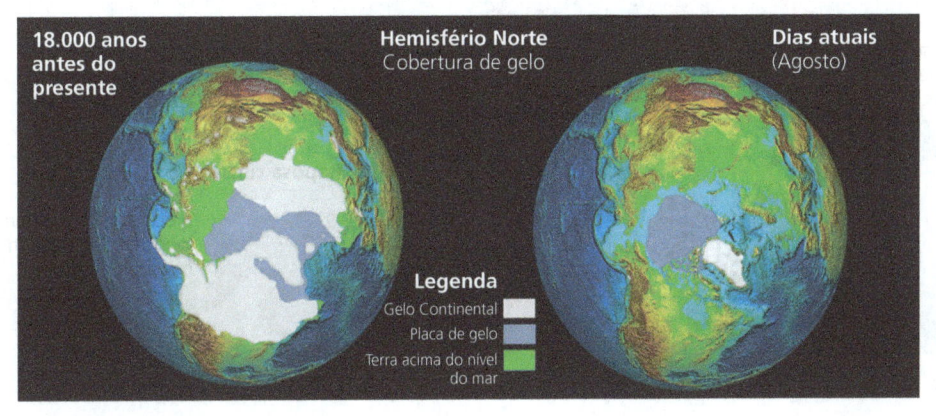

Figura 4-9 Estes mapas do hemisfério norte mostram as mudanças em grande escala na cobertura de gelo glacial durante os últimos 18 mil anos. Outras pequenas mudanças nas geleiras glaciais em cadeias de montanhas, como os Alpes europeus, não são mostradas. **Pergunta:** Quais são duas características de um animal e de uma planta que a seleção natural teria favorecido à medida que essas placas de gelo (à esquerda) avançassem? (Dados do National Oceanic and Atmospheric Administration)

Outra força que afeta a seleção natural são os eventos catastróficos, tais como colisões entre a Terra e asteroides de grandes dimensões. Provavelmente houve muitas dessas colisões durante os 3,5 bilhões de anos de vida na Terra. Tais impactos causaram grande destruição de ecossistemas e eliminaram um grande número de espécies. No entanto, também causaram mudanças nas localizações dos ecossistemas e criaram oportunidades para a evolução de novas espécies.

A longo prazo, os três **princípios da sustentabilidade**, em especial o da biodiversidade (Figura 4-2), permitiram que a vida na Terra se adaptasse às mudanças drásticas nas condições ambientais (veja Ciência em foco e *The Habitable Planet*, Vídeo 1, em www.learner.org/resources/series209.html).

4-4 Como a especiação, a extinção e as atividades humanas afetam a biodiversidade?

▶ **CONCEITO 4-4A** Conforme as condições ambientais mudam, o equilíbrio entre a formação de novas espécies e a extinção das existentes determina a biodiversidade da Terra.

▶ **CONCEITO 4-4B** Atividades humanas estão diminuindo a biodiversidade, causando a extinção de muitas espécies e destruindo ou degradando hábitats necessários para o desenvolvimento de novas espécies.

Como novas espécies evoluem?

Sob certas circunstâncias, a seleção natural pode levar a uma espécie inteiramente nova. Nesse processo, chamado **especiação**, uma espécie divide-se em duas ou mais diferentes. Para organismos de reprodução sexuada, uma nova espécie se forma quando uma população evoluiu ao ponto em que seus membros não podem mais se reproduzir e produzir descendentes férteis com membros de outra população que não se alterou ou que evoluiu de forma diferente.

A forma mais comum na qual a especiação ocorre, principalmente entre espécies de reprodução sexuada, é quando uma barreira ou a distância impedem o fluxo de genes entre duas ou mais populações de uma espécie. Isso acontece em duas fases: primeiro, o isolamento geográfico, e depois, o reprodutivo.

O **isolamento geográfico** ocorre quando diferentes grupos de uma mesma população se tornam fisicamente isolados uns dos outros por longo período de tempo. Por exemplo, uma parte da população pode migrar em busca de alimento e, em seguida, começar a viver separada em outra área com diferentes condições ambientais. As populações também podem ser separadas por uma barreira física (como uma cadeia de montanhas, rios ou rodovias), erupção vulcânica, movimentos de placas tectônicas, ventos

Raposa do ártico — Adaptada ao frio com pelagem pesada, orelhas curtas, pernas e nariz curtos. Seu pelo branco se camufla na neve.

População inicial de raposas → Distribui-se pelo norte e pelo sul e se separa → População do norte / População do sul

Diferentes condições ambientais levam a diferentes pressões seletivas e evolução em duas espécies diferentes.

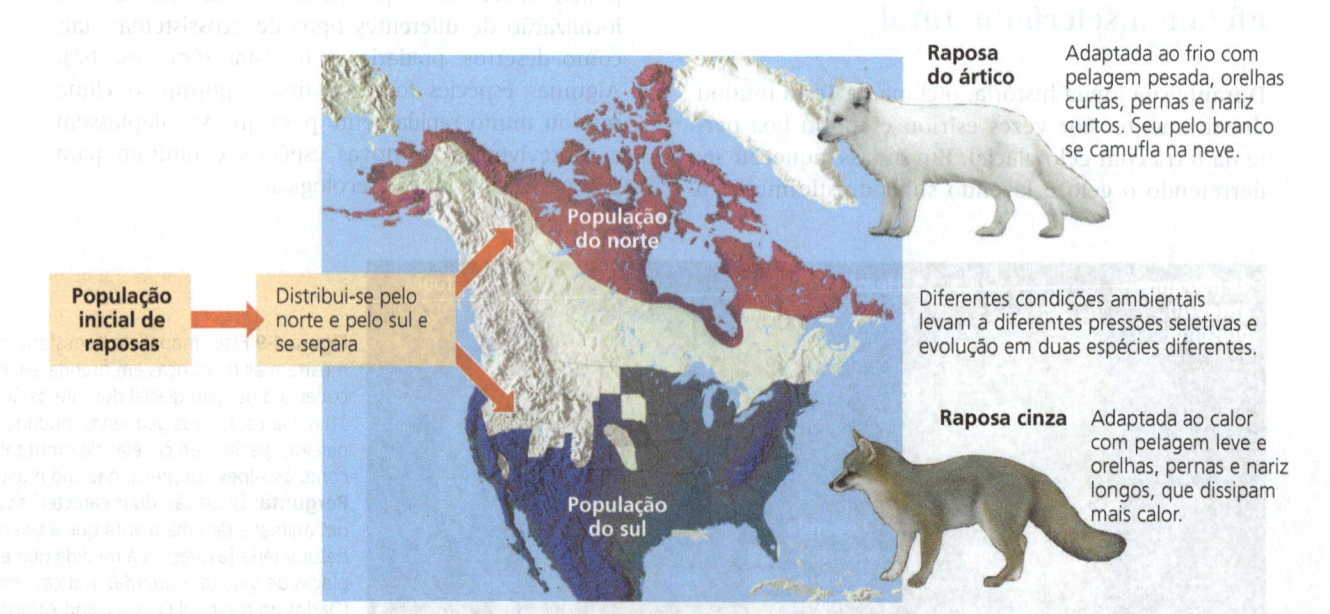

Raposa cinza — Adaptada ao calor com pelagem leve e orelhas, pernas e nariz longos, que dissipam mais calor.

Figura 4-10 O *isolamento geográfico* pode levar ao isolamento reprodutivo, divergência de conjuntos de genes e posterior especiação.

ou correntes de água que carregam alguns indivíduos para uma área distante.

No **isolamento reprodutivo**, a mutação e as mudanças por seleção natural operam de maneira independente nos conjuntos genéticos de populações isoladas geograficamente. Se esse processo continuar por tempo suficiente, os membros das populações geográfica e reprodutivamente isoladas de espécies de reprodução sexuada podem se tornar tão diferentes nas características genéticas que terminam por não poder produzir descendentes vivos e férteis caso voltem a entrar em contato e tentem procriar. Então, uma espécie transformou-se em duas, e a especiação ocorreu (Figura 4-10).

Para alguns organismos que se reproduzem rapidamente, esse tipo de especiação pode ocorrer dentro de centenas de anos. Para a maioria das espécies, leva de dezenas de milhares a milhões de anos – por isso é difícil a observação e documentação do aparecimento de uma nova espécie.

Os seres humanos têm um papel cada vez mais importante no processo de especiação. Aprendemos a misturar genes de uma espécie em outra por meio da seleção artificial e, mais recentemente, da engenharia genética (veja Ciência em foco).

Extinção é para sempre

Outro processo que afeta o número e os tipos de espécies na Terra é a **extinção**, processo no qual uma espécie inteira deixa de existir *(extinção biológica)*, ou a população de uma espécie extingue-se em uma grande região, mas não globalmente *(extinção local)*. Quando as condições ambientais mudam, a população de uma espécie enfrenta três futuros possíveis: *adaptar-se* às novas condições pela seleção natural, *mudar* (se possível) para uma área com condições mais favoráveis, ou *tornar-se extinta*.

Espécies encontradas em apenas uma área são chamadas **espécies endêmicas**, e são especialmente vulneráveis à extinção. Encontram-se em ilhas e em outras áreas exclusivas, especialmente em florestas tropicais, onde a maioria das espécies tem um papel altamente especializado. Por essas razões, é improvável que sejam capazes de migrar ou se adaptar diante das rápidas mudanças nas condições ambientais. Exemplo é o sapo-dourado (Figura 4-11), que aparentemente foi extinto em 1989, mesmo tendo vivido na bem protegida Reserva de Floresta Nublada Monteverde, nas montanhas da Costa Rica.

Todas as espécies eventualmente são extintas, mas mudanças drásticas nas condições ambientais podem eliminar grandes grupos de espécies em um período relativamente curto de tempo. Durante a maior parte da longa história da Terra, as espécies têm desaparecido a uma taxa baixa, chamada **extinção de fundo**.

Com base nos registros fósseis e análises de amostras de gelo, os biólogos estimam que a taxa de extinção de fundo média anual tem sido entre 1 e 5 espécies para cada milhão de espécies na Terra.

Em contraste, **extinção em massa** é um aumento significativo nas taxas de extinção acima do nível da de fundo. Em um evento catastrófico, generalizado e, muitas vezes, global, grandes grupos de espécies (25%-95% de todas as espécies) são eliminados em todo o mundo em alguns milhões de anos ou menos. Evidências fósseis e geológicas indicam que as espécies da Terra passaram por pelo menos três, e provavelmente cinco, extinções em massa (20-60 milhões de anos entre uma e outra), durante os últimos 500 milhões de anos.

Alguns biólogos sustentam que a extinção em massa deve ser distinguida por uma baixa taxa de especiação, assim como pela alta taxa de extinção. Sob essa definição mais restrita tivemos apenas três extinções em massa. De qualquer maneira, há um conjunto expressivo de evidências de que grandes números de espécies foram extintas pelo menos três vezes no passado.

A extinção em massa fornece uma oportunidade para a evolução de novas espécies, que podem ocupar os papéis ecológicos desocupados ou recentemente criados. Como resultado, evidências indicam que cada evento de extinção em massa foi seguido por um aumento na diversidade de espécies. Ao longo de vários milhões de anos, novas espécies têm surgido para ocupar novos hábitats ou explorar novos recursos disponíveis. Conforme as condições ambientais mudam, o equilíbrio entre a formação de novas espécies e a extinção de espécies existentes determina a biodiversidade da Terra (**Conceito 4-4A**).

Figura 4-11 Este sapo-dourado macho viveu nas grandes altitudes da Reserva de Floresta Nublada Monteverde na Costa Rica. A espécie foi extinta em 1989, aparentemente porque seu hábitat secou.

CIÊNCIA EM FOCO

Mudando as características genéticas das populações

Temos utilizado a seleção artificial para mudar as características genéticas de populações geneticamente semelhantes. Nesse processo, selecionamos um ou mais traços genéticos desejáveis na população de uma planta ou animal, como em um tipo de trigo, fruta (Figura 4-C) ou em um cão. Então, usamos a reprodução seletiva, ou cruzamentos, para gerar populações de espécies que contêm um grande número de indivíduos com as características desejadas.

Perceba que a seleção artificial envolve o cruzamento entre variedades genéticas da mesma espécie ou entre espécies que são geneticamente próximas umas das outras e, portanto, não é uma forma de especiação. A maioria dos grãos, das frutas e dos vegetais que comemos é produzida pela seleção artificial.

Esse tipo de seleção nos deu cultivares alimentares com rendimentos mais elevados, vacas que produzem mais leite, árvores que crescem mais rápido e muitos tipos diferentes de cães e gatos. No entanto, o cruzamento tradicional é um processo lento. Além disso, pode ser usado somente em espécies que estão geneticamente próximas umas das outras.

Agora, os cientistas estão utilizando técnicas de engenharia genética para acelerar nossa capacidade de manipular genes. A engenharia genética é a alteração do material genético de um organismo por meio da adição, exclusão ou alteração de segmentos de seu DNA para produzir características desejáveis ou eliminar as que são tidas como indesejáveis. Ela permite que os cientistas transfiram genes entre espécies diferentes que não se cruzam na natureza. Assim, a engenharia genética, ao contrário da seleção artificial, pode combinar o material genético de espécies muito diferentes. Por exemplo, podemos colocar os genes de uma espécie de peixe em uma planta de tomate para fornecer determinadas propriedades.

Os cientistas têm utilizado a engenharia genética para desenvolver novas espécies agrícolas, novos medicamentos, plantas resistentes a pragas e animais que crescem mais rápido (Figura 4-D), e também criaram bactérias geneticamente modificadas para extrair minerais, como cobre, de suas jazidas subterrâneas e para limpar vazamentos de petróleo e outros poluentes tóxicos.

Figura 4-C Seleção artificial envolve o cruzamento de espécies que estão geneticamente próximas umas das outras. Neste exemplo, frutas semelhantes estão sendo cruzadas.

Figura 4-D Estes ratos são um exemplo de engenharia genética. O rato de 6 meses de idade, à esquerda, é normal, o da mesma idade, à direita, teve um gene do hormônio de crescimento humano inserido em suas células. Os ratos com este gene crescem duas a três vezes mais rápido e são duas vezes maiores que os ratos sem ele. **Pergunta:** Como você acha que a criação dessas espécies pode alterar o processo de evolução por seleção natural?

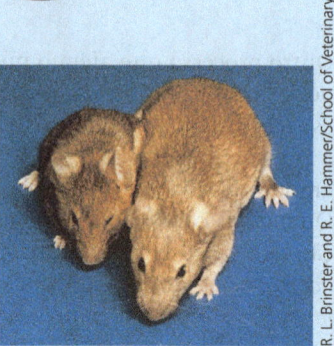

Pensamento crítico
Quais serão alguns efeitos benéficos e prejudiciais para o processo evolutivo se a engenharia genética for amplamente aplicada em plantas e animais?

A existência hoje de milhões de espécies significa que a especiação, em média, se manteve à frente da extinção e, portanto, a diversidade de espécies tem aumentado ao longo do tempo. No entanto, há evidências de que a taxa de extinção é agora maior do que já foi em qualquer momento durante os últimos 65 milhões de anos, e muito dessa perda de biodiversidade está relacionada às atividades humanas (**Conceito 4-4B**). Vamos examinar isso com mais profundidade no Capítulo 9.

> **COMO VOCÊ VOTARIA?**
>
> Será que temos a obrigação ética de proteger as espécies de tubarões da extinção provocada principalmente pelo nosso impacto ambiental (**Estudo de caso principal**)?

4-5 O que é a diversidade de espécies e por que é importante?

▶ **CONCEITO 4-5** A diversidade de espécies é um componente importante da biodiversidade, que tende a aumentar a sustentabilidade de alguns ecossistemas.

A diversidade de espécies inclui sua variedade e sua abundância em determinado lugar

Uma característica importante de uma comunidade e do ecossistema a que pertence é sua **diversidade de espécies**, ou o número e a variedade de espécies que ela contém. Um componente importante da diversidade é a *riqueza de espécies*, o número de espécies diferentes presentes. Por exemplo, uma comunidade biológica diversificada, tal como um recife de coral (Figura 4-12, à esquerda), com um grande número de espécies, tem grande riqueza, enquanto uma comunidade da floresta de álamos (Figura 4-12, à direita) pode ter apenas dez tipos de plantas, ou uma baixa diversidade de espécies.

Para qualquer comunidade, outro componente da diversidade é a *equidade de espécies*, os números comparativos de indivíduos de cada espécie presente. Quanto mais uniforme for o número de indivíduos em cada uma, maior é a uniformidade de espécies naquela comunidade. Por exemplo, a floresta de álamos na Figura 4-12 (direita), que possui um grande número de álamos e outro relativamente baixo de indivíduos de outras espécies, tem baixa equidade de espécies. No entanto, a maioria das florestas tropicais tem alta equidade de espécies, porque possui um número semelhante de indivíduos de cada uma das muitas espécies diferentes.

A diversidade de espécies das comunidades varia de acordo com sua *localização geográfica*. Para a maioria das plantas e animais terrestres, a diversidade de espécies (principalmente a riqueza delas) é maior nos trópicos, e vai diminuindo à medida que nos afastamos do equador em direção aos polos (veja a Figura 5, no Suplemento 8). Os ambientes mais ricos em espécies são florestas e grandes lagos tropicais, recifes de coral e a zona do fundo do oceano.

Edward O. Wilson (Pessoas fazem a diferença) e outros cientistas têm procurado saber mais sobre a riqueza de espécies, estudando-as em ilhas (veja Ciência em foco, a seguir), porque são boas áreas de estudo por estarem relativamente isoladas e é mais fácil nelas observar espécies chegando e desaparecendo do que seria em um estudo desse tipo em outros ecossistemas menos isolados.

Figura 4-12 Estes dois tipos de ecossistemas variam muito em riqueza de espécies. Um exemplo de alta riqueza é um recife de coral (à esquerda), com um grande número de espécies diferentes. No entanto, este bosque de árvores de álamo, em Alberta, Canadá (à direita), tem um pequeno número de espécies diferentes, ou uma baixa diversidade.

CIÊNCIA EM FOCO

A riqueza de espécies em ilhas

Na década de 1960, Robert MacArthur e Edward O. Wilson começaram a estudar as comunidades em ilhas para descobrir por que as ilhas grandes tendem a ter mais espécies de determinada categoria, tais como insetos, aves ou samambaias, do que as pequenas.

Para explicar essas diferenças na riqueza de espécies em ilhas de diferentes tamanhos, MacArthur e Wilson realizaram pesquisas e utilizaram esses resultados para propor o que é chamado **modelo de equilíbrio de espécies**, ou **teoria da biogeografia de ilhas**. Segundo essa teoria científica amplamente aceita, o número de diferentes espécies (riqueza de espécies) encontrado em uma ilha é determinado pela interação de dois fatores: a velocidade com que novas espécies imigram para a ilha e a taxa em que se tornam extintas localmente, ou deixam de existir, na ilha.

O modelo prevê que, em algum ponto, as taxas de imigração e extinção de espécies devem se equilibrar para que a taxa nem aumente nem diminua drasticamente. Esse ponto de equilíbrio é o que determina o número médio de diferentes espécies (riqueza de espécies) da ilha ao longo do tempo.

De acordo com o modelo, duas características de uma ilha afetam as taxas de imigração e de extinção, e, portanto, sua diversidade de espécies. Uma delas é o tamanho da ilha. Ilhas pequenas tendem a ter menos espécies do que as grandes, porque, por um lado, são alvos menores para colonizadores potenciais que voam ou flutuam em sua direção. Assim, têm menores taxas de imigração do que as ilhas maiores. Além disso, uma ilha pequena deve ter uma taxa maior de extinção, pois geralmente tem menos recursos e menos diversidade de hábitats para sua espécie.

Um segundo fator é a distância da ilha em relação ao continente mais próximo. Suponha que temos duas ilhas mais ou menos iguais em tamanho, taxas de extinção e outros fatores. De acordo com o modelo, a mais próxima a uma fonte continental de espécies imigrantes deve ter a maior taxa de imigração e, portanto, maior riqueza de espécies. Quanto mais longe uma espécie colonizadora em potencial tem de viajar, menor é a probabilidade de que chegue à ilha.

Esses fatores interagem para influenciar a riqueza relativa das diferentes ilhas. Assim, ilhas maiores e mais próximas de um continente tendem a ter maior número de espécies, ao passo que ilhas menores e mais distantes da terra firme tendem a ter menos espécies. Desde que MacArthur e Wilson apresentaram sua hipótese e fizeram seus experimentos, outros cientistas têm conduzido mais estudos científicos que dela surgiram, tornando-a uma teoria científica amplamente aceita.

Os cientistas a têm usado para estudar e fazer previsões sobre a vida silvestre em ilhas de hábitat – áreas de hábitat natural, tais como parques nacionais e ecossistemas de montanha, cercados por terrenos urbanizados e fragmentados. Esses estudos e essas previsões têm ajudado cientistas na preservação desses ecossistemas e a proteger a vida selvagem residente.

Pensamento crítico
Suponha que temos dois parques nacionais, cercados por áreas de desenvolvimento, sendo um grande e outro muito menor. Qual deles provavelmente terá a maior riqueza de espécies? Por quê?

Ecossistemas ricos em espécies tendem a ser produtivos e sustentáveis

Que efeitos a riqueza de espécies tem em um ecossistema? Ao tentar responder a essa questão, ecólogos têm realizado pesquisas para responder duas questões relacionadas: *Primeiro*, a produtividade das plantas em ecossistemas ricos em espécies é maior? *Segundo*, a riqueza de espécies melhora a *estabilidade* ou a *sustentabilidade* de um ecossistema? Pesquisas sugerem que a resposta às duas perguntas pode ser *positiva*, mas mais pesquisas são necessárias antes que essas hipóteses científicas possam ser aceitas como teorias científicas.

De acordo com a primeira hipótese, quanto mais diversificado o ecossistema, mais produtivo ele será. Ou seja, com maior variedade de espécies de produtores, um ecossistema produz mais biomassa de plantas, que, por sua vez, sustentarão uma maior variedade de espécies de consumidores.

Uma hipótese relacionada a isso é que a maior riqueza de espécies e produtividade fará que um ecossistema seja mais estável e sustentável. Em outras palavras, quanto maior a riqueza de espécies e sua correspondente teia alimentar e de interações bióticas em um ecossistema, maior sua sustentabilidade, ou sua capacidade de resistir às perturbações ambientais, tais como seca ou infestações de insetos. De acordo com essa hipótese, um ecossistema complexo, com muitas espécies diferentes (alta riqueza de espécies) e a variedade resultante de cadeias alimentares, tem vários meios para responder à maioria dos estresses ambientais, porque não "coloca todos seus ovos na mesma cesta". Segundo o biólogo Edward O. Wilson, "Há um componente de bom-senso nisso: quanto mais espécies você tiver, mais provável será ter uma apólice de seguro para todo o ecossistema".

Há exceções, mas muitos estudos apoiam a ideia de que algum nível de riqueza de espécies e produtividade pode fornecer um seguro contra catástrofes. O ecólogo David Tilman e seus colegas da Universidade de Minnesota descobriram que as comunidades com alta riqueza de espécies de plantas produziram certa quantidade de biomassa de forma mais consistente do que comunidades com menos espécies, e foram menos afetadas pela seca e mais resistentes a invasões por espécies de insetos. Em razão do seu alto nível de biomassa, essas comunidades também consomem mais dióxido de carbono e usam mais nitrogênio, e, assim, desempenham papéis mais importantes nos ciclos de carbono e nitrogênio.

Estudos de laboratório posteriores envolveram a criação de ecossistemas artificiais em câmaras de crescimento, nos quais os pesquisadores podem controlar e manipular as variáveis-chave, como temperatura, luz e concentrações de gás atmosféricas. Esses estudos têm apoiado os resultados de Tilman.

Ecólogos supuseram que em um ecossistema rico em espécies, cada uma delas pode explorar uma parte diferente dos recursos disponíveis. Por exemplo, algumas plantas florescerão precocemente e outras, mais tarde. Algumas têm raízes superficiais para absorver água e nutrientes no solo e outras, mais longas, para atingir solos mais profundos. Uma série de estudos sustenta essa hipótese, embora haja alguns que não a corroboram.

Há um debate entre cientistas sobre quanta riqueza de espécies é preciso para ajudar a sustentar diferentes ecossistemas. Alguns estudos sugerem que a média da produtividade primária líquida anual de um ecossistema atinge seu pico com 10-40 espécies produtoras. Muitos ecossistemas contêm mais de 40 espécies produtoras, mas não necessariamente produzem mais biomassa ou alcançam um nível maior de estabilidade. Os cientistas continuarão tentando determinar quantas espécies de produtores são necessárias para aumentar a sustentabilidade dos ecossistemas e quais são as mais importantes para proporcionar essa estabilidade.

Conclusão: a riqueza de espécies parece aumentar a produtividade e estabilidade, ou a sustentabilidade, de um ecossistema (Conceito 4-5). Embora possa haver algumas exceções, a maioria dos ecólogos agora a aceita como uma hipótese válida.

4-6 Que papel desempenham as espécies em um ecossistema?

▶ **CONCEITO 4-6A** Cada espécie desempenha um papel ecológico específico, chamado nicho.

▶ **CONCEITO 4-6B** Qualquer espécie pode desempenhar uma ou mais das cinco funções importantes – nativa, introduzida, indicadora, chave ou engenheira – em um ecossistema específico.

Cada espécie tem seu papel em um ecossistema

Um princípio importante da ecologia é que *cada espécie tem um papel específico a desempenhar no ecossistema em que é encontrada* (Conceito 4-6A). Os cientistas descrevem o papel que uma espécie desempenha em seu ecossistema como **nicho ecológico**, ou simplesmente **nicho**, a forma de vida em comunidade de uma espécie, que inclui tudo o que afeta sua sobrevivência e reprodução, como a quantidade de água e luz solar de que necessita, o espaço que ela exige, o que a alimenta, o que se alimenta dela e as temperaturas que pode tolerar. O nicho de uma espécie não deve ser confundido com seu hábitat, que é o lugar onde vive. Seu nicho é seu padrão de vida.

Os cientistas usam os nichos das espécies para classificá-las como *generalistas* ou *especialistas*. **Espécies generalistas** têm nichos amplos (Figura 4-13, curva à direita). Podem viver em muitos lugares diferentes, comer uma variedade de alimentos e muitas vezes tolerar uma ampla gama de condições ambientais. Moscas, baratas (veja Estudo de caso),

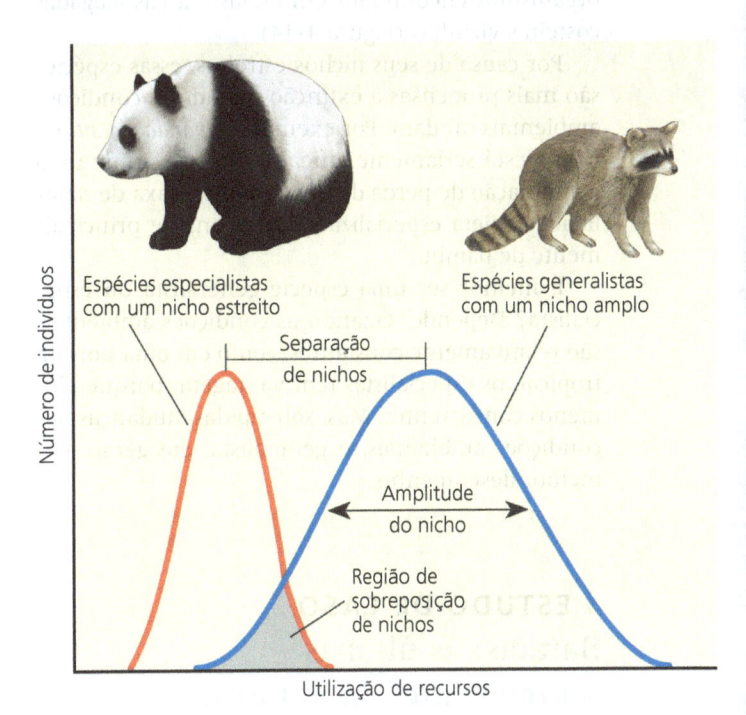

Figura 4-13 Espécies especialistas, tais como o panda gigante, têm um nicho estreito (esquerda), ao passo que as generalistas, como o guaxinim, têm nicho amplo (à direita).

Figura 4-14 Este diagrama ilustra os nichos alimentares especializados de diversas espécies de aves em zonas úmidas costeiras. Essa especialização reduz a concorrência e permite o compartilhamento de recursos limitados.

camundongos, ratos, veados-de-cauda-branca, guaxinins e seres humanos são espécies generalistas.

No entanto, **espécies especialistas** ocupam nichos estreitos (Figura 4-13, a curva à esquerda). Podem ser capazes de viver em apenas um tipo de hábitat, utilizar apenas um tipo ou alguns poucos tipos de alimentos ou tolerar uma faixa estreita de clima e outras condições ambientais. Por exemplo, algumas aves marinhas ocupam nichos especializados, alimentando-se de crustáceos, insetos e outros organismos encontrados em praias e áreas alagadas costeiras vizinhas (Figura 4-14).

Por causa de seus nichos estreitos, essas espécies são mais propensas à extinção quando as condições ambientais mudam. Por exemplo, o *panda gigante* da China está seriamente ameaçado em razão de uma combinação de perda de hábitat, baixa taxa de natalidade e dieta especializada, que consiste principalmente de bambu.

É melhor ser uma espécie generalista ou especialista? Depende. Quando as condições ambientais são relativamente constantes, como em uma floresta tropical, os especialistas têm vantagem, porque têm menos concorrentes. Mas, sob rápidas mudanças nas condições ambientais, o generalista, em geral, tem melhor desempenho.

ESTUDO DE CASO
Baratas: as últimas sobreviventes da natureza

As baratas (Figura 4-15), insetos que muitas pessoas amam odiar, têm existido por cerca de 350 milhões de anos, sobrevivendo até mesmo aos dinossauros. Uma das mais bem-sucedidas histórias da evolução, elas prosperaram porque são *generalistas*.

As 3.500 espécies de baratas da Terra podem comer quase tudo, incluindo algas, insetos mortos, restos de unha, sais depositados pelo suor no tênis, cabos elétricos, papel, cola e sabão. Também podem viver e se reproduzir em quase todos os lugares, exceto nas regiões polares.

Algumas espécies podem passar um mês sem comer, sobreviver por semanas com apenas uma gota de água e resistir a doses maciças de radiação. Uma espécie pode sobreviver congelada por 48 horas.

As baratas geralmente conseguem escapar de seus predadores – e de um pé humano em sua perseguição – porque a maioria das espécies tem antenas que podem detectar pequenos movimentos de ar. Também têm

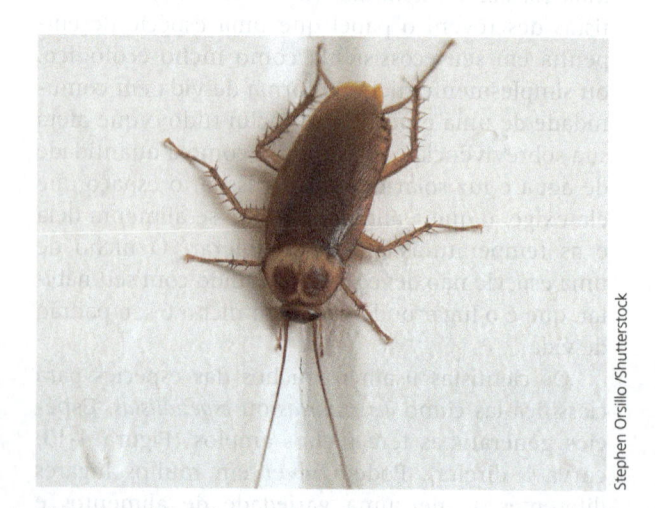

Figura 4-15 Generalistas, as baratas estão entre as espécies mais adaptáveis e prolíficas do planeta. Esta foto é de uma barata americana.

sensores de vibração em suas articulações no joelho, e podem responder mais rápido do que você consegue piscar o olho. Algumas têm até asas. Elas têm olhos compostos que lhes permitem ver em quase todas as direções ao mesmo tempo. Cada olho tem cerca de 2 mil lentes, contra apenas uma em cada um dos seus olhos.

E, talvez o mais significativo, elas têm altas taxas de reprodução. Em apenas um ano, uma única barata asiática e seus descendentes podem adicionar cerca de 10 milhões de novas baratas no mundo. Sua alta taxa reprodutiva também ajuda a desenvolver rapidamente a resistência genética a quase qualquer tipo de veneno que jogamos contra elas.

A maioria das baratas experimenta os alimentos antes que entrem em suas bocas e aprendem a evitar os venenos de gosto ruim. Limpam-se comendo seus próprios mortos e, se o alimento for escasso o suficiente, comem também os vivos.

Cerca de 25 espécies de baratas vivem em casas e podem conter vírus e bactérias que causam doenças. Por outro lado, elas desempenham um papel importante nas teias alimentares da natureza, porque são uma saborosa refeição para aves e lagartos.

> **PENSANDO SOBRE**
> **O nicho de um tubarão**   ESTUDO DE CASO PRINCIPAL
> Você acha que a maioria dos tubarões (**Estudo de caso principal**) ocupa nichos especializados ou generalistas? Explique.

As espécies podem desempenhar cinco papéis principais dentro dos ecossistemas

Nichos podem, ainda, ser classificados em termos dos papéis específicos que determinadas espécies desempenham nos ecossistemas. Os ecólogos descrevem espécies *nativas, introduzidas, indicadoras, chave* e *engenheiras*. Qualquer espécie pode desempenhar uma ou mais dessas cinco funções em determinado ecossistema (**Conceito 4-6B**).

Espécies nativas são aquelas que normalmente vivem e prosperam em um ecossistema específico. Espécies imigrantes, deliberada ou acidentalmente introduzidas em um ecossistema, são chamadas de **espécies introduzidas**, também conhecidas como espécies *invasoras* ou *exóticas*.

Algumas pessoas tendem a pensar que espécies introduzidas são uma ameaça. Na verdade, a maioria das espécies vegetais introduzidas e domesticadas, tais como alimentos e flores, e animais, como galinhas, gado e peixes de todo o mundo, é benéfica para nós. No entanto, algumas introduzidas podem competir e reduzir a abundância de espécies nativas, provocando consequências não planejadas e inesperadas. Em 1957, por exemplo, o Brasil importou abelhas selvagens africanas (Figura 4-16) para ajudar a aumentar a produção de mel. Em vez disso, as africanas deslocaram as abelhas domésticas e reduziram a oferta de mel.

Figura 4-16 Abelhas selvagens africanas, conhecidas popularmente como "abelhas assassinas", foram importadas para o Brasil. Essa espécie introduzida causou problemas, como o deslocamento das abelhas nativas e a morte de pessoas e animais domésticos.

Desde então, essa espécie de abelhas introduzida – popularmente conhecida como "abelha assassina" – expandiu-se para o norte, até a América Central e parte do sudoeste e sudeste dos Estados Unidos. Abelhas silvestres africanas não são os assassinos terríveis retratados em alguns filmes de terror, mas são agressivas e imprevisíveis. Já mataram milhares de animais domésticos e um número estimado em mil pessoas no hemisfério ocidental, muitas das quais eram alérgicas a picadas de abelha.

As espécies introduzidas podem se espalhar rapidamente se encontrarem um novo local que seja favorável. Em seus novos nichos, muitas vezes não enfrentam os predadores nem as doenças presentes em seus nichos nativos, ou podem excluir algumas espécies nativas em suas novas localidades. Examinaremos essa ameaça ambiental mais detalhadamente no Capítulo 8.

Espécies indicadoras servem de alarmes biológicos

Espécies que fornecem avisos precoces de danos a uma comunidade ou um ecossistema são chamadas **espécies indicadoras**. Os pássaros são excelentes indicadores biológicos, porque encontrados em quase toda parte e afetados rapidamente por mudanças ambientais, tais como a perda ou a fragmentação de seus habitats e a introdução de pesticidas químicos. As populações de muitas espécies de aves estão em declínio.

As borboletas também são bons indicadores, porque sua associação com diversas espécies de plantas as torna vulneráveis à perda de hábitat e fragmentação. Alguns anfíbios também são classificados como espécies indicadoras (veja o seguinte Estudo de Caso).

■ ESTUDO DE CASO
Por que os anfíbios estão desaparecendo?

Anfíbios (sapos, rãs e salamandras) vivem parte de sua vida na água e parte em terra. As populações de alguns anfíbios, também consideradas espécies indicadoras, estão em declínio em todo o mundo.

Eles foram os primeiros vertebrados (animais com coluna vertebral) a pôr os pés na terra. Historicamente, têm sido melhores na adaptação às mudanças ambientais por meio da evolução do que muitas outras espécies. Algumas espécies de anfíbios não estão em perigo (Figura 4-17, à esquerda), mas muitas outras (Figura 4-17, à direita) enfrentam dificuldades para se adaptar a algumas das rápidas mudanças ambientais que ocorreram no ar, na água e na terra durante as últimas décadas, mudanças estas resultantes, na maior parte das vezes, de atividades humanas.

Desde 1980, as populações de centenas das quase 6 mil espécies de anfíbios do mundo foram desaparecendo ou diminuindo em quase todo o planeta, mesmo em reservas naturais protegidas e parques (Figura 4-11). De acordo com uma avaliação de 2008 conduzida pela União Internacional para Conservação da Natureza e dos Recursos Naturais (International Union for Conservation of Nature – IUCN), cerca de 32% das espécies conhecidas de anfíbios (e mais de 80% daquelas no Caribe) estão ameaçadas de extinção, e as populações de outras 43% das espécies, em declínio.

As rãs são especialmente sensíveis e vulneráveis a perturbações ambientais em vários pontos do seu ciclo de vida. Enquanto girinos, vivem na água e comem plantas; já adultas, vivem principalmente na terra e se alimentam de insetos que podem expô-las a pesticidas. Os ovos das rãs não têm carapaças protetoras para bloquear a radiação UV ou a poluição. Como adultas, elas absorvem água e ar por meio de suas finas e permeáveis peles, podendo facilmente absorver poluentes da água, do ar ou do solo. E não têm pelos, penas ou escamas para protegê-las.

Nenhuma causa foi identificada para explicar esses declínios nas espécies dos anfíbios. No entanto, os cientistas identificaram uma série de fatores que podem afetar as rãs e outros anfíbios em vários pontos do seu ciclo de vida:

Figura 4-17 A conhecida rã-de-olhos-vermelhos (esquerda), encontrada nas florestas tropicais do México e América Central, não está ameaçada de extinção. No entanto, algumas espécies de dendrobatídeos (à direita), encontradas nas florestas tropicais do Brasil e sul do Suriname, estão, principalmente por causa de um fungo infeccioso e da perda de hábitat para a exploração madeireira e agricultura. Essa cor azul brilhante do sapo adverte os predadores que ele é venenoso. As secreções tóxicas de pelo menos três dessas espécies são usadas para envenenar as pontas de dardos que povos nativos, compartilhando o hábitat tropical das rãs, utilizam para a caça.

- *Perda de hábitat e fragmentação*, especialmente pela drenagem e ocupação de áreas alagadas, agricultura, desmatamento e urbanização.
- *Seca prolongada*, que pode secar os corpos d'água, de forma que poucos girinos sobrevivem.
- *Aumentos na radiação UV* resultantes da redução do ozônio estratosférico durante as últimas décadas, causada por produtos químicos que colocamos no ar e se acumulam na estratosfera. Maiores doses de radiação UV podem danificar embriões de anfíbios em lagoas rasas e adultos que se expõem ao sol para se aquecer.
- *Parasitas*, tais como vermes, que se alimentam de ovos de anfíbios depositados na água, parecem ter causado um aumento na proporção de nascimentos de anfíbios com membros amputados ou adicionais.
- *Doenças virais e fúngicas*, especialmente o fungo quitrídeo, que ataca a pele dos sapos, aparentemente reduzindo sua capacidade de absorver água, levando à morte por desidratação. Essas doenças podem se espalhar porque os adultos de muitas espécies de anfíbios se reúnem em grandes grupos para se reproduzir.
- *Poluição*, em especial a exposição a pesticidas em lagoas e nos corpos dos insetos consumidos pelos sapos, o que pode torná-los mais vulneráveis a doenças bacterianas, virais, fúngicas e a alguns parasitas.
- *Mudanças climáticas*. Um estudo de 2005 revelou uma aparente correlação entre as mudanças climáticas causadas pelo aquecimento atmosférico e a extinção de cerca de dois terços das 110 espécies conhecidas do sapo-arlequim em florestas tropicais nas Américas Central e do Sul. Alterações climáticas, ou pelo menos padrões climáticos de curto prazo como o El Niño (Suplemento 7), desempenharam um papel importante na extinção do sapo-dourado da Costa Rica (Figura 4-11).
- *Caça excessiva*, especialmente na Ásia e na França, onde as pernas de rã são uma iguaria.
- *Imigração natural, ou a introdução deliberada de predadores e competidores exóticos* (como algumas espécies de peixes).

A combinação de tais fatores, que variam de um lugar para outro, é provavelmente responsável pela maior parte do declínio e desaparecimento dos anfíbios.

Por que deveríamos nos importar que algumas espécies de anfíbios estejam sendo extintas? Os cientistas nos oferecem três razões. *Primeiro*, os anfíbios são indicadores biológicos sensíveis a mudanças nas condições ambientais, tais como perda e degradação de hábitats, poluição do ar e da água, radiação UV e mudanças climáticas. As ameaças mais intensas para sua sobrevivência sugerem que a saúde ambiental está se deteriorando em muitas partes do mundo.

Segundo, anfíbios adultos desempenham papéis ecológicos importantes nas comunidades biológicas. Por exemplo, eles comem mais insetos (incluindo mosquitos) do que os pássaros. Em alguns hábitats, a extinção de determinadas espécies de anfíbios pode levar à extinção de outras espécies, como répteis, aves, insetos aquáticos, peixes, mamíferos, anfíbios e outros que se alimentam deles ou de suas larvas.

Terceiro, os anfíbios são um armazém genético de produtos farmacêuticos esperando ser descobertos. Por exemplo, compostos de secreções da pele de anfíbios têm sido isolados e utilizados como analgésicos e antibióticos e em tratamentos para queimaduras e doenças cardíacas.

Muitos cientistas acreditam que as chances cada vez maiores da extinção global de uma variedade de espécies de anfíbios são um alerta sobre os efeitos nocivos de uma série de ameaças ambientais para a biodiversidade, principalmente resultantes da atividade humana.

Espécies-chave desempenham papéis críticos em seus ecossistemas

Chave é como se chama a pedra em forma de cunha colocada no topo de um arco de pedra. Remova essa pedra e o arco cai. Em algumas comunidades e ecossistemas, os ecólogos partem da hipótese de que certas espécies desempenham um papel semelhante. **Espécies-chave** são aquelas cujos papéis têm grande efeito sobre os tipos e abundância de outras espécies em um ecossistema.

As espécies-chave muitas vezes existem em números relativamente limitados em seus ecossistemas, mas os efeitos que exercem são muitas vezes bem maiores do que sugerem esses números. E por causa de suas populações muitas vezes menores, algumas são mais vulneráveis à extinção do que outras espécies.

Espécies-chave podem desempenhar várias funções essenciais para ajudar a preservar os ecossistemas. Uma delas é a *polinização* de espécies de plantas florescentes pelas borboletas (Figura 4-A), abelhas

CONEXÕES
O declínio dos tubarões e de outras espécies
Várias espécies de tubarões (**Estudo de caso principal**) ajudam a manter as populações de algumas espécies controladas, dando suporte às de outras espécies. Em 2007, os cientistas relataram que o declínio de determinadas populações de tubarões ao longo da costa atlântica dos Estados Unidos levou a uma explosão na de raias, espécies que normalmente servem de alimento aos tubarões. Agora, as raias estão se alimentando de vieiras, o que resulta em um declínio acentuado dessa população e também afetando os negócios da área da baía que sobrevive da sua pesca.

(Figura 4-16), beija-flores, morcegos e outras espécies. Além disso, espécies-chave *predadoras-de-topo* ajudam a regular as populações de outras espécies ao se alimentarem delas. Exemplos são lobo, leopardo, leão, algumas espécies de tubarão e o jacaré americano (veja o seguinte Estudo de caso).

A perda de uma espécie-chave pode levar ao colapso de populações e a extinções de outras espécies em uma comunidade que delas depende para certos serviços ecológicos. Por isso é tão importante que os cientistas identifiquem e protejam as espécies-chave.

> **PENSANDO SOBRE**
> **Tubarões e biodiversidade**
> Por que algumas espécies de tubarão (Estudo de caso principal) são consideradas espécies-chave?
>
> ESTUDO DE CASO PRINCIPAL

■ ESTUDO DE CASO
O jacaré-americano – uma espécie-chave que quase foi extinta

O jacaré-americano (Figura 4-18), o maior réptil da América do Norte, não tem predadores naturais, exceto os seres humanos, e desempenha uma série de funções importantes nos ecossistemas em que são encontrados. Essa espécie sobreviveu aos dinossauros e a muitos outros desafios para sua existência.

No entanto, a partir de 1930, os jacarés nos Estados Unidos enfrentaram um novo desafio; caçadores começaram a matar um grande número desses animais por sua carne exótica e pele macia de sua barriga, usada para a confecção de sapatos, cintos e carteiras. Outros caçaram-nos por esporte ou simples antipatia ao grande réptil. Na década de 1960, caçadores e pescadores ilegais já haviam exterminado 90% dos jacarés no Estado americano da Louisiana, e a população dos Everglades da Flórida também chegou perto da extinção.

Aqueles que não se importavam muito com os jacarés provavelmente não tinham consciência do seu importante papel ecológico – seu *nicho* – em áreas alagadas subtropicais. Utilizando suas mandíbulas e garras, eles cavam depressões profundas, ou buracos de jacaré, que seguram água doce durante os períodos de seca e servem como refúgios para a vida aquática e para abastecimento de água doce e alimentação para peixes, insetos, cobras, tartarugas, pássaros e outros animais. Os grandes assentamentos de jacarés também proporcionam locais de nidificação e alimentação para algumas garças (Figura 4-3, direita), e cágados-de-barriga-vermelha utilizam ninhos de jacaré velhos para incubar seus ovos. Além disso, eles comem grandes quantidades de peixe-lagarto, um predador, ajudando assim a manter as populações de robalos e dourados que esse peixe gosta de comer.

Ao criar buracos e montes de nidificação, os jacarés ajudam a manter as margens e águas abertas livres de vegetação. Sem esse serviço gratuito ao ecossistema, as lagoas de água doce e as áreas alagadas costeiras onde eles vivem seriam preenchidas com arbustos e árvores, e dezenas de espécies desapareceriam desses ecossistemas.

Por essas razões, alguns ecólogos classificam o jacaré-americano como uma *espécie-chave* em razão de seu importante papel ecológico no auxílio à manutenção da sustentabilidade dos ecossistemas em que se encontra.

Em 1967, o governo dos Estados Unidos colocou o jacaré-americano na lista de espécies em perigo de extinção. Protegidos de caçadores, em 1975 um grande número de jacarés havia retornado para muitas áreas – grande demais, de acordo com os proprietários, que agora encontram jacarés em seus quintais e piscinas, e para os caçadores de pato, cujos cães retriever são às vezes comidos por jacarés.

Em 1977, o Serviço de Pesca e Vida Selvagem Americano (Fish and Wildlife Service) reclassificou o jacaré-americano como uma espécie *ameaçada* nos

Figura 4-18 *Espécies-chave:* O jacaré-americano desempenha um papel ecológico importante em seu hábitat de pântanos e brejos no sudeste dos Estados Unidos. Desde que foi classificado como espécie em perigo de extinção, em 1967, recuperou-se o suficiente para ter seu estado alterado de em perigo para ameaçado – uma história de sucesso notável na conservação da vida silvestre.

> **PENSANDO SOBRE**
> **O jacaré-americano e a biodiversidade**
> Quais são duas formas pelas quais o jacaré-americano sustenta um ou mais dos quatro componentes da biodiversidade (Figura 4-2) em seu ambiente?

Estados americanos da Flórida, Louisiana e Texas, onde 90% dos animais vivem. Hoje, há bem mais de um milhão de jacarés na Flórida, e o Estado agora permite que proprietários matem os jacarés que vagueiam em suas terras. Para os biólogos da conservação, o retorno do jacaré-americano é uma história de sucesso importante na conservação da vida silvestre.

Espécies engenheiras ajudam a formar as bases de ecossistemas

Outro tipo importante em alguns ecossistemas é a **espécie engenheira**, que desempenha um papel importante na formação de suas comunidades, criando e reforçando seus hábitats de forma que beneficiam outras espécies. Por exemplo, os elefantes empurram, quebram ou arrancam árvores, criando aberturas nas savanas e florestas da África, promovendo, assim, o crescimento de gramíneas e outras plantas forrageiras que beneficiam pequenas espécies de pastagem, como o antílope, acelerando também as taxas de ciclagem de nutrientes.

Castores (Figura 4-19a) são outro bom exemplo de uma espécie engenheira. Agindo como "engenheiros ecológicos", constroem barragens (Figura 4-19b) em riachos para criar lagos e pântanos que eles e outras espécies utilizam (Figura 4-19c). Seus grandes dentes incisivos lhes permitem cortar árvores de tamanho médio, que usam para construir barragens e abrigos onde vivem. Eles também trabalham à noite e dormem durante o dia, o que ajuda a evitar predadores.

Há outros exemplos de espécies engenheiras. Algumas de morcegos e aves, por exemplo, ajudam a regenerar as áreas desmatadas e espalham plantas frutíferas pela dispersão de sementes nos seus excrementos.

As espécies-chave e engenheiras desempenham papéis semelhantes. Em geral, a principal diferença entre esses dois tipos é que as engenheiras ajudam a criar hábitats e ecossistemas, por vezes, literalmente, proporcionando as bases para o ecossistema (como os castores, por exemplo). No entanto, espécies-chave podem fazer isso e muito mais. Elas às vezes desempenham o papel de engenheiras (como os jacarés), mas também desempenham uma função ativa na manutenção e funcionamento do ecossistema.

Aqui estão as *três grandes ideias deste capítulo.*

- As populações evoluem quando seus genes sofrem mutações, conferindo a alguns indivíduos características genéticas que aumentam suas habilidades de sobreviver e produzir descendentes com essas mesmas características (seleção natural).

- As atividades humanas estão diminuindo a biodiversidade vital da Terra, causando a extinção de muitas espécies e destruindo hábitats necessários para o desenvolvimento de novas espécies.

- Cada espécie desempenha um papel ecológico específico (nicho ecológico) no ecossistema em que se encontra.

Figura 4-19 Espécie engenheira: castores **(a)** construíram uma barragem **(b)** para criar este lago no Canadá. Eles criam essas lagoas e outras áreas alagadas para que possam construir seus próprios abrigos, chamados de tocas, na água **(c)**, que ajuda a protegê-los dos predadores. A lagoa também oferece uma "fundação" para muitas outras espécies de plantas, aves e outros animais que podem crescer em ambientes aquáticos como esse. No entanto, os castores cortam um grande número de árvores em terrenos próximos aos córregos para construir suas barragens e tocas, o que diminui a biodiversidade terrestre e pode aumentar a erosão do solo e a poluição por sedimentos nos córregos. As inundações de represas de castores também podem prejudicar as culturas, estradas e edifícios.

REVISITANDO: Tubarões e sustentabilidade

O **Estudo de caso principal** sobre tubarões no início deste capítulo mostra que a importância de uma espécie nem sempre é igual a sua percepção pública. Embora muitas pessoas se preocupem com o destino dos ursos pandas e polares (ambos ameaçados de extinção), a maioria tem medo dos tubarões e não os considera bonitinhos, fofinhos nem dignos de proteção. No entanto, eles não são menos importantes para os seus ecossistemas. Se desaparecessem, os ecossistemas do oceano seriam severamente danificados, alguns poderiam até mesmo entrar em colapso, o que poderia atrapalhar em muito o clima e o suprimento de alimentos para bilhões de pessoas na Terra. E, como os ursos-polares, quase um terço dos tubarões do mundo enfrenta sérias ameaças de extinção por causa das atividades humanas.

Neste capítulo, estudamos a importância da biodiversidade, especialmente os números e as variedades das espécies encontradas em diferentes partes do mundo, com outras formas de biodiversidade – genética, de ecossistemas e diversidade funcional. Também estudamos o processo pelo qual todas as espécies surgem, de acordo com a teoria científica da evolução biológica pela seleção natural. Juntos, esses dois grandes ativos, biodiversidade e evolução, representam um capital natural insubstituível. Cada um depende do outro e da capacidade de os seres humanos respeitarem e preservarem esse capital natural.

Finalmente, examinamos a variedade de funções desempenhadas por espécies nos ecossistemas. Por exemplo, vimos que algumas espécies de tubarões, bem como outras são espécies-chave das quais seus ecossistemas dependem para sobrevivência e saúde. Quando espécies-chave são ameaçadas, ecossistemas inteiros também o são.

Os ecossistemas e a variedade de espécies que eles contêm são exemplos funcionais dos três **princípios da sustentabilidade** em ação, que dependem da energia solar e da ciclagem de nutrientes químicos. Os ecossistemas também ajudam a sustentar a biodiversidade em todas as suas formas. No próximo capítulo nos aprofundaremos um pouco mais no modo como as espécies interagem e como essas interações resultam na regulação natural das populações e na preservação da biodiversidade.

Tudo o que descobrimos até aqui é bem pouco em comparação com o que está escondido na vasta tesouraria da natureza.

ANTOINE VAN LEEUWENHOCK

REVISÃO

1. Revise as Questões e Conceitos principais deste capítulo. Descreva as ameaças de muitas das espécies de tubarões do mundo (**Estudo de caso principal**) e explique por que devemos protegê-los da extinção como resultado de nossas atividades.
2. Quais são os quatro principais componentes da **biodiversidade (diversidade biológica)**? Qual é sua importância? O que são **espécies**? Descreva a importância dos insetos. Defina e dê três exemplos de **biomas**.
3. O que é um **fóssil**? Por que fósseis são importantes para a compreensão da história da vida? O que é **evolução biológica**? Resuma a teoria da evolução. O que é **seleção natural**? O que é **mutação** e que papel as mutações desempenham na evolução pela seleção natural? O que é **adaptação (traço adaptativo)**? O que é **reprodução diferencial** e por que é importante? Como nos tornamos uma espécie tão poderosa? Cite dois dos limites para a evolução pela seleção natural. Quais são os três mitos comuns sobre a evolução por meio da seleção natural?
4. Descreva como os processos geológicos podem afetar a seleção natural. Como as alterações climáticas e catástrofes, como impactos de asteroides, podem afetá-la? Descreva as condições na Terra que favorecem o desenvolvimento da vida como a conhecemos.
5. O que é especiação? Faça a distinção entre **isolamento geográfico** e **isolamento reprodutivo** e explique como podem levar à formação de uma nova espécie. Faça a distinção entre **seleção artificial** e **engenharia genética**, e dê um exemplo de cada.
6. O que é extinção? O que é uma **espécie endêmica** e por que pode estar vulnerável à extinção? Faça a distinção entre **extinção de fundo** e **extinção em massa**.
7. O que é **diversidade de espécies**? Faça a distinção entre **riqueza de espécies** e **equidade de espécies**. Dê um exemplo de cada. Resuma a teoria da biogeografia de ilhas (modelo de equilíbrio de espécies). Segundo essa teoria, quais dois fatores afetam as taxas de imigração e de extinção de espécies em uma ilha? O que são *ilhas de* hábitat? Explique por que os ecossistemas ricos em espécies tendem a ser produtivos e sustentáveis.
8. O que é **nicho ecológico**? Faça a distinção entre **espécies especialistas** e **generalistas**. Dê um exemplo de cada. Por que alguns cientistas consideram a barata como uma das histórias de maior sucesso na evolução?

9. Faça a distinção entre **espécies nativas, introduzidas e indicadoras** e dê um exemplo de cada tipo. Quais são os principais papéis ecológicos que as espécies de anfíbios desempenham? Liste nove fatores que ameaçam rãs e outros anfíbios de extinção. Quais são três razões para proteger os anfíbios? Faça a distinção entre **espécies-chave e engenheira**. Descreva o papel de alguns tubarões como espécie-chave. Descreva o papel do jacaré-americano como espécie-chave e como ele foi trazido de volta de sua quase extinção. Descreva o papel dos castores como espécie engenheira.

10. Quais são as *três grandes ideias deste capítulo?* Como os ecossistemas e a variedade de espécies que contêm são relacionados com os três **princípios da sustentabilidade**?

Obs.: Os termos-chave estão em negrito.

PENSAMENTO CRÍTICO

1. Como nós e outras espécies podemos ser afetados se todos os tubarões do mundo forem extintos?
2. Que papel cada um dos seguintes processos desempenha para ajudar a implementar os três **princípios da sustentabilidade**: (a) a seleção natural, (b) a especiação e (c) a extinção?
3. Como você responderia a alguém que diz:
   (a) não acreditar na evolução biológica, pois é "apenas uma teoria"?
   (b) que não devemos nos preocupar com a poluição do ar porque a seleção natural permitirá que os seres humanos desenvolvam pulmões que possam se desintoxicar dos poluentes?
4. Descreva as principais diferenças entre os nichos ecológicos de seres humanos e de baratas. Essas duas espécies estão em competição? Se sim, como conseguem coexistir?
5. Como você pode determinar experimentalmente se um organismo é (a) uma espécie-chave e (b) uma espécie engenheira?
6. A espécie humana é uma espécie-chave? Explique. Se os seres humanos fossem extintos, quais três espécies também poderiam ser extintas e três cujas populações provavelmente cresceriam?
7. Como você responderia a alguém que dissesse que, como a extinção é um processo natural, não devemos nos preocupar com a perda de biodiversidade quando as espécies se extinguem como resultado de nossas atividades?
8. Liste três maneiras pelas quais você poderia aplicar o Conceito 4-4B para tornar seu estilo de vida ambientalmente mais sustentável.
9. Parabéns! Você está no comando da futura evolução da vida na Terra. Quais são as três coisas que considera ser as mais importantes a fazer?
10. Liste duas questões que gostaria que tivessem sido respondidas como resultado da leitura deste capítulo.

ANÁLISE DOS DADOS

Este gráfico mostra os dados coletados por cientistas que investigaram a biogeografia de ilhas. Mostra as medidas para duas variáveis: a área em que as medidas foram tomadas e a densidade da população de uma determinada espécie de lagarto encontrada em cada área. Observe que as áreas estudadas variaram de 100 m^2 a 300 m^2 (eixo x). As densidades medidas variaram de 0,1 a 0,4 indivíduos por m^2 (eixo y). Estude os dados e responda às seguintes perguntas.

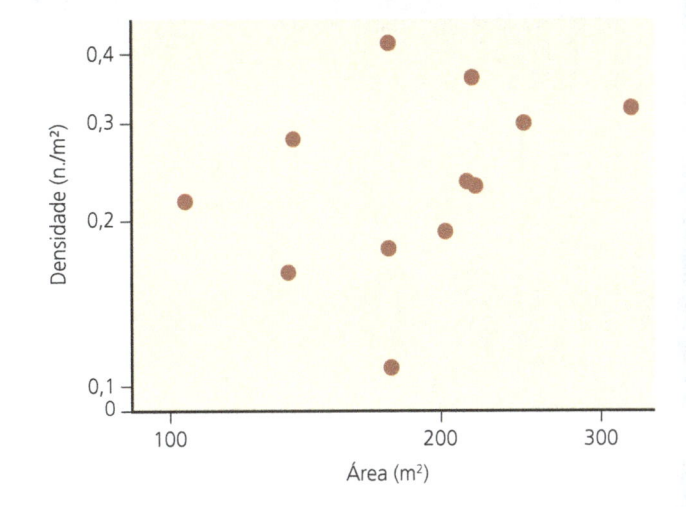

1. Quantas medições abaixo de 0,2 indivíduos por m^2 foram feitas? Quantas foram feitas em áreas menores que 200 m^2? Quantas em áreas maiores que 200 m^2?
2. Quantas medições acima de 0,2 indivíduos por m^2 foram feitas? Quantas foram feitas em áreas menores que 200 m^2? Quantas em áreas maiores que 200 m^2?
3. Suas respostas apoiam a hipótese de que ilhas maiores tendem a ter maior densidade de espécies? Explique.

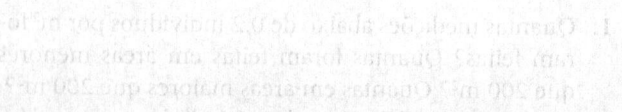

Biodiversidade, interações entre espécies e controle da população

5

ESTUDO DE CASO PRINCIPAL

A lontra marinha do sul: uma espécie em recuperação

As lontras marinhas do sul (Figura 5-1, à esquerda) vivem em florestas de kelp (Figura 5-1, à direita), em águas rasas, ao longo de parte da costa do Pacífico da América do Norte. A maioria dos membros restantes dessa espécie em extinção é encontrada na costa oeste dos Estados Unidos, entre as cidades de Santa Cruz e Santa Barbara, na Califórnia.

Esses mamíferos marinhos são nadadores rápidos e ágeis, que mergulham no fundo do oceano à procura de mariscos e outras presas, e utilizam pedras como ferramentas para retirar os mariscos das rochas sob a água. Quando retornam à superfície, nadam de costas e, usando seus ventres como apoio, quebram as conchas, rachando-as contra uma pedra (Figura 5-1, à esquerda). Por dia, uma lontra consome cerca de um quarto de seu peso em vôngoles, mexilhões, caranguejos, ouriços-do-mar, abalones e cerca de 40 outras espécies de organismos que vivem no fundo do mar.

Acredita-se que entre 16 mil e 17 mil lontras marinhas do sul viveram no seu habitat ao longo da costa da Califórnia. Mas, no início dos anos 1900, a espécie foi caçada nessa região, até sua quase extinção, por comerciantes de peles que as matavam pela sua luxuosa e espessa pele. Pescadores comerciais também matavam lontras que com eles estavam competindo pelos valiosos abalones e outros crustáceos.

Entre 1938 e 2009, a população desses mamíferos marinhos na costa sul da Califórnia aumentou de cerca de 50 para aproximadamente 2.654. Sua recuperação parcial obteve aumento em 1977, quando o Serviço de Pesca e Vida Silvestre norte-americano declarou a espécie ameaçada de extinção em boa parte de sua distribuição, com uma população de apenas 1.850 indivíduos. No entanto, essa espécie tem um longo caminho a percorrer antes que sua população seja grande o suficiente para justificar a sua remoção dessa lista.

Por que devemos nos preocupar com as lontras marinhas do sul da Califórnia? Uma razão é de natureza ética: muitas pessoas acreditam que é errado permitir que as atividades humanas causem a extinção de qualquer espécie. Outra é que as pessoas adoram olhar para esses animais atraentes e altamente inteligentes enquanto eles brincam na água. Como resultado, ajudam a angariar milhões de dólares por ano em receita com o turismo nas zonas costeiras onde as lontras se encontram.

Uma terceira razão para se preocupar com as lontras – e uma razão-chave em nosso estudo da ciência ambiental – é que os biólogos as classificam como uma espécie-chave (veja Capítulo 4). Sem elas, os cientistas supõem que ouriços e outras espécies que se alimentam de algas provavelmente destruiriam as florestas de kelp e grande parte da rica biodiversidade que a elas está associada.

A biodiversidade é uma parte importante do capital natural da Terra e foco de um dos três princípios da sustentabilidade. Neste capítulo, estudaremos dois fatores que afetam a biodiversidade: como as espécies interagem e ajudam a controlar o tamanho das populações umas das outras e como as populações e comunidades biológicas respondem às mudanças nas condições ambientais.

Figura 5-1 Uma lontra marinha do sul ameaçada de extinção em Monterey Bay, na Califórnia (EUA), usa uma pedra para quebrar a concha de um vôngole (à esquerda). Ela vive em uma floresta de kelps gigantes (à direita). Estudos científicos indicam que as lontras agem como uma espécie-chave no sistema de floresta de kelp, ajudando a controlar as populações de ouriços e outras espécies que se alimentam de kelp.

Questões e conceitos principais

5-1 Como as espécies interagem?

CONCEITO 5-1 Cinco tipos de interação de espécies – competição, predação, parasitismo, mutualismo e comensalismo – afetam o uso de recursos e os tamanhos das populações das espécies em um ecossistema.

5-2 O que limita o crescimento das populações?

CONCEITO 5-2 Nenhuma população pode continuar a crescer indefinidamente por causa das limitações de recursos e da competição entre as espécies por esses recursos.

5-3 Como as comunidades e os ecossistemas respondem às mudanças das condições ambientais?

CONCEITO 5-3 A estrutura e composição de espécies das comunidades e dos ecossistemas mudam em resposta às alterações das condições ambientais por meio de um processo chamado sucessão ecológica.

Obs.: Suplementos 2, 5, e 8 podem ser utilizados com este capítulo.

Ao olhar para a natureza, nunca se esqueça de que podemos dizer que cada ser orgânico em torno de nós está se empenhando em aumentar seus números.

CHARLES DARWIN, 1859

5-1 Como as espécies interagem?

▶ **CONCEITO 5-1** Cinco tipos de interação de espécies – competição, predação, parasitismo, mutualismo e comensalismo – afetam o uso de recursos e os tamanhos das populações das espécies em um ecossistema.

As espécies interagem de cinco formas principais

Os ecólogos identificam cinco tipos básicos de interações entre espécies enquanto compartilham recursos limitados, como alimento, abrigo e espaço:

- **Competição interespecífica** – membros de duas ou mais espécies interagem para obter acesso aos mesmos recursos limitados, como alimento, água, luz e espaço.
- **Predação** – um membro de uma espécie (o *predador*) alimenta-se diretamente da totalidade ou parte de um membro de outra espécie (a *presa*).
- **Parasitismo** – um organismo (o *parasita*) alimenta-se de outro (o *hospedeiro*), em geral vivendo nele ou dentro dele.
- **Mutualismo** – interação que beneficia ambas as espécies, fornecendo a cada uma comida, abrigo ou algum outro recurso.
- **Comensalismo** – interação que beneficia uma espécie, mas tem pouco ou nenhum efeito sobre outra.

Essas interações têm efeitos significativos sobre a utilização de recursos e os tamanhos das populações das espécies em um ecossistema (**Conceito 5-1**).

A maioria das espécies competem entre si por certos recursos

A interação mais comum entre as espécies é a *competição* por recursos limitados. Enquanto a luta por recursos acontece, grande parte da competição envolve a capacidade de uma espécie em se tornar mais eficiente do que as outras para conseguir alimento, espaço, luz ou outros recursos.

Lembre-se de que cada espécie desempenha um papel no seu ecossistema, chamado *nicho ecológico* (veja Capítulo 4). Algumas espécies são especialistas, com um nicho muito restrito (veja a Figura 4-13, à esquerda), e outras são generalistas, com um nicho mais amplo (veja a Figura 4-13, à direita). Quando duas espécies competem entre si pelos mesmos recursos, como alimentos, luz ou espaço, seus nichos se *sobrepõem*. Quanto maior essa sobreposição, mais intensa a competição pelos principais recursos. Se uma espécie monopolizar a maior parte de um ou mais recursos-chave, cada uma das outras competidoras se deslocará para outras áreas (se possível), se adaptará, mudando seus hábitos alimentares ou comportamento por meio da seleção natural para reduzir ou alterar seu nicho, sofrerá um declínio acentuado da população ou se tornará extinta nessa área.

Os seres humanos competem com muitas outras espécies por espaço, alimento e outros recursos. Enquanto nossa pegada ecológica cresce e se espalha (veja a Figura 1-13) e convertemos mais terra, recursos aquáticos e produtividade primária líquida (veja a Figura 3-15) para nosso consumo, estamos assumindo o controle dos habitats de muitas outras espécies, privando-as dos recursos de que necessitam para sobreviver.

> **PENSANDO SOBRE**
> **Os seres humanos e a lontra marinha do sul**
> Quais atividades humanas têm interferido com o nicho ecológico da lontra marinha do sul (**Estudo de caso principal**)?

Algumas espécies evoluem maneiras de compartilhar recursos

Durante uma escala de tempo suficientemente longa para que a seleção natural ocorra, as populações de algumas espécies desenvolvem adaptações que lhes permitem reduzir ou evitar a competição com outras espécies pelos recursos. Uma maneira como isso acontece é pela **partição de recursos**, que ocorre quando as espécies, competindo por recursos escassos semelhantes, evoluem características especializadas que lhes possibilitem compartilhá-los por meio da utilização de partes deles, servindo-se deles em momentos diferentes ou de diferentes maneiras.

A Figura 5-2 mostra a partição de recursos por algumas espécies de aves que se alimentam de insetos. Nesse caso, suas adaptações permitem que reduzam a competição pelo uso de diferentes porções das árvores de espruces e pelo consumo de diferentes espécies de insetos. A Figura 4-14, Capítulo 4, mostra como a evolução de nichos alimentares especializados reduziu a competição por recursos entre as espécies de aves em uma zona úmida costeira.

Outro exemplo de partição de recursos por meio da seleção natural envolve pássaros chamados drepanidíneos havaianos, que vivem no Estado do Havaí, Estados Unidos. Há muito tempo, essas aves originaram-se de uma única espécie ancestral. No entanto, por meio da evolução por seleção natural, há agora várias espécies de drepanidíneos havaianos. Cada uma tem um tipo diferente de bico especializado para se alimentar em certas fontes alimentares, como determinados tipos de insetos, néctar de alguns tipos de flores e certos tipos de sementes e frutas (Figura 5-3).

Mariquita-papo-de-fogo   Mariquita-de-garganta-preta   Mariquita-tigrada   Mariquita-de-peito-baio   Mariquita-de-asa-amarela

Figura 5-2 *Compartilhando a riqueza:* Este diagrama ilustra a partição de *recursos* entre as cinco espécies de mariquitas que se alimentam de insetos nas florestas de espruce no Estado do Maine, Estados Unidos. Cada espécie minimiza a competição por alimento com as outras ao passar no mínimo metade do seu tempo dedicado à alimentação em uma parte diferente (área em amarelo) dos espruces, e por consumir espécies de insetos em sua maioria diferentes. (Extraído de R. H. MacArthur, "Population Ecology of Some Warblers in Northeastern Coniferous Forests", *Ecology* n. 36, 1958, p. 533-536.

A maioria das espécies consumidoras alimenta-se de organismos vivos de outras espécies

Na **predação**, o membro de uma espécie (o **predador**) alimenta-se diretamente da totalidade ou parte de um organismo vivo (a **presa**) como parte de uma teia alimentar. Juntas, as duas espécies diferentes, como o urso-pardo (o predador, ou caçador) e o salmão (a presa, ou a caça), formam uma **relação predador-presa** (Figura 5-4). Tais relacionamentos também são mostrados nas Figuras 3-12 e 3-13, Capítulo 3.

Por vezes, as relações predador-presa podem nos surpreender. Durante os meses de verão, os ursos-pardos do ecossistema de Greater Yellowstone, no oeste dos Estados Unidos, comem enormes quantidades de mariposas noctuídeas que habitam em massa o alto das encostas das montanhas remotas. Um urso-pardo pode cavar e consumir até 40 mil dessas mariposas em um dia. Com um teor de gordura de 50%-70%, elas oferecem um nutriente que o urso pode armazenar em seu tecido adiposo e utilizar durante a hibernação no inverno.

Em ecossistemas de florestas de kelp, os ouriços-do-mar (Ciência em foco, Figura 5-A) são os predadores do kelp, um tipo de alga marinha. No entanto, como espécie-chave, as lontras marinhas do sul (**Estudo de caso principal**, Figura 5-1, à esquerda) alimentam-se dos ouriços-do-mar e, assim, os impedem de destruir as florestas de kelp.

Predadores têm uma variedade de métodos que os ajudam a capturar suas presas. Os *herbívoros* podem simplesmente andar, nadar ou voar até as plantas para se alimentar. Os *carnívoros* que se alimentam de presas móveis têm duas opções principais: *perseguição* ou *emboscada*. Algumas espécies, como o guepardo, capturam suas presas correndo muito rápido; outras, como a águia americana, podem voar e têm visão aguçada; outras, ainda, cooperam mutuamente para a captura de suas presas. Por exemplo, leões africanos capturam girafas caçando em matilhas.

Outros predadores usam *camuflagem* para se esconder e emboscar suas presas. Por exemplo, o gafanhoto louva-deus (veja Figura 4-A, Capítulo 4, à direita) senta-se em flores ou plantas de cor parecida com a sua e ataca de emboscada insetos visitantes. Arminhos brancos (um tipo de fuinha) e corujas-da-neve caçam em áreas cobertas de neve. As pessoas se camuflam para caçar animais selvagens e usam armadilhas camufladas para capturar animais silvestres.

Figura 5-3 *Espécies especialistas de drepanidíneos havaiano:* por meio da seleção natural, diferentes espécies de drepanidíneos havaianos desenvolveram nichos ecológicos especializados que reduziram a competição. Cada espécie evoluiu um bico especializado para tirar proveito de certos tipos de recursos alimentares.

Figura 5-4 *Relação predador-presa:* este urso-pardo (o predador), no Estado do Alasca, Estados Unidos, capturou e vai se alimentar deste salmão (a presa).

CIÊNCIA EM FOCO

Ameaças à floresta de kelp

A floresta de kelp é composta de grandes concentrações de algas chamadas kelps gigantes, cujas longas lâminas crescem em linha reta até a superfície (Figura 5-1, à direita). Em boas condições, elas podem crescer 0,6 metros (2 pés) por dia. Uma bexiga cheia de gás em sua base ergue cada lâmina, bastante flexível, que pode sobreviver a muitas coisas, menos tempestades mais violentas e ondas.

Florestas de kelp são um dos ecossistemas de maior biodiversidade encontrados em águas marinhas, suportando um grande número de plantas e animais. Essas florestas ajudam a reduzir a erosão da costa ao embotar a força das ondas entrantes e interceptar um pouco da areia de saída. As pessoas colhem algas como recurso renovável para extração de uma substância chamada algina de suas lâminas, utilizada para fazer pasta de dente, cosméticos, sorvetes e centenas de outros produtos.

Os ouriços-do-mar e a poluição são as principais ameaças para as florestas de kelp. Agindo como predadores, grandes populações de ouriços-do-mar (Figura 5-A) podem rapidamente devastar uma floresta de kelp comendo as bases das plantas jovens. As lontras marinhas do sul, uma espécie-chave, ajudam a controlar essa população predadora. Uma lontra adulta (Figura 5-1, à esquerda) pode comer até 50 ouriços-do-mar por dia – o equivalente a uma pessoa de 68 kg comer 160 hambúrgueres de 133 gramas por dia. Estudos científicos indicam que, sem as lontras marinhas do sul, os ecossistemas das florestas de kelp ao largo da costa da Califórnia entrariam em colapso, reduzindo a biodiversidade aquática.

Uma segunda ameaça às florestas de kelp é a água poluída que escorre do ecossistema terrestre para as águas costeiras, onde as florestas de kelp crescem. Os poluentes nesse escoamento incluem pesticidas e herbicidas, que podem matar as kelps e outras espécies das florestas de kelp, perturbando a cadeia alimentar. Outro poluente do escoamento são os fertilizantes. Seus nutrientes vegetais (principalmente nitratos) podem causar o crescimento excessivo de algas e outras plantas, bloqueando os raios solares necessários para sustentar o crescimento de kelps e, assim, perturbando esses ecossistemas aquáticos.

Uma ameaça crescente para as florestas de kelp é o aquecimento dos oceanos do mundo. As florestas de kelp necessitam de água fria. Se as águas costeiras se aquecerem durante este século, como previsto pelos modelos climáticos, muitas, talvez a maioria, dessas florestas na costa da Califórnia desaparecerão. Se isso acontecer, a lontra marinha do sul e muitas outras espécies também desaparecerão, a menos que possam migrar para outros locais adequados, que são poucos e distantes entre si.

Pensamento crítico

Liste três maneiras de proteger as florestas de kelp e as lontras marinhas do sul.

Figura 5-A Este ouriço-do-mar roxo habita as águas costeiras do estado da Califórnia, Estados Unidos.

Alguns predadores utilizam *armas químicas* para atacar suas presas. Por exemplo, algumas aranhas e cobras venenosas usam veneno para paralisar suas presas e intimidar seus predadores.

As *espécies de presas* desenvolveram muitas maneiras de evitar predadores, incluindo habilidades de correr, nadar ou voar rápido, e sentidos altamente desenvolvidos da visão ou do olfato para alertá-las da presença de predadores. Outras adaptações para evitar predadores incluem escudos protetores (como em tatus e tartarugas), casca grossa (na sequoia gigante) e espinhos (em porcos-espinho, cactos e roseiras). Muitos lagartos têm caudas coloridas que se soltam quando atacados, muitas vezes dando-lhes tempo suficiente para escapar.

Outras espécies usam camuflagem, tanto de forma quanto de cor. Camaleões e polvos têm a capacidade de mudar de cor, e alguns insetos têm formas que se assemelham a galhos (Figura 5-5a), cascas de árvore, espinhos, ou até mesmo fezes de aves nas folhas. Um inseto-folha pode ser quase invisível em seu ambiente (Figura 5-5b), assim como uma lebre ártica, no inverno, com seu pelo branco.

O uso de *armas químicas* é outra estratégia comum. Algumas espécies de presas desencorajam seus predadores com produtos químicos que são *venenosos* (oleandro), *irritantes* (urtigas e besouros-bombardeiros, Figura 5-5c), *mal cheirosos* (gambás e percevejos), ou que *têm gosto ruim* (botões-de-ouro e borboletas-monarcas, Figura 5-5d). Ao serem atacadas, algumas espécies de polvos e lulas emitem nuvens de tinta preta, que lhes permitem escapar ao confundir seus predadores.

Muitas espécies de gosto ou cheiro ruim, tóxicas ou que picam desenvolveram uma *coloração de advertência*, cores brilhantes que fazem os predadores experientes as reconhecerem e evitá-las. Elas emitem um aviso: "Me comer é arriscado". Exemplos são os sapos venenosos de cores brilhantes (Figuras 5-5e e 4-17, Capítulo 4, à direita) e as borboletas-monarcas de gosto ruim (Figura 5-5d). Quando um pássaro, como a gralha-azul, come uma borboleta-monarca, geralmente vomita e aprende a evitá-la.

> **CONEXÕES**
> **Coloração e espécies perigosas**
> O biólogo Edward O. Wilson fornece-nos duas regras, com base na coloração, para avaliar o possível perigo de qualquer espécie animal desconhecida que encontrarmos na natureza. *Primeiro*, se for pequena e belíssima, provavelmente é venenosa. *Segundo*, se é extremamente bela e fácil de pegar, provavelmente é mortal.

Algumas espécies de borboletas, tais como a inofensiva vice-rei (Figura 5-5f), ganham proteção ao se parecer e agir como uma monarca, um dispositivo de proteção conhecido como *mimetismo*. Outras espécies de presas utilizam *estratégias comportamentais* para evitar a predação, e algumas tentam afugentar os predadores inchando (baiacu), abrindo as asas (pavões), ou imitando um predador (Figura 5-5h). Algumas mariposas possuem asas que se parecem com os olhos de animais muito maiores (Figura 5-5g). Outras espécies de presas conseguem alguma proteção vivendo em grandes grupos, como cardumes de peixes e manadas de antílopes.

> **PENSANDO SOBRE**
> **Predação e a lontra marinha do sul**
> Descreva (a) uma característica da lontra marinha do sul (**Estudo de caso principal**) que auxilia na captura de presas e (b) uma característica que a ajuda a evitar ser predada.
>
> ESTUDO DE CASO PRINCIPAL

No nível individual, membros de espécies predadoras se beneficiam, ao passo que os de espécies de presas são prejudicados. Já no de população, a predação desempenha um papel na evolução pela seleção natural (veja Capítulo 4). Animais predadores, por exemplo, tendem a matar os membros doentes, fracos, envelhecidos e menos aptos, porque são os mais fáceis de ser apanhados. Isso faz que os indivíduos com melhores defesas contra predação sobrevivam. Estes, por sua vez, tendem a sobreviver por mais tempo e deixam mais descendentes com adaptações que podem ajudá-los a evitar a predação.

Algumas pessoas têm a tendência de ver certos predadores com desprezo. Quando um gavião tenta capturar e se alimentar de um coelho, alguns torcem pelo coelho, no entanto, o falcão, como todos os predadores, está meramente tentando obter comida suficiente para si e suas crias. Ao fazer isso, ele desempenha um papel ecológico importante no controle das populações de coelho.

As interações entre predador e presa podem conduzir à evolução uma da outra

Populações de predadores e presas podem exercer intensa pressão de seleção natural umas nas outras. Com o tempo, conforme as presas desenvolvem características que as tornam mais difíceis de ser apanhadas, os predadores enfrentam pressões de seleção

(a) Lagarta
(b) Inseto-folha errante
(c) Besouro-bombardeiro
(d) Borboleta-monarca de gosto amargo
(e) sapo dendrobatídeo
(f) borboleta-vice-rei que imita a monarca
(g) Asas posteriores da mariposa imitam os olhos de um animal muito maior.
(h) Quando tocada, a lagarta esfingídea muda de forma e se parece com a cabeça de uma serpente.

Figura 5-5 Estas espécies de presas desenvolveram formas especializadas de evitar seus predadores: **(a, b)** *camuflagem*, **(c-e)** *guerra química*, **(d, e)** *coloração de advertência*, **(f)** *mimetismo*, **(g)** *aparência enganosa* e **(h)** *comportamento enganoso*.

que privilegiam as características que aumentam sua capacidade de capturá-las. Então, a presa deve melhorar sua capacidade de escapar até dos predadores mais eficazes.

Quando populações de duas espécies diferentes interagem dessa maneira durante um longo período de tempo, mudanças no conjunto genético de uma espécie podem levar a alterações no conjunto de genes da outra. Tais alterações podem ajudar ambos os lados a se tornar mais competitivos, ou evitar, ou reduzir a competição. Biólogos chamam esse processo **coevolução**.

Considere a interação entre as espécies de morcegos (predador) e certas espécies de mariposas (presa). Morcegos gostam de comer esses insetos e caçam à noite (Figura 5-6) usando a *ecolocalização* para navegar e localizar suas presas. Ou seja, emitem pulsos sonoros de frequência e intensidade extremamente altas que rebatem nos objetos, permitindo-lhes capturar o retorno dos ecos, que lhes dizem onde está localizada sua presa.

Como medida preventiva a esse eficaz sistema de detecção de presas, certas espécies de mariposas evoluíram e criaram orelhas, especialmente sensíveis às frequências de som que os morcegos usam para encontrá-las. Quando ouvem essas frequências, tentam fugir jogando-se ao chão ou voando evasivamente.

Algumas espécies de morcegos desenvolveram maneiras de combater essa defesa mudando a frequência de seus pulsos sonoros. Por sua vez, algumas mariposas desenvolveram seus próprios cliques de alta frequência para congestionar os sistemas de ecolocalização deles. Algumas espécies de morcegos, adaptaram-se posteriormente, desligando seus sistemas de ecolocalização e passando a usar os cliques das mariposas para localizar suas presas.

Figura 5-6 *Coevolução*. Este morcego Langohrfledermaus está caçando uma mariposa. As interações de longo prazo entre os morcegos e suas presas, como mariposas e borboletas, podem levar à coevolução, conforme os morcegos desenvolvem características para aumentar suas chances de conseguir uma refeição, e as mariposas, mais traços para ajudá-las a evitar ser comidas.

Algumas espécies alimentam-se de outras ao viver perto ou dentro destas

Parasitismo ocorre quando uma espécie (o *parasita*) se alimenta de outro organismo (o *hospedeiro*), geralmente vivendo nele ou dentro dele. Nessa relação, o parasita beneficia-se, e o hospedeiro muitas vezes é prejudicado, mas não imediatamente morto.

Em geral, um parasita é muito menor que seu hospedeiro e raramente o mata, no entanto, a maioria dos parasitas permanece intimamente associada aos seus hospedeiros, nutrindo-se deles, podendo enfraquecê-los gradualmente ao longo do tempo.

Alguns parasitas, como as tênias, vivem *dentro* de seus hospedeiros. Outros, como o visco (veja Foto 3 no Conteúdo detalhado) e as lampreias do mar (Figura 5-7), aderem ao *exterior* de seus hospedeiros.

Figura 5-7 *Parasitismo*: esta lampreia do mar, sanguessuga e parasita, aderiu-se a uma truta adulta da região dos Grandes Lagos (Estados Unidos).

Outros, ainda, como pulgas e carrapatos, movem-se de um hospedeiro para outro, ao passo que outros, como as tênias, passam a vida adulta dentro de um único hospedeiro.

Do ponto de vista do hospedeiro, os parasitas são prejudiciais, no entanto, da perspectiva da população, eles podem promover a biodiversidade, contribuindo para a riqueza de espécies e, em alguns casos, ajudando a manter populações de seus hospedeiros sob controle.

Em algumas interações, ambas as espécies se beneficiam

No **mutualismo**, duas espécies comportam-se de maneira que ambas se beneficiem, fornecendo comida, abrigo ou algum outro recurso uma a outra. Exemplo é a polinização de uma flor por espécies como abelhas (veja a Figura 4-16, Capítulo 4), beija-flores (Figura 5-8) e borboletas que se alimentam do néctar da flor (veja a Figura 4-A, Capítulo 4, à direita).

A Figura 5-9 mostra dois exemplos de relações mutualistas que combinam *nutrição* e *proteção*. Uma delas envolve os pássaros que pegam carona sobre as costas de grandes animais, como o búfalo-africano, elefantes e rinocerontes (Figura 5-9a). Os pássaros removem e comem parasitas (como carrapatos e moscas) do corpo do animal e frequentemente fazem barulho, alertando esses grandes animais quando predadores se aproximam.

Um segundo exemplo envolve as espécies de peixes-palhaço (Figura 5-9b), que normalmente vivem em grupo dentro das anêmonas-do-mar, cujos tentáculos picam e paralisam a maioria dos peixes que as toca. Os peixes-palhaço, que não são prejudicados pelos tentáculos, ganham proteção contra predadores e se alimentam dos detritos deixados das refeições das anêmonas. A anêmona-do-mar beneficia-se porque o peixe-palhaço a protege de alguns dos seus predadores e parasitas.

No *mutualismo dentro do intestino*, vastos exércitos de bactérias no sistema digestório dos animais ajudam a quebrar (digerir) alimento. Por sua vez, as bactérias recebem um habitat protegido e alimento de seus hospedeiros. Centenas de milhões de bactérias em seu intestino secretam as enzimas que ajudam a digerir o alimento que você come. Vacas e cupins são capazes de digerir a celulose dos tecidos das plantas que comem por causa do grande número de microrganismos, principalmente alguns tipos de bactérias, que vivem em suas entranhas.

É tentador pensar em mutualismo como um exemplo de cooperação entre as espécies. Na realidade, cada espécie se beneficia ao explorar de maneira não intencional o outro como resultado de traços que obtiveram pela seleção natural. Ambas as espécies em um par mutualístico estão nele por si próprias.

Em algumas interações, uma espécie se beneficia e a outra não é prejudicada

Comensalismo é uma interação que beneficia uma espécie, mas tem pouco ou nenhum efeito benéfico ou danoso sobre a outra. Um exemplo envolve plantas chamadas *epífitas* (como certos tipos de orquídeas e bromélias), que se unem a troncos ou galhos de

Figura 5-8 *Mutualismo:* Este beija-flor beneficia-se ao se alimentar do néctar desta flor, que se beneficia com a polinização realizada por ele.

Figura 5-9 Exemplos de *mutualismo:* **(a)** búfagos (ou *tickbirds*) alimentam-se de carrapatos parasitas que infestam os grandes animais de pele grossa, como o rinoceronte-negro em perigo de extinção.
(b) Um peixe-palhaço ganha proteção e comida ao viver entre as mortais anêmonas-do-mar, e ajuda a protegê-las de alguns dos seus predadores.

(a) Búfagos e rinocerontes-negros

(b) Peixe-palhaço e anêmona-do-mar

árvores de grande porte em florestas tropicais e subtropicais (Figura 5-10). Essas *plantas aéreas* beneficiam-se ao ter uma base sólida para crescer. Também vivem em um ponto elevado, o que lhes dá melhor acesso à luz solar, à água do ar úmido e da chuva, e nutrientes que caem de folhas da parte superior da árvore e dos galhos. Sua presença, aparentemente, não prejudica a árvore. Da mesma forma, aves beneficiam-se ao fazer seus ninhos nas árvores, em geral sem prejudicá-las.

Figura 5-10 Em um exemplo de *comensalismo*, esta bromélia – uma epífita, ou planta aérea –, na floresta tropical atlântica do Brasil, enraíza-se no tronco de uma árvore, em vez de no solo, sem penetrá-la ou prejudicá-la. Nessa interação, a epífita tem acesso à luz, água e nutrientes dos restos da árvore; a árvore, aparentemente, permanece incólume e não ganha nenhum benefício.

5-2 O que limita o crescimento das populações?

▶ **CONCEITO 5-2** Nenhuma população pode continuar a crescer indefinidamente por causa das limitações de recursos e da competição entre as espécies por esses recursos.

A maioria das populações vive em grupos

População é um grupo de indivíduos da mesma espécie que cruzam entre si (Figura 5-11 e Foto 2 no Conteúdo detalhado). A Figura 5-12 mostra três maneiras pelas quais os membros de uma população estão normalmente distribuídos, ou *dispersos*, em seu habitat. A maioria das populações convive em *grupos* (Figura 5-12a), como alcateias, cardumes de peixes e bandos de aves (Figura 5-11). As lontras marinhas do sul (Figura 5-1, à esquerda), por exemplo, em geral são encontradas em grupos que variam de alguns a centenas de animais.

Por que grupos? Por várias razões: *primeiro*, os recursos que uma espécie necessita variam muito em termos de disponibilidade de lugar para lugar, assim, a espécie tende a se agrupar onde os recursos estão disponíveis. *Segundo*, os indivíduos que se deslocam em grupos têm melhor chance de encontrar conjuntos de recursos, como água e vegetação, do que encontrariam se os estivessem buscando por conta própria. *Terceiro*, viver em grupos pode ajudar a proteger alguns membros dos predadores. *Quarto*, viver em grupos dá a algumas espécies de predadores melhor chance de conseguir uma refeição.

Figura 5-11 Este grande grupo é uma população, ou bando, de gansos da neve.

Populações podem crescer, encolher ou permanecer estáveis

Com o tempo, o número de indivíduos em uma população pode aumentar, diminuir, permanecer o mesmo, ou subir e descer em ciclos, em resposta às mudanças nas condições ambientais. Quatro variáveis – *nascimentos*, *mortes*, *imigração* e *emigração* – regem as mudanças no tamanho da população. Ela pode aumentar pelo nascimento e imigração (chegada de indivíduos de fora da população) e diminuir com a morte e a emigração (saída de indivíduos da população):

$$\text{Mudança na população} = (\text{Nascimentos} + \text{Imigração}) - (\text{Mortes} + \text{Emigração})$$

A *estrutura etária* de uma população – distribuição de indivíduos entre seus vários grupos etários – pode ter um forte efeito sobre a rapidez com que ela aumenta ou diminui de tamanho. Geralmente, as faixas etárias são descritas em termos de organismos não maduros o suficiente para reproduzir (*idade pré-reprodutiva*), daqueles capazes de se reproduzir (*fase reprodutiva*) e dos velhos demais para se reproduzirem (*fase pós-reprodutiva*).

O tamanho de uma população provavelmente aumentará se for composta principalmente de indivíduos em sua fase reprodutiva, ou prestes a nela entrar. Por outro lado, uma população dominada por indivíduos que tenham ultrapassado o estágio reprodutivo tende a diminuir ao longo do tempo. Excluindo a emigração e a imigração, o tamanho de uma população com uma distribuição uniforme entre esses três grupos etários tende a permanecer estável, porque a reprodução pelos indivíduos mais jovens estará equilibrada com as mortes dos idosos.

Alguns fatores podem limitar o tamanho da população

Diferentes espécies e suas populações desenvolvem-se sob diferentes condições físicas e químicas. Algumas precisam de luz solar, outras florescem na sombra. Algumas precisam de ambiente quente, enquanto outras preferem o frio. Alguns saem-se melhor em condições úmidas, outras, em condições secas.

Cada população em um ecossistema tem um **intervalo de tolerância** às variações em seu ambiente físico e químico, como mostrado na Figura 5-13. Indivíduos dentro de uma população também podem ter intervalos de tolerância um pouco diferentes quanto à temperatura ou outros fatores físicos ou químicos por causa de pequenas diferenças em sua composição genética, saúde e idade. Por exemplo, uma população de trutas pode melhor se desenvolver dentro de uma faixa estreita de temperaturas (*nível* ou *faixa ideal*), mas alguns indivíduos podem sobreviver acima e abaixo dessa faixa. É claro que, se a água se tornar muito quente ou muito fria, nenhuma truta pode sobreviver.

Uma série de fatores químicos ou físicos pode ajudar a determinar o número de indivíduos em uma população. Às vezes, um ou mais elementos, conhecidos como **fatores limitantes**, são mais importantes que outros na regulação do crescimento populacional. Esse princípio ecológico é chamado de **princípio do fator limitante**: *muito ou pouco de qualquer fator físico ou químico pode limitar ou impedir o crescimento de uma população, mesmo se todos os outros fatores estiverem dentro ou próximo do intervalo ideal de tolerância.*

No ambiente terrestre, a precipitação é, com frequência, o fator limitante. A falta de água em um deserto limita o crescimento das plantas, enquanto

(a) Agrupada (elefantes) **(b)** Uniforme (arbusto de creosoto) **(c)** Aleatória (dentes-de-leão)

Figura 5-12 Este diagrama ilustra três padrões de dispersão geral para as populações. Grupos **(a)** são o padrão de dispersão mais comum, principalmente porque os recursos, como grama e água, são normalmente encontrados em certas áreas. Onde esses recursos são escassos, a dispersão uniforme **(b)** é a mais comum. Onde são abundantes, a dispersão aleatória **(c)** é mais provável. **Pergunta:** por que você acha que os elefantes vivem em grupos ou manadas?

os nutrientes do solo também podem atuar como fatores limitantes nesse ambiente. Suponha que um fazendeiro plante milho em um solo pobre em fósforo. Mesmo se água, nitrogênio, potássio e outros nutrientes estiverem em níveis ótimos, o milho parará de crescer depois de usar todo o fósforo disponível. Muito de um fator físico ou químico também pode ser um limitante. Por exemplo, muita água ou fertilizante pode matar as plantas. O mesmo ocorre com a temperatura. Tanto temperaturas altas quanto baixas podem limitar o tamanho da população e a sobrevivência de várias espécies terrestres, especialmente plantas.

Fatores físicos limitantes importantes para populações em *zonas de vida aquática*, ou áreas alagadas que suportam a vida, incluem temperatura (Figura 5-13), luz solar, disponibilidade de nutrientes e os baixos níveis de gás oxigênio na água *(teor de oxigênio dissolvido)*, além da salinidade – quantidade dos diferentes minerais inorgânicos ou sais dissolvidos em determinado volume de água.

Nenhuma população pode crescer indefinidamente: curvas em J e em S

Algumas espécies têm uma capacidade incrível de aumentar seus números. Seus membros normalmente se reproduzem em idades muito precoces, têm muitos descendentes e se reproduzem muitas vezes, com intervalos curtos entre gerações. Por exemplo, sem nenhum controle sobre seu crescimento populacional, uma espécie de bactéria que pode se reproduzir a cada 20 minutos geraria descendentes suficientes para formar uma camada de 0,3 metro de profundidade sobre toda a superfície da terra em apenas 36 horas!

Felizmente, isso não acontecerá. Pesquisas revelam que, independente de sua estratégia reprodutiva, nenhuma população de nenhuma espécie pode crescer indefinidamente em razão das limitações de recursos e da competição com populações de outras espécies pelos recursos **(Conceito 5-2)**. No mundo real, um rápido crescimento populacional de qualquer espécie eventualmente atinge algum limite de tamanho imposto pela disponibilidade de um ou mais *fatores limitantes*, tais como luz, água, temperatura, espaço ou nutrientes, ou pela exposição a predadores ou doenças infecciosas.

Sempre há limites para o crescimento da população na natureza. Por exemplo, um dos motivos pelos quais as lontras marinhas do sul da Califórnia (**Estudo de caso principal**) enfrentam a extinção é que elas não podem se reproduzir rapidamente (Ciência em foco).

Resistência ambiental é a combinação de todos os fatores que atuam para limitar o crescimento de uma população, determinando em grande parte a **capacidade de suporte** de uma área: a população

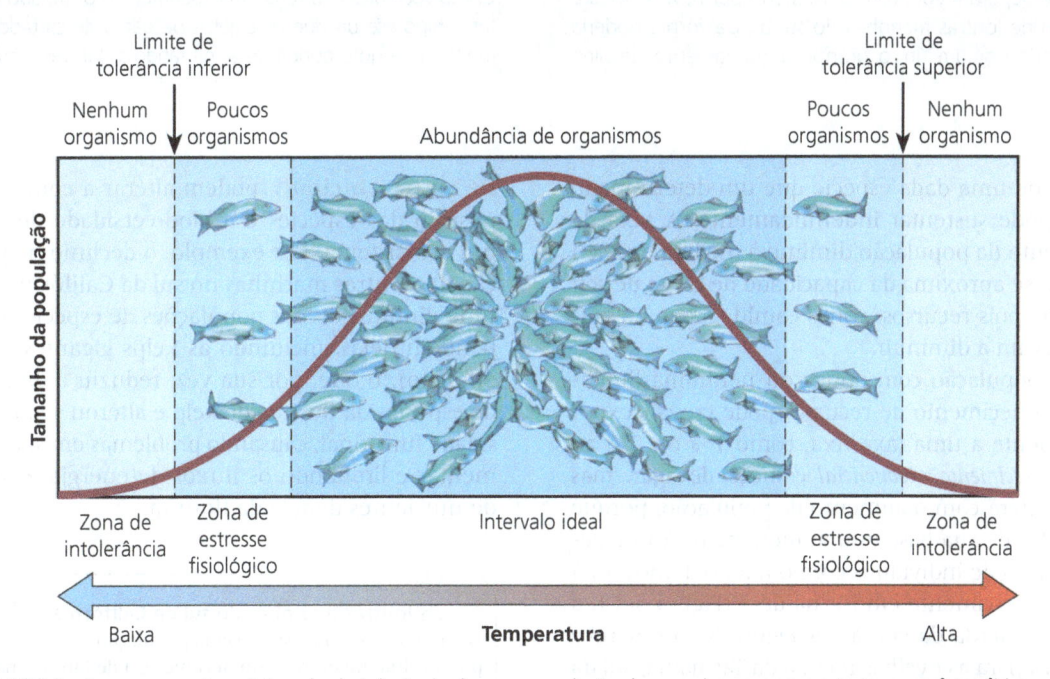

Figura 5-13 Este diagrama mostra o intervalo de tolerância de uma população de organismos, como a truta, a um fator físico-ambiental – nesse caso, a temperatura da água. Restrições de intervalos de tolerância evitam que determinadas espécies monopolizem um ecossistema, mantendo seu tamanho sob controle. **Pergunta:** para os humanos, qual é um exemplo de intervalo de tolerância para um fator físico-ambiental?

CIÊNCIA EM FOCO

Por que as lontras marinhas da Califórnia enfrentam um futuro incerto?

A lontra marinha do sul (**Estudo de caso principal**) não pode aumentar sua população rapidamente por diversos motivos. As fêmeas alcançam a maturidade sexual entre dois e cinco anos de idade, conseguem reproduzir até a idade de 15 anos e, normalmente, cada uma produz apenas um filhote por ano.

O tamanho da população de lontras marinhas do sul tem flutuado em resposta às mudanças nas condições ambientais. Uma delas foi o aumento nas populações de orcas (baleias assassinas) que delas se alimentam. Os cientistas supõem que as orcas passaram a comer mais lontras marinhas do sul quando as populações de suas presas normais – leões-marinhos e focas – começaram a diminuir.

Outro fator pode ser os parasitas que vivem em gatos. Os cientistas supõem que algumas lontras marinhas podem estar morrendo porque proprietários de gatos na área costeira despejam as fezes dos seus animais no esgoto ou nos bueiros que deságuam nas águas costeiras. Essas fezes contêm parasitas que acabam por infectar as lontras.

Os acantocéfalos de aves marinhas também são conhecidos por matar as lontras marinhas, assim como as algas tóxicas que florescem por causa da ureia, um dos principais ingredientes em fertilizantes que escorrem até as águas costeiras. PCBs e outros produtos químicos solúveis em gordura liberados por atividades humanas podem se acumular nos tecidos dos moluscos que servem de alimento para as lontras, o que acaba sendo fatal para elas. O fato de as lontras marinhas se alimentarem em altos níveis tróficos e viverem perto da costa as torna vulneráveis a esses e outros poluentes encontrados nas águas costeiras. Em outras palavras, como uma espécie indicadora, as lontras marinhas revelam o estado das águas costeiras em seu habitat. Algumas morrem quando se deparam com óleo derramado por navios. Toda a população de lontras marinhas do sul da Califórnia poderia ser dizimada por um único grande derramamento de óleo

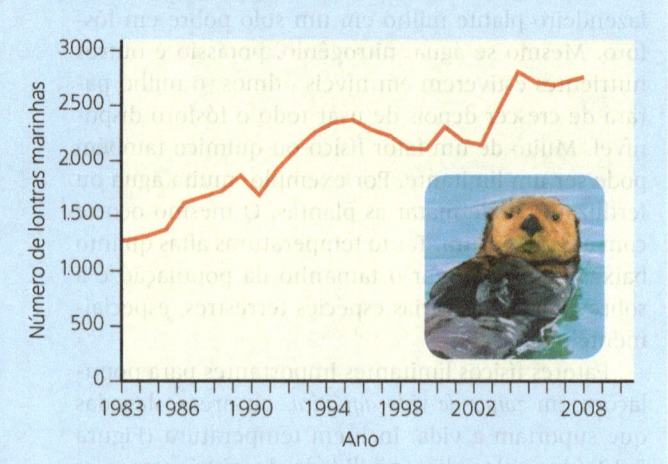

Figura 5-B Este gráfico acompanha o tamanho da população de lontras marinhas do sul da costa do Estado da Califórnia, EUA, entre 1983-2009. De acordo com o Estudo Geológico Americano (U.S. Geological Survey), esta população teria de atingir pelo menos 3.090 animais por três anos consecutivos antes de se considerar sua remoção da lista de espécies ameaçadas. (Dados do U.S. Geological Survey)

de um petroleiro na costa central do Estado ou de um poço de petróleo se a extração desse produto for ali permitida. Esses fatores, principalmente resultantes da atividade humana, além de uma taxa reprodutiva bastante baixa, têm dificultado a capacidade de a lontra marinha do sul, ameaçada de extinção, recuperar sua população (Figura 5-B).

Pensamento crítico
Como você desenvolveria um experimento controlado para testar a hipótese de que os dejetos de gatos descartados diretamente no esgoto podem estar matando as lontras marinhas?

---

máxima de uma dada espécie que um determinado habitat pode sustentar indefinidamente. A taxa de crescimento da população diminui à medida que seu tamanho se aproxima da capacidade de carga de seu ambiente, pois recursos, como comida, água e espaço, começam a diminuir.

Uma população com pouca ou nenhuma limitação no fornecimento de recursos pode crescer exponencialmente a uma taxa fixa, como 1% ou 2% ao ano. O *crescimento exponencial* começa devagar, mas depois acelera com o aumento da população, porque o tamanho da sua base está aumentando. Ao mapear o número de indivíduos com o tempo, temos uma curva de crescimento em forma de J (Figura 5-14, a metade esquerda da curva). A Figura 5-15 descreve essa curva para as ovelhas na ilha da Tasmânia, sul da Austrália, no início do século 19.

Mudanças no tamanho da população de espécies-chave, tais como a lontra marinha do sul (**Estudo de caso principal**), podem alterar a composição das espécies e a biodiversidade de um ecossistema. Por exemplo, o declínio na população das lontras marinhas no sul da Califórnia causou uma diminuição nas populações de espécies que dependem delas, incluindo as kelps gigantes (Ciência em foco), o que, por sua vez, reduziu a diversidade de espécies da floresta de kelp e alterou sua biodiversidade funcional, causando problemas em sua teia alimentar e limitando os fluxos de energia e ciclagem de nutrientes dentro da floresta.

> **PENSANDO SOBRE**
> **As lontras marinhas do sul da Califórnia**
> Dê o nome de uma espécie cuja população provavelmente entrará em declínio se a de lontras marinhas do sul da Califórnia, que vivem nas florestas de kelp, diminuir drasticamente. Dê o nome de uma espécie cuja população aumentaria se isso acontecesse.

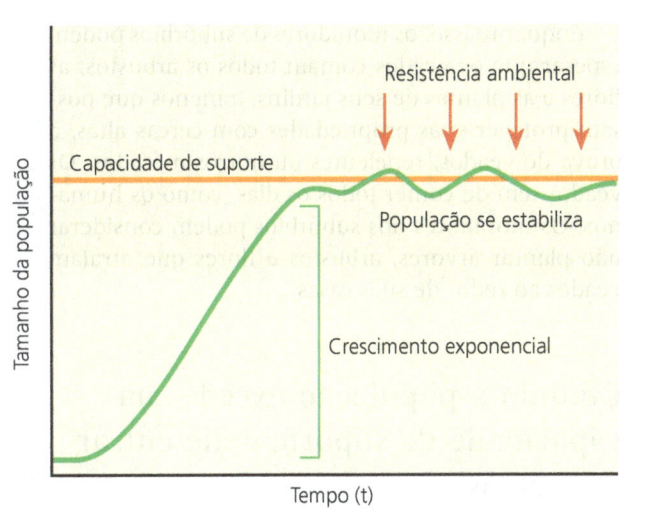

CAPÍTULO 5 Biodiversidade, interações entre espécies e controle da população

Figura 5-14 Nenhuma população pode continuar a aumentar de tamanho indefinidamente (Conceito 5-2). Crescimento exponencial (metade esquerda da curva) ocorre quando uma população tem recursos essencialmente ilimitados para sustentar seu crescimento (veja Estudo de caso). Tal crescimento exponencial é convertido em crescimento logístico, no qual a taxa de crescimento diminui à medida que a população se torna maior e enfrenta a resistência ambiental (metade direita da curva). Com o tempo, o tamanho da população se estabiliza ou se aproxima da capacidade de suporte do seu ambiente, o que resulta em uma curva de crescimento sigmoide (em forma de S). Dependendo da disponibilidade de recursos, o tamanho de uma população muitas vezes oscila em torno da sua capacidade de suporte, no entanto, uma população pode temporariamente ultrapassar sua capacidade de suporte e depois sofrer uma queda brusca em seus números.
Pergunta: Qual é um exemplo de resistência ambiental que os humanos não têm sido capazes de superar?

ESTUDO DE CASO
A explosão das populações de veados-de-cauda-branca selvagens nos Estados Unidos

Em 1900, a destruição do habitat e a caça descontrolada reduziram a população de veados-de-cauda-branca selvagens (Figura 5-16) nos Estados Unidos para cerca de 500 mil animais. Nas décadas de 1920 e 1930, leis foram aprovadas para proteger os veados restantes. A caça foi restrita e predadores, como lobos e leões da montanha, que caçavam o veado, foram praticamente eliminados.

Essas proteções funcionaram e, para alguns habitantes dos subúrbios e agricultores, talvez tenham funcionado bem demais. Hoje, existem mais de 25 milhões de veados-de-cauda-branca nos Estados Unidos. Durante os últimos 50 anos, um grande número de americanos deslocou-se para as áreas arborizadas, os habitats dos veados, onde as áreas suburbanas têm se expandido. Com todo o paisagismo ao redor de suas casas, têm proporcionado ao veado flores, arbustos, plantas de jardim e outras que eles gostam de comer.

Os veados preferem viver nas áreas de entorno das florestas e zonas arborizadas pela segurança e vão para os campos, pomares, jardins e gramados próximos em busca de alimento. Assim, um bairro suburbano pode ser um paraíso gastronômico *self-service* para o veado-de-cauda-branca. Suas populações nessas áreas têm aumentado muito. Em algumas florestas, eles estão consumindo a cobertura vegetal nativa do solo e, com isso, permitindo que espécies não nativas de plantas daninhas se espalhem. Os veados também espalham a doença de Lyme (transmitida pelos seus carrapatos) para os humanos.

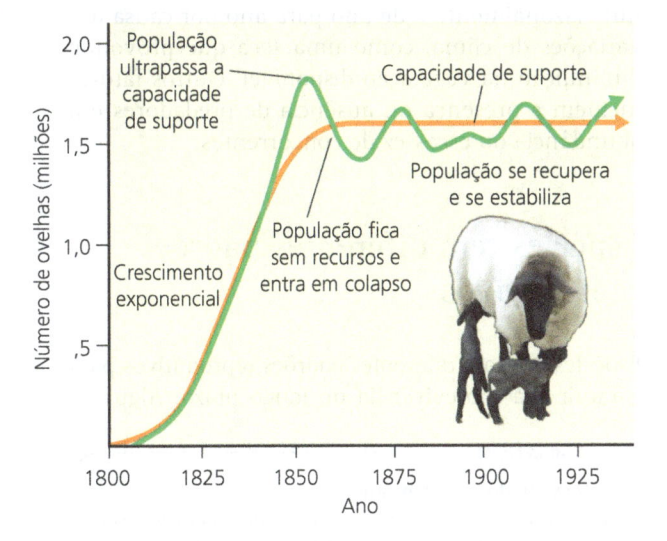

Figura 5-15 Este gráfico acompanha o crescimento logístico de uma população de ovelhas na ilha da Tasmânia, entre 1800 e 1925. Depois que as ovelhas foram introduzidas, em 1800, sua população cresceu exponencialmente, graças a um amplo suprimento de alimento e poucos predadores. Em 1855, tinham ultrapassado a capacidade de suporte do ambiente e seus números se estabilizaram e oscilaram em torno de uma capacidade de suporte de cerca de 1,6 milhão de ovelhas.

Figura 5-16 Este é um macho adulto de veado-de-cauda-branca.

Além disso, em colisões entre veados e veículos, os primeiros acidentalmente ferem e matam mais pessoas a cada ano nos Estados Unidos do que qualquer outro animal selvagem. Tais acidentes giram em torno de 1,5 milhão por ano e, anualmente, ferem, pelo menos, 25 mil pessoas, matam pelo menos 200 e provocam US$ 1,1 bilhão em danos materiais. A maioria desses acidentes ocorre durante os meses de outubro, novembro e dezembro, de madrugada ou ao anoitecer, quando os veados estão circulando entre os campos e áreas suburbanas e bosques próximos.

Não há respostas fáceis para o problema da população de veados no subúrbio. Alterações na regulamentação da caça que permitem a matança de mais veados fêmeas reduziram sua população em geral. Mas essas ações têm pouco efeito sobre os veados em áreas suburbanas, porque é perigoso demais permitir a caça generalizada com armas em tais comunidades povoadas. Algumas áreas têm contratado arqueiros experientes e licenciados para ajudar a reduzir o número de veados. Para proteger os residentes das proximidades, os arqueiros caçam de cima das árvores e só atiram suas flechas para baixo.

Ativistas dos direitos dos animais se opõem veementemente a matar veados, argumentando ser cruel e desumano. Por outro lado, alguns acreditam que a caça controlada de veados é mais humana do que permitir que grande número deles morra de fome durante o inverno. Argumentam que, removendo o principal predador do veado (o lobo) e muito de seu habitat original, os seres humanos têm contribuído para a fome dos veados durante o inverno em muitas áreas.

Algumas comunidades borrifam o cheiro dos predadores dos veados ou de carne de veado em decomposição ao redor das áreas para assustá-los. Outros usam um equipamento eletrônico que emite sons de alta frequência, inaudível para os humanos, para a mesma finalidade. Alguns proprietários cercam seus jardins e quintais com cercas de plástico preto, altas, invisíveis a distância. Tais impedimentos podem proteger uma área, mas fazem que o veado busque comida no quintal ou jardim de outra pessoa.

Eles podem ser presos e levados de uma área para outra, mas esse procedimento é caro e deve ser repetido sempre que os veados voltarem para uma área. Além disso, há questões sobre aonde os levar e como pagar por tais programas.

Devemos colocar os veados em um programa de controle de natalidade? Dardos carregados com contraceptivos poderiam ser atirados nas fêmeas para manter suas taxas de natalidade baixas, mas isso é caro e deve ser repetido todo ano. Uma abordagem é uma vacina experimental de dose única anticoncepcional que faz que as fêmeas parem de produzir óvulos por vários anos. Outra, prender os machos dominantes e lhes aplicar injeções de produtos químicos para esterilizá-los. Ambas as abordagens exigirão anos de testes.

Enquanto isso, os moradores de subúrbios podem esperar que os veados comam todos os arbustos, as flores e as plantas de seus jardins, a menos que possam proteger suas propriedades com cercas altas, à prova de veados, repelentes ou outros métodos. Os veados têm de comer todos os dias, como os humanos. Os moradores dos subúrbios podem considerar não plantar árvores, arbustos e flores que atraiam veados ao redor de suas casas.

Quando a população excede sua capacidade de suporte pode entrar em colapso

Algumas espécies não fazem uma transição suave do *crescimento exponencial* ao *logístico* (Figura 5-14). Tais populações utilizam suas fontes de recursos e, temporariamente, *ultrapassam* ou excedem a capacidade de suporte do seu meio ambiente. Isso ocorre em razão de um *retardo de tempo reprodutivo:* período necessário para a taxa de natalidade cair e a de mortalidade subir em resposta ao consumo excessivo de recursos.

Nesses casos, a população sofre um declínio acentuado, chamado *perecimento,* ou **colapso da população,** a menos que o excesso de indivíduos possa usar novos recursos ou se deslocar para uma área que tenha mais recursos. Tal colapso ocorreu quando renas foram introduzidas em uma pequena ilha no Mar de Bering (Figura 5-17).

A capacidade de suporte de determinada área não é fixa. Em algumas áreas, pode aumentar ou diminuir sazonalmente e de ano para ano por causa das variações de clima, como uma seca que provoque diminuição na vegetação disponível. Outros fatores incluem a presença ou ausência de predadores e a abundância ou escassez de concorrentes.

Espécies têm diferentes padrões reprodutivos

Espécies utilizam diferentes padrões reprodutivos para garantir sua sobrevivência no longo prazo. Algumas

> **PENSANDO SOBRE**
>
> **Veados-de-cauda-branca**
> Algumas pessoas culpam o veado-de-cauda-branca de invadir fazendas, quintais e jardins suburbanos para comer o alimento que os seres humanos lhe deixaram facilmente disponíveis. Outros dizem que os seres humanos têm parte da culpa por terem invadido o território dos veados, eliminando a maior parte dos predadores que mantinham as populações de veados sob controle, e fornecido várias opções para que esse animal se alimentasse em seus gramados e jardins. Que opinião você tem? Por quê? Você vê solução para este problema?

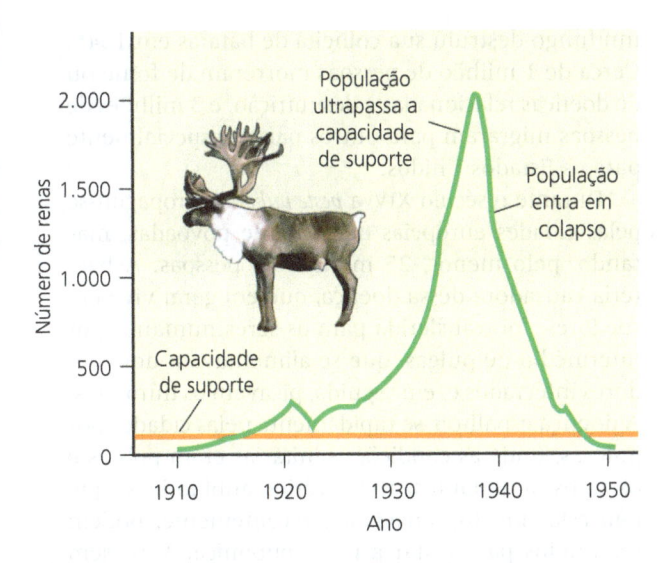

Figura 5-17 Este gráfico acompanha o crescimento exponencial, excesso e queda da população de renas introduzida na pequena ilha de St. Paul no Mar de Bering. Quando 26 renas (24 do sexo feminino) foram introduzidas, em 1910, liquens, musgos e outras fontes de alimento eram abundantes. Em 1935, o rebanho tinha aumentado para 2.000, ultrapassando a capacidade de suporte da ilha. Isto levou a uma queda na população, quando o tamanho do rebanho caiu para apenas oito renas em 1950. Pergunta: Por que você acha que o tamanho de algumas populações se nivela enquanto o de outras, como as renas neste exemplo, excede sua capacidade de suporte e entra em colapso?

têm muitos descendentes, geralmente de pequeno porte, e fornecem pouco ou nenhum cuidado parental ou proteção. Estas tipicamente compensam as perdas maciças de descendentes produzindo tantas crias que algumas provavelmente sobreviverão para também produzir muitos descendentes, e, assim, manter esse padrão reprodutivo. Exemplos incluem algas, bactérias e a maioria dos insetos.

No outro extremo estão espécies que tendem a se reproduzir mais tarde na vida e ter um pequeno número de filhotes com uma expectativa de vida bastante longa. Normalmente, os descendentes de mamíferos com essa estratégia reprodutiva se desenvolvem dentro de suas mães (onde estão seguros) e nascem relativamente grandes. Após o nascimento, amadurecem lentamente e são cuidados e protegidos por um ou ambos os pais e, em alguns casos, vivem em rebanhos ou grupos, até que atinjam a idade reprodutiva e iniciem o ciclo novamente.

A maioria dos mamíferos de grande porte (como elefantes, baleias e humanos) e aves de rapina seguem esse padrão reprodutivo. Muitas dessas espécies – especialmente aquelas com longos períodos entre as gerações e baixas taxas reprodutivas, como elefantes, rinocerontes e tubarões – são mais vulneráveis à extinção. A maioria dos organismos tem padrões reprodutivos entre esses dois extremos.

Sob algumas circunstâncias, a densidade populacional afeta o tamanho da população

Densidade populacional é o número de indivíduos em uma população encontrada em determinada área ou volume. A Figura 5-11, por exemplo, mostra uma população de alta densidade de gansos da neve. Alguns fatores que limitam o crescimento da população têm maior efeito conforme a sua densidade aumenta. Exemplos de tais *controles populacionais dependentes de densidade* incluem parasitismo, doenças infecciosas e a competição por recursos.

A maior densidade populacional pode ajudar os indivíduos que se reproduzem sexualmente a encontrar parceiros, mas também levar à maior competição por parceiros, alimentação, moradia, água, luz solar e outros recursos. Uma alta densidade populacional pode ajudar a proteger alguns membros dos predadores, mas também fazer que grandes grupos, como cardumes de peixe, sejam vulneráveis aos métodos de pesca dos humanos. Além disso, o contato íntimo entre os indivíduos em populações densas pode aumentar a transmissão de parasitas e doenças infecciosas. Quando a densidade populacional diminui, o efeito oposto ocorre. Os fatores dependentes da densidade tendem a regular uma população, mantendo-a com um tamanho relativamente constante, muitas vezes perto da capacidade de suporte de seu ambiente.

Alguns fatores que podem matar membros de uma população são *independentes da densidade*. Em outras palavras, o efeito não depende da densidade da população. Por exemplo, uma geada intensa no final da primavera pode matar muitos indivíduos de uma população de plantas ou de borboletas, independente da sua densidade. Outros fatores incluem inundações, furacões, incêndios, poluição e destruição do habitat, como o desmatamento de uma floresta ou o uso da área de um pântano.

Vários tipos diferentes de mudanças populacionais ocorrem na natureza

Na natureza, encontramos quatro padrões gerais de variação no tamanho da população: *estável*, *explosivo*, *cíclico* e *irregular*. Uma espécie cuja população oscila de tamanho um pouco acima e abaixo de sua capacidade de suporte é dita como sendo uma *população relativamente estável* (Figura 5-15). Essa estabilidade é uma característica de muitas espécies encontradas em florestas tropicais não perturbadas, onde a média de temperatura e precipitação varia pouco de ano para ano.

Para algumas espécies, o crescimento populacional pode ocasionalmente subir, ou *explodir*, em um pico e, então, entrar em colapso, até atingir um nível inferior mais estável ou, em alguns casos, um nível muito baixo e instável. Espécies de vida curta e que se reproduzem rapidamente, como algas e muitos insetos, possuem ciclos populacionais explosivos que estão ligados às mudanças sazonais do clima ou à disponibilidade de nutrientes. Por exemplo, em climas temperados, as populações de insetos crescem rapidamente durante a primavera e o verão, e morrem durante as geadas de inverno.

Um terceiro tipo de flutuação consiste em *flutuações cíclicas* regulares, ou *ciclos de expansão e contração*, do tamanho de uma população ao longo de um período de tempo. Exemplos são os lêmingues, roedores da subfamília Microtinae, cujas populações crescem e entram em declínio a cada 3-4 anos; o lince e a lebre americana, cuja população, em geral, cresce e entra em declínio em ciclos de dez anos (Figura 5-18). Ecólogos distinguem entre *regulação populacional de cima para baixo*, por meio da predação, e *regulação populacional de baixo para cima*, na qual o tamanho das populações de predadores e presas é controlado pela escassez de um ou mais recursos.

Finalmente, algumas populações parecem ter alterações *irregulares* no tamanho da população, sem um padrão recorrente. Alguns cientistas atribuem essa irregularidade ao caos em tais sistemas. Outros afirmam que elas podem representar flutuações em resposta à queda catastrófica da população resultante de invernos ocasionalmente severos.

Os humanos não estão isentos do controle populacional da natureza

Os seres humanos não estão isentos de colapsos da população. A Irlanda registrou tal colapso depois que um fungo destruiu sua colheita de batatas em 1845. Cerca de 1 milhão de pessoas morreram de fome ou de doenças relacionadas à desnutrição, e 3 milhões de pessoas migraram para outros países, especialmente para os Estados Unidos.

Durante o século XIV, a *peste bubônica* propagou-se pelas cidades europeias densamente povoadas, matando, pelo menos, 25 milhões de pessoas. A bactéria causadora dessa doença, que em geral vive em roedores, foi transferida para os seres humanos por intermédio de pulgas, que se alimentavam dos roedores infectados e, em seguida, picavam os humanos. A doença espalhou-se rapidamente pelas cidades populosas, onde as condições sanitárias eram pobres e os ratos abundantes. Hoje, vários antibióticos, que não estavam disponíveis até recentemente, podem ser usados para tratar a peste bubônica. Mas, sem tratamento, cerca de metade de qualquer grupo de indivíduos infectados com essa doença morre dentro de três a sete dias.

Atualmente, o mundo está enfrentando uma epidemia global de Aids, causada pela infecção com o vírus da imunodeficiência humana (HIV). Entre 1981 e 2008, essa doença matou mais de 27 milhões de pessoas, e continua a matar outros 2 milhões de vidas a cada ano, uma média de quatro mortes por minuto.

Até agora, mudanças tecnológicas, sociais, culturais e outras têm expandido a capacidade de suporte da Terra para a espécie humana. Aumentamos a produção de alimentos e utilizamos grandes quantidades de recursos energéticos e materiais para ocupar áreas anteriormente inabitáveis, expandir a agricultura e controlar as populações de outras espécies que competem conosco pelos recursos.

Alguns dizem que podemos continuar a expandir nossa pegada ecológica (veja a Figura 6, no Suplemento 8) por tempo indeterminado, principalmente em razão de nossa engenhosidade tecnológica. Outros afirmam que, mais cedo ou mais tarde, atingiremos o limite que a natureza sempre impõe a todas as populações.

Figura 5-18 Este gráfico representa os ciclos populacionais da lebre americana e do lince canadense. Em certa época, cientistas acreditavam que essas curvas forneceriam evidências de que essas populações de predadores e presas regulavam uma a outra. Estudos mais recentes sugerem que as oscilações periódicas na população da lebre são causadas por uma combinação de controle populacional de cima para baixo – por meio da predação pelo lince e outros predadores – e pelo controle populacional de baixo para cima, no qual as mudanças na disponibilidade do fornecimento de alimentos ajuda a determinar o tamanho da sua população, que, por sua vez, ajuda a determinar o tamanho da população de linces. (Dados de D. A. MacLulich)

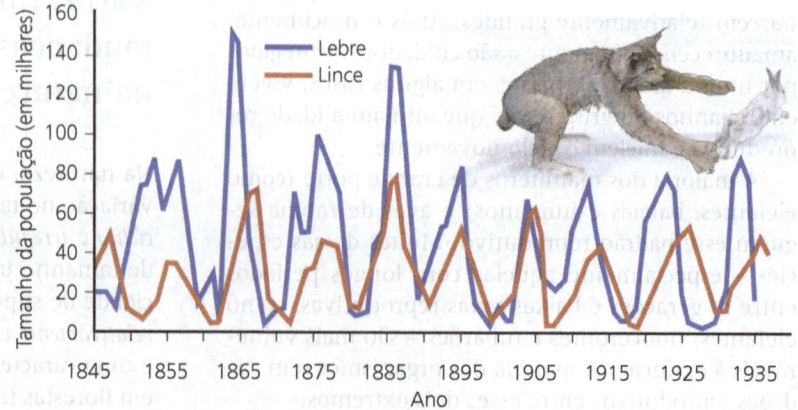

5-3 Como as comunidades e ecossistemas respondem às mudanças das condições ambientais?

▶ **CONCEITO 5-3** A estrutura e composição de espécies das comunidades e ecossistemas mudam em resposta às alterações das condições ambientais por meio de um processo chamado sucessão ecológica.

Comunidades e ecossistemas mudam com o tempo: sucessão ecológica

Os tipos e números de espécies nas comunidades biológicas e ecossistemas alteram-se em resposta às alterações das condições ambientais, como incêndios, erupções vulcânicas, mudanças climáticas e desmatamento de florestas para agricultura. A mudança normalmente gradual na composição de espécies em determinada área é chamada **sucessão ecológica** (Conceito 5-3).

Ecologistas reconhecem dois tipos principais de sucessão ecológica, dependendo das condições presentes no início do processo. **Sucessão ecológica primária** envolve a criação progressiva de comunidades bióticas em áreas sem vida, onde não há solo em um ecossistema terrestre ou nenhum sedimento de fundo em um aquático. Exemplos incluem a rocha nua exposta pelo recuo de uma geleira (Figura 5-19), lava recém-resfriada, uma estrada ou estacionamento abandonados, um lago raso ou reservatório recém-criados. Geralmente, a sucessão primária leva centenas de milhares de anos por causa da necessidade de constituição de solo fértil ou sedimentos aquáticos para fornecer os nutrientes necessários ao estabelecimento de uma comunidade vegetal.

O outro tipo, mais comum, de sucessão ecológica é chamado **sucessão ecológica secundária**, na qual uma série de comunidades ou ecossistemas com diferentes espécies se desenvolvem em ambientes com presença de solo ou sedimento de fundo. Esse tipo começa em uma área onde um ecossistema já foi perturbado, removido ou destruído, mas parte do solo ou sedimento de fundo permanece. Candidatos à sucessão secundária incluem terras agrícolas abandonadas (Figura 5-20), florestas queimadas ou desmatadas

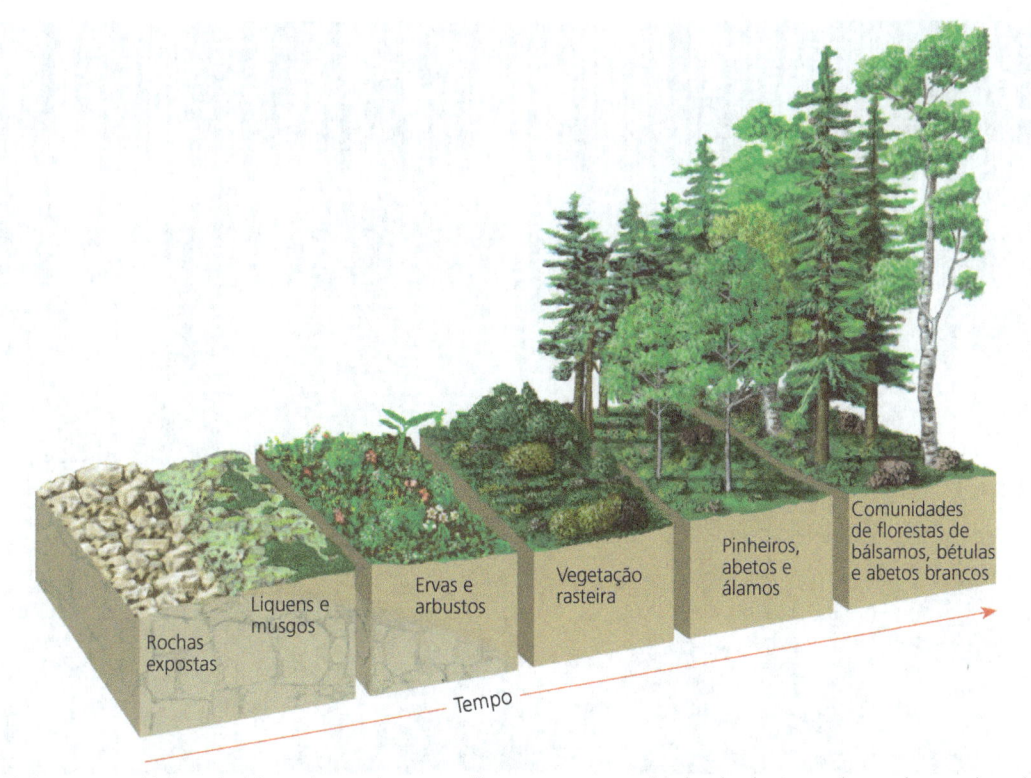

Figura 5-19 Sucessão ecológica primária: ao longo de quase mil anos, essas comunidades de plantas se desenvolveram de rochas nuas expostas pelo recuo de uma geleira na Ilha Royal, em Michigan (EUA), ao norte do Lago Superior. Os detalhes desse processo variam de um local para outro. **Pergunta:** Quais são duas maneiras pelas quais liquens, musgos e plantas podem começar a crescer em uma rocha nua?

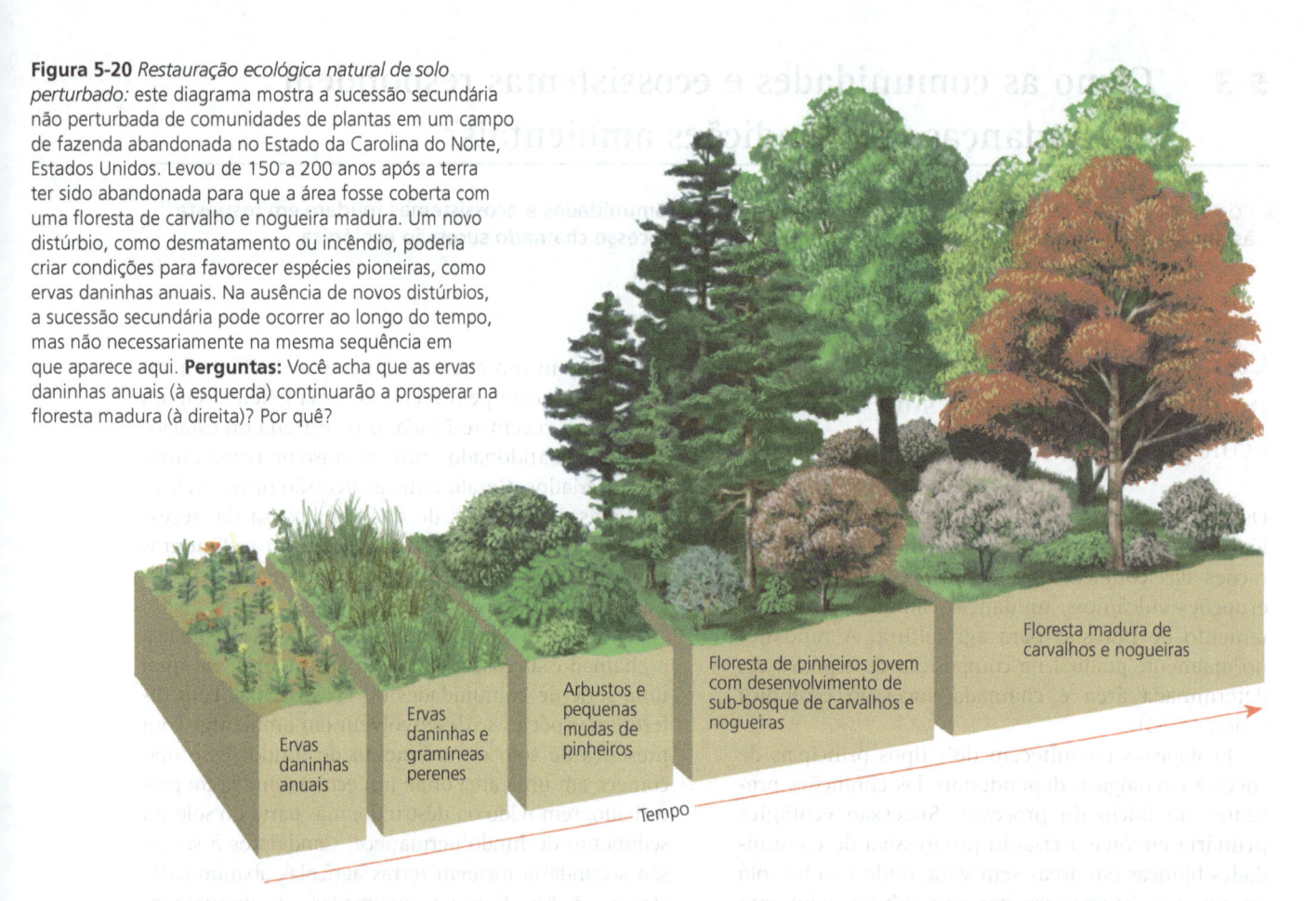

Figura 5-20 *Restauração ecológica natural de solo perturbado:* este diagrama mostra a sucessão secundária não perturbada de comunidades de plantas em um campo de fazenda abandonada no Estado da Carolina do Norte, Estados Unidos. Levou de 150 a 200 anos após a terra ter sido abandonada para que a área fosse coberta com uma floresta de carvalho e nogueira madura. Um novo distúrbio, como desmatamento ou incêndio, poderia criar condições para favorecer espécies pioneiras, como ervas daninhas anuais. Na ausência de novos distúrbios, a sucessão secundária pode ocorrer ao longo do tempo, mas não necessariamente na mesma sequência em que aparece aqui. **Perguntas:** Você acha que as ervas daninhas anuais (à esquerda) continuarão a prosperar na floresta madura (à direita)? Por quê?

Figura 5-21 Estes pinheiros jovens que crescem em torno de árvores ainda em pé que morreram após um incêndio florestal em 1998, no Parque Nacional de Yellowstone, são um exemplo de sucessão ecológica secundária.

CIÊNCIA EM FOCO

Como as espécies substituem umas às outras na sucessão ecológica?

Ecólogos identificaram três fatores que afetam como e em que taxa a sucessão ocorre. Um deles é a *facilitação*, pela qual um conjunto de espécies torna uma área adequada a espécies com exigências de nichos diferentes, mas menos adequada a si. Por exemplo, conforme liquens e musgos gradualmente formam o solo em uma rocha na sucessão primária, ervas e gramíneas podem colonizar o local e expulsar a comunidade original, ou pioneira, de liquens e musgos.

O segundo fator é a *inibição*, pela qual algumas espécies pioneiras dificultam a criação e o crescimento de outras. A inibição ocorre muitas vezes quando as plantas, como as nogueiras, *Juglans nigra* e *J. cinerea*, liberam compostos químicos tóxicos que reduzem a competição de outras. A sucessão, então, só pode avançar quando um incêndio, uma escavadeira, ou outro tipo de perturbação humana ou natural remover a maioria das espécies inibidoras.

O terceiro fator é a *tolerância*, quando as plantas dos estágios finais de sucessão (tardias) não são afetadas pelas plantas que chegaram durante as fases anteriores (iniciais), porque as tardias não estão em competição direta com as iniciais pelos recursos-chave. Por exemplo, árvores tolerantes à sombra e outras plantas podem prosperar sob as árvores mais velhas e maiores de uma floresta madura (Figura 5-19), pois não precisam competir com as espécies maiores pelo acesso à luz solar.

Pensamento crítico
Explique como a tolerância pode aumentar a biodiversidade, aumentando as diversidades de espécies e funcional (fluxo de energia e ciclagem química) em um ecossistema.

(Figura 5-21), rios muito poluídos e terras que foram inundadas. Porque o solo ou sedimento está presente, a nova vegetação pode começar a germinar, geralmente dentro de algumas semanas. Começa com sementes já no solo e outras importadas pelo vento ou trazidas pelas fezes de aves e outros animais.

As sucessões ecológicas primária e secundária são importantes serviços naturais que tendem a aumentar a biodiversidade e, portanto, a sustentabilidade das comunidades e dos ecossistemas pelo crescimento da riqueza de espécies e interações entre elas, que, por sua vez, aumentam a sustentabilidade, promovendo o controle populacional e o aumento da complexidade das teias alimentares. Isso, por sua vez, amplia o fluxo de energia e ciclagem de nutrientes, que são componentes funcionais da biodiversidade (veja Figura 4-2, Capítulo 4). Como parte do capital natural da Terra, os dois tipos de sucessão são exemplos de *restauração ecológica natural*. Ecólogos têm conduzido pesquisas para descobrir mais sobre os fatores envolvidos na sucessão ecológica (Ciência em foco).

Durante a sucessão primária ou secundária, distúrbios ambientais, como incêndios (Figura 15-21), furacões, desmatamento de florestas, lavouras de pastagens e invasões de espécies exóticas, podem interromper um determinado estágio da sucessão, fazendo que volte para uma fase anterior.

A sucessão não percorre um caminho previsível

Segundo a visão tradicional, a sucessão acontece em uma sequência ordenada ao longo de um caminho esperado até que certo tipo estável de *comunidade clímax* ocupe uma área. Tal comunidade é dominada por poucas espécies de plantas de vida longa e está em equilíbrio com seu meio ambiente. Era a esse modelo de equilíbrio de sucessão que os ecólogos se referiam quando falavam sobre *equilíbrio da natureza*.

Durante as últimas décadas, muitos ecólogos mudaram seu ponto de vista sobre o balanço e equilíbrio na natureza. Sob a visão de equilíbrio da natureza, uma grande comunidade ou ecossistema terrestre submetidos à sucessão eventualmente se tornavam cobertos com um tipo de vegetação clímax esperado, como uma floresta madura (Figuras 5-19 e 5-20). Há uma tendência geral para que a sucessão leve a ecossistemas mais complexos, diversos e presumivelmente estáveis, no entanto, um olhar mais atento sobre praticamente qualquer comunidade ou ecossistema terrestre revela que ela é constituída de um mosaico em constante mudança de partes de vegetação em diferentes estágios de sucessão.

A visão atual é que não podemos prever uma determinada linha de sucessão ou vê-la como um inevitável progresso em direção a uma comunidade ou ecossistema vegetal clímax idealmente adaptado. Pelo contrário, a sucessão reflete o esforço contínuo de diferentes espécies por obter luz, água, nutrientes, comida e espaço suficientes. A maioria dos ecólogos agora reconhece que ecossistemas maduros, de sucessão tardia, não estão em estado de equilíbrio permanente. Ao contrário, estão em estado de perturbação e mudança contínua.

Sistemas vivos são sustentados por mudanças constantes

Todos os sistemas vivos, desde uma célula até a biosfera, estão constantemente mudando em resposta às alterações das condições ambientais. Continentes movem-se, climas mudam e distúrbios e sucessões alteram a composição das comunidades e dos ecossistemas.

Os sistemas vivos contêm complexas redes entrelaçadas de *feedbacks* positivos e negativos (veja Figuras 2-18 e 2-19, Capítulo 2) que interagem para proporcionar certo grau de estabilidade ou sustentabilidade sobre a expectativa de vida esperada de cada sistema. Essa *estabilidade*, ou capacidade de resistir ao estresse e perturbação externos, é mantida apenas pela constante mudança em resposta às alterações nas condições ambientais. Por exemplo, em uma floresta tropical madura, algumas árvores morrem e outras tomam seus lugares, no entanto, a menos que a floresta seja cortada, queimada ou destruída de outra forma, você ainda irá reconhecê-la como uma floresta tropical daqui a 50 ou 100 anos.

É útil fazer a distinção entre dois aspectos da estabilidade em sistemas vivos. Um deles é a **inércia**, ou **persistência**: capacidade de um sistema vivo, como um gramado ou uma floresta, sobreviver a distúrbios moderados. O segundo é a **resiliência**: capacidade de um sistema vivo ser restaurado pela sucessão secundária após um distúrbio mais grave.

Evidências sugerem que alguns ecossistemas têm uma dessas capacidades, mas não a outra. Por exemplo, as florestas tropicais têm grande riqueza de espécies e elevada inércia e, portanto, são resistentes à mudança ou a danos significativos. No entanto, uma vez que uma grande extensão de floresta tropical seja desmatada ou severamente danificada, a resiliência dos ecossistemas florestais degradados resultantes pode ser tão baixa que chega a um ponto ecológico crítico em que não pode ser restaurada pela sucessão ecológica secundária. Uma razão para isso é que a maioria dos nutrientes em uma floresta tropical típica é armazenada em sua vegetação, e não no solo superior, como na maioria dos outros ecossistemas terrestres. Quando a vegetação rica em nutrientes é removida, chuvas diárias podem levar a maioria dos outros nutrientes deixados no solo, impedindo assim que a floresta tropical renasça em uma grande área desmatada.

Em contrapartida, pastagens são muito menos diversificadas do que a maioria das florestas e, por consequência, têm baixa inércia e podem queimar facilmente. No entanto, como a maior parte de sua matéria vegetal é armazenada nas raízes do subsolo, esses ecossistemas têm alta resiliência e podem se recuperar rapidamente depois de um incêndio à medida que seus sistemas radiculares produzem novas gramíneas. A pastagem só pode ser destruída se suas raízes forem arrancadas e outras espécies forem plantadas em seu lugar, ou se for severamente consumida pelo gado ou outros herbívoros.

Essa variação entre as espécies com relação à resiliência e à inércia é mais um exemplo de como a biodiversidade tem ajudado a vida na Terra por bilhões de anos. Assim, ela ilustra um aspecto do **princípio de sustentabilidade** da biodiversidade.

Aqui estão as *três grandes ideias deste capítulo*:

- Certas interações entre espécies afetam a utilização de recursos e os tamanhos da população.

- Sempre há limites para o crescimento da população na natureza.

- Mudanças nas condições ambientais fazem que a composição de espécies e o tamanho das populações das comunidades e dos ecossistemas mudem gradualmente (sucessão ecológica).

REVISITANDO — As lontras marinhas do sul e a sustentabilidade

Antes da chegada dos colonizadores europeus à costa ocidental da América do Norte, a população de lontras marinhas fazia parte de um ecossistema complexo formado por kelp, criaturas que habitavam o fundo do oceano, lontras, baleias e outras espécies dependentes umas das outras para a sobrevivência. As florestas de kelp serviam como alimento e abrigo para os ouriços-do-mar. As lontras marinhas alimentavam-se desses e de outros comedores de kelp. Algumas espécies de baleias e tubarões alimentavam-se das lontras, e os detritos de todas essas espécies ajudavam a manter as florestas de kelp. Cada uma dessas populações interagindo era controlada e ajudava a sustentar todas as outras.

Quando os colonizadores europeus chegaram e começaram a caçar as lontras por suas peles, provavelmente não sabiam muito sobre a complexa teia de vida abaixo da superfície do oceano. No entanto, com os efeitos da caça excessiva, as pessoas perceberam que haviam feito mais do que simplesmente retirar as lontras marinhas: haviam destruído a teia, prejudicando todo um ecossistema e provocando a perda de valiosos recursos e serviços naturais, incluindo a biodiversidade.

Populações da maioria das plantas e animais dependem, direta ou indiretamente, da energia solar, e todas as populações têm uma função na ciclagem de nutrientes nos ecossistemas onde vivem. Além disso, a biodiversidade encontrada na variedade de espécies nos diferentes ecossistemas terrestres e aquáticos fornece caminhos alternativos para o fluxo de energia e ciclagem de nutrientes e melhores oportunidades para a seleção natural conforme as condições ambientais mudam. Ao prejudicar esses caminhos, violamos todos os três **princípios da sustentabilidade**. Neste capítulo, estudamos mais de perto dois efeitos de um desses princípios: primeiro, a biodiversidade promove a sustentabilidade, segundo, sempre há limites para o crescimento populacional na natureza, principalmente por causa da biodiversidade e interações entre as diversas espécies.

CAPÍTULO 5   Biodiversidade, interações entre espécies e controle da população   **127**

Não podemos comandar a natureza, a não ser obedecendo-a.
SIR FRANCIS BACON

REVISÃO

1. Revise as Questões-chave e os Conceitos para este capítulo. Explique como as lontras marinhas do sul agem como uma espécie-chave em seu meio ambiente. E por que devemos nos preocupar com a proteção dessa espécie da extinção prematura que poderia resultar, em sua maioria, das atividades humanas.

2. Defina **competição interespecífica, predação, parasitismo, mutualismo** e **comensalismo** e dê um exemplo de cada. Explique como cada uma dessas interações entre espécies pode afetar o tamanho das populações nos ecossistemas. Descreva e dê um exemplo de **partição de recursos** e explique como ela pode aumentar a diversidade de espécies.

3. Faça a distinção entre espécies **predadora** e **presa**, e dê um exemplo de cada. O que é uma **relação predador-presa**? Explique por que devemos ajudar a preservar as florestas de kelp (algas gigantes). Descreva três maneiras pelas quais as espécies de presas podem evitar seus predadores e três pelas quais os predadores podem aumentar suas chances de se alimentar de sua presa.

4. Defina e dê um exemplo de **coevolução**.

5. Defina **população**, descreva quatro variáveis que governam as mudanças no tamanho da população e escreva uma equação que mostre como elas interagem. O que é **estrutura etária** de uma população e como os três grandes grupos etários são chamados? Defina **intervalo de tolerância**. Defina **fator limitante** e dê um exemplo. Cite o **princípio do fator limitante**.

6. Faça a distinção entre **resistência ambiental** e **capacidade de suporte** de um ambiente e utilize esses conceitos para explicar por que sempre há limites para o crescimento da população na natureza. Por que as lontras marinhas do sul estão lentamente se recuperando e que fatores podem ameaçar essa recuperação?

7. Defina e dê um exemplo de **colapso da população**. Explique por que os humanos não estão isentos do controle populacional da natureza. Descreva o problema da explosão na população de veados-de-cauda-branca nos Estados Unidos e discuta opções para lidar com isso. Descreva duas diferentes estratégias reprodutivas que podem melhorar a sobrevivência no longo prazo de uma espécie. Defina **densidade populacional** e explique como isso pode afetar o tamanho de algumas, mas não de todas as populações.

8. O que é **sucessão ecológica**? Faça a distinção entre **sucessão ecológica primária** e **sucessão ecológica secundária**, e dê um exemplo de cada. Explique por que a sucessão não percorre um caminho previsível.

9. Explique como os sistemas vivos atingem algum grau de sustentabilidade, passando por constante evolução em resposta às mudanças nas condições ambientais. Em termos de estabilidade, faça a distinção entre **inércia (persistência)** e **resiliência**, e dê um exemplo de cada.

10. Quais são as *três grandes ideias deste capítulo?* Explique como as mudanças na natureza e tamanho das populações estão relacionadas aos três **princípios da sustentabilidade**.

Obs.: Os termos-chave estão em negrito.

PENSAMENTO CRÍTICO

1. Que diferença faria se a lontra marinha do sul (**Estudo de caso principal**) fosse extinta principalmente em decorrência das atividades humanas? Quais são três atitudes que podemos tomar para ajudar a prevenir a extinção dessa espécie?

2. Use a segunda lei da termodinâmica (veja Capítulo 2) para ajudar a explicar por que os predadores, em geral, são menos abundantes do que suas presas.

3. Explique por que a maioria das espécies com alta capacidade de crescimento populacional (como bactérias, moscas e baratas) tende a ter indivíduos pequenos, ao passo que aqueles com baixa capacidade de crescimento populacional (como os humanos, elefantes e baleias) tendem a ter indivíduos grandes.

4. Que estratégia reprodutiva a maioria das espécies de insetos e bactérias nocivas usa? Por que isso faz que seja difícil controlarmos suas populações?

5. Liste três fatores que limitaram o crescimento populacional humano no passado e que superamos. Descreva como superamos cada um desses fatores. Liste dois fatores que podem limitar o crescimento da população humana no futuro. Você acha que estamos perto de atingir esses limites? Explique.

6. Se a espécie humana sofresse uma queda populacional, quais três espécies poderiam ocupar parte de nosso nicho ecológico.

7. Como você responderia a alguém que argumenta que não devemos nos preocupar com nossos efeitos

sobre os sistemas naturais, pois a sucessão natural curará as feridas das atividades humanas e restaurar o equilíbrio da natureza?

8. Como você responderia a alguém que defendesse que os esforços para preservar os sistemas naturais não valem a pena porque a natureza é muito imprevisível?

9. Com suas próprias palavras, reescreva a citação de fechamento deste capítulo, de *Sir* Francis Bacon. Você concorda com essa ideia? Por quê?

10. Liste duas questões que gostaria que tivessem sido respondidas como resultado da leitura deste capítulo.

ANÁLISE DOS DADOS

O gráfico a seguir mostra as mudanças no tamanho de uma população de pinguins-imperadores, em termos de casais reprodutivos, na ilha de Terre Adelie, na Antártida. Utilize o gráfico para responder às perguntas abaixo.

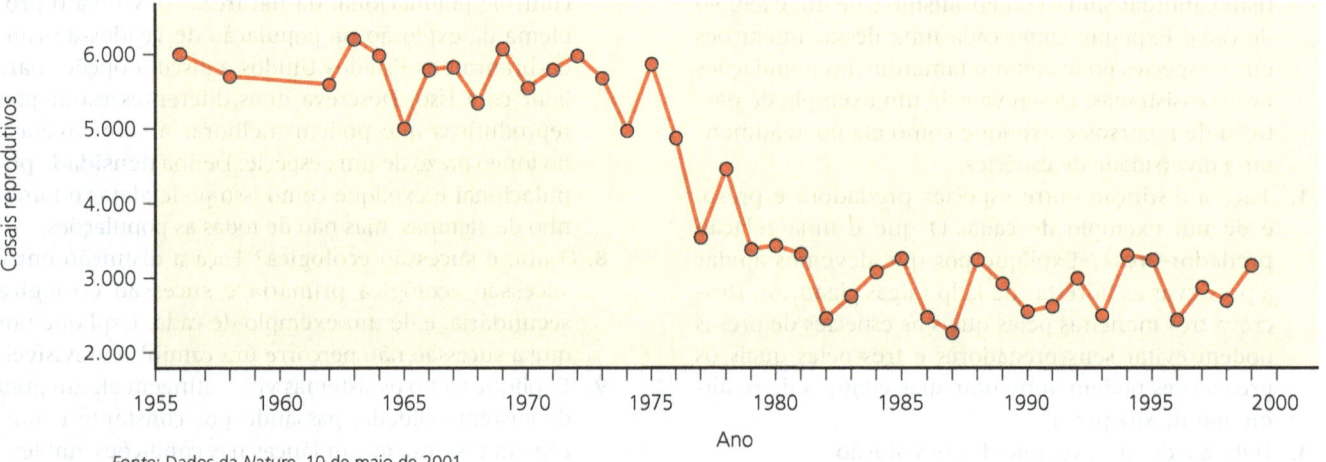

Fonte: Dados da *Nature*, 10 de maio de 2001.

1. Qual era a capacidade aproximada de suporte da ilha para a população de pinguins de 1960 a 1975? E entre 1980 e 2000? (Dica: veja a Figura 5-14.)

2. Qual é a porcentagem de declínio na população de pinguins de 1975 a 2000?

A população humana e seu impacto

6

ESTUDO DE CASO PRINCIPAL

Desacelerando o crescimento populacional na China: uma história de sucesso

Qual é o país mais populoso do mundo? Resposta: a China, com 1,3 bilhão de pessoas (Figura 6-1). Projeções das Nações Unidas indicam que, se as atuais tendências populacionais da China continuarem, sua população aumentará para quase 1,5 bilhão em 2025 e, em seguida, iniciará um lento declínio para cerca de 1,4 bilhão em 2050.

Desde a década de 1960, que país tem feito mais para reduzir o crescimento populacional: a China ou os Estados Unidos? Resposta: a China. Nessa década, a grande população da China estava crescendo tão rapidamente, que havia uma séria ameaça de fome em massa. Para evitar isso, o governo decidiu estabelecer o maior, mais intrusivo e mais rigoroso programa de controle de natalidade familiar do mundo.

A meta da China era reduzir drasticamente o crescimento da população com a promoção de famílias de um só filho. O governo fornece contraceptivos, esterilizações e abortos para casais. Além disso, aqueles que se comprometem a não ter mais de uma criança recebem uma série de benefícios, incluindo melhor habitação, mais comida, cuidados de saúde gratuitos, abono salarial e oportunidades de trabalho preferenciais para o filho. Casais que quebram sua promessa perdem esses benefícios.

Desde que esse programa controlado pelo governo começou, a China tem feito esforços notáveis para alimentar sua população e manter o crescimento populacional sob controle. Entre 1972 e 2010, o país reduziu a taxa de natalidade pela metade e diminuiu o número médio de filhos nascidos de 5,7 para 1,5, em comparação com 2,1 filhos por mulher nos Estados Unidos. Como resultado, a população dos Estados Unidos está crescendo mais rapidamente que a da China.

Desde 1980, a China passou por um rápido crescimento econômico e de industrialização. Isso tem ajudado pelo menos 100 milhões de chineses – um número equivalente a cerca de um terço da população dos Estados Unidos – a saírem da pobreza e se tornarem consumidores de classe média. Com o tempo, a crescente classe média chinesa consumirá mais recursos por pessoa, aumentando a "pegada ecológica" da China (observe a Figura 1-13, Capítulo 1) dentro de suas fronteiras e em outras partes do mundo que lhe fornecem recursos, o que colocará uma pressão sobre o capital natural da Terra, a menos que a China trace um plano para um desenvolvimento mais sustentável.

Então, por que devemos nos preocupar com o crescimento populacional na China, na Índia, nos Estados Unidos ou em qualquer outro lugar no mundo? Há duas razões principais. Primeiro, cada um de nós depende dos sistemas de apoio à vida da Terra para satisfazer nossas necessidades básicas de ar, água, comida, terra, moradia e energia, bem como uma série de outros recursos naturais que usamos para produzir uma variedade incrível de produtos manufaturados. Conforme nossa população cresce e a renda aumenta, usamos mais dos recursos naturais da Terra para satisfazer nossos desejos de crescimento, o que aumenta nossa pegada ecológica (observe a Figura 1-13) e degrada o capital natural (veja a Figura 1-4, Capítulo 1), que nos mantém vivos e sustenta nossa vida. Segundo, não estamos atendendo às necessidades básicas de 1,4 bilhão de pessoas – uma em cada cinco no planeta.

Isso levanta uma questão muito importante: se estamos deixando de atender às necessidades básicas de 1,4 bilhão de pessoas – 4,5 vezes a população dos Estados Unidos e mais do que o número de pessoas que atualmente vivem na China – e se continuarmos a degradar nosso sistema de suporte à vida, o que vai acontecer em 2050, quando se espera tenhamos 2,7 bilhões a mais de nós?

Figura 6-1 Centenas de pessoas em uma rua na China. Quase uma em cada cinco pessoas no planeta vive na China, e a utilização de recursos do país por pessoa é projetada para crescer rapidamente conforme esse país se torna mais modernizado e abastado.

Questões e conceitos principais

6-1 Quantas pessoas mais a Terra pode suportar?

CONCEITO 6-1 Não sabemos quanto tempo podemos continuar aumentando a capacidade de suporte da Terra para os seres humanos sem danificar seriamente o sistema de apoio à vida que nos mantém, e a muitas outras espécies, vivos.

6-2 Quais fatores influenciam o tamanho da população humana?

CONCEITO 6-2A O tamanho da população aumenta com nascimentos e imigrações, e diminui com as mortes e emigrações.

CONCEITO 6-2B O número médio de crianças nascidas por mulheres na população (taxa de fertilidade total) é o principal fator que determina o tamanho da população.

6-3 Como a estrutura etária de uma população afeta seu crescimento ou declínio?

CONCEITO 6-3 O número de machos e fêmeas nos grupos etários jovens, de meia-idade e mais velhos determina a rapidez com que uma população cresce ou diminui.

6-4 Como podemos desacelerar o crescimento da população humana?

CONCEITO 6-4 Podemos desacelerar o crescimento da população humana reduzindo a pobreza, elevando a condição da mulher e incentivando o planejamento familiar.

Obs.: Suplementos 2, 8 e 9 podem ser utilizados com este capítulo

---

Os problemas a serem enfrentados são vastos e complexos, mas se resumem a isto: 6,9 bilhões de pessoas estão se reproduzindo de forma exponencial. O processo de atender a seus desejos e necessidades está tirando da Terra a capacidade biótica de sustentar a vida; uma explosão de consumo por uma única espécie está sobrecarregando o céu, a terra, as águas e a fauna.

PAUL HAWKEN

6-1 Quantas pessoas mais a Terra pode sustentar?

▶ **CONCEITO 6-1** Não sabemos quanto tempo podemos continuar aumentando a capacidade de suporte da Terra para os seres humanos sem seriamente danificar o sistema de apoio à vida que nos mantém, e a muitas outras espécies, vivos.

O crescimento da população humana continua, mas está desigualmente distribuído

Ao longo da maior parte da história, a população humana cresceu lentamente (veja a Figura 1-18, Capítulo 1, lado esquerdo da curva). No entanto, nos últimos 200 anos, ela tem crescido rapidamente, resultando na característica curva em J de crescimento exponencial (veja a Figura 1-18, lado direito da curva).

Três fatores principais são responsáveis por esse aumento da população. *Primeiro*, os humanos desenvolveram a capacidade de se expandir para quase todos os habitats e zonas climáticas do planeta. *Segundo*, o surgimento da agricultura antiga e moderna nos permitiu produzir mais alimentos para cada unidade de área de terra cultivada. *Terceiro*, as taxas de mortalidade caíram bruscamente em razão das melhores condições sanitárias, cuidados de saúde e desenvolvimento de antibióticos e vacinas para ajudar a controlar doenças infecciosas. Assim, *a maior parte do aumento da população mundial durante os últimos cem anos ocorreu por causa de uma queda acentuada nas taxas de mortalidade – e não de um aumento acentuado nas taxas de natalidade.*

Há cerca de 10 mil anos, quando a agricultura começou, havia cerca de 5 milhões de seres humanos no planeta; agora, existem cerca de 6,9 bilhões de nós. Levamos do momento em que chegamos à Terra até 1927 para adicionar os primeiros 2 bilhões de pessoas ao planeta, menos de 50 anos para acrescentar os 2 bilhões seguintes (em 1974) e apenas 25 anos para os outros 2 bilhões (em 1999). Essa é uma

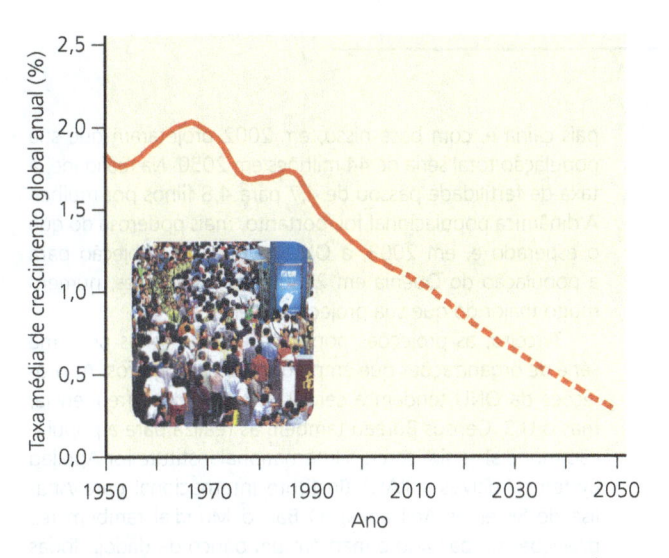

Figura 6-2 Este gráfico acompanha a taxa de crescimento anual da população mundial, 1950-2010, com projeções para 2050. (Dados da Divisão de População das Nações Unidas e do U.S. Census Bureau)

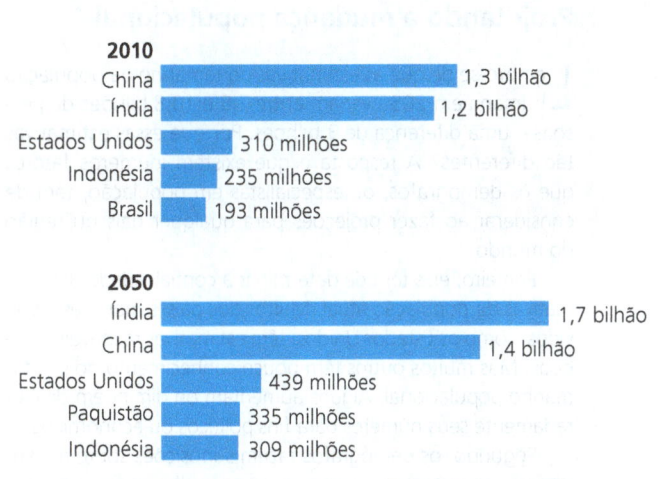

Figura 6-4 Este gráfico mostra as populações dos cinco países mais populosos do mundo em 2010 e 2050 (projeção). Em 2010, mais de uma em cada três pessoas sobre a Terra viveram na China (com 19% da população mundial) ou na Índia (com 17%). (Dados da Divisão de População das Nações Unidas)

ilustração do incrível poder de crescimento exponencial (consulte Capítulo 1). Em 2012, estaremos tentando sustentar 7 bilhões de pessoas, e talvez 9,5 bilhões em 2050. (Consulte a Figura 3, no Suplemento 9, um cronograma dos principais eventos relacionados ao crescimento da população humana).

A taxa de crescimento populacional diminuiu (Figura 6-2), mas a população mundial continua crescendo exponencialmente a uma taxa de 1,21% ao ano, o que significa que 83 milhões de pessoas foram adicionadas à população mundial durante 2010, uma média de mais de 227 mil pessoas a cada dia, ou mais 2 pessoas a cada batida do seu coração. Isso é aproximadamente igual a adicionar o equivalente a todas as pessoas nos Estados americanos da Califórnia, do Texas, de Nova York e de Iowa na população mundial a cada ano.

Geograficamente, esse crescimento é distribuído de maneira desigual e deverá continuar sendo assim (Figura 6-3). Cerca de 1% dos 83 milhões de novos habitantes do planeta em 2010 foram adicionados aos países mais desenvolvidos do mundo, que estão crescendo 0,17% ao ano. Os outros 99% foram adicionados ao mundo de renda média e baixa, em países menos desenvolvidos, que crescem 9 vezes mais rápido, a uma taxa de 1,4% ao ano, em média. Pelo menos 95%

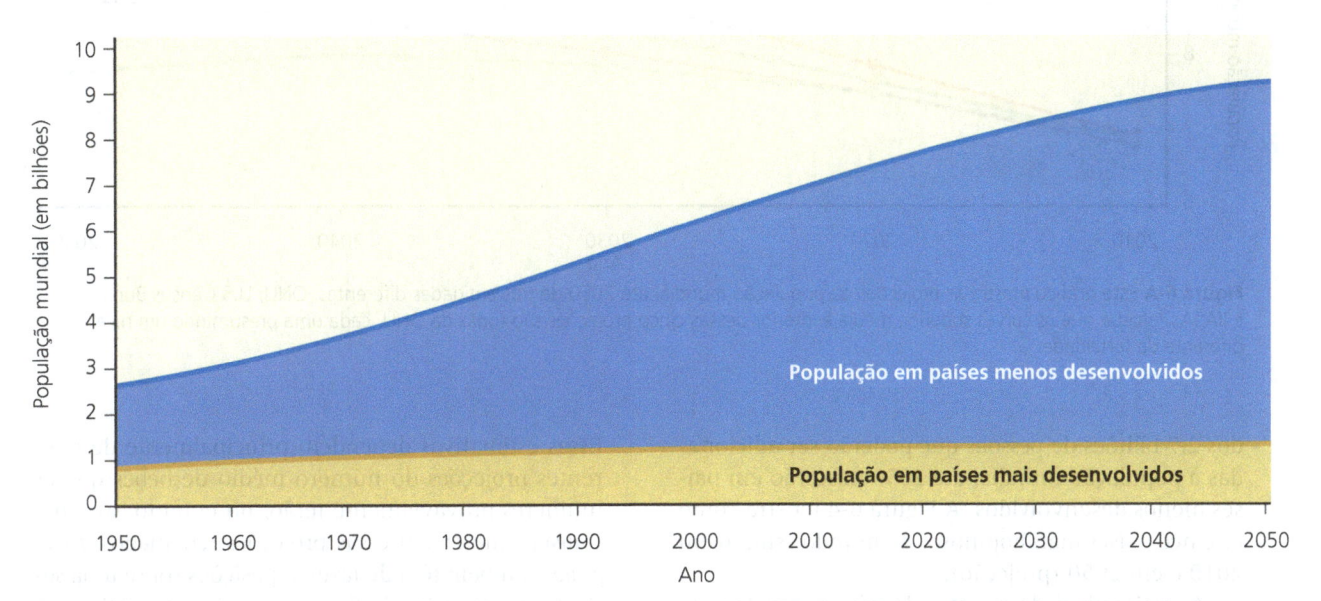

Figura 6-3 A maior parte do crescimento populacional mundial entre 1950 e 2010 ocorreu em países menos desenvolvidos do mundo. Essa diferença está projetada para aumentar entre 2010 e 2050. (Dados da Divisão de População das Nações Unidas, *The 2008 Revision*, e Population Reference Bureau, *2010 World Population Data Sheet*)

CIÊNCIA EM FOCO

Projetando a mudança populacional

Lembre-se de que as estimativas do tamanho da população humana em 2050 variam entre 7,8 e 10,8 bilhões de pessoas – uma diferença de 3 bilhões. Por que essas estimativas tão diferentes? A resposta é que existem inúmeros fatores que os demógrafos, ou especialistas em população, têm de considerar ao fazer projeções para qualquer país ou região do mundo.

Primeiro, eles têm de determinar a confiabilidade das estimativas da população atual. Muitos dos países mais desenvolvidos, como os Estados Unidos, têm estimativas razoavelmente boas. Mas muitos outros têm pouco conhecimento do seu tamanho populacional. Alguns aumentam ou diminuem deliberadamente seus números para fins políticos ou econômicos.

Segundo, os demógrafos fazem suposições sobre as tendências de fertilidade – ou seja, se as mulheres em um país, em média, terão mais ou menos bebês no futuro. Esses especialistas podem supor que a fertilidade está declinando a uma determinada porcentagem por ano. Mas porque a população é dinâmica, muda gradualmente, como um grande navio em movimento percorre certa distância antes que possa mudar de direção. Se a estimativa da taxa de declínio da fertilidade estiver errada por apenas alguns pontos percentuais, o aumento percentual resultante na população pode ser ampliado ao longo de vários anos e ser bastante diferente do aumento populacional projetado.

Um exemplo desse processo ocorreu no Quênia. Os demógrafos da ONU presumiram que a taxa de fertilidade nesse país cairia e, com base nisso, em 2002 projetaram que sua população total seria de 44 milhões em 2050. Na realidade, a taxa de fertilidade passou de 4,7 para 4,8 filhos por mulher. A dinâmica populacional foi, portanto, mais poderosa do que o esperado e, em 2008, a ONU revisou sua projeção para a população do Quênia em 2050 para 65 milhões, número muito maior do que sua projeção anterior.

Terceiro, as projeções populacionais são feitas por uma série de organizações que empregam os demógrafos. As projeções da ONU tendem a ser citadas com mais frequência, mas o U.S. Census Bureau também as realiza para a população mundial, assim como o International Institute for Applied Systems Analysis – IIASA (Instituto Internacional para Análise de Sistemas Aplicados). O Banco Mundial também fez projeções no passado e mantém um banco de dados. Todas essas organizações utilizam diferentes conjuntos de dados e diferentes métodos, e, por isso, suas projeções variam (Figura 6-A). (Assista *The Habitable Planet*, Vídeo 5, em www.learner.org/resources/series209.html para uma discussão de como os demógrafos medem o tamanho e crescimento de uma população.)

Pensamento crítico
Se você estivesse no comando do mundo, tomando decisões sobre o uso dos recursos com base em projeções de população, em quais, das que constam na Figura 6-A, você confiaria? Explique.

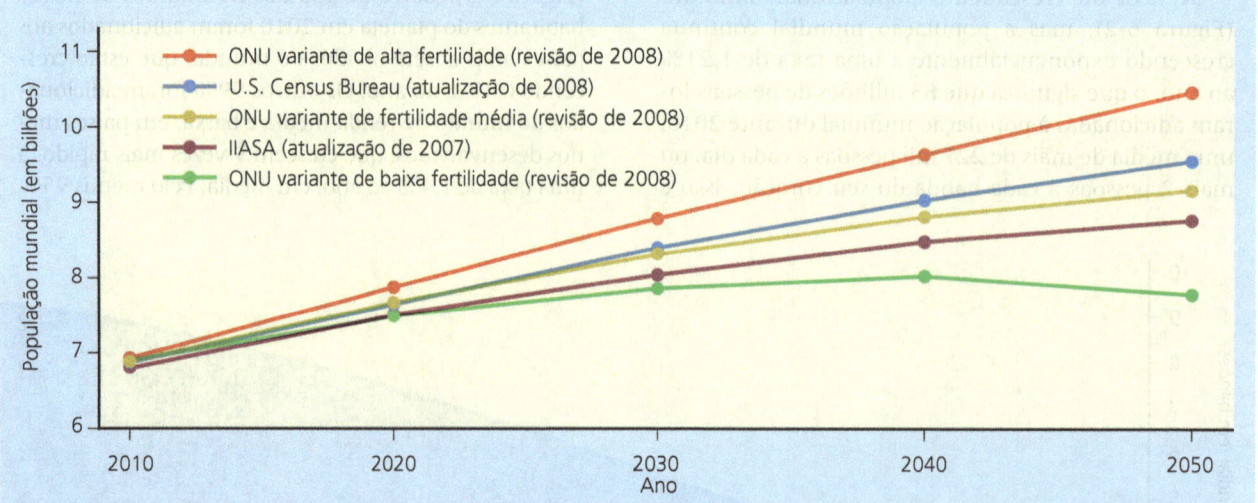

Figura 6-A Este gráfico mostra as projeções da população mundial até 2050 de três entidades diferentes: ONU, U.S Census Bureau e IIASA. Perceba que as curvas superior, média e inferior dessas cinco projeções são todas da ONU, cada uma presumindo um nível diferente de fertilidade.

dos 2,7 bilhões de pessoas que poderão ser adicionadas à população mundial até 2050 nascerão em países menos desenvolvidos. A Figura 6-4 mostra como os cinco países mais populosos do mundo estarão em 2010 e em 2050 (projeção).

As estimativas de quantos de nós provavelmente estarão aqui em 2050 variam entre 7,8 e 10,8 bilhões, com uma projeção média de 9,6 bilhões de pessoas.

Essas estimativas dependem principalmente de diferentes projeções do número médio de bebês que as mulheres provavelmente terão, no entanto, os especialistas que fazem essas projeções, chamados *demógrafos*, também têm de fazer suposições sobre uma série de outras variáveis. Se seus pressupostos estiverem errados, as previsões populacionais podem também estar (Ciência em foco).

CIÊNCIA EM FOCO

Quanto tempo a população humana pode continuar crescendo?

Para sobreviver e prover recursos para um número crescente de pessoas, os seres humanos têm modificado, cultivado, desenvolvido e degradado uma grande e crescente parcela dos sistemas naturais da Terra. Nossas atividades têm afetado diretamente, em algum grau, cerca de 83% da superfície terrestre do planeta, com exceção da Antártida (observe a Figura 6, no Suplemento 8), conforme nossa pegada ecológica tem se espalhado pelo mundo (veja a Figura 1-13, Capítulo 1).

Estudos científicos das populações de outras espécies nos dizem que nenhuma população pode continuar crescendo indefinidamente. Quanto tempo podemos continuar fugindo da realidade da capacidade de carga da Terra para a nossa espécie, evitando muitos dos fatores que mais cedo ou mais tarde limitam o crescimento de qualquer população?

O debate sobre essa importante questão já se arrasta desde 1798, quando Thomas Malthus, economista britânico, sugeriu a hipótese de que a população humana tende a aumentar exponencialmente, ao passo que os estoques de alimentos aumentam mais lentamente, em uma taxa linear. Até agora, a hipótese de Malthus mostrou-se errada. A produção de alimentos tem crescido a uma taxa exponencial, em vez de linear, por causa de avanços genéticos e de outros avanços tecnológicos na produção de alimentos industrializados.

Os cientistas ambientais estão reexaminando argumentos como os de Malthus sobre os eventuais limites para o crescimento das populações humanas e economias. Uma visão aponta que o planeta tem muitas pessoas coletivamente degradando seu sistema de suporte à vida. Para alguns cientistas e outros analistas, o principal problema é a superpopulação, por causa do grande número de pessoas nos países menos desenvolvidos (observe a Figura 1-14, Capítulo 1, topo), que contam com 82% da população mundial. Para outros, o fator-chave é o consumo excessivo de países mais desenvolvidos e abastados, por causa de suas altas taxas de utilização de recursos por pessoa (veja a Figura 1-14, inferior).

O consumo excessivo e o desperdício de recursos por pessoa têm aumentado em países mais desenvolvidos, e de forma crescente em países menos desenvolvidos, mas em rápido crescimento, como a China (**Estudo de caso principal**) e a Índia. Tal consumo de recursos aumenta o impacto ambiental ou pegada ecológica de cada pessoa (veja a Figura 1-13, Capítulo 1, superior direito). Por exemplo, analistas de pegadas ecológicas estimam que a pegada média de cada americano é 4,5 vezes maior do que a média de uma pessoa chinesa e cerca de 9,5 vezes maior que a pegada média do indiano.

No nível atual de consumo, os cientistas estimam que seria necessário o equivalente a 1,3 planeta Terra para sustentar nosso consumo *per capita* de recursos renováveis indefinidamente (veja a Figura 1-13, inferior). Em 2050, com o aumento projetado da população, provavelmente precisaremos de quase dois planetas Terra para atender às necessidades de recursos, e cinco Terras se todos atingirem o nível atual de consumo de recursos renováveis por pessoa dos Estados Unidos. Pessoas que têm a visão geral de que a superpopulação está contribuindo para os principais problemas ambientais argumentam que a redução do crescimento da população humana é uma prioridade muito importante.

Outro ponto de vista sobre o crescimento da população é que os avanços tecnológicos nos permitiram superar a resistência ambiental que todas as populações enfrentam (veja a Figura 5-14, Capítulo 5) e que isso tem o efeito de aumentar a capacidade de suporte da nossa espécie. Alguns analistas acreditam que, por causa da nossa engenhosidade tecnológica, há poucos, se houver, limites ao crescimento da população humana e à utilização dos recursos por pessoa.

Para esses analistas, acrescentar mais pessoas significa ter mais trabalhadores e consumidores para apoiar cada vez mais o crescimento econômico. Eles acreditam que podemos evitar sérios danos aos nossos sistemas de suporte à vida com os avanços tecnológicos em áreas como a produção de alimentos e remédios, e ao encontrar substitutos para os recursos que estamos esgotando. Como resultado, não veem necessidade de retardar o crescimento da população mundial.

Não importa de que lado as pessoas estejam nesse importante debate, a maioria concorda que temos utilizado a tecnologia para modificar os sistemas naturais e atender às nossas crescentes necessidades e desejos. Os cientistas citam oito principais maneiras como isso ocorreu (Figura 6-B).

Ninguém sabe quão próximos estamos dos limites ambientais que controlarão o tamanho da população humana. No entanto, é uma questão vital científica, política, econômica e ética que devemos enfrentar.

Pensamento crítico
Quão perto você acha que estamos dos limites ambientais do crescimento da população humana, muito próximos, moderadamente próximos ou longe? Explique.

Degradação do capital natural

Alterando a natureza para satisfazer nossas necessidades

- Redução da biodiversidade
- Utilização crescente da produtividade primária líquida
- Aumento da resistência genética em espécies de pragas e bactérias causadoras de doenças
- Eliminação de muitos predadores naturais
- Introdução de espécies nocivas em comunidades naturais
- Utilização de alguns recursos renováveis mais rapidamente do que podem ser repostos
- Perturbação dos ciclos químicos naturais e do fluxo de energia
- Basear-se principalmente em combustíveis fósseis que poluem e causam mudanças climáticas

Figura 6-B Esta lista descreve as oito principais formas com que os seres humanos têm alterado os sistemas naturais para atender à nossa crescente necessidade e nosso desejo de recursos (**Conceito 6-1**). **Perguntas**: Desses impactos, cite três que você acredita terem sido os mais prejudiciais? Explique. Como seu estilo de vida contribui direta ou indiretamente com cada um desses impactos prejudiciais?

Há pouca ou nenhuma possibilidade de estabilizar o tamanho da população humana em um futuro próximo, de impedir uma guerra nuclear global ou alguma outra catástrofe de grandes proporções. No entanto, durante este século, a população humana pode se nivelar ao se mover de uma curva de crescimento exponencial em forma de J para uma de crescimento logístico em formato de S (veja a Figura 5-14, Capítulo 5 e a Figura 6-A). Isso pode acontecer em decorrência de vários fatores que podem limitar o crescimento da população humana, ou porque governos ou indivíduos podem agir para reduzir o crescimento populacional.

Isto levanta uma pergunta: Quantas pessoas a Terra pode sustentar por tempo indeterminado? Alguns analistas acreditam que esta é a pergunta errada. Em vez disso, acreditam que devemos questionar qual é a **capacidade de suporte cultural do planeta?**

A resposta a essa questão seria o número máximo de pessoas que poderiam viver em liberdade e conforto razoável indefinidamente, sem diminuir a capacidade da Terra de sustentar as gerações futuras. Esse assunto tem sido tema de debate científico (Ciência em foco).

6-2 Quais fatores influenciam o tamanho da população humana?

▶ **CONCEITO 6-2A** O tamanho da população aumenta com nascimentos e imigrações e diminui com as mortes e emigrações.

▶ **CONCEITO 6-2B** O número médio de crianças nascidas por mulheres na população (taxa de fertilidade total) é o principal fator que determina o tamanho da população.

A população humana pode crescer, diminuir ou permanecer relativamente estável

Os fundamentos da mudança da população mundial são bastante simples, portanto, se houver mais nascimentos do que mortes durante um determinado período de tempo, a população da Terra aumenta, e quando o inverso é verdadeiro, ela diminui. Quando o número de nascimentos é igual ao de mortes durante um determinado período de tempo, o tamanho da população mundial não muda.

Em vez de usar o número total de nascimentos e mortes por ano, os demógrafos utilizam a *taxa de natalidade*, ou **taxa bruta de natalidade** (o número de nascidos vivos por mil pessoas em uma população em um determinado ano), e a *taxa de mortalidade*, ou **taxa bruta de mortalidade** (o número de óbitos por mil pessoas em uma população em determinado ano).

As populações humanas crescem ou diminuem em determinados países, cidades ou outras áreas com a conjugação de três fatores: *nascimentos (fertilidade)*, *mortes (mortalidade)* e as *migrações*. Podemos calcular a **mudança populacional** de uma área subtraindo o número de pessoas que saem dela (por meio de morte e emigração) daquelas que entram (por meio de nascimentos e imigração) durante um determinado período de tempo (geralmente um ano) (**Conceito 6-2A**).

Mudança na população = (Nascimentos + Imigração) - (Mortes + Emigração)

Quando os nascimentos e as imigrações excedem as mortes e emigrações, a população aumenta; quando o inverso é verdadeiro, há um declínio (a Figura 10, no Suplemento 8, é um mapa que mostra os percentuais de variação da população nos países do mundo em 2010).

As mulheres estão tendo menos filhos, mas não o suficiente para estabilizar a população mundial

Outra medida utilizada em estudos populacionais é a **taxa de fertilidade**, o número de crianças nascidas de uma mulher durante sua vida. Dois tipos de taxas de fertilidade afetam o tamanho e a taxa de crescimento populacional de um país. O primeiro, chamado **taxa de fertilidade de reposição**, é o número médio de filhos que os casais em uma população deve ter para sua própria reposição. Esse número é um pouco superior a dois filhos por casal (2,1 nos países mais desenvolvidos, podendo chegar a 2,5 em alguns menos desenvolvidos), principalmente porque algumas crianças morrem antes de atingir seus anos reprodutivos.

Atingir a fertilidade de reposição põe um fim imediato ao crescimento da população? Não, porque

CAPÍTULO 6 A população humana e seu impacto **135**

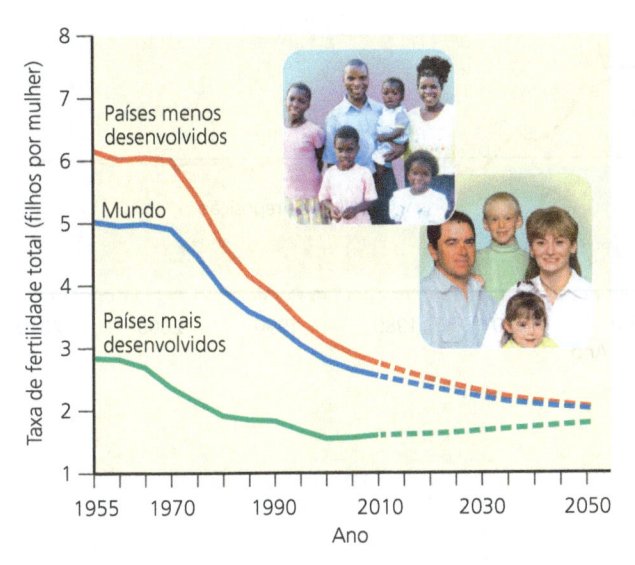

Figura 6-5 Este gráfico acompanha a taxa de fertilidade total tanto para a região mais desenvolvida quanto para a menos desenvolvida do mundo, 1955-2010, com projeções para 2050 (com base em projeções populacionais médias). Embora a TFT média mundial tenha caído para 2,5, ainda terá de cair para cerca de 2,1 para eventualmente conseguir interromper o crescimento da população mundial. (Dados da Divisão de População das Nações Unidas)

CONEXÕES

Crescimento populacional e taxas de fertilidade na China

Por causa da rígida política populacional chinesa do filho único, a taxa de fertilidade total do país caiu de 5,7 para 1,5 entre 1972 e 2010. Alguns criticaram a China por ter uma política tão rigorosa de controle da população, no entanto, funcionários do governo dizem que a alternativa era enfrentar a fome em massa. Estima-se que a política chinesa do filho único reduziu o tamanho da população em 300-400 milhões de pessoas, um número provavelmente maior do que a população atual dos Estados Unidos e bem abaixo do que teria sido a da China sem a política.

---

muitos *futuros* pais estão vivos. Se cada um dos casais de hoje tivesse uma média de 2,1 filhos, não estariam contribuindo para o crescimento da população, no entanto, se todas as meninas de hoje crescerem e também tiverem uma média de 2,1 filhos, a população mundial continuará a crescer durante 50 ou mais anos (presumindo-se que as taxas de mortalidade não aumentarão), porque há muitas garotas menores de 15 anos que entrarão em seus anos reprodutivos.

O segundo tipo, **taxa de fertilidade total (TFT)**, é o número médio de filhos nascidos de mulheres durante seus anos reprodutivos em uma população. Esse fator tem papel fundamental na determinação do tamanho da população (**Conceito 6-2B**). Entre 1955 e 2010, a TFT média caiu de 2,8 para 1,7 filho por mulher em países mais desenvolvidos, e de 6,2 para 2,7 nos menos desenvolvidos. A TFT média dos países menos desenvolvidos deverá continuar caindo (Figura 6-5), ao passo que, para os países mais desenvolvidos, é provável que aumente ligeiramente. (Observe a Figura 11, no Suplemento 8, para obter um mapa de como a TFT varia globalmente.)

■ ESTUDO DE CASO
A população norte-americana está crescendo rapidamente

A população dos Estados Unidos cresceu de 76 milhões em 1900 para 310 milhões em 2010, apesar das oscilações na TFT e nas taxas de natalidade (Figura 6-6). O país levou 139 anos para somar seus primeiros 100 milhões de pessoas, 52 para somar mais 100 milhões até 1967, e apenas 39 anos para mais 100 milhões até 2006. Durante o período de altas taxas de natalidade entre 1946 e 1964, conhecido como o *"baby boom"*, 79 milhões de pessoas foram acrescentadas à população dos Estados Unidos. No auge desse período, em 1957, a TFT média era de 3,7 filhos por mulher. Em 2010, e na maioria dos anos desde 1972, essa taxa tem sido igual ou inferior a 2,1 filhos por mulher, contra 1,5 na China em 2010.

A queda da TFT desacelerou o ritmo de crescimento da população nos Estados Unidos, no entanto, a população do país ainda está crescendo mais rápido do que as de todos os outros países mais desenvolvidos, além da China, e não está perto de se estabilizar. De acordo com o U.S. Census Bureau, cerca de 2,7 milhões de pessoas foram acrescentadas à população dos Estados Unidos em 2010. Cerca de 1,8 milhão (dois terços do total) foram adicionados porque houve mais nascimentos do que mortes, e quase 900 mil (um terço do total) foram advindos de imigrantes legais.

Além do aumento de quatro vezes no crescimento populacional desde 1900, algumas mudanças surpreendentes no estilo de vida aconteceram nos Estados Unidos durante o século XX (Figura 6-7), levando a um aumento dramático no uso de recursos *per capita* e uma pegada ecológica muito maior nos Estados Unidos (observe a Figura 1-13, Capítulo 1).

Aqui estão mais algumas mudanças que ocorreram durante o século passado. Em 1907, as três principais causas de morte nos Estados Unidos eram pneumonia, tuberculose e diarreia (doenças que raramente são fatais agora), e 90% dos médicos dos Estados Unidos não tinham educação universitária; um em cada cinco adultos não sabia ler ou escrever; apenas 6% dos norte-americanos se formaram no ensino médio; o trabalhador médio nos Estados Unidos ganhava de algumas centenas a alguns milhares de dólares por ano; havia apenas 9 mil carros no país, e apenas 232 km de estradas pavimentadas; um telefonema de três

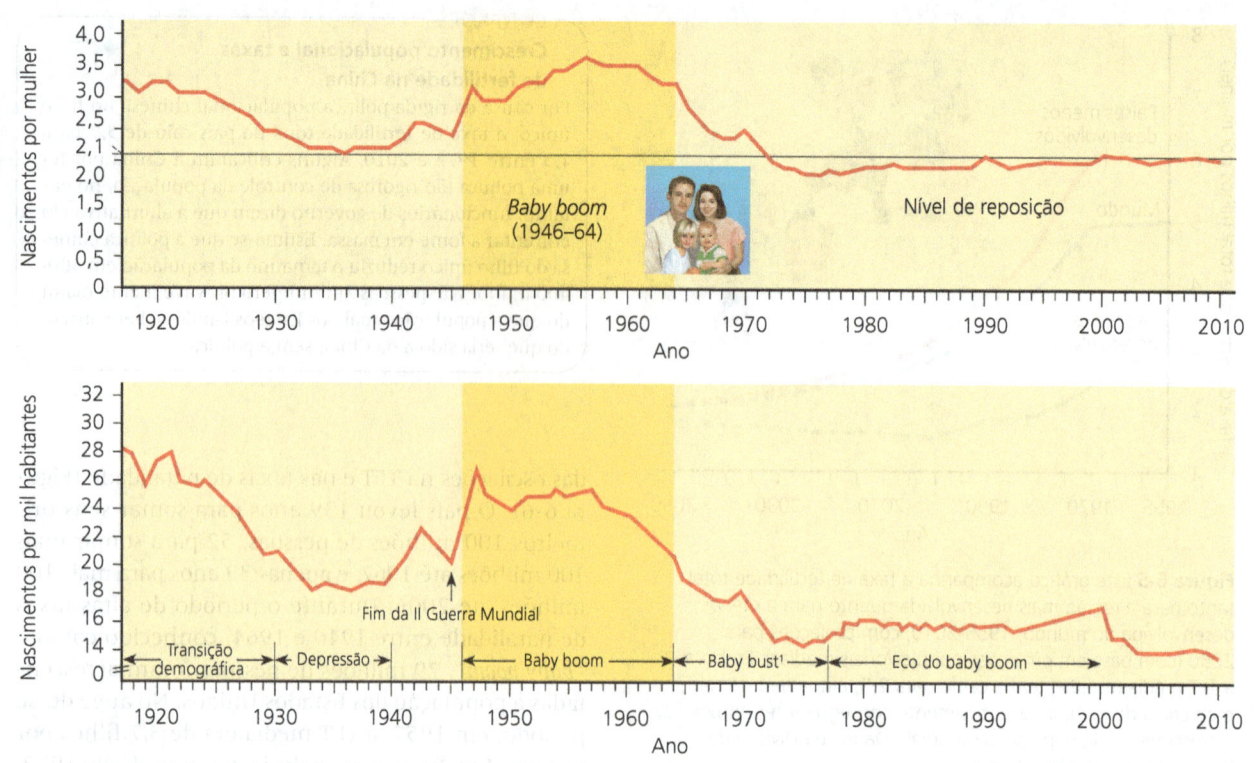

Figura 6-6 O gráfico superior mostra as taxas de fertilidade total para os Estados Unidos entre 1917 e 2010, e o inferior, a taxa de natalidade entre 1917 e 2010. **Pergunta:** A taxa de fertilidade dos Estados Unidos diminuiu e manteve-se no mesmo nível ou abaixo dos níveis de reposição desde 1972. Então, por que sua população continua aumentando? (Dados do Population Reference Bureau e U.S. Census Bureau)

---

[1] Declínio da geração baby boom. (NRT)

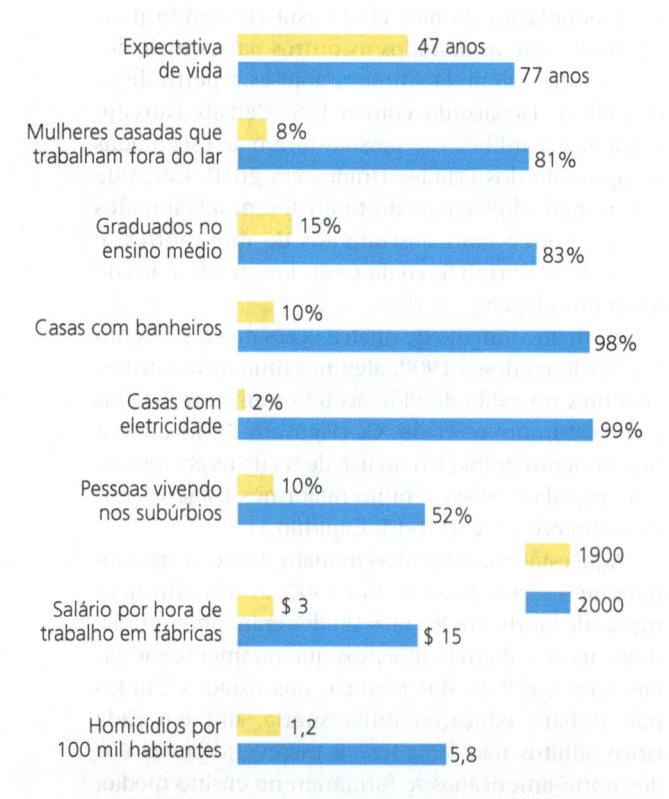

Figura 6-7 Esta tabela lista algumas mudanças importantes que ocorreram nos Estados Unidos entre 1900 e 2000. **Pergunta:** Dessas mudanças, cite duas que você acha foram as mais importantes. (Dados do U.S. Census Bureau e Departamento de Comércio)

	1900	2000
Expectativa de vida	47 anos	77 anos
Mulheres casadas que trabalham fora do lar	8%	81%
Graduados no ensino médio	15%	83%
Casas com banheiros	10%	98%
Casas com eletricidade	2%	99%
Pessoas vivendo nos subúrbios	10%	52%
Salário por hora de trabalho em fábricas	$ 3	$ 15
Homicídios por 100 mil habitantes	1,2	5,8

minutos de Denver, Colorado, para a cidade de Nova York custava US$ 11; apenas 30 pessoas viviam em Las Vegas, Nevada; heroína, maconha e morfina estavam disponíveis para compra sem receita médica nas farmácias locais; e somente 230 assassinatos foram registrados em todo o país.

O U.S. Census Bureau estima que a população dos EUA provavelmente aumente de 310 milhões em 2010 para 423 milhões em 2050. Em contrapartida, desde 1950, o crescimento demográfico tem diminuído em outros grandes países mais desenvolvidos, na maioria dos quais se espera que as populações entrem em declínio no futuro próximo.

Em razão de uma alta taxa *per capita* de uso de recursos e dos resíduos e poluição resultantes, cada adição na população dos Estados Unidos tem um enorme impacto ambiental (veja a Figura 1-14, Capítulo 1, e o mapa da Figura 8, no Suplemento 8). Em termos de impacto ambiental por pessoa, muitos analistas consideram que os Estados Unidos são, de longe, o país mais superpovoado do mundo, principalmente em função de sua alta taxa de utilização de recursos por pessoa e de crescimento populacional, bastante elevada quando comparada à maioria dos outros países mais desenvolvidos e à China. Se as projeções do U.S. Census Bureau estiverem corretas, entre 2010 e 2050, haverá cerca de 113 milhões de norte-americanos a mais.

Vários fatores influenciam as taxas de natalidade e fertilidade

Muitos fatores afetam a taxa de natalidade média e a TFT de um país. Um deles é a *importância das crianças como parte da força de trabalho*, especialmente em países menos desenvolvidos. Essa é uma das principais razões por que faz sentido para muitos casais pobres nesses países ter um grande número de filhos, pois eles precisam de ajuda para transportar água potável (Figura 6-8), recolher lenha para se aquecer e cozinhar e ajudar nas plantações e a cuidar do gado.

Outro fator econômico é o *custo de criar e educar filhos*. As taxas de natalidade e de fertilidade tendem a ser menores em países mais desenvolvidos, onde a educação dos filhos é muito mais cara porque eles não entram na força de trabalho até que estejam no final da adolescência ou depois dos 20 anos de idade. (Nos Estados Unidos, por exemplo, custa mais de US$ 220.000 criar uma criança de classe média, desde o nascimento até os 18 anos.) No entanto, muitas crianças em países pobres recebem pouca educação e têm de trabalhar para ajudar suas famílias a sobreviver (Figura 6-9).

A *disponibilidade ou a falta de sistemas privados e públicos de pensões* podem influenciar a decisão de alguns casais sobre quantos filhos ter, especialmente os mais pobres dos países menos desenvolvidos. As pensões reduzem a necessidade de um casal ter muitos filhos para ajudar a sustentá-los na velhice.

Há mais *mortes infantis* nos países mais pobres; portanto, ter vários filhos pode garantir a sobrevivência de pelo menos alguns – mais ou menos como ter uma apólice de seguro.

Figura 6-9 Estas jovens meninas são trabalhadoras no Estado de Rajastão, na Índia. Elas estão tecendo lã em teares para fazer tapetes para exportação e recebem muito pouco pelo seu trabalho.

A *urbanização* tem sua função. Pessoas que vivem em áreas urbanas geralmente têm mais acesso aos serviços de planejamento familiar e tendem a ter menos filhos do que aquelas que vivem em áreas rurais. Isso é especialmente verdadeiro em países menos desenvolvidos, onde as crianças são muitas vezes necessárias para ajudar nas plantações e carregar água e lenha.

Outro fator importante são as *oportunidades educacionais e de emprego disponíveis para as mulheres*. As taxas de fertilidade total tendem a ser baixas quando elas têm acesso a educação e trabalho remunerado fora de casa. Nos países menos desenvolvidos, uma mulher com pouca ou nenhuma educação formal geralmente tem dois filhos a mais do que outra com o ensino médio completo, e em quase todas as sociedades as mulheres mais educadas tendem a casar mais tarde e ter menos filhos.

A idade média de casamento (ou, mais precisamente, a idade média na qual uma mulher tem seu primeiro filho) também desempenha uma função. Normalmente, as mulheres têm menos filhos quando a idade média de casamento é de 25 anos ou mais.

As taxas de natalidade e TFTs também são afetadas pela *disponibilidade de abortos legais*. Por ano, cerca de 190 milhões de mulheres ficam grávidas. As Nações Unidas e o Instituto Alan Guttmacher estimam que pelo menos 40 milhões delas fizeram abortos, cerca de 20 milhões legalmente, e as outras 20 milhões ilegalmente (muitas vezes de maneira insegura). Além disso, a *disponibilidade de métodos contraceptivos seguros* permite que as mulheres controlem o número e o espaçamento entre os filhos que têm.

Crenças religiosas, tradições e normas culturais também desempenham sua função (Conexões, a seguir). Em alguns países, esses fatores favorecem famílias

Figura 6-8 Esta menina está levando água de poço pela terra que secou e rachou durante uma seca intensa na Índia.

numerosas, pois muitas pessoas se opõem fortemente ao aborto e a algumas formas de controle de natalidade.

> **CONEXÕES**
>
> **China, meninos e a escassez de noivas**
> Na China, há uma forte preferência por filhos do sexo masculino porque, ao contrário deles, as filhas provavelmente se casarão e deixarão seus pais. Tradicionalmente, as famílias das noivas são obrigadas a fornecer dotes caros. Algumas mulheres chinesas grávidas usam ultrassom para determinar o sexo dos fetos, e algumas chegam a abortar se for do sexo feminino, o que tem criado alguns problemas preocupantes. Por um lado, ladrões estão roubando meninos e vendendo a famílias que o querem, e, além disso, o governo estima que até 2030 pode haver cerca de 30 milhões de homens chineses que não serão capazes de encontrar esposas. Em decorrência dessa crescente "falta de noivas", jovens garotas em algumas partes da China rural são raptadas e vendidas como noivas para homens solteiros em outras partes do país.
>
> ESTUDO DE CASO PRINCIPAL

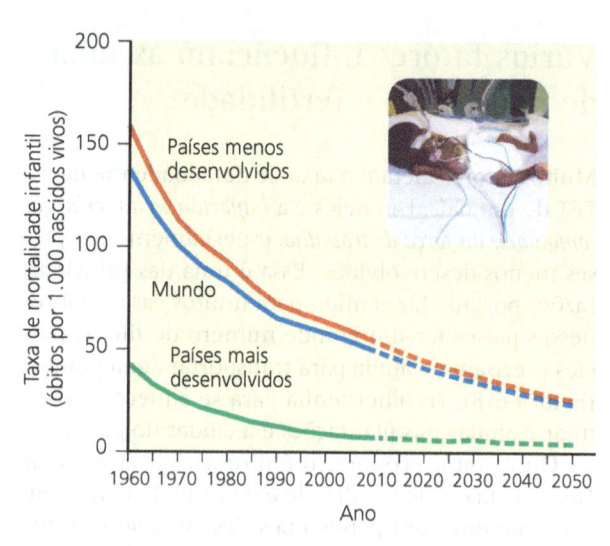

Figura 6-10 Este gráfico acompanha a taxa de mortalidade infantil em países mais e menos desenvolvidos do mundo, de 1950-2010, com projeções para 2050 com base na população média. (Dados da Divisão de População das Nações Unidas)

Vários fatores afetam as taxas de mortalidade

O rápido crescimento da população mundial nos últimos cem anos não é primariamente o resultado de um aumento da taxa de natalidade. Em vez disso, foi causado principalmente pela queda nas taxas de mortalidade, especialmente nos países menos desenvolvidos. Mais pessoas nesses países começaram a viver mais tempo e menos crianças morreram. Isso aconteceu com o aumento da oferta e distribuição de alimentos, melhor nutrição, avanços médicos, como imunizações e antibióticos, saneamento básico e fornecimento seguro de água (que reduziu a propagação de muitas doenças infecciosas).

Dois indicadores importantes da saúde geral da população de um país ou região são a **expectativa de vida** (o número médio de anos que um recém-nascido pode esperar viver) e a **taxa de mortalidade infantil** (o número de bebês que morrem antes de seu primeiro aniversário, em cada mil nascidos). (Veja um mapa da mortalidade infantil por país na Figura 12 do Suplemento 8.) Entre 1955 e 2010, a expectativa de vida mundial passou de 48 para 69 anos (77 anos nos países mais desenvolvidos e 67 nos menos desenvolvidos) e estima-se que atinja 74 até 2050. Em 2010, o Japão tinha a expectativa de vida mais longa do mundo, de 83 anos. Entre 1900 e 2009, a expectativa de vida nos Estados Unidos aumentou de 47 para 78 anos e, em 2050, projeta-se que chegue a 83 anos. Nos países mais pobres do mundo, no entanto, a expectativa de vida é de 57 anos ou menos e pode cair ainda mais em alguns países por causa de mais mortes por Aids e conflitos internos.

BOAS NOTÍCIAS

A mortalidade infantil é vista como uma das melhores medidas de qualidade de vida de uma sociedade, pois reflete o nível geral de nutrição e saúde de um país. Uma alta taxa de mortalidade infantil normalmente indica alimentação insuficiente (subnutrição), nutrição insuficiente (desnutrição) e uma alta incidência de doenças infecciosas (geralmente com a ingestão de água contaminada e menor resistência a doenças em função da subnutrição e desnutrição). A mortalidade infantil também afeta a TFT. Em áreas com baixos índices de mortalidade infantil, as mulheres tendem a ter menos filhos, porque menos crianças morrem precocemente.

As taxas de mortalidade infantil nos países mais e menos desenvolvidos têm declinado drasticamente desde 1965, como mostra a Figura 6-10. No entanto, apesar dessa queda acentuada, mais de 4 milhões de crianças (a maioria nos países menos desenvolvidos) morrem por ano de causas evitáveis durante seu primeiro ano de vida – uma média de 11 mil óbitos infantis desnecessários por dia, o que equivale a 55 aviões a jato, cada um carregado com 200 crianças com menos de 1 ano de idade, caindo *todos os dias*, sem sobreviventes!

A taxa de mortalidade infantil nos Estados Unidos caiu de 165 em 1900 para 6,4 em 2010. Essa forte queda foi um fator importante no aumento acentuado da expectativa média de vida no país durante esse período. Embora os Estados Unidos ocupem o primeiro lugar em termos de despesas de saúde, o país ocupa a 54[a] posição no mundo em termos de taxas de mortalidade infantil.

Três fatores contribuíram para manter a taxa de mortalidade infantil nos Estados Unidos mais elevada do que poderia ser. Primeiro, foram oferecidos serviços de saúde inadequados para mulheres pobres e seus bebês durante a gravidez e após o nascimento.

Um segundo fator foi a dependência de drogas entre as mulheres grávidas. Terceiro, houve uma alta taxa de natalidade entre adolescentes. A taxa de gravidez na adolescência diminuiu cerca de um terço entre 1991 e 2005, no entanto, essa tendência foi revertida em 2006 e 2007, quando essa taxa aumentou quase 5%. Os Estados Unidos agora têm a taxa de gravidez na adolescência mais alta do mundo.

Os cientistas também medem as *taxas de mortalidade de menores de 5 anos*[1] – o número anual de mortes entre crianças menores de 5 anos por mil nascidos vivos. De acordo com as Nações Unidas, a taxa mundial de mortalidade infantil caiu 20% entre 1960 e 2008. Esse valor corresponde a uma queda no número total de mortes de 20 milhões para 8,8 milhões entre 1960 e 2008.

BOAS NOTÍCIAS

A mortalidade infantil varia muito de região para região, e sua causa mais comum em muitas regiões menos desenvolvidas é o uso de água contaminada para beber e para a higiene, resultando em diarreias e outras doenças que não são tão predominantes em países mais desenvolvidos.

A migração afeta o tamanho da população de uma região

O terceiro fator de mudança da população é a **migração**: o movimento de pessoas entrando *(imigração)* e saindo *(emigração)* de áreas geográficas específicas. Em 2009, mais de 190 milhões de pessoas migraram de um país para outro – mais de 60 milhões das quais saíram de países menos desenvolvidos para os mais desenvolvidos.

A maioria das pessoas que migra de uma região ou país para outro busca emprego e desenvolvimento econômico, no entanto, a perseguição religiosa, conflitos étnicos, opressão política, guerras e certos tipos de degradação ambiental, como a erosão do solo e a escassez de alimentos e de água, levam alguns indivíduos a migrar. Segundo um estudo da ONU e outro realizado pelo cientista ambiental Norman Myers, em 2008 havia pelo menos 40 milhões de *refugiados ambientais* – pessoas que tiveram de deixar suas casas por causa da escassez de água ou alimentos, secas, inundações ou outras crises ambientais. Estima-se que cerca de um milhão de pessoas são adicionadas a esse número por ano.

ESTUDO DE CASO
Os Estados Unidos da América: uma nação de imigrantes

Desde 1820, os Estados Unidos já admitiram quase o dobro da quantidade de imigrantes e refugiados que todos os outros países do mundo juntos. O número de imigrantes legais (incluindo refugiados) tem variado em diferentes períodos por causa de mudanças nas leis de imigração e das taxas de crescimento econômico (Figura 6-11). Atualmente, a imigração legal e ilegal é responsável por cerca de 36% do crescimento populacional do país por ano.

Entre 1820 e 1960, a maioria dos imigrantes ilegais dos Estados Unidos veio da Europa. Desde 1960, a maioria é proveniente da América Latina (53%) e Ásia (25%), seguida da Europa (14%). Em 2009, os imigrantes latinos legais (2 de 3 vindos do México)

> **CONEXÕES**
> **Alterações climáticas e os refugiados ambientais**
> O cientista ambiental Norman Myers adverte que, conforme o mundo passa por mudanças climáticas neste século, como projetado pela maioria dos cientistas do clima, as condições que criam essas crises ambientais, como secas e enchentes, piorarão. Com mais dessas crises, o número de refugiados ambientais pode chegar a 250 milhões ou mais antes do final deste século.

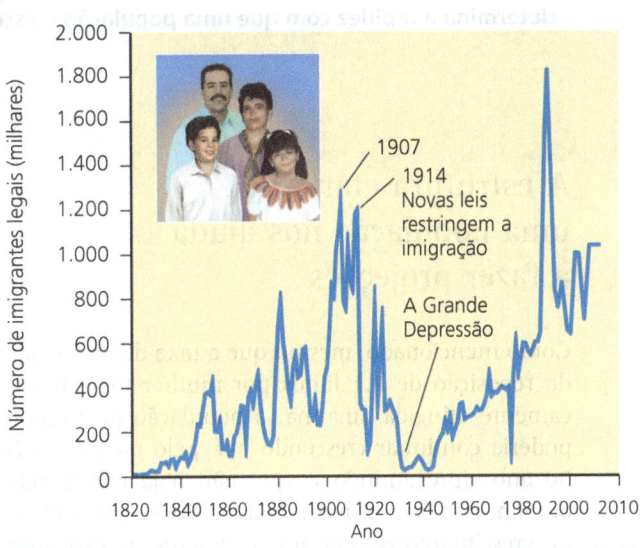

Figura 6-11 Este gráfico mostra a imigração legal para os Estados Unidos, de 1820-2006 (último ano para o qual existem dados disponíveis). O grande aumento na imigração desde 1989 decorre, principalmente, da Lei de Reforma e Controle da Imigração de 1986, que concedeu o estatuto legal a certos imigrantes ilegais que eram capazes de demonstrar que estavam morando no país antes de 1º de janeiro de 1982. (Dados do Serviço de Imigração e Naturalização Americano e do Pew Hispanic Center)

---

[1] Considerou-se a informação do Instituto Brasileiro de Geografia e Estatística (IBGE), em que mortalidade infantil se refere apenas às mortes até 1 ano de vida. (NRT)

representavam 15% da população dos Estados Unidos, e para 2050 projeta-se que serão 30% da população.

Há controvérsia sobre se os Estados Unidos devem reduzir a imigração legal. Alguns legisladores recomendam aceitar os novos imigrantes somente se tiverem condições de se manter, argumentando que o fornecimento de empregos públicos a imigrantes legais nos Estados Unidos faz do país um ímã para os pobres do mundo. Os defensores da redução da imigração legal argumentam que isso permitiria que os Estados Unidos estabilizassem a população mais cedo e ajudaria a reduzir o enorme impacto ambiental do país em razão de sua grande pegada ecológica.

Pesquisas mostram que quase 60% do público norte-americano apoia a redução da imigração legal. Também há forte controvérsia política sobre o que fazer com a imigração ilegal. Em 2009, estima-se que havia 11 milhões de imigrantes ilegais nos Estados Unidos.

Os que se opõem à redução dos níveis atuais de imigração legal argumentam que isso diminuiria o papel histórico dos Estados Unidos como um lugar de oportunidades para os pobres e oprimidos do mundo e, também, que diminuiria a diversidade cultural e o espírito inovador que é a marca da cultura norte-americana desde o início do país.

Além disso, de acordo com vários estudos, incluindo o de 2006 do Pew Hispanic Center, a maioria dos imigrantes e seus descendentes paga impostos. Eles também começam novos negócios, criam empregos, adicionam vitalidade cultural e ajudam os Estados Unidos a ter sucesso na economia global. E, mais, muitos imigrantes aceitam os empregos braçais e mal remunerados que a maioria dos norte-americanos não quer. De fato, se a geração *baby boom* deseja receber benefícios de seguro social nos níveis que os aposentados estão acostumados a ter, a força de trabalho dos Estados Unidos terá de crescer, e os imigrantes ajudarão a resolver esse problema.

6-3 Como a estrutura etária de uma população afeta seu crescimento ou declínio?

▶ **CONCEITO 6-3** O número de machos e fêmeas nos grupos etários jovens, de meia-idade e mais velhos determina a rapidez com que uma população cresce ou diminui.

A estrutura etária de uma população nos ajuda a fazer projeções

Como mencionado, mesmo que a taxa de fertilidade de reposição de 2,1 filhos por mulher fosse magicamente atingida amanhã, a população do mundo poderia continuar crescendo por, pelo menos, mais 50 anos (presumindo-se que não haja um grande aumento na taxa de mortalidade). Essa continuidade no crescimento resulta principalmente da **estrutura etária** de uma população: os números ou porcentagens de homens e mulheres em grupos etários jovens, de meia-idade e mais velhos naquela população (Conceito 6-3).

Especialistas em populações constroem um *diagrama de estrutura etária* traçando as porcentagens de homens e mulheres de uma certa população em cada uma das três categorias etárias: *pré-reprodutiva* (0-14 anos), constituída por indivíduos normalmente muito jovens para ter filhos; *reprodutiva* (15-44 anos), formada por aqueles normalmente capazes de ter filhos; e *pós-reprodutiva* (45 anos ou mais velhos), com os indivíduos normalmente acima da idade para ter filhos. A Figura 6-12 apresenta os diagramas generalizados de estruturas etárias de países com taxas de crescimento populacional rápida, lenta, zero e negativa.

Um país com grande porcentagem da sua população com idade inferior a 15 anos (representada por uma base ampla na Figura 6-12, no canto esquerdo) terá um crescimento rápido da população, a menos que as taxas de mortalidade aumentem consideravelmente. Por causa dessa *inércia demográfica*, o número de nascimentos subirá por várias décadas, mesmo que as mulheres tenham uma média de apenas um ou dois filhos, em razão do grande número de meninas que entram no auge de seus anos reprodutivos.

Em 2010, cerca de 27% da população mundial – 30% nos países menos desenvolvidos e 16% nos países mais desenvolvidos, tinha menos de 15 anos de idade. Nos próximos 14 anos, esses 1,8 bilhão de jovens – cerca de 1 em cada 4 pessoas no planeta – estarão prestes a entrar no auge de seus anos reprodutivos.

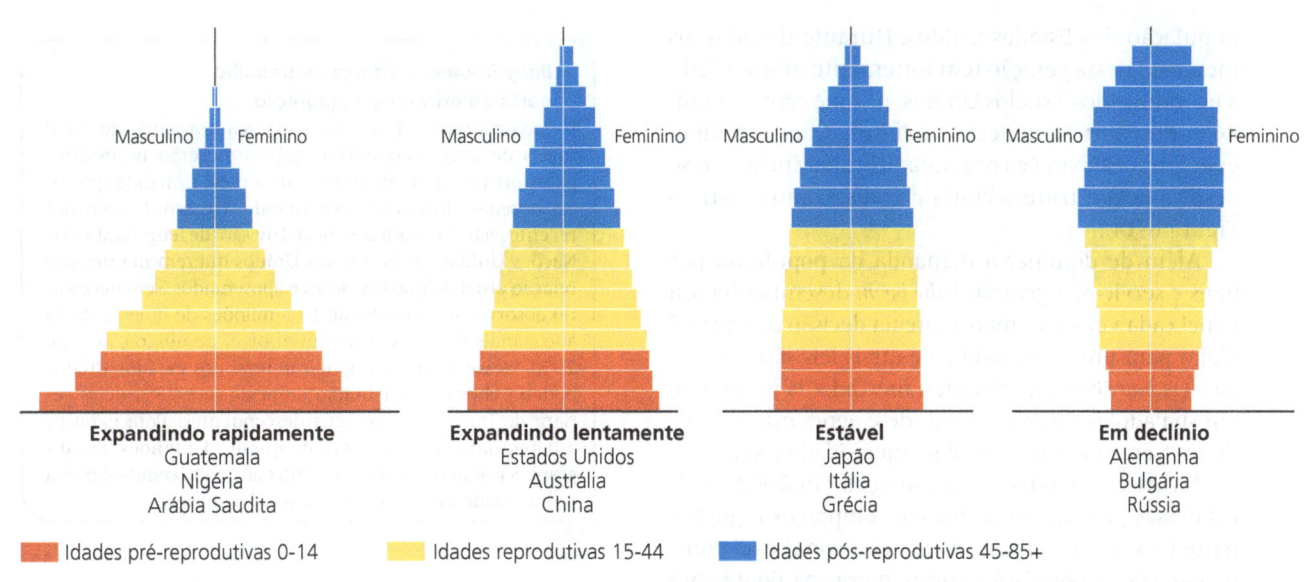

Figura 6-12 Este gráfico representa os diagramas generalizados da estrutura etária da população para países com taxas de crescimento populacional rápida (1,5-3%), baixa (0,3-1,4%), zero (0-0,2%) e negativa (em declínio). Uma população com grande proporção na faixa etária pré-reprodutiva (canto esquerdo) tem um significativo potencial de crescimento rápido. **Pergunta:** Qual desses esquemas melhor representa o país onde você vive? (Dados do Population Reference Bureau)

Expandindo rapidamente: Guatemala, Nigéria, Arábia Saudita
Expandindo lentamente: Estados Unidos, Austrália, China
Estável: Japão, Itália, Grécia
Em declínio: Alemanha, Bulgária, Rússia

Idades pré-reprodutivas 0-14 | Idades reprodutivas 15-44 | Idades pós-reprodutivas 45-85+

As diferenças dramáticas na estrutura etária da população entre os países menos e mais desenvolvidos (Figura 6-13) mostram por que a maioria do crescimento futuro da população humana acontecerá nos países menos desenvolvidos.

No entanto, o grupo etário que mais cresce são os idosos – pessoas com mais de 65 anos, de acordo com um relatório de 2009 do U.S. Census Bureau. Essa população mundial deverá triplicar até 2050, quando uma em cada seis pessoas será idosa. Tal envelhecimento da população mundial é causado principalmente pela diminuição da taxa de natalidade e pelos avanços médicos que estendem nossa expectativa de vida.

Alguns analistas preocupam-se em saber como as sociedades conseguirão sustentar esse crescente grupo de pessoas idosas. Por exemplo, a China (**Estudo de caso principal**) tem atualmente 16 idosos para cada 100 trabalhadores. Em 2025, terá cerca de 30 idosos para cada 100 trabalhadores, e em 2050, essa proporção será de 61-100.

ESTUDO DE CASO
O *baby boom* norte-americano

Mudanças na distribuição dos grupos etários de um país têm impactos econômicos e sociais de longa duração. Por exemplo, considere o *baby boom* norte-americano, que adicionou 79 milhões de pessoas à

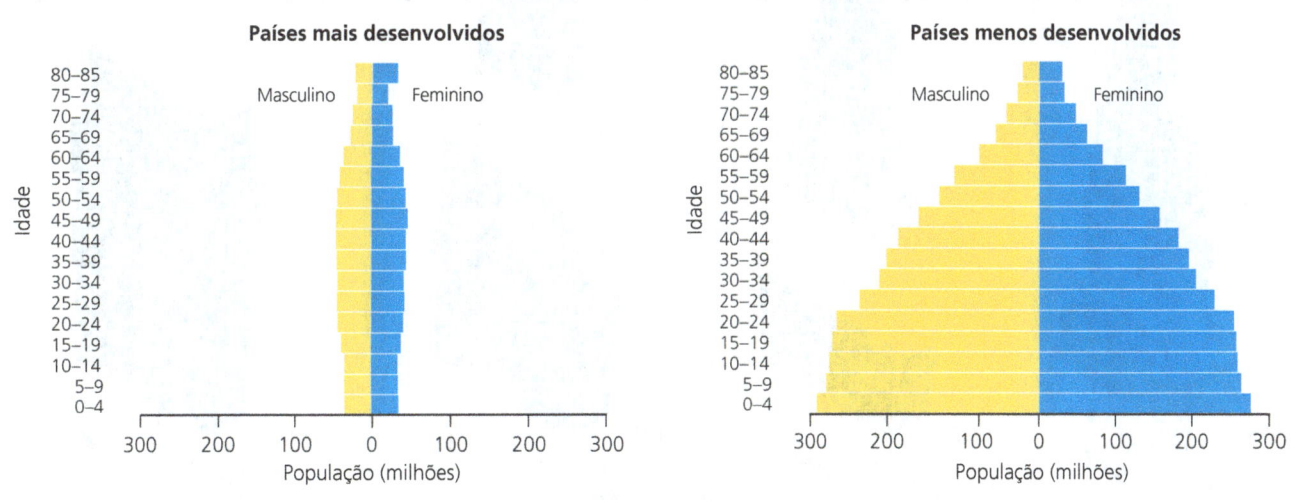

Figura 6-13 *Perspectiva global:* Estes gráficos ilustram a estrutura da população por idade e gênero nos países menos e mais desenvolvidos em 2010. **Pergunta:** Se todas as meninas menores de 15 anos tivessem apenas um filho durante a vida, como você acha que essas estruturas mudariam com o tempo? (Dados da Divisão de População das Nações Unidas e Population Reference Bureau)

população dos Estados Unidos. Durante décadas, os membros dessa geração têm fortemente influenciado a economia dos Estados Unidos, porque representam 36% dos norte-americanos adultos. Com o tempo, esse grupo se parece com uma protuberância que se desloca pela estrutura etária do país, como mostra a Figura 6-14.

Além de dominar a demanda da população por bens e serviços, a geração *baby boom* desempenha um papel cada vez mais importante na decisão de quem é eleito para um cargo público e quais leis são aprovadas. Os *baby boomers* criaram o mercado da juventude em sua adolescência e juventude e agora estão criando os mercados para o final da meia-idade e sênior.

Na crise econômica que começou em 2007, muitas dessas pessoas perderam seus empregos e grande parte de suas economias. A maneira como essa grande parcela da população norte-americana lidará com essas perdas, à medida que avança para a idade adulta, pode impor grandes desafios para elas mesmas e para as novas gerações de trabalhadores dos Estados Unidos. Um estudo de 2010 conduzido pelo Pew Research Center projetou que os norte-americanos da geração do milênio (aqueles que nasceram desde cerca de 1980) provavelmente enfrentarão o aumento do desemprego (37% em 2009) e impostos mais elevados. Isso fará que seja mais difícil para eles criarem suas famílias e darem apoio aos *baby boomers*.

Em 1960, um em cada 11 norte-americanos tinha mais de 65 anos. Depois de 2011, quando os *baby boomers* começarem a chegar aos 65 anos, o número de norte-americanos com mais de 65 anos crescerá drasticamente até 2030, quando serão um em cada cinco pessoas no país. Esse processo tem sido chamado *envelhecimento da América*.

> **CONEXÕES**
>
> **Baby Boomers, a força de trabalho norte-americana e a imigração**
>
> De acordo com o U.S. Census Bureau, a partir de 2020 níveis de imigração muito mais altos serão necessários para fornecer trabalhadores suficientes à medida que os *baby boomers* forem se aposentando. De acordo com um recente estudo realizado pela Divisão de População das Nações Unidas, se os Estados Unidos querem manter sua relação atual de trabalhadores e aposentados, será necessário absorver uma média de 10,8 milhões de imigrantes ao ano – mais de dez vezes o atual nível de imigração – até 2050. Nesse ponto, a população total dos Estados Unidos poderia chegar a 1,1 bilhão de pessoas, e 73% delas seriam de imigrantes ou seus descendentes. Para garantir a habitação para esse fluxo de quase 11 milhões de imigrantes por ano, seria necessário construir o equivalente a outra cidade de Nova York a cada dez meses.

Populações constituídas principalmente por idosos podem diminuir rapidamente

Conforme a estrutura etária da população mundial muda e a porcentagem de pessoas com 60 anos ou mais aumenta, mais países começarão a experimentar um declínio em sua população. Se esse declínio for gradual, seus efeitos nocivos podem ser gerenciados.

O Japão tem a maior porcentagem de idosos e a menor porcentagem mundial de jovens do mundo. Sua população de 127 milhões em 2010 está projetada para encolher até chegar a cerca de 95 milhões em 2050. Nesse ponto, cerca de 40% da população do Japão terá 65 anos de idade ou mais.

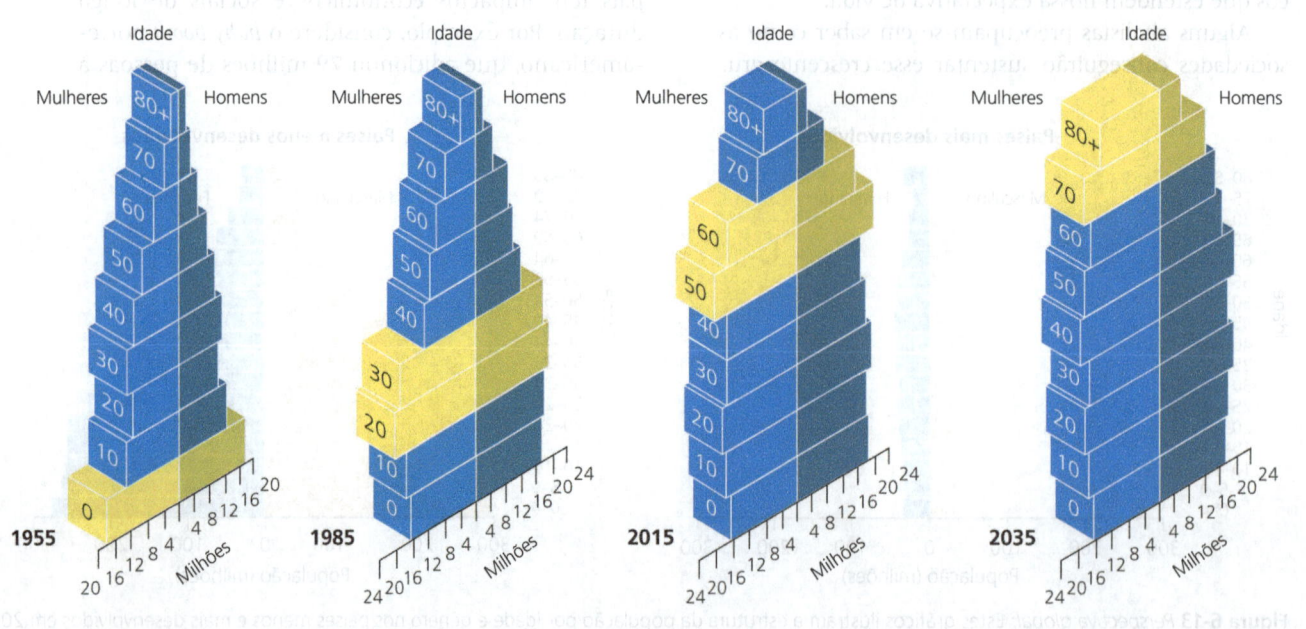

Figura 6-14 Estes gráficos traçam a geração do *baby boom* nos Estados Unidos, mostrando a população por idade e gênero para 1955, 1985, 2015 (projetado) e 2035 (projetado). (Dados do U.S. Census Bureau)

Na China, como há menos crianças em decorrência da política do filho único (**Estudo de caso principal**), a idade média da população está aumentando rapidamente. Enquanto essa população ainda não está em declínio, a ONU calcula que até 2020 31% da população chinesa terá mais de 60 anos, comparada com 8% em 2010. Esse envelhecimento da população chinesa poderia levar a uma força de trabalho em declínio, fundos limitados para apoio ao desenvolvimento econômico contínuo e cada vez menos filhos e netos para cuidar do crescente número de pessoas idosas. Tais preocupações e outros fatores podem retardar o crescimento econômico e levar a alguma forma de relaxamento da política chinesa de controle populacional de um filho no futuro.

Um rápido declínio da população pode levar a graves problemas econômicos e sociais. Um país que vive um "*baby bust*" razoavelmente rápido, ou uma "escassez de nascimentos" quando sua TFT cai abaixo de 1,5 filho por casal por um período prolongado, vê um aumento acentuado na proporção de pessoas idosas, o que coloca uma pressão intensa sobre os orçamentos públicos, porque esses indivíduos consomem uma parcela cada vez maior de cuidados médicos, fundos de pensão e outros serviços públicos dispendiosos, financiados por um número decrescente de contribuintes que trabalham.

Tais países também podem enfrentar escassez de trabalho, a menos que dependam mais de automação ou de imigração maciça de trabalhadores estrangeiros. Por exemplo, nas próximas duas ou três décadas, países como os Estados Unidos e muitos europeus com uma população em rápido envelhecimento terão de enfrentar a escassez de profissionais de saúde.

A Figura 6-15 lista alguns dos problemas associados ao rápido declínio da população. Os países que em breve terão uma população rapidamente em declínio incluem Japão, Rússia, Alemanha, Bulgária, Hungria, Ucrânia, Sérvia, Grécia, Portugal e Itália.

As populações podem diminuir com um aumento na taxa de mortalidade: a tragédia da Aids

Um grande número de óbitos por Aids pode perturbar a estrutura social e econômica de um país com a remoção de um número significativo de jovens adultos de sua população. Segundo a Organização Mundial de Saúde, entre 1981 e 2009 a Aids matou mais de 27 milhões de pessoas, e mata cerca de 2 milhões a mais por ano (incluindo 22 mil nos Estados Unidos, 39 mil na China, 140 mil no Zimbábue e 350 mil na África do Sul).

Alguns problemas com o rápido declínio na população

- Pode ameaçar o crescimento econômico
- Escassez de mão de obra
- Menor receita do governo com menos trabalhadores
- Menos empreendimentos e criação de novas empresas
- Menor probabilidade de desenvolvimento de novas tecnologias
- Aumento dos déficits públicos para financiar uma pensão mais elevada e custos de cuidados de saúde
- Pensões podem ser cortadas e a idade de aposentadoria pode aumentar

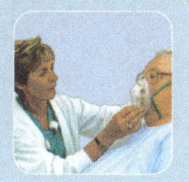

Figura 6-15 O rápido declínio da população pode causar vários problemas. **Pergunta:** Desses problemas, cite três que você acredita serem os mais importantes.

Ao contrário da fome e da desnutrição, que matam principalmente bebês e crianças, a Aids mata muitos jovens e deixa muitas crianças órfãs. Essa mudança na estrutura etária jovem-adulto de um país tem uma série de efeitos prejudiciais, e um deles é a queda acentuada na expectativa média de vida, especialmente em vários países africanos, nos quais 15%-26% da população adulta está infectada com o HIV.

Outro efeito dessa pandemia é a perda de trabalhadores jovens, adultos produtivos e pessoal treinado, como cientistas, agricultores, engenheiros e professores, bem como trabalhadores nas empresas, governos e na área da saúde. Os serviços essenciais que essas pessoas poderiam fornecer, por conseguinte, faltarão e, portanto, há poucos trabalhadores disponíveis para apoiar os mais jovens e os idosos. Dentro de uma década, os países africanos, como Botsuana, Suazilândia, Lesoto e África do Sul, podem perder mais de um quinto da sua população adulta. Essas taxas de mortalidade alteram drasticamente a estrutura etária de um país (Figura 6-16) e resultam em um grande número de órfãos, muitos deles infectados pelo HIV.

Especialistas em população e saúde apelam à comunidade internacional para criar e financiar um programa maciço a fim de ajudar os países devastados pela Aids. O programa reduziria a propagação do HIV, oferecendo apoio financeiro para melhorar a educação e a saúde, e também forneceria financiamento para professores voluntários, bem como para trabalhadores sociais e de saúde para tentar compensar a geração de adultos jovens que morreram.

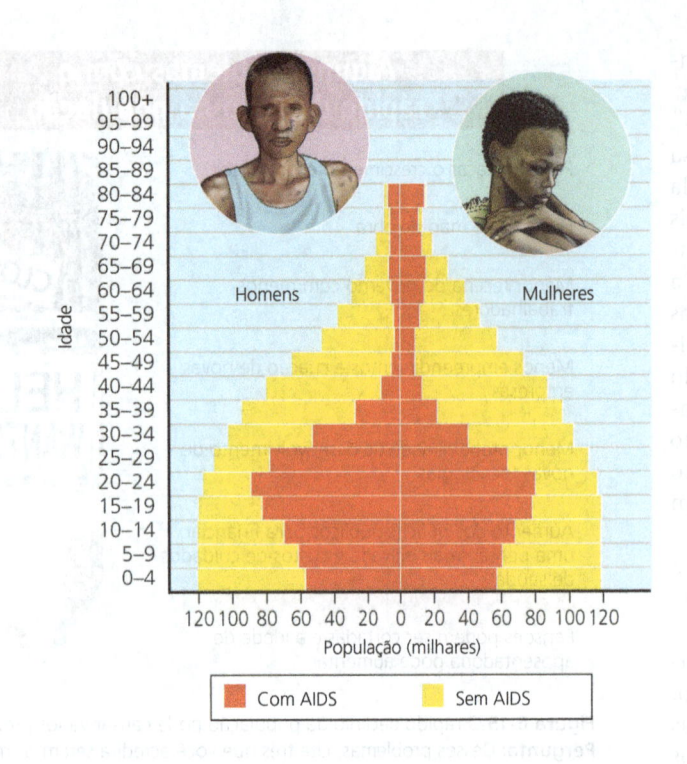

Figura 6-16 *Perspectiva global:* em todo o mundo, a Aids é a principal causa de morte entre pessoas com idades entre 15 e 49 anos. Essa perda de adultos trabalhadores produtivos pode afetar a estrutura etária da população. Em Botsuana, mais de 24% dessa faixa etária foi infectada com o HIV em 2008, e 148 mil pessoas morreram. Esta figura mostra duas estruturas etárias projetadas para a população deste país em 2020 – uma que inclui os possíveis efeitos da epidemia de Aids (barras vermelhas), e a outra não incluindo esses efeitos (barras amarelas). Consulte o Exercício de Análise de Dados no final deste capítulo para uma análise mais aprofundada do problema. (Dados do U.S. Census Bureau) **Pergunta:** Como isso pode afetar o desenvolvimento econômico de Botswana?

6-4 Como podemos desacelerar o crescimento da população humana?

▶ **CONCEITO 6-4** Podemos desacelerar o crescimento da população humana reduzindo a pobreza, elevando a condição da mulher e incentivando o planejamento familiar.

O primeiro passo é promover o desenvolvimento econômico

No início deste capítulo, discutimos o longo debate sobre se há limites para o crescimento da população humana em nossa casa planetária (Ciência em foco). Presumindo que nossa população acabará por ultrapassar a capacidade dos recursos da Terra para nos sustentar, mesmo que ninguém saiba quando isso acontecerá, muitos cientistas defendem a adoção de uma abordagem preventiva, tomando medidas para diminuir ou parar o crescimento populacional. Estudos científicos e experiências têm mostrado que as três etapas mais importantes a seguir em direção a esse objetivo são (1) reduzir a pobreza, principalmente por meio do desenvolvimento econômico e educação primária universal; (2) elevar o *status* das mulheres; e (3) incentivar o planejamento familiar, com cuidados de saúde reprodutiva (**Conceito 6-4**).

Os demógrafos, examinando as taxas de natalidade e mortalidade de países da Europa Ocidental que se industrializaram durante o século XIX, desenvolveram uma hipótese de mudança populacional conhecida como **transição demográfica**. Ao se tornarem países industrializados e economicamente desenvolvidos, em primeiro lugar sua taxa de mortalidade entra em declínio e, em seguida, as taxas de natalidade caem. Segundo a hipótese com base nesses dados, essa transição ocorre em quatro fases distintas (Figura 6-17).

A Figura 6-18 mostra a evolução de dois países – Estados Unidos e Bangladesh – ao fazer uma transição demográfica em termos do número médio de nascimentos por mulher (TFT). Os Estados Unidos estão na fase inicial do estágio 4, e Bangladesh está se aproximando dele.

Alguns analistas acreditam que a maioria dos países menos desenvolvidos do mundo fará uma transição demográfica durante as próximas décadas, principalmente porque a tecnologia moderna pode elevar a renda *per capita*, trazendo desenvolvimento econômico e planejamento familiar para esses países. No entanto, outros temem que o rápido cresci-

CAPÍTULO 6 A população humana e seu impacto   **145**

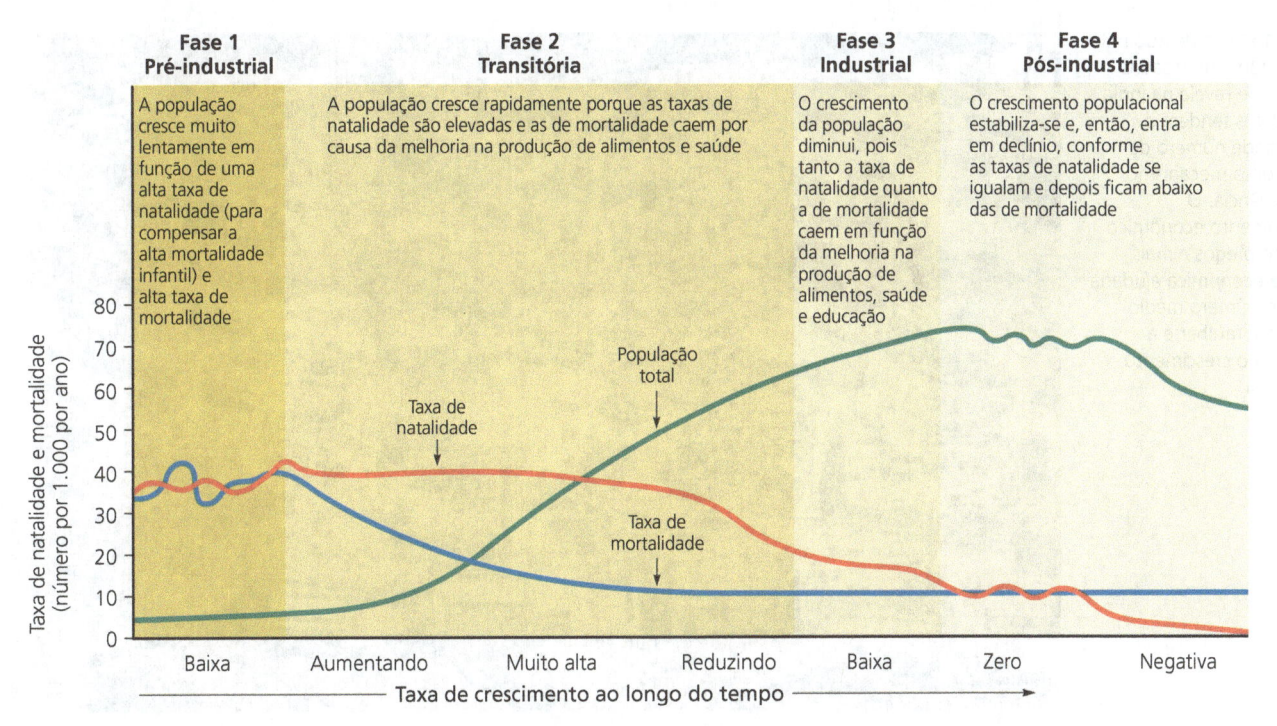

Fase 1 Pré-industrial	Fase 2 Transitória	Fase 3 Industrial	Fase 4 Pós-industrial
A população cresce muito lentamente em função de uma alta taxa de natalidade (para compensar a alta mortalidade infantil) e alta taxa de mortalidade	A população cresce rapidamente porque as taxas de natalidade são elevadas e as de mortalidade caem por causa da melhoria na produção de alimentos e saúde	O crescimento da população diminui, pois tanto a taxa de natalidade quanto a de mortalidade caem em função da melhoria na produção de alimentos, saúde e educação	O crescimento populacional estabiliza-se e, então, entra em declínio, conforme as taxas de natalidade se igualam e depois ficam abaixo das de mortalidade

Taxa de crescimento ao longo do tempo: Baixa — Aumentando — Muito alta — Reduzindo — Baixa — Zero — Negativa

Figura 6-17 A *transição demográfica* que um país pode experimentar enquanto se torna mais industrializado e desenvolvido economicamente pode ocorrer em quatro etapas. **Pergunta:** Em que fase está o país onde você mora?

mento populacional, a pobreza extrema e a crescente degradação ambiental em alguns países menos desenvolvidos de baixa renda – especialmente na África – possa prendê-los na fase 2 do processo de transição demográfica.

Muitos desses países são classificados como *Estados debilitados* (veja a Figura 17 no Suplemento 9). São países onde os governos nacionais não podem mais garantir a segurança pessoal da maioria de seu povo, principalmente porque perderam o controle sobre a totalidade ou maioria de seu território. Nesses países, os governos já não podem proporcionar serviços básicos, como segurança alimentar, saúde e educação às pessoas. Esses Estados acabam em situação de guerra civil, quando a regra da lei e da ordem se rompe e grupos opostos lutam pelo poder. Alguns podem também se passar por campos de treinamento para grupos terroristas internacionais que recrutam soldados em grandes grupos, incluindo jovens, adultos, pobres e desempregados.

Dezessete dos vinte principais Estados debilitados em 2008 tinham rápidas taxas de crescimento demográfico, altas taxas de fertilidade total e grande porcentagem da população com idade inferior a 15 anos. Um exemplo desse tipo de nação numa armadilha demográfica é a Somália, avaliada como o Estado mais debilitado do mundo. Em 2010, sua população estava crescendo rapidamente a 3% ao ano, suas

Figura 6-18 Este gráfico monitora a transição demográfica em termos da média de nascimentos por mulher (TFT) em Bangladesh e nos Estados Unidos, de 1800 a 2010. **Pergunta:** Que papel você acredita que o desenvolvimento econômico tem desempenhado nos diferentes caminhos que esses dois países têm tomado para sua transição demográfica? (Dados do Population Reference Bureau, *World Population Data Sheet 2009 e 2010*; Bangladesh: Nações Unidas Pesquisas Demográficas e de Saúde; Estados Unidos: Ansley Coale e Melvin Zeinik e National Center for Health Statistics)

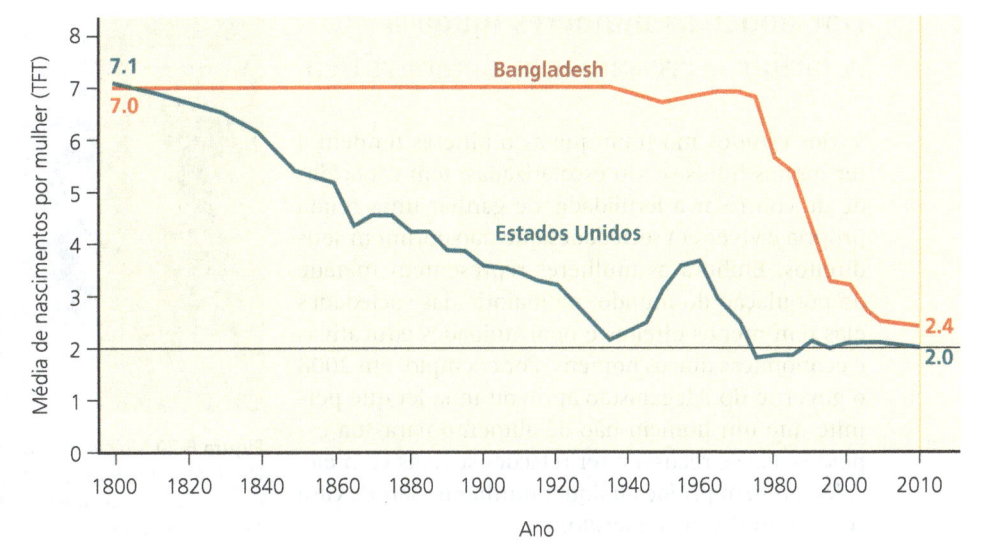

Figura 6-19 Mais de 200 mil pessoas estão amontoadas nesta enorme favela na Índia. Os moradores tendem a ter um grande número de crianças como mecanismo de sobrevivência. O desenvolvimento econômico que cria empregos e mais segurança econômica ajudaria a reduzir o número médio de filhos por mulher e a velocidade do crescimento populacional.

mulheres tinham uma média de 6,5 filhos e 45% do seu povo tinha menos de 15 anos de idade.

Outros fatores que poderiam dificultar a transição demográfica em alguns países menos desenvolvidos são a falta de cientistas, engenheiros e trabalhadores especializados, capital financeiro insuficiente, uma grande dívida externa com países mais desenvolvidos e uma queda na assistência econômica recebida de fora desde 1985, o que poderia deixar um grande número de pessoas presas na pobreza (Figura 6-19). Esse é o perigo no Haiti, outro Estado debilitado inundado pela dívida externa e desprovido de trabalhadores qualificados. Em 2010, esse país sofreu um terremoto devastador, tornando sua transição demográfica muito mais difícil.

Dar poder às mulheres ajuda a retardar o crescimento demográfico

Vários estudos mostram que as mulheres tendem a ter menos filhos se são escolarizadas, têm capacidade de controlar a fertilidade, de ganhar uma renda própria e viver em sociedades que não oprimem seus direitos. Embora as mulheres representem metade da população do mundo, na maioria das sociedades elas têm menos direitos e oportunidades educativas e econômicas que os homens. Por exemplo, em 2008 o governo do Afeganistão aprovou uma lei que permite que um homem não dê alimento para sua esposa se ela se recusar a ter relações sexuais com ele. A lei também proíbe qualquer mulher de sair de casa sem a permissão do marido.

As mulheres fazem quase todos os trabalhos domésticos do mundo e cuidam de crianças por pouca ou nenhuma remuneração. Além disso, ainda prestam mais cuidados de saúde não remunerados (dentro de suas famílias) do que todos os serviços de saúde do mundo juntos. Elas também fazem 60%-80% do trabalho associado ao cultivo de alimentos, recolhimento e transporte de madeira (Figura 6-20), esterco de animais para uso como combustível e transporte de água em áreas rurais da África, América Latina e Ásia. Como uma mulher brasileira observou: "Para as mulheres pobres, só é feriado quando você está dormindo".

Globalmente, as mulheres respondem por dois terços de todas as horas trabalhadas, mas recebem

Figura 6-20 Mulheres de uma aldeia em Burkina Faso, país do Oeste Africano, levando lenha para casa. Normalmente, elas passam duas horas por dia, duas ou três vezes por semana, procurando e transportando lenha.

apenas 10% da renda mundial e possuem menos de 2% das terras do mundo. As mulheres também representam cerca de 70% dos pobres e 64% dos 800 milhões de adultos analfabetos do mundo.

Pelo fato de os filhos serem mais valorizados do que filhas em muitas sociedades, as meninas são muitas vezes mantidas em casa para trabalhar em vez de ir para a escola. Globalmente, o número de meninas em idade escolar que não frequenta a escola primária é de mais de 900 milhões, quase três vezes a população dos Estados Unidos. Ensinar as mulheres a ler tem um grande impacto sobre as taxas de fertilidade e crescimento populacional. As mulheres pobres que não sabem ler muitas vezes têm uma média de cinco a sete crianças, em comparação com dois ou menos filhos em sociedades em que quase todas as mulheres sabem ler.

De acordo com Thorya Obaid, diretora executiva do Fundo de População da ONU, "Muitas mulheres no mundo em desenvolvimento estão presas na pobreza pelo analfabetismo, saúde precária e alta fertilidade indesejada. Tudo isso contribui para a degradação ambiental e aumenta a força da pobreza".

Um número crescente de mulheres em países menos desenvolvidos está tomando conta de suas vidas e de seu comportamento reprodutivo. Conforme isso se expande, essa mudança de baixo para cima por mulheres individuais desempenhará um papel importante na estabilização das populações, na redução da pobreza e na degradação ambiental, permitindo mais acesso aos direitos humanos básicos. BOAS NOTÍCIAS

Promover o planejamento familiar

O **planejamento familiar** oferece serviços educacionais e clínicos que ajudam os casais a escolher quantos filhos querem ter e quando tê-los. Tais programas variam de cultura para cultura, mas a maioria fornece informações sobre o espaçamento entre nascimentos, o controle da natalidade e os cuidados de saúde para mulheres grávidas e crianças.

Esse planejamento tem sido um fator importante na redução do número de nascimentos em grande parte do mundo. Além disso, reduziu o número de abortos realizados por ano e diminuiu o número de mães e fetos que morrem durante a gravidez. BOAS NOTÍCIAS

Estudos realizados pelo Fundo de População da ONU e outras agências populacionais indicam que o planejamento familiar é responsável por uma queda de, pelo menos, 55% nas taxas de fertilidade total (TFT) em países menos desenvolvidos, de 6,0 em 1960 para 2,7 em 2010. Por exemplo, o planejamento familiar, junto com o desenvolvimento econômico, desempenhou um papel importante na queda acentuada do número médio de filhos por mulher (TFT) em Bangladesh, de cerca de 6,8 para 2,4 em 2010 (Figura 6-19). Entre 1971 e 2010, a Tailândia também instituiu o planejamento familiar para reduzir a taxa de crescimento populacional anual de 3,2% para 0,6%, e reduzir a TFT de 6,4 para 1,8 filho por família. Segundo a ONU, se não tivesse havido uma queda acentuada na TFT desde 1970, tudo mais sendo igual, a população mundial hoje seria de cerca de 8,5 bilhões, em vez dos 6,9 bilhões atuais.

O planejamento familiar também tem benefícios financeiros. Estudos têm mostrado que, para cada dólar gasto com essa prática em países como a Tailândia, Egito e Bangladesh, US$ 10 a US$ 16 são economizados em custos de saúde, educação e serviço social, evitando nascimentos indesejados.

Apesar desses sucessos, dois problemas permanecem. *Primeiro*, de acordo com o Fundo de População da ONU, 42% de todas as gestações em países menos desenvolvidos não são planejadas, e 26% terminam em aborto. Além disso, um estudo realizado em 2007 pelo Instituto Guttmacher descobriu que quase metade das gravidezes anuais nos Estados Unidos não são intencionais e resultam em 1,4 milhão de nascimentos não planejados, além de 1,3 milhão de abortos.

Segundo, um número estimado de 201 milhões de casais em países menos desenvolvidos quer limitar o número de filhos e determinar o espaçamento entre as gestações, mas não têm acesso a serviços de planejamento familiar. De acordo com um estudo recente do Fundo de População da ONU e do Instituto Alan Guttmacher, se as necessidades de planejamento familiar e os métodos contraceptivos atuais das mulheres fossem atendidas, poderíamos *anualmente* evitar 52 milhões de gravidezes indesejadas, 22 milhões de abortos induzidos, 1,4 milhão de óbitos infantis e 142 mil óbitos relacionados à gravidez. Isso poderia reduzir o tamanho da população mundial projetada para 2050 em mais de 1 bilhão de pessoas, a um custo médio de US$ 20 por casal por ano.

Alguns analistas pedem a expansão de programas de planejamento familiar para que incluam adolescentes sexualmente ativas e mulheres solteiras, que estão excluídas de muitos dos programas existentes. Outra sugestão é desenvolver programas para educar

---

CONEXÕES

Planejamento familiar e a transição demográfica

O analista ambiental Lester Brown observou que, quando um país se move rapidamente para ter famílias menores, o que pode ser obtido pelo planejamento familiar intensivo, consegue um impulso na curva de transição demográfica (Figuras 6-17 e 6-18). O número de adultos trabalhando aumenta em relação ao número menor de filhos. Então, surge a produtividade, as pessoas economizam e investem mais dinheiro, o que resulta em crescimento econômico. Brown observa que, com exceção de alguns países ricos em petróleo, nenhum país menos desenvolvido conseguiu se modernizar sem desacelerar o crescimento da população.

os homens sobre a importância de ter menos filhos e assumir mais responsabilidade em sua criação. Os defensores também pedem maior pesquisa no desenvolvimento de métodos de controle de natalidade mais eficazes e aceitáveis para os homens.

As experiências de países como Japão, Tailândia, Bangladesh, Coreia do Sul, Taiwan, Irã e China (Estudo de caso principal) mostram que um país pode atingir ou chegar perto do nível de fertilidade de reposição dentro de uma década ou duas. Tais experiências também sugerem que as melhores maneiras de retardar e estabilizar o crescimento populacional são a *promoção do desenvolvimento econômico, a elevação do status social e econômico das mulheres e o incentivo ao planejamento familiar* (Conceito 6-4).

ESTUDO DE CASO
Diminuindo o crescimento populacional na Índia

Por mais de cinco décadas, a Índia tem tentado controlar seu crescimento populacional, com apenas um modesto sucesso. O primeiro programa nacional de planejamento familiar do mundo começou na Índia, em 1952, quando sua população era de quase 400 milhões. Em 2010, após 58 anos de esforços de controle populacional, a Índia tinha 1,2 bilhão de pessoas – a segunda maior população do mundo.

Em 1952, a população da Índia aumentou em 5 milhões de pessoas e, em 2010, 18 milhões, mais do que qualquer outro país no mundo. Além disso, 32% da população da Índia tem menos de 15 anos de idade, contra 18% na China (Estudo de caso principal), o que coloca a Índia em uma situação de mais crescimento populacional rápido. As Nações Unidas estimam que, em 2015, a Índia será o país mais populoso do mundo e, até 2050, terá uma população de 1,74 bilhão.

A Índia tem a quarta maior economia do mundo, e uma classe média próspera e crescente de mais de 50 milhões de pessoas. No entanto, o país enfrenta uma série de problemas relacionados à pobreza, desnutrição e questões ambientais, que poderiam piorar com o rápido crescimento de sua população. Uma em cada quatro pessoas da população urbana na Índia vive em favelas (Figura 6-19), e a prosperidade e o progresso ainda não atingiram muitas das quase 650 mil vilas rurais onde vivem mais de dois terços da sua população. Quase metade da força de trabalho do país está desempregada ou subempregada, e cerca de três quartos de sua população luta para viver com o equivalente a menos de 2,25 dólares por dia (Figura 6-21). Enquanto a China também tem sérios problemas ambientais, sua taxa de pobreza é apenas cerca de metade da da Índia.

Durante décadas, o governo indiano tem prestado serviços de planejamento familiar em todo o país e defendido firmemente um tamanho médio menor de família. Mesmo assim, as mulheres indianas têm uma média de 2,6 filhos. Dois fatores ajudam a explicar tantas famílias numerosas. Primeiro, a maioria dos casais pobres acredita que precisa de várias crianças para trabalhar e cuidar deles na velhice. Segundo, como na China (Estudo de caso principal), a forte preferência cultural na Índia por crianças do sexo masculino significa que alguns casais continuam a ter filhos até que produzam um ou mais meninos. O resultado: apesar de nove em cada dez casais indianos ter acesso a pelo menos um método moderno de controle de natalidade, apenas 48% realmente o usam (contra 86% na China).

Figura 6-21 Cerca de três em cada quatro pessoas (76%) na Índia, como essa mãe de rua e seu filho, lutam para viver com o equivalente a menos de US$ 2,25 por dia. Na China, a porcentagem de pessoas vivendo em extrema pobreza é de cerca de 36% da população.

Como a China, a Índia também enfrenta problemas críticos de recursos ambientais. Com 17% das pessoas do mundo, esse país tem apenas 2,3% dos recursos de terra e 2% das florestas do mundo. Quase metade da sua terra cultivada está degradada como resultado da erosão do solo e sobrepastoreio. Além disso, mais de dois terços de suas águas estão severamente poluídas, os serviços de saneamento são muitas vezes inadequados, e muitas de suas grandes cidades sofrem com uma grave poluição do ar.

A Índia está passando por um rápido crescimento econômico, e é esperado que esse crescimento se acelere. Conforme os membros de sua crescente classe média aumentam o uso de recursos por pessoa, a "pegada ecológica" da Índia se expandirá e aumentará a pressão sobre o capital natural do país e da Terra. No entanto, seu crescimento econômico pode ajudar a abrandar seu crescimento populacional, acelerando sua transição demográfica.

Aqui estão as *três grandes ideias deste capítulo:*

- A população humana está aumentando rapidamente e em breve pode colidir com os limites ambientais.

- Mesmo que o crescimento da população não fosse um problema grave, o aumento do uso de recursos por pessoa está expandindo a pegada ecológica humana geral e colocando pressão sobre os recursos da Terra.

- Podemos retardar o crescimento da população humana reduzindo a pobreza por meio do desenvolvimento econômico, elevando a condição da mulher e incentivando o planejamento familiar.

> **PENSANDO SOBRE**
>
> **China, Índia, Estados Unidos e superpopulação** — ESTUDO DE CASO PRINCIPAL
>
> Com base no tamanho da população e na utilização dos recursos por pessoa (veja a Figura 1-14) os Estados Unidos são mais superpovoados do que a China? Explique. Responda à mesma pergunta em relação a Estados Unidos *versus* Índia.

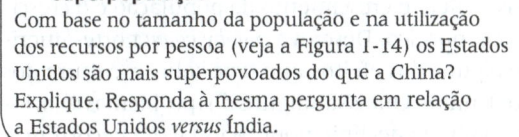

REVISITANDO — Crescimento populacional e sustentabilidade na China

Este capítulo começou com o caso do crescimento da população da China (**Estudo de caso principal**), e isso serve como uma boa aplicação para os conceitos que o organizam. Os problemas da população da China levantam questões sobre a capacidade de suporte. A história desse país mostra como o crescimento populacional pode ser afetado por um fator-chave; por exemplo, sua rigorosa política nacional de promoção de famílias com filhos únicos. A estrutura etária da China nos mostra os desafios que o país enfrentará em breve, bem como os que enfrenta atualmente. Esse exemplo é uma história única sobre como a sociedade pode tentar desacelerar seu crescimento populacional e sobre que consequências inesperadas podem advir como resultado.

Nos primeiros cinco capítulos deste livro, você aprendeu como os ecossistemas e as espécies foram mantidos ao longo da história como resultado de três princípios da sustentabilidade – a energia solar, a ciclagem de nutrientes e a biodiversidade, o que incluiu uma olhada sobre como as populações das espécies interagem, crescem e diminuem de acordo com os limites que lhes são colocados pela natureza. Neste capítulo, procuramos aplicar algumas dessas lições à população humana – para ver como ela cresceu e fazer perguntas a respeito de como esse crescimento pode ser limitado no futuro.

Muitos têm se perguntado se há seres humanos demais no planeta. Como vimos, alguns especialistas dizem que essa é a pergunta errada para fazer e sugerem que, em vez disso, devemos questionar: "Qual é o nível máximo de população humana que o planeta pode suportar de forma sustentável, agora e no futuro?" Podemos aplicar os **princípios da sustentabilidade** para tentar responder a essa pergunta, definindo a capacidade de suporte cultural. Alguns cientistas preveem um mundo em que dependeremos muito mais de forma direta e indireta da energia solar, reutilizaremos e reciclaremos pelo menos 80% de todos os materiais que estamos acostumados a jogar fora e preservaremos a biodiversidade das espécies e ecossistemas que ajudam a nos manter vivos e apoiam as nossas economias.

Nossos números se expandem, mas os sistemas naturais da Terra não.

LESTER R. BROWN

REVISÃO

1. Revise as Questões-chave e Conceitos para este capítulo. Resuma a história do crescimento populacional na China e os esforços do governo chinês para regulá-lo (**Estudo de caso principal**).

2. Liste três fatores que explicam o rápido aumento da população humana no mundo nos últimos 200 anos. Quantas pessoas são adicionadas à população mundial por ano? Explique como esse crescimento é desigual. Que cinco países tinham o maior número de pessoas em 2010? Quantos de nós possivelmente estaremos vivendo no planeta em 2050? O que são demógrafos? Dê três razões para a dificuldade que eles têm em projetar mudanças populacionais.

3. O que é **capacidade de suporte cultural**? Descreva o debate sobre se e por quanto tempo a população humana pode continuar crescendo. Descreva oito maneiras de uso da tecnologia para alterar a natureza e atender às nossas crescentes necessidades e desejos.

4. Faça a distinção entre **taxa bruta de natalidade** e **taxa bruta de mortalidade**. Liste quatro variáveis que influenciaram a **mudança populacional** de uma área e escreva uma equação mostrando como estão relacionadas.

5. O Que é **taxa de fertilidade**? Faça a distinção entre **taxa de fertilidade de reposição** e **taxa de fertilidade total (TFT)**. Explique por que atingir a taxa de fertilidade de reposição não parará o crescimento da população mundial até cerca de 50 anos depois de atingida (supondo que as taxas de mortalidade não subam). Descreva o que aconteceu desde 1950 com a taxa de fertilidade total no mundo, na China e nos Estados Unidos.

6. Descreva o crescimento da população nos Estados Unidos e explique por que é elevado quando comparado com o da maioria dos outros países mais desenvolvidos e da China (**Estudo de caso principal**). Os Estados Unidos estão superpovoados? Explique.

7. Liste dez fatores que podem afetar as taxas de natalidade e de fertilidade de um país. Explique por que existe uma escassez de noivas na China. Defina **expectativa de vida** e **taxa de mortalidade infantil**, e explique como elas afetam o tamanho da população de um país. Por que os Estados Unidos têm menor expectativa de vida e maior taxa de mortalidade infantil do que uma série de outros países? O que é **migração**? Descreva a imigração para os Estados Unidos e as questões que ela levanta.

8. O que é **estrutura etária** de uma população. Explique como isso afeta o crescimento da população e o crescimento econômico. Descreva o *baby boom* norte-americano e alguns dos efeitos que teve sobre a cultura dos Estados Unidos. Quais são alguns dos problemas relacionados ao rápido declínio populacional em decorrência do envelhecimento da população? Como a epidemia da Aids afetou a estrutura etária de alguns países da África?

9. O que é **transição demográfica** e quais são seus quatro estágios? Quais fatores poderiam prejudicar alguns países menos desenvolvidos ao fazer esta transição? O que é **planejamento familiar**? Descreva as funções da redução da pobreza, elevação da condição da mulher e planejamento familiar na desaceleração do crescimento populacional. Descreva os esforços da Índia para controlar seu crescimento populacional.

10. Quais são as *três grandes ideias deste capítulo*? Descreva a relação entre o crescimento da população humana, como exemplificado na China, e os três **princípios da sustentabilidade**.

Obs.: Os termos-chave estão em negrito.

PENSAMENTO CRÍTICO

1. Você acha que os problemas resultantes da política do filho único da China (**Estudo de caso principal**) superam os da superpopulação que provavelmente teria acontecido se nenhum tipo de regulamentação do crescimento populacional tivesse sido tomado? Você pode pensar em outras medidas que a China poderia tomar para regular seu crescimento populacional? Explique.

2. Se você pudesse cumprimentar uma nova pessoa a cada segundo, sem fazer nenhuma pausa, quantas você poderia cumprimentar em um dia? Quantas em um ano? Quantas em uma vida de 80 anos? Quanto tempo você teria de viver para cumprimentar (a) todas as 6,9 bilhões de pessoas na Terra a uma taxa de uma a cada segundo, trabalhando sem parar, e (b) as 83 milhões de pessoas adicionadas à população mundial este ano?

3. Qual das três grandes visões ambientais de mundo resumidas na seção 1-3, capítulo 1, você acredita fundamenta as duas principais posições sobre o mundo estar superpovoado (Ciência em foco)?

4. Identifique um grande problema ambiental local, nacional ou global e descreva o papel do crescimento populacional nesse problema.

5. É racional para um casal pobre em um país menos desenvolvido, como a Índia, por exemplo, ter quatro ou cinco filhos? Explique.
6. Você acredita que a população é muito alta na (a) China (**Estudo de caso principal**), (b) no mundo, (c) em seu próprio país e (d) na área onde você mora? Explique.
7. Todos têm o direito de ter tantos filhos quanto quiser? Explique. Sua convicção sobre essa questão está de acordo com sua visão ambiental?
8. Algumas pessoas acreditam que a meta ambiental mais importante é reduzir drasticamente a taxa de crescimento populacional nos países menos desenvolvidos, para os quais pelo menos 92% do crescimento populacional mundial está previsto. Outras argumentam que os problemas ambientais mais graves resultam de níveis elevados de consumo de recursos por pessoa em países mais desenvolvidos, que usam 88% dos recursos do mundo e têm muito maiores pegadas ecológicas por pessoa do que os países menos desenvolvidos. Qual a sua opinião sobre essa questão? Explique.
9. Parabéns! Você está no comando do mundo. Escreva um resumo de sua política populacional. Nele, considere o seguinte: você aprovará um programa para regular o crescimento populacional? Se não, explique seu raciocínio. Se sim, descreva o programa e como irá promulgá-lo e financiá-lo.
10. Liste duas questões que gostaria que tivessem sido respondidas como resultado da leitura deste capítulo.

ANÁLISE DA PEGADA ECOLÓGICA

O quadro a seguir mostra os dados da população selecionada em dois países diferentes, A e B. Estude os dados e depois responda às perguntas.

	País A	País B
População (milhões)	144	82
Taxa bruta de natalidade	43	8
Taxa bruta de mortalidade	18	10
Taxa de mortalidade infantil	100	3,8
Taxa de fertilidade total	5,9	1,3
% da população com menos de 15 anos	45	14
% da população com mais de 65 anos	3,0	19
Expectativa de vida média ao nascer	47	79
% urbano	44	75

(Dados do Population Reference Bureau 2010. *World Population Data Sheet*)

1. Calcule as taxas de aumento natural (em razão dos nascimentos e mortes, sem contar a imigração) para as populações dos países A e B. Com base nesses cálculos e nos dados da tabela, indique se A e B são países mais ou menos desenvolvidos e explique as razões para suas respostas.
2. Descreva onde cada um dos dois países pode estar em termos de fase na transição demográfica (Figura 6-17). Discuta os fatores que podem dificultar o país A de progredir para as fases mais avançadas na transição demográfica.
3. Explique como a porcentagem de pessoas com menos de 15 anos de idade nos países A e B podem afetar o consumo *per capita* e a pegada ecológica total de cada país.

Clima e biodiversidade

7

ESTUDO DE CASO PRINCIPAL

Climas diferentes sustentam diferentes formas de vida

A Terra tem uma grande diversidade de espécies e habitats, ou seja, locais onde essas espécies podem viver. Algumas vivem na terra, isto é, em habitats terrestres, como desertos, pradarias e florestas. Outras, em habitats cobertos de água, ou aquáticos, como rios, lagos e oceanos. Neste capítulo, estudaremos os principais habitats terrestres e, no próximo, os aquáticos.

Por que uma área da superfície terrestre do planeta é deserta, outra é pastagem e outra, ainda, é floresta? As respostas estão, em grande parte, conectadas às diferenças de clima e às condições atmosféricas ou climáticas em uma determinada região durante um período de várias décadas a milhares de anos.

As diferenças de clima resultam principalmente das desigualdades climáticas de longo prazo na média anual de precipitação e temperatura, o que leva a três tipos principais de clima – tropical (zonas próximas ao equador, que recebem a luz do sol mais intensa), polar (zonas próximas aos polos da Terra, recebem menos luz solar intensa) e temperado (áreas entre a região equatorial e os dois polos da Terra). Nessas áreas, encontramos diferentes tipos de vegetação (Figura 7-1) e de animais, adaptados às diferentes condições de clima do planeta, como discutiremos neste capítulo.

Em outras palavras, o clima é importante, pois determina onde os seres humanos e outras espécies podem viver e prosperar. Quando o clima muda, como os modelos climáticos atuais estão prevendo que aconteça durante este século, há uma mudança na localização das áreas onde a comida pode ser encontrada ou cultivada e onde as espécies podem viver.

Os três principais tipos de ecossistemas terrestres do mundo – florestas, campos, desertos –, determinados pelo seu clima, são chamados biomas. Eles cobrem toda a superfície do planeta Terra, exceto as áreas cobertas de gelo. Todo ano, esses ecossistemas e a rica diversidade de espécies que contêm nos fornecem trilhões de dólares em benefícios ecológicos e econômicos. Neste capítulo, examinaremos o papel fundamental que o clima desempenha na formação e localização desses desertos, pradarias e florestas que compõem uma parte importante da biodiversidade terrestre do planeta.

Figura 7-1 A Terra tem três principais zonas climáticas: tropical, em que o clima é geralmente quente durante todo o ano (superior); temperada, na qual o clima não é extremo e se divide em quatro diferentes estações do ano (meio); e polar, na qual é frio tanto durante o inverno quanto durante o verão (parte inferior). Essas diferenças levam a diferentes tipos de vegetação, como aquelas encontradas em uma floresta tropical quente e úmida na Austrália (superior), uma floresta temperada decídua no outono, perto de Hamburgo, na Alemanha (meio) e a tundra ártica encontrada no Alasca, nos Estados Unidos, durante o verão (inferior).

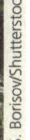

Questões e conceitos principais

7-1 Que fatores influenciam o clima?
CONCEITO 7-1 Os principais fatores que determinam o clima de uma área são a energia solar recebida, a rotação da Terra, os padrões globais de circulação de ar e água, os gases na atmosfera e as características da superfície da Terra.

7-2 Como o clima afeta a natureza e a localização dos biomas?
CONCEITO 7-2 As diferenças a longo prazo na média anual de precipitação e temperatura levam à formação de desertos tropicais, temperados e frios, áreas de pastagem e florestas e, em grande parte, determinam suas localizações.

7-3 Como temos afetado os ecossistemas terrestres do mundo?
CONCEITO 7-3 Em muitas áreas, as atividades humanas estão prejudicando os serviços ecológicos e econômicos fornecidos pelos desertos, pastagens, florestas e montanhas da Terra.

Obs.: Os suplementos 2, 6, 7, 8 e 9 podem ser utilizados com este capítulo.

Fazer ciência é buscar padrões que se repetem, e não simplesmente acumular fatos. Fazer a ciência da ecologia geográfica é buscar padrões de vida vegetal e animal que podem ser vistos sobre um mapa.

ROBERT H. MacARTHUR.

7-1 Que fatores influenciam o clima?

▶ CONCEITO 7-1 **Os principais fatores que determinam o clima de uma área são a energia solar recebida, a rotação da Terra, os padrões globais de circulação de ar e água, os gases na atmosfera e as características da superfície da Terra.**

A Terra tem muitos climas diferentes

O primeiro passo para compreender questões relacionadas ao clima, por exemplo, a maneira como afeta a biodiversidade terrestre (**Estudo de caso principal**), é ter certeza de que entendemos a diferença entre tempo e clima. **Tempo** é um conjunto de condições físicas da baixa atmosfera, como temperatura, precipitação, umidade, velocidade do vento, nebulosidade e outros fatores em uma determinada área durante um período de horas ou dias. (O Suplemento 7 apresenta os fundamentos do tempo.) Vá lá fora e sinta o *tempo* atual – as condições atmosféricas a curto prazo que muitas vezes mudam de uma hora para outra ou de um dia para outro.

O tempo é diferente do **clima**, que é o padrão geral de condições atmosféricas de uma área durante períodos de, pelo menos, três décadas a até milhares de anos. Em outras palavras, clima é a média do tempo durante um longo período. Como o escritor e humorista americano Mark Twain disse certa vez: "Clima é o que esperamos, tempo é o que temos".

Sabemos muito sobre o tempo do local em que vivemos, mas a maioria de nós tem uma compreensão muito vaga ou difusa do clima do local em que vivemos e de como ele mudou ao longo dos últimos 50-100 anos. Para determinar o clima da região onde você mora e como ele mudou, primeiro você precisa descobrir e traçar a temperatura e a precipitação médias, em sua área de ano a ano, por, pelo menos, as últimas três décadas. Então, depois, verificar se esses números têm aumentado, permanecido iguais ou diminuído de uma forma geral. A Figura 7-2 mostra as principais zonas climáticas e correntes oceânicas atuais da Terra, que são os principais componentes do capital natural desta (observe a Figura 1-4, Capítulo 1).

O clima varia em diferentes partes da Terra principalmente porque, durante longos períodos de tempo, padrões de circulação atmosférica global e correntes oceânicas distribuem o calor e a precipitação de forma desigual entre os trópicos e em outras partes do

CAPÍTULO 7 Clima e biodiversidade 155

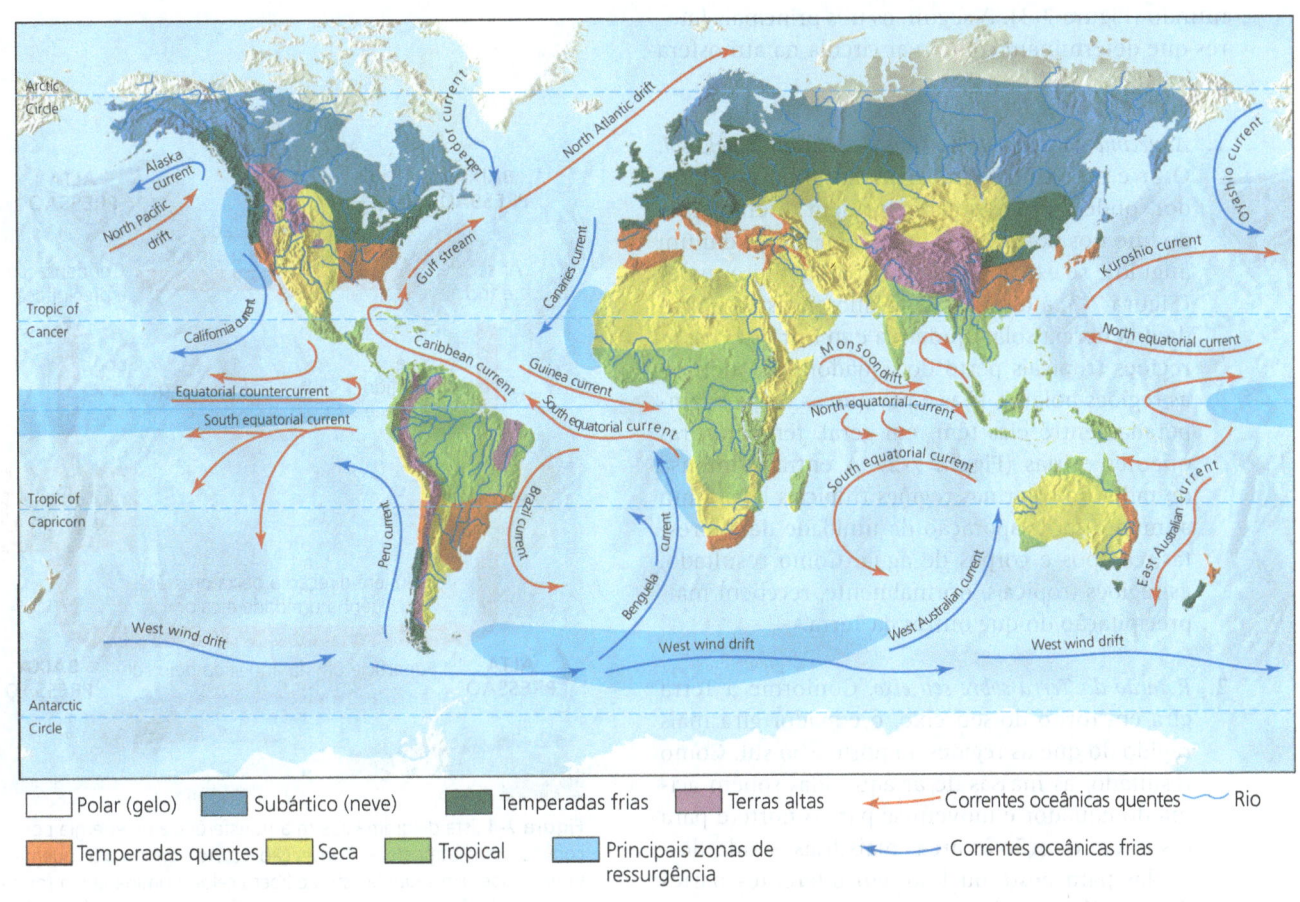

☐ Polar (gelo)	■ Subártico (neve)	■ Temperadas frias	■ Terras altas	→ Correntes oceânicas quentes	～ Rio
■ Temperadas quentes	■ Seca	■ Tropical	■ Principais zonas de ressurgência	→ Correntes oceânicas frias	

Figura 7-2 **Capital natural:** Este mapa generalizado das atuais zonas climáticas da Terra mostra as principais correntes oceânicas e áreas de ressurgência (onde as correntes trazem os nutrientes do fundo do oceano à superfície). **Pergunta:** com base neste mapa, qual é o tipo geral de clima onde você vive?

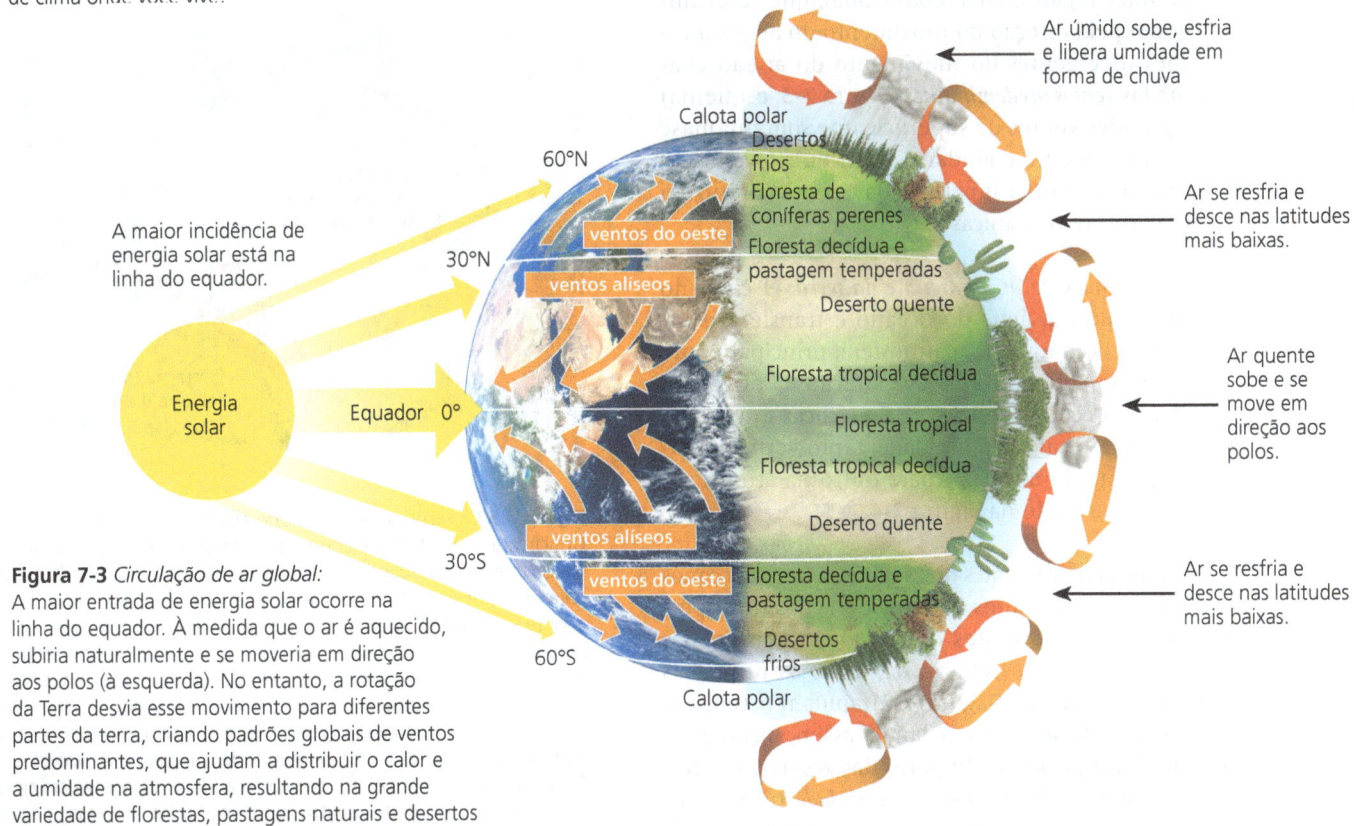

Figura 7-3 *Circulação de ar global:* A maior entrada de energia solar ocorre na linha do equador. À medida que o ar é aquecido, subiria naturalmente e se moveria em direção aos polos (à esquerda). No entanto, a rotação da Terra desvia esse movimento para diferentes partes da terra, criando padrões globais de ventos predominantes, que ajudam a distribuir o calor e a umidade na atmosfera, resultando na grande variedade de florestas, pastagens naturais e desertos da Terra (à direita).

mundo (Figura 7-3). A seguir, os três principais fatores que determinam como o ar circula na atmosfera mais baixa:

1. *Aquecimento desigual da superfície terrestre pelo sol.* O ar é aquecido muito mais na linha do equador, onde os raios solares incidem diretamente, do que nos polos, onde a luz solar incide em um ângulo e se espalha sobre uma área muito maior (Figura 7-3, à direita). Essas diferenças na entrada de energia solar ajudam a explicar por que as regiões tropicais perto do equador são quentes, as regiões polares, frias e por que as regiões temperadas entre elas têm, em geral, temperaturas quentes e frias (Figura 7-2). A entrada intensa de radiação solar nas regiões tropicais leva a um aumento da evaporação da umidade das florestas, campos e corpos de água. Como resultado, as regiões tropicais, normalmente, recebem mais precipitação do que outras da Terra.

2. *Rotação da Terra sobre seu eixo.* Conforme a Terra gira em torno do seu eixo, o equador gira mais rápido do que as regiões ao norte e ao sul. Como resultado, as massas de ar aquecidas sobem acima do equador e movem-se para o norte e para o sul, em direção às áreas mais frias, sendo desviadas para oeste ou leste em diferentes partes da superfície do planeta (Figura 7-3, à direita). A atmosfera nessas diferentes áreas é dividida em grandes regiões, chamadas *células*, que se distinguem pela direção do movimento do ar. As direções divergentes do movimento do ar são chamadas *ventos predominantes* (Figura 7-3, esquerda) – grandes ventos de superfície que sopram quase continuamente e ajudam a distribuir o calor e a umidade sobre a superfície da Terra e conduzem as correntes oceânicas.

3. *Propriedades do ar, da água e da terra.* O calor do sol evapora a água do oceano e transfere o calor dos oceanos para a atmosfera, principalmente perto do equador. Essa evaporação da água cria gigantes células de convecção cíclicas que circulam o ar, o calor e a umidade, tanto verticalmente quanto de um lugar para outro na atmosfera, como mostrado na Figura 7-4.

Ventos predominantes que sopram sobre os oceanos produzem movimentos maciços de águas de superfície chamados **correntes oceânicas**. Impulsionadas pelos ventos e pela rotação da Terra, as principais correntes oceânicas (Figura 7-2) ajudam a redistribuir o calor do sol, influenciando, assim, o clima e a vegetação, especialmente perto das zonas costeiras. Esse calor e as diferenças de *densidade* (massa por unidade de volume) da água criam correntes oceâ-

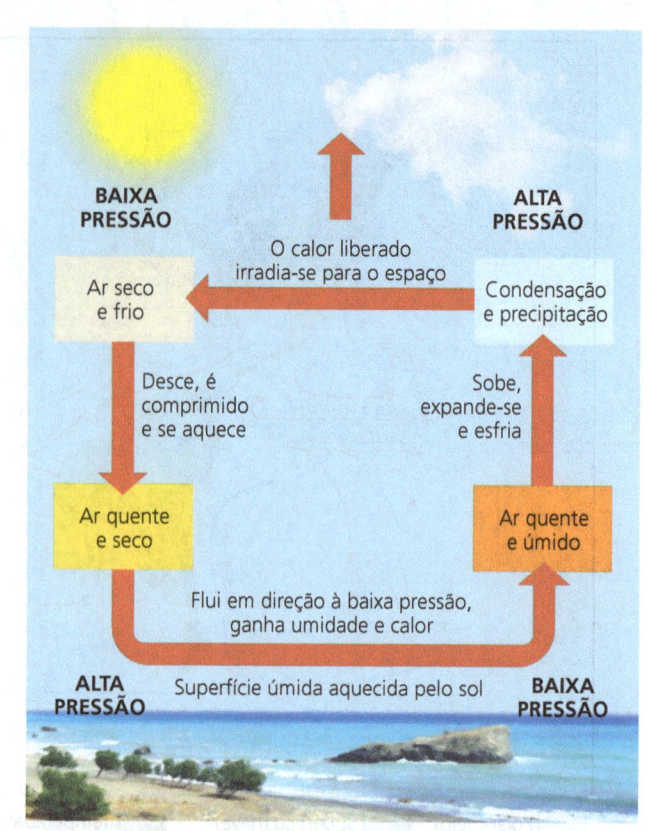

Figura 7-4 Este diagrama ilustra a transferência de energia por convecção na atmosfera. Convecção ocorre quando o ar quente e úmido sobe, em seguida esfria e libera calor e umidade em forma de precipitação (lateral direita e topo). Então, o ar mais frio e denso afunda, aquece-se e absorve a umidade que flui pela superfície da Terra (parte inferior), para iniciar o ciclo novamente.

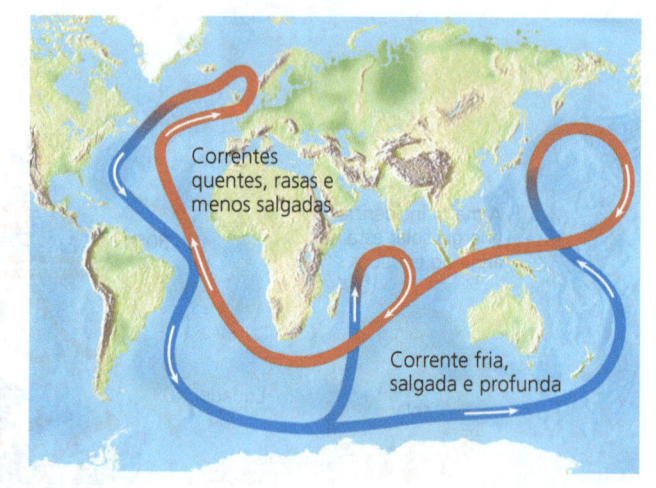

Figura 7-5 *Correntes oceânicas superficiais e profundas conectadas*: Um circuito conectado de correntes oceânicas rasas e profundas transporta a água quente e fria para várias partes do mundo. Essa corrente, que se eleva em algumas áreas e afunda em outras, acontece quando a água do oceano no Atlântico Norte, perto da Islândia, é densa o suficiente (pelo seu teor de sal e temperatura fria) para descer até o fundo do oceano, fluir para o sul e depois mover-se para o leste e entrar no Pacífico mais quente. A corrente mais rasa de retorno, ajudada pelos ventos, traz águas mais quentes e menos salgadas, e, portanto, menos densas para o Atlântico. Essa água então esfria e afunda, começando novamente este ciclo extremamente lento. **Pergunta:** como você acha que essa conexão afeta os climas das zonas costeiras em volta?

nicas quentes e frias. Ventos predominantes e continentes com formatos irregulares interrompem essas correntes e fazem que passem a fluir em padrões razoavelmente circulares entre os continentes, em sentido horário no hemisfério norte, e anti-horário no hemisfério sul.

A água também se move verticalmente nos oceanos, com a mais densa afundando e a menos densa subindo, criando, assim, um circuito conectado de correntes oceânicas superficiais e profundas (que são diferentes daquelas mostradas na Figura 7-2). Esse circuito age como uma gigante esteira que move o calor para dentro e para fora do mar, e transfere água quente e fria entre os trópicos e os polos (Figura 7-5).

O oceano e a atmosfera estão intimamente ligados de duas maneiras: as correntes oceânicas são afetadas pelos ventos na atmosfera, e o calor do oceano afeta a circulação atmosférica. Um exemplo das interações entre o oceano e a atmosfera é o *El Niño-Southern Oscilation*, ou *ENSO*. (Observe a Figura 4, no Suplemento 7, e *The Habitable Planet*, Vídeo 3, no **www.learner.org/resources/series209.html**). Esse fenômeno climático de grande escala ocorre a cada dois anos, quando os ventos predominantes no Oceano Pacífico tropical enfraquecem e mudam de direção. O resultante aquecimento acima da média das águas do Pacífico altera o clima em, pelo menos, dois terços da Terra por um ou dois anos (Observe a Figura 5 no Suplemento 7).

Os padrões de circulação do ar, os ventos predominantes e a configuração dos continentes e oceanos são todos fatores responsáveis pela formação de seis células de convecção gigantes (como a mostrada na Figura 7-3, à direita), três delas ao sul do equador e três ao norte. Essas células levam a uma distribuição irregular de climas e aos resultantes desertos, pastos e florestas, como mostrado na Figura 7-3, à direita (**Conceito 7-1** e **Estudo de caso principal**).

Gases de efeito estufa aquecem a baixa atmosfera

A Figura 3-4, Capítulo 3, mostra como a energia flui na Terra. Pequenas quantidades de diversos gases na atmosfera, incluindo vapor de água (H_2O), dióxido de carbono (CO_2), metano (CH_4) e óxido nitroso (N_2O), absorvem e liberam o calor que aquece a atmosfera, desempenhando um papel importante na determinação das temperaturas médias do planeta e seus climas. Esses **gases de efeito estufa** permitem que a luz visível e, principalmente, um pouco de radiação infravermelha e ultravioleta (UV) (consulte a Figura 2-11, Capítulo 2) do sol passem pela atmosfera. A superfície da Terra absorve grande parte dessa energia solar e a transforma em ondas de radiação infravermelha mais longas (calor), que sobem para a atmosfera inferior.

Um pouco desse calor escapa para o espaço, mas uma parte é absorvida pelas moléculas de gases de efeito estufa e emitida para a atmosfera mais baixa como onda de radiação infravermelha com um comprimento ainda maior. Uma parte dessa energia liberada irradia para o espaço e a outra aquece a atmosfera inferior e a superfície da Terra. Esse efeito do aquecimento da troposfera é chamado **efeito estufa natural** (observe a Figura 3-4, Capítulo 3, e *The Habitable Planet*, Vídeo 2, no **www.learner.org/resources/series209.html**). Sem esse efeito de aquecimento natural, a Terra seria um planeta muito frio e em grande parte sem vida.

As atividades humanas, como a queima de combustíveis fósseis (observe a Figura 2-14, Capítulo 2), desmatamento de florestas (observe a Figura 3-1, Capítulo 3) e o cultivo de alimentos (observe a Figura 1-6, Capítulo 1), liberam dióxido de carbono, metano e óxido nitroso na atmosfera. Uma grande e crescente quantidade de evidência científica, combinada com as projeções dos modelos climáticos, indica que é provável que as grandes emissões de gases de efeito estufa na atmosfera originárias de atividades humanas aumentarão significativamente o efeito estufa natural do planeta e mudarão o clima da Terra durante este século.

Em outras palavras, as atividades humanas, especialmente a queima de combustíveis fósseis contendo carbono, têm adicionado gás carbônico na atmosfera mais rapidamente do que o ciclo de carbono consegue remover (observe a Figura 3-19, Capítulo 3). De acordo com os modelos climáticos atuais, esse rápido aquecimento da atmosfera intensificado pelos humanos durante este século provavelmente provocará alterações climáticas em vários lugares na Terra que podem durar de séculos a milhares de anos. Se esse aquecimento projetado se intensificar, modelos climáticos estimam que ele poderá alterar os padrões de precipitação, aumentar os níveis médios do mar e mudar as áreas de cultivo e onde alguns tipos de plantas e animais (incluindo humanos) podem viver.

As características da superfície da Terra afetam os climas locais

O calor é absorvido e liberado mais lentamente pela água do que pela terra, e esta diferença cria brisas terrestres e marítimas. Como resultado, oceanos e grandes lagos equilibram o tempo e o clima das terras vizinhas.

Várias outras características topográficas da superfície da Terra podem criar condições climáticas locais

Figura 7-6 O *efeito de sombra de chuva* é uma redução das chuvas e perda de umidade da paisagem do lado das montanhas que está de costas para os ventos predominantes de superfície. O ar quente e úmido dos ventos vindos do interior perde a maior parte de sua umidade em forma de chuva e neve, que cai na encosta de barlavento de uma montanha, levando a condições semiáridas e áridas no lado de sotavento da serra e nas terras mais além da montanha. O deserto de Mojave, no Estado da Califórnia, Estados Unidos, e o Deserto de Gobi, na Ásia, foram ambos criados por esse efeito.

e regionais que diferem do clima geral de algumas regiões. Por exemplo, as montanhas interrompem o fluxo de ventos de superfície predominantes e o movimento das tempestades. Quando o ar úmido que sopra do oceano para o interior chega a uma cadeia de montanhas, é forçado para cima. Ao subir, esfria e se expande e, em seguida, perde a maior parte de sua umidade na forma de chuva e neve, que caem na encosta de barlavento da montanha (o lado voltado para a área onde o vento está soprando).

Conforme a massa de ar seco passa por cima das montanhas, flui pelas encostas de sotavento (de costas para o vento) e se aquece, aumentando assim sua capacidade de reter umidade; mas o ar libera pouca umidade e, em vez disso, tende a secar as plantas e o solo abaixo. Por muitas décadas, as condições semiáridas ou áridas resultantes no lado de sotavento de uma montanha alta criam o que é chamado **efeito de sombra de chuva** (Figura 7-6). Às vezes, leva à formação de desertos, tal como o Vale da Morte, uma parte do deserto de Mojave encontrada em partes dos Estados da Califórnia, Nevada, Utah e Arizona, nos Estados Unidos. Esse vale encontra-se na sombra da chuva do Monte Whitney, a montanha mais alta de Sierra Nevada.

As cidades também criam microclimas distintos. Tijolos, cimento, asfalto e outros materiais de construção absorvem e retêm calor, e os edifícios bloqueiam o fluxo de vento. Os veículos a motor e os sistemas de aquecimento e refrigeração de edifícios liberam grandes quantidades de calor e poluentes. Como resultado, em média, as cidades tendem a ter mais névoa e poluição atmosférica, temperaturas mais altas e baixas velocidades de vento do que a paisagem circundante.

7-2 Como o clima afeta a natureza e a localização dos biomas?

▶ **CONCEITO 7-2** As diferenças a longo prazo na média anual de precipitação e temperatura levam à formação de desertos tropicais, temperados e frios, áreas de pastagem e florestas e, em grande parte, determinam suas localizações.

O clima ajuda a determinar onde os organismos podem viver

As diferenças de clima (Figura 7-2) explicam por que uma área da superfície terrestre do planeta é um deserto, outra, uma pastagem e outra, ainda, floresta. Também podem explicar por que os padrões globais de circulação de ar (Figura 7-3) são responsáveis pelos diferentes tipos de desertos, pradarias e florestas (**Estudo de caso principal**).

A Figura 7-7 mostra como os cientistas dividiram o mundo em vários grandes **biomas** – grandes regiões terrestres, cada uma caracterizada por certos tipos de clima e vegetação dominante (**Conceito 7-2**). A variedade de biomas terrestres e sistemas aquáticos é um dos quatro componentes da biodiversidade do planeta (observe a Figura 4-2, Capítulo 4) – uma parte vital do capital natural da Terra.

Ao comparar a Figura 7-7 com a Figura 7-2, pode-se ver como os biomas mais importantes do mundo variam conforme o clima. A Figura 4-5, Capítulo 4, mostra como os principais biomas ao longo do paralelo 39°, nos Estados Unidos, estão relacionados a climas diferentes.

Em mapas como o da Figura 7-7, os biomas são mostrados com fronteiras nítidas, e cada um deles é coberto por um tipo geral de vegetação. No entanto, na realidade, *biomas não são uniformes.* Eles consistem de um *mosaico de áreas,* cada uma com comunidades biológicas um pouco diferentes, mas com semelhanças típicas do bioma. Essas áreas ocorrem principalmente em razão da distribuição irregular dos recursos necessários para as plantas e os animais, e pela remoção ou alteração da vegetação natural por atividades humanas em muitas áreas.

A Figura 7-8 mostra como o clima e a vegetação variam tanto pela *latitude* quanto pela *altitude.* Se

> **CONEXÕES**
> **Biomas, clima e as atividades humanas**
> Use a Figura 7-2 para determinar o tipo geral de clima onde você vive e a 7-7 para definir o tipo geral de bioma que ali deve existir. Em seguida, use a Figura 6 e a Figura 8, no Suplemento 8, para determinar como as pegadas ecológicas humanas têm afetado o bioma onde vive.

você subir uma montanha alta, da base até o cume, é possível observar mudanças na vida de plantas semelhantes às que você poderia encontrar se viajasse do equador à região polar mais ao norte. Por exemplo, se caminhar até o topo de uma montanha nos Andes, no Equador, sua caminhada começa em uma floresta tropical e acaba em uma geleira no cume.

As diferenças de clima, principalmente na precipitação e temperatura média anual, conduzem à formação de florestas, pradarias e desertos tropicais (quentes), temperados (moderados) e polares (frios) (**Conceito 7-2**) (Figura 7-9 e **Estudo de caso principal**).

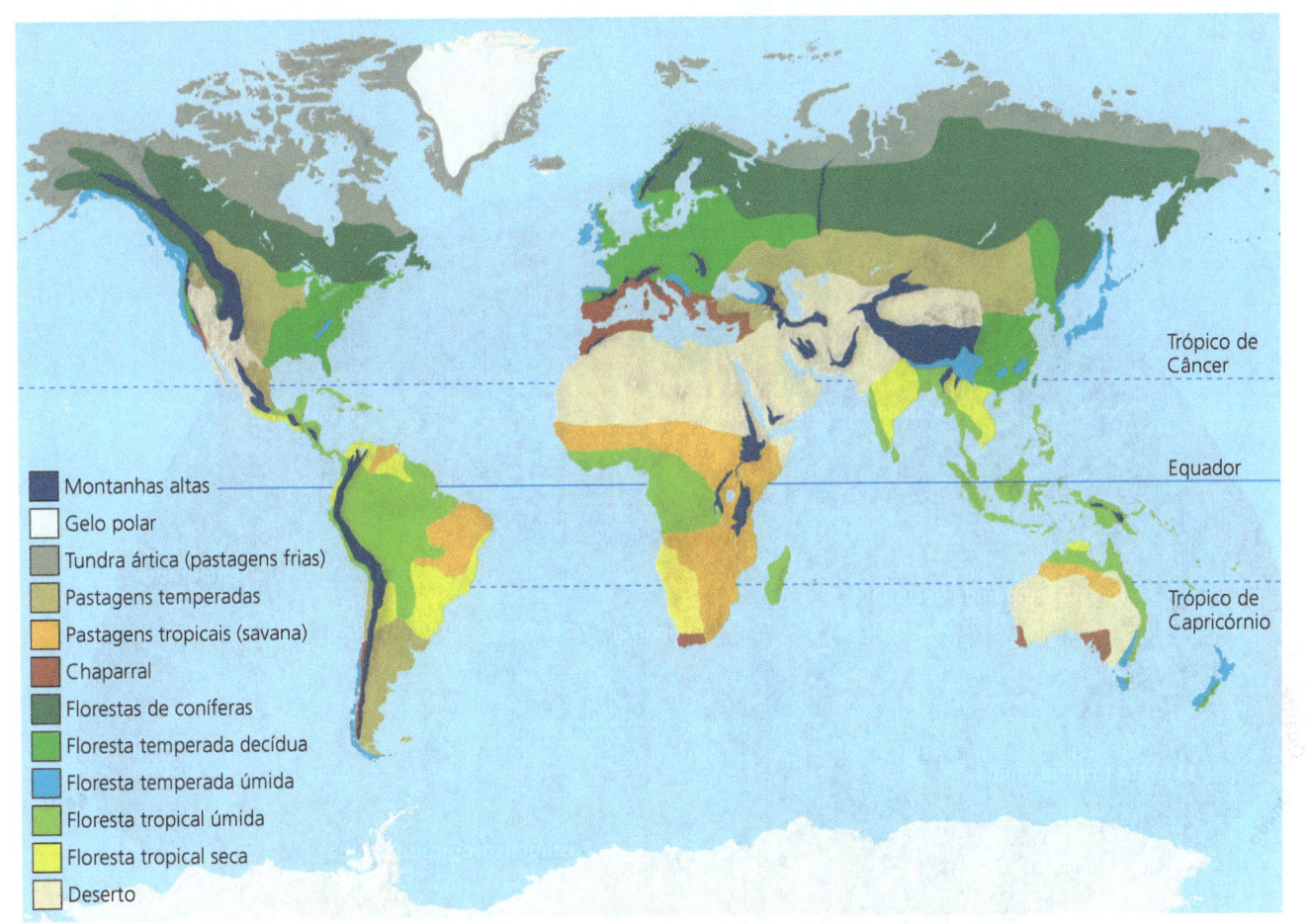

Figura 7-7 Capital natural: Os principais *biomas* da Terra – cada um caracterizado por uma combinação de clima e vegetação dominante – resultam principalmente de diferenças climáticas (**Estudo de caso principal**).
Cada bioma contém muitos ecossistemas cujas comunidades têm se adaptado às diferenças de clima, solo e outros fatores ambientais. As pessoas têm removido ou alterado grande parte da vegetação natural em algumas áreas para fins de agricultura, pastoreio, obtenção de madeira e lenha, mineração e construção de vilas e cidades. (A Figura 2, no Suplemento 8, mostra os principais biomas da América do Norte). **Pergunta:** se você desconsiderar as influências humanas, como a agricultura e o desenvolvimento urbano, qual é o tipo de bioma em que você vive?

Legenda:
- Montanhas altas
- Gelo polar
- Tundra ártica (pastagens frias)
- Pastagens temperadas
- Pastagens tropicais (savana)
- Chaparral
- Florestas de coníferas
- Floresta temperada decídua
- Floresta temperada úmida
- Floresta tropical úmida
- Floresta tropical seca
- Deserto

Figura 7-8 Este diagrama mostra os efeitos generalizados da elevação (esquerda) e latitude (direita) sobre o clima e os biomas (**Estudo de caso principal**). Mudanças paralelas no tipo de vegetação ocorrem quando viajamos do equador em direção ao polo norte e das planícies ao topo das montanhas. **Pergunta:** como os componentes do diagrama da esquerda podem mudar conforme a Terra se aquecer durante este século? Explique.

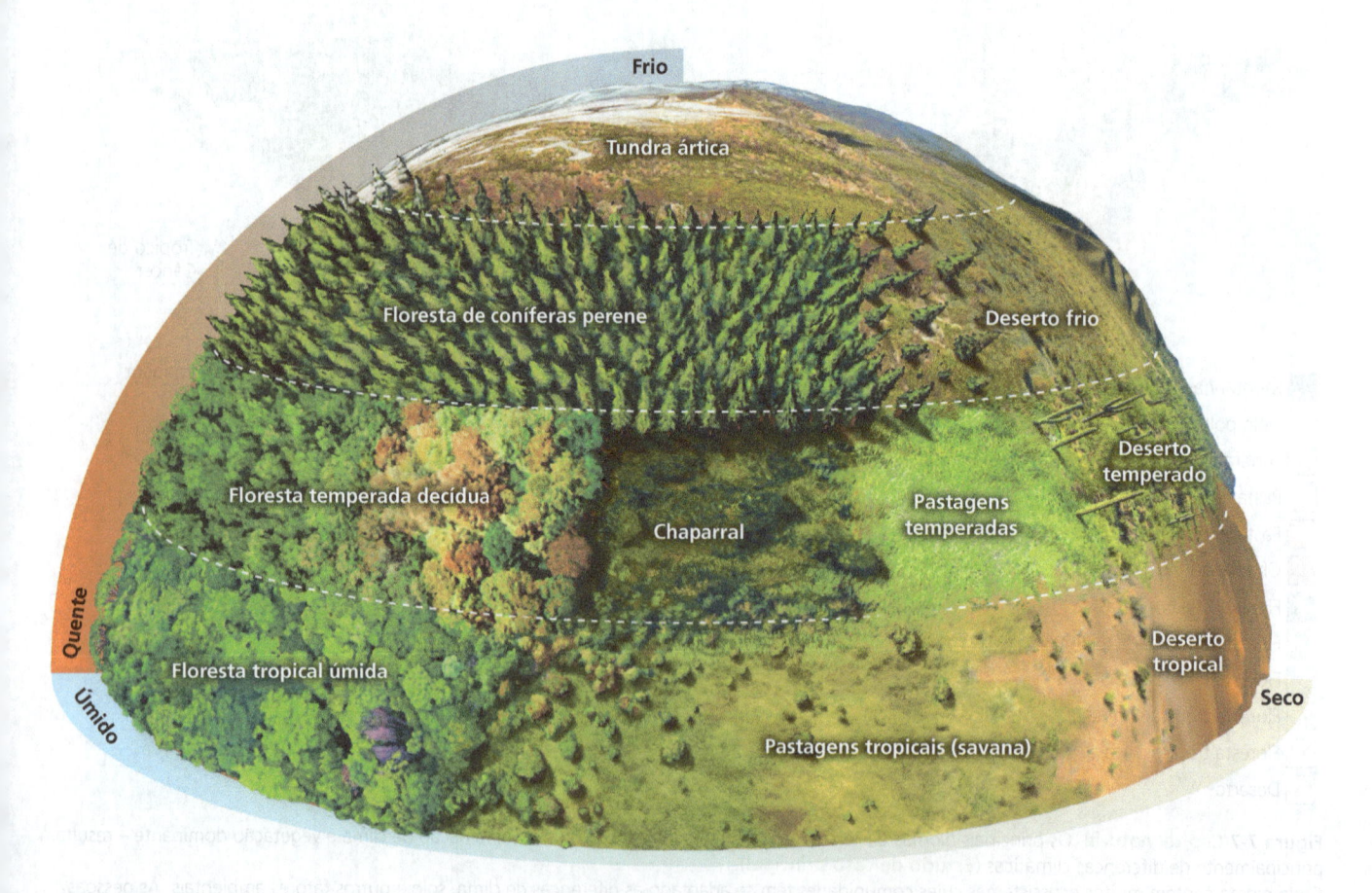

Figura 7-9 Capital natural: Este diagrama demonstra que a precipitação e a temperatura médias, agindo em conjunto como fatores limitantes durante um longo tempo, ajudam a determinar o tipo de deserto, pastagem ou floresta em uma área específica e, portanto, os tipos de plantas, animais e decompositores encontrados nessas áreas (admitindo-se que não foram perturbados por atividades humanas).

Há três tipos principais de desertos

No *deserto*, a precipitação anual é baixa e, muitas vezes, dispersada de forma desigual ao longo do ano. Durante o dia, o sol escaldante aquece o solo, e a água se evapora das folhas das plantas. À noite, a maioria do calor armazenado no solo irradia rapidamente para a atmosfera. Os solos desérticos têm pouca vegetação e umidade para ajudar a armazenar calor, e os céus dos desertos são muito limpos, o que explica por que, estando nele, você pode se queimar no sol durante o dia, mas tremer de frio à noite.

A falta de vegetação, especialmente nos desertos tropicais e polares, torna-os vulneráveis às tempestades de areia impulsionadas por ventos que podem espalhar areia de uma área para outra. As superfícies dos desertos são igualmente vulneráveis a rupturas em razão de veículos, como os SUVs (Figura 7-10, foto de cima).

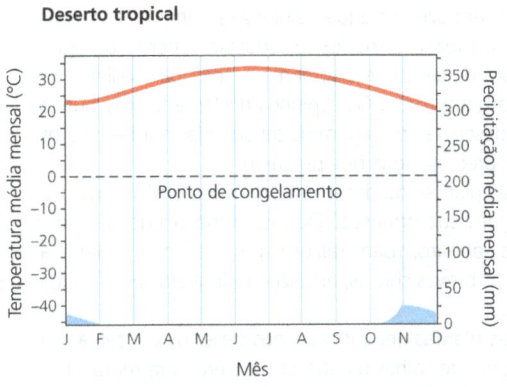

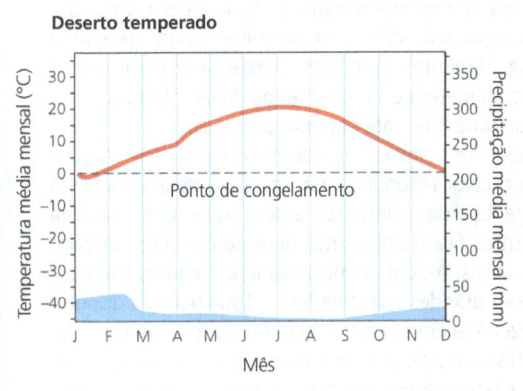

Figura 7-10 Estes gráficos de clima acompanham as variações típicas da temperatura anual (vermelho) e precipitação (azul) nos desertos tropicais, temperados e frios. Foto superior: *deserto tropical* no Emirados Árabes Unidos, onde um veículo utilitário esportivo (SUV) participa de um rodeio popular de SUVs, mas ambientalmente destrutivo. Foto central: *deserto de clima temperado* no sudeste da Califórnia, com cactos saguaro, uma espécie proeminente nesse ecossistema. Foto inferior: *deserto frio*, de Gobi, na Mongólia, onde os camelos vivem. **Pergunta:** qual mês do ano tem a maior temperatura e menor precipitação para cada um dos três tipos de desertos?

CIÊNCIA EM FOCO

Sobrevivendo no deserto

As adaptações para a sobrevivência no deserto têm dois temas: combater o calor e economizar cada gota de água.

As plantas do deserto desenvolveram uma série de estratégias com base em tais adaptações. Durante longos períodos quentes e secos, as plantas, como a algaroba e o chaparral, perdem suas folhas para sobreviver em um estado dormente. Plantas suculentas (carnosas), como o cacto saguaro (Figura 7-A e Figura 7-10, foto do meio), têm três tipos de adaptação: não têm folhas que possam perder água para a atmosfera pela transpiração; armazenam água e sintetizam alimentos em seus tecidos expansíveis e carnudos; e reduzem a perda de água pela abertura de seus poros somente à noite para coletar dióxido de carbono (CO_2). Os espinhos destas e muitas outras plantas do deserto as protegem de ser comidas por herbívoros buscando a preciosa água que possuem.

Algumas plantas do deserto usam raízes profundas para explorar águas subterrâneas. Outras, como o figo da índia e os cactos saguaro, usam raízes superficiais para coletar a água, após as breves chuvas, armazenando-a em seus tecidos esponjosos.

Algumas plantas encontradas nos desertos conservam a água por meio de folhas recobertas de cera, que reduzem a perda de líquido. Outras, como as flores silvestres e gramíneas anuais, armazenam grande parte de sua biomassa em sementes que permanecem inativas, às vezes por anos, até receberem água suficiente para germinar. Logo após uma chuva, essas sementes germinam, crescem e cobrem alguns desertos com tapetes deslumbrantes de flores coloridas (Figura 7-A), que duram por até algumas semanas.

A maioria dos animais do deserto é pequena. Alguns enfrentam o calor escondidos em tocas ou fendas rochosas frescas durante o dia, saindo somente à noite ou no início da manhã. Outros ficam dormentes durante períodos de calor intenso ou secas. Alguns animais maiores, como os camelos, podem beber grandes quantidades de água quando disponível e armazená-la em sua gordura para uso quando necessário. Além disso, a pele grossa do camelo, na verdade, ajuda a manter a temperatura, porque os espaços de ar no pelo isolam sua pele contra o calor externo. Os camelos também não suam, o que reduz a perda de água por evaporação.

Ratos-canguru nunca bebem água; conseguem a quantidade de que precisam ao degradar as gorduras encontradas nas sementes que consomem.

Os insetos e répteis, como as cobras, têm pele externa espessa para minimizar a perda de água por evaporação, e seus resíduos são fezes secas e concentrados secos de urina. Muitas aranhas e insetos conseguem água do orvalho ou dos alimentos que comem.

Pensamento crítico
Quais três etapas você seguiria para sobreviver no deserto aberto se precisasse?

Figura 7-A Depois de uma breve chuva, essas flores desabrocharam no deserto temperado do Parque Estadual Picacho Peak, no Estado do Arizona, Estados Unidos.

Uma combinação de pouca chuva e temperaturas médias variáveis cria desertos tropicais, temperados e frios (**Estudo de caso principal**) (Figuras 7-9 e 7-10 e Conceito 7-2).

Desertos tropicais (Figura 7-10, foto superior), como o Saara e o da Namíbia, na África, são quentes e secos a maior parte do ano (Figura 7-10, gráfico superior). Têm poucas plantas e uma superfície dura, varrida pelo vento, repleta de pedras e um pouco de areia. São aqueles que frequentemente vemos nos filmes.

Nos *desertos temperados* (Figura 7-10, foto ao centro), como o de Sonora, no sudeste da Califórnia, no sudoeste do Arizona e noroeste do México, as temperaturas diurnas são elevadas no verão e baixas no inverno, e há mais precipitação do que nos desertos tropicais (Figura 7-10, gráfico ao centro). A vegetação escassa consiste principalmente de arbustos e cactos dispersos resistentes à seca ou outras plantas suculentas adaptadas à falta de água e variações de temperatura.

Nos *desertos frios,* como o de Gobi, na Mongólia, a vegetação é esparsa (Figura 7-10, foto inferior). Os invernos são frios, os verões quentes e a precipitação baixa (Figura 7-10, gráfico abaixo). As plantas e animais do deserto têm adaptações que os ajudam a permanecer frescos e obter água suficiente para sobreviver (Ciência em foco).

Os ecossistemas do deserto são frágeis. Seus solos levam de décadas a centenas de anos para se recuperar de distúrbios, como o tráfego de veículos *off--road* (Figura 7-10, foto superior). Isso ocorre porque os desertos têm crescimento lento de plantas, baixa diversidade de espécies, ciclagem de nutrientes lenta (em decorrência da baixa atividade das bactérias no solo), e muito pouca água. Além disso, o tráfego desses veículos pode destruir o habitat de uma variedade de animais que vivem no subsolo desse bioma.

Há três principais tipos de pastagens naturais

Pastagens naturais ocorrem principalmente no interior dos continentes, em áreas que são muito úmidas para formar desertos e secas demais para o crescimento de florestas (Figura 7-7), e persistem por causa

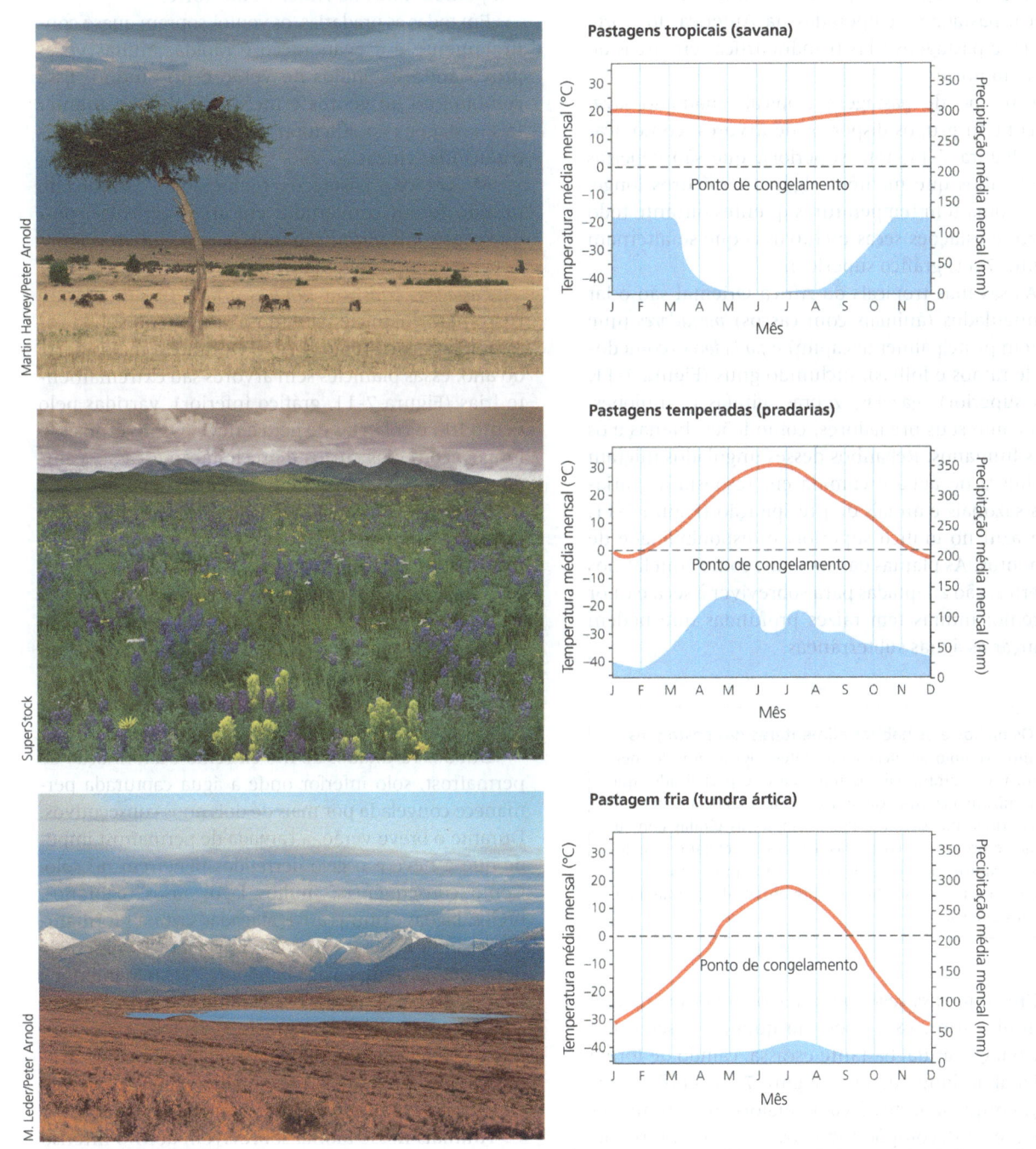

Figura 7-11 Estes gráficos de clima acompanham as variações típicas da temperatura anual (em vermelho) e precipitação (em azul) em áreas de pastagens tropicais, temperadas e frias (tundra ártica). Foto superior: *savana* (pastagens tropicais) no Parque Nacional Maasai Mara, no Quênia, na África, com gnus pastando. Foto central: *pradaria* (pastagens temperadas) perto de East Glacier Park, no Estado de Montana, Estados Unidos, com flores do campo desabrochadas. Foto inferior: *tundra ártica* (pastagens frias) no outono, no Estado do Alasca, Estados Unidos (observe também a Figura 7-1, inferior). **Pergunta:** qual mês do ano tem a maior temperatura e a menor precipitação para cada um dos três tipos de pastagens?

de uma combinação de seca sazonal, grandes herbívoros pastando e incêndios ocasionais – todos impedindo que os arbustos e árvores cresçam em grandes números.

Os três principais tipos de pastagens – tropical, temperada e fria (tundra ártica) – resultam da combinação de baixa precipitação média e temperaturas médias variáveis (Figuras 7-9 e 7-11 e Conceito 7-2). Observe as localizações, na Figura 7-7, de grandes áreas de pastagens tropicais na América do Sul e África, pastagens temperadas na América do Norte e Ásia, e pastagens frias (tundra ártica) em áreas do extremo norte.

Um tipo de pastagem tropical, chamado *savana*, contém grupos dispersos de árvores, como acácias (Figura 7-11, foto superior), que são cobertas de espinhos que mantêm alguns herbívoros longe. Esse bioma tem temperaturas quentes durante todo o ano, e estações secas e chuvosas que se alternam (Figura 7-11, gráfico superior).

As savanas tropicais da África Oriental são o lar de ungulados (animais com cascos) *pastadores* (que comem principalmente capim) e *podadores* (comedores de ramos e folhas), incluindo gnus (Figura 7-11, foto superior), gazelas, zebras, girafas e antílopes, bem como seus predadores, como leões, hienas e os seres humanos. Rebanhos desses ungulados migram em busca de água e comida em resposta às variações sazonais e anuais de precipitação (Figura 7-11, área azul no gráfico superior) e disponibilidade de alimentos. As plantas das savanas, como aquelas nos desertos, são adaptadas para sobreviver à seca e calor extremo; muitas têm raízes profundas que podem alcançar as águas subterrâneas.

> **CONEXÕES**
> **Os nichos e os hábitos alimentares das pastagens**
> Como exemplo de nichos diferentes, alguns grandes herbívoros evoluíram hábitos alimentares especializados que minimizam a competição entre as espécies pela vegetação encontrada nas savanas. Por exemplo, as girafas comem folhas e brotos das copas das árvores, os elefantes, as folhas e ramos mais para baixo, os gnus preferem as gramíneas curtas, e as zebras se alimentam de gramas mais longas e talos.

Em uma *pastagem temperada*, os invernos podem ser muito frios, os verões são quentes e secos e a precipitação anual bastante escassa, caindo de forma desigual ao longo do ano (Figura 7-11, gráfico central). Porque a parte aérea da maioria das gramíneas morre e se decompõe todos os anos, a matéria orgânica se acumula para produzir um solo profundo e fértil, que é mantido no lugar pela densa rede de raízes entrelaçadas de gramíneas tolerantes à seca (a menos que o solo seja arado, expondo-o à erosão pelos fortes ventos encontrados nesses biomas). As gramíneas também são adaptadas ao fogo, que queimam as partes acima do solo, mas não prejudicam as raízes, e, a partir delas, a nova relva pode crescer.

Dois tipos de pastagens temperadas são as *pradarias baixas* (Figura 7-11, foto ao centro) e as *pradarias altas* das regiões centro-oeste e oeste dos Estados Unidos e Canadá (que recebem mais chuva). A Figura 2, no Suplemento 6, mostra alguns componentes e interações tróficas em um ecossistema de pradarias temperadas altas na América do Norte.

Em todas as pradarias, os ventos sopram quase continuamente e a evaporação é rápida, muitas vezes provocando incêndios no verão e no outono. Essa combinação de ventos e incêndios ajuda a manter tais pastagens ao dificultar o crescimento de árvores e adicionar cinzas ao solo.

Muitas das pastagens temperadas naturais do mundo foram convertidas em áreas agrícolas, porque seus solos férteis são úteis para o cultivo (Figura 7-12) e para pastagem de bovinos.

Pastagens frias, ou *tundras árticas* (*tundra*: termo russo para "planície pantanosa"), estão ao sul da calota polar ártica (Figura 7-7). Durante a maior parte do ano, essas planícies sem árvores são extremamente frias (Figura 7-11, gráfico inferior), varridas pelo vento frio e cobertas de gelo e neve. Os invernos são longos, com dias curtos e precipitação escassa, caindo na maioria das vezes em forma de neve.

Sob a neve, esse bioma é coberto com um tapete grosso e esponjoso de plantas de crescimento lento, principalmente capim, musgos, líquens e arbustos anões (Figura 7-11, foto inferior). Plantas ou árvores altas não podem sobreviver na tundra fria e com muito vento porque perderiam muito do seu calor. A maior parte do crescimento anual das plantas da tundra ocorre durante as sete a oito semanas de verão, quando o sol brilha quase o dia todo.

Um dos resultados do frio extremo é a formação de **permafrost**, solo inferior onde a água capturada permanece congelada por mais de dois anos consecutivos. Durante o breve verão, a camada de permafrost impede que a neve e o gelo derretidos penetrem no solo. Como consequência, muitos lagos rasos, pântanos, brejos, lagoas e outras áreas alagadas sazonais formam-se quando a neve e o solo congelado da superfície derretem na tundra alagada (Figura 7-1, foto inferior). Hordas de pernilongos, borrachudos e outros insetos conseguem viver bem nessas piscinas superficiais rasas, que servem de alimento para grandes colônias de aves migratórias (especialmente aquáticas) que retornam do sul para nidificar e procriar nos brejos e lagoas.

Animais nesse bioma sobrevivem ao frio intenso do inverno em razão de adaptações, como grossas camadas de pele (lobo ártico, raposa ártica e boi-almiscarado) e penas (coruja), ou vivendo no subsolo (lêmingue do ártico). No verão, o caribu migra para a tundra para pastar em sua vegetação.

Figura 7-12 Degradação do capital natural: Esta área intensamente cultivada é um exemplo da substituição de uma pastagem temperada biologicamente diversa por uma monocultura no Estado da Califórnia, Estados Unidos. Quando os humanos removem o emaranhado de raízes do pasto natural, o solo fértil fica sujeito a uma grave erosão eólica, a menos que esteja coberto com algum tipo de vegetação.

A tundra é um bioma frágil. A maioria dos seus solos foi formada há 17 mil anos, quando as geleiras começaram a recuar depois da última Era Glacial (observe a Figura 4-9). Esses solos são, de maneira geral, pobres em nutrientes e têm poucos detritos. Em razão do curto período de crescimento, o solo e a vegetação de tundra se recuperam muito lentamente de danos ou distúrbios. As atividades humanas na tundra ártica – principalmente em torno dos locais de perfuração de petróleo, gasodutos, minas e bases militares – deixam cicatrizes que persistem por séculos.

Outro tipo, chamado *tundra alpina*, ocorre acima do limite de crescimento das árvores, mas abaixo da linha de neve permanente em montanhas altas (Figura 7-8, à esquerda). A vegetação é semelhante à encontrada na ártica, mas recebe mais luz solar. Durante o breve verão, as tundras alpinas podem ser cobertas com uma variedade de lindas flores silvestres.

Em algumas áreas, especialmente nas regiões costeiras que se situam no deserto, encontramos áreas relativamente pequenas de um bioma conhecido como *vegetação arbustiva de clima temperado*, ou *chaparral* (Figura 7-7), constituídas principalmente de adensamentos de arbustos perenes de pequeno porte e ocasionalmente de pequenas árvores com folhas coriáceas que reduzem a evaporação. Esse bioma é encontrado ao longo das áreas costeiras do sul da Califórnia nos Estados Unidos, no Mar Mediterrâneo, no Chile central, no sul da Austrália e no sudoeste da África.

As pessoas gostam de viver nesse bioma pelo seu clima ameno e ensolarado, com invernos suaves e úmidos, e verões longos, quentes e secos. Como resultado, a densa população ali estabelecida modificou significativamente suas características.

No entanto, durante a temporada de verão, sua vegetação fica muito seca e altamente inflamável; no final do verão e começo do outono, os incêndios iniciados por relâmpagos ou atividades humanas podem se espalhar com uma incrível rapidez. Os incêndios são muitas vezes seguidos por deslizamentos de terra durante a estação chuvosa.

Há três tipos principais de florestas

Florestas são terras dominadas por árvores. Seus três principais tipos – *tropicais*, *temperadas* e *frias* (coníferas do norte ou boreal) – resultam da combinação da variação em níveis de precipitação e temperaturas médias (Figuras 7-9 e 7-13 e Conceito 7-2).

As *florestas tropicais úmidas* (Figura 7-13, foto superior, e Figura 7-1, foto superior) são encontradas perto do equador (Figura 7-7), onde o ar quente e úmido sobe e libera sua umidade (Figura 7-3). Essas florestas exuberantes têm temperaturas uniformemente altas o ano todo, alta umidade e chuvas pesadas quase diárias (Figura 7-13, gráfico superior). Esse clima quente e úmido bastante constante é ideal para uma grande variedade de plantas e animais. Essas florestas são chamadas *selvas*, mas esse termo refere-se às partes mais grossas e mais densas de uma floresta tropical.

Ecologia e sustentabilidade

A Figura 7-14 mostra alguns dos componentes e interações tróficas nesses ecossistemas extremamente diversificados. Florestas tropicais são dominadas por *plantas latifoliadas perenes*, que mantêm a maioria de suas folhas durante o ano todo. As copas das árvores formam um dossel denso (Figura 7-13, foto superior) que não permite que a maior parte da luz solar atinja o chão da floresta. Por essa razão, há pouca vegetação no chão da floresta. Muitas das plantas que vivem ao nível do solo têm folhas enormes para captar a maior quantidade possível da escassa luz solar que penetra até o chão da floresta.

Algumas árvores são cobertas de trepadeiras (chamadas lianas) que atingem a copa das árvores para ter acesso à luz solar. Uma vez dentro da copa, as vinhas crescem de uma árvore a outra, oferecendo

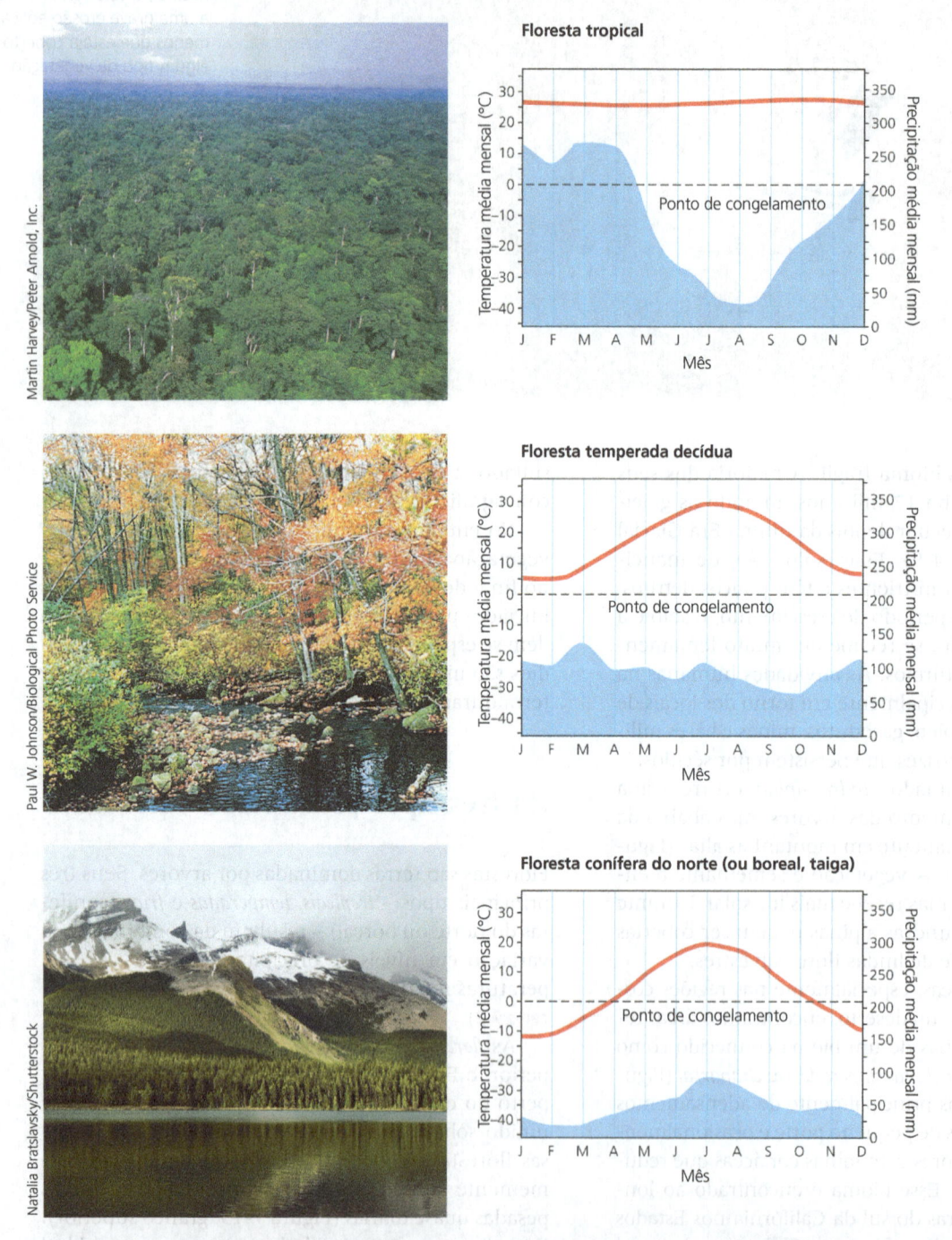

Figura 7-13 Esses gráficos climáticos rastreiam as variações típicas na temperatura anual (vermelho) e na precipitação (azul) nas florestas tropicais, temperadas e frias (coníferas do norte ou boreais). Foto superior: dossel fechado de uma floresta tropical na Bacia Hidrográfica do Rio Congo no Gabão, África. Foto central: floresta temperada decídua no estado norte-americano de Rhode Island durante o outono. (A Foto 1 nos Conteúdos Detalhados mostra essa mesma área da floresta durante o inverno quando as árvores perderam suas folhas.) Foto inferior: floresta conífera do norte no Parque Nacional Jasper, no Canadá. **Pergunta:** qual mês do ano tem a temperatura mais alta e a precipitação pluvial mais baixa para cada um dos três tipos de floresta?

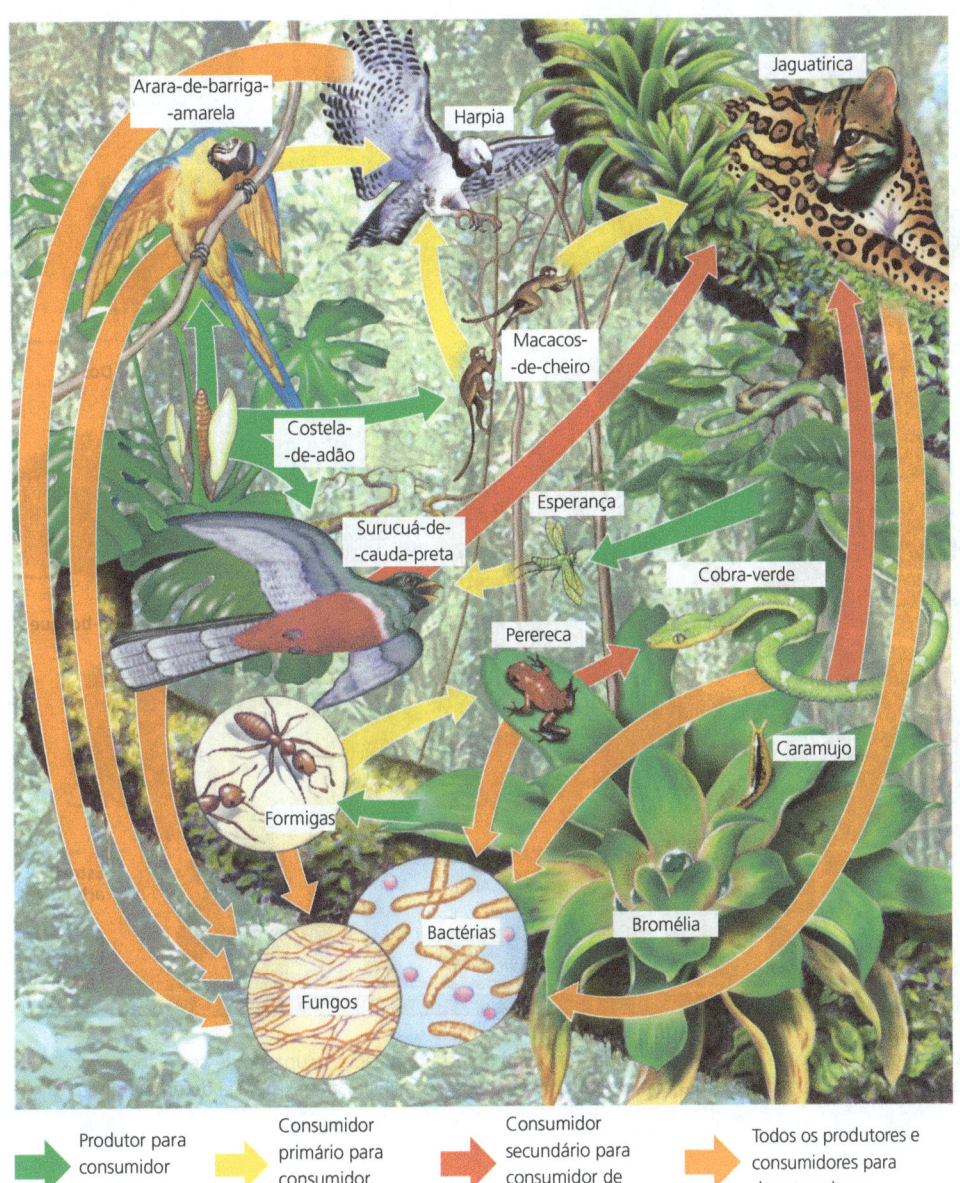

Figura 7-14 Este diagrama mostra alguns dos componentes e interações em um ecossistema de floresta tropical úmida. Quando esses organismos morrem, os decompositores degradam a matéria orgânica em minerais que as plantas utilizam. As setas coloridas indicam a transferência de matéria e energia entre produtores, consumidores primários (herbívoros); consumidores secundários ou de nível superior (carnívoros) e decompositores. Os organismos não estão em escala.

Legenda das setas:
- Verde: Produtor para consumidor primário
- Amarela: Consumidor primário para consumidor secundário
- Vermelha: Consumidor secundário para consumidor de nível superior
- Laranja: Todos os produtores e consumidores para decompositores

Organismos identificados: Arara-de-barriga-amarela, Harpia, Jaguatirica, Macacos-de-cheiro, Costela-de-adão, Surucuá-de-cauda-preta, Esperança, Cobra-verde, Perereca, Caramujo, Formigas, Bactérias, Fungos, Bromélia.

---

passagens para muitas espécies que ali vivem. Quando uma grande árvore é cortada, sua rede de lianas pode derrubar outras árvores.

As florestas tropicais têm produtividade primária líquida muito elevada (observe a Figura 3-14, Capítulo 3). São cheias de vida e possuem uma diversidade biológica incrível. Embora cubram apenas 2% da superfície terrestre do planeta, os ecólogos estimam que elas contêm, no mínimo, a metade das espécies de animais e plantas terrestres conhecidas. Por exemplo, uma única árvore nesses biomas pode conter alguns milhares de espécies de insetos diferentes. Suas plantas são uma fonte de produtos químicos utilizados como modelos para a fabricação da maioria dos medicamentos do mundo.

As espécies da floresta tropical ocupam uma variedade de nichos em diferentes estratos, o que permite a sua grande biodiversidade (alta riqueza de espécies). Por exemplo, os estratos de vegetação são estruturados, em sua maior parte, em função das necessidades de luz das plantas, como mostrado na Figura 7-15. Grande parte da vida animal, especialmente insetos, morcegos e aves, vive no ensolarado estrato do *dossel*, com sua variedade de abrigos, folhas, flores e frutos. Para estudar a vida no dossel, os ecólogos sobem em árvores e constroem plataformas e passarelas na parte superior. (Assista a *The Habitable Planet*, Vídeos 4 e 9, no www.learner.org/resources/series209.html, para saber como os cientistas coletam informações sobre as florestas tropicais e o efeito das atividades humanas sobre elas.)

Folhas e árvores caídas e animais mortos decompõem-se rapidamente em florestas tropicais em razão do ambiente quente e úmido e das hordas de decompositores. Essa rápida reciclagem de nutrientes escassos

Ecologia e sustentabilidade

Figura 7-15 Este diagrama ilustra a estratificação de plantas e de animais em uma floresta tropical. A ocupação desses nichos especializados permite que as espécies evitem ou minimizem a competição por recursos e possibilita a coexistência de uma grande variedade de espécies.

no solo explica por que há tão pouca serapilheira no chão. Os nutrientes que chegam ao chão são rapidamente lixiviados do solo raso pela chuva quase diária. Em vez de serem armazenados no solo, 90% dos nutrientes das plantas liberados pela decomposição são rapidamente absorvidos e armazenados pelas árvores, trepadeiras e outras plantas. A consequente falta de solo fértil ajuda a explicar por que as florestas tropicais não são bons lugares para o plantio agrícola ou pastagem de gado de maneira sustentável.

Até agora, pelo menos metade dessas florestas foi destruída ou perturbada por atividades humanas, como a agricultura e a pecuária, e o ritmo dessa destruição e degradação tem aumentado (consulte o Estudo de caso principal do Capítulo 3). Os ecólogos advertem que, sem fortes medidas de proteção, a maioria dessas florestas e de sua rica biodiversidade, entre outros serviços de grande valor ecológico, provavelmente será destruída no período de nossas vidas, reduzindo assim a biodiversidade da Terra, po-

dendo ajudar a acelerar o aquecimento da atmosfera e a mudança climática, que seriam consequência da eliminação de grandes áreas de árvores que removem o dióxido de carbono da atmosfera (assista a *The Habitable Planet*, Vídeo 9, no www.learner.org/resources/series209.html)

> **PENSANDO SOBRE**
>
> **A destruição das florestas tropicais**
> Que efeitos nocivos a perda da maior parte das florestas tropicais remanescentes têm em seu estilo de vida e no de qualquer filho ou neto que possa ter? Quais são duas coisas que você poderia fazer para ajudar a reduzir essa perda?

Florestas temperadas decíduas, como a mostrada na Figura 7-13, foto central, crescem em áreas com temperaturas médias moderadas que variam significativamente com as estações do ano, com verões longos e quentes e invernos frios, mas não muito severos, e precipitação abundante, distribuída de forma bastante equilibrada durante o ano todo (Figura 7-13, gráfico central).

Esse bioma é dominado por poucas espécies de *árvores latifoliadas decíduas*, como carvalho, nogueira, choupo, bordo e faia, que sobrevivem a invernos frios soltando suas folhas no outono e tornando-se dormentes durante o inverno (observe a Foto 1 no Conteúdo detalhado). A cada primavera, crescem folhas novas, cujas cores mudam no outono para um matiz de vermelhos e dourados antes da queda, como mostrado na Figura 7-1, centro (**Estudo de caso principal**).

Porque têm temperaturas mais baixas e menos decompositores, essas florestas têm um ritmo mais lento de decomposição do que as tropicais. Como resultado, acumulam uma espessa camada de serapilheira de decomposição lenta, que se transforma em depósito de nutrientes. Em termos globais, esse bioma tem sido perturbado por atividades humanas mais do que qualquer outro terrestre. No entanto, dentro de 100-200 anos, as áreas desmatadas de suas árvores podem voltar para uma floresta decídua pela sucessão ecológica secundária (observe a Figura 5-20, Capítulo 5).

Florestas de coníferas perenes (Figura 7-13, foto inferior) também são chamadas *florestas boreais* e *taigas*. Essas florestas frias são encontradas ao sul da tundra ártica nas regiões do norte da América do Norte, Ásia e Europa (Figura 7-7) e, acima de certas altitudes, na Serra Nevada e nas Montanhas Rochosas dos Estados Unidos. Nesse clima subártico, os invernos são longos, secos e extremamente frios; nas taigas mais ao norte, o sol de inverno está disponível por apenas seis a oito horas por dia. Os verões são curtos, com temperaturas frias a moderadas (Figura 7-13, gráfico inferior), e o sol brilha por até 19 horas por dia.

A maioria das florestas boreais é dominada por poucas espécies de *árvores coníferas (produtoras de cone) perenes*, como abetos, cedros e pinheiros, que mantêm suas folhas durante o ano todo. A maioria dessas espécies tem folhas pequenas, em forma de agulha, recobertas de cera que podem resistir ao frio intenso e à seca do inverno, quando a neve cobre o chão. Essas árvores estão prontas para aproveitar os verões breves, porque não precisam de tempo para que cresçam agulhas novas. A diversidade vegetal é baixa, pois poucas espécies conseguem sobreviver ao inverno, quando a umidade do solo está congelada.

Sob as árvores há uma profunda camada de folhas de coníferas parcialmente decompostas. Essa decomposição é lenta em decorrência das baixas temperaturas, do revestimento de cera nas agulhas e da elevada acidez do solo. As folhas das coníferas em decomposição formam um fino solo superficial ácido, pobre em nutrientes, e impede que a maioria das plantas (exceto alguns arbustos) cresça no chão da floresta.

Esse bioma contém uma variedade de animais silvestres. Os residentes durante o ano todo incluem ursos, lobos, alces, linces e muitas espécies de roedores fossoriais. O caribu passa o inverno na taiga e o verão na tundra ártica (Figura 7-11, inferior). Durante o breve verão, silvídeos e outros pássaros que se alimentam de insetos consomem hordas de moscas, mosquitos e lagartas. A Figura 5, no Suplemento 6, mostra alguns componentes e interações tróficas em um ecossistema de floresta de coníferas perenes.

Florestas de coníferas costeiras, ou *florestas temperadas*, (Figura 7-16) são encontradas espalhadas em áreas costeiras temperadas com ampla chuva ou umidade oriundas dos espessos nevoeiros do oceano. Densas áreas dessas florestas com coníferas de grande porte, como espruces, abetos e sequoias, dominavam as áreas não perturbadas desses biomas ao longo da costa da América do Norte, do Canadá ao norte da Califórnia, nos Estados Unidos.

As montanhas desempenham importantes papéis ecológicos

Alguns dos ambientes mais espetaculares do mundo estão no topo das *montanhas* (Figura 7-17), terras íngremes ou altas que cobrem um quarto da superfície terrestre do planeta (Figura 7-7). As montanhas são locais onde mudanças dramáticas na altitude, declividade, clima, solo e vegetação ocorrem em um período muito curto (Figura 7-8, à esquerda).

Cerca de 1,2 bilhão de pessoas (17% da população mundial) vivem em montanhas ou em seus sopés, e 4 bilhões (58% da população mundial) dependem de sistemas de montanha para todas ou parte de suas águas. Por causa das encostas íngremes, os solos das montanhas são facilmente erodidos quando a vegetação que os mantém no lugar é removida por

Figura 7-16 Floresta temperada no Olympic National Park, no Estado de Washington, Estados Unidos.

distúrbios naturais, como deslizamentos de terra e avalanches, ou por atividades humanas, como corte de madeira e agricultura. Muitas montanhas são *ilhas de biodiversidade* rodeadas por um mar de paisagens de menor elevação transformadas pelas atividades humanas.

As montanhas desempenham importantes papéis ecológicos, pois contêm a maioria das florestas do mundo, habitats de grande parte da biodiversidade terrestre do planeta. Muitas vezes, servem de habitat para *espécies endêmicas* que não são encontradas em nenhum outro lugar na Terra. Servem também como refúgios para as espécies animais que são capazes de migrar para altitudes mais elevadas e sobreviver em tais ambientes quando expulsas de áreas de várzea pelas atividades humanas ou pelo clima mais quente.

Finalmente, as montanhas têm um papel crítico no ciclo hidrológico (veja Figura 3-16, Capítulo 3), servindo como um importante depósito de água. Durante o inverno, a precipitação é armazenada na forma de gelo e neve. Nos dias mais quentes de primavera e verão, grande parte dessa neve e gelo derrete e é liberada nos córregos para uso por animais selvagens e seres humanos, para beber e irrigar plantações. Com o aquecimento da atmosfera, os cumes das montanhas cobertas de neve e geleiras estão derretendo mais cedo na primavera a cada ano. Isso pode diminuir a produção de alimentos em determinadas áreas, pois grande parte da água necessária durante o verão para irrigar as lavouras já foi liberada.

As medições e os modelos climáticos indicam que um crescente número de geleiras de montanhas no mundo pode desaparecer neste século se, como projetado, a atmosfera ficar mais quente, o que pode levar muitas pessoas a se mudar em busca de novas fontes de água e locais para suas plantações. Apesar da importância ecológica, econômica e cultural dos ecossistemas de montanhas, sua proteção não tem sido uma prioridade para os governos ou para muitas organizações ambientais.

Figura 7-17 Montanhas como esta, no Estado de Washington, Estados Unidos, desempenham importantes papéis ecológicos.

CONEXÕES

Montanhas e clima

As montanhas ajudam a regular o clima da Terra. Os topos cobertos por gelo glacial e neve refletem um pouco da radiação solar de volta ao espaço, o que ajuda a resfriar a Terra e a compensar o aquecimento da atmosfera. No entanto, muitas das geleiras das montanhas do mundo estão derretendo, principalmente em razão do aquecimento da atmosfera. Enquanto as geleiras refletem a energia solar, as rochas mais escuras expostas pelo derretimento delas absorvem essa energia, o que ajuda a aumentar o aquecimento atmosférico que derrete mais gelo e aquece a atmosfera ainda mais – em um crescente ciclo de retroalimentação positiva (observe a Figura 2-18, Capítulo 2).

7-3 Como temos afetado os ecossistemas terrestres do mundo?

▶ **CONCEITO 7-3** Em muitas áreas, as atividades humanas estão prejudicando os serviços ecológicos e econômicos fornecidos pelos desertos, pelas pastagens, pelas florestas e pelas montanhas da Terra.

Os humanos têm perturbado a maioria do território da Terra

De acordo com a Avaliação Ecossistêmica do Milênio 2005 (*Millennium Ecosystem Assessment*), 62% dos ecossistemas terrestres mais importantes do mundo estão sendo degradados ou usados de forma insustentável, conforme a pegada ecológica humana aumenta e se espalha por todo o mundo (observe a Figura 6 no Suplemento 8). A Figura 7-18 resume alguns dos impactos humanos sobre desertos, pastagens, florestas e montanhas do mundo (**Conceito 7-3**).

Quanto tempo podemos continuar a consumir essas formas terrestres de capital natural sem ameaçar nossas economias e a sobrevivência a longo prazo da nossa e de muitas outras espécies? Ninguém sabe. No entanto, há sinais crescentes de que precisamos enfrentar essa questão vital.

Uma preocupação importante é que, se aumentarmos as tensões em alguns desses biomas, como a derrubada das florestas tropicais, eles poderiam ser substituídos por pastagens em muitas áreas, o que representaria uma enorme perda de biodiversidade. Além disso, reduziria a vegetação necessária para remover parte do dióxido de carbono em excesso que adicionamos à atmosfera, principalmente por meio da queima de combustíveis fósseis. Isso levaria a níveis mais elevados de dióxido de carbono na atmosfera, o que poderia acelerar as mudanças climáticas projetadas.

Para ajudar a preservar a biodiversidade e conter as mudanças climáticas previstas, muitos cientistas ambientais exigem um esforço global para proteger do desenvolvimento as áreas naturais restantes no mundo. Além disso, pedem a restauração de muitas das áreas de terras que degradamos. No entanto, tais esforços são altamente controversos por causa da madeira, minerais, combustíveis fósseis e outros recursos encontrados nessas ou em muitas das áreas naturais remanescentes. Essas questões são discutidas no Capítulo 10.

Aqui estão as *três grandes ideias* deste capítulo:

- As diferenças de clima, com base principalmente nas diferenças a longo prazo na média de temperatura e precipitação, determinam os tipos e locais dos desertos, pastagens e florestas da Terra.

- Os sistemas terrestres da Terra oferecem importantes serviços ecológicos e econômicos.

- As atividades humanas estão degradando e perturbando muitos dos serviços ecológicos e econômicos fornecidos pelos ecossistemas terrestres.

Degradação do capital natural

Principais impactos humanos nos ecossistemas terrestres

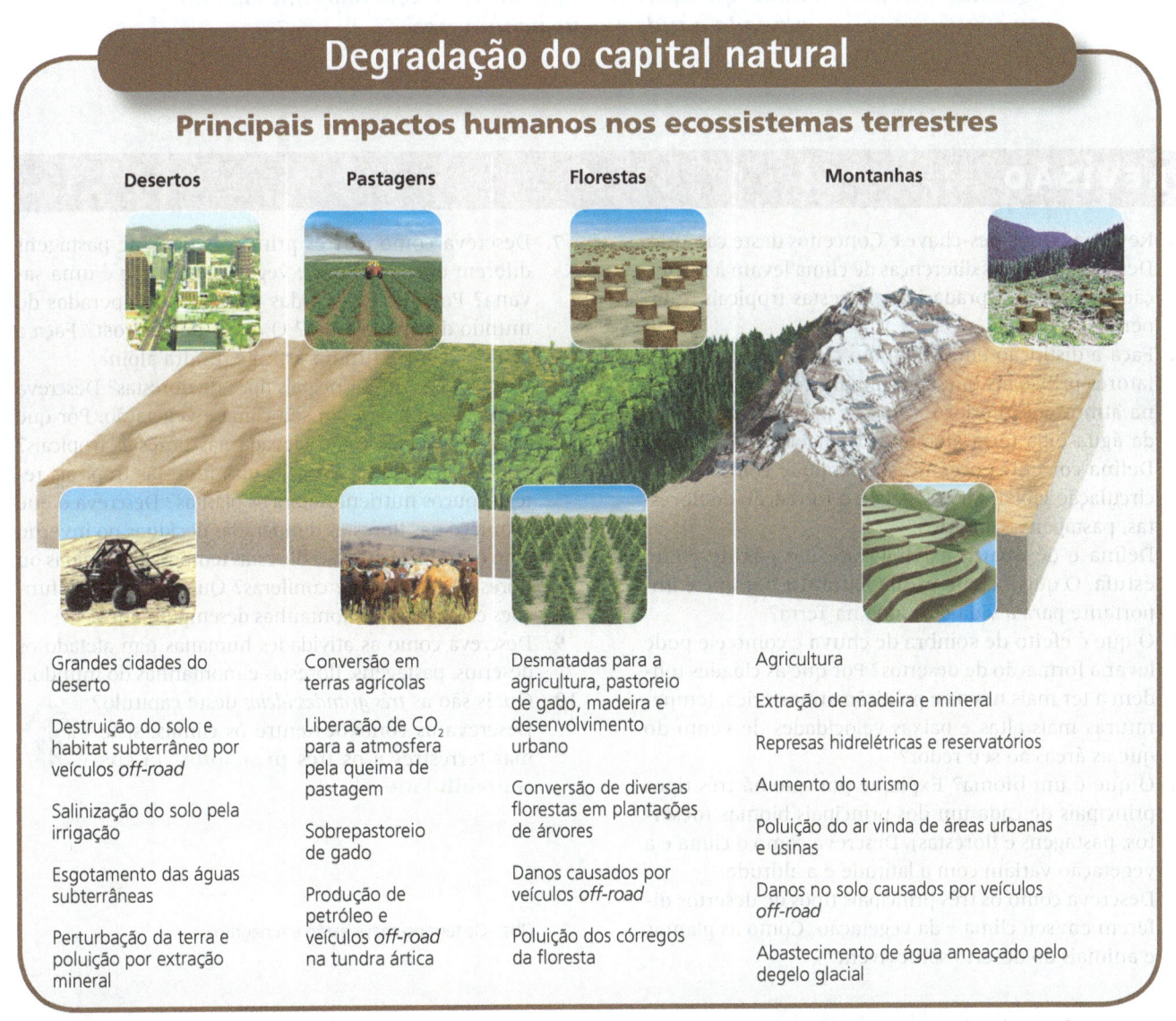

Desertos
- Grandes cidades do deserto
- Destruição do solo e habitat subterrâneo por veículos *off-road*
- Salinização do solo pela irrigação
- Esgotamento das águas subterrâneas
- Perturbação da terra e poluição por extração mineral

Pastagens
- Conversão em terras agrícolas
- Liberação de CO_2 para a atmosfera pela queima de pastagem
- Sobrepastoreio de gado
- Produção de petróleo e veículos *off-road* na tundra ártica

Florestas
- Desmatadas para a agricultura, pastoreio de gado, madeira e desenvolvimento urbano
- Conversão de diversas florestas em plantações de árvores
- Danos causados por veículos *off-road*
- Poluição dos córregos da floresta

Montanhas
- Agricultura
- Extração de madeira e mineral
- Represas hidrelétricas e reservatórios
- Aumento do turismo
- Poluição do ar vinda de áreas urbanas e usinas
- Danos no solo causados por veículos *off-road*
- Abastecimento de água ameaçado pelo degelo glacial

Figura 7-18 Este diagrama ilustra os principais impactos humanos sobre os desertos, pastagens, florestas e montanhas do mundo (**Conceito 7-3**). **Pergunta:** para cada um desses biomas, quais dois impactos, dos aqui listados, você acha que são os mais prejudiciais?

REVISITANDO: Clima, biodiversidade e sustentabilidade

O **Estudo de caso principal** de abertura deste capítulo descreve a influência do clima sobre a biodiversidade terrestre na formação de desertos, pastagens e florestas. Essas formas de biodiversidade da Terra decorrem, principalmente, da interação do clima com formas de vida na terra durante bilhões de anos, de acordo com os três princípios da sustentabilidade. O dinâmico sistema climático da Terra ajuda a distribuir a energia solar e a reciclar os nutrientes da Terra, que, por sua vez, ajuda a gerar e apoiar a biodiversidade terrestre encontrada nos biomas da Terra. Por meio desses processos globais, a vida se manteve durante, pelo menos, 3,5 bilhões de anos.

Os cientistas tiveram um bom começo com relação à compreensão da ecologia dos sistemas terrestres do mundo e sobre como os serviços ecológicos e econômicos vitais que esses sistemas prestam estão sendo degradados e perturbados. Uma das grandes lições da pesquisa por eles realizada é: na natureza tudo está conectado. De acordo com esses cientistas, precisamos urgentemente de mais pesquisas sobre os componentes e o funcionamento dos biomas do mundo, sobre como estão interligados, em quais as ligações são mais fortes e quais têm maior risco de ser interrompidas pelas atividades humanas. Com tais informações vitais, teremos uma visão mais clara de como nossas atividades afetam o capital natural da Terra e do que podemos fazer para ajudar a sustentá-la e, portanto, a nós mesmos e a outras espécies.

Quando tentamos estudar qualquer coisa por si só, descobrimos que ela está atrelada a tudo o mais no universo.

JOHN MUIR

REVISÃO

1. Revise as Questões-chave e Conceitos deste capítulo. Descreva como as diferenças de clima levam à formação de desertos, pradarias e florestas tropicais, temperadas e polares.
2. Faça a distinção entre **tempo e clima**. Descreva três fatores principais que determinam como o ar circula na atmosfera inferior e como as propriedades do ar, da água e da terra afetam a circulação global do ar. Defina **correntes oceânicas** e explique como, com a circulação global do ar, apoiam a formação de florestas, pastagens e desertos.
3. Defina e dê quatro exemplos de um **gás de efeito estufa**. O que é **efeito estufa natural** e por que é importante para a vida e o clima na Terra?
4. O que é **efeito de sombra de chuva** e como ele pode levar à formação de desertos? Por que as cidades tendem a ter mais névoa e poluição atmosférica, temperaturas mais altas e baixas velocidades de vento do que as áreas ao seu redor?
5. O que é um **bioma**? Explique por que há três tipos principais de cada um dos principais biomas (desertos, pastagens e florestas). Descreva como o clima e a vegetação variam com a latitude e a altitude.
6. Descreva como os três principais tipos de desertos diferem em seu clima e da vegetação. Como as plantas e animais do deserto sobrevivem?
7. Descreva como os três principais tipos de pastagens diferem em seu clima e vegetação. O que é uma savana? Por que muitas das pastagens temperadas do mundo desapareceram? O que é **permafrost**? Faça a distinção entre tundra ártica e tundra alpina.
8. Quais são os três principais tipos de florestas? Descreva como eles diferem em seu clima e vegetação. Por que a biodiversidade é tão elevada nas florestas tropicais? Por que a maioria dos solos das florestas tropicais retém poucos nutrientes para as plantas? Descreva o que acontece nas florestas temperadas decíduas no inverno e no outono. O que são florestas temperadas úmidas ou florestas costeiras de coníferas? Que importantes funções ecológicas as montanhas desempenham?
9. Descreva como as atividades humanas têm afetado os desertos, pastagens, florestas e montanhas do mundo.
10. Quais são as *três grandes ideias* deste capítulo? Descreva as conexões entre os climas, sistemas terrestres e os três **princípios da sustentabilidade**.

Obs.: Os termos-chave estão em negrito.

PENSAMENTO CRÍTICO

1. O que aconteceria com o clima da Terra se desaparecessem (a) a maioria dos oceanos do mundo e (b) a maioria das terras do mundo?
2. Descreva os papéis da temperatura e da precipitação na determinação de quais partes do solo do planeta serão cobertas com: (a) deserto, (b) tundra ártica, (c) pastagem temperada, (d) floresta tropical e (e) floresta temperada decídua.
3. Por que os desertos e a tundra ártica sustentam uma biomassa muito menor de animais do que as florestas tropicais? Por que a maioria dos animais em uma floresta tropical vive em suas árvores?
4. Como a distribuição das florestas, pastagens e desertos do mundo mostrados na Figura 7-7 poderiam diferir se os ventos predominantes mostrados na Figura 7-3 não existissem?
5. Quais biomas são mais adequados para (a) agricultura e (b) pecuária? Use os três **princípios da sustentabilidade** para obter três diretrizes para o cultivo de alimentos e pecuária nesses biomas de forma mais sustentável.
6. O que você acha que aconteceria se todas ou a maioria das geleiras de montanha do mundo derretessem? Descreva brevemente os problemas decorrentes e sobre que forma você acredita as nações montanhosas deveriam lidar com esses problemas.
7. Em que tipo de bioma você vive? (Se mora em uma área desenvolvida, que tipo de bioma era antes de se desenvolver?) Liste três maneiras como seu estilo de vida pode estar contribuindo para a degradação desse bioma.
8. Você é um advogado de defesa argumentando no tribunal em nome do seu cliente, o fato de ter poupado uma floresta tropical de ser desmatada. Dê seus três melhores argumentos para a defesa desse ecossistema.
9. Parabéns! Você está no comando do mundo. Quais são as três características mais importantes de seu plano de governo para ajudar a sustentar a biodiversidade terrestre do planeta e os serviços dos ecossistemas que ela oferece?
10. Liste duas questões que gostaria que tivessem sido respondidas como resultado da leitura deste capítulo.

ANÁLISE DOS DADOS

Neste capítulo, você aprendeu como as variações médias de longo prazo na temperatura e precipitação desempenham um papel importante na determinação dos tipos de desertos, florestas e pradarias encontrados em diferentes partes do mundo. A seguir, estão gráficos típicos de clima anual de pradarias tropicais (savana) na África e uma pastagem temperada no centro-oeste dos Estados Unidos.

Pastagens tropicais (savana)

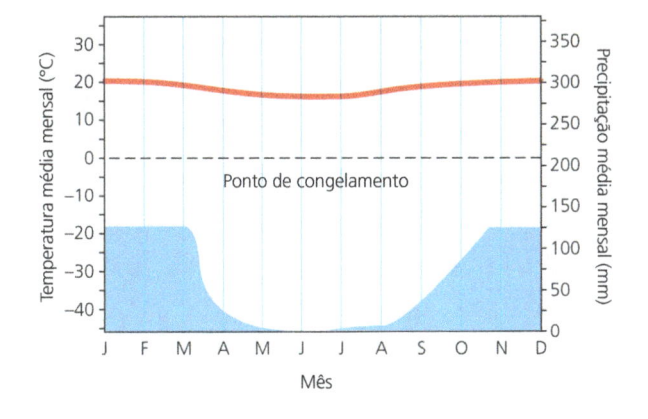

Pastagens temperadas (pradarias)

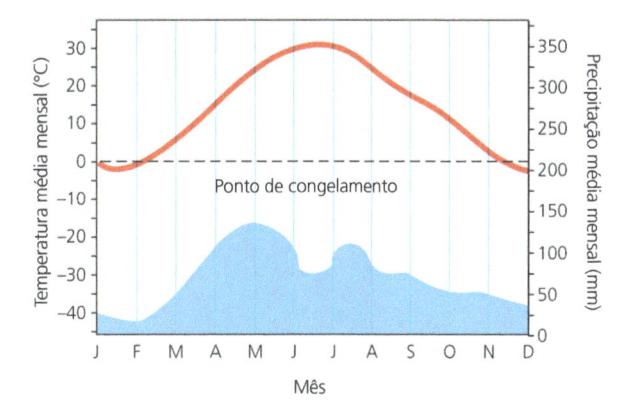

1. Em que mês (ou meses) há maior precipitação em cada uma dessas áreas?
2. Quais são os meses mais secos em cada uma delas?
3. Qual é o mês mais frio na pradaria tropical?
4. Qual é o mês mais quente na pradaria temperada?

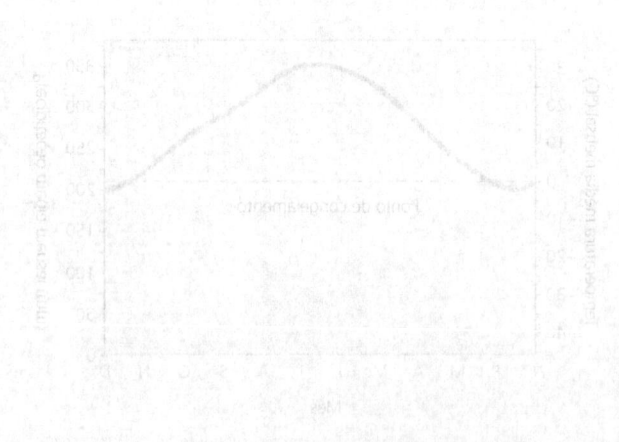

Biodiversidade aquática

8

ESTUDO DE CASO PRINCIPAL

Por que devemos nos preocupar com os recifes de coral?

Recifes de coral formam-se em águas claras, quentes e costeiras dos trópicos e subtrópicos (Figura 8-1, à esquerda). Essas belíssimas maravilhas naturais estão entre os ecossistemas mais antigos, mais diversificados e mais produtivos do mundo. Em termos de biodiversidade, são os equivalentes marinhos das florestas tropicais.

Esses recifes são formados por colônias maciças de pequenos animais chamados pólipos (parentes próximos da água-viva), que lentamente os constroem secretando uma crosta protetora de calcário (carbonato de cálcio) em torno de seus corpos macios. Quando os pólipos morrem, suas cascas vazias ficam para trás como uma plataforma para mais crescimento de recife. A resultante rede elaborada de fendas, bordas e furos serve como "condomínio" de carbonato de cálcio para uma variedade de animais marinhos.

Os recifes de coral são o resultado de uma relação mutuamente benéfica entre os pólipos e algas unicelulares minúsculas chamadas zooxantelas, que vivem nos seus tecidos. Neste exemplo de mutualismo (consulte o Capítulo 5), as algas fornecem aos pólipos alimentos e oxigênio pela fotossíntese e ajudam a produzir o carbonato de cálcio que forma o esqueleto do coral, além de lhes prover sua coloração estonteante. Os pólipos, por sua vez, fornecem às algas uma casa bem protegida e alguns de seus nutrientes.

Embora os recifes de corais ocupem apenas cerca de 0,2% do fundo do oceano, eles oferecem importantes serviços ecológicos e econômicos. Por exemplo, agem como barreiras naturais que ajudam a proteger 15% das linhas costeiras do mundo da erosão causada pelo quebrar das ondas e tempestades. Além disso, oferecem habitats para um quarto de todos os organismos marinhos.

Economicamente, eles produzem um décimo da pesca mundial – um quarto das capturas em países menos desenvolvidos – e oferecem empregos na pesca e ecoturismo para alguns dos países mais pobres do mundo. Esses tesouros biológicos nos fornecem um mundo subaquático para estudar e desfrutar. Todo ano, mais de 1 milhão de mergulhadores e praticantes de snorkel visitam os recifes de coral para experimentar as maravilhas da biodiversidade aquática.

Em um relatório de 2008 do *Global Coral Reef Monitoring Network*, os cientistas estimaram que 19% dos recifes de corais do mundo foram destruídos. Estudos subsequentes indicaram que outros 20% de todos os ecossistemas de recifes de corais foram degradados pelo desenvolvimento costeiro, poluição, sobrepesca, temperaturas mais mornas do oceano, aumento da acidez da água etc.; e outros 25%-33% podem ser perdidos dentro de 20 a 40 anos.

Os recifes de coral são vulneráveis a danos, porque crescem lentamente e são facilmente interrompidos. Só prosperam em águas claras e bastante rasas, de salinidade constantemente alta, e escoamento de solo e de outros materiais da terra podem afetar a turbidez da água e bloquear a luz solar necessária para os organismos produtores dos recifes. Além disso, a água em que vivem deve ter uma temperatura de 18-30 °C (64-86 °F). Isso explica por que a maior ameaça a longo prazo para os recifes de coral talvez seja a mudança climática, que poderia elevar a temperatura da água acima desse limite na maioria das áreas de recife; um problema resultante é o branqueamento do coral (Figura 8-1, superior direito), que ocorre quando pressões, tais como aumento da temperatura, fazem que as algas, que servem de alimento para os corais, morram. Sem alimento, os pólipos de coral morrem, deixando para trás um esqueleto branco de carbonato de cálcio.

Outra ameaça é o aumento da acidez da água do oceano, já que este absorve parte do dióxido de carbono (CO_2) produzido principalmente pela queima de combustíveis fósseis contendo carbono. O CO_2 reage com a água do oceano para formar um ácido fraco, que pode lentamente dissolver o carbonato de cálcio formador dos corais.

O declínio e a degradação dessas sentinelas oceânicas coloridas devem servir como um alerta sobre as ameaças à saúde dos ecossistemas do oceano, que nos fornecem serviços ecológicos e econômicos cruciais.

Figura 8-1 Um recife de corais saudáveis no Mar Vermelho está coberto por algas coloridas (à esquerda), ao passo que outro, de corais branqueados (à direita), perdeu a maioria de suas algas em razão de mudanças no meio ambiente (como a água turva ou altas temperaturas). Sem as algas, o calcário branco do esqueleto de coral torna-se visível. Se o estresse ambiental não for removido e outras algas não preencherem o nicho abandonado, os corais morrem. Esses ecossistemas diversos e produtivos estão sendo danificados e destruídos a um ritmo alarmante.

Ecologia e sustentabilidade

Questões e conceitos principais

8-1 Qual é a natureza geral dos sistemas aquáticos?

CONCEITO 8-1A As zonas de vida aquática de água salgada e de água doce cobrem quase três quartos da superfície da Terra, com os oceanos dominando o planeta.

CONCEITO 8-1B Os principais fatores que determinam a biodiversidade nos sistemas aquáticos são: temperatura, teor de oxigênio dissolvido, disponibilidade de alimentos e de luz e nutrientes necessários para a fotossíntese.

8-2 Por que os sistemas aquáticos marinhos são importantes?

CONCEITO 8-2 Ecossistemas de água salgada são reservatórios insubstituíveis de biodiversidade e proporcionam importantes serviços ecológicos e econômicos.

8-3 Como as atividades humanas têm afetado os ecossistemas marinhos?

CONCEITO 8-3 As atividades humanas ameaçam a biodiversidade aquática e interrompem os serviços ecológicos e econômicos fornecidos pelos sistemas de água salgada.

8-4 Por que os ecossistemas de água doce são importantes?

CONCEITO 8-4 Ecossistemas de água doce fornecem importantes serviços ecológicos e econômicos, e são insubstituíveis reservatórios de biodiversidade.

8-5 Como as atividades humanas têm afetado os ecossistemas de água doce?

CONCEITO 8-5 As atividades humanas ameaçam a biodiversidade e danificam os serviços ecológicos e econômicos fornecidos por lagos, rios e pântanos de água doce.

Obs.: Os suplementos 2 e 8 podem ser utilizados com este capítulo.

Se existe mágica neste planeta, ela está contida na água.
LOREN EISLEY

8-1 Qual é a natureza geral dos sistemas aquáticos?

▶ **CONCEITO 8-1A** As zonas de vida aquática de água salgada e de água doce cobrem quase três quartos da superfície da Terra, com os oceanos dominando o planeta.

▶ **CONCEITO 8-1B** Os principais fatores que determinam a biodiversidade nos sistemas aquáticos são: temperatura, teor de oxigênio dissolvido, disponibilidade de alimentos e de luz e nutrientes necessários para a fotossíntese.

A maior parte da Terra está coberta de água

Quando vista de um determinado ponto no espaço, a Terra parece estar quase completamente coberta de água (Figura 8-2). A água salgada abrange 71% da superfície da terra, e a doce, aproximadamente outros 2,2%. No entanto, em proporção ao planeta todo, tudo isso equivale a uma película fina e preciosa de água.

Embora o *oceano global* seja um corpo único e contínuo de água, os geógrafos o dividem em quatro grandes áreas – Atlântico, Pacífico, Ártico e Índico – separadas pelos continentes. O maior oceano é o Pacífico, com mais de metade da água da Terra, cobrindo um terço da superfície do planeta.

Hemisfério oceânico   Hemisfério terrestre-oceânico

Figura 8-2 O planeta oceano: os oceanos salgados cobrem 71% da superfície e contêm 97% da água da Terra. Praticamente toda a água terrestre está nos oceanos interligados, cobrindo 90% do hemisfério oceânico do planeta (à esquerda) e quase a metade de seu hemisfério terrestre-oceânico (à direita). Os sistemas de água doce cobrem menos de 2,2% da superfície da Terra (**Conceito 8-1A**).

CAPÍTULO 8 Biodiversidade aquática

Figura 8-3 Os sistemas aquáticos incluem (a) oceanos de água salgada, (b) baías, como a Trunk Bay em St. John, nas Ilhas Virgens dos Estados Unidos, (c) lagos de água doce, como o Peyto Lake no Parque Nacional de Banff, no Canadá, e (d) rios de água doce de montanhas selvagens.

Os equivalentes aquáticos dos biomas são chamados **zonas de vida aquática** – porções de água salgada e doce da biosfera que podem suportar a vida. A distribuição de muitos organismos aquáticos é determinada principalmente pela *salinidade* da água – as quantidades de vários sais, como cloreto de sódio (NaCl), dissolvidos em determinado volume de água. Como resultado, as zonas de vida aquática são classificadas em dois tipos principais (Figura 8-3): **zonas de vida marinha ou de água salgada** (oceanos e suas baías, estuários, zonas úmidas costeiras, linhas costeiras, recifes de coral e manguezais) e **zonas de vida de água doce** (lagos, rios, cursos d'água e áreas úmidas no continente). Embora alguns sistemas, como os estuários, sejam uma mistura de água salgada e doce, são classificados como sistemas marinhos para fins de estudo e discussão.

A maioria das espécies aquáticas vive nas camadas superiores, médias ou inferiores da água

As zonas de vida de água salgada e de água doce contêm vários tipos importantes de organismos. Um deles consiste no **plâncton** flutuante, com capacidade limitada de natação, que pode ser dividido em três grupos. O primeiro é o *fitoplâncton* (palavra grega para "plantas à deriva", Figura 8-4a), que inclui muitos tipos de algas e, junto com várias plantas enraizadas perto das costas, são produtores primários que sustentam a maioria das cadeias alimentares aquáticas. (Assista a *The Habitable Planet*, Vídeos 2 e 3 no www.learner.org/resources/series209.html.)

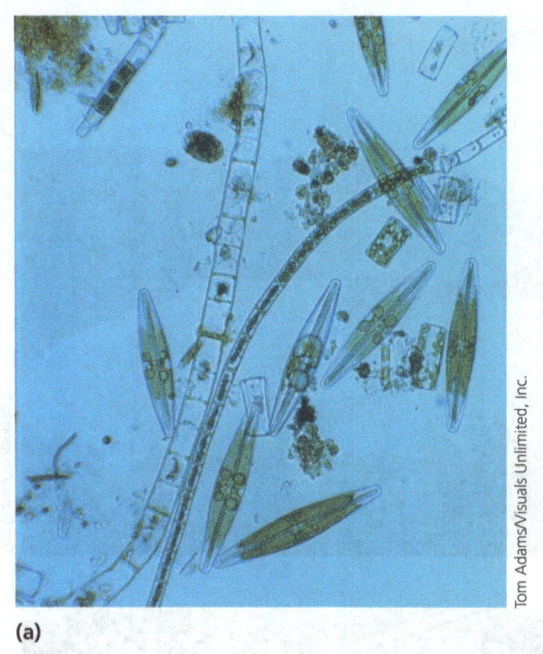

Figura 8-4 Podemos dividir as formas de vida aquáticas em vários tipos importantes: plâncton, que inclui (a) o fitoplâncton, minúsculas plantas à deriva, e (b) zooplâncton, animais à deriva que se alimentam uns dos outros e de fitoplâncton; um exemplo é esta água-viva, que usa longos tentáculos com células urticantes para atordoar ou matar suas presas. Outros tipos principais de vida aquática são (c) néctons, ou animais aquáticos com grande capacidade de natação, como essa baleia à direita, e (d) bentos, ou moradores de fundo, como esta estrela do mar anexada a um coral no Mar Vermelho.

O segundo é o *zooplâncton* (palavra grega para "animais à deriva"). Trata-se de consumidores primários (herbívoros) que se alimentam de fitoplâncton, e secundários, que consomem outros zooplânctons. Os membros desse grupo vão desde protozoários unicelulares até grandes invertebrados, como as águas-vivas (Figura 8-4b).

O terceiro grupo é composto de grandes populações de plânctons menores, chamados *ultraplâncton*. Essas pequenas bactérias fotossintéticas podem ser responsáveis por 70% da produtividade primária perto da superfície do oceano.

Um segundo tipo importante de organismos é formado por **néctons**, consumidores com grande capacidade de natação, como peixes, tartarugas (observe foto na página do título) e baleias (Figura 8-4c). O terceiro tipo, **bentos**, consiste em moradores do fundo, como ostras e estrelas do mar (Figura 8-4d), que se escoram nas estruturas de fundo do oceano; moluscos e vermes, que escavam a areia ou a lama; e lagostas e caranguejos, que andam pelo fundo do mar. Um quarto tipo importante são os **decompositores** (essencialmente bactérias), que quebram os compostos orgânicos nos corpos mortos e resíduos de organismos aquáticos e os transformam em nutrientes que os produtores primários aquáticos podem usar.

Na maioria dos sistemas aquáticos, os principais fatores que determinam os tipos e números de organismos encontrados nessas camadas são *temperatura, teor de oxigênio dissolvido, disponibilidade de alimentos* e *de luz* e *nutrientes necessários para a fotossíntese*, como o carbono (gás CO_2 dissolvido), nitrogênio (NO_3^-) e fósforo (principalmente como PO_4^{3-}) (**Conceito 8-1B**).

Em sistemas de águas profundas, a fotossíntese está confinada à camada superior – zona *eufótica* ou *fótica*, pela qual a luz solar pode penetrar, cuja profundidade nos oceanos e lagos profundos é reduzida quando a água é escurecida pelo crescimento excessivo de algas (ou *proliferação de algas* resultante da sobrecarga de nutrientes). Essa nebulosidade, chamada **turbidez**, pode ocorrer naturalmente, pelo crescimento das algas, ou resultar de distúrbios, como a remoção da cobertura vegetal terrestre, que, na presença de chuva, faz a lama fluir para os corpos de água. Esse é um dos problemas que afetam os recifes de coral (**Estudo de caso principal**), pois a turbidez excessiva causada pela lama da enxurrada impede a fotossíntese e faz que os corais morram.

Em sistemas rasos, como pequenos cursos d'água abertos, margens de lagos e regiões costeiras oceânicas, grandes suprimentos de nutrientes estão geralmente disponíveis para os produtores primários. Em contrapartida, na maioria das áreas do oceano aberto, nitratos, fosfatos, ferro e outros nutrientes são muitas vezes escassos, limitando a produtividade primária líquida (PPL) (observe a Figura 3-15, Capítulo 3).

8-2 Por que os sistemas aquáticos marinhos são importantes?

▶ **CONCEITO 8-2** Ecossistemas de água salgada são reservatórios insubstituíveis de biodiversidade e proporcionam importantes serviços ecológicos e econômicos.

Os oceanos fornecem serviços ecológicos e econômicos essenciais

Os oceanos oferecem serviços de enorme valor ecológico e econômico (Figura 8-5). Uma estimativa do valor combinado desses bens e serviços de todos os ecossistemas marinhos costeiros é de US$ 12 trilhões por ano, quase igual ao Produto Interno Bruto anual dos Estados Unidos.

Como criaturas terrestres, temos uma visão distorcida e limitada da vastidão aquática azul que cobre a maior parte da superfície do nosso planeta. Sabemos mais sobre a superfície da lua do que sobre os oceanos. Segundo os cientistas, a investigação científica dos sistemas aquáticos marinhos e de água doce tão mal compreendidos poderia gerar enormes benefícios ecológicos e econômicos.

Os sistemas aquáticos marinhos são enormes reservatórios de biodiversidade, incluem diversos ecossistemas, que abrigam uma grande variedade de espécies, genes e processos biológicos e químicos, contribuindo, assim, para sustentar os quatro principais componentes da biodiversidade do planeta (observe a Figura 4-2, Capítulo 4). A vida marinha é encontrada em três *zonas de vida* principais: zona costeira, mar aberto e fundo do oceano (Figura 8-6).

Zona costeira é a área de água quente, rasa e rica em nutrientes que se estende da marca da maré alta em terra até a borda rasa e levemente inclinada da *plataforma continental* (a parte submersa dos continentes).

Capital natural
Ecossistemas marinhos

Serviços ecológicos
- Regulação do clima
- Absorção de CO_2
- Ciclagem de nutrientes
- Tratamento de resíduos
- Redução do impacto de tempestades (manguezais, ilhas de barreira, zonas úmidas costeiras)
- Habitats e áreas de berçário
- Recursos genéticos e biodiversidade
- Informações científicas

Serviços econômicos
- Alimentos
- Ração para animais (incluindo os de estimação)
- Produtos farmacêuticos
- Portos e rotas de transporte
- Habitats costeiros para humanos
- Recreação
- Emprego
- Petróleo e gás natural
- Minerais
- Materiais de construção

Figura 8-5 Sistemas marinhos proporcionam uma série de importantes serviços ecológicos e econômicos (Conceito 8-2). **Perguntas:** Quais dois serviços ecológicos e quais dois serviços econômicos você acredita serem os mais importantes? Por quê?

Consiste em menos de 10% da área do oceano do mundo, mas contém 90% de todas as espécies marinhas, e é o local onde ocorre a maior parte da pesca marinha comercial.

A maior parte dos sistemas aquáticos da zona costeira, como estuários, marismas, manguezais e recifes de coral, tem uma alta produtividade primária líquida (observe a Figura 3-15, Capítulo 3). Isso é resultado da ampla disponibilidade de luz solar e nutrientes que fluem da terra e são distribuídos pelas correntes de vento e mar nessas zonas. Aqui, estudaremos alguns desses sistemas em mais detalhes.

Estuários e zonas úmidas costeiras são altamente produtivas

Estuários são regiões onde os rios encontram o mar (Figura 8-7). Corpos de água parcialmente fechados

Figura 8-7 Esta foto de satélite mostra a visão de um estuário tirada do espaço. A pluma de sedimentos (turbidez causada pelo escoamento superficial) forma-se na foz do rio Betsiboka, em Madagascar, que flui pelo estuário e entra no Canal de Moçambique. Madagascar é o país mais erodido do mundo, por causa da sua topografia, chuvas fortes e o desmatamento de suas florestas para a agricultura.

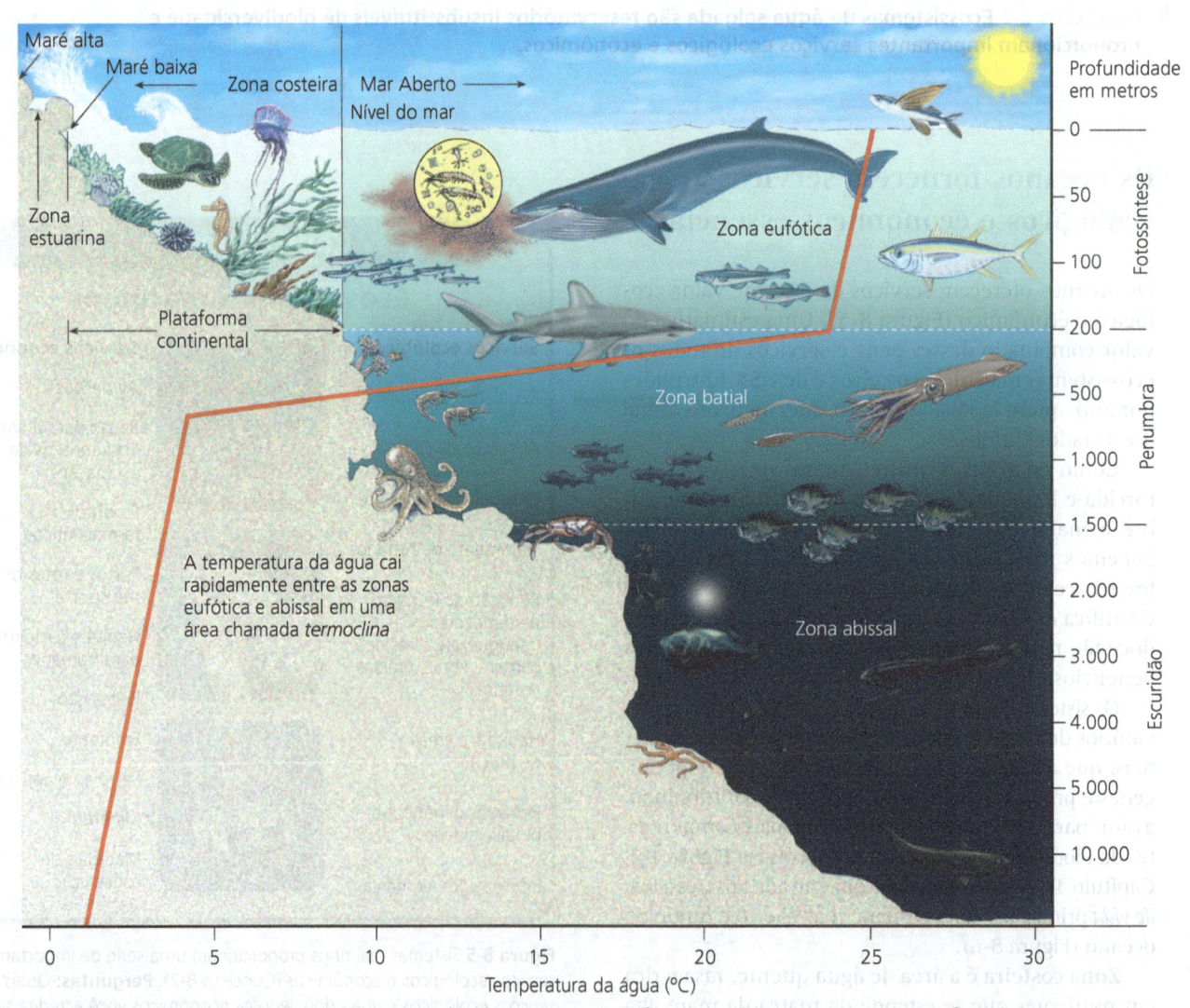

Figura 8-6 Este diagrama ilustra as principais zonas de vida e zonas verticais (fora de escala) em um oceano. As profundidades reais das zonas podem variar. A luz disponível determina as zonas eufótica, batial e abissal. As zonas de temperatura também variam com a profundidade, mostrada aqui pela linha vermelha. **Pergunta:** como um oceano se parece com uma floresta tropical? (Dica: observe a Figura 7-15, Capítulo 7.)

onde a água do mar se mistura com a doce, nutrientes e poluentes provenientes de cursos d'água, rios e do escoamento da terra.

Estuários e suas **zonas úmidas costeiras associadas** – áreas de terra litorâneas cobertas com água o ano todo ou durante parte do ano – incluem a foz dos rios, enseadas, baías, mares, marismas (chamadas *pântanos de água salgada* nas zonas temperadas, Figura 8-8) e as florestas de mangue. São alguns dos ecossistemas mais produtivos do planeta por causa da elevada afluência de nutrientes provenientes dos rios e terras vizinhas, da rápida circulação de nutrientes pelas marés e da abundante luz solar que penetra nas águas rasas.

Bancos de algas marinhas são outro componente da biodiversidade marinha costeira (Figura 8-9). Consistem em, pelo menos, 60 espécies de plantas que crescem sob as águas rasas das áreas marinhas e estuarinas ao longo da maioria das costas continentais. Esses sistemas altamente produtivos e fisicamente complexos suportam grande variedade de espécies marinhas e também ajudam a estabilizar as margens e reduzir os impactos das ondas.

A vida nesses ecossistemas costeiros é difícil, porque é necessária a adaptação às significativas variações diárias e sazonais dos fluxos da maré e do rio, da temperatura e salinidade da água, escoamento de sedimentos do solo erodido e outros poluentes do solo. Como resultado dessas tensões, apesar de sua produtividade, alguns ecossistemas costeiros têm baixa diversidade vegetal, com somente algumas espécies que podem suportar as variações diárias e sazonais.

Manguezais são encontrados ao longo de 70% dos litorais arenosos levemente inclinados das regiões tropicais e subtropicais, especialmente na Austrália e no Sudeste Asiático. Os organismos dominantes nessas florestas ricas em nutrientes são os manguezais – 69 diferentes espécies de árvores que podem crescer em água salgada, cujos sistemas radiculares extensos se estendem acima da água, onde podem obter oxigênio e dar suporte às árvores durante os períodos de alteração dos níveis de água (Figura 8-10).

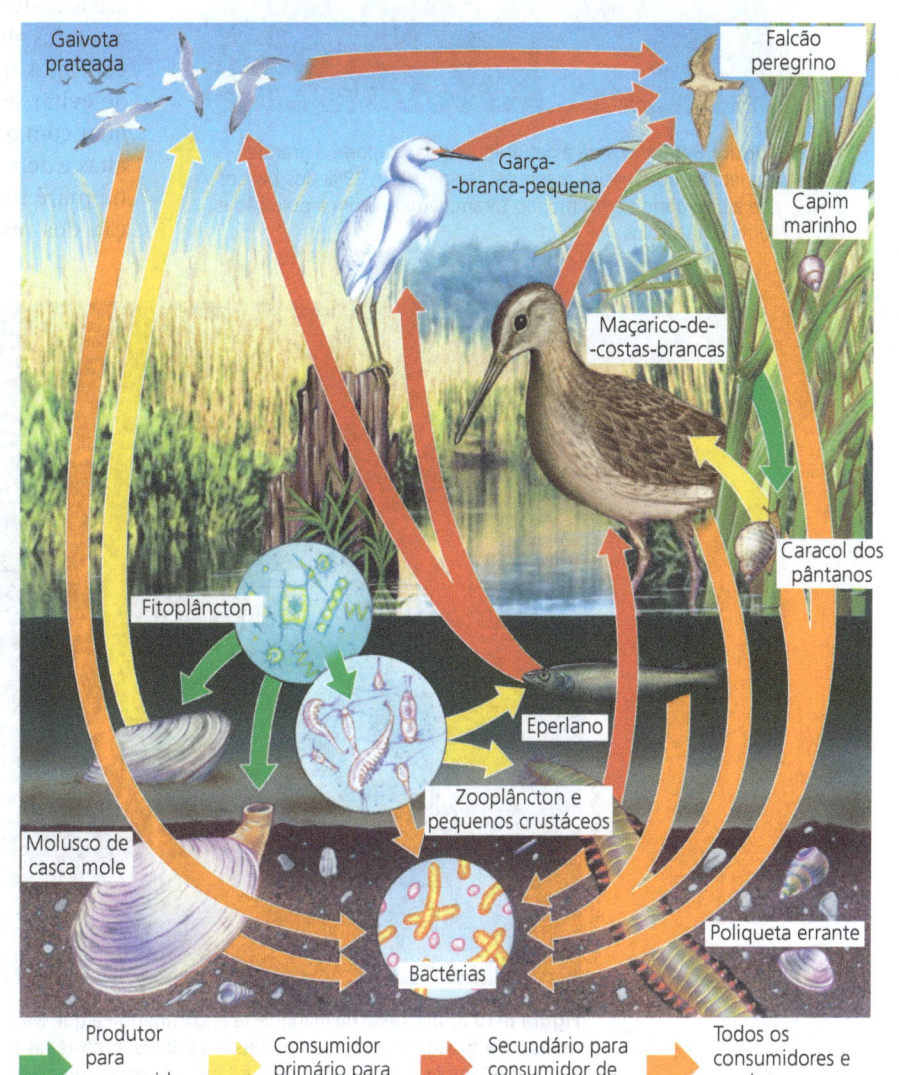

Figura 8-8 Este diagrama mostra alguns dos componentes e interações em um ecossistema de pântano costeiro. Quando esses organismos morrem, os decompositores quebram a matéria orgânica em minerais, que são utilizados pelas plantas. As setas coloridas indicam a transferência de matéria e energia entre consumidores (herbívoros); consumidores secundários ou de nível superior (carnívoros) e decompositores. Os organismos não estão em escala. Esta foto mostra um pântano peruano.

Esses sistemas aquáticos costeiros oferecem importantes serviços ecológicos e econômicos. Ajudam a manter a qualidade da água em zonas costeiras tropicais, filtrando poluentes tóxicos, excesso de nutrientes para as plantas e sedimentos, e absorvendo outros poluentes. Fornecem alimento, habitats e áreas de berçário para grande variedade de espécies aquáticas e terrestres. Também reduzem os danos causados por tempestades e erosão costeira ao absorver as ondas e armazenar o excesso de água produzida pelas tempestades e maremotos. Historicamente, têm fornecido madeira e lenha de maneira sustentável para as comunidades costeiras. A perda dos manguezais pode levar à poluição da água potável, causada pela intrusão de água salgada nos aquíferos usados para o abastecimento de água doce e limpa.

Apesar de sua importância ecológica e econômica, em 2008, a Organização das Nações Unidas para a Alimentação e Agricultura (FAO) estimou que, entre 1980 e 2005, pelo menos um quinto das florestas de mangue do mundo foram perdidas, principalmente em razão do desenvolvimento costeiro pelos humanos.

Costas rochosas e arenosas abrigam diferentes tipos de organismos

A atração gravitacional da lua e do sol faz as *marés* subirem e descerem a cada seis horas na maioria das áreas costeiras. A área litorânea compreendida entre as marés alta e baixa é chamada **zona intertidal**. Organismos que vivem nessa zona devem ser capazes de evitar ser levados ou esmagados pelas ondas e de lidar com o fato de ficarem imersos durante as marés altas e deixados no alto e seco (e muito mais quente) na maré baixa. Também devem sobreviver à alteração dos níveis de salinidade, quando fortes chuvas

Figura 8-9 Bancos de algas marinhas dão suporte a grande variedade de espécies marinhas. Desde 1980, 29% dos bancos de algas marinhas do mundo foram perdidos com a poluição e outros distúrbios.

Figura 8-10 Esta floresta de mangue se encontra no Parque Nacional Daintree, em Queensland, na Austrália. As raízes emaranhadas e a vegetação densa nas florestas costeiras funcionam como amortecedores para reduzir os danos das tempestades e maremotos e também fornecem um habitat muito complexo para uma diversidade de invertebrados e peixes.

CAPÍTULO 8 Biodiversidade aquática

diluem a água salgada. Para lidar com tais tensões, a maioria dos organismos intertidais agarra-se a algo, cava ou se esconde em carapaças protetoras.

Em algumas zonas costeiras, *costões rochosos* íngremes são castigados pelas ondas. As inúmeras piscinas e outros habitats nessas zonas intertidais contêm grande variedade de espécies que ocupam nichos diferentes, em resposta às variações diárias e sazonais das condições ambientais, como temperatura, correntes de água e salinidade (Figura 8-11, topo).

Outras costas têm *praias barreira suavemente inclinadas*, ou *praias arenosas*, que suportam outros tipos de

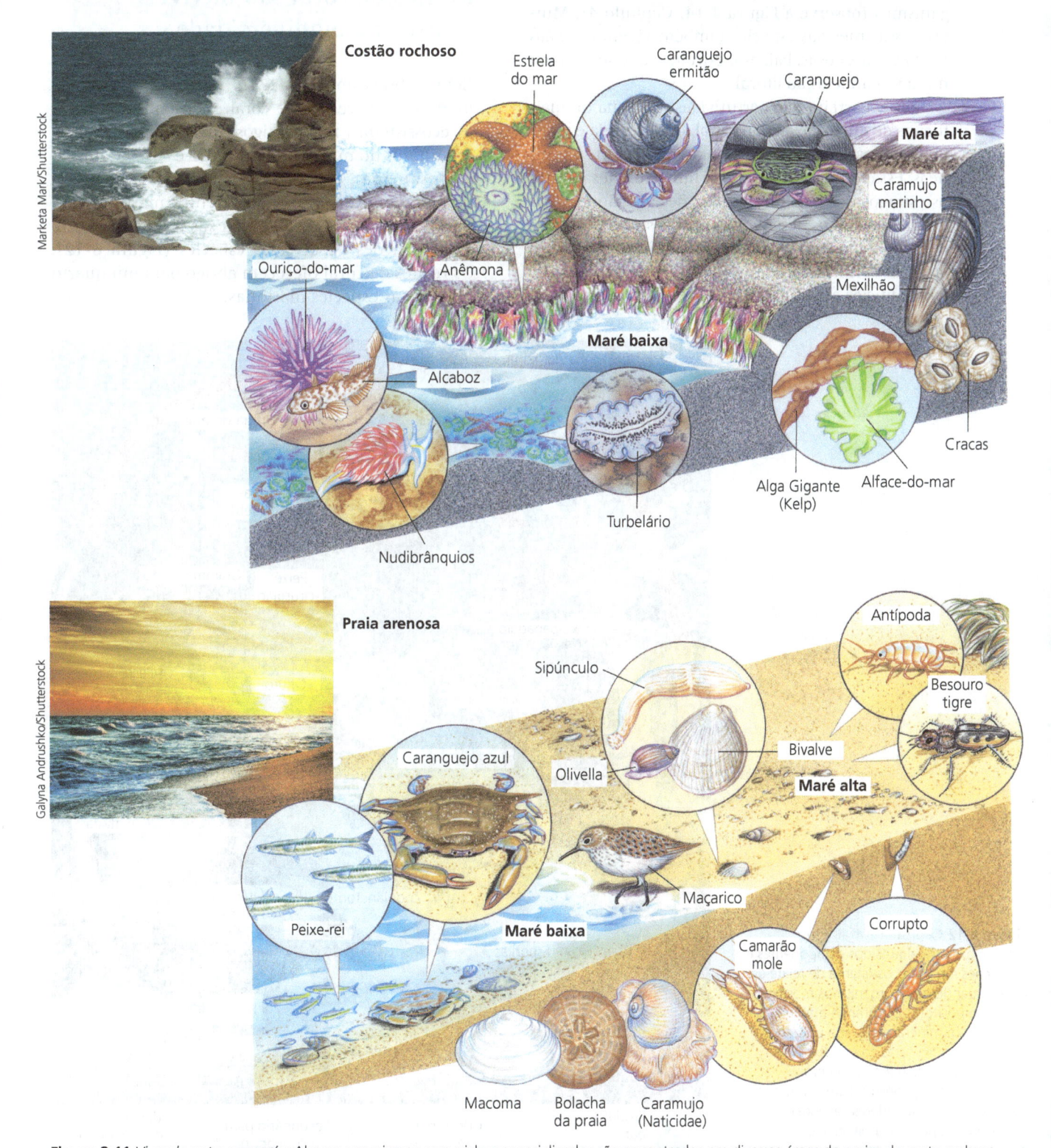

Figura 8-11 *Vivendo entre as marés:* Alguns organismos com nichos especializados são encontrados em diversas áreas de praias da costa rochosa (superior) ou em praias arenosas ou de barreira (baixo). Os organismos não estão em escala.

organismos marinhos (Figura 8-11, inferior), onde a maioria se mantém oculta e sobrevive enterrando-se, cavando e se escondendo em túneis na areia. Essas praias de areia e as vizinhas zonas úmidas costeiras também são o lar de uma variedade de aves marinhas, que evoluíram em nichos especializados para se alimentar de crustáceos, insetos e outros organismos (observe a Figura 4-14, Capítulo 4). Muitas dessas mesmas espécies também vivem em *ilhas barreira* – arenosas, baixas e estreitas, que se formam no mar, paralelas ao litoral.

Praias barreira não perturbadas têm uma ou mais fileiras de dunas de areia natural, onde a areia é mantida no lugar por raízes de plantas, geralmente gramíneas. Essas dunas são a primeira linha de defesa contra os estragos do mar. Tais localizações são tão escassas e valiosas, que os desenvolvedores costeiros frequentemente removem as dunas de proteção ou constroem atrás do primeiro conjunto de dunas, cobrindo-as com edifícios e estradas. Grandes tempestades podem então encher e até mesmo varrer toda a construção à beira-mar e erodir gravemente as praias. Algumas pessoas erroneamente chamam esses acontecimentos influenciados pelos humanos "desastres naturais".

Recifes de coral são incríveis centros de biodiversidade

Como observamos no **Estudo de caso principal**, os recifes de coral estão entre os ecossistemas mais antigos, mais diversos e mais produtivos do mundo (Figuras 8-1 e 4-12, Capítulo 4, à esquerda). Esses incríveis centros de biodiversidade aquática são os equivalentes marinhos das florestas tropicais, com complexas interações entre as populações de diversas espécies (Figura 8-12). Os recifes de coral oferecem abrigo para um quarto de todas as espécies marinhas.

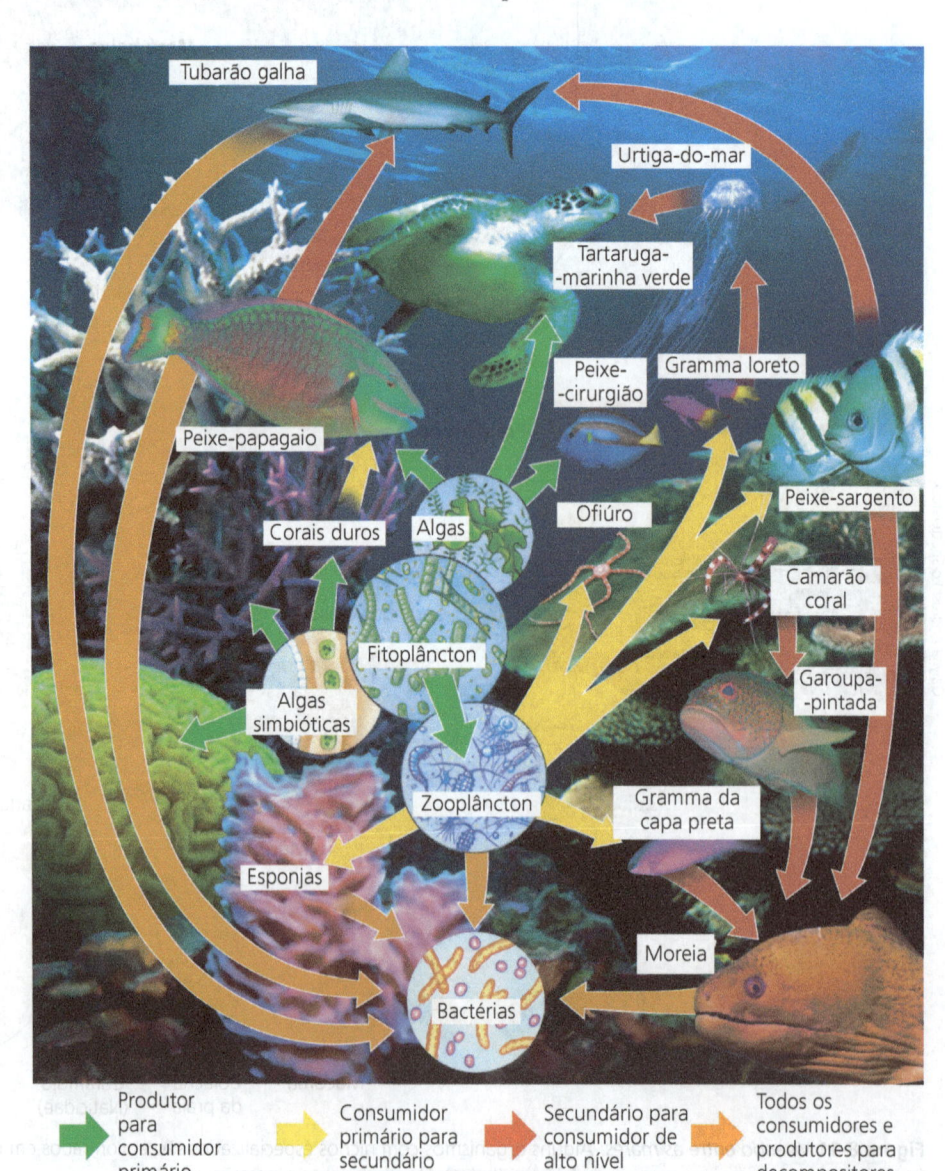

Figura 8-12 Capital natural: Este diagrama ilustra alguns dos componentes e interações em um ecossistema de recife de coral. Quando esses organismos morrem, os decompositores quebram a matéria orgânica em minerais, que são utilizados pelas plantas. As setas coloridas indicam a transferência de matéria e energia entre produtores, consumidores primários (herbívoros); consumidores secundários ou de nível superior (carnívoros) e decompositores. Os organismos não estão em escala.

Produtor para consumidor primário

Consumidor primário para secundário

Secundário para consumidor de alto nível

Todos os consumidores e produtores para decompositores

O mar aberto e o fundo do oceano abrigam uma variedade de espécies

O acentuado aumento na profundidade da água na borda da plataforma continental separa a zona costeira do vasto volume do oceano chamado **mar aberto**. Esse mar de um azul profundo é dividido em três *zonas verticais*, principalmente com base na penetração da luz do sol (observe a Figura 8-6). No entanto, as temperaturas também mudam com a profundidade, e podemos usá-las para definir as zonas que ajudam a determinar a diversidade de espécies nessas camadas (Figura 8-6, linha vermelha).

Zona eufótica é a zona superior amplamente iluminada, onde o fitoplâncton à deriva realiza 40% da atividade fotossintética do mundo (assista a *The Habitable Planet*, Vídeo 3, no www.learner.org/resources/series209.html). Os níveis de nutrientes são baixos, e os de oxigênio dissolvido são altos nessa zona. Há, no entanto, uma exceção. Em áreas chamadas *zonas de ressurgência*, as correntes oceânicas, movidas pela diferença de temperatura ou por fortes ventos costeiros, trazem a água da zona abissal (observe as Figuras 7-2 e 8-6). Ressurgências transportam os nutrientes do fundo do mar para a superfície, para que sejam usados pelos produtores e, portanto, essas zonas contêm altos níveis de nutrientes. Peixes predadores grandes e de nado rápido, como o espadarte, o tubarão e o atum, vivem na zona eufótica, alimentando-se de consumidores secundários e superiores, que são suportados direta ou indiretamente pelos produtores.

Zona batial é a zona intermediária de penumbra, que recebe pouca luz solar e, por isso, não contém produtores fotossintetizantes. Zooplâncton e pequenos peixes, muitos do quais migram para se alimentar na superfície durante a noite, povoam essa zona.

A zona mais baixa, chamada *zona abissal*, é escura e muito fria. Não há nenhuma luz solar para sustentar a fotossíntese e há pouco oxigênio dissolvido nessa zona. No entanto, o fundo do oceano está repleto de vida – tanto que é considerado uma importante zona de vida –, pois contém nutrientes suficientes para suportar um grande número de espécies. A maioria dos organismos das profundezas das águas e do piso oceânico obtém seu alimento de "chuvas" de organismos mortos e em decomposição – chamadas *neve marinha* – que caem da parte superior e mais iluminada do oceano.

Alguns organismos da zona abissal, incluindo vários tipos de minhocas, que *se alimentam de depósitos*, guardam lama em suas entranhas e extraem nutrientes dela. Outros, como ostras, mariscos e esponjas são *filtradores*, porque filtram água por ou sobre seus corpos e dela extraem nutrientes.

A produtividade primária líquida (PPL) é bastante baixa em mar aberto, exceto nas zonas de ressurgência. No entanto, o mar aberto é a região que mais contribui para a PPL total da Terra, uma vez que cobre uma grande parte da superfície do planeta.

Em 2007, uma equipe de cientistas liderados por J. Craig Venter publicou um relatório que dramaticamente desafiou as suposições dos cientistas sobre a biodiversidade do mar aberto. Depois de navegar ao redor do mundo e passar dois anos coletando dados, esses cientistas descobriram que o mar aberto contém muito mais bactérias, vírus e outros micróbios do que os cientistas anteriormente acreditavam.

8-3 Como as atividades humanas têm afetado os ecossistemas marinhos?

▶ **CONCEITO 8-3** As atividades humanas ameaçam a biodiversidade aquática e interrompem os serviços ecológicos e econômicos fornecidos pelos sistemas de água salgada.

As atividades humanas estão destruindo e degradando os ecossistemas marinhos

As atividades humanas estão destruindo e degradando alguns serviços ecológicos e econômicos fornecidos por sistemas aquáticos marinhos, especialmente marismas, linhas costeiras, mangues e recifes de coral (consulte o Conceito 8-3 e assista a *The Habitable Planet*, Vídeo 9 no www.learner.org/resources/series209.html).

Em 2008, pesquisadores do Centro Nacional para Análise e Síntese Ecológica dos Estados Unidos (NCEAS) usaram modelos de computador para analisar e fornecer o primeiro mapa global dos efeitos de 17 diferentes tipos de atividades humanas sobre os oceanos do mundo. Nesse estudo de quatro anos, uma equipe internacional de cientistas descobriu que a atividade humana tem afetado intensamente 41% da área dos oceanos do mundo. Nenhuma área dos oceanos está completamente intacta, segundo o relatório.

Em seu desejo de viver perto da costa, algumas pessoas estão, inconscientemente, destruindo ou degradando a biodiversidade aquática e os serviços ecológicos e econômicos (Figura 8-5) que fazem as áreas costeiras locais tão agradáveis e valiosos. Em 2010, 45% da população mundial e mais da metade da população dos Estados Unidos viviam junto ou perto do litoral, e essas porcentagem está aumentando rapidamente.

As principais ameaças aos sistemas marinhos pelas atividades humanas incluem:

- O desenvolvimento das zonas costeiras, que destroem e poluem os habitats costeiros (assista a *The Habitable Planet*, Vídeo 5, no www.learner.org/resources/series209.html).
- Escoamento de fontes difusas de poluentes, como lodo, fertilizantes, pesticidas e resíduos da pecuária (assista a *The Habitable Planet*, Vídeos 7 e 8, no www.learner.org/resources/series209.html)
- Poluição de fonte pontual, como esgotos sanitários de navios cruzeiros e derramamentos de navios petroleiros.
- Poluição e degradação das zonas úmidas costeiras e estuarinas (Estudo de caso, a seguir).
- A sobrepesca, que dizima as populações de espécies de peixes comerciais.
- Uso de traineiras, que arrastam pesadas redes de pesca sobre o piso oceânico, degradando e destruindo seus habitats.
- Espécies invasoras, introduzidas pelo homem, que podem reduzir as populações de espécies aquáticas nativas e causar danos econômicos.
- Alterações climáticas, reforçadas pelas atividades humanas, que estão aquecendo os oceanos e tornando-os mais ácidos; isso poderia causar um aumento do nível dos oceanos durante este século que destruiria os recifes de coral e inundaria pântanos e cidades costeiras (assista a *The Habitable Planet*, Vídeos 7 e 8, no www.learner.org/resources/series209.html).

A Figura 8-13 mostra alguns dos efeitos desses impactos humanos sobre os sistemas marinhos (à esquerda) e os recifes de coral (à direita) (**Estudo de caso principal**). De acordo com um estudo de 2007, conduzido por Ove Hoegh-Guldberg e 16 outros cientistas, se não tomarmos medidas para reduzir significativamente as emissões de dióxido de carbono em breve, os oceanos podem se tornar muito ácidos e quentes demais para que a maioria dos recifes de coral do mundo sobrevivam a este século, e os importantes serviços ecológicos e econômicos que eles prestam serão perdidos. Examinaremos alguns desses impactos de forma mais detalhada nos Capítulos 11 e 19.

> **PENSANDO SOBRE**
> **A destruição dos recifes de coral**
> Como a perda da maioria dos recifes de corais tropicais remanescentes no mundo pode afetar sua vida e a dos filhos e netos que você possa ter? Quais são duas coisas que você poderia fazer para ajudar a reduzir essa perda?

Degradação do capital natural

Os principais impactos humanos nos ecossistemas marinhos e recifes de coral

Ecossistemas marinhos	Recifes de coral
Metade das áreas úmidas costeiras foi perdida para a agricultura e o desenvolvimento urbano	Aquecimento do oceano
	Aumento da acidez dos oceanos
Mais de um quinto das florestas de mangue foi perdido para a agricultura, o desenvolvimento e a carcinicultura desde 1980	Erosão do solo
	Crescimento de algas decorrente do escoamento de fertilizantes
As praias estão sofrendo erosão em razão do desenvolvimento litorâneo e aumento do nível do mar	Branqueamento
	Elevação do nível do mar
Os habitats do fundo do oceano estão sendo degradados pela dragagem e pesca de arrasto	Aumento da exposição aos raios UV
	Danos causados por âncoras
Pelo menos 20% dos recifes de coral estão gravemente danificados, e mais de 25%-33% estão ameaçados	Danos causados pela pesca e mergulho

Figura 8-13 Este diagrama mostra as principais ameaças aos ecossistemas marinhos (à esquerda) e aos recifes de coral em particular (à direita) (**Estudo de caso principal**) resultantes das atividades humanas (**Conceito 8-3**). **Perguntas:** quais duas ameaças aos ecossistemas marinhos você considera mais graves? Por quê? Quais duas das ameaças aos recifes de coral você considera mais graves? Por quê?

ESTUDO DE CASO
A Baía de Chesapeake – um estuário em apuros

Desde 1960, a Baía de Chesapeake (Figura 8-14) – o maior estuário nos Estados Unidos – tem tido sérios problemas de poluição da água, principalmente por causa de atividades humanas. Um problema é o crescimento da população. Entre 1940 e 2007, o número de pessoas vivendo na área dessa baía cresceu de 3,7 para 16,8 milhões, podendo chegar a 18 milhões até 2020, segundo estimativas de 2009 do Programa Baía de Chesapeake.

O estuário recebe resíduos de fontes pontuais e difusas, espalhadas por uma enorme bacia de drenagem em partes de seis Estados e no Distrito de Columbia (Figura 8-14). A baía tornou-se um enorme sumidouro de poluição, uma vez que apenas 1% dos resíduos que nela entram é liberado para o Oceano Atlântico. A baía também é tão rasa que as pessoas podem caminhar por grande parte de sua extensão.

Os níveis de fosfato e nitrato subiram acentuadamente em muitas regiões, causando a proliferação de algas e a diminuição dos níveis de oxigênio. Colheitas comerciais de ostras e caranguejos, outrora tão abundantes na baía, assim como várias espécies de peixes importantes, caíram acentuadamente desde 1960 em razão de uma combinação de poluição, pesca predatória e doenças.

Fontes pontuais, principalmente estações de tratamento de esgoto e instalações industriais (muitas vezes violando suas licenças de lançamento de resíduos), são responsáveis por 60% do peso dos fosfatos. Fontes não pontuais – principalmente o escoamento de fertilizantes, resíduos de animais de terras urbanas, suburbanas e agrícolas, e deposição de poluentes na atmosfera – são responsáveis por 60% do peso dos nitratos. Além disso, o escoamento de sedimentos, principalmente da erosão dos solos, prejudica as plantas submersas, que são necessárias para caranguejos e peixes jovens. A enxurrada também aumenta quando as árvores perto da baía são cortadas em favor do desenvolvimento.

Um século atrás, as ostras eram tão abundantes que filtravam e limpavam todo o volume de água da Baía de Chesapeake a cada três dias. Essa importante forma de capital natural fornecida por estas *espécies-chave* (consulte o Capítulo 4) ajudava a eliminar ou reduzir o excesso de nutrientes e algas, que levam à diminuição dos níveis de oxigênio dissolvido. Agora, a população de ostras foi reduzida ao ponto de esse processo de filtração levar um ano, e o papel principal dessa espécie tem sido severamente enfraquecido.

Em 2009, pesquisadores do Instituto Virgínia de Ciência Marinha e do College of William and Mary informaram que vários recifes experimentais protegidos, criados em 2004, são o lar de uma população significativa de ostras. Essa pesquisa sugere que a criação de milhares de recifes como esses que são santuários de ostras contribuiria para aumentar a população de ostras em geral e também poderia ajudar a limpar a água e fornecer mais hábitat para caranguejos, peixes e outras formas de vida marinha.

Em 1983, os Estados Unidos implementaram o Programa Baía de Chesapeake. Nessa tentativa ambiciosa de *gestão integrada das zonas costeiras*, grupos de cidadãos, comunidades, assembleias estaduais e o governo federal trabalharam em conjunto para reduzir a entrada de poluição na baía. Uma estratégia do programa foi estabelecer normas de uso da terra para reduzir o escoamento agrícola e urbano dos seis Estados que compõem a área de drenagem da baía. Outras estratégias incluíam a proibição de detergentes fosfatados, modernização das centrais de tratamento de esgoto e monitoramento mais cuidadoso

> **CONEXÕES**
> **As ostras da Ásia e a Baía de Chesapeake**
> Os funcionários dos Estados de Maryland e Virgínia estão avaliando a possibilidade de ajudar a reconstruir a população de ostras de Chesapeake pela introdução de uma ostra asiática que parece ser resistente a dois parasitas que mataram muitas das ostras nativas da baía. As ostras asiáticas crescem mais rapidamente e têm gosto tão bom quanto as nativas. No entanto, a introdução de espécies não nativas em qualquer lugar é sempre imprevisível e, geralmente, irreversível. Alguns pesquisadores advertem que essa ostra asiática não nativa pode não ser capaz de ajudar a limpar a água, pois ela precisa ter água limpa antes que possa florescer.

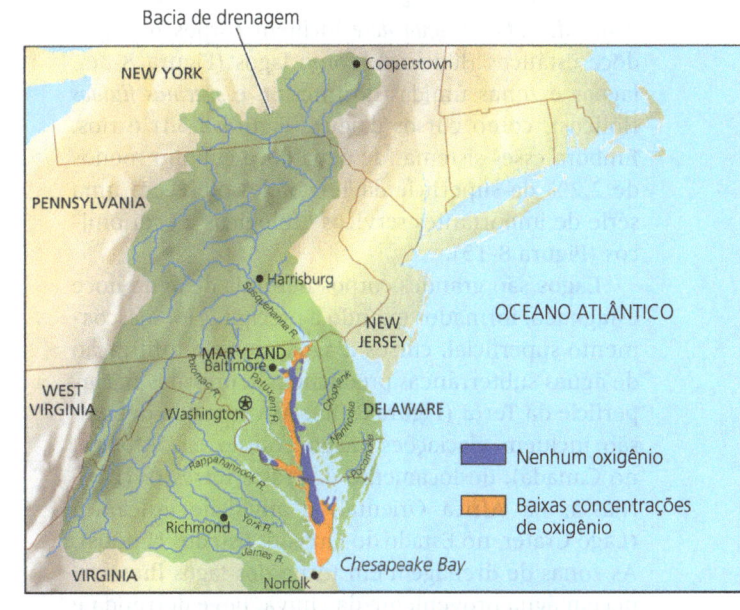

Figura 8-14 A *Baía de Chesapeake* é o maior estuário dos Estados Unidos. No entanto, está bastante degradada como resultado da poluição da água por fontes pontuais e difusas em seis Estados e no Distrito de Columbia, e pela deposição de poluentes atmosféricos.

das descargas industriais. Além disso, algumas zonas úmidas adjacentes foram restauradas, e grandes áreas da baía foram replantadas com ervas marinhas para ajudar a filtrar o excesso de nutrientes e outros poluentes.

No entanto, até 2008, apesar de 25 anos de esforço, que custaram quase US$ 6 bilhões, o programa não conseguiu atingir seus objetivos, em decorrência do aumento da população e do desenvolvimento, queda nos financiamentos estaduais e federais e falta de cooperação e de execução entre os governos locais, estaduais e federais. Em 2008, o Chesapeake Bay Foundation relatou que a qualidade da água da baía era "muito pobre", e somente 21% das metas estabelecidas tinham sido cumpridas.

Há alguns sinais de esperança para a Baía de Chesapeake. Em 2009, o presidente Barack Obama assinou uma ordem executiva pedindo que a Agência de Proteção Ambiental (EPA) seja responsável por um novo esforço federal para revitalizá-la e utilizar toda sua autoridade no âmbito da Lei das Águas Limpas (*Clean Water Act*) para ajudar a limpá-la. A ordem também pedia a redução de lançamentos provenientes da agricultura e o desenvolvimento de uma estratégia para lidar com as ameaças da mudança climática durante este século. No entanto, essa é uma tarefa difícil e exigirá um financiamento considerável dos governos federal e estadual.

> **PENSANDO SOBRE**
> **A Baía de Chesapeake**
> Cite três formas pelas quais os residentes da área da Baía de Chesapeake poderiam aplicar os três **princípios da sustentabilidade** para tentar melhorar a qualidade ambiental da baía?

8-4 Por que os ecossistemas de água doce são importantes?

▶ **CONCEITO 8-4 Ecossistemas de água doce fornecem importantes serviços ecológicos e econômicos, e são insubstituíveis reservatórios de biodiversidade.**

A água permanece em alguns sistemas de água doce e flui em outros

Zonas de vida de água doce incluem corpos de água doce estáticos (lênticos), como lagos (Figura 8-3c), lagoas e zonas úmidas do interior, e *sistemas fluidos* (lóticos), como cursos d'água (Figura 8-3d) e rios. Embora esses sistemas de água doce cubram menos de 2,2% da superfície da Terra, eles oferecem uma série de importantes serviços ecológicos e econômicos (Figura 8-15).

Lagos são grandes corpos naturais de água doce estagnada, formados quando a precipitação, o escoamento superficial, cursos d'água, rios e a infiltração de águas subterrâneas preenchem depressões na superfície da Terra (Figura 8-3c). As causas da depressão incluem glaciações (Lago Louise, em Alberta, no Canadá), deslocamento da crosta terrestre (Lago Niassa, na África Oriental) e atividade vulcânica (Lago Crater, no Estado do Oregon, Estados Unidos). As zonas de drenagem em torno dos lagos lhes fornecem água proveniente da chuva, neve derretida e cursos d'água.

Os lagos de água doce variam muito em tamanho, profundidade e teor de nutrientes. Os lagos profundos normalmente têm quatro zonas distintas, definidas pela sua profundidade e distância da costa (Figura 8-16). A camada superior, chamada *zona litorânea*, fica perto da margem e é composta pelas águas rasas iluminadas até a profundidade onde as plantas enraizadas param de crescer. Possui uma elevada diversidade biológica em decorrência da abundante iluminação solar e da disponibilidade de nutrientes provenientes das terras circundantes. As espécies que vivem na região litorânea abrangem muitas plantas enraizadas, animais, como tartarugas, sapos, lagostas e peixes, como robalo, perca e carpa.

A próxima camada é a *zona limnética*, a camada superficial a céu aberto, iluminada pelo sol, distante da costa, que se estende até a profundidade onde a luz solar pode penetrar. Principal zona fotossintética do lago, essa camada produz o alimento e o oxigênio que a maioria dos consumidores do lago precisa. Seus organismos mais abundantes são fitoplânctons e zooplânctons microscópicos. Algumas espécies de peixes grandes passam a maior parte do seu tempo nessa zona, com visitas ocasionais à zona litorânea para se alimentar e reproduzir.

Em seguida, vem a *zona profunda*, uma camada de água profunda e aberta, muito escura para a fotossíntese. Sem luz solar nem plantas, nela os níveis de oxigênio são muito baixos. Peixes adaptados às

Capital natural

Sistema de água doce

Serviços ecológicos
- Regulação do clima
- Ciclagem de nutrientes
- Tratamento de resíduos
- Controle de enchentes
- Recarga das águas subterrâneas
- Habitats para muitas espécies
- Recursos genéticos e biodiversidade
- Informações científicas

Serviços econômicos
- Alimentos
- Água potável
- Água de irrigação
- Hidroeletricidade
- Corredores de transporte
- Recreação
- Emprego

Figura 8-15 Sistemas de água doce fornecem muitos serviços ecológicos e econômicos importantes (**Conceito 8-4**). **Perguntas:** quais dois serviços ecológicos e econômicos você acha mais importantes? Por quê?

águas mais frias e escuras do lago encontram-se nesta zona.

A camada do fundo do lago é chamada *zona bentônica*, habitada principalmente por decompositores, detritívoros e algumas espécies de peixes (bentos). Essa zona é nutrida principalmente pela matéria morta que cai das zonas litorânea e limnética e pelos sedimentos trazidos para dentro do lago.

Alguns lagos têm mais nutrientes que outros

Os ecólogos classificam os lagos de acordo com seu conteúdo de nutrientes e produtividade primária. Os que têm pequeno suprimento de nutrientes para as plantas são chamados **lagos oligotróficos** (malnutridos) (Figura 8-17, à esquerda); são profundos e têm margens íngremes.

Geleiras e riachos fornecem água para muitos desses lagos, trazendo poucos sedimentos ou vida microscópica que possam turvar a água. Esses lagos têm águas cristalinas e pequenas populações de fitoplânctons e espécies de peixes (como o achigã-de-boca-pequena e a truta) e têm baixa produtividade primária líquida por causa dos seus baixos níveis de nutrientes.

Com o tempo, os sedimentos, material orgânico e nutrientes inorgânicos entram na maioria dos lagos oligotróficos, e as plantas crescem e se decompõem para formar sedimentos de fundo. Um lago com grande suprimento de nutrientes necessários aos

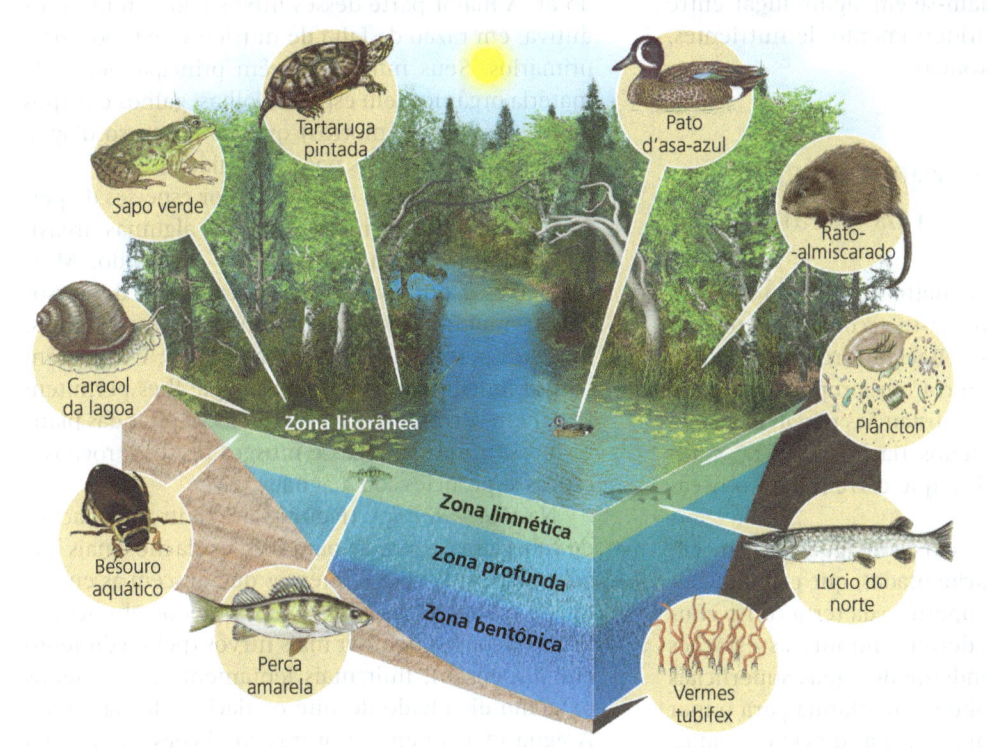

Figura 8-16 Este diagrama ilustra as diferentes zonas de vida em um lago razoavelmente profundo de zona temperada. **Pergunta:** como os lagos profundos se comparam com as florestas tropicais? (Dica: observe a Figura 7-15, Capítulo 7)

Figura 8-17 Estas fotos mostram o efeito do enriquecimento de nutrientes em um lago. O Lago Crater, no Estado do Oregon, Estados Unidos (à esquerda), é um exemplo de lago oligotrófico, pobre em nutrientes. A água é bastante clara em razão da baixa densidade de plâncton. O lago à direita, encontrado no oeste de Nova York, é um lago eutrófico. Sua superfície é coberta com tapetes de algas em decorrência de um excesso de nutrientes das plantas.

produtores é chamado **lago eutrófico** (bem nutrido) (Figura 8-17, à direita). Em geral, são rasos e têm água marrom ou verde-escura com alta turbidez. Esses lagos têm alta produtividade primária líquida em razão de seus altos níveis de nutrientes.

As contribuições humanas de nutrientes advindos da atmosfera e das áreas urbanas e agrícolas próximas podem acelerar a eutrofização dos lagos, um processo chamado **eutrofização cultural**. Esse processo, muitas vezes, coloca nutrientes demais nos lagos. Muitos lagos situam-se em algum lugar entre os dois extremos do enriquecimento de nutrientes, chamados **lagos mesotróficos**.

Rios e riachos carregam a água das montanhas para os oceanos

A precipitação que não penetra no chão ou evapora é **água de superfície**. Torna-se escoamento quando flui para os cursos d'água. **Bacia hidrográfica**, ou de **drenagem**, é a área de terra que proporciona o escoamento, sedimentos e substâncias dissolvidas para um curso d'água. Pequenos riachos (Figura 8-3d) unem-se para formar rios, que correm para o oceano (Figura 8-18).

Em muitas áreas, os cursos d'água nascem em áreas montanhosas ou acidentadas, que coletam e liberam água que cai na superfície da terra como chuva ou como neve que derrete durante as estações quentes. O fluxo descendente de águas superficiais e subterrâneas do planalto da montanha para o mar normalmente ocorre em três zonas de vida aquática caracterizadas por diferentes condições ambientais: *zona de origem, zona de transição* e *zona de várzea* (Figura 8-18). Rios e riachos podem diferir um pouco desse modelo generalizado.

Na primeira e estreita *zona de origem* (Figura 8-18, superior), as nascentes ou cursos d'água de planaltos são rasos, frios, claros e de fluxo rápido (Figura 8-3d). Conforme essa água turbulenta flui e desce sobre obstáculos, como pedras, cachoeiras e corredeiras, ela dissolve grandes quantidades de oxigênio do ar. A maior parte desses fluxos não é muito produtiva, em razão da falta de nutrientes e produtores primários. Seus nutrientes vêm principalmente de matéria orgânica (em especial folhas, galhos e corpos de insetos vivos e mortos) que cai no curso d'água proveniente das terras nas proximidades.

A zona de origem é povoada por espécies de peixes de água fria (como a truta em algumas áreas), que precisam de muito oxigênio dissolvido. Muitos peixes e outros animais na cabeceira de cursos d'água rápidos têm corpos compactos e achatados, que lhes permitem viver sob as pedras. Outros têm corpos longilíneos e musculosos que lhes permitem nadar em correntes fortes e rápidas. Muitas das plantas nessa zona são algas e musgos presos a rochas e outras superfícies sob a água.

Na *zona de transição* (Figura 8-18, centro), os riachos de cabeceiras unem-se para formar riachos mais largos, mais profundos e quentes que descem as encostas de maneira mais suave, com menos obstáculos. Esses riachos podem ser mais turvos (pelo sedimento em suspensão), fluir mais lentamente e ter menos oxigênio dissolvido do que os riachos de cabeceira. A água mais quente e outras condições nessa zona

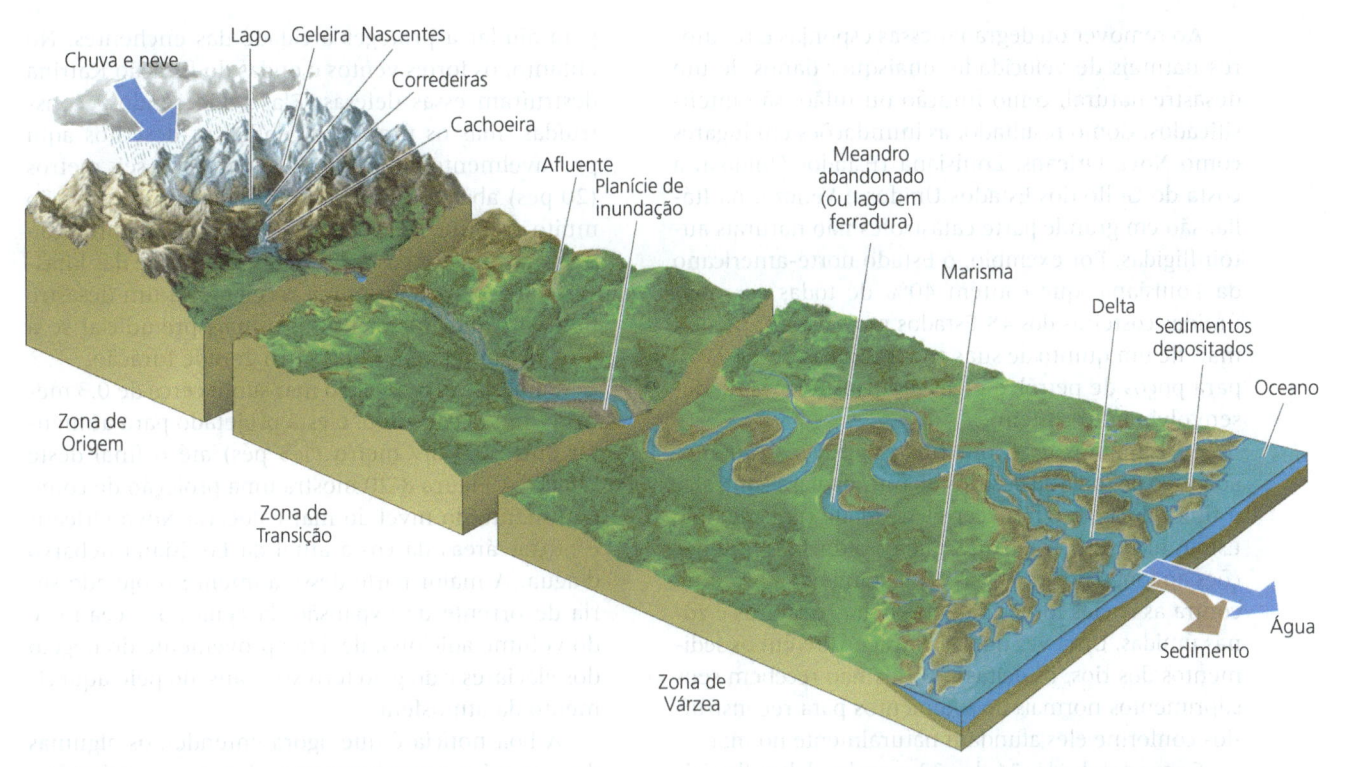

Figura 8-18 Existem três zonas no fluxo de descida da água: a de origem, que contém cursos d'água de montanha (cabeceiras); a de transição, que contém cursos d'água mais largos, de elevação mais baixa; e a de várzea, que contém rios que deságuam em outros rios maiores ou no oceano.

dão suporte a mais produtores, além de espécies de peixes de água quente e fria (como o achigã), que têm menor necessidade de oxigênio.

Conforme os riachos fluem, moldam a terra por onde passam. Durante milhões de anos, a fricção da água em movimento nivelou as montanhas e cortou desfiladeiros profundos, e as rochas e solos removidos pela água foram depositados como sedimentos em áreas de baixa altitude. Nessas *zonas de várzea* (Figura 8-18, inferior), os riachos juntam-se para formar rios mais largos e profundos que fluem por grandes vales planos. A água dessa zona tem temperaturas mais elevadas e menos oxigênio dissolvido do que aquela nas outras duas mais elevadas. Algumas vezes esses rios lentos sustentam populações razoavelmente grandes de produtores, como algas e cianobactérias, assim como plantas aquáticas enraizadas ao longo das margens.

A água na planície de inundação muitas vezes é turva e contém altas concentrações de material particulado em suspensão (silte) por causa do aumento da erosão e do escoamento em uma área maior. Os canais principais desses rios lentos, largos e escuros apoiam variedades distintas de peixes (como a carpa e o bagre), enquanto seus remansos favorecem espécies semelhantes às presentes em lagos. Na sua foz, um rio pode se dividir em muitos canais que fluem pelo seu *delta* – área na foz de um rio constituída pelo depósito de sedimentos, contendo zonas úmidas costeiras e estuários (Figura 8-7).

Os deltas e zonas úmidas costeiras, assim como as zonas úmidas continentais e planícies aluviais, são partes importantes do capital natural da Terra (observe a Figura 1-4, Capítulo 1), porque absorvem e diminuem a velocidade de enchentes ocasionadas por tempestades costeiras, furacões (consulte o Estudo de caso a seguir) e tsunamis ou maremotos.

> **CONEXÕES**
> **Cursos d'água e áreas ribeirinhas**
> Cursos d'água recebem muitos dos seus nutrientes dos ecossistemas das terras ribeirinhas. Tais nutrientes são provenientes da queda de folhas, fezes de animais, insetos e outras formas de biomassa levadas a eles durante chuvas pesadas ou pelo derretimento da neve. Assim, os níveis e tipos de nutrientes em um curso d'água dependem do que está acontecendo em sua bacia hidrográfica.

ESTUDO DE CASO
Barragens, deltas, zonas úmidas, furacões e Nova Orleans

Deltas costeiros, manguezais e áreas úmidas costeiras oferecem proteção natural contra as cheias e diminuem os danos de tempestades costeiras, furacões, tufões e maremotos.

Ao remover ou degradar essas esponjas e redutores naturais de velocidade, quaisquer danos de um desastre natural, como furacão ou tufão, são intensificados. Como resultado, as inundações em lugares como Nova Orleans, Louisiana (Estados Unidos), a costa do Golfo dos Estados Unidos e Veneza, na Itália, são em grande parte catástrofes não naturais autoinfligidas. Por exemplo, o Estado norte-americano da Louisiana, que contém 40% de todas as zonas úmidas costeiras dos 48 Estados mais baixos, perdeu mais de um quinto de suas zonas úmidas desde 1950 para poços de petróleo e gás e outras formas de desenvolvimento costeiro.

Os humanos têm construído barragens e diques ao longo da maioria dos rios do mundo para controlar o fluxo de água e fornecer eletricidade (por meio de usinas hidrelétricas), o que ajuda a reduzir as inundações ao longo dos rios, mas reduz também a proteção contra as cheias fornecida pelos deltas costeiros e zonas úmidas. Uma vez que as barragens retêm os sedimentos dos rios, os deltas dos rios não recebem seus suprimentos normais de sedimentos para reconstruí-los conforme eles afundam naturalmente no mar.

Como resultado, 24 dos 33 grandes deltas fluviais do mundo estão afundando em vez de subir, e as suas zonas úmidas costeiras protetoras estão sendo inundadas, de acordo com um estudo de 2009 realizado pelo geólogo James Syvitski e seus colegas. O estudo constatou que 85% dos deltas do mundo que estão afundando sofreram graves inundações nos últimos anos e que a inundação global de deltas deverá aumentar 50% até o final deste século. Isso é consequência das barragens e outras atividades humanas que reduzem o fluxo de sedimentos e em decorrência do aumento previsto do nível do mar, resultante da mudança climática, o que constitui uma grave ameaça para as aproximadamente 500 milhões de pessoas no mundo que vivem em deltas de rios.

Por exemplo, o rio Mississippi, antigamente, depositava enormes quantidades de sedimentos em seu delta todo ano. Mas as múltiplas barragens, os diques e os canais construídos nesse sistema fluvial afunilam muito dessa carga de sedimentos pelas zonas úmidas e em direção ao Golfo do México. Em vez de elevar as terras dos deltas, isto faz que elas sofram um processo de subsidência. Outros processos humanos que estão aumentando tal subsidência compreendem a extração de água subterrânea, petróleo e gás natural. Conforme as zonas úmidas de água doce se perdem, a água salgada do Golfo tem penetrado e matado muitas plantas que dependem da água do rio, degradando ainda mais esse sistema aquático da zona costeira.

Isto ajuda a explicar por que a cidade norte-americana de Nova Orleans, Louisiana (Figura 8-19), está há tanto tempo a 3 metros (10 pés) abaixo do nível do mar. Barragens e diques foram construídos para ajudar a proteger a cidade das enchentes. No entanto, os fortes ventos e ondas do furacão Katrina destruíram essas defesas. Elas estão sendo reconstruídas, mas os processos geológicos descritos aqui provavelmente colocarão Nova Orleans a seis metros (20 pés) abaixo do nível do mar em um futuro não muito distante. Adicione a isso a redução da proteção de zonas úmidas costeiras e continentais, e das ilhas-barreira, e você terá uma receita para um desastre natural muito maior e muito mais prejudicial se a área for atingida por um outro grande furacão.

Para piorar, o nível do mar subiu cerca de 0,3 metro (1 pé) desde 1900, e está projetado para aumentar entre 0,3-0,9 metro (1-3 pés) até o final deste século. A Figura 8-20 mostra uma projeção de como o aumento do nível do mar colocaria Nova Orleans e outras áreas da costa atual da Louisiana debaixo d'água. A maior parte desse aumento projetado seria decorrente da expansão da água dos oceanos e do volume adicional de água proveniente do degelo dos glaciares e do gelo terrestre causado pelo aquecimento da atmosfera.

A boa notícia é que agora entendemos algumas das conexões entre barragens, deltas, zonas úmidas, ilhas-barreira, aumento do nível do mar e os furacões. A questão é se vamos usar de sabedoria ecológica e geológica para mudar nossos caminhos, ou se sofreremos as consequências ecológicas e econômicas cada vez mais graves de nossas próprias ações.

As áreas úmidas continentais de água doce são esponjas vitais

Áreas úmidas continentais são terras localizadas longe das zonas costeiras cobertas de água doce o tempo todo ou em parte dele – excluindo os lagos, reservatórios e cursos d'água. Incluem *brejos, pântanos* e *buracos em pradarias* (depressões escavadas por antigos glaciares). Outros exemplos de zonas úmidas continentais são as *planícies aluviais*, que recebem o excesso de água durante as fortes chuvas e inundações, e a *tundra ártica* úmida no verão (Figura 7-1, Capítulo 7, inferior). Algumas zonas úmidas são enormes, enquanto outras, muito pequenas.

Algumas áreas úmidas são cobertas com água o ano todo. Outras, chamadas *zonas úmidas sazonais*, permanecem sob a água ou estão ensopadas apenas por um curto período a cada ano. Essas últimas compreendem buracos da pradaria, zonas úmidas de várzea e brejos com fundos de madeira. Alguns podem ficar secos durante anos antes que a água os cubra novamente. Nesses casos, os cientistas devem usar a composição do solo ou a presença de certas plantas (como taboas, juncos, ou bordo vermelho) para precisar se uma determinada área é uma zona úmi-

CAPÍTULO 8   Biodiversidade aquática

Figura 8-19 Grande parte da cidade norte-americana de Nova Orleans, Louisiana, foi inundada pela tempestade que acompanhou o furacão Katrina, atingindo a costa leste da cidade em 29 de agosto de 2005. Quando a água ressurgiu ao longo da saída do Rio Mississipi para o Golfo, um canal dragado na orla da cidade, rompeu-se um muro de contenção, e partes de Nova Orleans foram inundadas com 2 metros (6,5 pés) de água em poucos minutos. Em um dia, as águas da inundação atingiram uma profundidade de 6 metros (20 pés) em alguns locais; 80% da cidade estava debaixo d'água em um certo ponto. O furacão matou mais de 1.800 pessoas e causou mais de US$ 100 bilhões em danos, tornando-se o mais caro e mais mortal da história dos Estados Unidos. Além disso, uma variedade de produtos químicos tóxicos de depósitos de lixo industriais e perigosos inundados, bem como petróleo e gasolina de mais de 350 mil carros destruídos e outros veículos, foram liberados na água estagnada da enchente. Depois que as águas baixaram, partes de Nova Orleans estavam cobertas por uma lama espessa e oleosa.

da. Plantas de áreas úmidas são altamente produtivas em razão da abundância de nutrientes. Muitas dessas zonas úmidas são importantes habitats para peixes, ratos-almiscarados, lontras, castores (que, sendo espécies colonizadoras, constroem barragens para criar zonas úmidas para sua utilização; observe a Figura 4-19, Capítulo 4), aves aquáticas migratórias e muitas outras espécies de aves.

As zonas úmidas terrestres fornecem uma série de serviços ecológicos e econômicos gratuitos, incluindo:

- filtragem e degradação de resíduos tóxicos e poluentes.
- redução das enchentes e erosão, absorvendo água da chuva e liberando-a lentamente, e, ainda, absorvendo as inundações de cursos d'água e lagos.
- ajuda a reabastecer os fluxos dos cursos d'água durante os períodos de seca.
- contribui para a recarga do lençol freático.
- ajuda a manter a biodiversidade, sendo habitat para uma variedade de espécies.
- fornece produtos valiosos, como peixes, crustáceos e moluscos, mirtilos, oxicoco, arroz selvagem e madeira.
- oferece recreação para observadores de pássaros, fotógrafos da natureza, barqueiros, pescadores e caçadores de aves aquáticas.

> **PENSANDO SOBRE**
> **Zonas úmidas continentais**
> Quais dois serviços ecológicos e econômicos prestados pelas zonas úmidas você acredita serem mais importantes? Por quê? Liste duas maneiras como seu estilo de vida degrada direta ou indiretamente as zonas úmidas continentais.

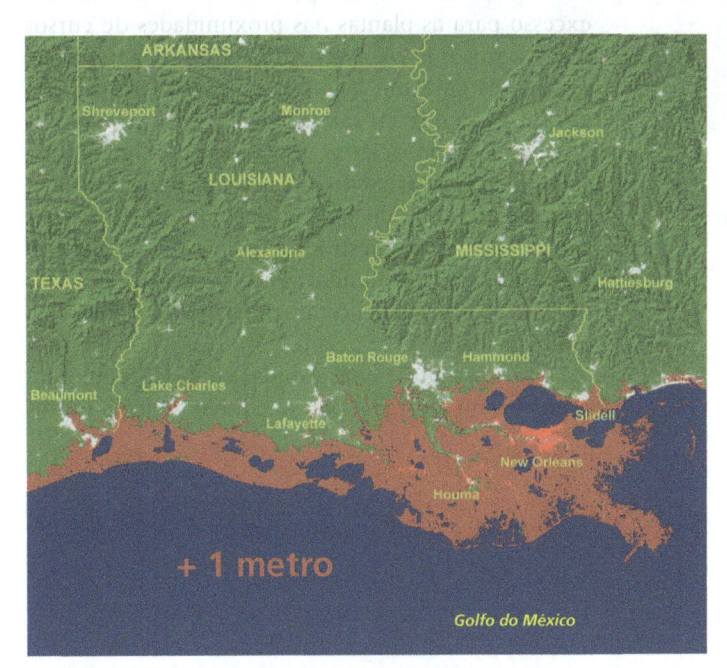

Figura 8-20 Este mapa representa uma projeção de como um aumento de 0,9 metro (três pés) do nível do mar pelas mudanças climáticas projetadas até o final deste século colocaria Nova Orleans e grande parte da atual costa da Louisiana debaixo d'água. (Usado com a permissão de Jonathan Overpeck e Jeremy Weiss, da Universidade do Arizona)

8-5 Como as atividades humanas têm afetado os ecossistemas de água doce?

▶ **CONCEITO 8-5** **As atividades humanas ameaçam a biodiversidade e danificam os serviços ecológicos e econômicos fornecidos por lagos, rios e pântanos de água doce.**

As atividades humanas estão destruindo e degradando os sistemas de água doce

As atividades humanas estão destruindo e degradando muitos dos serviços ecológicos e econômicos fornecidos por rios de água doce, lagos e pântanos (**Conceito 8-5**) por meio de quatro principais maneiras. *Primeiro*, represas e canais fragmentam 40% dos 237 maiores rios do mundo; alteram e destroem habitats naturais terrestres e aquáticos ao longo desses rios e em seus deltas e estuários costeiros, reduzindo o fluxo de água e aumentando os riscos de tempestades costeiras (Estudo de caso).

Segundo, diques de controle de inundações e barragens construídos ao longo dos rios os desconectam de suas várzeas, destruindo habitats aquáticos e alterando ou reduzindo as funções das áreas úmidas nas proximidades. *Terceiro*, o grande impacto humano sobre os sistemas de água doce vem de cidades e fazendas, adicionando poluentes e nutrientes em excesso para as plantas nas proximidades de cursos d'água, rios e lagos. Por exemplo, o escoamento de nutrientes para um lago (eutrofização cultural, Figura 8-17, à direita) causa explosões de populações de algas e cianobactérias, esgotando o oxigênio dissolvido do lago. Quando esses organismos morrem e chegam ao fundo do lago, os decompositores começam a trabalhar e destroem ainda mais o oxigênio nas águas mais profundas. Peixes e outras espécies podem morrer, provocando uma grande perda na biodiversidade.

Quarto, muitas zonas úmidas continentais foram drenadas ou aterradas para o cultivo agrícola ou foram cobertas com concreto, asfalto e prédios. Estima-se que mais da metade das zonas úmidas continentais que existiam no território continental dos Estados Unidos durante os anos 1600 não existem mais. Cerca de 80% das zonas úmidas perdidas foram destruídas para implantação de agricultura. O restante foi perdido para a mineração, extração de madeira, extração de petróleo e gás, construção de rodovias e desenvolvimento urbano. O Estado norte-americano de Iowa, com forte agricultura, perdeu 99% das suas zonas úmidas continentais originais.

Esta perda de capital natural tem sido um fator importante para o aumento do dano de inundações nos Estados Unidos, exemplos de catástrofes não naturais. Muitos outros países têm sofrido perdas semelhantes. Por exemplo, 80% de todas as zonas úmidas continentais na Alemanha e na França foram destruídas.

Ao estudarmos mais detalhadamente os impactos humanos nos sistemas aquáticos, no Capítulo 11, também exploraremos possíveis soluções para os problemas ambientais decorrentes desses impactos, além de formas de ajudar a sustentar a biodiversidade aquática.

Aqui estão as *três grandes ideias deste capítulo*:

- As zonas de vida aquática de água salgada e de água doce cobrem quase três quartos da superfície da Terra, e os oceanos dominam o planeta.

- Os sistemas aquáticos da Terra oferecem importantes serviços ecológicos e econômicos.

- As atividades humanas ameaçam a biodiversidade aquática e interrompem os serviços ecológicos e econômicos fornecidos pelos sistemas aquáticos.

REVISITANDO: Os recifes de coral e a sustentabilidade

O **Estudo de caso principal** deste capítulo destacou a importância ecológica e econômica dos extremamente diversos recifes de coral do mundo, exemplos vivos dos **três princípios da sustentabilidade** em ação. Eles prosperam com a energia solar, participam do ciclo do carbono e outras substâncias químicas, e são um excelente exemplo de biodiversidade aquática. Neste capítulo, vimos que os recifes de coral e outros sistemas aquáticos estão sendo severamente afetados por uma série de atividades humanas. Pesquisas mostram que, quando as atividades humanas prejudiciais são reduzidas, alguns recifes de coral e outros sistemas aquáticos ameaçados de extinção podem se recuperar rapidamente.

Tal como acontece com os sistemas terrestres, os cientistas tiveram um bom começo com relação à compreensão da ecologia dos sistemas aquáticos do mundo e como os seres humanos estão degradando e interrompendo os serviços ecológicos e econômicos vitais que eles fornecem. Ao estudar esses sistemas, novamente descobriram que, na natureza, tudo está conectado. Esses cientistas argumentam que precisamos urgentemente de mais pesquisas sobre os componentes e o funcionamento das zonas de vida aquática do mundo, sobre como estão interligados e quais sistemas têm maior risco de ser perturbados por atividades humanas. Com tais informações vitais, teremos uma visão mais clara de como nossas atividades afetam o capital aquático natural da Terra e o que podemos fazer para ajudar a sustentá-lo.

Podemos aprender com as lições sobre como a vida nos ecossistemas aquáticos se manteve durante bilhões de anos e usá-las para ajudar a sustentar nossos próprios sistemas, além dos ecossistemas dos quais dependemos. Ao confiar mais na energia solar e menos no petróleo e em outros combustíveis fósseis, poderíamos reduzir drasticamente a poluição dos oceanos e outros sistemas aquáticos. Pela maior reutilização e reciclagem de materiais e produtos químicos que usamos, poderíamos reduzir a poluição dos sistemas aquáticos e a perturbação dos ciclos químicos dentro desses sistemas. E, ao respeitar a biodiversidade aquática e educar as pessoas sobre sua importância, podemos preservá-la e manter seus valiosos serviços ecológicos para nosso próprio uso e para o benefício de todas as outras formas de vida.

... o mar, uma vez que lança seu feitiço, nos prende em sua rede de maravilhas para sempre.

JACQUES-YVES COUSTEAU

REVISÃO

1. Revise as Questões-chave e Conceitos deste capítulo. O que são **recifes de coral** e por que devemos nos preocuparmos com eles? O que é o branqueamento do coral?

2. Qual porcentagem da superfície terrestre é coberta de água? O que é uma **zona de vida aquática**? Faça a distinção entre **zona de vida de água salgada (marinha)** e **zona de vida de água doce** e dê dois exemplos de cada. Quais os principais tipos de organismos que vivem nas camadas superior, média e inferior das zonas de vida aquática? Defina **plâncton** e descreva três dos seus tipos. Faça a distinção entre **néctons**, **bentos** e **decompositores**, e dê um exemplo de cada. Liste cinco fatores que determinam os tipos e as quantidades de organismos encontrados nas três camadas de zonas de vida aquática. O que é **turbidez** e como ela ocorre? Descreva um dos seus impactos negativos.

3. Que principais serviços ecológicos e econômicos são fornecidos pelos sistemas marinhos? Quais são as três grandes zonas de vida em um oceano? Faça a distinção entre **zona costeira** e **mar aberto**. Diferencie **estuário** de **zona úmida costeira** e explique por que cada um deles tem alta produtividade primária líquida. Descreva algumas das interações entre as espécies em um ecossistema de marisma costeira. Explique a importância dos bancos de algas marinhas. O que é floresta de mangue e qual sua importância ecológica e econômica? O que é a **zona intertidal**? Faça a distinção entre costões rochosos e arenosos, e descreva alguns dos organismos encontrados em cada tipo de linha costeira.

4. Explique a importância dos recifes de coral e algumas das interações entre as espécies em tais sistemas. Descreva as três principais zonas de mar aberto. Por que o mar aberto tem baixa produtividade primária líquida? Liste cinco atividades humanas que representam as principais ameaças aos sistemas marinhos e nove que ameaçam os recifes de coral.

5. Explique por que a Baía de Chesapeake é um estuário em apuros. O que está sendo feito com relação a alguns dos seus problemas?

6. Que principais serviços ecológicos e econômicos são fornecidos pelos sistemas de água doce? O que é um **lago**? Quais são as quatro zonas encontradas em lagos profundos? Faça a distinção entre **lagos oligotróficos, eutróficos e mesotróficos**. O que é **eutrofização cultural**?

7. Defina **águas superficiais**, escoamento e **bacias hidrográficas (bacia de drenagem)**. Descreva as três zonas que o rio atravessa ao fluir das montanhas para o mar. Descreva as relações entre barragens, deltas, zonas úmidas, furacões e inundações em Nova Orleans, Louisiana (Estados Unidos).
8. Dê três exemplos de **zonas úmidas continentais** e descreva a importância ecológica e econômica de tais áreas úmidas.
9. Quais são quatro maneiras pelas quais as atividades humanas estão perturbando e degradando os sistemas de água doce? Descreva as perdas de áreas úmidas continentais dos Estados Unidos em termos de áreas úmidas (em geral) perdidas e o desaparecimento de serviços ecológicos e econômicos resultante disso.
10. Quais são as *três grandes ideias* deste capítulo? Qual é a relação entre os recifes de coral e os três **princípios da sustentabilidade**?

Obs.: Os termos-chave estão em negrito.

PENSAMENTO CRÍTICO

1. Quais são as três atitudes que governos e indústrias poderiam tomar para proteger os recifes de coral remanescentes do mundo (**Estudo de caso principal**)? Quais são três maneiras pelas quais indivíduos podem ajudar a protegê-los?
2. Você é um advogado de defesa, argumentando no tribunal, em nome do seu cliente, a necessidade de proteção de um recife de coral (**Estudo de caso principal**) das atividades humanas nocivas. Dê três argumentos mais importantes para a defesa desse ecossistema.
3. Por que as plantas aquáticas, como o fitoplâncton, tendem a ser muito pequenas, ao passo que a maioria das terrestres, como as árvores, tende a ser maiores e ter estruturas mais especializadas para o crescimento, como caules e folhas?
4. Por que alguns animais aquáticos, especialmente os mamíferos marinhos, como as baleias, são extremamente grandes se comparados aos terrestres?
5. Como você responderia a alguém que propusesse o uso das porções profundas dos oceanos do mundo para depósito radioativo e outros resíduos perigosos, uma vez que esses locais são enormes e estão localizados longe de habitats humanos? Justifique sua resposta.
6. Suponha que um empreendedor crie um complexo habitacional de frente para uma marisma costeira e o resultado seja sua poluição e degradação. Descreva os efeitos de tal desenvolvimento sobre a vida selvagem na marisma, assumindo que, pelo menos, uma espécie seja eliminada como resultado (observe a Figura 8-8).
7. Como uma barragem construída em um rio pode afetar espécies como o veado e o gavião, que vivem em uma floresta vizinha ao rio?
8. Suponha que você tenha um amigo que possui uma propriedade que inclui uma zona úmida de água doce. Ele lhe diz que está planejando aterrar a zona úmida para dar mais espaço ao seu gramado e jardim. O que você lhe responderia?
9. Parabéns! Você está no comando do mundo. Quais são as três características mais importantes do seu plano para ajudar a manter a biodiversidade aquática da Terra?
10. Liste duas questões que gostaria que tivessem sido respondidas como resultado da leitura deste capítulo.

ANÁLISE DOS DADOS

Pelo menos 25% dos recifes de coral do mundo foram severamente danificados. Uma série de fatores tem atuado nesta grande perda de biodiversidade aquática (Figura 8-13), incluindo o aquecimento dos oceanos, sedimentos da erosão costeira, crescimento excessivo de algas pelo escoamento de fertilizantes, branqueamento de corais, aumento do nível do mar, pesca predatória e danos causados por furacões.

Em 2005, os cientistas Nadia Bood, Melanie McField e Rich Aronson realizaram uma pesquisa para avaliar a recuperação dos recifes de coral em Belize dos efeitos combinados do branqueamento em massa e do furacão Mitch de 1998. Alguns desses recifes estão em águas protegidas, onde a pesca não é permitida. Os pesquisadores especu-

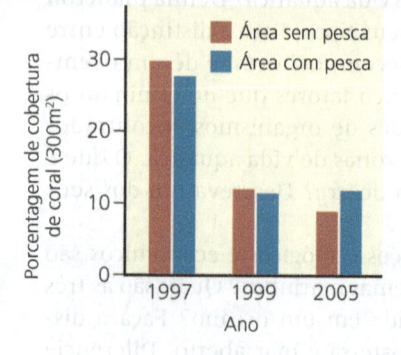

Este gráfico monitora os efeitos da restrição da pesca sobre a recuperação de recifes de coral intocados e pescados, danificados pelos efeitos combinados de branqueamento em massa e do furacão Mitch em 1998. (Dados de Melanie McField et al. *Status of Caribbean Coral Reefs After Bleaching and Hurricanes in 2005*, NOAA, 2008. (Relatório disponível em: www.coris.noaa.gov/activities/caribbean_rpt/)

laram que, nessas áreas, os recifes deveriam recuperar-se mais rápido do que os localizados em águas onde essa atividade é permitida. O gráfico à direita mostra alguns dos dados coletados de três locais altamente protegidos (intocados) e três desprotegidos (pescados) para avaliar essa hipótese. Estude o gráfico apresentado e responda às perguntas.

1. Por qual percentual a média de cobertura de coral caiu nos recifes protegidos (sem pesca) entre 1997 e 1999?
2. Por qual percentual a média de cobertura de coral caiu nos recifes protegidos (sem pesca) entre 1997 e 2005?
3. Por qual percentual a média de cobertura de coral mudou nos recifes desprotegidos (com pesca) entre 1997 e 1999?
4. Por qual percentual a média de cobertura de coral mudou nos recifes desprotegidos (com pesca) entre 1997 e 2005?
5. Esses dados apoiam a hipótese de que a recuperação dos recifes de coral deverá ocorrer mais rapidamente em áreas onde a pesca é proibida? Explique.

Biodiversidade sustentável: a abordagem das espécies

9

ESTUDO DE CASO PRINCIPAL

Ursos-polares e alterações climáticas

Os 20 mil a 25 mil ursos-polares do planeta são encontrados em 19 populações espalhadas por todo o Ártico congelado. Cerca de 60% deles estão no Canadá, e os demais vivem em áreas árticas da Dinamarca, Noruega, Rússia e no Estado norte-americano do Alasca.

Durante todo o inverno, os ursos-polares caçam focas no gelo flutuante (Figura 9-1), que se expande para o sul a cada inverno e se contrai com o aumento da temperatura durante o verão. Ao comer as focas, os ursos aumentam sua gordura corporal. No verão e no outono vivem dessa gordura, até retornarem à caça quando o gelo se expande novamente durante o inverno.

Medições revelaram que a atmosfera da Terra está se aquecendo, e numa velocidade duas vezes mais rápida no Ártico do que no resto do mundo. Assim, o gelo do Ártico está derretendo mais rapidamente, e a área média anual de gelo flutuante durante o verão está diminuindo. Esse gelo é também quebrado mais cedo a cada ano, encurtando a temporada de caça dos ursos-polares.

Essas mudanças significam que os ursos-polares têm menos tempo para se alimentar e armazenar gordura. Como resultado, precisam ficar em jejum por mais tempo, o que acaba por enfraquecê-los. Conforme as fêmeas se tornam mais fracas, sua capacidade de reproduzir e manter suas crias vivas diminuem. Os ursos-polares são fortes nadadores, mas o encolhimento do gelo os obrigou a nadar distâncias cada vez maiores para encontrar alimento suficiente e a passar mais tempo durante a caça de inverno na terra, onde é quase impossível encontrar presas suficientes. Conforme ficam mais esfomeados, são mais propensos a ir para os assentamentos humanos em busca de comida.

Em 2008, o Serviço de Pesca e Vida Selvagem Americano (U.S. Fish and Wildlife Service) colocou o urso-polar do Alasca em sua lista de espécies ameaçadas. Os funcionários do governo do Estado do Alasca estão tentando revogar esta decisão, pois alegam que isso prejudicará o crescimento econômico local. Líderes das indústrias de petróleo e carvão também querem que a decisão seja anulada, pois temem que isso possa ser utilizado como uma forma de regular o dióxido de carbono, gás de mudança climática, que é liberado na atmosfera quando o petróleo e o carvão são queimados.

De acordo com um estudo realizado em 2006 pela União Internacional para a Conservação da Natureza, a população mundial total de ursos-polares provavelmente diminuirá entre 30% e 35% até 2050. No final deste século, esses animais somente poderão ser encontrados em jardins zoológicos.

Os cientistas preveem que, durante este século, as atividades humanas, especialmente aquelas que causam a perda de habitat e contribuem para as alterações climáticas, possam levar à extinção de um quarto até a metade das plantas e espécies animais do mundo, incluindo, possivelmente, o urso-polar. Muitos biólogos consideram que a atual perda rápida da biodiversidade vital da terra – em grande parte resultante das atividades humanas – é o problema ambiental mais grave e duradouro que o mundo enfrenta. Neste capítulo, discutiremos as causas da crescente taxa de extinção de espécies e possíveis formas para retardá-la.

Figura 9-1 Sobre o gelo flutuante em Svalbard, na Noruega, um urso-polar se alimenta de sua presa, uma foca. Os ursos-polares no Ártico poderão ser extintos em algum ponto durante este século se o aquecimento da atmosfera derreter a maior parte do gelo marinho flutuante, onde caçam as focas. **Pergunta:** O que você pensa sobre a possibilidade de o urso-polar se tornar extinto principalmente por causa das atividades humanas? Explique.

Questões e conceitos principais

9-1 Qual é o papel dos humanos na extinção das espécies?

CONCEITO 9-1 Espécies estão se tornando extintas de cem a mil vezes mais rapidamente do que eram antes de os seres humanos modernos chegarem à Terra, e, até o final deste século, a taxa de extinção está prevista para ser 10 mil vezes maior que a inicial.

9-2 Por que devemos nos preocupar com o aumento da taxa de extinção de espécies?

CONCEITO 9-2 Devemos evitar a aceleração da extinção das espécies selvagens por causa dos serviços ecológicos e econômicos que oferecem, e porque muitas pessoas acreditam que as espécies selvagens têm o direito de existir, independentemente da sua utilidade para nós.

9-3 Como os humanos aceleram a extinção das espécies?

CONCEITO 9-3 As maiores ameaças a qualquer espécie são (em ordem) a perda ou degradação do habitat, espécies invasoras prejudiciais, crescimento da população humana, poluição, alterações climáticas e superexploração.

9-4 Como podemos proteger as espécies silvestres da extinção?

CONCEITO 9-4 Podemos reduzir a crescente taxa de extinção de espécies e ajudar a proteger a biodiversidade global por meio da criação e da aplicação de leis ambientais nacionais e tratados internacionais, da criação de uma série de santuários de vida selvagem protegidos e medidas de precaução para evitar tais danos.

Obs.: Suplementos 2, 3, 5, e 8 podem ser utilizados com este capítulo.

A maior ignorância do mundo é dizer isto de um animal ou planta: "Pra que serve?" (...) Se o mecanismo da Terra é bom, então cada parte dele é boa, quer entendamos ou não. A harmonia com a Terra é como a harmonia com um amigo; você não pode estimar sua mão direita e cortar a esquerda.

ALDO LEOPOLD

9-1 Qual é o papel dos humanos na extinção das espécies?

▶ **CONCEITO 9-1** Espécies estão se tornando extintas de cem a mil vezes mais rapidamente do que eram antes de os seres humanos modernos chegarem à Terra, e, até o final deste século, a taxa de extinção está prevista para ser 10.000 vezes maior que a inicial.

Extinções são naturais, mas, às vezes, aumentam acentuadamente

Quando uma espécie não pode mais ser encontrada em nenhum lugar da Terra, ela sofreu **extinção biológica**, que é para sempre, e representa uma perda irreversível de capital natural. O desaparecimento de qualquer espécie, especialmente aquelas que desempenham papéis-chave (consulte o Capítulo 4), pode enfraquecer ou quebrar algumas das conexões no ecossistema onde ela outrora existiu e, portanto, ameaçar os serviços do ecossistema, podendo levar a *extinções secundárias* de espécies com fortes conexões com as que já estão extintas.

De acordo com evidências biológicas e de fósseis, todas as espécies eventualmente se tornam extintas.

Durante a maior parte dos 3,5 bilhões de anos de existência de vida na Terra, houve uma taxa natural baixa de extinção de espécies, conhecida como **taxa de extinção de fundo**.

Esta taxa é expressa como porcentagem ou número de espécies que se extinguem em determinado período de tempo, como um ano. Por exemplo, uma extinção por milhão de espécies por ano seria de 1/1.000.000 = 0,000001 espécies por ano. Expressa em porcentagem: 0,000001 × 100, ou 0,0001% – a taxa estimada da extinção de fundo que existia antes de a espécie humana chegar e se espalhar pelo mundo.

O equilíbrio entre a formação de novas espécies e a extinção daquelas existentes determina a biodiversidade da Terra. A extinção de muitas espécies em um período relativamente curto de tempo geológico é chamada **extinção em massa**. Registros geológicos e outros indicam que a Terra passou por três, talvez, cinco extinções em massa, quando entre 50% e 95% das espécies do mundo parecem ter se tornado extintas. Após cada evento como esses, a biodiversidade voltou a níveis iguais ou superiores, mas cada recuperação exigiu milhões de anos.

As causas das extinções em massa do passado são mal compreendidas, mas provavelmente envolveram mudanças nas condições ambientais em escala global. Exemplos disso são as mudanças climáticas severas ou catástrofes em grande escala, tais como erupções vulcânicas. Uma hipótese é que a última extinção em massa, ocorrida há 65 milhões de anos, tenha acontecido depois que um grande asteroide atingiu o planeta expelindo enormes quantidades de poeira e detritos na atmosfera, o que pode ter reduzido o fornecimento de energia solar, refrigerando o planeta o suficiente para acabar com os dinossauros e muitas outras formas de vida da Terra naquele momento.

Algumas atividades humanas estão causando extinções

Extinção é um processo natural. No entanto, um crescente conjunto de evidências científicas indica que ela tem se acelerado, conforme as populações humanas espalham-se sobre a maior parte do mundo, consumindo grandes quantidades de recursos e criando grandes e crescentes "pegadas ecológicas" (observe a Figura 1-13, Capítulo 1, e Figura 6, no Suplemento 8). De acordo com o especialista em biodiversidade Edward O. Wilson (leia "Pessoas fazem a diferença"), "O mundo natural está, em toda parte, desaparecendo diante dos nossos olhos – cortado em pedaços, ceifado, arado, devorado, substituído por artefatos humanos".

De acordo com a Avaliação Ecossistêmica do Milênio 2005 (2005 Millennium Ecosystem Assessment) e outros estudos, os seres humanos controlam e perturbam metade, e mais provavelmente, cerca de 80% da superfície terrestre do planeta (observe a Figura 6, no Suplemento 8). A maioria desses distúrbios envolve o povoamento das zonas úmidas ou a conversão de campos e florestas em campos de cultivo e áreas urbanas. As atividades humanas também poluíram e perturbaram quase metade das águas superficiais, que cobrem 71% da superfície da Terra. Segundo a União Internacional para a Conservação da Natureza (*International Union for the Conservation of Nature – IUCN*), a maior e mais antiga rede ambiental global do mundo, isso fez aumentar muito a taxa de desaparecimento ou ameaça de extinção das espécies.

CIÊNCIA EM FOCO

Estimando as taxas de extinção

Os cientistas que tentam catalogar extinções, estimar taxas de extinção passadas e projetar taxas futuras enfrentam três problemas. Primeiro, como a extinção de uma espécie normalmente leva um tempo muito longo, não é fácil documentá-la. Segundo, apenas temos identificadas cerca de 1,9 milhão entre as estimadas 8 a 100 milhões de espécies. Terceiro, os cientistas sabem muito pouco sobre os papéis ecológicos e naturais da maioria das espécies identificadas.

Uma abordagem para estimar as taxas futuras de extinção é o estudo de registros que documentam as taxas de que mamíferos e aves (mais fáceis de observar) foram extintos desde que os humanos começaram a dominar o planeta, há 10 mil anos. Essa informação pode ser comparada com os registros fósseis de extinções que ocorreram antes desse tempo.

Outra abordagem é observar como a redução no tamanho do habitat afeta as taxas de extinção. A relação espécie-área sugere que, em média, uma perda de 90% do habitat em determinada área provoca a extinção de 50% das espécies que nela vivem. Isso é fundamentado na teoria da biogeografia de ilhas (leia o Capítulo 4, Ciência em Foco). Os cientistas usam esse modelo para estimar o número de extinções atuais e futuras em áreas ou "ilhas" cercadas por habitats degradados ou em desenvolvimento humano de rápido crescimento.

Os cientistas também utilizam modelos matemáticos para estimar a probabilidade de determinada espécie em risco se tornar ameaçada ou extinta dentro de determinado período de tempo. Esses modelos de análises de viabilidade populacional incluem fatores como tendências no tamanho da população, mudanças na disponibilidade de habitat, interações com outras espécies e fatores genéticos.

Os pesquisadores sabem que suas estimativas de taxas de extinção têm base em dados e amostragem incompletos e em modelos limitados. Assim, estão continuamente se esforçando para conseguir mais e melhores dados para aperfeiçoar os modelos que utilizam a fim de estimar as taxas de extinção.

Ao mesmo tempo, apontam para evidências claras de que as atividades humanas aceleraram a taxa de extinção das espécies e que essa taxa está aumentando. De acordo com estes biólogos, discutir sobre os números e ficar à espera de obter dados e modelos melhores não devem atrasar nossa ação imediata para ajudar a evitar a extinção de espécies, resultante, sobretudo, das atividades humanas.

Pensamento crítico
O fato de as taxas de extinção só poderem ser estimadas (e não provadas de maneira absoluta) torna-as não confiáveis? Por quê?

As taxas de extinção estão crescendo rapidamente

Utilizando os métodos descritos no quadro Ciência em foco, cientistas de todo o mundo que conduziram a Avaliação Ecossistêmica do Milênio de 2005 estimam que a atual taxa anual de extinção das espécies é de até mil vezes a taxa de fundo histórica, de cerca de 0,0001%.

Pesquisadores da biodiversidade estimam que, durante este século, a taxa de extinção causada pela perda de habitat, pelas alterações climáticas em decorrência, principalmente, do aquecimento da atmosfera e por outras atividades humanas com efeitos nocivos para o meio ambiente aumentará 10 mil vezes sobre a taxa de fundo (Conceito 9-1). Se essa estimativa estiver correta, a taxa de extinção anual subirá para 1% ao ano, o que equivalerá a uma taxa de extinção de 10 mil espécies por ano para cada 1 milhão de espécies selvagens que vivem na Terra.

Então, por que isso é um grande problema? Uma taxa de extinção de espécies de 1% ao ano pode não parecer muito. No entanto, de acordo com os pesquisadores da biodiversidade Edward O. Wilson e Stuart Pimm, a essa taxa, pelo menos um quarto, ou até a metade, dos animais e espécies de plantas atuais do mundo pode desaparecer até o final deste século. Nas frias palavras do especialista em biodiversidade Norman Myers, "Dentro de apenas algumas gerações humanas, devemos – na ausência de maiores esforços de conservação – empobrecer a biosfera de tal forma que isso irá se estender por pelo menos 200 mil gerações humanas, ou vinte vezes mais do que o período desde que os seres humanos emergiram como espécie". Se essas estimativas estiverem corretas apenas em parte, podemos entender por que muitos biólogos alertam que a perda maciça de biodiversidade no espaço de uma única geração humana é o problema ambiental mais importante e duradouro que a humanidade enfrenta.

> **PENSANDO SOBRE**
>
> **Extinção**
> Como o seu estilo de vida, e o de qualquer filho ou neto que você venha a ter, pode ser alterado caso as atividades humanas contribuam para a extinção de até metade das espécies do mundo no decorrer deste século? Liste dois aspectos do seu estilo de vida que contribuem para essa ameaça ao capital natural da Terra.

Na verdade, a maioria dos especialistas considera que uma taxa de extinção projetada de 1% ao ano é muito baixa, por várias razões. *Primeiro*, tanto a taxa de perda de espécies quanto a extensão da perda da biodiversidade são suscetíveis a aumentar de maneira alarmante durante os próximos 5 a 10 anos, em razão do crescimento projetado da população humana e sua crescente utilização de recursos por pessoa, e da projeção da influência humana sobre as alterações climáticas (como discutiremos no Capítulo 19).

Segundo, as taxas de extinção atuais e projetadas são muito mais elevadas que a média global em algumas partes do mundo, que já são consideradas centros de biodiversidade altamente ameaçada. Norman Myers e outros pesquisadores da biodiversidade nos instigam a concentrar nossos esforços em diminuir as elevadas taxas de extinção em tais *"hotspots" de biodiversidade*; eles veem essa ação emergencial como a melhor e mais rápida maneira de evitar que grande parte da biodiversidade do planeta seja perdida durante este século. (Discutiremos isso com mais profundidade no Capítulo 10.)

(a) Tigre de Sumatra: menos de 60 em Sumatra, na Indonésia

(b) Lobo cinzento mexicano: 60 nas florestas do Arizona e Novo México

(c) Condor da Califórnia: 172 no sudoeste dos Estados Unidos

(d) Grou-americano: 210 na América do Norte

Figura 9-2 *Capital natural ameaçado:* Estas quatro espécies criticamente ameaçadas de extinção correm o risco de desaparecer, principalmente em razão das atividades humanas. Mais de 17.300 espécies no mundo, incluindo 1.318 nos Estados Unidos, foram oficialmente listadas em 2009 como espécies ameaçadas ou em risco de extinção. O número abaixo de cada foto indica o total estimado de indivíduos da espécie existente na natureza. Essas e milhares de outras espécies podem desaparecer para sempre durante a sua vida. Segundo a maioria dos biólogos, o número real de espécies em risco é muito maior. **Pergunta:** que tipos de atividades humanas você acredita que estejam colocando estas quatro espécies em perigo?

Terceiro, estamos eliminando, degradando, fragmentando e simplificando muitos ambientes biologicamente diversos – como florestas tropicais, recifes de coral tropicais, áreas úmidas e estuários – que servem como possíveis locais de colonização para o surgimento de novas espécies. Assim, além de aumentar a taxa de extinção, podemos limitar a recuperação, a longo prazo, da biodiversidade pela redução da taxa de especiação para algumas espécies. Em outras palavras, também estamos criando uma *crise de especiação*. Com base no que sabemos sobre a recuperação da biodiversidade após extinções em massa, demorará de 5 a 10 milhões de anos para que os processos da Terra substituam o número de espécies propensas a se tornar extintas durante este século.

Além disso, Felipe Levin, Donald Levin e outros biólogos argumentam que, embora nossas atividades sejam passíveis de reduzir as taxas de especiação para algumas espécies, elas podem ajudar a aumentá-las para outras espécies oportunistas, que se reproduzem rapidamente, como ervas daninhas e roedores, além de baratas e outros insetos, e isso, por sua vez, pode acelerar ainda mais a extinção de outras que são suscetíveis de serem expulsas de seu habitat por essas espécies generalistas em expansão.

Espécies em risco e ameaçadas são alarmes ecológicos

Os biólogos classificam as espécies que estão se dirigindo para a extinção biológica como *em risco* ou *ameaçadas*. Uma **espécie em risco de extinção** tem tão poucos sobreviventes individuais que pode se tornar rapidamente extinta. Uma **espécie ameaçada** (também conhecida como *espécie vulnerável*) ainda tem bastantes indivíduos remanescentes para sobreviverem a curto prazo, mas, por causa do declínio em seus números, é provável que se torne em risco de extinção em um futuro próximo.

Um exemplo de espécie ameaçada é o urso-polar (**Estudo de caso principal**). A Figura 9-2 mostra quatro espécies em risco de extinção dentre as mais de 17.300 espécies listadas em 2009 pela IUCN como ameaçadas, e as mais de 1.370 espécies listadas em 2010 como em risco ou ameaçadas de extinção pelo U.S. Endangered Species Act. (O número real é provavelmente muito maior, porque apenas 48 mil das 1,9 milhões de espécies conhecidas foram avaliadas.)

Algumas espécies têm características que aumentam suas chances de extinção (Figura 9-3). Como o especialista em biodiversidade Edward O. Wilson diz, "as primeiras espécies animais a se extinguirem são as grandes, lentas, saborosas, e aquelas com peças valiosas, como presas e peles".

Característica	Exemplos
Baixa taxa reprodutiva	Baleia-azul, panda-gigante, rinoceronte
Nicho especializado	Baleia-azul, panda-gigante, gavião-caramujeiro
Distribuição restrita	Foca-elefante, desert pupfish (*Cyprinodon macularius*)
Alimenta-se em nível trófico elevado	Tigre de bengala, águia, urso-pardo
Padrões migratórios fixos	Baleia-azul, grou-americano, tartaruga marinha
Raros	Violeta africana, algumas orquídeas
De valor comercial	Leopardo-das-neves, tigre, elefante, rinoceronte, plantas e pássaros raros
Grandes territórios	Condor da Califórnia, urso-pardo, pantera da Flórida

Figura 9-3 Este diagrama mostra as características das espécies que podem colocá-las em maior perigo de extinção. **Pergunta:** qual destas características pode possivelmente contribuir para a extinção do urso-polar (**Estudo de caso principal**) durante este século?

Algumas espécies também têm *características comportamentais* que as tornam vulneráveis à extinção. O pombo-passageiro (leia o Estudo de caso a seguir) e o periquito da Carolina, ambos extintos, viviam em grandes bandos, o que os tornava presas fáceis. Alguns tipos de espécies estão mais ameaçados de extinção em razão das atividades humanas do que outros (Figura 9-4).

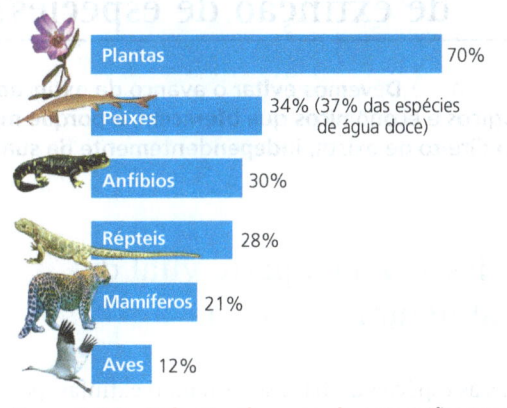

- Plantas 70%
- Peixes 34% (37% das espécies de água doce)
- Anfíbios 30%
- Répteis 28%
- Mamíferos 21%
- Aves 12%

Figura 9-4 Capital natural ameaçado: este gráfico mostra os percentuais estimados de vários tipos de espécies conhecidas que estão ameaçadas de extinção pelas atividades humanas (**Conceito 9-1**). **Pergunta:** por que você acha que as espécies de plantas (observe a Foto 4 no Conteúdo detalhado) e peixes estão no topo desta lista? (Dados do International Union for Conservation of Nature, Conservation 2009)

> **FRONTEIRA DE PESQUISA**
> Identificar e catalogar milhões de espécies desconhecidas e melhorar os modelos para estimar as taxas de extinção.

ESTUDO DE CASO
Pombo-passageiro: extinto para sempre

Houve um tempo em que o pombo-passageiro norte-americano (Figura 9-5) era uma das espécies de aves mais abundantes do mundo. Em 1813, o especialista em pássaros John James Audubon avistou um bando desses pombos-passageiros tão grande que escureceu o céu, e levou três dias para voar sobre o local que estava.

Em 1900, o pombo-passageiro da América do Norte havia desaparecido do seu meio natural em decorrência de três fatores: a perda de habitats, pois florestas foram desmatadas para dar lugar a fazendas e cidades, a caça comercial descontrolada e o fato de que eram fáceis de matar. Essas aves eram boas para comer, suas penas faziam bons travesseiros e seus ossos eram muito utilizados como fertilizantes. Eles eram alvos fáceis, pois voavam em bandos gigantescos e nidificavam em colônias grandes, estreitas e densamente povoadas.

Começando em 1858, a caça aos pombos-passageiros se tornou um grande negócio. Espingardas, armadilhas, artilharia e até mesmo dinamite foram utilizadas. Caçadores queimavam grama ou enxofre embaixo dos abrigos dos pombos para sufocá-los. Galerias de tiros usavam aves vivas como alvos. Em 1878, um caçador de pombos profissional ganhou 60 mil dólares matando 3 milhões de aves no seu território de nidificação, perto de Petoskey, no Michigan.

Ate o início da década de 1880, apenas alguns milhares de aves sobreviveram. A essa altura, a recuperação da espécie já estava condenada. No dia 24 de março de 1900, um menino, no Estado de Ohio, Estados Unidos, disparou contra o último pombo-passageiro selvagem conhecido.

Figura 9-5 Por causa das atividades humanas, o pombo-passageiro norte-americano foi extinto na natureza em 1900. Em 1914, o último conhecido no mundo desta espécie morreu em um zoológico na cidade de Cincinnati, Ohio, Estados Unidos.

9-2 Por que devemos nos preocupar com o aumento da taxa de extinção de espécies?

▶ **CONCEITO 9-2** Devemos evitar o avanço da extinção das espécies selvagens por causa dos serviços ecológicos e econômicos que oferecem, e porque muitas pessoas acreditam que as espécies selvagens têm o direito de existir, independentemente da sua utilidade para nós.

Espécies são uma parte vital do capital natural da Terra

Se todas as espécies acabam se tornando extintas, por que deveríamos nos preocupar com a taxa de extinção? Importa que o pombo-passageiro tenha sido extinto por causa das atividades humanas, ou que os ursos-polares restantes (**Estudo de caso principal**), orangotangos (Figura 9-6), alguma planta ou inseto desconhecido em uma floresta tropical possam sofrer o mesmo destino?

A especiação resulta em novas espécies, que evoluem para tomar o lugar das perdidas nas extinções em massa. Então, por que deveríamos nos importar se acelerarmos a taxa de extinção ao longo dos próximos 50-100 anos? Segundo os biólogos, há quatro razões principais pelas quais devemos lutar para evitar que nossas atividades causem a extinção de outras espécies.

CAPÍTULO 9 Biodiversidade sustentável: a abordagem das espécies

Figura 9-6 Degradação do capital natural: esses orangotangos em risco de extinção são mostrados em seu habitat de florestas tropicais, que está desaparecendo rapidamente. Em 1900, havia mais de 315 mil orangotangos selvagens, encontrados somente nas florestas tropicais da Indonésia e da Malásia. Segundo o WWF, hoje existem menos de 56 mil na natureza (90% dos quais na Indonésia). Esses animais altamente inteligentes estão desaparecendo a um ritmo de mais de 1.000-2.000 por ano, em decorrência do contrabando e desmatamento de seu habitat de florestas tropicais para dar lugar a plantações que fornecem óleo de palma, utilizado em produtos cosméticos, culinária, e produção de biodiesel. Um orangotango vivo contrabandeado ilegalmente é vendido por até US$ 10 mil. Sem uma ação de proteção urgente, esta espécie corre o risco de ser a primeira de grandes primatas a ser extinta, principalmente em razão da atividade humana. **Pergunta:** que diferença fará se as atividades humanas causarem a extinção dos orangotangos?

Primeira, as espécies do mundo são uma parte vital do sistema de suporte à vida da Terra, uma vez que fornecem recursos e serviços naturais (observe a Figura 1-4, Capítulo 1) que tanto nos mantêm como outras espécies vivas. Por exemplo, dependemos de alguns insetos para a polinização de culturas alimentares e de algumas aves para o controle natural de pragas. Cada espécie tem também valor ecológico, pois desempenha um papel nas funções-chave dos ecossistemas: fluxo de energia e ciclagem química (observe a Figura 3-11, Capítulo 3), de acordo com um dos três **princípios da sustentabilidade**.

Assim, com a eliminação das espécies, especialmente aquelas que desempenham papéis principais (leia o Capítulo 4), podemos perturbar os ecossistemas e acelerar a extinção de outras espécies que dependem desses sistemas. Eventualmente, tal degradação do capital natural da Terra pode ameaçar a saúde humana e nosso estilo de vida. Assim, ao proteger as espécies da extinção causada pelas atividades humanas e seus habitats vitais da degradação ambiental (como discutiremos no próximo capítulo), estamos ajudando a sustentar nossa própria saúde e nosso próprio bem-estar.

Uma *segunda* razão para impedir a extinção resultante das atividades humanas é que a maioria das espécies contribui para os *serviços econômicos* – aqueles que dão suporte a nossas economias (**Conceito 9-2**). Por exemplo, diversas espécies de plantas fornecem valor econômico, como cultivos de alimentos, lenha, madeira, papel e medicamentos (Figura 9-7). *Bioprospectores* pesquisam florestas tropicais e outros ecossistemas para encontrar plantas e animais que cientistas os possam usar para fazer medicamentos. De acordo com o relatório de 2005 da Universidade das Nações Unidas, 62% de todas as drogas contra o câncer foram obtidas a partir das descobertas desses profissionais. Apesar de seu potencial econômico e medicinal, menos de 0,5% das espécies vegetais conhecidas do mundo teve sua propriedade medicinal analisada.

CARREIRA VERDE: Bioprospecção

A diversidade de espécies também fornece benefícios econômicos na forma de turismo da vida selvagem, ou *ecoturismo*, que gera mais de US$ 1 milhão por minuto em gastos de turistas. O biólogo conservacionista Michael Soulé estima que um leão macho vivendo até os 7 anos de idade gera US$ 515 mil em em turismo no Quênia, mas apenas US$ 1 mil se for morto por sua pele. Da mesma forma, ao longo de uma vida de 60 anos, um elefante queniano vale US$ 1 milhão em receitas de ecoturismo. Isso é muito mais do que poderia ser adquirido com a venda ilegal do marfim obtido ao matá-lo e retiradas suas presas. O ecoturismo está prosperando porque as pessoas apreciam a vida selvagem (Figura 9-8). **CARREIRA VERDE:** Guia de ecoturismo.

Uma *terceira* razão para impedir as extinções causadas por atividades humanas é que a análise de extinções em massa do passado indica que levará de 5 a 10 milhões de anos – de 25 a 50 vezes mais tempo do que a quantidade de tempo total que nossa espécie existe – para que a especiação natural reconstrua a biodiversidade que pode ser perdida durante este século. Como resultado, qualquer neto que você possa ter, com centenas de gerações futuras, possivelmente não poderá depender da biodiversidade que sustenta a vida que agora desfrutamos.

Rauvólfia
Rauvolfia sepentina,
Sudeste da Ásia
Ansiedade, pressão alta

Teixo do Pacífico
Taxus brevifolia,
Noroeste do Pacífico
Câncer de ovário

Dedaleira
Digitalis purpurea,
Europa
Digitalina para insuficiência cardíaca

Quina
Cinchona ledogeriana,
América do Sul
Quinino para o tratamento da malária

Vinca-de-gato
Cathranthus roseus,
Madagascar
Doença de Hodgkin, leucemia linfocítica

Neem
Azadirachta indica,
Índia
Tratamento de várias doenças, inseticida, espermicida

Figura 9-7 Capital natural: As espécies vegetais são exemplos da farmácia da natureza. Seus nomes científicos (leia o Suplemento 5) e alguns de seus usos medicinais também são mostrados. Partes dessas plantas, além de uma série de outras e espécies animais (muitas delas encontradas em florestas tropicais) são usadas para tratar uma variedade de problemas e doenças humanas. Quando os ingredientes ativos nas plantas são identificados, os cientistas podem produzi-los de forma sintética. Esses ingredientes, em nove dos dez medicamentos líderes de mercado, foram originados de organismos selvagens. Muitas das espécies de plantas tropicais do mundo provavelmente serão extintas antes mesmo de podermos estudá-las. **Pergunta:** qual destas espécies poderiam ter ajudado você ou pessoas que você conhece a lidar com problemas de saúde?

Quarta, muitas pessoas acreditam que cada espécie selvagem tem o direito de existir, independentemente da sua utilidade para nós (**Conceito 9-2**). Segundo essa visão, temos a responsabilidade ética de proteger espécies ameaçadas de extinção pelas atividades humanas e impedir a degradação dos ecossistemas do mundo e sua biodiversidade geral.

Esse ponto de vista ético levanta uma série de questões desafiadoras. Já que não podemos salvar todas as espécies das consequências danosas de nossas ações, temos que fazer escolhas sobre quais proteger. Devemos proteger mais espécies animais do que vegetais? E, em caso afirmativo, quais devemos proteger? Algumas pessoas apoiam a proteção de espécies conhecidas e atraentes, como os elefantes, baleias, ursos-polares (**Estudo de caso principal**), tigres e orangotangos (Figura 9-6). No entanto, importam-se muito menos com a proteção de plantas que servem de base para a cadeia alimentar de todas as espécies.

Outras pessoas fazem distinção entre vários tipos de espécies. Por exemplo, elas podem não pensar duas vezes para se livrar de espécies que tenham medo ou ódio, como mosquitos, baratas, bactérias causadoras de doenças, cobras e morcegos. Alguns cientistas argumentam que a crise da extinção atual é trágica, em parte porque nem mesmo sabemos o que estamos perdendo. Ninguém jamais viu ou estudou muitas das espécies que estão se extinguindo rapidamente. Para o biólogo Edward O. Wilson, a rápida e descuidada eliminação de espécies que compõem uma parte essencial da biodiversidade do mundo é como queimar todas as cópias de milhões de livros que você nunca leu.

Figura 9-8 Muitas espécies de animais selvagens, como esta arara-azul em risco de extinção, são fontes de beleza e prazer. Essa espécie de arara é encontrada em florestas abertas e áreas alagadas do Brasil, Bolívia e Paraguai. Essa e outras espécies de papagaios coloridos tornaram-se ameaçadas porque muitos pássaros são retirados da natureza e vendidos (por vezes ilegalmente) como animais de estimação.

9-3 Como os humanos aceleram a extinção das espécies?

▶ **CONCEITO 9-3** As maiores ameaças a qualquer espécie são (em ordem) a perda ou degradação do habitat, espécies invasoras prejudiciais, crescimento da população humana, poluição, alterações climáticas e superexploração.

A perda de habitat é a maior ameaça para as espécies: Relembrando HIPPCS

A Figura 9-9 mostra as causas *subjacentes* e *diretas* do comprometimento e da extinção de espécies selvagens. Pesquisadores da biodiversidade resumem as mais importantes causas diretas da extinção resultante das atividades humanas usando a sigla **HIPPCS**: Destruição, degradação e fragmentação do **H**abitat; Espécies **I**nvasoras; Aumento da **P**opulação e do seu uso de recursos ; **P**oluição ; Mudança **C**limática; **S**uperexploração (**Conceito 9-3**).

Segundo esses pesquisadores, a maior ameaça para as espécies selvagens é a perda (Figura 9-10), degradação e fragmentação de seu habitat. Um impressionante exemplo disso é a perda de habitat dos ursos-polares (Estudo de caso principal). Pelo fato de a atmosfera acima do Ártico ter ficado cada vez mais quente durante as últimas décadas, o gelo marinho flutuante, uma parte vital do habitat dos ursos, está derretendo sob seus pés e causando declínio em seus números.

O desmatamento em áreas tropicais (observe a Figura 3-1, Capítulo 3) é o maior eliminador de espécies, seguido pela destruição e degradação dos recifes de coral (observe a Figura 8-13, Capítulo 8, à direita) e das zonas úmidas costeiras, conversão para agricultura das áreas de pastagens naturais (observe a Figura 7-12, Capítulo 7, à direita) e a poluição de rios, lagos e oceanos.

Espécies em ilhas – muitas delas não encontradas em nenhum outro lugar na Terra – são especialmente vulneráveis à extinção quando seus habitats são destruídos, degradados ou fragmentados, e elas não têm mais para onde ir. Por isso, o conjunto de ilhas que compõem o Estado americano do Havaí é a "capital da extinção" da América, com 63% de suas espécies em risco.

A **fragmentação** do habitat ocorre quando uma grande área de habitats intactos, como uma floresta ou pastagem natural, é dividida – normalmente por estradas, operações de extração madeireira, campos

Degradação do capital natural

Causas de esgotamento e extinção de espécies selvagens

Causas subjacentes
- Crescimento da população
- Aumento do uso de recursos
- Menosprezo do capital natural
- Pobreza

Causas diretas
- Perda de habitat
- Degradação e fragmentação de habitats
- Introdução de espécies não nativas
- Poluição
- Mudanças climáticas
- Sobrepesca
- Caça comercial e ilegal
- Venda de animais de estimação exóticos e plantas ornamentais
- Predadores e controle de pragas

Figura 9-9 Esta figura ilustra tanto as causas subjacentes quanto as diretas do esgotamento e extinção de espécies selvagens resultantes das atividades humanas (**Conceito 9-3**) (observe a Figura 1-9, Capítulo 1). A maior causa é a perda, degradação e fragmentação do habitat, seguido pela introdução intencional ou acidental de espécies nocivas invasoras (não nativas) nos ecossistemas. **Pergunta:** quais são duas das causas diretas especificamente relacionadas a cada uma das subjacentes?

de cultivo e desenvolvimento urbano – em pequenas manchas isoladas ou "ilhas de habitat" (observe a Figura 3-1, Capítulo 3). Esse processo pode diminuir a cobertura de árvores em florestas (Assista a *The Habitable Planet*, Vídeo 9, em www.learner.org/resources/series209.html) e bloquear rotas de migração animal. Também pode dividir as populações de uma espécie em grupos menores e cada vez mais isolados, deixando-as mais vulneráveis a predadores, espécies concorrentes, doenças e eventos catastróficos, como tempestades e incêndios. Além disso, essa fragmentação cria barreiras que limitam a capacidade de algumas espécies se dispersar e colonizar novas áreas, localizar fontes de alimentação adequada e encontrar parceiros.

A maioria dos parques nacionais e outras reservas naturais é uma ilha de habitat, muitos rodeados por operações madeireiras e mineradoras, atividades industriais, usinas termoelétricas e assentamentos humanos potencialmente prejudiciais. Os lagos de água doce também são ilhas de habitats especialmente vulneráveis à introdução de espécies exóticas e à poluição por atividades humanas.

Os cientistas fazem uso da teoria da biogeografia de ilhas (leia o Capítulo 4, Ciência em foco) para

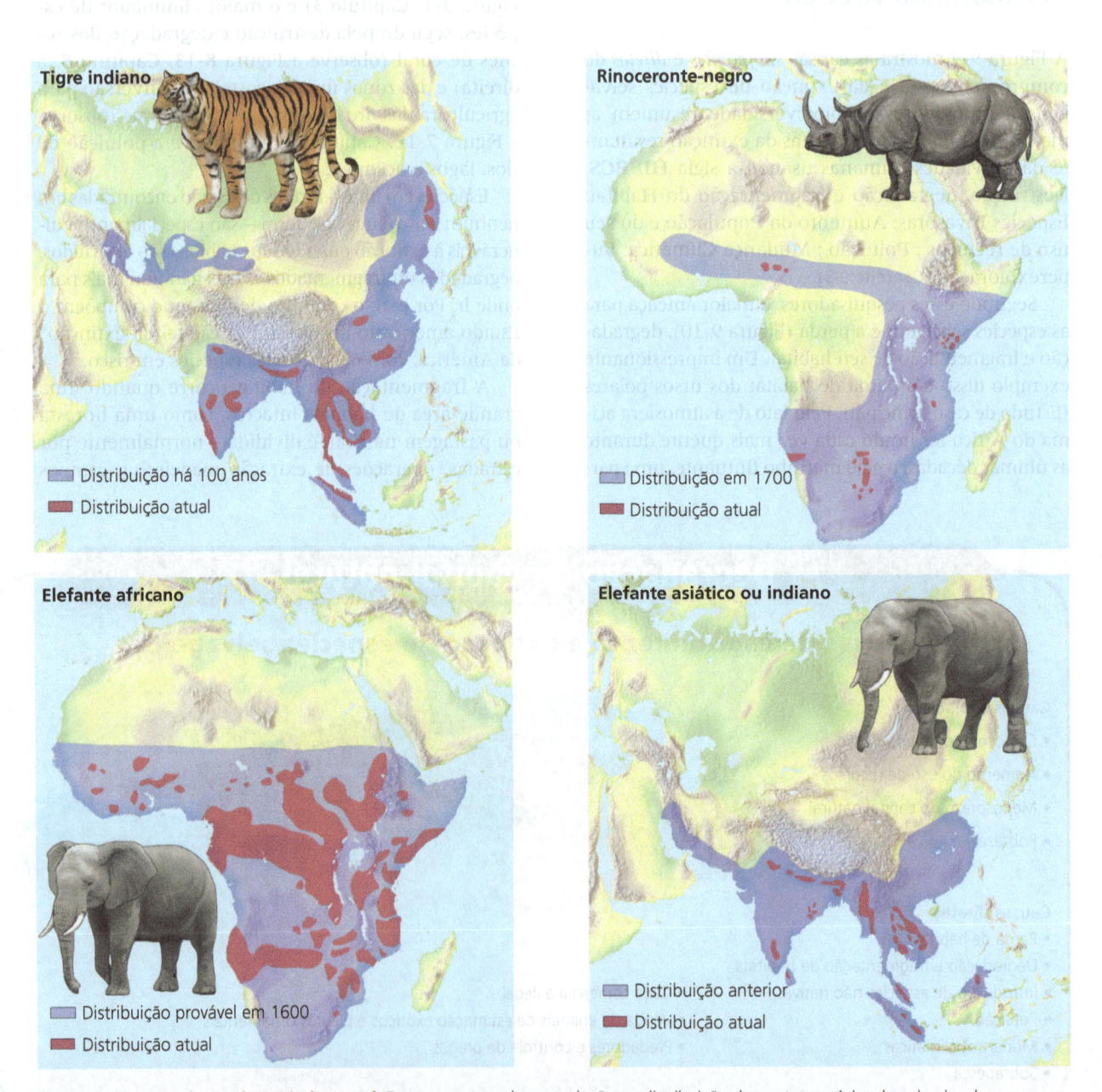

Figura 9-10 Degradação do capital natural: Esses mapas revelam a redução na distribuição de quatro espécies de animais selvagens, principalmente como resultado da perda e da fragmentação de habitat e da caça ilegal de algumas partes valiosas de seus corpos. O que acontecerá a essas e outras milhões de espécies durante as próximas décadas, quando a população humana crescer pelo menos 2 bilhões – o equivalente a mais de 6 vezes a população atual dos Estados Unidos e quase o dobro da população atual da China, como previsto pelos cientistas? **Pergunta:** você apoiaria a expansão destas faixas de distribuição, mesmo que isso reduzisse a terra disponível para a habitação humana e a agricultura? Explique. (Dados do International Union for the Conservation of Nature e do WWF)

ajudá-los a compreender o papel da fragmentação na extinção de espécies e a desenvolver maneiras de impedir tal extinção.

Algumas espécies introduzidas deliberadamente podem prejudicar os ecossistemas

Depois da perda e da degradação de habitats, a maior causa de extinção de animais e plantas é a introdução intencional ou acidental de espécies invasoras nocivas nos ecossistemas (Conceito 9-3).

A maioria das introduções de espécies é benéfica para nós. De acordo com um estudo realizado pelo ecólogo David Pimentel, espécies introduzidas, como milho, trigo, arroz e outras culturas alimentares, além de espécies de bovinos, aves e outros animais, fornecem mais de 98% do abastecimento de alimentos dos Estados Unidos. Da mesma forma, espécies de árvores não nativas são cultivadas em 85% das plantações mundiais de árvores. Algumas espécies introduzidas deliberadamente têm ajudado a controlar pragas.

O problema é que, em seu novo habitat, algumas espécies introduzidas não enfrentam predadores naturais, competidores, parasitas ou patógenos que ajudariam a controlar seus números como em seu habitat original. Essas espécies não nativas podem, portanto, expulsar as populações de muitas espécies nativas, desencadeando perturbações ecológicas, causando problemas de saúde humana e gerando perdas econômicas.

Em 1988, por exemplo, um caracol africano gigante – que cresce até o tamanho de um punho humano e pode pesar 1 kg ou mais – foi importado pelo Brasil como um substituto barato para o *escargot* convencional (caramujos), utilizado como fonte de alimento. Quando os preços de exportação de *escargot* caíram, os criadores despejaram os caracóis importados nas florestas. Agora, a espécie se espalhou para 23 Estados do Brasil e devora muitas plantas nativas e culturas alimentares, como a alface. Também pode ser o hospedeiro do verme-do-pulmão-de-rato, um parasita que escava o cérebro humano e causa meningite (inchaço potencialmente letal das membranas que cobrem o cérebro e a medula espinhal), além de carregar outro parasita que pode causar a ruptura dos intestinos humanos. As autoridades acabaram banindo o caracol, mas já era tarde demais. Até agora, a espécie tem sido irrefreável.

A Figura 9-11 mostra algumas das 7.100 espécies invasoras que, depois de terem sido deliberada ou acidentalmente introduzidas nos Estados Unidos, têm causado prejuízos ecológicos e econômicos. De acordo com o U.S. Fish and Wildlife Service, cerca de 40% das espécies listadas como ameaçadas de extinção nos Estados Unidos e 95% daquelas no Estado do Havaí estão na lista por causa de ameaças de espécies invasoras.

Em 2009, Achim Steiner, chefe do Programa Ambiental da ONU (UNEP), e o cientista ambiental David Pimentel estimaram que as espécies invasoras causam danos econômicos e ecológicos de pelo menos US$ 162 mil por hora, em média, em todo o mundo. E os danos estão aumentando rapidamente.

Algumas espécies introduzidas deliberadamente, como o *kudzu* (consulte o Estudo de caso) e os *javalis europeus*, têm causado grandes prejuízos ecológicos e econômicos. Os biólogos estimam que existam atualmente 4 milhões de javalis europeus na Flórida, no Texas e em outros 22 Estados norte-americanos. Essas espécies introduzidas deliberadamente comem quase tudo, competem por comida com os animais em extinção, usam o nariz para escavar campos agrícolas e causam acidentes de trânsito quando vagam pelas estradas. Suas presas os tornam perigosos para as pessoas que os encontram. Funcionários florestais não conseguiram controlar sua população por meio da caça e captura, e alguns dizem que não há como pará-los.

■ ESTUDO DE CASO
A videira kudzu

Exemplo de uma espécie vegetal introduzida deliberadamente é a *videira kudzu*, que cresce desenfreadamente no sudeste dos Estados Unidos. Nos anos 1930, ela foi importada do Japão e plantada nessa região na tentativa de controlar a erosão do solo.

O kudzu realmente controla a erosão. No entanto, cresce tão rapidamente e é tão difícil de matar que engole encostas, jardins, árvores, margens de córregos e qualquer outra coisa que estiver em seu caminho (Figura 9-12). Essa planta, às vezes chamada "videira que comeu o Sul", espalhou-se por grande parte do sudeste dos Estados Unidos e pode se espalhar para o norte se o clima ficar mais quente, como projetam os cientistas.

O kudzu é considerado uma ameaça nos Estados Unidos, mas os asiáticos usam seu amido em bebidas, confecções gourmet e produtos fitoterápicos para uma série de doenças. Uma empresa japonesa criou uma grande fazenda de kudzu e uma unidade de transformação no estado do Alabama, Estados Unidos, e exporta o amido extraído para o Japão. Quase todas as partes do kudzu são comestíveis. Suas folhas fritas são deliciosas e contêm altos níveis de vitaminas A e C. Alguém aceita folhas de kudzu recheadas?

Embora o kudzu possa engolir e matar árvores, pode também, eventualmente, ajudar a salvar algumas delas. Pesquisadores do Georgia Institute

Ecologia e sustentabilidade

Espécies introduzidas deliberadamente

- Salgueirinha-roxa
- Estorninho comum
- Abelha-africana ("abelha assassina")
- Ratão-do-banhado
- Tamargueira
- Sapo-cururu (sapo-boi)
- Aguapé
- Besouro-japonês
- Hydrilla
- Javali europeu (porco selvagem)

Espécies introduzidas acidentalmente

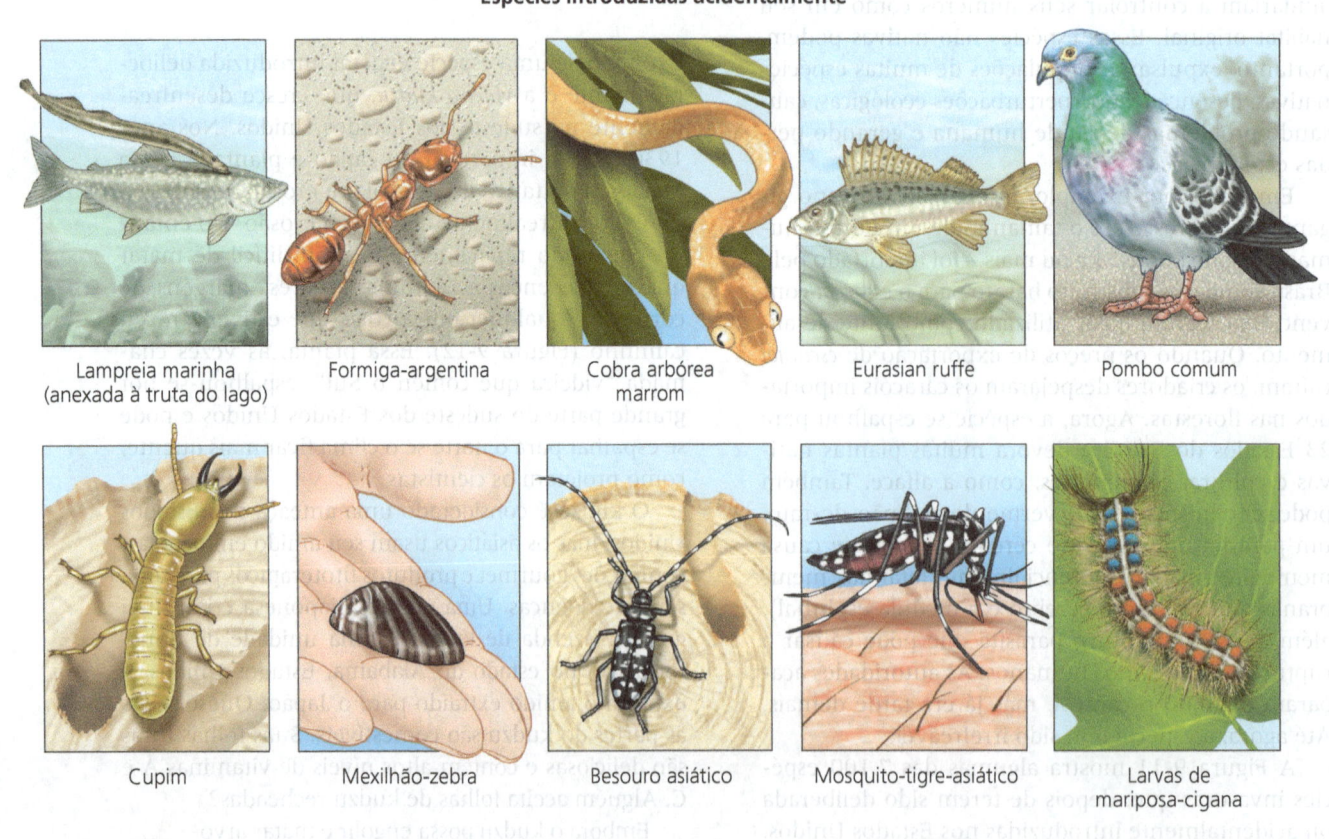

- Lampreia marinha (anexada à truta do lago)
- Formiga-argentina
- Cobra arbórea marrom
- Eurasian ruffe
- Pombo comum
- Cupim
- Mexilhão-zebra
- Besouro asiático
- Mosquito-tigre-asiático
- Larvas de mariposa-cigana

Figura 9-11 Estas são algumas das mais de 7.100 espécies invasivas (não nativas) prejudiciais, que foram deliberada ou acidentalmente introduzidas nos Estados Unidos.

of Technology descobriram que ele pode ser usado no lugar de árvores como uma fonte de fibras para a fabricação de papel. Além disso, a ingestão de pequenas quantidades de pó de kudzu pode diminuir o desejo por álcool, e, assim, poderia ser usado para reduzir o alcoolismo e o consumo excessivo.

Algumas espécies introduzidas acidentalmente podem prejudicar os ecossistemas

Muitos invasores não nativos indesejados chegam de outros continentes como passageiros clandestinos a bordo de aviões, na água de lastro de navios petroleiros e de carga, e de carona em produtos importados, como caixas de madeira. Carros e caminhões também podem espalhar sementes das espécies de plantas não nativas, incorporadas nas esteiras de seus pneus. Muitos turistas voltam para casa com plantas vivas que podem se multiplicar e se tornar invasoras. Algumas dessas plantas também podem conter insetos que eventualmente escapam, multiplicam-se rapidamente e ameaçam as culturas.

Na década de 1930, a formiga-argentina, extremamente agressiva (Figura 9-11), foi introduzida acidentalmente nos Estados Unidos, na cidade de Mobile, Alabama. As formigas podem ter chegado em carregamentos de madeira ou de café importados da América do Sul. Sem predadores naturais, espalharam-se rapidamente por terra e água (elas podem flutuar) em uma grande parte do sul dos Estados Unidos; elas também são encontradas em Porto Rico, Novo México e Califórnia. Agora, o inseto se escondeu em mercadorias importadas e recipientes de transporte e invadiu outros países, incluindo China, Taiwan, Malásia e Austrália.

Quando essas formigas invadem uma área, podem acabar com até 90% das populações nativas de outras formigas. Montes contendo colônias de formigas-argentinas cobrem muitos campos e invadem quintais no sudeste dos Estados Unidos. Pise em um desses montes, e 100 mil formigas podem sair do seu ninho para atacá-lo com picadas dolorosas e queimaduras. Elas já mataram filhotes de veados, aves, gado, animais de estimação e pelo menos 80 pessoas que eram alérgicas ao seu veneno.

O uso generalizado de pesticidas nas décadas de 1950 e 1960 temporariamente reduziu as populações de formigas. No entanto, essa guerra química somente acelerou o avanço das formigas-argentinas, que se multiplicaram rapidamente, reduzindo as populações de muitas espécies nativas. Pior ainda, por meio da seleção natural, elas se tornaram geneticamente resistentes aos pesticidas (Figura 4-7, Capítulo 4). Em outras palavras, ajudamos a acabar com seus concorrentes e as tornamos geneticamente mais resistentes aos pesticidas.

Em 2009, o cientista de manejo de pragas, Scott Ludwig, relatou algum sucesso no uso de pequenas moscas parasitárias para reduzir as populações dessas formigas. As moscas bombardeiam as formigas-argentinas e põem ovos dentro delas. As larvas eclodem e comem seu cérebro. Após duas semanas, as formigas se tornam zumbis cambaleantes; após cerca de um mês, suas cabeças caem. Em seguida, a mosca parasitária emerge procurando mais formigas-argentinas para atacar e matar. Os investigadores dizem que as moscas não atacam espécies de formigas nativas. Entretanto, mais pesquisas são necessárias para verificar o funcionamento desta abordagem.

Figura 9-12 O Kudzu tomou esta casa abandonada no estado do Mississippi, Estados Unidos. A videira, que pode crescer 5 centímetros por hora, foi deliberadamente introduzida nos Estados Unidos para o controle da erosão. Escavá-la e queimá-la não interrompem sua propagação. Cabras pastando e repetidas doses de herbicidas podem destruí-la, mas as cabras e os herbicidas também destroem outras plantas, e os herbicidas também podem contaminar fontes de água. Os cientistas descobriram um fungo comum que pode matar o kudzu dentro de algumas horas, aparentemente sem prejudicar outras plantas, mas precisam investigar mais profundamente quaisquer efeitos colaterais que esse fungo possa ter.

Pítons birmanesas, africanas e várias espécies de jiboias, acidentalmente, acabaram nos Everglades, no Estado da Flórida, Estados Unidos. Cerca de 2 milhões dessas cobras, importadas da África e da Ásia, foram vendidos como animais de estimação. Depois de descobrirem que elas não são bons animais de estimação, alguns donos acabaram eliminado-as em zonas úmidas em torno dos Everglades, na Flórida.

Algumas dessas cobras podem viver de 25 a 30 anos, chegar a 6 metros de comprimento, pesar mais de 90 kg, e ter um diâmetro tão grande quanto o de um poste de luz. São difíceis de encontrar e matar, e se reproduzem rapidamente. Elas se apoderam de sua presa com dentes afiados, envolvem-se em torno da caça e a apertam até a morte, antes de se alimentar. Têm um apetite enorme, devorando uma variedade de pássaros, guaxinins, gatos e cães de estimação, além de veados adultos. As pítons eram conhecidas por comer os jacarés americanos – uma espécie-chave no ecossistema dos Everglades (leia o Estudo de caso no Capítulo 4) e o único predador na região capaz de matar essas cobras (Figura 9-13). De acordo com oficiais ambientais, dezenas de milhares dessas cobras vivem agora nos Everglades, e seus números estão aumentando rapidamente. Teme-se que elas se espalhem para outras zonas úmidas pantanosas na metade sul dos Estados Unidos até o final deste século.

Prevenção é a melhor maneira de reduzir as ameaças de espécies invasoras

Quando uma espécie invasora prejudicial se estabelece em um ecossistema, sua remoção é praticamente impossível – é como tentar recolher a fumaça depois de ter saído da chaminé. Evidentemente, a melhor maneira de limitar os impactos nocivos de espécies exóticas é evitar que sejam introduzidas e se estabeleçam. Os cientistas sugerem várias formas de fazê-lo:

- Financiar um programa de investigação em massa para identificar as principais características que permitem que algumas espécies se tornem invasoras, os tipos de ecossistemas que estão vulneráveis aos invasores e os predadores naturais, parasitas, bactérias e vírus que podem ser usados para controlar populações de invasores estabelecidas.

- Aumentar consideravelmente as pesquisas de campo e observações por satélite, para acompanhar as espécies de animais e plantas invasoras, e desenvolver modelos melhores para prever como elas se espalharão e quais efeitos nocivos poderão causar.

- Identificar as principais espécies invasoras nocivas e estabelecer tratados internacionais proibindo sua transferência de um país para outro, como já acontece para as espécies ameaçadas, reforçando simultaneamente a inspeção das mercadorias importadas para impor tais proibições.

- Exigir que os navios cargueiros descarreguem suas águas de lastro no mar e as substituam por água salgada antes de entrar nos portos, ou exigir que esterilizem a água ou que bombeiem nitrogênio na água para deslocar o oxigênio dissolvido e matar a maioria dos organismos invasores.

- Educar o público sobre os efeitos da liberação de plantas exóticas e animais no meio ambiente perto de onde vivem.

A Figura 9-14 mostra algumas coisas que você pode fazer para ajudar a prevenir ou retardar a propagação de espécies invasoras nocivas.

Figura 9-13 Esta enorme píton e um jacaré americano estão em uma luta de vida ou morte nos Everglades, na Flórida. Após uma batalha de 10 horas, o jacaré matou a cobra ao levá-la para debaixo d'água, afogando-a. No entanto, em algumas lutas, essas cobras matam e comem os jacarés, seus únicos predadores naturais nos Everglades.

CAPÍTULO 9 Biodiversidade sustentável: a abordagem das espécies

O que você pode fazer?

Controle de espécies invasoras

- Não capture ou compre plantas e animais selvagens.
- Não retire plantas selvagens de suas áreas naturais.
- Não libere animais selvagens de volta para a natureza.
- Não despeje o conteúdo de um aquário em cursos de água, zonas úmidas ou bueiros.
- Ao acampar, use como lenha a madeira encontrada nas proximidades de seu acampamento, em vez de levar lenha de outro lugar.
- Não descarte iscas não utilizadas em corpos de água.
- Depois que os cães visitarem bosques ou água, escove-os antes de levá-los para casa.
- Após cada uso, limpe sua bicicleta, sua canoa, seu barco, seu motor e seu reboque, todos os equipamentos de pesca, botas e outros equipamentos antes de ir para casa.

Figura 9-14 Pessoas fazem a diferença: aqui está uma lista de algumas maneiras de prevenir ou retardar a propagação de espécies invasoras nocivas. **Pergunta:** em sua opinião, quais dessas ações são as mais importantes (cite duas)? Por quê? Quais dessas atitudes pretende tomar?

Crescimento populacional, consumo excessivo, poluição e alterações climáticas podem causar a extinção de espécies

O *crescimento populacional humano* passado e projetado (observe a Figura 6-3, Capítulo 6) e o excesso de consumo e desperdício de recursos têm expandido muito a pegada ecológica humana, o que eliminou, degradou e fragmentou vastas áreas de *habitat* de vida selvagem (Figura 9-10). Ao atuar em conjunto, esses dois fatores têm causado a extinção de muitas espécies (Conceito 9-3). (Assista ao *The Habitable Planet*, Vídeo 13, em www.learner.org/resources/series209.html) A poluição também ameaça de extinção algumas espécies (Conceito 9-3), como demonstrado pelos efeitos indesejados de determinados pesticidas. De acordo com o U.S. Fish and Wildlife Service, a cada ano pesticidas matam um quinto das colônias de abelhas que polinizam quase um terço da produção de alimentos dos Estados Unidos (leia o Estudo de caso); também matam mais de 67 milhões de aves e de 6 a 14 milhões de peixes por ano, e ameaçam um quinto das espécies em risco e ameaçadas de extinção do país.

Durante os anos 1950 e 1960, as populações de aves que se alimentavam de peixes, como as águias pescadoras, os pelicanos e as águias brancas, diminuíram drasticamente. Um produto químico derivado do inseticida DDT, quando biologicamente acumulado em teias alimentares (Figura 9-15), fez que as cascas dos ovos desses pássaros ficassem tão frágeis que já não podiam mais se reproduzir com sucesso. Também foram duramente atingidas aves predadoras, como o falcão da pradaria, o gavião e o falcão-peregrino, que ajudam a controlar as populações de coelhos, esquilos e outros comedores de culturas agrícolas.

Desde a proibição do DDT nos Estados Unidos, em 1972, a maioria dessas espécies de aves tem conseguido se reproduzir. Por exemplo, a águia americana se recuperou a partir de apenas 487 casais reprodutores em 48 Estados, no ano de 1963, para quase 10 mil casais reprodutores em 2007, o suficiente para que fosse removida da lista de espécies em risco de extinção; a ajuda veio também com a repressão de sua caça e destruição de seu habitat. O retorno dessa espécie em vias de extinção é uma das maiores histórias de proteção da vida selvagem na história dos Estados Unidos. No entanto, o sucesso também pode levar a consequências indesejadas (Conexões).

Figura 9-15 *Bioacúmulo e biomagnificação:* DDT é uma substância química solúvel em gordura que pode se acumular nos tecidos adiposos dos animais. Em uma cadeia ou teia alimentar, esse pesticida é acumulado biologicamente nos corpos dos animais em cada um dos níveis tróficos superiores. (Os pontinhos nessa figura representam o DDT.) Sua concentração nos tecidos adiposos de organismos foi ampliada 10 milhões de vezes nessa cadeia alimentar em um estuário perto de Long Island Sound, no Estado de Nova York, Estados Unidos. Se cada organismo de fitoplâncton absorve e mantém uma unidade de DDT, um pequeno peixe que come milhares de zooplânctons (que se alimenta de fitoplâncton) armazenará milhares de unidades de DDT em seus tecidos adiposos. Cada peixe grande que comer dez peixes menores ingerirá e armazenará dezenas de milhares de unidades, e cada ave (ou ser humano) que se alimentar desses peixes grandes ingerirá várias centenas de milhares de unidades. **Pergunta:** como essa história demonstra o valor da prevenção da poluição?

> **CONEXÕES**
>
> **Salvando as águias, sobrepesca e perdendo os raros cormorões**
>
> Sempre que fazemos qualquer coisa na natureza, afetamos outra. Por exemplo, graças aos esforços de conservação, a águia americana pôde fazer um grande retorno. No entanto, nas águas da costa do Maine, 500 casais dessa espécie estão enfrentando uma escassez de peixes – o principal ingrediente de sua dieta – principalmente por causa da sobrepesca humana. Contudo, as águias são oportunistas e comem tudo o que for mais fácil de agarrar. Assim, ao largo da costa do Maine, o único local conhecido de colônias de nidificação dos raros cormorões nos Estados Unidos, elas passaram a devorar um grande número de filhotes, pois são fáceis de caçar. As águias estão forçando os cormorões adultos a deixarem seus ninhos, e seus ovos ficam expostos a outros predadores. Como resultado, entre 1992 e 2008, o número de casais de cormorões diminuiu de 250 para 80. Como cada espécie tem de comer ou decompor alguma coisa, tudo está conectado a alguma outra coisa na natureza.

De acordo com um estudo realizado em 2004 pela Conservation International, a *mudança climática* projetada poderia levar de um quarto à metade de todos os animais e plantas da Terra à extinção até o final deste século. Estudos científicos indicam que os ursos-polares (**Estudo de caso principal**) e 10 das 17 espécies de pinguins do mundo já estão ameaçados em razão das temperaturas mais elevadas e do derretimento do gelo em seus habitats polares.

> **PENSANDO SOBRE**
>
> **Os ursos-polares**
>
> Que diferença faria se a maioria ou todos os ursos-polares do mundo (**Estudo de caso principal**) desaparecessem? Liste duas atitudes que você tomaria para ajudar a proteger os ursos-polares que restam no mundo da extinção.

■ ESTUDO DE CASO
Onde foram parar todas as abelhas?

Abelhas adultas vivem do mel que fabricam a partir do néctar que coletam de plantas em flor (observe a Figura 4-16, Capítulo 4). Elas também alimentam seus filhotes com pólen das flores, rico em proteínas. Além de converter néctar em mel doce e produzir cera que podemos usar para velas, as abelhas nos proporcionam um dos mais importantes serviços ecológicos gratuitos da natureza: a polinização das plantas em flor.

Globalmente, um terço do fornecimento alimentar humano provém de plantas polinizadas por insetos, e as abelhas são responsáveis por 80% dessa polinização, segundo o Departamento de Agricultura dos Estados Unidos (USDA). Nesse país, a laboriosa abelha europeia poliniza a maioria das espécies de flores e 100 culturas comerciais vitais para a agricultura, incluindo até um terço das frutas, nozes e hortaliças.

Em 2006, a Academia Nacional de Ciências dos Estados Unidos (U.S. National Academy of Sciences) reportou uma queda de 30% nas populações de abelhas nos Estados Unidos desde a década de 1980. Nenhum culpado foi encontrado. No entanto, as possíveis causas desse declínio incluem a exposição a pesticidas. As abelhas recolhem pesticidas durante a polinização, e a cera das colmeias absorve essas e outras toxinas. Outras causas também podem abranger ataques de certos ácaros parasitas, que podem acabar com uma colônia em horas; a invasão de abelhas africanizadas (abelhas assassinas, Figura 4-16, Capítulo 4); e um vírus recém-descoberto vindo de Israel. Outro fator que contribuiu para sua queda é a má nutrição em razão da diminuição da diversidade natural de flores e outras plantas que servem de alimento para as abelhas.

Em 2008, nos Estados Unidos, um recorde, 36% das colônias de abelhas comerciais (cada uma com 30 mil a 100 mil abelhas individuais) foram perdidas. Quase um terço das mortes foi causado por *distúrbio do colapso da colônia* (CCD – sigla em inglês para *colony collapse disorder*), que fez que a maioria ou a totalidade das abelhas operárias adultas desaparecesse misteriosamente de suas colmeias, cujas possíveis causas podem ter sido parasitas, fungos, vírus, bactérias, pesticidas e má nutrição, causando estresse quando as colônias de abelhas comerciais são alimentadas com uma dieta artificial ao serem transportadas pelo país para serem alugadas para polinização.

Outra possibilidade seria a radiação por micro-ondas dos telefones e torres de celular que poderiam estar perturbando os sistemas de navegação das abelhas que coletam néctar e pólen. A radiação pode estar desorientando-as e impedindo que voltem para suas colmeias, ou reduzindo sua habilidade de voar, danificando seu sistema nervoso. Em um experimento realizado para testar essas hipóteses, telefones celulares foram colocados perto das colmeias, que entraram em colapso entre 5 e 10 dias após as abelhas operárias não terem conseguido retornar de seu forrageamento.

Então, o que podemos fazer para reduzir as ameaças às abelhas? Muitos apicultores estão tendo algum sucesso na redução do CCD, praticando higiene rigorosa, melhorando as dietas das abelhas e tentando reduzir as infecções virais. No entanto, todos podemos ajudar. O USDA sugere reduzirmos o uso de pesticidas, especialmente ao meio-dia, quando as abelhas têm maior probabilidade de estar à procura de néctar. Também podemos transformar nossos quintais e jardins em banquetes para elas, com o plantio de

CAPÍTULO 9 Biodiversidade sustentável: a abordagem das espécies

> **CONEXÕES**
>
> **Pesticidas, abelhas e o preço dos alimentos**
>
> A China, onde alguns cientistas alertam que pesticidas estão sendo usados em excesso, nos dá uma ideia de um futuro sem abelhas suficientes. As árvores individuais nos pomares de pera, na província chinesa de Sichuan, estão agora sendo amplamente polinizadas manualmente, a um grande custo. Sem as abelhas, muitas frutas, muitos legumes e nozes, que dependem delas para a polinização, podem se tornar muito caros para a maioria das pessoas no mundo. Os preços da carne e de produtos lácteos também aumentarão, porque as abelhas polinizam plantas forrageiras, como alfafa e feno, usados para alimentar animais de fazenda. Isso mostra o que pode acontecer quando prejudicamos gravemente um dos serviços ecológicos gratuitos da natureza, como a polinização, por exemplo.

plantas nativas de que gostam, como erva-cidreira, dedaleira, trevo vermelho e erva de Joe-Pye. As abelhas também necessitam de locais para viver, por isso alguns proprietários estão comprando casas de abelhas de lojas de jardinagem.

> **PENSANDO SOBRE**
>
> **Abelhas**
>
> Que diferença faria para você se a maioria das abelhas desaparecesse? Quais são as duas coisas que você poderia fazer para ajudar a reduzir a perda de abelhas?

Matar, capturar e vender espécies selvagens ilegalmente ameaça a biodiversidade

Algumas espécies protegidas são mortas ilegalmente (caçadas) para extração de suas partes valiosas ou vendidas vivas para colecionadores. Globalmente, esse comércio ilegal de animais selvagens gera em média pelo menos US$ 600 mil por hora. O crime organizado voltou-se para o contrabando ilegal de animais silvestres em decorrência dos enormes lucros envolvidos, superados apenas pelo comércio internacional ilegal de drogas e armas. Poucos traficantes são presos ou punidos, e pelo menos dois terços de todos os animais vivos contrabandeados em todo o mundo morrem em trânsito.

Para os caçadores, um gorila-das-montanhas vivo, espécie em alto risco de extinção, (Figura 9-16), vale US$ 150 mil; a pele de um panda gigante em risco iminente de extinção (menos de 1600 vivem ainda em estado selvagem na China) vale US$ 100 mil; um chimpanzé vivo, US$ 50 mil, e um dragão-de-komodo vivo da Indonésia vale U$$ 30 mil. Um chifre escalfado de rinoceronte (Figura 9-17) pode valer até US$ 55.500 o quilo. Os rinocerontes são mortos por nenhuma outra razão além da coleta de seus chifres, que são usados para fazer cabos de punhais no

Figura 9-16 Este gorila-das-montanhas macho habita as matas de Ruanda, na África. Essa espécie se alimenta principalmente de folhas, brotos e ramos de uma variedade de plantas. Apenas 700 gorilas-das-montanhas, criticamente em perigo, permanecem na natureza.

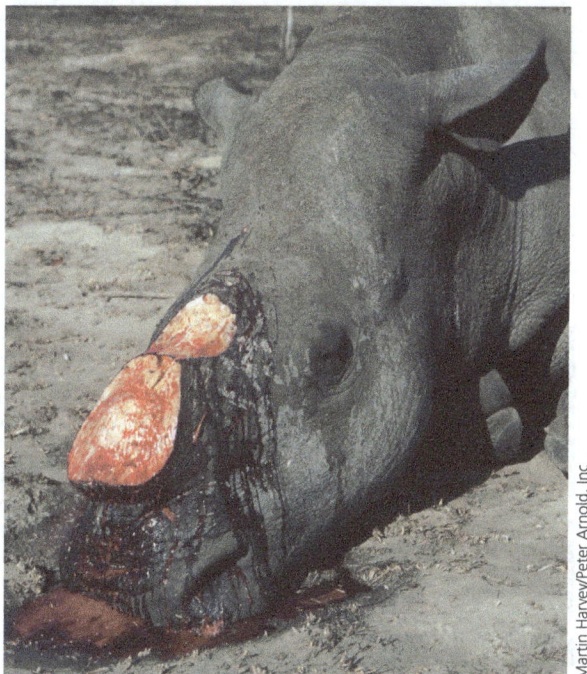

Figura 9-17 Este rinoceronte-branco foi morto por um caçador na África do Sul apenas por causa dos seus chifres. **Pergunta:** o que você diria se pudesse falar com a pessoa que matou esse animal?

Oriente Médio e como um redutor da febre e afrodisíaco na China e outras partes da Ásia.

Os elefantes continuam a perder habitat na África e na Ásia (Figura 9-10). Além disso, por ano, 25 mil elefantes africanos são mortos ilegalmente por causa de suas valiosas presas de marfim, apesar de haver uma proibição internacional sobre a venda de marfim de caça ilegal desde 1989. Em 1900, 100 mil tigres perambulavam livres pelo mundo. Apesar da proteção internacional, apenas 3.400 a 5.100 tigres adultos permanecem na natureza, um número que diminui rapidamente, de acordo com um estudo de 2009 pela IUCN. Hoje, todas as seis subespécies de tigres estão em risco de extinção no estado selvagem e vivem em apenas 7% de seu antigo habitat natural.

Por exemplo, o tigre indiano, ou de Bengala (Figura 9-10, em cima, à esquerda), está em risco porque um casaco feito de sua pele pode ser vendido por até US$ 100 mil em Tóquio. Com as partes do corpo de um único tigre valendo até US$ 70 mil – e porque poucos caçadores são presos ou punidos –, não é de surpreender que sua caça ilegal disparou, ou que tenham se tornado uma espécie em alto risco de extinção (Figura 9-2a). De acordo com especialistas em tigres, sem medidas de emergência para reduzir a caça ilegal e preservar seu habitat, é provável que poucos ou nenhum tigre esteja solto na natureza dentro de 20 anos.

> **PENSANDO SOBRE**
>
> **Tigres**
> O que você acredita que aconteceria aos ecossistemas se todos os tigres do mundo desaparecessem? Quais são as duas medidas que poderiam ser tomadas para ajudar a proteger da extinção os tigres que ainda restam no mundo?

Em todo o mundo, o comércio legal e ilegal de espécies selvagens para uso como animais de estimação é um grande negócio, também muito rentável. Muitos donos de animais selvagens não sabem que, para todo animal vivo capturado e vendido no mercado de animais de estimação, muitos outros são mortos ou morrem no caminho. Mais de 60 espécies de aves, principalmente papagaios (Figura 9-8), estão ameaçadas ou em risco de extinção graças ao comércio de aves selvagens.

> **CONEXÕES**
>
> **O comércio de animais de estimação e doenças infecciosas**
> A maioria das pessoas não está ciente de que alguns animais exóticos importados são portadores de doenças, como a hantavirose, vírus ebola, gripe aviária, herpes tipo B (presente na maioria dos macacos adultos) e salmonelas (em animais como hamsters, tartarugas e iguanas). Essas são doenças que podem se espalhar facilmente dos animais de estimação para seus donos e, em seguida, para outras pessoas.

PESSOAS FAZEM A DIFERENÇA

O cientista que enfrentou caçadores

Na Tailândia, o biólogo Pilai Poonswad (Figura 9-A) decidiu fazer algo com relação aos caçadores de calau-rinocerontes (Figura 9-B) da floresta tropical. Essa espécie de pássaro é um dos maiores calaus do mundo, e seu grande bico amplifica seu grasnado peculiar e muito alto.

Dr. Poonswad visitou os caçadores em suas aldeias e lhes mostrou por que os pássaros valem mais vivos do que mortos. Hoje, alguns antigos caçadores ganham dinheiro trazendo ecoturistas para dentro da floresta para ver esses pássaros magníficos. Em razão do seu interesse financeiro na preservação dos calaus, esses ex-caçadores agora ajudam a proteger as aves de outros caçadores.

A população de calaus-rinocerontes nesta área da Tailândia estava em declínio constante, mas, em parte por causa do Dr. Poonswad e de seu trabalho, está gradualmente se recuperando. É considerada uma espécie-indicadora em alguns dos seus habitats em florestas tropicais.

Figura 9-a O professor Pilai Poonswad, biólogo da Universidade Mahidol, na Tailândia, decidiu enfrentar os caçadores que eram uma ameaça aos raros calaus-rinocerontes.

Figura 9-b O raro calau rinoceronte é encontrado em habitats de florestas tropicais e subtropicais em partes da Ásia. Emite um grasnado alto e usa seu bico longo para se defender de predadores, como cobras e macacos. Seu habitat está ameaçado pelo desenvolvimento agrícola e madeireiro, e, em algumas áreas, o calau está ameaçado pelos membros de tribos locais, que o matam para alimento e pelas suas penas. Também é capturado e vendido vivo como parte do comércio ilegal de animais silvestres.

CAPÍTULO 9   Biodiversidade sustentável: a abordagem das espécies

Outras espécies selvagens, cujas populações estão esgotadas pelo comércio ilegal de animais, incluem muitos anfíbios, diversos répteis, alguns mamíferos e peixes tropicais (retirados na maioria de recifes de coral da Indonésia e Filipinas). Mergulhadores capturam peixes tropicais utilizando garrafas plásticas de cianeto tóxico para atordoá-los. Para cada peixe capturado vivo, muitos outros morrem. Além disso, a solução de cianeto mata os animais dos corais (pólipos) que criam o recife.

Algumas plantas exóticas, principalmente orquídeas e cactos (observe a Figura 7-10, Capítulo 10, centro), estão ameaçadas porque são recolhidas (muitas vezes ilegalmente) e vendidas a colecionadores para decorar casas, seus escritórios e seus jardins. Um colecionador pode pagar até US$ 5 mil por uma única orquídea rara. Um cacto saguaro maduro pode render até U$$ 15 mil para os negociadores.

As espécies selvagens em seus habitats naturais têm valor ecológico pelo papel que desempenham em seus ecossistemas. E também podem ter grande valor econômico se deixadas em liberdade. De acordo com o U.S. Fish and Wildlife Service, colecionadores de pássaros exóticos podem pagar até US$ 10 mil por uma arara-azul-grande ameaçada de extinção (Figura 9-8), contrabandeada do Brasil. No entanto, durante sua vida, uma única arara-azul-grande na natureza pode chegar a render até US$ 165 mil em turismo. Alguns cientistas estão usando esse tipo de informação em seus esforços para preservar a biodiversidade (Pessoas fazem a diferença).

> **PENSANDO SOBRE**
> **Coletar espécies selvagens**
> Algumas pessoas julgam não ser ético coletar animais e plantas selvagens para exibição e prazer pessoal, porque acreditam que deveríamos deixar a maioria das espécies exóticas silvestres na natureza. Explique por que você concorda ou discorda desta opinião.

A crescente demanda por carne de animais selvagens ameaça algumas espécies africanas

Há séculos, os povos indígenas em grande parte da África Central e Ocidental caçam, de maneira sustentável, a carne de animais selvagens como fonte de alimento. No entanto, nas últimas duas décadas, em algumas áreas essa caça tem aumentado entre os caçadores que tentam fornecer alimento para as populações que crescem rapidamente ou buscam lucrar com a venda da carnes exóticas para restaurantes (Figura 9-18). As estradas abertas para que mineiros, fazendeiros e colonos se movam entre florestas outrora inacessíveis, tornaram mais fácil caçar animais em busca da carne selvagem.

> **CONEXÕES**
> **Caça de carne selvagem e pesca predatória**
> Um estudo de 2004 mostrou que as pessoas que vivem nas zonas costeiras da África Ocidental intensificaram a caça de carne selvagem, porque a pesca de peixes locais diminuiu em função da exploração excessiva de frotas de pesca da União Europeia, que são fortemente subsidiadas.

Então, qual é o problema? Afinal, as pessoas têm que comer. Durante a maior parte de nossa existência, os seres humanos sobreviveram da caça e da coleta de espécies silvestres.

Um problema hoje é que a caça visando à carne acabou levando à extinção local de muitos animais selvagens em partes da África Ocidental e Central, e levou pelo menos uma espécie – o macaco Miss Waldron's red colobus – à completa extinção. Essa caça é também um fator na redução das populações de orangotangos (Figura 9-6), gorilas (Figura 9-16), chimpanzés, elefantes e hipopótamos. Segundo a IUCN, quase metade (48%) dos primatas do mundo (incluindo os orangotangos, chimpanzés e lêmures)

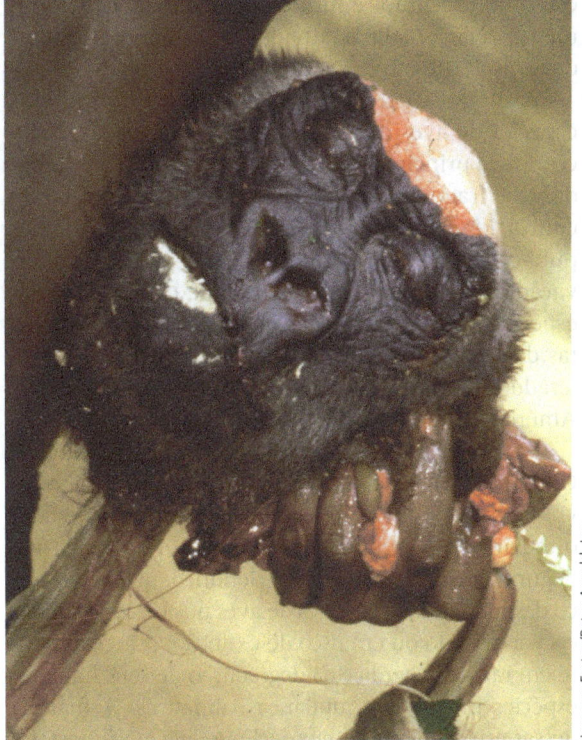

Figura 9-18 *Carne de caça*, como esta cabeça decepada de um gorila das terras baixas ameaçado de extinção no Congo, é consumida como fonte de proteínas por nativos em partes da África Ocidental e Central, e vendida em mercados nacionais e internacionais. Você pode encontrar carne de animais selvagens no menu em Camarões e na República Democrática do Congo, na África Ocidental, bem como em Paris, Londres, Toronto, Nova York e Washington, DC. Caçadores ilegais são muitas vezes os fornecedores de carne de caça. Os ricos donos de alguns restaurantes consideram que a carne de gorila seja uma fonte de status e poder. **Pergunta:** isto é diferente de matar uma vaca para se alimentar? Como?

estava em perigo de extinção em 2008 (contra 39% em 2003), principalmente como resultado da perda de habitat e caça pela sua carne. Outro problema é que abater e comer alguns tipos de carne de caça têm ajudado a espalhar doenças fatais, como HIV/AIDS e o vírus ebola de animais para humanos.

A Agência Americana para o Desenvolvimento Internacional (U.S. Agency for International Development – Usaid) tenta reduzir a caça insustentável de carne selvagem em algumas áreas da África, por meio da introdução de fontes alternativas de alimentos, como peixes criados em cativeiro. Também estão ensinando os moradores a criar ratazanas-do-capim como fonte de alimento.

■ ESTUDO DE CASO
Uma mensagem preocupante das aves

Aproximadamente 70% das populações das quase 10 mil espécies de aves conhecidas mundialmente estão em declínio, e muito dessa queda está claramente relacionada às atividades humanas, resumidas pelo HIPPCS.

Primeiro, uma em cada oito (12%) de todas as espécies de aves está ameaçada de extinção, em decorrência principalmente da perda de habitat, degradação e fragmentação (o H em HIPPCS), de acordo com a *Lista Vermelha de Espécies Ameaçadas de 2009*, publicada pela União Internacional para a Conservação da Natureza (IUCN). Cerca de três quartos das espécies de aves ameaçadas vivem em florestas, muitas das quais estão sendo desmatadas em ritmo acelerado, especialmente nas áreas tropicais da Ásia e da América Latina.

Em 2009, o U.S. Fish and Wildlife Service e o U.S. Geological Survey, com grupos conservacionistas e voluntários observadores de aves (acesse www.stateofthebirds.org), publicaram o Relatório *Estado das Aves*. Segundo esse extenso estudo científico, quase um terço das mais de 800 espécies de aves nos Estados Unidos está ameaçado ou em risco de extinção, principalmente em razão da perda e da degradação de seus habitats, espécies invasoras e mudanças climáticas. A maioria dessas espécies de aves em declínio vive em florestas e pastagens, bem como em habitats áridos, onde as populações de aves caíram em até 40% desde 1968.

As maiores quedas ocorreram entre as espécies migrantes de longa distância, como os sanhaços, currupiões, sabiás, vite-vites e toutinegras. Essas aves aninham-se no interior das florestas da América do Norte durante o verão e passam o inverno nas Américas Central, do Sul ou no Caribe.

As principais causas do declínio dessas populações parecem ser a perda e a fragmentação de habitats dedicados à reprodução dessas aves. Na América do Norte, a construção de estradas e loteamentos resultaram na divisão ou no desmatamento das florestas. Nas Américas Central e do Sul, os habitats em florestas tropicais, mangues e florestas úmidas estão sofrendo o mesmo destino. Além disso, as populações de 40% das aves aquáticas do mundo estão em declínio em razão da perda global de zonas úmidas.

Depois da perda do habitat, a introdução intencional ou acidental de espécies não nativas, como ratos que se alimentam de aves, é o segundo maior perigo, afetando 28% das aves ameaçadas do mundo. Outras espécies invasoras (o I no HIPPCS) são cobras, mangustos e gatos domésticos e selvagens, que matam centenas de milhões de aves anualmente.

Milhões de aves migratórias são mortas por ano ao colidirem com cabos de energia, torres de comunicação e arranha-céus que foram construídos dentro de suas rotas de migração. Estima-se que até 1 bilhão de aves nos Estados Unidos morrem por ano ao se chocar com janelas, especialmente aquelas de edifícios altos que são iluminadas à noite. Essa é a causa principal de mortalidade de aves dos Estados Unidos.

O segundo P em HIPPCS é a poluição, outra grande ameaça para as aves. Inúmeras estão expostas a derramamentos de petróleo, pesticidas e herbicidas que destroem seus *habitats*. Os pássaros, às vezes, também comem chumbo ao ingerir chumbinho de espingardas, que caem em zonas úmidas, ou bolinhas de chumbo deixadas por pescadores. A intoxicação por chumbo é uma grave ameaça para muitas aves, especialmente para as aquáticas.

A maior e mais nova ameaça para as aves é a mudança climática. Uma revisão de 2006 de mais de 200 artigos científicos, realizada para a WWF, concluiu que a mudança climática está causando o declínio de algumas populações de aves em todas as partes do mundo. E isso deve aumentar significativamente durante este século.

Por último, a superexploração de aves e outras espécies é uma grande ameaça para essas populações. Cinquenta e duas das 388 espécies de papagaios do mundo (Figura 9-8) estão ameaçadas, em parte porque um grande número de papagaios é capturado (muitas vezes ilegalmente) para o comércio de animais de estimação. Eles são retirados de áreas tropicais e vendidos geralmente para compradores na Europa e nos Estados Unidos.

Frotas de pesca industrial também representam uma ameaça. Pelo menos 23 espécies de aves marinhas, incluindo albatrozes (Figura 9-19), também enfrentam a extinção. Muitas dessas aves mergulhadoras se afogam depois de se enroscarem em linhas de pesca ou em grandes redes que são instaladas por barcos de pesca.

Cientistas de biodiversidade veem esse declínio das espécies de aves com preocupação. Uma razão é

Figura 9-19 A IUNC relata que 82% dos albatrozes estão ameaçados. O albatroz-de-sobrancelha mostrado aqui está em perigo em virtude de uma drástica redução em sua população por causa das linhas de pesca e redes lançadas de frotas de pesca de arrastão, pois as redes e anzóis se enroscam na aves, fazendo-as se afogar ao mergulhar na água para buscar alimentos.

que as aves são excelentes *indicadores ambientais*, pois vivem em todos os climas e biomas, respondem rapidamente às mudanças ambientais em seus habitats e são relativamente fáceis de identificar e contar.

Além disso, as aves realizam serviços ecológicos e econômicos criticamente importantes em ecossistemas de todo o mundo. Por exemplo, muitas aves desempenham funções especializadas na polinização e dispersão de sementes, principalmente em áreas tropicais. A extinção dessas espécies pode levar ao desaparecimento de plantas que dependem desses pássaros para polinização, que, por sua vez, pode levar à extinção alguns animais especializados que se alimentam desses vegetais. Essa cascata de extinções pode afetar nosso abastecimento alimentar e também nosso bem-estar. Por esse motivo, proteger as aves e seus habitats não é apenas uma questão de conservação, mas importante também para a saúde humana (Ciência em Foco).

Os cientistas de biodiversidade nos encorajam a ouvir mais atentamente o que as aves estão nos dizendo sobre o estado do meio ambiente, para o bem delas e também para nosso próprio bem.

PENSANDO SOBRE

Extinção de pássaros

Como seu estilo de vida contribui, direta ou indiretamente, para a extinção de algumas espécies de aves? Quais as são duas atitudes que você acredita que devem ser tomadas para reduzir a extinção de pássaros?

CIÊNCIA EM FOCO

Urubus, cães selvagens e raiva: algumas conexões científicas inesperadas

Em 2004, o World Conservation Union colocou três espécies de urubus, encontradas na Índia e no sul da Ásia, na lista de animais criticamente em risco de extinção. Durante o início da década de 1990, havia mais de 40 milhões desses urubus comedores de carniça. No entanto, dentro de poucos anos sua população caiu mais de 97%.

Esse é um mistério científico interessante. Mas deveríamos nos importar com o desaparecimento de várias espécies de urubus? A resposta é sim.

Os cientistas ficaram intrigados, mas acabaram descobrindo que os urubus estavam sendo envenenados por diclofenaco. Esse medicamento anti-inflamatório foi dado às vacas para ajudar a aumentar a produção de leite, reduzindo a inflamação nos respectivos órgãos. Contudo, isso causou insuficiência renal em urubus que se alimentavam das carcaças dessas vacas.

Conforme os urubus morriam, um grande número de carcaças de vaca, normalmente uma fonte de alimento para os urubus, agora era consumido por cães selvagens e ratos cujas populações os urubus ajudavam a controlar, reduzindo sua oferta de alimentos. Enquanto as populações de cães selvagens explodiam por causa do grande aumento na oferta de alimentos, o número de cães com raiva também aumentava. Isso aumentou os riscos de as pessoas serem mordidas por cães raivosos. Somente em 1997, mais de 30 mil pessoas na Índia morreram de raiva, mais da metade do número total de mortes por raiva naquele ano no mundo.

Assim, proteger as espécies de urubus da extinção pode resultar na proteção de milhões de pessoas de uma doença fatal. Descobrir conexões ecológicas muitas vezes inesperadas na natureza não é apenas fascinante, mas também vital para nossa própria saúde.

Alguns críticos dos esforços para proteção das espécies e ecossistemas das atividades humanas prejudiciais enquadram a questão como entre escolher proteger as pessoas e proteger a vida selvagem. A maioria dos biólogos da conservação rejeita isso como uma conclusão enganosa, argumentando que é importante proteger tanto os animais selvagens quanto as pessoas, porque os destinos e bem-estar estão interligados.

Pensamento crítico

O que aconteceria com sua vida e seu estilo de vida se a maioria dos urubus do mundo desaparecesse?

9-4 Como podemos proteger as espécies silvestres da extinção?

▶ **CONCEITO 9-4 Podemos reduzir a crescente taxa de extinção de espécies e ajudar a proteger a biodiversidade global por meio da criação e da aplicação de leis ambientais nacionais e tratados internacionais, da criação de uma série de santuários de vida selvagem protegidos e medidas de precaução para evitar tais danos.**

Tratados internacionais e leis nacionais podem ajudar a proteger as espécies

Diversos tratados e convenções internacionais ajudam a proteger as espécies selvagens ameaçadas ou em risco de extinção (Conceito 9-4). Uma das mais abrangentes é a *Convenção sobre o Comércio Internacional de Espécies Ameaçadas*, de 1975 *(Convention on International Trade in Endangered Species – CITES)*. Esse tratado, assinado por 175 países, proíbe a caça, a captura e a venda de espécies ameaçadas ou em perigo, enumerando 900 espécies que não podem ser comercializadas como espécimes vivos, ou suas partes, ou produtos, porque estão em perigo de extinção. Também restringe o comércio internacional de 5 mil espécies de animais e 28 mil de plantas que correm o risco de se tornarem ameaçadas.

O CITES tem ajudado a reduzir o comércio internacional de muitos animais ameaçados, inclusive elefantes, crocodilos, chitas e chimpanzés. Contudo, os efeitos desse tratado são limitados, porque a aplicação varia de país para país, e infratores condenados muitas vezes pagam apenas pequenas multas. Além disso, os países-membros podem se isentar de proteger todas as espécies listadas, e grande parte do comércio ilegal altamente lucrativo de animais selvagens e produtos de animais selvagens continua acontecendo em países que não assinaram o tratado.

A *Convenção sobre Diversidade Biológica (CDB)*, ratificada por 191 países (mas até 2010, não pelos Estados Unidos), legalmente obriga os governos participantes a reduzir a taxa mundial de perda de biodiversidade e repartir, de maneira equitativa, os benefícios da utilização dos recursos genéticos do mundo. Isto inclui esforços para prevenir ou controlar a disseminação de espécies invasoras ecologicamente prejudiciais.

Essa convenção é um marco no direito internacional, pois incide sobre os ecossistemas, em vez de espécies individuais, e conecta a proteção da biodiversidade a questões como os direitos tradicionais dos povos indígenas. No entanto, pelo fato de alguns países-chave, incluindo os Estados Unidos, não a terem ratificado, sua implantação tem sido lenta. Além disso, a convenção não contém sanções severas ou outros mecanismos de implantação.

A Lei de Espécies Ameaçadas dos Estados Unidos

A *Lei de Espécies Ameaçadas*, de 1973 (ESA; alterada em 1982, 1985 e 1988), foi criada para identificar e proteger espécies ameaçadas de extinção nos Estados Unidos e no exterior (Conceito 9-4). Essa lei ambiental é, provavelmente, a de maior alcance já adotada por qualquer nação, o que a tornou controversa.

De acordo com a ESA, o National Marine Fisheries Service (NMFS) é responsável por identificar e listar as espécies oceânicas ameaçadas de extinção, ao passo que o U.S. Fish and Wildlife Service (USFWS) tem a função de identificar e listar todas as outras espécies ameaçadas de extinção. Qualquer decisão de adicionar ou remover uma espécie da lista, por qualquer uma dessas agências, deve ter base em fatores biológicos, sem considerar fatores econômicos ou políticos. No entanto, as duas agências podem usar fatores econômicos para decidir se e como proteger o habitat em perigo e desenvolver planos de recuperação para as espécies listadas. A ESA também proíbe as agências federais (exceto o Departamento de Defesa) de realizar, financiar ou autorizar projetos que possam pôr em risco qualquer espécie em extinção ou ameaçada, e destruir ou modificar seu habitat crítico.

Por delitos cometidos em terras privadas, multas de até US$ 100 mil e um ano de prisão podem ser impostas para garantir a proteção do habitat das espécies ameaçadas de extinção, apesar de raramente terem sido aplicadas. Essa parte da lei é controversa, porque pelo menos 90% das espécies listadas vivem total ou parcialmente em terrenos privados. A ESA também torna ilegal a venda ou compra de qualquer produto feito de espécies em extinção ou ameaçadas, assim como caçar, matar, coletar ou ferir tais espécies nos Estados Unidos.

Entre 1973 e 2010, o número de espécies dos Estados Unidos nas listas oficiais de espécies ameaçadas de extinção aumentou de 92 para mais de 1.370. De acordo com um estudo da Nature Conservancy, um terço das espécies do país está em risco de extinção, e 15% de todas as espécies estão em risco elevado, muito mais do que o número atual de espécies listadas. (Para os últimos números e outros detalhes atuais, acesse http://ecos.fws.gov/tess_public/TESSBoxscore, site do U.S. Fish and Wildlife Service. E para um mapa interativo das espécies ameaçadas nos Estados Unidos por estado, visite http://www.endangered-specie.com/map.htm.)

O USFWS ou o NMFS deve preparar um plano para ajudar cada uma das espécies listadas a se recuperar, incluindo a demarcação e a proteção de habitats críticos. Em 2009, 90% das espécies protegidas estavam cobertas por planos ativos de recuperação. Exemplos de planos de recuperação bem-sucedidos incluem os jacarés americanos (Estudo de caso), o lobo cinzento, o falcão-peregrino, a águia-calva e o pelicano marrom.

A ESA também protege outras 573 espécies adicionais de outros países. A lei exige que todas as remessas comerciais de animais e de produtos de animais selvagens entrem ou saiam do país por um dos nove portos designados. Os 120 inspetores em tempo integral do USFWS podem inspecionar apenas uma pequena fração dos mais de 200 milhões de animais selvagens trazidos de forma legal para os Estados Unidos anualmente. Todos os anos, dezenas de milhões de animais selvagens também são trazidos de forma ilegal, mas há pouco tráfico de animais ou plantas em extinção ou ameaçados que são apreendidos (Figura 9-20). Mesmo quando são capturados, muitos infratores não são processados e, se condenados, pagam apenas uma pequena multa. Assim, essa parte da Lei de Espécies Ameaçadas precisa ser muito melhorada.

Desde 1982, a ESA foi alterada para dar a proprietários privados incentivos econômicos para ajudar a salvar espécies em risco de extinção que vivem

CIÊNCIA EM FOCO

As realizações da Lei de Espécies Ameaçadas

Críticos da ESA a chamam de um fracasso caro porque apenas 46 espécies foram retiradas da lista de espécies ameaçadas de extinção. A maioria dos biólogos insiste que não foi um fracasso, por quatro razões.

Primeira, as espécies são listadas apenas quando enfrentam grave risco de extinção. Argumentar que a lei é um fracasso é o mesmo que dizer que uma sala de emergência mal custeada de um hospital, criada para atender apenas aos casos mais desesperados e muitas vezes com pouca esperança de recuperação, deve ser desligada porque não tem sido capaz de salvar pacientes suficientes.

Segunda, levam décadas para a maioria das espécies se tornar ameaçada ou em risco de extinção. Da mesma maneira, também levam décadas para trazer uma espécie em estado crítico de volta ao ponto onde pode ser removida da lista de espécies críticas. Esperar que a ESA – que existe apenas desde 1973 – rapidamente recupere o esgotamento biológico que decorreu ao longo de muitas décadas é irrealista.

Terceira, de acordo com dados federais, as condições de mais da metade das espécies listadas estão estáveis ou melhorando, e 99% das espécies protegidas continuam sobrevivendo. Uma sala de emergência de um hospital, atendendo apenas aos casos mais desesperados, consegue estabilizar ou melhorar as condições de mais da metade dos pacientes, mantendo 99% deles vivos, seria considerado um sucesso estrondoso.

Quarta, o orçamento de 2010 para proteger espécies ameaçadas totalizou uma despesa média de 9 centavos de dólar por cidadão americano. Para seus defensores, é surpreendente que a ESA, com um orçamento tão pequeno, tenha conseguido estabilizar ou melhorar as condições de mais da metade das espécies listadas.

Seus partidários concordam que a lei pode ser melhorada, e que as autoridades federais têm sido por vezes pesadas demais em sua aplicação. No entanto, em vez de extinguir ou acabar com a ESA, alguns biólogos clamam para que ela seja fortalecida e modificada. Um estudo da U.S. National Academy of Sciences recomendou três grandes alterações para tornar a ESA mais cientificamente correta e eficaz:

1. Aumentar significativamente o parco financiamento para a implantação da lei.
2. Elaborar planos de recuperação mais rapidamente. Um estudo de 2006 pelo Government Accountability Office (GAO) constatou que as espécies com planos de recuperação têm maior chance de sair da lista das espécies ameaçadas, e recomendou que todos os esforços para reformar a lei devem continuar a exigir planos de recuperação.
3. Quando uma espécie é listada pela primeira vez, estabelecer o núcleo de seu habitat como crítico para sua sobrevivência. Essa seria uma medida de emergência temporária que poderia suportar as espécies por 25-50 anos.

A maioria dos biólogos e conservacionistas da vida selvagem acredita que os Estados Unidos também precisam de uma nova lei que enfatize a proteção e a manutenção da diversidade biológica e dos ecossistemas, em vez de se concentrar principalmente em salvar espécies individuais. (Discutiremos esta ideia com maior profundidade no Capítulo 10.)

Pensamento crítico

A Lei de Espécies Ameaçadas deve ser modificada para proteger e sustentar a biodiversidade global dos Estados Unidos de maneira mais eficiente? Explique.

Figura 9-20 Estes produtos apreendidos foram feitos de espécies ameaçadas de extinção. Por causa da escassez de fundos e de inspetores, provavelmente não mais do que um décimo do comércio ilegal de animais selvagens nos Estados Unidos é descoberto. A situação é ainda pior na maioria dos outros países.

em suas terras. A meta é chegar a um meio termo entre os interesses dos proprietários privados e os de espécies ameaçadas de extinção. Por exemplo, um investidor, proprietário de terra, ou madeireiro pode ser autorizado a destruir o habitat crítico de uma espécie em extinção caso pague para deslocá-la para outro habitat favorável. A ESA também tem sido usada para proteger répteis marinhos (tartarugas) e mamíferos (principalmente baleias, focas e leões-marinhos) ameaçados ou em risco de extinção, como discutiremos no Capítulo 11.

Figura 9-21 O Pelican Island National Wildlife Refuge, na Flórida, foi o primeiro Refúgio Nacional de Vida Selvagem da América. Criado em 1903 para ajudar a proteger o pelicano-pardo (observe a foto) e outras aves da extinção. Em 2009, o pelicano-pardo foi retirado da lista de espécies ameaçadas dos Estados Unidos.

Alguns acreditam que a Lei de Espécies Ameaçadas deve ser enfraquecida ou revogada; outros, que ela deve ser reforçada e modificada para se concentrar na proteção de ecossistemas. Seus opositores afirmam que ela coloca os direitos e o bem-estar dos animais e plantas ameaçados de extinção acima dos das pessoas e que não tem sido eficaz na proteção de espécies em risco de extinção e causado perdas econômicas severas, impedindo o desenvolvimento em terras privadas.

Desde 1995, inúmeros esforços têm sido feitos para enfraquecer a ESA e reduzir seu já escasso orçamento anual, que é menos do que uma empresa de cerveja normalmente gasta em dois comerciais de TV de 30 segundos durante o jogo final do campeonato de futebol americano, o Super Bowl. Outros críticos vão mais longe, e pensam em acabar com ela.

A maioria dos biólogos de conservação e cientistas da vida selvagem concorda que a ESA deve ser simplificada e racionalizada. No entanto, argumentam que ela também não foi um fracasso (Ciência em foco).

Podemos estabelecer refúgios de vida selvagem e outras áreas protegidas

Em 1903, o presidente Theodore Roosevelt estabeleceu o primeiro refúgio de vida selvagem federal dos Estados Unidos em Pelican Island, na Flórida (Figura 9-21), para ajudar a proteger aves como o pelicano-pardo (Figura 9-21) da extinção. Demorou mais de um século, mas essa proteção funcionou. Em 2009, o pelicano-pardo foi retirado da lista de Espécies Ameaçadas dos Estados Unidos. Desde então, o Sistema Nacional de Refúgio de Vida Selvagem cresceu, incluindo 548 refúgios. Por ano, mais de 40 milhões de americanos visitam esses refúgios para caçar, pescar, caminhar e observar aves e outros animais selvagens.

Mais de três quartos dos refúgios servem como santuários de zonas úmidas, vitais para proteger as aves aquáticas migratórias, como os gansos da neve (observe a Figura 5-11, Capítulo 5). Um quinto das espécies ameaçadas dos Estados Unidos tem seus *habitats* no sistema de refúgios, e alguns foram reservados para determinadas espécies ameaçadas de extinção (Conceito 9-4). Essas áreas têm ajudado o veado-campeiro, o pelicano-pardo e o cisne trombeteiro da Flórida a se recuperar. Os parques nacionais e outros santuários governamentais também têm sido usados para ajudar a proteger espécies como o bisão americano.

No entanto, as notícias sobre os refúgios não são todas boas. De acordo com um estudo do escritório de Contabilidade Geral (Government Accountability Office – GAO), as atividades consideradas prejudiciais para a vida selvagem, como mineração, extração de petróleo e a utilização de veículos *off-road*, ocorrem em quase 60% dos refúgios de vida selvagem do país. Além disso, um estudo de 2008, preparado para o Congresso, concluiu que, durante anos, os refúgios de vida selvagem do país receberam tão pouco financiamento, que um terço deles não tem funcionários, e as trilhas, os edifícios públicos e outras estruturas em alguns deles estão em péssimas condições.

Os cientistas de biodiversidade nos Estados Unidos estão pedindo que o governo defina mais refúgios para plantas ameaçadas de extinção e aumente significativamente o tão negligenciado orçamento para o sistema de refúgio. Também estão pedindo ao Congresso, bem como para os legisladores estaduais, que permita que áreas militares abandonadas contendo habitats significativos de animais selvagens se tornem refúgios de vida silvestre nacional ou estadual.

Bancos de genes, jardins botânicos e fazendas de vida selvagem podem ajudar a proteger as espécies

Os *bancos de genes* ou *de sementes* preservam as informações genéticas de espécies vegetais ameaçadas de extinção, armazenando as sementes em ambientes refrigerados, de baixa umidade. Mais de 100 bancos de sementes ao redor do mundo detêm juntos 3 milhões de amostras.

No entanto, algumas espécies não podem ser preservadas em bancos de genes, porque estes são de qualidade variável, caros para serem operados e podem ser destruídos por incêndios e outros acidentes. No entanto, uma nova abóbada subterrânea em uma ilha remota no Ártico acabará abrigando 100 milhões de sementes do mundo. Não está vulnerável a perdas de energia, incêndios, tempestades ou guerras.

Os 1600 *jardins botânicos* e *arboretos* do mundo contêm plantas vivas, que representam quase um terço das espécies de plantas conhecidas. Contudo, contêm apenas cerca de 3% das espécies vegetais raras e ameaçadas do mundo, e muito pouco espaço e financiamento para preservar a maioria delas.

Podemos tirar o risco de algumas espécies ameaçadas ou em extinção ao criar indivíduos dessas espécies em *fazendas* para venda comercial. Na Flórida, por exemplo, os jacarés são criados em fazendas para o consumo de sua carne e pele. Fazendas de borboletas, estabelecidas para aumentar e proteger as espécies ameaçadas, florescem na Papua Nova Guiné, onde muitas espécies estão ameaçadas pelas atividades do desenvolvimento. Essas fazendas também são usadas para educar os visitantes sobre a necessidade de proteger as espécies de borboletas.

Os zoológicos e aquários podem proteger algumas espécies

Os zoológicos, aquários, parques florestais e centros de pesquisa de animais estão sendo usados para conservar alguns indivíduos de espécies de animais criticamente em perigo, com o objetivo, a longo prazo, de reintrodução das espécies em habitats selvagens protegidos.

Duas técnicas para a preservação de espécies terrestres ameaçadas são a *coleta de ovos* e a *reprodução em cativeiro*. A primeira envolve coletar ovos selvagens de espécies de aves criticamente ameaçadas de extinção e, em seguida, incubá-los em zoológicos ou centros de pesquisa. Na segunda, alguns ou todos os indivíduos selvagens das espécies criticamente em perigo são recolhidos para reprodução em cativeiro, com o objetivo de reintroduzir seus filhotes na vida selvagem. A reprodução em cativeiro foi usada para salvar o falcão-peregrino e o condor da Califórnia (Figura 9-2c).

Outras técnicas para aumentar as populações de espécies em cativeiro incluem a inseminação artificial, transferência de embriões (implantação cirúrgica de ovos de uma espécie em uma mãe de aluguel de outra espécie), uso de incubadoras e criação cruzada (pela qual os jovens de uma espécie rara são criados pelos pais de uma espécie similar). Os cientistas também utilizam bases de dados informatizados, que detêm informações sobre linhagens familiares de espécies em jardins zoológicos e análise de DNA para ligar indivíduos para o acasalamento – um serviço de encontros por computador para os animais do zoológico. Esse método também evita a erosão genética causada pela endogamia em pequenas populações de sobreviventes.

O objetivo final dos programas de reprodução em cativeiro é aumentar as populações até que alcancem um nível em que possam ser reintroduzidas na natureza. Contudo, após mais de duas décadas de esforços de criação em cativeiro, apenas poucas espécies em risco de extinção foi devolvido à vida selvagem. Exemplos incluem o terão, o condor da Califórnia (leia o Estudo de caso, na página 224) e o mico-leão-dourado (uma espécie de macaco em grande risco de extinção). A maioria das reintroduções falha pela falta de habitat adequado, pela incapacidade dos indivíduos criados em cativeiro de sobreviver no campo em razão da caça excessiva ou da caça de alguns dos indivíduos retornados.

A população em cativeiro de espécies ameaçadas deve estar entre 100 e 500 indivíduos para que ela possa evitar a extinção por acidente, doença ou perda da diversidade genética em razão da endogamia. Pesquisas genéticas recentes indicam que 10 mil indivíduos ou mais são necessários para que uma espécie ameaçada mantenha sua capacidade de evolução biológica. Zoológicos e centros de pesquisa não têm financiamento ou espaço suficiente para abrigar populações tão grandes.

Aquários públicos que exibem espécies exóticas e atrativas de peixes e alguns animais marinhos, como focas e golfinhos, ajudam a educar o público sobre a necessidade de proteger essas espécies. Contudo, principalmente por causa dos recursos limitados, esses aquários não têm servido como bancos de genes eficientes para as espécies marinhas ameaçadas, especialmente de mamíferos marinhos que precisam de grandes volumes de água, como a lontra marinha do Sul em risco de extinção (releia o Estudo de caso principal do Capítulo 5).

Assim, o uso dos jardins zoológicos, aquários e jardins botânicos não é uma solução biológica ou economicamente viável para o problema crescente da extinção de espécies. A Figura 9-22 apresenta algumas atitudes que você pode tomar para ajudar a lidar com este problema.

O que você pode fazer?

Protegendo as espécies

- Não compre casacos de pele, produtos de marfim ou outros itens feitos de espécies ameaçadas ou em extinção.
- Não compre madeira ou produtos de papel produzidos pelo desmatamento de florestas antigas nos trópicos.
- Não compre aves, cobras, tartarugas, peixes tropicais e outros animais que são capturados na natureza.
- Não compre orquídeas, cactos ou outras plantas que são retirados do meio natural.
- Espalhe a ideia. Converse com seus amigos e parentes sobre esse problema e o que eles podem fazer sobre isso.

Figura 9-22 Pessoas fazem a diferença: você pode ajudar a prevenir a extinção das espécies. **Pergunta:** cite duas dessas ações que você acredita serem as mais importantes? Por quê?

ESTUDO DE CASO
Tentando salvar o condor da Califórnia

No início da década de 1980, o condor da Califórnia (Figura 9-2c), a maior ave da América do Norte, quase foi extinto, com apenas 22 aves restantes na vida selvagem. Para ajudar a salvar essa espécie de urubu altamente ameaçada, os cientistas capturaram as aves restantes e as criaram em cativeiros e zoológicos para depois retorná-las à vida selvagem.

As aves capturadas foram isoladas do contato humano tanto quanto possível, e, para reduzir defeitos genéticos, indivíduos intimamente relacionados foram impedidos de reprodução. Em 2009, havia 348 condores vivos. Cerca de 180 deles vivem em estado selvagem em todo o sudoeste dos Estados Unidos, e o restante em zoológicos e santuários de pássaros.

Uma grande ameaça para as aves é o envenenamento por chumbo, que pode começar quando ingerem bolinhas de chumbo da munição nas carcaças de animais, como coiotes e coelhos, mortos por agricultores e pecuaristas e deixados no campo. Eles também podem obter esses chumbinhos dos órgãos internos dos animais deixados por caçadores que limpam suas caças no campo. Um condor envenenado por chumbo rapidamente se torna fraco e deficiente mental, e morre de fome ou é morto por predadores.

Uma coalizão entre organizações conservacionistas e de saúde está fazendo *lobby* nas comissões estaduais de vida selvagem e com os legisladores para proibir o uso de chumbo na munição e exigir o uso de substitutos menos nocivos. Tal proibição foi aprovada na Califórnia, mas é difícil de ser aplicada. Os conservadores também pedem que as pessoas que caçam em áreas do condor que removam todos os animais mortos e enterrem os órgãos dos animais depois de tê-los limpado, que cubram os restos com rochas ou que os coloquem em áreas inacessíveis.

Proteger o condor da Califórnia da extinção quase certa tem sido caro e controverso. Até agora, este programa tem um custo de US$ 35 milhões, com US$ 25 milhões provenientes de recursos estaduais e federais. Isso o torna o projeto de conservação mais caro da história dos Estados Unidos. Alguns ambientalistas alegam que esse dinheiro poderia ter sido mais bem gasto na proteção de uma série de outras espécies ameaçadas.

> **PENSANDO SOBRE**
> **O retorno tímido do condor da Califórnia**
> Você acredita que os fundos utilizados para proteger o condor da Califórnia teriam sido mais bem gastos na proteção de outras espécies em perigo de extinção? Em caso afirmativo, quais são as duas espécies que você acredita merecerem mais fundos para ajudar a evitar sua extinção?

O princípio da precaução

Os cientistas de biodiversidade pedem que tomemos medidas de precaução para evitar mais extinções e maiores perdas da biodiversidade. Essa abordagem tem base no *princípio da precaução*: quando as evidências preliminares substanciais indicam que uma atividade pode prejudicar a saúde humana ou o meio ambiente, devemos tomar medidas preventivas para evitar ou reduzir esses danos, mesmo que algumas relações de causa e efeito não tenham sido plenamente comprovadas cientificamente. Esse princípio é baseado na ideia de bom-senso que existe por trás de muitos ditados populares, incluindo "Melhor prevenir do que remediar" e "Olhe por onde anda".

Os cientistas usam o princípio da precaução para argumentar tanto pela preservação das espécies, quanto pela proteção de ecossistemas inteiros, foco do próximo capítulo. O princípio da precaução é usado também como uma estratégia para prevenir ou reduzir drasticamente a exposição a substâncias químicas nocivas no ar que respiramos, na água que bebemos e na comida que comemos.

Usar os limitados recursos financeiros e humanos para proteger a biodiversidade com base no princípio da precaução implica lidar com três questões importantes:

1. Como alocar recursos limitados para proteger tanto as espécies quanto seus habitats?

2. Como podemos decidir quais espécies devem receber mais atenção em nossos esforços para proteger tantas espécies quanto possível? Por exemplo, devemos nos concentrar na proteção das espécies mais ameaçadas ou em espécies-chave e de base? Proteger as espécies que são atraentes para os seres humanos, como os tigres (observe a Figura 9-2a) e o orangotango (Figura 9-6), pode aumentar a consciência pública da necessidade de conservação da vida selvagem. No entanto, alguns argumentam que devemos proteger as espécies mais importantes ecologicamente do risco de extinção.

3. Como podemos determinar quais áreas de habitat são mais críticas para se proteger?

Aqui estão as *três grandes ideias deste capítulo:*

- Estamos aumentando a extinção das espécies selvagens ao degradar e destruir os habitats, introduzindo espécies invasoras nocivas e aumentando o crescimento da população humana, a poluição, as alterações climáticas e a superexploração.

- Devemos evitar a extinção de espécies selvagens em decorrência dos serviços ecológicos e econômicos que prestam, e também porque sua existência não deve depender essencialmente de sua utilidade para nós.

- Podemos trabalhar para evitar a extinção de espécies e proteger a biodiversidade em geral usando leis e tratados, protegendo santuários de vida selvagem e fazendo maior uso do princípio da precaução.

O grande desafio do século XXI é elevar as pessoas em todos os lugares a um padrão de vida decente, ao mesmo tempo que se preserva o resto da vida tanto quanto possível.

EDWARD O. WILSON

REVISITANDO — Ursos-polares e sustentabilidade

Aprendemos muito sobre como proteger da extinção espécies ameaçadas em função de nossas atividades. Sabemos também a importância das espécies selvagens como componentes-chave da biodiversidade da Terra – parte de seu capital natural – que oferece suporte a toda a vida e as economias.

No entanto, apesar desses esforços, há provas contundentes de que até metade das espécies selvagens do mundo, incluindo o urso-polar (**Estudo de caso principal**), pode ser extinta durante este século, principalmente como resultado das atividades humanas. A ignorância ecológica é responsável por algumas das incapacidades de lidar com esse problema. No entanto, muitos afirmam que a verdadeira causa dessa incapacidade é que necessitamos de vontade ética e política para agir com nosso conhecimento científico atual.

De acordo com os três **princípios de sustentabilidade**, agir para evitar a extinção de espécies como resultado de atividades humanas contribui para a preservação da biodiversidade, do fluxo de energia e da ciclagem de matéria nos ecossistemas da Terra. Assim, não é só por essas espécies que temos de agir, mas também pela saúde geral a longo prazo da biosfera, da qual todos dependemos, além da saúde e bem-estar de nossa própria espécie. Proteger as espécies selvagens e seus habitats é uma forma de proteger a nós mesmos e nossos descendentes.

Proteger a biodiversidade não é mais simplesmente uma questão de criar e fazer cumprir leis para espécies em risco de extinção ou criar parques e reservas. Será também necessário mitigar a mudança climática projetada, que ameaça gravemente o urso-polar (**Estudo de caso principal**) e muitas outras espécies e seus habitats. Será também necessário reduzir o tamanho e o impacto de nossas pegadas ecológicas.

REVISÃO

1. Revise as Questões-chave e os Conceitos para este capítulo. Descreva como as atividades humanas ameaçam os ursos-polares no Ártico.
2. O que é **extinção biológica**? Defina **taxa de extinção de fundo** e **extinção em massa**. Como uma **taxa de extinção** é expressa? Qual era a taxa de extinção de fundo (em porcentagem)? Como pode a extinção de uma espécie afetar outras espécies e serviços de ecossistemas? Descreva como os cientistas estimam as taxas de extinção. Dê três razões pelas quais muitos especialistas em extinção acreditam que as atividades humanas estão causando uma nova extinção em massa. Faça distinção entre **espécies ameaçadas** e **espécies em risco de extinção**. Dê um exemplo de cada uma. Liste quatro características que tornam algumas espécies particularmente vulneráveis à extinção. Descreva a extinção do pombo-passageiro na América do Norte.
3. Quais são as três razões para tentar evitar a extinção de espécies selvagens? Descreva dois benefícios ecológicos e econômicos de ter a variedade de espécies que temos hoje.
4. Quais são as quatro causas de extinção das espécies que resultam de atividades humanas? O que é **HIPPCS**? Em ordem, quais são as seis maiores causas diretas de extinção de espécies em função principalmente das atividades humanas? O que é **fragmentação de habitat**? Descreva os principais efeitos da perda de habitat e da sua fragmentação. Por que espécies em ilha são especialmente vulneráveis à extinção?
5. Dê dois exemplos de vantagens da introdução de algumas espécies não nativas. Dê dois exemplos de efeitos nocivos de espécies não nativas que foram introduzidas (a) de forma deliberada e (b) acidentalmente. Descreva os efeitos nocivos e benéficos do kudzu. Liste quatro maneiras de limitar os impactos nocivos das espécies não nativas. Descreva o papel do crescimento populacional, consumo excessivo, da poluição e da mudança climática na extinção de espécies selvagens. Explique de que modo pesticidas, como o DDT, podem ser bioacumulados nas cadeias e teias alimentares. Descreva o declínio de algumas populações de abelhas nos Estados Unidos e liste possíveis causas para o problema. O que é distúrbio do colapso da colônia e o que pode estar causando isso? Quais funções econômicas e ecológicas as abelhas desempenham?
6. Descreva a caça ilegal de espécies selvagens e dê três exemplos de espécies que estão ameaçadas em razão dessa atividade. Por que os tigres selvagens podem desaparecer dentro de algumas décadas? Descreva como Pilai Poonswad ajudou a proteger o raro calau-rinoceronte na Tailândia. Descreva a ameaça que o aumento da caça de carne selvagem causa à vida selvagem.
7. Descreva as principais ameaças às espécies de aves no mundo e nos Estados Unidos. Liste três razões pelas quais devemos nos assustar com o declínio de muitas espécies de aves. Descreva as relações entre os urubus, cães selvagens e a raiva em partes da Índia.
8. Descreva dois tratados internacionais que são usados para ajudar a proteger as espécies. Resuma a história da Lei de Espécies Ameaçadas dos Estados Unidos. Ela tem sido bem-sucedida? Por que ela é controversa?
9. Descreva o papel e limitações de refúgios de vida silvestre, bancos de genes, jardins botânicos, fazendas de animais selvagens, jardins zoológicos, aquários na proteção de algumas espécies. Descreva os esforços para proteger o condor da Califórnia da extinção. O que é o **princípio da precaução** e como podemos usá-lo para ajudar a proteger as espécies selvagens e a biodiversidade em geral? Quais são as três questões importantes relacionadas à utilização desse princípio?
10. Quais são as *três grandes ideias deste capítulo*? Descreva como os três **princípios da sustentabilidade** estão relacionados à proteção do urso-polar e de outras espécies silvestres da extinção e à proteção da biodiversidade global da Terra.

Obs.: Os termos-chave estão em negrito.

PENSAMENTO CRÍTICO

1. Quais são três aspectos do seu estilo de vida que podem, direta ou indiretamente, contribuir para a ameaça ao urso-polar (**Estudo de caso principal**)?
2. Descreva sua reação instintiva à seguinte declaração: "Eventualmente, todas as espécies são extintas. Então, realmente não importa se o pombo-passageiro está extinto, ou que o urso-polar (**Estudo de caso principal**) ou as espécies remanescentes de tigres do mundo estejam em risco principalmente por causa das atividades humanas". Seja honesto sobre sua reação e dê argumentos para apoiar sua posição.
3. Você aceita a posição ética de que cada espécie tem o direito inerente de sobreviver sem a interferência humana, independente de servir ou não a algum

propósito útil para os humanos? Explique. Você estenderia esse direito ao mosquito *Anopheles*, que transmite a malária, e às bactérias infecciosas? Explique.

4. O ecologista de vida selvagem e filósofo ambiental Aldo Leopold escreveu sobre impedir a extinção das espécies selvagens: "Manter cada engrenagem da roda é a primeira precaução dos ajustes inteligentes". Explique como essa afirmação se relaciona com o material deste capítulo.

5. O que você faria se as formigas-argentinas invadissem seu quintal e sua casa? Explique seu raciocínio por trás de sua resposta a essa pergunta. Como suas ações podem afetar outras espécies ou o ecossistema em que está inserido?

6. Quais das seguintes afirmações melhor descrevem seus sentimentos e com relação à vida selvagem:
   a. Enquanto ela permanecer em seu espaço, a vida selvagem está bem.
   b. Enquanto eu não precisar do seu espaço, a vida selvagem está bem.
   c. Eu tenho o direito de usar o habitat dos animais selvagens para satisfazer minhas próprias necessidades.
   d. Ao ver uma árvore de pau-brasil, um elefante ou alguma outra forma de vida selvagem, você já viu todos, portanto, basta colocar um pouco de cada espécie em um zoológico ou parque de animais selvagens e não se preocupar como proteger o resto.
   e. Os animais selvagens devem ser protegidos em suas distribuições atuais.

7. Grupos ambientais em um Estado muito arborizado desejam restringir o corte em algumas áreas para salvar o *habitat* de um esquilo em perigo. Os funcionários da empresa madeireira argumentam que o bem-estar de um tipo de esquilo não é tão importante quanto o de muitas famílias que seriam afetadas se a restrição levar a empresa a demitir centenas de trabalhadores. Se você tivesse o poder de decidir essa questão, o que faria e por quê? Descreva todas as trocas incluídas na sua solução.

8. Escreva um argumento para (a) preservar uma espécie de erva daninha em seu quintal e (b) não exterminar uma colônia de formigas-carpinteiras prejudiciais à madeira em sua casa.

9. Parabéns! Você está encarregado de impedir a extinção causada pelas atividades humanas de uma grande parte das espécies existentes no mundo. Liste as três políticas mais importantes que poderia implementar para atingir essa meta.

10. Liste duas questões que gostaria que tivessem sido respondidas como resultado da leitura deste capítulo.

ANÁLISE DE DADOS

Examine esses dados divulgados pelo World Resources Institute e responda às seguintes perguntas:

País	Área total em quilômetros quadrados (km²)	Área protegida como porcentagem da área total (2003)	Número total de espécies conhecidas de aves nidificantes (1992-2002)	Número de espécies de aves nidificantes ameaçadas (2002)	Espécies de aves nidificantes ameaçadas como percentual do número total de espécies conhecidas de aves nidificantes
Afeganistão	647.668 (250.000)	0,3	181	11	
Camboja	181.088 (69.900)	23,7	183	19	
China	9.599.445 (3.705.386)	7,8	218	74	
Costa Rica	51.114 (19.730)	23,4	279	13	
Haiti	27.756 (10.714)	0,3	62	14	
Índia	3.288.570 (1.269.388)	5,2	458	72	
Ruanda	26.344 (10.169)	7,7	200	9	
Estados Unidos	9.633.915 (3.718.691)	15,8	508	55	

Fonte dos dados: World Resources Institute, *Earth Trends, Biodiversity and Protected Areas, Perfis de Países*; http://earthtrends.wri.org/country_profiles/index.php?theme=7

1. Complete o quadro, preenchendo a última coluna. Por exemplo, para calcular esse valor para a Costa Rica, divida o número de espécies de aves ameaçadas pelo número total de espécies conhecidas de aves e multiplique a resposta por 100 para obter a porcentagem.

2. Organize os países do maior para o menor, de acordo com a área total de terra. Parece haver alguma correlação entre o tamanho do país e o percentual de espécies de aves nidificantes ameaçadas? Explique seu raciocínio.

Sustentando a biodiversidade terrestre: a abordagem ecossistêmica

10

ESTUDO DE CASO PRINCIPAL

Wangari Maathai e o Movimento Cinturão Verde

Em meados da década de 1970, Wangari Maathai (Figura 10-1) olhou cuidadosamente para as condições ambientais em seu país natal, o Quênia. Os córregos arborizados que conhecera quando criança secaram. Fazendas e plantações deslocaram vastas áreas de floresta, estavam drenando as bacias hidrográficas e degradando o solo. Água potável, lenha e alimentos nutritivos eram escassos.

Algo dentro dela dizia que tinha de fazer alguma coisa sobre essa degradação ambiental. Começando com um pequeno viveiro de árvores em seu quintal, em 1977 fundou o Movimento Cinturão Verde, que continua até hoje. O principal objetivo desse grupo de mulheres, considerado de auto-ajuda, é organizar as mulheres rurais pobres do Quênia a fim de que plantem e protejam milhões de árvores, combatendo o desmatamento e ajudando no fornecimento de lenha. Desde 1977, os 50 mil membros desse grupo de base já plantaram e protegeram mais de 40 milhões de árvores.

As mulheres recebem uma pequena quantia para cada muda da planta que sobrevive. Isso lhes provê uma renda para ajudá-las a quebrar o ciclo da pobreza. As árvores fornecem frutas, materiais para construção e forragem para o gado. E, ainda, mais lenha, para que as mulheres e crianças não tenham que andar tanto para encontrar combustível para cozinhar e aquecer sua casa. As árvores também melhoram o meio ambiente, reduzindo a erosão do solo e proporcionando sombra e beleza. Além disso, ajudam a retardar as mudanças climáticas projetadas pela remoção de CO_2 da atmosfera.

O sucesso do Movimento Cinturão Verde provocou a criação de programas semelhantes em mais de 30 outros países africanos. Em 2004, Maathai se tornou a primeira mulher africana e ambientalista a receber o Prêmio Nobel da Paz por seus esforços ao longo da vida. Na primeira hora depois de saber que ganhara o prêmio (Figura 10-1), Maathai plantou uma árvore, dizendo aos espectadores que era "a melhor maneira de comemorar". Ela pediu que todos no mundo plantassem uma árvore como um símbolo de compromisso e da esperança. Maathai conta sua história em seu livro *The Green Belt Movement: sharing the approach and the experience*, publicado pela Lantern Books em 2003.

Desde 1980, a *biodiversidade* (observe a Figura 4-2, Capítulo 4) surgiu como um conceito-chave da biologia, e é o foco de um dos três **princípios da sustentabilidade**. Biólogos alertam que o crescimento da população humana, o desenvolvimento econômico e a pobreza estão exercendo cada vez mais pressão sobre os ecossistemas terrestres e aquáticos, e também sobre os serviços que fornecem para o sustento da biodiversidade. Em 2010, um relatório de dois órgãos ambientais das Nações Unidas advertiu que, a menos que uma ação radical e criativa seja tomada agora para preservar a biodiversidade da Terra, muitos sistemas naturais que sustentam a vida e os meios de subsistência estão em risco de entrar em colapso.

Este capítulo é dedicado a nos ajudar a compreender as ameaças às florestas, pastagens e outros tesouros da biodiversidade terrestre, e a buscar maneiras de ajudar a sustentar esses ecossistemas vitais. Para muitos cientistas, sustentar a biodiversidade vital do mundo é um dos nossos desafios mais importantes. Sem essa biodiversidade – componente-chave do capital natural da Terra – você não estaria vivo para ler estas palavras.

Figura 10-1 Wangari Maathai foi a primeira mulher queniana a conseguir um doutorado e chefiar um departamento acadêmico da Universidade de Nairóbi. Em 1977, ela organizou o internacionalmente aclamado Movimento Cinturão Verde para plantar milhões de árvores no Quênia. Por seu trabalho pela proteção do meio ambiente e promoção da democracia e dos direitos humanos, recebeu muitas honras, incluindo 13 doutorados honorários, o Goldman Environmental Prize, Prêmio de Liderança da África, da ONU, uma indicação ao Hall da Fama Internacional da Mulher e o Prêmio Nobel da Paz de 2004. Esta foto mostra o momento em que ela recebeu a notícia de que ganhara o Prêmio Nobel da Paz. Depois de anos sendo perseguida, espancada e presa por se opor às políticas do governo, Wangari foi eleita para o Parlamento do Quênia, como membro do Partido Verde, em 2002.

Questões e conceitos principais

10-1 Quais são as principais ameaças aos ecossistemas da floresta?

CONCEITO 10-1A Os ecossistemas de floresta prestam serviços ecológicos de valor muito maior do que o das matérias-primas extraídas deles.

CONCEITO 10-1B O corte e a queima de florestas de maneira insustentável, aliados ao surgimento de doenças e insetos e agravados pela mudança climática, são as principais ameaças aos ecossistemas florestais.

10-2 Como devemos gerir e manter as florestas?

CONCEITO 10-2 Podemos manter as florestas ao destacar o valor econômico de seus serviços ecológicos, eliminando subsídios do governo que aceleram sua destruição, protegendo as florestas de crescimento antigo, colhendo as árvores em uma velocidade menor do que elas são repostas e plantando mais árvores.

10-3 Como devemos gerir e manter as savanas?

CONCEITO 10-3 Podemos manter a produtividade das savanas ao controlar o número e a distribuição de herbívoros, e restaurar as já degradadas.

10-4 Como devemos gerir e manter parques e reservas naturais?

CONCEITO 10-4 Sustentar a biodiversidade exigirá uma proteção mais eficaz dos parques e reservas naturais existentes, bem como a proteção de muito mais áreas terrestres ainda não perturbadas do planeta.

10-5 Qual é a abordagem ecossistêmica para sustentar a biodiversidade?

CONCEITO 10-5 Podemos ajudar a sustentar a biodiversidade terrestre identificando e protegendo áreas severamente ameaçadas (*hotspots*), restaurando os ecossistemas danificados (usando a ecologia de restauração) e compartilhando com outras espécies muitas das terras que dominamos (usando a ecologia de reconciliação).

Obs.: Suplementos 2, 3, 6 e 8 podem ser utilizados com este capítulo.

Não há outra maneira, eu lhe asseguro, para salvar a biodiversidade da Terra que não seja pela preservação de ambientes naturais em reservas suficientemente grandes para manter as populações selvagens de forma sustentável.

EDWARD O. WILSON

10-1 Quais são as principais ameaças aos ecossistemas da floresta?

▶ **CONCEITO 10-1A** Os ecossistemas de floresta prestam serviços ecológicos de valor muito maior do que o das matérias-primas extraídas deles.

▶ **CONCEITO 10-1B** O corte e a queima de florestas de maneira insustentável, aliados ao surgimento de doenças e insetos e agravados pela mudança climática, são as principais ameaças aos ecossistemas florestais.

As florestas variam em idade, constituição e origens

Florestas naturais e plantadas ocupam aproximadamente 30% da superfície terrestre do planeta (excluindo a Groenlândia e a Antártica). A Figura 7-7, Capítulo 7, mostra a distribuição das florestas de coníferas, temperadas e tropicais do norte. As florestas tropicais (observe a Figura 7-13, Capítulo 7, topo) representam mais da metade da área florestal do mundo, e as *boreais* ou de coníferas do norte (observe a Figura 7-13, embaixo) respondem por um quarto do seu total.

Gestores florestais e ecólogos classificam as florestas naturais em dois tipos principais, com base em sua idade e estrutura: as de crescimento antigo e as de crescimento secundário. **Floresta antiga**, ou *primária*, é aquela sem cortes ou regenerada, que não tenha sido seriamente perturbada pelas atividades humanas ou catástrofes naturais por centenas de anos (Figura 10-2). Florestas antigas são reservatórios da biodiversidade porque proporcionam nichos

CAPÍTULO 10 Sustentando a biodiversidade terrestre: a abordagem ecossistêmica

Figura 10-2 Capital natural: Esta floresta antiga está localizada no Estado de Washington, no Olympic National Forest.

ecológicos para uma infinidade de espécies selvagens (observe as Figuras 7-14 e 7-15, Capítulo 7).

Floresta secundária é um grupo de árvores resultante da sucessão ecológica secundária (observe as Figuras 5-20, Capítulo 5, e 7-13, Capítulo 7, foto do centro). Estas se desenvolvem depois que as árvores em uma área foram removidas por atividades humanas, como o corte raso para madeira ou para gerar terras cultiváveis, ou por forças naturais, como incêndios, furacões e erupções vulcânicas. Em muitos casos, as florestas se regeneram quando os indivíduos plantam e cuidam das árvores (**Estudo de caso principal**).

Plantação de árvores, também chamada **fazenda de árvores** ou **floresta comercial** (Figura 10-3), é uma área manejada com apenas uma ou duas espécies de árvores de mesma idade que, em geral, são colhidas por corte raso tão logo se tornem comercialmente valiosas. A terra é, então, replantada e cortada novamente em ciclos regulares. Quando administradas com cuidado, essas plantações podem produzir madeira em um ritmo rápido e, assim, aumentar os lucros de seus proprietários. Alguns analistas estimam que, eventualmente, plantações de árvores poderiam fornecer a maior parte da madeira utilizada para fins industriais, como fabricação de papel, por exemplo, o que ajudaria a proteger as florestas antigas e secundárias remanescentes no mundo.

A desvantagem das plantações de árvores é que, com apenas uma ou duas espécies arbóreas, elas são muito menos biologicamente diversas e menos sustentáveis do que florestas antigas e de crescimento secundário, pois violam o **princípio de sustentabilidade** da biodiversidade. Além disso, os ciclos repetidos de corte e replantio eventualmente esgotam o solo de nutrientes e podem levar a um ponto ecológico decisivo e irreversível que impeça a regeneração de qualquer tipo de floresta nesses terrenos. Também há controvérsia sobre o aumento do uso de espécies de árvores geneticamente modificadas, cujas sementes podem se espalhar para outras áreas e ameaçar a diversidade natural das florestas secundárias e antigas.

De acordo com estimativas de 2007 da Organização para Alimentação e Agricultura da ONU (FAO),

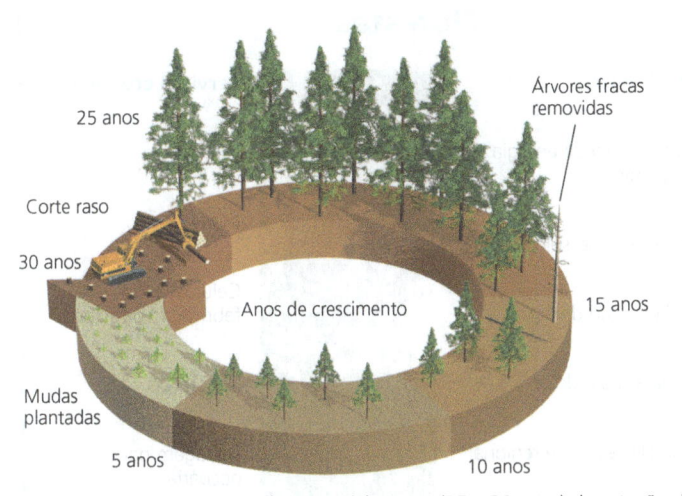

Figura 10-3 Este diagrama ilustra o ciclo curto (25 a 30 anos) de rotação de corte e replantio de uma plantação de árvores em monocultura. Nos países tropicais, onde as árvores podem crescer mais rapidamente durante todo o ano, o ciclo de rotação pode ser de 6-10 anos. A maioria das plantações de árvores (observe a foto, à direita) é cultivada em terras de florestas primárias ou secundárias que foram desmatadas. **Pergunta:** quais são as duas maneiras pelas quais esse processo pode degradar um ecossistema?

60% das florestas do mundo são secundárias, 36% são florestas antigas ou primárias e 4% são plantações de árvores (6% nos Estados Unidos). Os cinco países com as maiores áreas de florestas antigas são Rússia, Canadá, Brasil, Indonésia e Papua Nova Guiné, nessa ordem. Juntos, eles têm mais de três quartos das florestas antigas que restam no mundo.

Os países com as maiores áreas de plantações de árvores são: China (que tem pouca floresta original remanescente), Índia, Estados Unidos, Rússia, Canadá e Suécia, nessa ordem, que representam 60% das plantações mundiais de árvores. Alguns biólogos conservacionistas pedem o estabelecimento de plantações de árvores somente em terras já desmatadas ou degradadas, em vez de cortar florestas naturais para dar lugar a plantações de árvores, como muitas vezes é feito.

Florestas fornecem importantes serviços econômicos e ecológicos

As florestas fornecem serviços de grande valor ecológico e econômico (Figura 10-4 e Conceito 10-1A). Por exemplo, por meio da fotossíntese, elas removem CO_2 da atmosfera e o armazenam em compostos orgânicos (biomassa). Ao realizar esse serviço ecológico como parte do ciclo global de carbono (observe a Figura 3-19, Capítulo 3), as florestas ajudam a estabilizar a temperatura média da atmosfera e a retardar a mudança climática projetada. Elas também nos fornecem oxigênio, mantêm o solo no lugar e ajudam a recarregar os aquíferos e controlar inundações. Os cientistas têm tentado estimar o valor econômico desses e de outros serviços ambientais prestados pelas florestas e outros ecossistemas do mundo (Ciência em foco).

A maioria dos biólogos alerta que o desmatamento e a degradação das florestas antigas que restam no mundo são uma ameaça grave para o meio ambiente por causa dos importantes serviços ecológicos e econômicos que oferecem. Por exemplo, os medicamentos tradicionais, usados por 80% da população mundial, são derivados principalmente de espécies de plantas nativas de florestas, e os produtos químicos encontrados em plantas da floresta tropical são usados como modelos para fazer a maioria dos medicamentos do mundo (observe Figura 9-7, Capítulo 9). Aproximadamente a metade de todos os medicamentos é concebida de fontes naturais, principalmente de espécies de plantas encontradas nas florestas tropicais, incluindo aí 55 dos 100 medicamentos mais receitados nos Estados Unidos.

As florestas fornecem habitats para dois terços das espécies terrestres do planeta. Também são o lar de mais de 300 milhões de pessoas; uma em cada quatro depende de uma floresta para ganhar a vida.

A exploração insustentável é uma grande ameaça aos ecossistemas florestais

Com serviços ecológicos altamente valiosos, as florestas nos fornecem matérias-primas, especialmente a madeira. A colheita de madeira é uma das indústrias mais importantes do mundo. Mais da metade da madeira retirada das florestas da Terra é utilizada como *biocombustível* para cozinhar e aquecimento. O restante da safra, chamada *madeira industrial*, é usada principalmente para fazer papel e produtos à base de madeira.

O primeiro passo na colheita das árvores é a construção de estradas para se ter acesso e remover a madeira. Mesmo estradas cuidadosamente projetadas têm uma série de efeitos nocivos (Figura 10-5) – ou seja,

Figura 10-4 As florestas proporcionam muitos serviços ecológicos e econômicos importantes (Conceito 10-1A). **Pergunta:** Quais dois serviços ecológicos e quais dois serviços econômicos você acha mais importantes?

Capital natural

Florestas

Serviços ecológicos	Serviços econômicos
Suporte para o fluxo de energia e ciclagem química	Lenha
Redução da erosão do solo	Madeira
Absorção e liberação de água	Celulose para fabricação de papel
Purificação da água e do ar	Mineração
Influência no clima local e regional	Pastagem para pecuária
Armazenamento de carbono atmosférico	Recreação
Fornecimento de inúmeros habitats selvagens	Empregos

CIÊNCIA EM FOCO

Colocando preço nos serviços ecológicos da natureza

Atualmente, florestas e outros ecossistemas são avaliados principalmente por seus serviços econômicos (Figura 10-4, à direita). Mas suponha que levássemos em conta o valor monetário dos serviços ambientais prestados por elas (Figura 10-4, à esquerda).

Em 1997, uma equipe de ecologistas, economistas e geógrafos, liderada pelo economista ecológico Robert Costanza, da Universidade de Vermont, estimou o valor monetário dos serviços ecológicos da Terra, que pode ser considerado renda ecológica, algo parecido com os rendimentos de juros obtidos em uma conta poupança. Podemos pensar no capital natural da Terra – o estoque de recursos naturais que fornecem os serviços ecológicos – como a caderneta de poupança da qual obtemos rendimento dos juros.

A equipe de Costanza estimou o valor monetário dos serviços ecológicos da Terra (o rendimento biológico, ou os juros) como sendo de pelo menos US$ 33,2 trilhões por ano – perto do valor econômico de todos os bens e serviços produzidos anualmente em todo o mundo. Os pesquisadores também estimaram a quantidade de dinheiro que teria de ser investida em uma conta poupança a fim de render juros no montante de US$ 33,2 trilhões por ano. Eles chegaram a um montante estimado de pelo menos US$ 500 trilhões – uma média de cerca de US$ 72.460 por pessoa na Terra.

Segundo o estudo de Costanza, as florestas do mundo nos fornecem serviços ecológicos com um valor mínimo de US$ 4,7 trilhões por ano, centenas de vezes mais do que seu valor econômico em termos de madeira, papel ou outros produtos de madeira. Além disso, os pesquisadores acreditam que os dados desses estudos indicam que suas estimativas são muito modestas.

A equipe de Costanza examinou vários estudos e uma variedade de métodos utilizados para estimar os valores dos ecossistemas. Por exemplo, alguns pesquisadores estimaram se as pessoas estão dispostas a pagar por serviços ambientais que não são comercializados, como o controle natural das enchentes e o armazenamento de carbono. Essas estimativas foram adicionadas aos valores conhecidos de produtos comercializados, como a madeira, por exemplo, para chegar a um valor total de um ecossistema.

O estudo da equipe de Costanza era uma síntese, ou uma análise combinada, de alguns desses métodos e resultados desses estudos. Os pesquisadores estimaram as áreas globais totais de 16 categorias principais de ecossistemas, incluindo florestas, savanas e outros sistemas terrestres e aquáticos. Depois, multiplicaram essas áreas pelos valores por hectare de diversos serviços de ecossistemas para obter os valores econômicos estimados dessas formas de capital natural. Alguns dos resultados para as florestas são mostrados na Figura 10-A. Observe que o valor coletivo desses serviços ambientais é muito maior que o da madeira e outras matérias-primas extraídas dessas florestas (**Conceito 10-1A**).

Esses pesquisadores esperam que suas estimativas alertem as pessoas para três fatos importantes: os serviços ecológicos da Terra são essenciais para todos os seres humanos e suas economias, o valor econômico desses serviços é enorme; e os serviços ecológicos são uma fonte permanente de renda ecológica, desde que sejam utilizados de forma sustentável.

Pensamento crítico

Alguns analistas acreditam que não devemos tentar colocar valores econômicos nos serviços ecológicos insubstituíveis do mundo, pois seus valores são infinitos. Você concorda com esse ponto de vista? Explique. Qual é a alternativa?

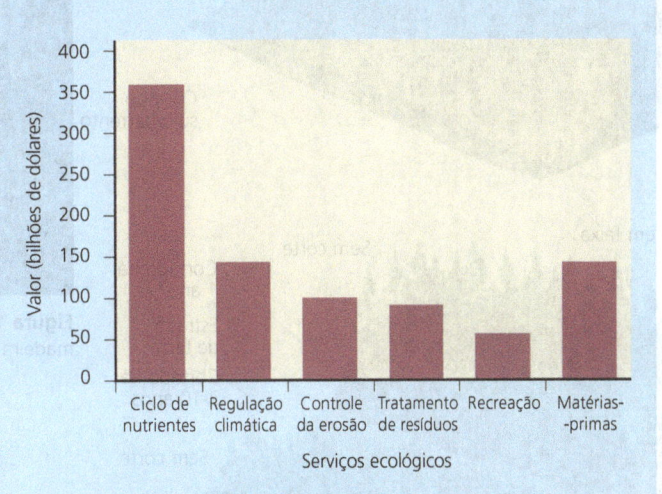

Figura 10-A Este gráfico mostra estimativas dos valores econômicos globais anuais de alguns serviços ecológicos prestados pelas florestas em relação às matérias-primas que produzem (em bilhões de dólares). (Dados de Robert Costanza)

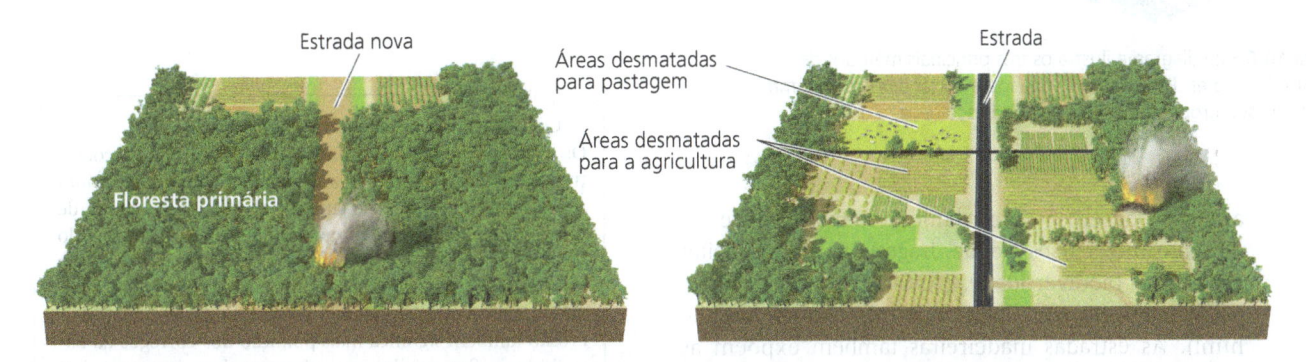

Figura 10-5 Degradação do capital natural: A construção de estradas em florestas inacessíveis é o primeiro passo para a extração de madeira, mas também abre caminho para a fragmentação, destruição e degradação dos ecossistemas florestais.

234 Ecologia e sustentabilidade

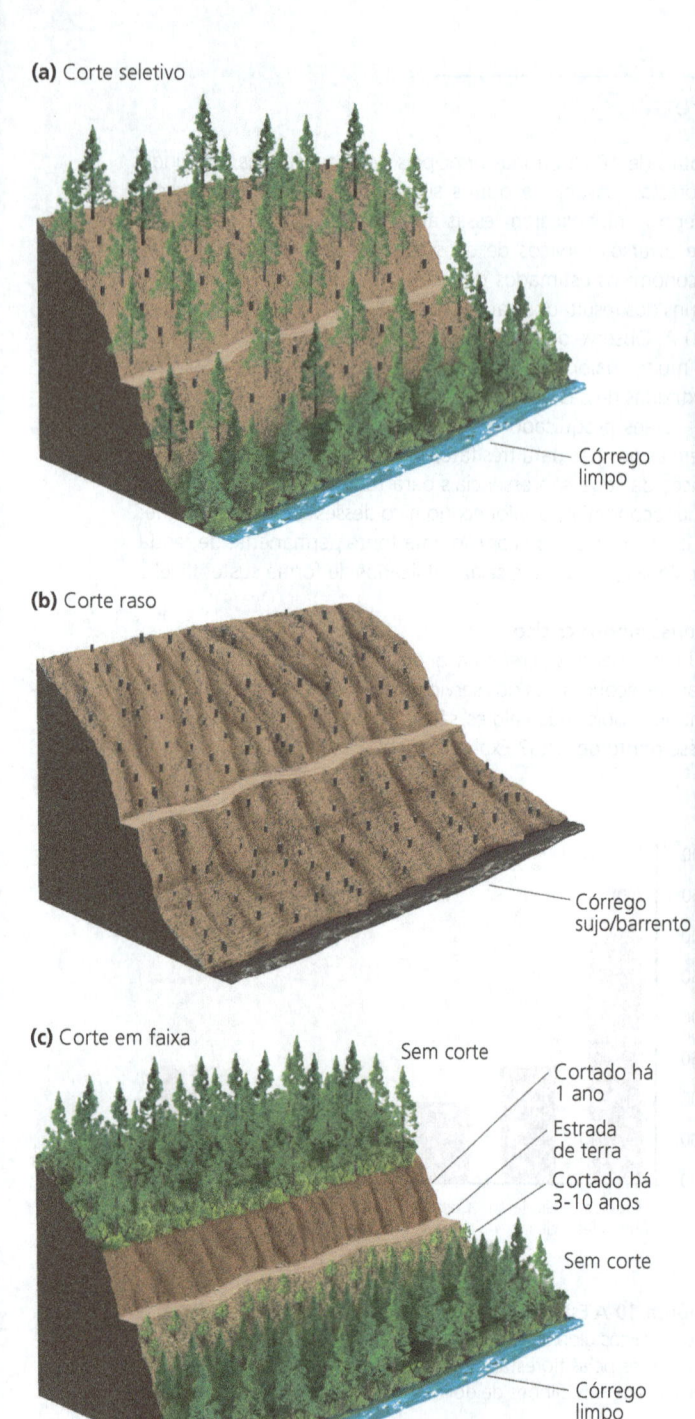

(a) Corte seletivo

Córrego limpo

(b) Corte raso

Córrego sujo/barrento

(c) Corte em faixa

Sem corte
Cortado há 1 ano
Estrada de terra
Cortado há 3-10 anos
Sem corte
Córrego limpo

Figura 10-6 Este diagrama ilustra os três principais métodos de colheita de árvores. Pergunta: Se você fosse cortar árvores em uma floresta de sua propriedade, qual método escolheria? Por quê?

Figura 10-7 Esta foto aérea mostra os resultados do corte raso da madeira no Estado de Washington, Estados Unidos.

tas outrora inacessíveis para garimpeiros, fazendeiros, agricultores, caçadores e veículos *off-road*.

Quando madeireiros chegam a uma área de floresta, usam uma variedade de métodos para a colheita das árvores (Figura 10-6). Com o *corte seletivo*, as árvores de idade intermediária ou maduras de uma área florestal são cortadas individualmente ou em

aumento da erosão e escoamento superficial de sedimentos nos cursos d'água, fragmentação do habitat e perda de biodiversidade. (Assista *The Habitable Planet*, Vídeo 9, em www.learner.org/resources/series209.html). As estradas madeireiras também expõem as florestas à invasão de pragas não nativas, doenças e espécies selvagens. Além disso, abrem aquelas flores-

CONEXÕES

Corte raso e a perda da biodiversidade
Os cientistas descobriram que a remoção de toda a cobertura de árvores de uma área de floresta aumenta consideravelmente o escoamento superficial da água e a perda de nutrientes do solo (consulte o Estudo de caso principal do Capítulo 2 e Figura 2-6, Capítulo 2), e, ainda, a erosão do solo, que por sua vez faz que mais vegetação morra, deixando a terra estéril, podendo ser ainda mais erodida. Mais erosão também significa mais poluição dos córregos da bacia hidrográfica, e todos esses efeitos podem destruir os habitats terrestres e aquáticos e degradar a biodiversidade.

CAPÍTULO 10 Sustentando a biodiversidade terrestre: a abordagem ecossistêmica 235

pequenos grupos (Figura 10-6a). No entanto, os madeireiros frequentemente removem todas as árvores, no que chamam de *corte raso* (Figuras 10-6b e 10-7), que é a maneira mais eficiente, para a exploração madeireira, de colher árvores, mas pode causar danos consideráveis a um ecossistema. A Figura 10-8 resume algumas vantagens e desvantagens do corte raso.

Uma variação de corte raso que permite uma produção de madeira mais sustentável, sem a destruição generalizada, é o *corte em faixas* (Figura 10-6c), que consiste em cortar uma tira de árvores ao longo do contorno da terra dentro de um corredor estreito o suficiente para permitir a regeneração natural da floresta dentro de poucos anos. Após a regeneração, outra tira é cortada acima da primeira, e assim por diante. **BOAS NOTÍCIAS**

Os especialistas em biodiversidade estão alarmados com a crescente prática de corte ilegal, descontrolada e insustentável, de madeira que acontece em 70 países, especialmente na África e Sudeste Asiático (**Conceito 10-1B**). Essa exploração madeireira já devastou 37 dos 41 parques nacionais no Quênia (**Estudo de caso principal**), e agora constitui 73%- 80% da produção de madeira na Indonésia.

Para complicar ainda mais, há o comércio mundial de madeira e de seus produtos. Por exemplo, a China, que já cortou a maioria de suas próprias florestas naturais, importa mais madeira da floresta tropical do que qualquer outra nação. Grande parte dessa madeira é colhida de forma ilegal e insustentável, e usada para fazer móveis, compensados, pisos e outros produtos que são vendidos no mercado mundial.

Compensações

Corte raso de florestas

Vantagens
- Maior rendimento de madeira
- Lucro máximo no menor tempo
- Pode ser reflorestada com árvores de crescimento rápido
- Bom para espécies de árvores que precisam de sol abundante ou moderado

Desvantagens
- Reduz a biodiversidade
- Destrói e fragmenta os habitats da vida selvagem
- Aumenta a poluição da água, inundações e erosão nas encostas íngremes
- Elimina a maior parte do valor recreacional

Figura 10-8 O corte raso em florestas tem vantagens e desvantagens. **Perguntas:** qual vantagem e qual desvantagem você acredita serem as mais importantes? Por quê?

Fogo, insetos e alterações climáticas podem ameaçar os ecossistemas florestais

Dois tipos de incêndios podem afetar os ecossistemas florestais. *Incêndios de superfície* (Figura 10-9, à esquerda) geralmente queimam apenas a vegetação

Figura 10-9 Incêndios de superfície (à esquerda) costumam queimar apenas a vegetação rasteira e serapilheira no chão da floresta e podem ajudar a prevenir incêndios de copa mais destrutivos (à direita), retirando o material inflamável do solo. Na verdade, incêndios de superfície cuidadosamente controlados às vezes são deliberadamente iniciados para evitar o acúmulo de material inflamável no solo das florestas. Esse tipo de incêndio também recicla nutrientes e, assim, ajuda a manter a produtividade de uma variedade de ecossistemas florestais. **Pergunta:** de que outra maneira um incêndio de superfície pode beneficiar uma floresta?

rasteira e serapilheira no chão da floresta. Podem matar mudas e árvores pequenas, mas poupam árvores mais maduras e permitem que a maioria dos animais selvagens fuja.

Esse tipo de incêndio ocasional tem uma série de benefícios ecológicos: queima material inflamável moído, como folhas secas, e ajuda a prevenir os incêndios mais destrutivos; também libera valiosos nutrientes minerais amarrados na lenta decomposição de serapilheira e vegetação rasteira; libera sementes dos cones de espécies de árvores como pinheiros; estimula a germinação de sementes de determinadas árvores, como sequoia gigante e pinheiro; e ajuda a controlar doenças de árvores e insetos. As espécies de animais selvagens, incluindo veados, alces, ratos-almiscarados e codornas dependem dos incêndios de superfície ocasionais para manter seus habitats e fornecer alimento na forma de vegetação tenra, que brota após os incêndios.

Outro tipo, chamado *incêndio de copa* (Figura 10-9, à direita), é extremamente quente e pula de galho em galho queimando árvores inteiras. Ocorre geralmente em florestas que não sofreram incêndios de superfície por várias décadas, uma situação que permite que a madeira morta, folhas e outros tipos de serapilheira inflamáveis se acumulem. Esses incêndios rápidos podem destruir a maioria da vegetação, matar a fauna, aumentar a erosão do solo e queimar ou danificar estruturas humanas em seu caminho.

Como parte de um ciclo natural com base na sucessão ecológica secundária (observe as Figuras 5-20 e 5-21, Capítulo 5), os incêndios florestais não são uma grande ameaça a longo prazo para os ecossistemas florestais. No entanto, o são a curto prazo em algumas partes do mundo onde as pessoas intencionalmente queimam florestas para limpar a terra, principalmente para dar lugar à agricultura e pecuária (Conceito 10-1B). Isso pode resultar em drásticas perdas de habitat, aumento do CO_2 e outros poluentes atmosféricos.

A introdução acidental ou deliberada de doenças não nativas e insetos é outra grande ameaça às florestas nos Estados Unidos e em outros lugares. Observe a Figura 9 no Suplemento 8 para obter um mapa que mostra algumas espécies de pragas não nativas e organismos vetores de doenças que estão causando sérios danos a determinadas espécies de árvores em partes dos Estados Unidos.

Existem várias maneiras de reduzir os impactos nocivos de doenças de árvores e insetos em florestas. Uma delas é proibir madeiras importadas, que podem estar cheias de novas doenças ou insetos prejudiciais. Outra é a remoção ou corte raso de árvores infectadas e infestadas. Também podemos desenvolver espécies de árvores que são geneticamente resistentes a doenças comuns. Outra abordagem é o controle de pragas de insetos pela aplicação de pesticidas convencionais, mas isso também pode matar insetos benéficos que ajudam a controlar pragas. Os cientistas também usam o controle biológico (insetos que comem insetos nocivos) combinado com minúsculas quantidades de pesticidas convencionais.

Além dessas ameaças, as alterações climáticas projetadas poderiam prejudicar muitas florestas. Por exemplo, os *maples* de açúcar na região da Nova Inglaterra, Estados Unidos, produzem uma seiva adocicada que é transformada em xarope de *maple*. As árvores necessitam de invernos frios seguidos de noites geladas e dias de descongelamento no início da primavera para aumentar a produção. A elevação das temperaturas poderia interferir nesse ciclo e até matar as árvores, eliminando uma valiosa indústria de xarope de *maple*.

> ### CONEXÕES
> **Alterações climáticas e incêndios florestais**
> O aumento das temperaturas e da seca em uma atmosfera mais quente projetada provavelmente deixará muitas áreas florestais mais adequadas a pragas, que se multiplicariam e matariam mais árvores. A combinação resultante de florestas mais secas e árvores mortas poderia aumentar a incidência e a intensidade dos incêndios florestais, o que acrescentaria mais gases de efeito estufa CO_2 na atmosfera, aumentando ainda mais as temperaturas atmosféricas e provocando incêndios florestais, em um ciclo de *feedback* positivo em espiral (observe a Figura 2-18, Capítulo 2), aumentando cada vez mais os efeitos nocivos sobre o clima da Terra.

Quase metade das florestas do mundo foi cortada

Desmatamento é a remoção temporária ou permanente de grandes extensões de floresta para a agricultura, assentamentos ou outros usos. Pesquisas realizadas pelo World Resources Institute (WRI) indicam que, nos últimos 8 mil anos, as atividades humanas reduziram a cobertura original de floresta da Terra em 46%, com a maior parte desta perda ocorrida nos últimos 60 anos.

O desmatamento continua em ritmo acelerado em muitas partes do mundo. Pesquisas realizadas pela FAO e pelo WRI indicam que a taxa mundial de perda de cobertura florestal entre 1990 e 2005 ficou entre 0,2% e 0,5% ao ano, e que pelo menos outros 0,1%-0,3% das florestas do mundo foram degradadas anualmente, principalmente para o cultivo e a pecuária. Se essas estimativas estiverem corretas, as florestas do mundo estão sendo desmatadas ou degradadas a uma taxa de 0,3%-0,8% ao ano, com números muito mais elevados em algumas áreas.

Essas perdas estão concentradas em países menos desenvolvidos, especialmente aqueles nas áreas tropicais da América Latina, Indonésia e África. No entanto, os cientistas também estão preocupados com o aumento do desmatamento das florestas boreais do norte do Alasca, Canadá, Escandinávia e Rússia, que, juntas, são responsáveis por um quarto da área florestal do mundo. Em 2007, um grupo de 1.500 cientistas de todo o mundo assinaram uma carta pedindo ao governo canadense que protegesse metade das florestas boreais ameaçadas do Canadá (das quais apenas 10% são protegidas atualmente) da exploração madeireira, mineração, extração de petróleo e gás.

De acordo com o WRI, se as taxas de desmatamento atuais continuarem, 40% das florestas intactas restantes do mundo terão sido desmatadas ou convertidas em outros usos dentro de duas décadas, se não mais cedo. O desmatamento de grandes áreas de florestas, especialmente as antigas, traz importantes benefícios econômicos a curto prazo (Figura 10-4, direita), mas também uma série de efeitos nocivos ao meio ambiente (Figura 10-10).

Em alguns países, há notícias animadoras sobre o uso da floresta. Em 2007, a FAO informou que a cobertura florestal líquida total em vários países, incluindo os Estados Unidos (leia o Estudo de caso a seguir), mudou muito pouco, ou até mesmo aumentou, entre 2000 e 2007. Alguns dos aumentos resultaram de reflorestamento natural de sucessão ecológica secundária em áreas de floresta desmatadas e de cultivo abandonadas (observe a Figura 5-20, Capítulo 5). Outros aumentos na cobertura florestal ocorreram em razão da expansão das plantações de árvores comerciais.

O fato de milhões de árvores estarem sendo plantadas em todo o mundo graças à dedicação de pessoas como Wangari Maathai (**Estudo de caso principal**) e seu Movimento Cinturão Verde é muito animador para muitos cientistas. No entanto, alguns estão preocupados com a crescente quantidade de terras ocupadas por florestas comerciais, pois a substituição de florestas antigas por essas plantações biologicamente simplificadas representa uma perda de biodiversidade e, possivelmente, da estabilidade em alguns ecossistemas florestais.

ESTUDO DE CASO
Muitas florestas desmatadas nos Estados Unidos têm crescido novamente

As florestas cobrem 30% da área dos Estados Unidos, fornecendo abrigo para mais de 80% das espécies selvagens do país e contendo dois terços da água de superfície da nação. As florestas de crescimento antigo (primárias) ocupavam mais da metade da área terrestre do país; no entanto, entre 1620, quando assentamentos europeus estavam se expandindo rapidamente

Degradação do capital natural

Desmatamento

- Diminuição da fertilidade do solo pela erosão
- Escoamento de solo erodido para os sistemas aquáticos
- Extinção prematura de espécies com nichos especializados
- Perda de habitat de espécies nativas e migratórias, como pássaros e borboletas
- Mudança climática regional devido ao grande desmatamento
- Liberação de CO_2 na atmosfera
- Aceleração das inundações

Figura 10-10 O desmatamento tem alguns efeitos ambientais nocivos que podem reduzir a biodiversidade e degradar os serviços ecológicos prestados pelas florestas (Figura 10-4, à esquerda).
Pergunta: Quais são três produtos recentemente usados por você que poderiam ter vindo de florestas antigas?

te na América do Norte, e 1920, as florestas primárias do leste dos Estados Unidos foram dizimadas.

Atualmente, as florestas nos Estados Unidos (inclusive plantações) cobrem uma área maior do que cobriam em 1920 e o principal motivo é que muitas das florestas antigas que foram desmatadas ou parcialmente desmatadas entre 1620 e 1920 têm crescido novamente de forma natural por meio de sucessão ecológica secundária. Há agora florestas secundárias bastante diversificadas (em alguns casos, até florestas terciárias) em todas as regiões dos Estados Unidos, exceto na maior parte do Oeste. Em 1995, o escritor ambiental Bill McKibben mencionou a regeneração de florestas nos Estados Unidos – especialmente no Oeste – como "a grande história ambientalista dos Estados Unidos, e em alguns aspectos, do mundo inteiro."

Todo ano, mais madeira é cultivada do que cortada nos Estados Unidos, e a área total plantada com árvores aumenta. As florestas protegidas constituem 40% da área florestal total do país, principalmente no *Sistema de Floresta Nacional*, que consiste em 155 florestas nacionais geridas pelo Serviço Florestal dos Estados Unidos (USFS).

Por outro lado, desde meados da década de 1960, uma área cada vez maior de florestas de crescimento antigo do país (Figura 10-2) e florestas secundárias bastante diversificadas foram cortadas e substituídas por plantações de árvores biologicamente simplificadas. Segundo os pesquisadores, isso reduz a biodiversidade das florestas globais e interrompe os processos do ecossistema, como o fluxo de energia e ciclagem química, violando todos os três **princípios da sustentabilidade**. Realizar a colheita em plantações de árvores com muita frequência também esgota os solos superficiais das florestas de seus nutrientes essenciais. Muitos pesquisadores de biodiversidade são a favor do estabelecimento de plantações de árvores somente em terras já degradadas, em vez de cortar florestas antigas ou secundárias e substituí-las por plantações de árvores.

CONEXÕES

Papel higiênico e perdas de florestas antigas

Papel higiênico pode ser feito de materiais reciclados, bem como de polpa de madeira. Entretanto, milhões de árvores na América do Norte, Central e do Sul são cortadas apenas para produzir papel higiênico ultramacio. Mais da metade dessas árvores são de florestas antigas ou secundárias, de acordo com o Natural Resources Defense Council, incluindo algumas raras florestas antigas do Canadá.

As florestas tropicais estão desaparecendo rapidamente

As florestas tropicais (observe a Figura 7-13, Capítulo 7, topo) cobrem 6% da área terrestre do planeta, aproximadamente a área do território continental dos Estados Unidos. Dados climáticos e biológicos sugerem que florestas tropicais maduras já cobriram pelo menos o dobro da área que cobrem hoje. A maior parte dessa perda de metade das florestas tropicais do mundo ocorreu a partir de 1950 (consulte o Estudo de caso principal do Capítulo 3).

Varreduras por satélite e pesquisas ao nível do solo indicam que grandes áreas de florestas tropicais chuvosas e florestas tropicais secas estão sendo rapidamente cortadas em partes da África (**Estudo de caso principal**), do Sudeste Asiático (Figura 10-11) e da América do Sul (Figura 10-12). De acordo com a Organização das Nações Unidas, a Indonésia perdeu 72% de sua floresta original intacta – três quartos dela por meio da extração ilegal de madeira nos parques do país, que são protegidos apenas no papel. Além disso, 98% de suas florestas restantes provavelmente desaparecerão até 2022. As estimativas de taxa média de desmatamento de florestas tropicais mundiais variam muito, mas a área a ser desmatada é equivalente a algo em torno de 16 a 54 campos de futebol por minuto. Nesse ritmo, a maior parte das florestas tropicais do mundo pode desaparecer nos próximos 20 a 40 anos.

Estudos indicam que pelo menos metade das espécies de plantas terrestres, animais e insetos conhecidos no mundo vivem em florestas tropicais (Figura 10-13). Por causa de seus nichos especializados (observe a Figura 7-15, Capítulo 7), essas espécies estão altamente vulneráveis à extinção quando seus habitats de floresta são destruídos ou degradados. O desmatamento tropical é a principal razão para mais de 8 mil espécies de árvores conhecidas, 10% do total mundial, estarem ameaçadas de extinção.

O Brasil tem mais de 30% das florestas tropicais remanescentes no mundo em sua vasta bacia amazônica, que abrange 60% do país e é maior que a área da Índia. De acordo com o governo do Brasil e especialistas em florestas, o percentual de sua bacia amazônica que foi desmatado ou degradado aumentou de

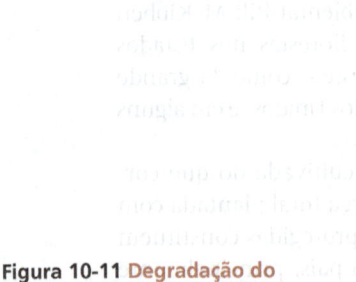

Figura 10-11 Degradação do capital natural: Esta foto mostra o desmatamento tropical extremo em Chiang Mai, na Tailândia. Essa derrubada de árvores que absorvem o dióxido de carbono enquanto crescem ajuda a acelerar a mudança climática, e também desidrata o solo, expondo-o à luz solar. O solo seco pode ser levado com o vento, podendo chegar a um *tipping point* (ponto ecológico irreversível), além do qual uma floresta não pode voltar a crescer na área.

CAPÍTULO 10 Sustentando a biodiversidade terrestre: a abordagem ecossistêmica

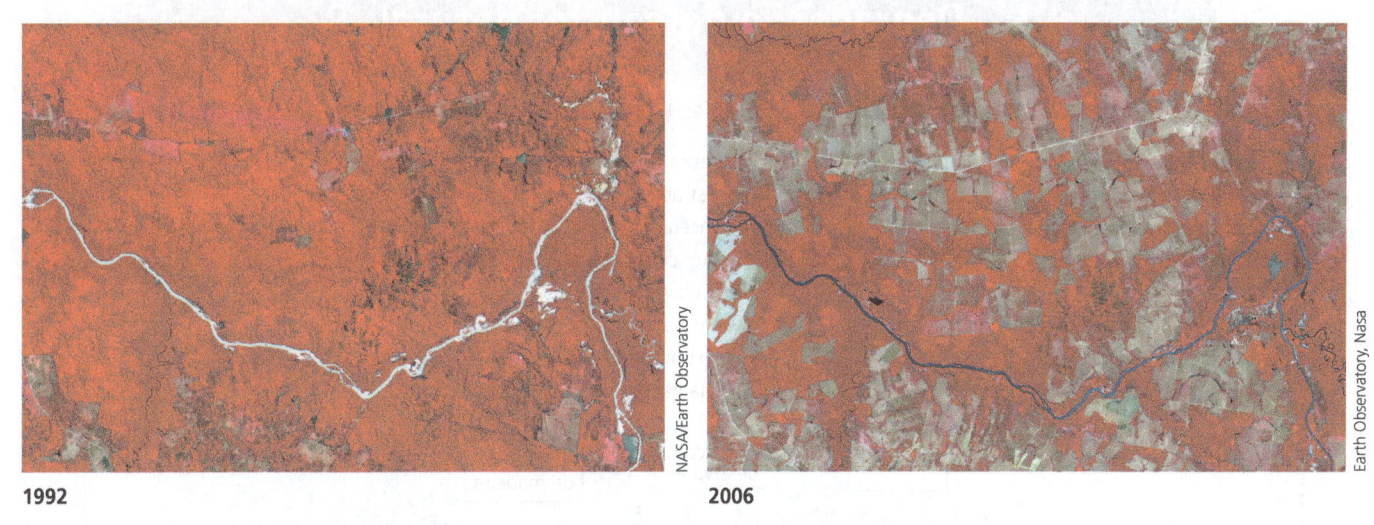

1992

2006

Figura 10-12 Imagens de satélite mostram o desmatamento em Mato Grosso, Brasil, 1992-2006.

1% em 1970 para 20% até 2008. A área de floresta tropical amazônica antiga que foi perdida desde 1970 é quase igual à área do estado da Califórnia, nos Estados Unidos.

Em 2009, o pesquisador Joe Wright, do Smithsonian Tropical Research Institute, informou que, em algumas áreas desmatadas, as florestas estão crescendo novamente enquanto agricultores mais pobres estão abandonando suas terras degradadas e se deslocando para as cidades na esperança de melhorar suas vidas. Wright estima que florestas tropicais secundárias podem crescer em terras abandonadas dentro de 15-20 anos.

No entanto, um dos colegas de Wright no Smithsonian, o biólogo William Laurence, destaca que essas florestas tropicais secundárias não têm a diversidade biológica – especialmente a de animais – que somente extensões ininterruptas de florestas tropicais podem sustentar. Tal regeneração diversa ocorre de fato em pequenas parcelas de terra desmatada por fazendeiros individuais, observa Laurence. No entanto, não está claro o que acontecerá com as vastas áreas de terra desmatadas para a extração madeireira ou para agricultura industrial, que é o tipo mais rápido de crescimento da agricultura nos trópicos. Laurence observa que "uma escavadeira danifica muito mais do que 1.000 agricultores com facões".

As causas do desmatamento tropical são variadas e complexas

O desmatamento tropical resulta de uma série de causas diretas e subjacentes (Figura 10-14). Estas últimas, como as pressões de crescimento populacional e

Figura 10-13 Diversidade de espécies: Estas duas espécies encontradas em florestas tropicais fazem parte da biodiversidade da Terra. À esquerda, um Uacari branco em perigo de extinção em uma floresta tropical brasileira. À direita, a maior flor do mundo, flor de carne (Rafflesia), crescendo em uma floresta tropical do oeste de Sumatra, na Indonésia. A flor dessa planta sem folhas pode chegar a 1 metro de diâmetro e pesar 7 kg. Ela exala um cheiro de carne podre, supostamente para atrair moscas e besouros que polinizam as flores. Depois de florescer uma vez por ano, durante algumas semanas, a flor vermelho-sangue se dissolve em uma massa viscosa preta.

Degradação do capital natural

Principais causas da destruição e degradação das florestas tropicais

Causas subjacentes
- Desvalorização dos serviços ecológicos
- Corte e exportação de madeira
- Políticas governamentais
- Pobreza
- Crescimento da população

Causas diretas
- Estradas
- Incêndios
- Agricultura de assentamentos
- Cultivos lucrativos
- Pecuária
- Extração de madeira
- Plantações de árvores

Figura 10-14 Este diagrama ilustra as principais causas diretas e subjacentes da destruição e degradação das florestas tropicais.
Pergunta: Se pudéssemos eliminar as causas subjacentes, quais das diretas poderiam ser automaticamente eliminadas?

a pobreza, empurram os agricultores de subsistência e os pobres sem-terra para as florestas tropicais, onde tentam produzir alimentos suficientes para sobreviver. Os subsídios governamentais podem acelerar as causas diretas, como a exploração madeireira e a pecuária, reduzindo os custos da extração de madeira, da criação de gado e da implantação de extensas plantações.

As principais causas diretas de desmatamento variam em diferentes áreas tropicais. As florestas tropicais da Amazônia e de outros países sul-americanos são desmatadas ou queimadas (Figura 10-15) principalmente para a pecuária e grandes plantações de soja (observe a Figura 1-6). No entanto, papel importante também é desempenhado pelo desmatamento para uso da lenha de madeira tropical e outros produtos, utilizados internamente e vendidos no mercado global.

Figura 10-15 Degradação do capital natural: Grandes áreas de floresta tropical da bacia amazônica no Brasil são queimadas todo ano para dar lugar a fazendas de gado, plantação de culturas como a soja (observe a Figura 1-6, Capítulo 1) e explorações agrícolas de pequena escala. **Perguntas:** quais são três maneiras pelas quais seu estilo de vida pode estar contribuindo para este processo? Como, por sua vez, esse processo pode afetar sua vida?

Na Indonésia, Malásia e outras áreas do Sudeste Asiático, as florestas tropicais estão sendo substituídas por extensas plantações de dendê, para produção de um óleo utilizado na culinária, cosméticos e como biodiesel para veículos a motor (especialmente na Europa). Na África, a principal causa direta do desmatamento e degradação tropical são os indivíduos que lutam para sobreviver, desmatando terrenos para a agricultura de pequena escala e para colher a madeira para ser usada como combustível. No entanto, as mulheres do Movimento Cinturão Verde (Estudo de caso principal) têm ajudado a restabelecer as áreas florestais em vários países africanos.

A degradação de uma floresta tropical geralmente começa quando uma estrada é cortada até o interior da floresta para corte de madeira e assentamentos (Figura 10-5). Os madeireiros, em seguida, usam o corte seletivo (Figura 10-6a) para retirar as maiores e melhores árvores. Quando essas grandes árvores caem, muitas outras também caem por causa de suas raízes superficiais e da rede de cipós que conectam as árvores no dossel da floresta. Esse método causa danos ecológicos consideráveis nas florestas tropicais, mas muito menores do que a queima ou o corte raso de florestas.

A queimada é muito utilizada para limpar as áreas florestais para a agricultura, assentamentos e outros fins. Florestas tropicais saudáveis não queimam naturalmente. Mas estradas, pecuária e assentamentos são capazes de fragmentá-las. As manchas de floresta resultantes secam e facilmente se tornam inflamáveis.

De acordo com um estudo realizado em 2005 por cientistas florestais, os incêndios generalizados na bacia Amazônica (Figura 10-15) estão mudando os padrões climáticos, elevando as temperaturas e reduzindo as chuvas. As estiagens resultantes secam as florestas e as tornam mais propensas à queima – outro exemplo de ciclo de *feedback* positivo imenso (observe a Figura 2-18, Capítulo 2). Esse processo está convertendo grandes áreas desmatadas de florestas tropicais em savanas tropicais (cerrado) – outro exemplo de ecossistema que atinge um *tipping point* (ponto ecológico irreversível). Modelos projetam que, se as queimadas atuais e as taxas de desmatamento continuarem, 20%-30% da Amazônia será transformadas em cerrado nos próximos 50 anos, e a maioria pode se transformar em cerrado até 2080.

As empresas estrangeiras que operam sob contratos de concessão do governo causam muito do desmatamento em países tropicais. Quando as florestas de um país são destruídas, as empresas mudam para outro, deixando para trás toda a devastação ecológica. Por exemplo, Filipinas e Nigéria perderam a maioria de suas abundantes florestas de madeira tropical de outrora e, agora, são importadoras líquidas de produtos florestais. Vários outros países tropicais estão seguindo esse caminho ecológico economicamente insustentável.

Depois que a melhor madeira foi retirada, as empresas madeireiras ou o governo local muitas vezes vendem a terra para fazendeiros, que queimam a madeira restante para limpar a terra para a pecuária. Dentro de alguns anos, o gado normalmente utiliza de maneira excessiva a terra, e os fazendeiros movem suas operações para outra área da floresta. Então, vendem as terras degradadas para os agricultores, que as lavram para as grandes plantações de monoculturas, como soja (muito utilizada para alimentação do gado), ou aos colonos que migraram para as florestas tropicais na esperança de produzir alimentos suficientes em um pequeno pedaço de terra para sobreviver. Nas florestas tropicais os nutrientes vegetais estão, em sua maioria, armazenados na vegetação em decomposição, em vez de estarem no solo. Assim, após alguns anos de cultivo e erosão pela chuva, o solo já pobre é desprovido de nutrientes. Em seguida, os agricultores e assentados mudam-se para terras recém-desmatadas para repetir esse processo ambientalmente destrutivo.

CONEXÕES

A queima de florestas tropicais e as alterações climáticas

A queima de florestas tropicais libera CO_2 na atmosfera. As crescentes concentrações desse gás podem ajudar a aquecer a atmosfera, a qual, segundo projeções, deve mudar o clima global durante este século. Os cientistas estimam que incêndios florestais tropicais são responsáveis por pelo menos 17% de todas as emissões humanas de gases de efeito estufa, e que a cada ano emitem o dobro de CO_2 do que todos os carros e caminhões do mundo. A queima em grande escala da floresta amazônica (Figura 10-16) é responsável por 75% das emissões de gases de efeito estufa do Brasil, tornando-o o quarto maior emissor mundial desses gases, de acordo com o Inventário Nacional de Gases de Efeito Estufa. Com essas florestas extintas, mesmo que o cerrado ou as florestas secundárias as substituam, muito menos CO_2 será absorvido pela fotossíntese, resultando em um aquecimento atmosférico ainda maior.

PENSANDO SOBRE

Florestas tropicais

Por que você deveria importar-se se a maioria das florestas tropicais remanescentes no mundo é queimada ou desmatada e convertida em cerrado no período de sua vida? Quais são três possíveis maneiras de isso afetar sua vida ou as dos filhos e netos que possa ter?

10-2 Como devemos gerir e manter as florestas?

▶ **CONCEITO 10-2** Podemos manter as florestas ao destacar o valor econômico de seus serviços ecológicos, eliminando subsídios do governo que aceleram sua destruição, protegendo as florestas de crescimento antigo, colhendo as árvores em uma velocidade menor do que são repostas e plantando mais árvores.

Podemos gerir as florestas de maneira mais sustentável

Pesquisadores da biodiversidade e um crescente número de engenheiros florestais têm pedido uma gestão mais sustentável da floresta. A Figura 10-16 enumera as formas para atingir esta meta (**Conceito 10-2**). A certificação do cultivo sustentável de madeira e de produtos florestais produzidos de maneira sustentável pode ajudar os consumidores a desempenhar seu papel para atingir esse objetivo (Ciência em foco).

Os madeireiros também podem utilizar práticas mais sustentáveis nas florestas tropicais. Por exemplo, por meio do corte seletivo sustentável (Figura 10-6a) e em faixas (Figura 10-6c) para colher árvores para a obtenção de madeiras tropicais, em vez de utilizar o corte raso das florestas (Figura 10-6b). E podem ainda ser mais cuidadosos ao cortar árvores individuais, por exemplo, podando as vinhas da copa (cipós), antes de cortar uma árvore, e usar o caminho menos obstruído para remover as toras. Essas práticas reduziriam drasticamente os danos às árvores vizinhas.

Os sistemas econômicos de desenvolvimento atuais em muitos países devoram florestas tropicais (e outros recursos) porque não levam em consideração o enorme valor econômico dos serviços ecológicos que essas florestas prestam (Figuras 10-4, à esquerda, e 10-A). Muitos economistas pedem a substituição de estratégias de desenvolvimento econômico que degradam as florestas, fazendo que seja mais rentável para os países menos desenvolvidos gerenciar e preservar suas florestas do que removê-las, a fim de vender produtos florestais ou criar plantações.

Uma forma de começar essa mudança em direção às novas estratégias é a eliminação gradual dos subsídios governamentais e incentivos fiscais que favorecem a degradação e o desmatamento, substituindo-os por recompensas econômicas de sustentabilidade florestal. Além disso, podemos usar programas de plantio maciço de árvores, como os dirigidos pelo Movimento Cinturão Verde (**Estudo de caso principal**) para ajudar a restaurar florestas degradadas. **CARREIRA VERDE:** Florestamento sustentável

Soluções

Florestas mais sustentáveis

- Identificar e proteger áreas de floresta ricas em biodiversidade
- Utilizar mais os cortes seletivo e em faixas
- Deter o desmatamento em encostas íngremes
- Acabar com o desmatamento de florestas antigas
- Reduzir drasticamente a construção de estradas em áreas de florestas intactas
- Deixar a maioria das árvores morta e troncos caídos no local para o habitat dos animais selvagens e ciclagem de nutrientes
- Alocar plantações de árvores somente em áreas desmatadas e degradadas
- Certificar madeira cultivada por métodos sustentáveis
- Incluir os serviços ecológicos das florestas na estimativa de seu valor econômico

Figura 10-16 Existem várias maneiras sustentáveis de cultivar e colher árvores (**Conceito 10-2**). **Perguntas:** quais três desses métodos de gestão florestal sustentável você acredita ser os mais importantes? Por quê?

Podemos melhorar o gerenciamento dos incêndios florestais

Nos Estados Unidos, a campanha educacional *Smokey Bear*, desenvolvida pelo Serviço Florestal e pelo Conselho Nacional de Publicidade, tem evitado inúmeros incêndios florestais, salvado muitas vidas e prevenido bilhões de dólares em perdas de árvores, animais selvagens e estruturas humanas.

Ao mesmo tempo, esse programa educacional tem convencido grande parte do público de que todos os incêndios florestais são ruins e devem ser impedidos ou apagados. Os ecologistas advertem que tentar impedir incêndios florestais aumenta a probabilidade de ocorrerem incêndios de copa mais destrutivos, ao permitir o acúmulo de vegetação rasteira altamente inflamável e árvores menores em algumas florestas.

De acordo com o Serviço Florestal Americano, incêndios graves poderiam ameaçar 40% de todas as

CIÊNCIA EM FOCO

Certificação da madeira de crescimento sustentável

A Collins Pine é uma empresa de produtos florestais que detém e gerencia uma grande área de terras e florestas produtivas na região nordeste do Estado da Califórnia, Estados Unidos. Desde 1940, ela utiliza o corte seletivo para ajudar a manter a sustentabilidade econômica e ecológica da sua área florestal.

Desde 1993, a Scientific Certification Systems (SCS), de Oakland, Califórnia, avalia a produção da companhia madeireira em várias de suas florestas na Califórnia, Oregon e Pensilvânia. A SCS, que faz parte da organização sem fins lucrativos Forest Stewardship Council (FSC), foi idealizada para desenvolver práticas ecologicamente corretas para utilização na certificação de madeira e produtos derivados. A SCS é uma das doze entidades certificadoras credenciadas pelo FSC em todo o mundo. Segundo a direção da Collins Pine, o logotipo da FSC em um produto florestal representa o único programa de certificação confiável atualmente em funcionamento. Ele garante aos compradores que o produto se originou de uma floresta gerida de maneira ambiental e socialmente responsável.

Todo ano, a SCS avalia as terras da Collins Pine, sempre registrando que o corte de árvores não ultrapassa a regeneração da floresta a longo prazo, as estradas e os sistemas de colheita não causam danos ecológicos irracionais, o solo não tem sido danificado e a madeira caída (toras) e árvores mortas em pé (pequenos obstáculos) são deixadas para fornecer habitat a animais selvagens. Como resultado, a SCS julga que a empresa seja um bom empregador e administrador da terra e dos recursos hídricos.

A FSC informou que, até 2009, 5% da área florestal do mundo em 82 países foi certificado de acordo com seus padrões. Os países com as maiores áreas de florestas certificadas pela FSC são, em ordem, Canadá, Rússia, Suécia, Estados Unidos, Polônia e Brasil. A FSC também já certificou 5.400 fabricantes e distribuidores de produtos de madeira. Em 2008, alguns dos principais grupos ambientalistas alertaram os consumidores que as indústrias de papel e madeira estavam criando seus próprios sistemas de certificação de florestas e produtos de madeira, com padrões muito inferiores aos da FSC.

Pensamento crítico
Os governos devem oferecer benefícios fiscais para a madeira sustentável a fim de incentivar esta prática? Explique.

---

terras florestais federais, principalmente em decorrência do acúmulo de combustíveis resultantes de programas rigorosos de proteção contra incêndios da era *Smokey Bear*. O aumento da exploração madeireira na década de 1980, que deixou para trás restos de madeira altamente inflamáveis, e uma maior utilização pública das terras florestais federais também contribuem para o perigo de incêndio.

Ecologistas e especialistas em incêndios florestais têm proposto várias estratégias para reduzir os danos relacionados ao fogo às florestas e aos povos que as usam. Uma abordagem é iniciar pequenos e contidos incêndios de superfície para remover pequenas árvores e arbustos inflamáveis nas áreas florestais de maior risco. Essas *queimadas prescritas* requerem planejamento e fiscalização cuidadosos para impedir que saiam de controle. Como alternativa às queimadas prescritas, as autoridades locais em partes povoadas da Califórnia propensas a incêndios usam rebanhos de cabras (mantidos em jaulas móveis) para comer a vegetação rasteira.

Uma segunda estratégia é permitir que alguns incêndios em terrenos públicos aconteçam, eliminando, assim, os arbustos inflamáveis e as árvores menores, enquanto as chamas não ameaçam as estruturas humanas e a vida.

Uma terceira abordagem é a proteção de casas e outras edificações em áreas suscetíveis a incêndios ao desbastar uma zona de 60 metros ao redor delas e eliminar a utilização de materiais de construção altamente inflamáveis, como telhados de madeira, por exemplo.

Uma quarta abordagem é desbastar as áreas florestais vulneráveis, cortando pequenas árvores e arbustos propensos ao fogo sob cuidadoso controle ambiental. Muitos cientistas de incêndios florestais alertam que tais operações de desbaste não devem remover árvores grandes e médias economicamente valiosas por duas razões: *Primeiro*, estas são as árvores mais resistentes ao fogo. *Segundo*, sua remoção incentiva o crescimento denso de mais árvores e arbustos inflamáveis e deixa para trás restos altamente inflamáveis. Muitos dos piores incêndios da história dos Estados Unidos ocorreram em razão de áreas florestais desmatadas que continham restos. Um estudo de 2006 feito por pesquisadores do Serviço Florestal constatou que o desbaste de florestas sem utilizar o fogo controlado para remover os restos pode aumentar, em vez de diminuir, o risco de danos por incêndios severos.

Podemos reduzir a demanda de árvores colhidas

Uma maneira de reduzir a pressão sobre os ecossistemas florestais é melhorar a eficiência do uso da madeira. De acordo com o Worldwatch Institute e analistas florestais, *até 60% da madeira consumida nos Estados Unidos é desperdiçada desnecessariamente*, resultado do uso ineficiente de materiais de construção, excesso de embalagens e de lixo, reciclagem de papel inadequada e falta de reutilização ou de substitutos para contêineres de madeira.

Uma das razões para o corte de árvores é o fornecimento de celulose para fabricação de papel, mas este pode ser feito com fibras que não vêm de árvores. A China, que desmatou muitas de suas florestas, usa a palha de arroz e outros resíduos agrícolas para fazer muito do seu papel. A maior parte da pequena quantidade de papel não produzido por árvores é produzida nos Estados Unidos com fibras de uma planta lenhosa anual de rápido crescimento chamada *kenaf* (Figura 10-17). Essa e outras fibras não arbóreas, como o cânhamo, produzem mais celulose por área de terra do que fazendas de árvore e exigem menos pesticidas e herbicidas.

Um estudo de 1987 realizado por uma fábrica de papel canadense descobriu que as páginas de jornal feitas de fibra de cânhamo eram mais brilhantes e mais fortes, e tinham um menor impacto ambiental do que o jornal feito de fibras de pinus. Uma razão para isso é que a fibra de cânhamo é de cor mais clara do que a de árvores e, portanto, requer menor branqueamento com o uso de produtos químicos potencialmente perigosos. Alguns estudos indicam que a produção de fibras de kenaf consome 20% menos energia que a de fibras de árvores e também podem ser usadas para fazer isolamento, além de ser um substituto da madeira e um tipo de tecido.

Estima-se que, dentro de duas a três décadas, poderíamos essencialmente eliminar a necessidade de usar árvores para fazer papel. No entanto, enquanto as empresas madeireiras tiverem sucesso na busca de subsídios do governo para cultivar e colher árvores para a produção de papel, não existirão grandes esforços de *lobby* ou subsídios para a produção de papel de kenaf ou de outras fontes alternativas. Além disso, as empresas madeireiras influenciam no sentido contrário dos subsídios para a utilização de kenaf, porque isso reduziria seus lucros.

Outra séria pressão sobre os recursos florestais é o uso crescente da madeira como combustível. Nos países menos desenvolvidos, onde o desmatamento seria um problema mesmo sem a colheita de lenha, a demanda por lenha para aquecer e cozinhar atingiu proporções críticas (leia o Estudo de caso a seguir).

■ ESTUDO DE CASO
O desmatamento e a crise da lenha

Metade da madeira extraída mundialmente a cada ano e três quartos da colhida em países menos desenvolvidos são utilizadas como combustível. Mais de 2 bilhões de pessoas em países menos desenvolvidos usam lenha (observe a Figura 6-20, Capítulo 6) e carvão de madeira para se aquecer e cozinhar. Como a demanda por lenha em áreas urbanas excede a produção sustentável de florestas próximas, a expansão de anéis de áreas de desmatamento circunda tais cidades. Até 2050, a demanda por lenha poderia facilmente ser 50% maior do que o montante que pode ser fornecido de maneira sustentável.

O Haiti, um país com 9,2 milhões de pessoas, já foi um paraíso tropical em grande parte coberto por florestas. Agora é um desastre ecológico, principalmente em decorrência do fato de que as árvores foram derrubadas para lenha e para fazer carvão (Figura 10-18), e apenas 2% de suas terras estão agora cobertas por vegetação. Com as árvores derrubadas, os solos têm sofrido erosão em muitas áreas, tornando-se muito mais difíceis de cultivar. Esse uso insustentável do capital natural tem levado a uma espiral descendente de degradação ambiental, pobreza, doença, injustiça social, crime e violência. Como resultado, o Haiti é classificado como um dos *Estados debilitados* do mundo, considerados nações que podem não sobreviver a este século (observe a Figura 17, no Suplemento 9). A situação do Haiti foi ainda mais agravada por um grande terremoto em 2010.

Uma maneira de reduzir a severidade da crise da lenha nos países menos desenvolvidos é estabelecer pequenas plantações de árvores e arbustos de crescimento rápido para lenha ao redor de fazendas e bosques na comunidade. Outra abordagem para esse problema é queimar a madeira de maneira mais eficiente, fornecendo aos moradores fogões a lenha

Figura 10-17 Soluções: A pressão para cortar árvores para fabricação de papel poderia ser bastante reduzida com o plantio e colheita de uma planta de rápido crescimento conhecida como kenaf, que, segundo o USDA, é "a melhor opção para a fabricação de papel sem utilizar árvores nos Estados Unidos" e poderia substituir o papel à base de madeira dentro de 20 a 30 anos.
Pergunta: você investiria em uma plantação de kenaf? Explique.

baratos, eficientes e menos poluentes. Outras opções são fogões que funcionam com gás metano, produzido de resíduos vegetais e animais, fogões solares e elétricos alimentados por energia solar ou eólica. Usando essas opções, também reduzimos consideravelmente as mortes prematuras causadas pela poluição do ar por lareiras e fogões mal projetados.

Além disso, os moradores podem optar por queimar resíduos de plantas de jardim, como raízes de cabaças e vários tipos de abóboras. Os cientistas estão procurando maneiras de produzir carvão de tais resíduos para aquecer e cozinhar. Por exemplo, a professora Amy Smith, do MIT, em Cambridge, Massachusetts (Estados Unidos), está desenvolvendo uma maneira de fazer carvão de fibras de um produto chamado *bagaço*, as sobras do processamento de cana-de-açúcar no Haiti. Como o carvão da cana-de-açúcar queima de maneira mais limpa que o de madeira, seu uso poderia ajudar os haitianos a reduzir a poluição do ar.

Países como Coreia do Sul, China, Nepal e Senegal têm usado esses métodos para reduzir o desmatamento, ajudando também a reduzir a escassez de lenha, manter a biodiversidade por meio de reflorestamento e reduzir a erosão do solo. Na verdade, a Coreia do Sul é um modelo global pelo seu bem-sucedido reflorestamento após o desmatamento severo que ocorreu durante a guerra entre as Coreias do Norte e do Sul, que terminou em 1953. Hoje, as florestas cobrem quase dois terços do país, e as plantações de árvores perto das vilas as abastecem de lenha de maneira sustentável.

No entanto, a maioria dos países que sofrem escassez de lenha está cortando árvores para produzir lenha e produtos florestais de 10 a 20 vezes mais rápido do que novas árvores estão sendo plantadas. Acabar com os subsídios do governo que pagam para novas estradas madeireiras e subsidiar o plantio de árvores ajudariam a aumentar a cobertura florestal em todo o mundo.

Figura 10-18 Este manguezal à beira-mar no Haiti foi cortado e transformado em deserto por agricultores pobres que colhem lenha para fazer carvão.

Os governos e as pessoas podem agir para reduzir o desmatamento tropical

Além de reduzir a demanda por lenha, os analistas têm sugerido outras formas de proteger as florestas tropicais e usá-las de maneira mais sustentável. Uma delas é ajudar os novos moradores de florestas tropicais a aprender como praticar a agricultura sustentável e a silvicultura de pequena escala. Outra, a colheita de alguns dos recursos das florestas tropicais renováveis que nem sempre têm sido utilizados, como frutas e nozes, de maneira sustentável.

Os governos também podem preservar e proteger grandes áreas de floresta do desmatamento e da degradação. Por exemplo, o governo brasileiro reservou 57% da área remanescente da floresta amazônica para os povos indígenas que moram lá e para a conservação. No entanto, essa proteção está só no papel. O governo não tem recursos para impedir o uso e o corte ilegal de árvores e outros recursos de uma área tão grande.

No nível internacional, *as trocas de dívida por natureza* podem fazer que seja financeiramente atraente para os países proteger suas florestas tropicais. Em tais trocas, os países participantes atuam como depositários das reservas florestais protegidas em troca de ajuda externa ou alívio de sua dívida. Em uma estratégia semelhante, chamada *concessões de conservação*, governos ou organizações de conservação privadas pagam às nações pelo acordo em preservar seus recursos naturais.

Alguns grupos são bastante criativos no uso dessa solução. Por exemplo, as organizações de conservação que trabalham em um parque estadual em perigo na Mata Atlântica brasileira prestaram assistência técnica aos produtores de leite. Em troca, os fazendeiros concordaram em reflorestar e manter parte dessa terra como uma servidão de conservação, que agora serve como uma área tampão para o parque. Com esse acordo, os agricultores conseguiram triplicar a sua produção de leite e dobrar seus rendimentos.

Outra abordagem é permitir que empresas e os países emissores de grandes quantidades de CO_2 e outros gases ajudem a compensá-las pagando aos países tropicais para proteger suas florestas de crescimento antigo que absorvem CO_2. Em um relatório governamental britânico de 2008, cientistas estimam que um esforço coordenado global para financiar a preservação da floresta por meio dos mercados de carbono poderia reduzir as taxas de desmatamento em 75% até 2030.

Pessoas podem plantar árvores – um poderoso exemplo da ideia de que toda sustentabilidade é local, como mostrado pelos esforços de plantação de árvores de Wangari Maathai (**Estudo de caso principal**). Os governos podem fornecer recursos para tal reflorestamento. Em 2007, o Programa Ambiental da ONU (Unep) anunciou a Campanha de um Bilhão de Árvores – *Billion Tree Campaign* – para plantar 7 bilhões de árvores em todo o mundo. Seu objetivo é plantar variedades que são bem adaptadas a cada contexto local, seja uma fazenda, uma floresta natural degradada ou um ambiente urbano. Em meados de 2009, milhares de pessoas em 166 países haviam plantado mais de 7,4 bilhões de árvores.

Alguns analistas sugerem que programas de replantação devem incluir medidas para proteger as

> **CONEXÕES**
> **Bambu bom e mau**
> Ironicamente, é possível aumentar um problema ambiental ao tentar ser parte da solução. O bambu, que está cada vez mais sendo utilizado para o revestimento de madeira, pode ser um material de construção altamente sustentável se plantado em terras degradadas. No entanto, alguns fornecedores, vendo um mercado crescente para esse produto de construção "verde", desmataram as florestas naturais para plantar o bambu de rápido crescimento. Ao comprar bambu, é importante que os consumidores descubram onde e como ele foi produzido. É importante procurar produtos de bambu que sejam certificados como produzidos de forma sustentável pela Forest Stewardship Council (FSC) (Ciência em foco).

áreas recentemente florestadas e de crescimento lento. O governo brasileiro, em 2008, anunciou um plano para replantar uma área de floresta praticamente igual às áreas combinadas dos Estados americanos de Massachusetts e Nova Jersey. O mais importante é que o plano inclui um aumento de patrulhas federais nas áreas de floresta para evitar a exploração ilegal de madeira e, ainda, o financiamento de projetos para ajudar as pessoas locais a encontrar maneiras de viver sem danificar as florestas.

Finalmente, como consumidores, todos podemos reduzir a demanda por produtos que incentivam o desmatamento ilegal e insustentável em florestas tropicais. Para projetos de construção, podemos usar madeira de resíduos reciclados e, também, substitutos da madeira, como materiais de construção de plástico reciclado e de bambu, que pode crescer até 0,9 metros em um único dia. Podemos, ainda, reduzir drasticamente o uso de produtos descartáveis de papel e substituí-los por pratos e copos reutilizáveis, além de guardanapos e lenços de pano.

Essas e outras maneiras de proteger as florestas tropicais estão resumidas na Figura 10-19.

Soluções
Preservar as florestas tropicais

Prevenção
- Proteger as áreas mais diversas e ameaçadas de extinção
- Educar os moradores de assentamentos sobre agricultura e silvicultura sustentáveis
- Subsidiar somente o uso sustentável da floresta
- Proteger as florestas por meio de trocas de dívida por natureza e concessões de conservação
- Certificação da madeira de crescimento sustentável
- Reduzir a pobreza
- Diminuir o crescimento da população

Restauração
- Incentivar o recrescimento por meio da sucessão secundária
- Reabilitar as áreas degradadas
- Concentrar a agricultura e a pecuária em áreas já desmatadas

Madeira sustentável

Figura 10-19 Estas são algumas formas eficientes de proteger as florestas tropicais e usá-las de maneira mais sustentável (**Conceito 10-2**). **Perguntas:** quais três dessas soluções você acredita ser as mais importantes? Por quê?

10-3 Como devemos gerir e manter as savanas?

▶ **CONCEITO 10-3 Podemos manter a produtividade das savanas ao controlar o número e a distribuição de herbívoros, e restaurar as já degradadas.**

Algumas pastagens são utilizadas em excesso

As savanas fornecem muitos serviços ecológicos importantes, incluindo formação do solo, controle de erosão, ciclagem química, armazenamento de dióxido de carbono atmosférico na biomassa e manutenção da biodiversidade.

Depois das florestas, são os ecossistemas mais amplamente utilizados e alterados pelas atividades humanas. **Pastagens abertas** são faixas de savanas desprovidas de cercas, em climas temperado e tropical, que fornecem *forragem* ou vegetação para animais que se alimentam de capim e arbustos. Vacas, ovelhas e cabras pastam em 42% das savanas do mundo. A Avaliação Ecossistêmica do Milênio de 2005 (2005 Millennium Ecosystem Assessment) estimou que esse número poderia aumentar para 70% até 2050. Os rebanhos também vivem em pastos, prados ou savanas cercados e gerenciados, geralmente plantados com gramíneas domesticadas ou outras plantas forrageiras, como alfafa e trevo.

As lâminas de capim nessas pastagens crescem da base, e não da sua ponta, como as plantas folhosas. Assim, uma vez que apenas a metade superior da lâmina é comida e a inferior permanece, o capim das pastagens é um recurso renovável que pode ser utilizado várias vezes. Níveis moderados de pastoreio são saudáveis para as savanas, pois a remoção da vegetação madura estimula a rebrota rápida e incentiva a maior diversidade de plantas.

O sobrepastoreio ocorre quando muitos animais pastam durante muito tempo, prejudicando as gramíneas e suas raízes, e excedendo a capacidade de carga de uma área de pastagem (Figura 10-20, à esquerda). Esse processo reduz a cobertura de grama, expõe o solo à erosão hídrica e eólica, e compacta o solo (diminuindo sua capacidade de retenção de água); também incentiva a invasão de savanas que eram produtivas por espécies como artemísia, algaroba, cactos e o bromo-vassoura, que o gado não come. Dados limitados de estudos da FAO em diversos países indicam que o sobrepastoreio pelo gado já causou a perda de produtividade de um quinto das savanas do mundo.

Há cerca de 200 anos, as gramíneas podem ter coberto quase metade da terra no sudoeste dos Estados Unidos. Hoje, cobrem apenas 20%, principalmente por causa de uma combinação de secas prolongadas e sobrepastoreio, criando pontos de entrada para as espécies invasoras que agora substituem muitas das antigas áreas de grama.

O Estudo de caso a seguir é uma história acerca de sobrepastoreio e o que os cientistas aprenderam com ele. Também descreve como os efeitos do excesso de pastagem podem ser revertidos.

ESTUDO DE CASO
As áreas fronteiriças de Malpai

Os cientistas aprenderam que, antes de os colonos ali se estabelecerem, os ecossistemas de pastagens naturais eram mantidos parcialmente por incêndios ocasionais, provocados por raios. Esses incêndios eram importantes porque queimavam a algaroba e outros arbustos invasivos, mantendo o terreno aberto para as gramíneas nativas.

Em particular, os ecólogos estudaram as savanas das áreas fronteiriças de Malpai – uma área na fronteira entre os Estados do sudoeste dos Estados Unidos de Arizona e Novo México. Lá, os pecuaristas, com a ajuda de políticas do governo federal, não só permitiram o sobrepastoreio por mais de um século, como reprimiram incêndios e não permitiam a queima das pastagens. Em consequência, as árvores e os arbustos substituíram as gramíneas, o solo foi muito desgastado e a área perdeu seu valor para pastagem.

Desde 1993, os fazendeiros, cientistas, ambientalistas e órgãos governamentais se uniram para restaurar as gramíneas e espécies animais nativas nessa área. Os gestores de terra realizam queimadas controladas

Figura 10-20 Degradação do capital natural: A pastagem superexplorada está do lado esquerdo da cerca, e à direita, pastagens mais levemente utilizadas.

periódicas na pradaria, e o ecossistema tem conseguido ser praticamente restabelecido. O que antes era um exemplo clássico de gestão não sustentável de recursos tornou-se uma experiência científica valiosa de aprendizagem e uma história bem-sucedida de gestão.

Podemos gerir as pastagens de maneira mais sustentável

O método mais amplamente utilizado para uma gestão mais sustentável das pastagens é o controle do número de animais em pastejo e da duração do pastoreio em uma determinada área, para que sua capacidade de suporte não seja ultrapassada (**Conceito 10-3**). Uma maneira de fazer isso é pelo *pastejo rotativo*, sistema em que o gado é confinado, com cercas portáteis, a uma determinada área por um período curto de tempo (muitas vezes apenas um a dois dias) e, em seguida, levado para um novo local.

O gado tende a se agregar em torno de fontes naturais de água, especialmente ao longo de córregos ou rios protegidos por finas tiras de vegetação exuberante, conhecida como *mata ciliar*, e próximo a lagoas criadas para lhe fornecer água. O sobrepastoreio de gado pode destruir a vegetação nessas áreas (Figura 10-21, à esquerda). Proteger a terra da pastagem excessiva ao mover o gado e cercar tais áreas danificadas pode, eventualmente, levar à sua restauração ecológica natural por sucessão ecológica (Figura 10-21, à direita). Os fazendeiros também podem mover o gado, fornecendo alimentos suplementares em locais selecionados e localizar estrategicamente lagoas, tanques e blocos de sal.

Um método mais caro e menos utilizado de gestão de pastagens é o de suprimir o crescimento de plantas invasoras indesejáveis com o uso de herbicidas, remoção mecânica ou queima controlada. Outro, mais barato, que visa desencorajar a vegetação indesejável em algumas áreas é pelo pisoteamento controlado, a curto prazo, por um grande número de animais de casco dividido, como ovelhas, cabras e gado, que destroem os sistemas de raízes das plantas.

O replantio de áreas severamente degradadas com sementes de grama nativa e aplicação de fertilizantes pode aumentar o crescimento da vegetação desejável e reduzir a erosão do solo. No entanto, essa é uma opção cara. A melhor é evitar a degradação, utilizando os métodos descritos anteriormente e no estudo de caso a seguir.

■ ESTUDO DE CASO
Pastoreio e desenvolvimento urbano no oeste norte-americano – vacas ou condomínios?

A paisagem está mudando na área de ranchos dos Estados Unidos. Desde 1980, milhões de pessoas se mudaram para partes do sudoeste desse país, e um

Figura 10-21 Restauração do capital natural: Em meados da década de 1980, o gado tinha degradado a vegetação e os solos nesta margem ao longo do rio San Pedro, no Estado do Arizona, Estados Unidos (à esquerda). Num espaço de 10 anos, a área foi restaurada pela regeneração natural (à direita), depois que o pastoreio e o uso de veículos *off-road* foram proibidos (**Conceito 10-3**).

número crescente de fazendeiros vendeu suas terras para desenvolvedores. Loteamentos, condomínios e pequenos "ranchos" estão atravessando as bordas de muitas cidades e vilas do sudoeste. A maioria das pessoas que se deslocaram para os Estados do sudoeste valoriza a paisagem por seus cenários e oportunidades de lazer, mas o desenvolvimento urbano descontrolado pode degradar essas qualidades.

Por décadas, alguns cientistas ambientais e ambientalistas têm tentado reduzir o sobrepastoreio dessas terras e, em particular, reduzir ou eliminar as autorizações de pastoreio em terras públicas. Eles não têm, nem jamais tiveram, o apoio dos fazendeiros ou dos governos locais, estaduais e federal. Esses cientistas também pediram que o corte de madeira diminuísse e que se aumentassem as oportunidades de lazer nas florestas nacionais e savanas. Esses esforços têm conseguido acordos privados de terra, especialmente perto de públicas protegidas, mais desejáveis e valiosas para as pessoas que gostam de atividades ao ar livre e podem se dar ao luxo de viver em paisagens cênicas.

Agora, por causa do aumento da população no sudoeste e do desenvolvimento resultante, fazendeiros, ecologistas e ambientalistas estão se unindo para ajudar a preservar as fazendas de gado como a melhor esperança para a sustentabilidade da pastagem principal e dos habitats restantes que fornecem sustento para as espécies nativas. Estão trabalhando juntos para identificar áreas que sejam melhores para a pastagem sustentável, para o desenvolvimento urbano sustentável e aquelas áreas que não devem ser nem pastagens nem desenvolvidas. Uma estratégia envolve grupos de guarda da terra, que pagam os fazendeiros em troca de *servidões de conservação* – restrições escriturárias para barrar futuros proprietários de desenvolver a terra. Esses grupos também estão pressionando os governos locais para realizar o zoneamento do terreno, a fim de impedir o desenvolvimento em grande escala em áreas de savanas ecologicamente frágeis.

Alguns pecuaristas também estão reduzindo os impactos ambientais nocivos de seus rebanhos, realizando o rotacionamento do gado longe das áreas de mata ciliar (Figura 10-21), usando muito menos fertilizantes e pesticidas, e consultando cientistas sobre as maneiras de tornar as operações de suas fazendas mais econômicas e ecologicamente sustentáveis.

10-4 Como devemos gerir e manter parques e reservas naturais?

▶ CONCEITO 10-4 Sustentar a biodiversidade exigirá uma proteção mais eficaz dos parques e das reservas naturais existentes, bem como a proteção de muito mais áreas terrestres ainda não perturbadas do planeta.

Parques nacionais enfrentam muitas ameaças ambientais

Hoje, mais de 1.100 grandes parques nacionais estão localizados em mais de 120 países (observe a Figura 7-16, Capítulo 7). No entanto, a maioria é pequena demais para sustentar muitas espécies de animais de grande porte. E muitos sofrem com as invasões de espécies exóticas que competem e reduzem as populações de espécies nativas.

Parques em países menos desenvolvidos têm a maior biodiversidade de todos os parques do mundo, mas apenas 1% é protegido. A população local em muitos desses países entra ilegalmente nos parques em busca de madeira, plantações, animais de caça e outros produtos naturais de que necessita para sua sobrevivência diária. Madeireiros e garimpeiros operam ilegalmente em muitos deles, da mesma forma que caçadores ilegais matam animais selvagens para obter e vender itens, como chifres de rinoceronte, presas de elefante e peles. Os serviços dos parques na maioria dos países menos desenvolvidos têm muito pouco dinheiro e pessoal para combater essas invasões, seja pela força, seja pela educação.

■ ESTUDO DE CASO

Estresses nos parques públicos dos Estados Unidos

O sistema norte-americano de parques nacionais, criado em 1912, inclui 58 grandes parques nacionais, às vezes chamados joias da coroa do país (Figura 10-22), com 333 monumentos e sítios históricos. Estados, municípios e cidades também administram parques públicos.

A popularidade é um dos maiores problemas para muitos parques nacionais. Entre 1960 e 2008, o número de visitantes aos parques nacionais dos Estados Unidos mais do que triplicou, alcançando 273 milhões por ano. O Parque Nacional Great Smoky

Figura 10-22 Parque Nacional Grand Teton (Estados Unidos)

Mountains, nos Estados do Tennessee e Carolina do Norte, o mais visitado do país, abriga cerca de 9 milhões de visitantes por ano. A maioria dos parques estaduais está localizada perto de áreas urbanas e recebe, em média, duas vezes a quantidade de visitantes por ano em comparação aos parques nacionais.

Figura 10-23 Degradação do capital natural: Esta foto mostra os danos causados por veículos *off-road* em uma área selvagem perto da cidade americana de Moab, Utah. Esses veículos poluem o ar, danificam solos e vegetação, perturbam e ameaçam a vida selvagem e degradam as zonas úmidas e córregos.

Durante o verão, os visitantes que entram nos parques mais populares são frequentemente confrontados com longas filas e experimentam barulho, congestionamento, trilhas erodidas e estresse, em vez da solidão tranquila. Em alguns parques e outras terras públicas, motos, *buggies*, *jet skis*, motos de neve e veículos *off-road* barulhentos e poluentes degradam a experiência estética de muitos visitantes, destruindo ou danificando a frágil vegetação e perturbando a vida selvagem. Há controvérsia sobre se essas máquinas devem ser permitidas em parques nacionais e áreas selvagens dentro dos parques (Figura 10-23).

Muitos visitantes esperam que os parques tenham supermercados, lavanderias, bares e outras conveniências, além de serviço de telefonia celular, agora disponível em muitos parques, com suas torres de má aparência.

Vários parques também sofrem danos resultantes da migração ou introdução intencional de espécies não nativas. Javalis europeus, importados para o Estado da Carolina do Norte em 1912 para caça ameaçam a vegetação em algumas partes do Parque Nacional Great Smoky Mountains. Cabras montesas

> **PENSANDO SOBRE**
>
> **Parques nacionais e veículos *off-road***
> Você apoia a permissão de veículos *off-road* em parques nacionais? Explique. Em caso afirmativo, quais restrições você colocaria no seu uso?

CIÊNCIA EM FOCO

Reintrodução do lobo cinzento no Parque Nacional de Yellowstone

Por volta de 1800, pelo menos 350 mil lobos cinzentos (Figura 10-B) viviam em três quartos dos 48 Estados mais baixos, especialmente no oeste. Eles sobreviviam principalmente alimentando-se dos abundantes bisões, alces, renas e veados. No entanto, entre 1850 e 1900, a maioria foi baleada, capturada ou envenenada por fazendeiros, caçadores e funcionários do governo.

Quando o Congresso americano aprovou a Lei de Espécies em Perigo (*Endangered Species Act*) em 1973, apenas algumas centenas de lobos cinzentos viviam fora do Alasca, principalmente em Minnesota e Michigan. Em 1974, esta espécie foi listada como em extinção em 48 Estados.

Os ecologistas reconhecem o papel importante que esse predador-chave uma vez exerceu em algumas partes do oeste, especialmente no norte das Montanhas Rochosas, nos Estados de Montana, Wyoming e Idaho, onde o Parque Nacional de Yellowstone está localizado. Os lobos abatiam manadas de bisões, alces e veados, e mantinham as populações de coiotes sob controle. Ao deixar algumas de suas presas parcialmente mortas, forneciam carne para espécies necrófagas, como corvos, águias, arminhos, ursos e raposas.

Quando os lobos diminuíram, rebanhos de alces, cervos e veados que se alimentam de plantas se expandiram e devastaram a vegetação, como árvores de salgueiro e álamo que crescem perto de córregos e rios. Isso levou ao aumento da erosão dos solos e também ameaçou os habitats de outras espécies selvagens e os suprimentos de comida dos castores, que se alimentam de salgueiros e álamos. Por sua vez, isto afetou espécies que dependem das zonas úmidas criadas pelos castores (observe a Figura 4-19, Capítulo 4).

Em 1987, o Serviço de Caça e Pesca dos Estados Unidos (USFWS) propôs reintroduzir os lobos cinzentos no ecossistema do Parque Nacional de Yellowstone para ajudar a restaurar e manter a biodiversidade e evitar o agravamento da degradação ambiental local. A proposta provocou protestos intensos. Alguns fazendeiros da região temiam que os lobos deixassem o parque e atacassem seus rebanhos de bovinos e ovinos. Outras objeções vieram de caçadores, que temiam que eles matassem muitos dos grandes animais de caça, e também da mineração e madeireiras, que temiam que o governo suspendesse suas operações nas terras federais povoadas pelos lobos.

Em 1995 e 1996, oficiais federais da vida selvagem capturaram lobos cinzentos no Canadá e transferiram 31 deles para o Parque Nacional de Yellowstone. Os cientistas estimam que a capacidade de absorção a longo prazo do parque é de 110-150 lobos cinzentos. Até o final de 2009, o parque tinha 116 membros dessa espécie. De acordo com os oficiais federais, a população baixou do pico de 174 em 2003, principalmente em razão de infecções virais entre os lobos. Além disso, como esses animais têm reduzido a população de alces do parque, há mais concorrência entre os lobos pelas presas, às vezes resultando em uma luta de vida ou morte entre eles. Além disso, lobos vagando fora dos limites do parque podem ser legalmente mortos por proprietários de terra ao redor do parque.

Por mais de uma década, o ecologista da vida selvagem Robert Crabtree e vários outros cientistas vêm estudando os efeitos da reintrodução do lobo cinzento no Parque Nacional de Yellowstone (assista a *The Habitable Plannet*, Vídeo 4, em www.learner.org/resources/series209.html). Eles colocaram coleiras de rádio na maioria dos lobos para coletar dados e rastrear seus movimentos, além de estudar as mudanças na vegetação e nas populações de várias espécies vegetais e animais.

Figura 10-B Restauração do capital natural: Depois de se tornar quase extinto em grande parte do oeste dos Estados Unidos, o lobo cinzento foi listado e protegido como uma espécie em extinção em 1974. Apesar da intensa oposição dos fazendeiros, caçadores, garimpeiros e madeireiros, 31 membros desta espécie-chave foram reintroduzidos no seu habitat anterior, o Parque Nacional de Yellowstone, em 1995 e 1996. Até o final de 2009, havia 116 lobos cinzentos em 12 alcateias no parque.

Essa pesquisa sugere que o retorno desse predador-chave teve repercussões ecológicas pelo ecossistema do parque. Uma vez que o alce é a principal fonte de alimento para os lobos, o retorno destes últimos tem contribuído para um declínio nas populações dos primeiros, que tinha crescido demais para a capacidade do parque. Restos de alces mortos por lobos fornecem uma importante fonte de alimento para os ursos-pardos e outros comedores de carniça, como águias e corvos. E os desconfiados alces estão se juntando com menos frequência perto de córregos e rios, o que ajudou a impulsionar o crescimento de álamos, choupos e salgueiros em áreas ciliares. Isso, por sua vez, ajudou a estabilizar e sombrear as margens, reduzindo a temperatura da água e melhorando o habitat para a truta. Os castores, que buscam salgueiros e álamos para se alimentar e usar na construção de barragens, voltaram, e as represas que constroem contribuem com mais zonas úmidas, criando um habitat mais favorável para os álamos.

Os lobos também reduziram pela metade a população de coiotes – os maiores predadores na ausência de lobos. Isso reduziu os ataques de coiotes ao gado das fazendas vizinhas e aumentou as populações de pequenos animais, como esquilos e ratos, que são caçados pelos coiotes, pelas águias e pelos gaviões. De modo geral, essa experiência na restauração de ecossistemas ajudou a restabelecer e manter um pouco da biodiversidade que o ecossistema de Yellowstone já teve. No entanto, décadas de pesquisas serão necessárias para melhor entender os lobos e para desvendar muitos outros fatores que interagem nesse complexo ecossistema.

Pensamento crítico

Você aprova ou reprova a reintrodução do lobo cinzento no sistema do Parque Nacional de Yellowstone? Explique.

exóticas no Parque Nacional Olímpico no Estado de Washington pisoteiam e destroem o sistema radicular da vegetação nativa e aceleram a erosão do solo. Espécies exóticas de plantas, insetos e vermes que entram nos parques em pneus de veículos e equipamentos de caminhantes também degradam a biodiversidade dos parques.

Ao mesmo tempo, as espécies nativas, algumas delas ameaçadas de extinção, são mortas ou retiradas ilegalmente de quase metade dos parques nacionais norte-americanos. Isso foi o que aconteceu com o lobo cinzento no Parque Nacional de Yellowstone, até ser reintroduzido com sucesso depois de uma ausência de 50 anos (Ciência em foco). Nem todos os visitantes de parques entendem as regras que protegem as espécies, e os guardas florestais têm de gastar uma quantidade cada vez maior de seu tempo na aplicação da lei em vez de usá-lo na gestão da conservação e educação.

PENSANDO SOBRE

Protegendo os lobos e as terras selvagens

Como você acredita que a proteção dos lobos, em parte pela sua reintrodução em áreas como o Parque Nacional de Yellowstone (Ciência em foco), ajuda a proteger as áreas de floresta onde vivem?

Muitos parques nacionais norte-americanos se tornaram ilhas de biodiversidade ameaçadas rodeadas por um mar de desenvolvimento comercial. As atividades humanas próximas que ameaçam a vida selvagem e os valores recreacionais em muitos parques nacionais incluem mineração, pecuária, usinas de energia movidas a carvão, desvio de água e desenvolvimento urbano.

O ar poluído, à deriva por centenas de quilômetros das cidades, mata as árvores antigas no Parque Nacional Sequoia, na Califórnia, e muitas vezes degrada as impressionantes vistas do Grand Canyon, no Parque Nacional do Arizona. As Great Smoky Mountains, assim nomeadas pela névoa natural emitida por sua vegetação exuberante, ironicamente têm a qualidade do ar semelhante à de Los Angeles, Califórnia, e a vegetação em seus picos mais altos foi danificada pela chuva ácida. A poluição atmosférica, principalmente de usinas a carvão e do denso tráfego de veículos, degrada as paisagens cênicas dos parques nacionais dos Estados Unidos mais de 90% do tempo, de acordo com o Serviço de Parques Nacionais.

Esse serviço estimou que os parques nacionais têm um déficit de US$ 8 bilhões a US$ 9 bilhões em manutenção e reparos em trilhas, edifícios e outras instalações. Alguns analistas dizem que mais desses fundos poderiam vir de concessionárias privadas que prestam serviços de campings, restaurantes, hotéis e outros serviços prestados aos visitantes do parque. Eles pagam taxas de franquia de mais ou menos 6%-7% de sua receita bruta, em média, e muitas concessionárias de grande porte com contratos de longo prazo pagam apenas 0,75%. Os analistas dizem que essas porcentagens podem ser razoavelmente aumentadas para 20%.

CONEXÕES

Parques nacionais e mudanças climáticas

Stephen Saunders, presidente da Rocky Mountain Climate Change Organization e ex-subsecretário adjunto do Departamento do Interior dos Estados Unidos, projetou que a mudança climática é talvez "a maior ameaça que os parques já tiveram". Parques em áreas baixas nos Estados Unidos, em locais como Key West, na Flórida, e Ellis Island, no Porto de Nova York, e grandes áreas do Parque Nacional dos Everglades, na Flórida, provavelmente ficarão submersos neste século se os níveis do mar subirem como projetado. E, como as zonas climáticas mudam em um mundo mais quente, em 2030 o Parque Nacional Glacier pode não ter nenhuma geleira, e os cactos (observe a Figura 7-10, Capítulo 7, centro) podem desaparecer do Parque Nacional Saguaro.

A Figura 10-24 lista dez sugestões dadas por vários analistas para a manutenção e expansão do sistema de parques nacionais nos Estados Unidos. O problema é que a manutenção, tanto dos nacionais

Soluções

Parque nacionais

- Integrar os planos de gestão de parques e terras federais circunvizinhas
- Adicionar novas áreas de parque perto daqueles ameaçados
- Comprar terras privadas dentro de parques
- Prover estacionamentos para visitantes fora dos parques e fornecer transporte para as pessoas visitarem parques muito utilizados
- Aumentar os fundos federais para a manutenção e reparos dos parques
- Elevar a taxa de entrada para visitantes e utilizar os fundos resultantes para gestão e manutenção do parque
- Buscar doações privadas para manutenção e reparo dos parques
- Limitar o número de visitantes em áreas lotadas do parque
- Aumentar o número e a remuneração de guardas florestais no parque
- Incentivar os voluntários a darem palestras e promoverem tours

Figura 10-24 Estas são dez sugestões para manter e expandir o sistema de parques nacionais nos Estados Unidos. **Perguntas:** quais duas dessas propostas você acredita ser as mais importantes? Por quê? (Dados do Wilderness Society e Associação de Conservação de Parques Nacionais)

CAPÍTULO 10 Sustentando a biodiversidade terrestre: a abordagem ecossistêmica

quanto dos estaduais, não é uma prioridade quando se trata de financiamento. E esse sistema tem sido constantemente atacado pelas indústrias de mineração, petróleo, madeira, pecuária e outros interessados, que querem vender essas terras públicas para fins privados e geração de lucro.

As reservas naturais ocupam apenas uma pequena parte da superfície terrestre

A maioria dos ecólogos e biólogos de conservação acredita que a melhor maneira de preservar a biodiversidade é a criação de uma rede mundial de áreas protegidas. Atualmente, menos de 13% da área terrestre do planeta é protegida, estrita ou parcialmente, em 130 mil reservas naturais, parques, refúgios de vida silvestre, desertos e outras áreas. Essa porcentagem de 13% é enganosa, uma vez que não mais de 5% das terras do planeta estão estritamente protegidas de atividades humanas potencialmente nocivas. Em outras palavras, *reservamos 95% das terras do planeta para uso humano* (observe o mapa na Figura 6, no Suplemento 8).

Biólogos de conservação pedem pela proteção integral de pelo menos 20% da área terrestre do planeta em um sistema global de reservas de biodiversidade que inclua vários exemplos de todos os biomas da Terra (Conceito 10-4). No entanto, poderosos interesses econômicos e políticos se opõem a essa ideia.

Proteger mais terras do planeta do uso insustentável exigirá ações e financiamentos por parte dos governos nacionais e grupos privados, pressões políticas, de baixo para cima, por indivíduos preocupados com a causa, e empreendimentos cooperativos envolvendo governos, empresas e organizações privadas de conservação. Esses grupos têm um papel importante no estabelecimento de refúgios de vida selvagem e outras reservas para proteger a diversidade biológica.

Por exemplo, desde a sua fundação por um grupo de ecologistas profissionais em 1951, The Nature Conservancy (http://www.nature.org/), com mais de 1 milhão de membros em todo o mundo, criou o maior sistema mundial privado de reservas naturais e santuários da vida selvagem em 30 países (Figura 10-25) e em todos os 50 Estados norte-americanos. Globalmente, o programa protege uma área terrestre total maior do que a Suécia e 8 mil quilômetros de rios. Nos Estados Unidos, os esforços da The Nature Conservancy e proprietários privados protegem terras, vias fluviais e zonas úmidas em fundos de investimentos locais e estaduais, totalizando aproximadamente uma área igual à do Estado da Geórgia, Estados Unidos.

Figura 10-25 Silver Creek Nature Conservancy Preserve, um ecossistema de deserto elevado perto de Sun Valley, no Estado de Idaho, nos Estados Unidos, é um projeto da The Nature Conservancy que é aberto ao público.

Nos Estados Unidos, *grupos privados* sem fins lucrativos têm protegido grandes áreas de terra. Os membros reúnem seus recursos financeiros e aceitam doações, que podem ser deduzidas do imposto, para comprar e proteger terras, florestas e espaços verdes urbanos.

A maioria dos empreendedores e exploradores de recursos se opõe à proteção até mesmo dos atuais 12% de ecossistemas não perturbados remanescentes na Terra. Alegam que essas áreas podem conter recursos valiosos que poderiam aumentar o crescimento econômico atual. Os ecólogos e biólogos de conservação discordam. Eles veem as áreas protegidas como ilhas de biodiversidade e de capital natural, que ajudam a sustentar toda a vida e a economia de maneira indefinida, e servem como centros de evolução futura. Em outras palavras, elas seriam como uma "apólice de seguro ecológico" para nós e outras espécies.

Projetando e conectando as reservas naturais

Grandes reservas sustentam mais espécies e oferecem maior diversidade de habitats que as pequenas.

Também minimizam a exposição a perturbações naturais (como incêndios e furacões), espécies invasoras e distúrbios humanos de áreas desenvolvidas próximas.

Em 2007, cientistas relataram o maior e mais longo estudo sobre a fragmentação das florestas, ocorrido na Amazônia. Eles descobriram que a conservação de grandes reservas na Amazônia era mais importante do que se pensava até então. Considerando que a floresta amazônica é muito diversa, grande parte de sua extensão pode conter dezenas de tipos de ecossistemas, cada um muito diferente do outro para sustentar suas próprias espécies únicas. Portanto, desenvolver apenas uma parte de uma área tão grande pode resultar na eliminação de muitos tipos de habitats e espécies.

Entretanto, a pesquisa indica que, em outros locais, várias reservas médias bem localizadas podem proteger melhor uma grande variedade de habitats e preservar mais biodiversidade do que uma única grande com a mesma área total. Ao decidir sobre a oportunidade de recomendar reservas de grande ou médio porte, os biólogos da conservação devem considerar cuidadosamente as variações nos ecossistemas de uma área específica.

Sempre que possível, esses profissionais indicam o uso do *conceito de zona de amortecimento* para conceber e gerir as reservas naturais. Isto significa proteger estritamente o núcleo interno de uma reserva, normalmente pela criação de duas zonas de amortecimento de onde a população local pode extrair recursos de forma sustentável sem prejudicar o núcleo interno. Em vez de deixar as pessoas fora das áreas protegidas e, provavelmente, criar inimigos, essa abordagem coloca os residentes locais como parceiros na proteção de uma reserva contra usos insustentáveis, como a exploração madeireira ilegal e a caça predatória. Até 2009, as Nações Unidas tinham usado esse princípio para criar uma rede global de 553 *reservas da biosfera* em 107 países. [BOAS NOTÍCIAS]

Até agora, as reservas da biosfera estão aquém desses ideais, e ainda recebem muito pouco financiamento para sua proteção e gestão. Um fundo internacional para ajudar a compensar o déficit custaria US$ 100 milhões por ano, igual ao que o mundo gasta em despesas militares a cada 36 minutos.

Estabelecer *corredores de habitats* protegidos entre reservas isoladas ajuda a suportar mais espécies e permite a migração de animais vertebrados que precisam de pastos maiores. Eles permitem, ainda, a migração de indivíduos de uma espécie ou de populações quando as condições ambientais em uma reserva se deterioram, forçando-os a se mover para um novo local, e apoiam animais que precisam fazer migrações sazonais para obter comida. E, mais, esses corredores podem facilitar que algumas espécies transfiram suas pastagens se a mudança climática global fizer com que as suas pastagens atuais se tornem inabitáveis.

Por outro lado, eles podem ameaçar populações isoladas, viabilizando o movimento de espécies de pragas, doenças, incêndios e espécies invasoras entre reservas. E também aumentam a exposição de espécies migratórias a predadores naturais, caçadores humanos e poluição. Além disso, podem ser caros para ser instalados, protegidos e gerenciados. No entanto, um amplo estudo relatado em 2006 mostrou que as áreas ligadas por corredores podem acomodar uma maior variedade de aves, insetos, pequenos mamíferos e espécies vegetais. Além disso, seus dados indicaram que espécies não nativas não invadiram as áreas conectadas.

A criação de grandes reservas ligadas por corredores em uma escala ecorregional é o principal objetivo de muitos biólogos da conservação. Essa ideia está sendo colocada em prática em lugares como Costa Rica (leia o Estudo de caso a seguir).

ESTUDO DE CASO
Costa Rica – O líder global da conservação

As florestas tropicais já cobriram completamente a Costa Rica, na América Central, um país com uma área menor do que o Estado da Virgínia Ocidental dos Estados Unidos e um décimo do tamanho da França. Entre 1963 e 1983, famílias pecuaristas politicamente poderosas desmataram a maior parte das florestas do país para transformá-las em pasto para o gado.

Apesar da perda generalizada da floresta, a minúscula Costa Rica é uma superpotência de biodiversidade, com um número estimado de 500 mil espécies de plantas e animais. Um único parque na Costa Rica é o lar de mais espécies de aves do que podem ser encontradas em toda América do Norte.

Em meados da década de 1970, esse país estabeleceu um sistema de reservas naturais e parques nacionais que, até 2008, contava com um quarto de sua extensão – 6% dela reservada para os povos indígenas. A Costa Rica dedica agora uma porção de suas terras para a conservação da biodiversidade maior do que em qualquer outro país.

Os parques e reservas do país (observe a Foto 5 no Conteúdo detalhado) são consolidados em oito *megarreservas* zoneadas (Figura 10-26). Cada uma delas contém um núcleo interno protegido por duas zonas de amortecimento que os povos indígenas e locais podem utilizar para práticas sustentáveis de extração madeireira, agricultura, criação de gado, caça, pesca e ecoturismo.

A estratégia de conservação da biodiversidade da Costa Rica tem sido recompensada. Hoje, a maior fonte de renda do país é a indústria do turismo, com US$ 1 bilhão por ano, quase dois terços dos quais envolvendo o ecoturismo.

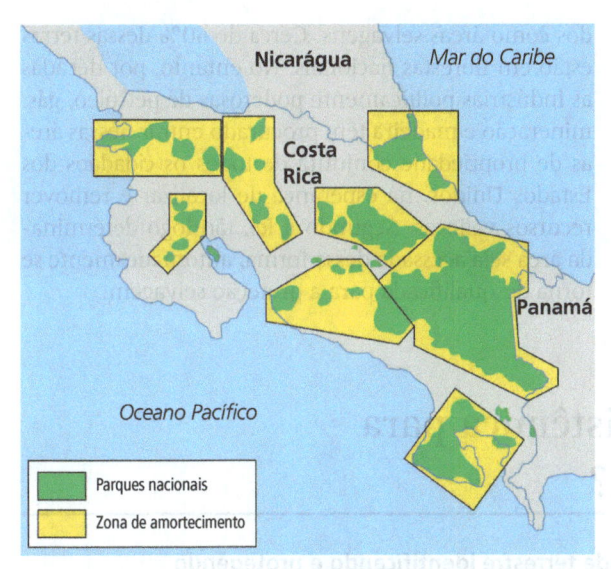

Figura 10-26 Soluções: A Costa Rica tem consolidado seus parques e suas reservas em oito megarreservas zoneadas projetadas para sustentar 80% da biodiversidade do país. As áreas verdes são parques naturais protegidos e as amarelas, zonas de amortecimento circunvizinhas, que podem ser usadas de maneira sustentável para silvicultura, agricultura, energia hídrica, caça e outras atividades humanas.

Para reduzir o desmatamento, o governo eliminou os subsídios para a conversão de floresta em pastagem. Também paga para os proprietários manterem ou restaurarem a cobertura arbórea.

Entre 2007 e 2008, o governo plantou quase 14 milhões de árvores, ajudando a preservar a biodiversidade do país, e pretende plantar 100 milhões de árvores até 2017. À medida que crescem, as árvores removem o dióxido de carbono do ar e ajudam a Costa Rica a cumprir sua meta de reduzir as emissões líquidas de CO_2 a zero até 2021.

A estratégia funcionou: esse país passou de detentor de uma das maiores taxas do mundo de desmatamento para uma das mais baixas. Entre 1940 e 1987, a cobertura florestal na Costa Rica diminuiu de 75% para 21%. Mas até 2008, país havia crescido para mais de 50%.

Proteger a vida selvagem é uma importante maneira de preservar a biodiversidade

Uma forma de proteger terras não desenvolvidas contra a exploração humana é separá-las como **área selvagem** – terra oficialmente destinada a uma área em que as comunidades naturais não tenham sido seriamente perturbadas por seres humanos e as atividades humanas são limitadas por lei (**Conceito 10-4**). Theodore Roosevelt, o primeiro presidente dos Estados Unidos a criar áreas protegidas, resumiu o que devemos fazer com áreas selvagens: "Deixe-a como está. Você não pode melhorá-la".

A proteção de áreas selvagens não ocorre sem controvérsias (consulte o Estudo de caso). Alguns críticos opõem-se à proteção de grandes áreas pelo seu valor paisagístico e de lazer para um número relativamente pequeno de pessoas. Acreditam que isso previne que algumas áreas do planeta sejam economicamente úteis para as pessoas que vivem atualmente. No entanto, para a maioria dos biólogos, as razões mais importantes para proteger áreas selvagens e outras áreas da exploração e degradação envolvem necessidades de longo prazo – para *preservar a biodiversidade* como uma parte vital do capital natural da Terra e *proteger as áreas selvagens como centros de evolução* em resposta à maioria das alterações imprevisíveis nas condições ambientais. Em outras palavras, proteger áreas naturais é equivalente a investir em uma apólice de seguro de biodiversidade para todos.

■ ESTUDO DE CASO

Controvérsia sobre a proteção de áreas selvagens nos Estados Unidos

Nos Estados Unidos, os conservacionistas têm tentado salvar áreas selvagens do desenvolvimento desde 1900. Em geral, lutam uma batalha perdida. Só em 1964 o Congresso aprovou a Lei de Áreas Selvagens (*Wilderness Act*). Isso permitiu que o governo protegesse setores subdesenvolvidos de terras públicas do desenvolvimento como parte do Sistema Nacional de Preservação de Áreas Selvagens. Tais terras obtêm o maior nível de proteção contra as atividades humanas, como desmatamento, mineração e uso de automóvel.

A área selvagem protegida nos Estados Unidos aumentou dez vezes entre 1970 e 2010. Mesmo assim, apenas cerca de 4,7% das terras dos Estados Unidos são protegidas como áreas selvagens – quase três quartos delas no Alasca. Apenas aproximadamente 2% da área de terra dos 48 Estados contíguos dos Estados Unidos são protegidas, a maioria no Oeste.

No entanto, em 2009, o governo dos Estados Unidos concedeu proteção de selva para mais de 800 mil hectares de terras públicas em 9 dos 48 Estados. Foi a maior expansão de terras de áreas selvagens em 15 anos. A nova lei também aumentou o comprimento total de rios selvagens e paisagísticos (tratados como áreas selvagens) em 50% – o maior aumento que já ocorreu.

Um problema é que apenas 4 das 413 áreas selvagens nos 48 Estados contíguos dos Estados Unidos são grandes o suficiente para sustentar todas as espécies que contêm. Algumas, como os lobos, precisam de grandes áreas para vagar em bandos, encontrar suas presas, acasalar-se e criar seus filhotes. Além disso, o sistema inclui apenas 81 dos 233 ecossistemas distintos do país. A maioria das áreas selvagens nos 48 Estados são ilhas de habitat ameaçadas em um mar de desenvolvimento.

Blocos espalhados de terras públicas com área total aproximadamente igual à do Estado de Montana, Estados Unidos, poderiam qualificar-se para ser considerados como áreas selvagens. Cerca de 60% dessas terras estão em florestas nacionais. No entanto, por décadas as indústrias politicamente poderosas de petróleo, gás, mineração e madeira têm procurado entrar nessas áreas de propriedade conjunta de todos os cidadãos dos Estados Unidos, na esperança de localizar e remover recursos valiosos. Segundo a lei, tão logo determinada área seja acessada dessa forma, automaticamente se torna desqualificada para a proteção selvagem.

10-5 Qual é a abordagem ecossistêmica para sustentar a biodiversidade?

▶ **CONCEITO 10-5** Podemos ajudar a sustentar a biodiversidade terrestre identificando e protegendo pontos severamente ameaçados (*hotspots* de biodiversidade), restaurando os ecossistemas danificados (usando a ecologia de restauração) e compartilhando com outras espécies muitas das terras que dominamos (usando a ecologia de reconciliação).

Podemos usar uma estratégia de quatro pontos para proteger os ecossistemas

A maioria dos biólogos e conservacionistas da vida selvagem acredita que devemos focar mais em proteger e sustentar os ecossistemas e a biodiversidade neles contidas, do que em salvar espécies individuais. Suas metas certamente incluem o impedimento da extinção prematura de espécies, mas argumentam que a melhor maneira de fazer isso é protegendo os habitats e serviços de ecossistemas ameaçados. Essa *abordagem ecossistêmica*, em geral, utiliza o seguinte plano de quatro pontos:

1. Mapear os ecossistemas terrestres do planeta e criar um inventário das espécies contidas em cada um deles e dos serviços naturais que prestam.
2. Localizar e proteger os ecossistemas e espécies mais ameaçados, enfatizando a proteção da biodiversidade vegetal e serviços ecossistêmicos.
3. Procurar restaurar quantos ecossistemas degradados forem possíveis.
4. Tornar o desenvolvimento *mais favorável para a biodiversidade*, ao proporcionar incentivos financeiros significativos (como isenções fiscais e cancelamentos de dívidas) e assistência técnica aos proprietários privados que concordarem em ajudar a proteger os ecossistemas em perigo.

Alguns cientistas argumentam que precisamos de novas leis para incorporar esses princípios. Nos Estados Unidos, por exemplo, há suporte para a alteração da Lei de Espécies Ameaçadas, ou, eventualmente, aprovar uma nova lei, a fim de implementar, de maneira generalizada, a proteção de ecossistemas e biodiversidade.

Proteger os *hotspots* globais de biodiversidade é uma prioridade urgente

As espécies do planeta não são uniformemente distribuídas. Na realidade, 17 países de megadiversidade, a maioria deles com grandes áreas de floresta tropical, contêm mais de dois terços de todas as espécies. Os países líderes em megadiversidade, pela ordem, são: Indonésia, Colômbia, México, Brasil e Equador.

Para proteger o máximo possível da biodiversidade remanescente da Terra, alguns cientistas de biodiversidade apelam para a adoção de uma estratégia *emergencial* para identificar e rapidamente proteger os *hotspots* de biodiversidade – áreas especialmente ricas em espécies de plantas que não são encontradas em nenhum outro lugar e estão em grande perigo de extinção (Conceito 10-5). Esses *hotspots* sofrem perturbações ecológicas graves, principalmente por causa do rápido crescimento da população humana e consequente pressão sobre os recursos naturais.

O cientista ambiental Norman Myers propôs essa ideia pela primeira vez em 1988. Myers e seus colegas da *Conservation International* fundamentaram-se principalmente na diversidade de espécies de plantas para identificar os principais *hotposts* de biodiversidade,

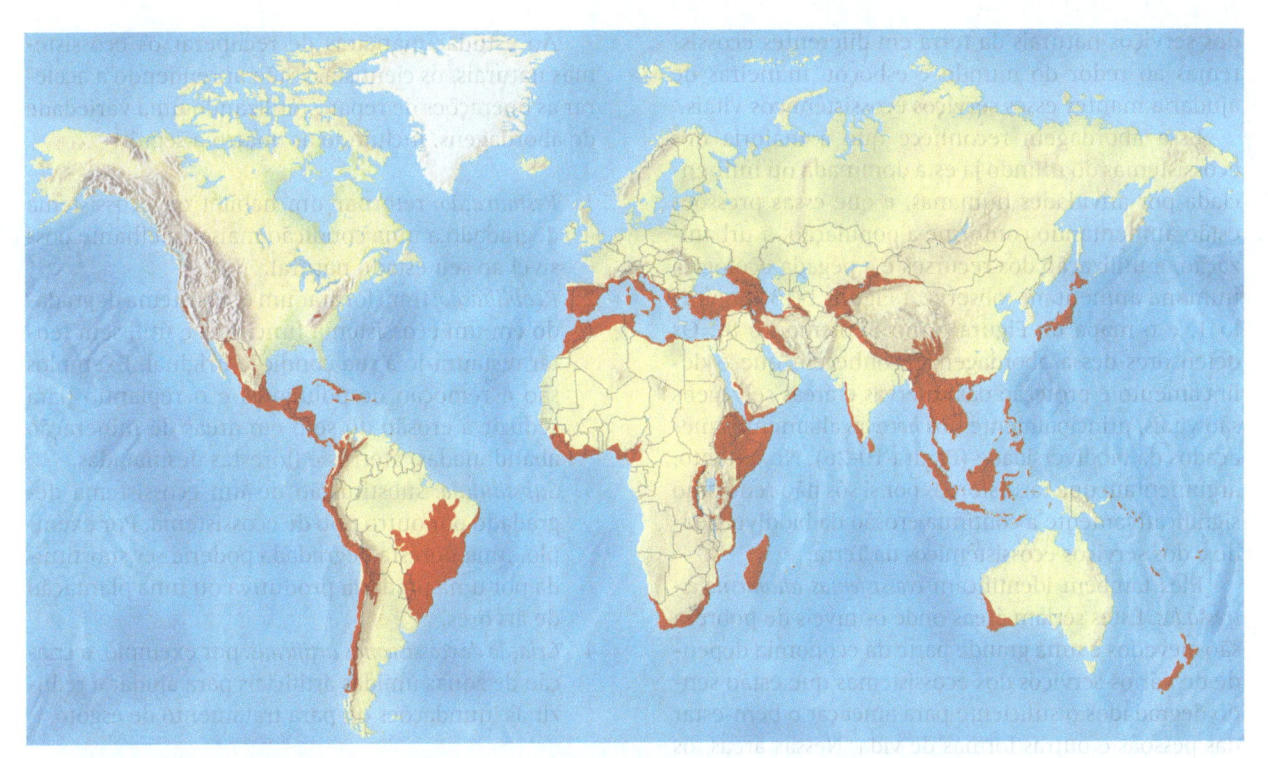

Figura 10-27 Capital natural ameaçado: Este mapa mostra 34 pontos focais de biodiversidade identificados pelos ecólogos como importantes centros da biodiversidade terrestre ameaçados, que contêm um grande número de espécies que não podem ser encontradas em nenhum outro lugar. Identificar e salvar esses habitats críticos requer uma vital reação de emergência (**Conceito 10-5**). Compare estas áreas com as do mapa global da pegada ecológica humana, como mostrado na Figura 6, no Suplemento 8. Segundo a IUCN, a proporção média de áreas de *hotspots* de biodiversidade verdadeiramente protegidas por financiamento e execução é de apenas 5%.
Perguntas: existe algum destes pontos focais perto de onde você mora? Existe algum hotspot pequeno e localizado na região onde você mora? (Dados do Centro de Ciências Aplicadas à Biodiversidade da *Conservation International*)

pois esses dados estavam mais disponíveis e a diversidade de plantas também era pensada como sendo um indicador da diversidade animal.

A Figura 10-27 mostra 34 *hotspots* globais de biodiversidade terrestre identificados pelos biólogos. (Para um mapa desses pontos nos Estados Unidos, observe a Figura 26, no Suplemento 8). Nessas áreas, um total de 86% do habitat já foi destruído. Embora cubram apenas um pouco mais de 2% da superfície terrestre do planeta, contêm 50% das espécies vegetais florescentes do mundo e 42% de todos os vertebrados terrestres (mamíferos, aves, répteis e anfíbios). São também o lar para a grande maioria das espécies ameaçadas ou criticamente ameaçadas do mundo e para 1,2 bilhão de pessoas – um quinto da população mundial. Norman Myers diz: "Não consigo pensar em nenhuma outra iniciativa de biodiversidade que pudesse ter tanto êxito, a um custo relativamente baixo, como a estratégia de *hotspots*".

Uma desvantagem dessa abordagem é que algumas áreas ricas em diversidade de plantas não são necessariamente ricas em diversidade animal. Além disso, quando os *hotspots* estão protegidos, os residentes locais podem ser deslocados e perder o acesso a recursos importantes. No entanto, seu objetivo é proteger a biodiversidade única em áreas sob grande pressão de atividades humanas. Apesar de sua importância, essa abordagem não conseguiu captar o apoio público e financiamento suficientes.

Proteger serviços ecossistêmicos também é uma prioridade urgente

Outra maneira de ajudar a manter a biodiversidade da Terra é identificar e proteger áreas onde serviços naturais essenciais ou ecossistêmicos (observe as caixas em laranja na Figura 1-4, Capítulo 1) estão sendo ameaçados o suficiente para reduzir a biodiversidade e prejudicar os residentes locais.

Essa abordagem tem recebido mais atenção desde o lançamento da *Avaliação Ecossistêmica do Milênio* de 2005 – um estudo de quatro anos conduzido por 1.360 especialistas de 95 países, que identificou os principais serviços ecossistêmicos que fornecem inúmeros benefícios ecológicos e econômicos, como aqueles proporcionados pelas florestas (Figura 10-4). O estudo apontou que as atividades humanas estão degradando ou usando de maneira excessiva 60%

dos serviços naturais da terra em diferentes ecossistemas ao redor do mundo e esboçou maneiras de ajudar a manter esses serviços ecossistêmicos vitais.

Essa abordagem reconhece que a maioria dos ecossistemas do mundo já está dominada ou influenciada por atividades humanas, e que essas pressões estão aumentando conforme a população, a urbanização, a utilização dos recursos e a pegada ecológica humana aumentam (observe a Figura 1-13, Capítulo 1, e o mapa da Figura 6, no Suplemento 8). Os defensores dessa abordagem reconhecem que o delineamento e proteção das reservas e áreas selvagens são vitais, principalmente nos *hotspots* altamente ameaçados da biodiversidade (Figura 10-26). No entanto, argumentam que tais esforços por si sós não reduzirão significativamente a contínua erosão da biodiversidade e dos serviços ecossistêmicos da Terra.

Eles também identificam *ecossistemas altamente estressados*. Estes seriam áreas onde os níveis de pobreza são elevados e uma grande parte da economia depende de vários serviços dos ecossistemas que estão sendo degradados o suficiente para ameaçar o bem-estar das pessoas e outras formas de vida. Nessas áreas, os moradores, funcionários públicos e cientistas de conservação poderiam trabalhar juntos desenvolvendo estratégias para ajudar a proteger as comunidades humanas e a biodiversidade natural. Em vez de enfatizar a natureza contra as pessoas, essa abordagem concentra-se na busca de estratégias "ganho-ganho" para proteger as pessoas e os serviços dos ecossistemas que suportam toda a vida e as economias.

Podemos reabilitar e restaurar ecossistemas que danificamos

Quase todo lugar natural na Terra foi afetado ou degradado de alguma forma pelas atividades humanas. Podemos, pelo menos parcialmente, reverter grande parte desse dano por meio da **restauração ecológica:** processo de reparação de danos causados pelo ser humano na biodiversidade e na dinâmica dos ecossistemas naturais. Exemplos incluem o replantio de florestas (**Estudo de caso principal**), a restauração de savanas, dos recifes de coral, das zonas úmidas e das margens de rios (Figura 10-21, à direita), reintroduzindo espécies nativas (Ciência em foco), removendo espécies invasoras e liberando o fluxo dos rios pela remoção das barragens.

Evidências indicam que, para sustentar a biodiversidade, devemos fazer um esforço global para recuperar e restaurar os ecossistemas que temos danificado (**Conceito 10-5**). Uma estratégia importante é imitar os processos naturais, deixando a natureza fazer a maior parte do trabalho, geralmente pela sucessão ecológica secundária (observe a Figura 5-20, Capítulo 5).

Ao estudar maneiras de recuperar os ecossistemas naturais, os cientistas estão aprendendo a acelerar as operações de reparo, utilizando uma variedade de abordagens, incluindo as quatro a seguir:

1. *Restauração:* retornar um habitat ou ecossistema degradado a uma condição mais semelhante possível ao seu estado natural.
2. *Reabilitação:* transformar um ecossistema degradado em um ecossistema funcional e útil, sem tentar restaurá-lo à sua condição original. Exemplos são a remoção de poluentes e o replantio para reduzir a erosão do solo em áreas de mineração abandonadas, aterros e florestas desmatadas.
3. *Substituição:* substituição de um ecossistema degradado por outro tipo de ecossistema. Por exemplo, uma floresta degradada poderia ser substituída por uma pradaria produtiva ou uma plantação de árvores.
4. *Criação de ecossistemas artificiais:* por exemplo, a criação de zonas úmidas artificiais para ajudar a reduzir as inundações ou para tratamento de esgoto.

Pesquisadores têm sugerido uma estratégia, com base científica, de quatro etapas para obtenção de mais formas de recuperação e reabilitação ambiental.

Primeira, identificar as causas da degradação (como poluição, agricultura, pastoreio, mineração ou espécies invasoras). *Segunda*, parar o abuso, eliminando ou reduzindo drasticamente esses fatores. Isso incluiria a remoção de poluentes tóxicos do solo, melhorando aquele empobrecido com a adição de nutrientes e de solo novo, prevenção de incêndios e controle ou eliminação de espécies exóticas perturbadoras (Ciência em foco).

Terceira, se necessário, reintroduzir espécies-chave para ajudar a restaurar os processos ecológicos naturais, como foi feito com os lobos no ecossistema de Yellowstone (Ciência em foco). *Quarta*, proteger a área de maior degradação e permitir que a sucessão ecológica secundária ocorra (Figura 10-21, à direita).

Há alguns excelentes exemplos de restauração ecológica. Por exemplo, a maioria das savanas de capim alto nos Estados Unidos foi arrancada e convertida em campos de plantio de culturas. No entanto, essas savanas são locais ideais para a restauração ecológica por três razões. *Primeira*, muitas espécies vegetais nativas residuais ou transplantadas podem ser estabelecidas dentro de poucos anos. *Segunda*, a tecnologia utilizada é semelhante à da jardinagem e agricultura. *Terceira*, o processo é bem adequado ao trabalho de voluntários necessário para o plantio de espécies nativas e eliminação das invasoras, até que as espécies naturais possam assumir o controle. Há uma série de projetos bem-sucedidos de restauração de savanas nos Estados Unidos e em outros países.

CIÊNCIA EM FOCO

Restauração ecológica de uma floresta tropical seca na Costa Rica

Costa Rica é a localização de um dos maiores projetos de restauração ecológica do mundo. Nas planícies do Parque Nacional de Guanacaste, uma pequena floresta tropical seca foi queimada, degradada e fragmentada para conversão em larga escala de áreas para fazendas de gado e plantio. Agora, ela está sendo restaurada e reconectada a uma floresta nas encostas das montanhas próximas. O objetivo é eliminar danos de gramíneas exógenas e restabelecer um ecossistema de floresta tropical seca ao longo dos próximos 100-300 anos.

Daniel Janzen, professor de biologia da Universidade da Pensilvânia e líder no campo da ecologia da restauração, ajudou a galvanizar o apoio internacional para esse projeto. Ele usou seu próprio dinheiro da bolsa MacArthur para a compra desse terreno na Costa Rica para ser preservado como um parque nacional e também levantou mais de US$ 10 milhões para a restauração do parque.

Janzen reconhece que a restauração ecológica e a proteção do parque falharão, a menos que as pessoas na área circundante acreditem que se beneficiarão de tais esforços. Sua visão é ressaltar que as mais de 40 mil pessoas que vivem perto do parque desempenhem um papel fundamental na restauração da floresta degradada, um conceito que ele chama restauração biocultural.

Ao participar ativamente no projeto, os moradores colhem benefícios educacionais, econômicos e ambientais. Os agricultores locais são pagos para semear grandes áreas com sementes e mudas de árvores que começam a brotar no laboratório de Janzen. As escolas locais primárias, de ensino médio, estudantes universitários e grupos de cidadãos estudam a ecologia do parque durante as viagens de campo. A localização do parque, perto da Rodovia Pan-americana, torna-o uma área ideal para o ecoturismo, o que estimula a economia local.

O projeto também serve como um campo de treinamento para a restauração de florestas tropicais para cientistas de todo o mundo. Os cientistas pesquisadores que trabalham no projeto proferem palestras em sala de aula e lideram viagens de campo.

Em poucas décadas, as crianças costa-riquenhas de hoje estarão gerenciando o parque e o sistema político local. Se elas compreenderem a importância ecológica do meio ambiente local, será mais provável que protejam e sustentem seus recursos biológicos. Janzen acredita que educação, conscientização e participação – em vez de guardas e cercas – são a melhor maneira de restaurar ecossistemas degradados e de proteger aqueles em grande parte intactos do uso insustentável.

Pensamento crítico
Será que um projeto de restauração ecológica desses é possível na região onde você mora? Explique.

A restauração incentiva mais destruição?

Alguns analistas temem que a restauração ecológica possa incentivar a contínua destruição e degradação ambiental, sugerindo que quaisquer dos nossos danos ecológicos podem ser desfeitos. Os ecologistas de restauração discordam dessa sugestão, ressaltando que a prevenção da deterioração dos ecossistemas, em primeiro lugar, é mais barata e mais eficaz do que qualquer outra forma de restauração ecológica. No entanto, concordam que a restauração não deve ser usada para ajudar a justificar a destruição ambiental.

Eles ressaltam que, até agora, fomos capazes de proteger apenas 5% das terras do planeta dos efeitos das atividades humanas, e que, portanto, a restauração ecológica é uma necessidade vital para muitos ecossistemas do mundo. Argumentam que, mesmo que um ecossistema restaurado seja diferente do sistema original, o resultado é melhor do que não ter nenhuma restauração. Com o tempo, uma maior experiência com a restauração ecológica aumentará sua eficácia. O Capítulo 11 descreve exemplos de restauração ecológica de sistemas aquáticos, como pântanos e rios.

Podemos compartilhar áreas que dominamos com outras espécies

O ecologista Michael L. Rosenzweig apoia firmemente os esforços para ajudar a manter a biodiversidade da Terra por meio de estratégias de proteção das espécies, como a Lei de Espécies Ameaçadas do Estados Unidos (consulte o Capítulo 9) e a preservação de áreas selvagens e outras áreas de vida selvagem. No entanto, afirma que, a longo prazo, essas abordagens falharão por dois motivos. *Primeiro*, reservas totalmente protegidas atualmente são dedicadas a salvar apenas 5% da área terrestre do mundo, com exceção das regiões polares e algumas outras inabitáveis. Para Rosenzweig, o verdadeiro desafio é contribuir para manter as espécies selvagens nas partes da natureza dominadas pelo homem, que compõem 95% da área habitável do planeta terrestre (Conceito 10-5).

Segundo, reservar fundos e refúgios e aprovar leis para proteger espécies ameaçadas de extinção são, essencialmente, tentativas desesperadas de salvar as espécies que estão em perigo. Esses esforços de emergência podem ajudar algumas espécies, mas é igualmente importante aprender a manter mais espécies longe da extinção. Ou seja, uma abordagem preventiva.

Rosenzweig sugere o desenvolvimento de uma nova forma de biologia da conservação, chamada **ecologia de reconciliação**. Essa ciência foca a invenção, o estabelecimento e a manutenção de novos habitats para conservar a diversidade de espécies em locais onde as pessoas vivem, trabalham ou se divertem. Em outras palavras, precisamos aprender a compartilhar com outras espécies alguns dos espaços que dominamos.

A implementação da ecologia de reconciliação envolverá a prática crescente de *conservação com base na comunidade*, na qual os biólogos da conservação trabalham com as pessoas para ajudá-las a proteger a biodiversidade em suas comunidades locais. Com essa abordagem, os cientistas, cidadãos e, às vezes, as organizações de conservação nacionais e internacionais buscam maneiras de preservar a biodiversidade local, ao mesmo tempo em que permite que as pessoas que vivem dentro ou perto de áreas protegidas façam uso sustentável de parte dos recursos encontrados ali (leia o Estudo de caso a seguir).

Esta foi a estratégia usada por Wangari Maathai (**Estudo de caso principal**), quando criou o Movimento Cinturão Verde. Um grande desafio para ela era fazer as pessoas verem o meio ambiente como algo intimamente relacionado ao seu cotidiano.

Alguns cientistas têm lidado com esse desafio levando as pessoas a perceber que a proteção da vida selvagem e ecossistemas locais pode fornecer os recursos econômicos para suas comunidades, incentivando formas sustentáveis de ecoturismo. Em Belize, um país da América Central, por exemplo, o biólogo Robert Horwich ajudou a estabelecer um santuário local para o bugio-preto. Ele convenceu os agricultores locais a reservar faixas de floresta para servir de habitat e corredores pelos quais esses macacos podem se deslocar. A reserva, administrada por uma cooperativa de mulheres locais, tem atraído ecoturistas e biólogos. A comunidade construiu um museu do bugio-preto, e os moradores locais recebem renda ao abrigar e orientar os ecoturistas e pesquisadores de biologia.

Em outras partes do mundo, as pessoas estão aprendendo a proteger insetos polinizadores vitais, como borboletas e abelhas nativas, vulneráveis a inseticidas e à perda de habitat. As vizinhanças e os governos municipais estão fazendo isso ao concordar em reduzir ou eliminar o uso de pesticidas em seus gramados, campos de golfe e parques. Os vizinhos também trabalham juntos para plantar jardins de flores como fonte de alimento para espécies de insetos polinizadores. Além disso, alguns bairros e agricultores têm construído dispositivos que utilizam madeira e canudos de plástico, servindo como colmeias para abelhas polinizadoras.

Há muitos outros exemplos de pessoas e grupos que trabalham juntos em projetos para restaurar savanas, pântanos, córregos e outras áreas degradadas (leia o Estudo de caso a seguir). **CARREIRA VERDE:** Especialista em ecologia de reconciliação

ESTUDO DE CASO
O Desafio Blackfoot – ecologia de reconciliação em ação

O rio Blackfoot corre entre belas cadeias de montanhas na parte centro-oeste do Estado de Montana, nos Estados Unidos. Essa grande bacia é o lar de mais de 600 espécies de plantas, 21 de aves aquáticas, águias, falcões, ursos e raras espécies de trutas. Algumas espécies, como o girassol silvestre de Howell e a truta touro, estão ameaçadas de extinção. Em outras palavras, essa bacia é uma joia preciosa da biodiversidade.

O Vale do Rio Blackfoot também é lar de pessoas que vivem em sete comunidades e 2.500 famílias rurais. Um livro e um filme, ambos intitulados *A River Runs Through It,* falam de como os moradores do vale apreciam seu estilo de vida.

Na década de 1970, muitas dessas pessoas reconheceram que seu amado vale tinha sido ameaçado pela má mineração, madeiramento e práticas de pastagem, poluição de água e de ar, e desenvolvimento comercial e residencial insustentável. Elas também entenderam que seu modo de vida dependia da vida selvagem e dos ecossistemas localizados em terras públicas e privadas. Elas começaram a se reunir informalmente em suas cozinhas para discutir como manter seu modo de vida ao mesmo tempo em que preservam as outras espécies que vivem no vale. Essas pequenas reuniões geraram encontros comunitários com a participação de proprietários individuais e corporativos, gestores de terra estaduais e federais, cientistas e funcionários do governo local. Foi um caso de pessoas com interesses diferentes trabalhando juntas para ajudar a manter o ambiente que as sustentava.

Dessas reuniões surgiu a ação. Equipes de moradores organizaram grupos para retirar plantas daninhas, construir estruturas para a nidificação de aves aquáticas e desenvolver sistemas de pastagens mais sustentáveis. Os proprietários de terra concordaram em criar servidões de preservação permanente, preservando terras para a conservação e uso sustentável, como a caça e a pesca. Criaram corredores entre as grandes extensões de terras não cultivadas. Em 1993, esses esforços foram organizados sob um estatuto chamado Desafio Blackfoot.

Os resultados foram dramáticos. Os membros do Desafio Blackfoot restauraram e melhoraram grandes áreas de pântanos, rios e pastagens nativas. E reservaram grandes áreas de terras privadas para servidões de preservação permanente.

Os pioneiros desse projeto podem não ter sabido, mas estavam iniciando o que se tornou um exemplo clássico da *ecologia de reconciliação*. Eles trabalharam juntos, respeitando a visão do outro, aceitaram compromissos e encontraram formas de compartilhar suas terras com as plantas e animais que fizeram do local um lugar tão bonito para viver.

> **PENSANDO SOBRE**
>
> **O Movimento Cinturão Verde e a ecologia de reconciliação** — ESTUDO DE CASO PRINCIPAL
>
> Liste três maneiras pelas quais o Movimento Cinturão Verde (**Estudo de caso principal**) é um bom exemplo de ecologia de reconciliação em funcionamento.

A Figura 10-28 lista algumas maneiras como você pode ajudar a sustentar a biodiversidade terrestre do planeta.

Aqui estão as *três grandes ideias deste capítulo*:

- O valor econômico dos importantes serviços ecológicos prestados pelos ecossistemas do mundo é muito maior do que o das matérias-primas obtidas desses sistemas.

- É possível gerir florestas, campos, parques e reservas naturais de forma mais eficaz, protegendo mais terras, evitando o excesso de uso dessas áreas e utilizando recursos renováveis fornecidos por eles não mais rapidamente do que possam ser repostos por processos naturais.

- É possível sustentar a *biodiversidade terrestre* protegendo áreas seriamente ameaçadas, as não perturbadas remanescentes, restaurando os ecossistemas danificados e compartilhando com outras espécies muitas das terras que dominamos.

O que você pode fazer?

Sustentando a biodiversidade terrestre

- Adotar uma floresta
- Plantar árvores e cuidar delas
- Reciclar papel e comprar produtos de papel reciclado
- Comprar madeira e produtos de madeira produzidos de forma sustentável
- Escolher substitutos de madeira, como móveis, *decks* e cercas de bambu e de plástico reciclado
- Ajudar a restaurar uma floresta ou pradaria degradada próxima
- Cultivar em seu quintal uma diversidade de plantas nativas de sua região

Figura 10-28 Pessoas fazem a diferença: Estas são algumas maneiras pelas quais você pode ajudar a sustentar a biodiversidade terrestre. **Pergunta:** Quais duas dessas ações você acredita ser as mais importantes? Por quê? Quais dessas coisas você já faz?

REVISITANDO — **O Movimento Cinturão Verde e a sustentabilidade** — ESTUDO DE CASO PRINCIPAL / SUSTENTABILIDADE

Neste capítulo, vimos como os seres humanos estão destruindo ou degradando a biodiversidade terrestre em uma variedade de ecossistemas. Vimos também como podemos reduzir a destruição e a degradação utilizando os recursos da Terra de maneira mais sustentável. O **Estudo de caso principal** nos mostrou a importância de simplesmente plantar árvores. Além disso, aprendemos a importância de proteger as espécies e ecossistemas em reservas naturais, como parques e selvas.

Também aprendemos sobre a importância de preservar o que resta dos ecossistemas ricamente diversificados e altamente ameaçados (pontos focais de biodiversidade). Examinamos a principal estratégia de restauração ou reabilitação de alguns dos ecossistemas que degradamos (restauração ecológica). Além disso, exploramos maneiras pelas quais as pessoas podem compartilhar com outras espécies algumas das terras que ocupam, a fim de ajudar a manter a biodiversidade (ecologia de reconciliação).

A preservação da biodiversidade terrestre como é feita no Movimento Cinturão Verde envolve a aplicação dos três **princípios da sustentabilidade**. Em primeiro lugar, isso significa respeitar a biodiversidade e compreender o valor de sustentá-la. Então, ao ajudar a sustentar a biodiversidade por meio do plantio de árvores, por exemplo, também ajudamos a restaurar e preservar os fluxos de energia do sol por meio das cadeias alimentares e a ciclagem de nutrientes nos ecossistemas. Além disso, se dependermos menos de combustíveis fósseis e mais da energia solar direta e de suas formas indiretas, como o vento e a água corrente, geraremos menos poluição e menos interferência na ciclagem química natural e outras formas de capital natural que sustentam a biodiversidade e nossas próprias vidas e sociedades.

Abusamos da Terra porque a consideramos uma mercadoria que nos pertence. Quando a enxergarmos como uma comunidade à qual pertencemos, poderemos começar a usá-la com amor e respeito.

ALDO LEOPOLD

REVISÃO

1. Revise as Questões-chave e Conceitos para este capítulo. Descreva o Movimento Cinturão Verde, fundado por Wangari Maathai (**Estudo de caso principal**).
2. Faça a distinção entre **floresta antiga**, **floresta secundária** e **plantação de árvores** (fazenda de árvores ou **floresta comercial**). Quais são os principais benefícios ecológicos e econômicos que as florestas prestam? Descreva os esforços de cientistas e economistas para colocar um preço nos principais serviços ecológicos prestados pelas florestas e outros ecossistemas.
3. Descreva o prejuízo causado pela construção de estradas em florestas inacessíveis. Faça a distinção entre os cortes seletivo, raso e em faixas na colheita de árvores. Quais são as principais vantagens e desvantagens do corte raso de florestas? Quais são dois tipos de incêndios florestais? Quais são alguns dos benefícios ecológicos do incêndio de superfície ocasional? Quais são quatro maneiras de reduzir os impactos nocivos das doenças e dos insetos em florestas? Que efeitos podem ser projetados nas florestas em razão das mudanças climáticas previstas?
4. O que é **desmatamento** e que partes do mundo estão enfrentando as maiores perdas florestais? Liste alguns dos principais efeitos ambientais prejudiciais do desmatamento. Descreva as notícias animadoras sobre o desmatamento nos Estados Unidos. Quão sério é o desmatamento tropical? Quais são as principais causas subjacentes e diretas do desmatamento tropical?
5. Descreva quatro maneiras de gerir as florestas de maneira mais sustentável. O que é madeira certificada? Quais são quatro maneiras de reduzir os danos às florestas e às pessoas causados por incêndios florestais? O que é uma queimada prescrita? Quais são três formas de reduzir a necessidade de colheita de árvores? Descreva a crise da lenha e liste três maneiras de reduzir sua gravidade. Quais são cinco maneiras de proteger as florestas tropicais e usá-las de forma mais sustentável?
6. Faça a distinção entre **campos** e **pastagens**. O que é **sobrepastoreio** e quais são seus efeitos ambientais prejudiciais? Descreva os esforços para reduzi-lo nas regiões fronteiriças de Malpai. Quais são três formas de reduzir o sobrepastoreio e usar as savanas de forma mais sustentável? Descreva o conflito entre pecuária, proteção da biodiversidade e desenvolvimento urbano no oeste americano.
7. Quais principais ameaças ambientais afetam os parques nacionais no mundo e nos Estados Unidos? Como os parques nacionais nos Estados Unidos poderiam ser utilizados de forma mais sustentável? Descreva alguns dos efeitos ecológicos da reintrodução do lobo cinzento no Parque Nacional de Yellowstone, nos Estados Unidos. Qual a porcentagem de terras do mundo que foi reservada e protegida como reserva natural, e qual porcentagem os biólogos conservacionistas acreditam que deva ser protegida?
8. Como as reservas naturais devem ser projetadas e conectadas? Descreva o que a Costa Rica tem feito para estabelecer as reservas naturais. O que é **área selvagem** e por que ela é importante? Descreva a controvérsia sobre a proteção de áreas selvagens nos Estados Unidos. Descreva uma estratégia de quatro pontos para a proteção dos ecossistemas. O que são *hotspots* **de biodiversidade** e por que é importante protegê-los? Por que é importante também proteger as áreas onde os serviços ecossistêmicos em deterioração ameaçam as pessoas e outras formas de vida?
9. O que é **restauração ecológica**? Descreva a estratégia com base científica de quatro etapas para obtenção de mais formas de recuperação e reabilitação ambiental. Descreva a recuperação ecológica de uma floresta tropical seca na Costa Rica. Defina e dê três exemplos de **ecologia de reconciliação**. Descreva o projeto de ecologia de reconciliação Desafio Blackfoot.
10. Quais são quatro maneiras pelas quais todos nós podemos ajudar a manter a biodiversidade terrestre do planeta? Quais são as *três grandes ideias deste capítulo?* Descreva a relação entre a preservação da biodiversidade da maneira como é feita pelo Movimento Cinturão Verde e os três **princípios científicos de sustentabilidade**.

Obs.: Os termos-chave estão em negrito.

PENSAMENTO CRÍTICO

1. Descreva alguns benefícios ecológicos, econômicos e sociais do Movimento Cinturão Verde (**Estudo de caso principal**). Existe uma área perto de onde você mora que poderia beneficiar-se do plantio intensivo de árvores? Se positivo, descreva como isso beneficiaria a região.
2. Se não formos capazes de proteger uma porcentagem muito maior de florestas antigas e tropicais remanescentes do mundo, descreva três efeitos nocivos que essa falha pode ter sobre os filhos e netos que poderemos ter.
3. No início de 1990, Miguel Sanchez, um agricultor de subsistência na Costa Rica, teve uma oferta de US$ 600 mil de um desenvolvedor hoteleiro por um pedaço de terra que ele e sua família utilizavam de forma sustentável por muitos anos. O terreno abrigava uma floresta de crescimento antigo e uma praia de areia preta dentro de uma área em rápido desenvolvimento. Sanchez recusou a oferta. O que você teria feito se estivesse no lugar dele? Explique sua decisão.
4. Há controvérsia sobre se o Parque Nacional de Yellowstone, nos Estados Unidos, deve ser acessível por motos de neve (*snowmobile*) durante o inverno. Conservacionistas e mochileiros que usam esquis de *cross-country* ou raquetes de neve para passeios no parque durante o inverno dizem que não, alegando que as motos de neve são barulhentas, poluem o ar e podem destruir a vegetação e alguns dos animais selvagens do parque. Os a favor dizem que as motos de neve devem ser permitidas a fim de que motoqueiros possam desfrutar do parque durante o inverno, quando os carros estão na sua maioria proibidos, e ressaltam que essas motos, de mais recente fabricação, são feitas para reduzir a poluição e o ruído. Um plano de compromisso proposto permitirá que não mais do que 950 dessas novas máquinas entrem no parque por dia, apenas nas estradas, e principalmente em visitas guiadas. Qual a sua opinião sobre essa questão? Explique.
5. Em 2009, o analista ambiental Lester R. Brown estimou que para reflorestar e restaurar as savanas degradadas da Terra custaria cerca de US$ 15 bilhões por ano. Suponha que os Estados Unidos, o país mais rico do mundo, concordasse em investir a metade desse dinheiro, a um custo médio anual de US$ 25 por americano. Você apoiaria essa medida? Explique. Que outra parte ou partes do orçamento federal você diminuiria para conseguir angariar esses fundos?
6. Países mais desenvolvidos deveriam fornecer a maior parte do dinheiro necessário para ajudar a preservar as florestas tropicais em países menos desenvolvidos? Explique.
7. Você é a favor da criação de mais áreas de selva nos Estados Unidos, especialmente nos 48 Estados contíguos (ou no país onde você mora)? Explique. Quais podem ser alguns inconvenientes de fazer isso?
8. Você é um advogado de defesa, defendendo seu cliente no tribunal, por ele ter poupado uma grande área de floresta tropical de ser desmatada. Dê seus três melhores argumentos para a defesa desse ecossistema. Se você tivesse que escolher entre salvar uma floresta tropical e uma floresta boreal do norte aproximadamente do mesmo tamanho, qual tentaria salvar? Explique.
9. Parabéns! Você está no comando do mundo. Liste as três características mais importantes de suas políticas de utilização e de gestão de **(a)** florestas, **(b)** savanas, **(c)** reservas naturais, como parques e refúgios de vida silvestre, **(d)** *hotspots* de biodiversidade e **(e)** áreas com deterioração de serviços ecossistêmicos.
10. Liste duas questões que gostaria que tivessem sido respondidas como resultado da leitura deste capítulo.

ANÁLISE DA PEGADA ECOLÓGICA

Use a tabela abaixo para responder às perguntas.

País	Área de floresta tropical (quilômetros quadrados)	Área de desmatamento por ano (quilômetros quadrados)	Taxa anual de perda de floresta tropical
A	1.800.000	50.000	
B	55.000	3.000	
C	22.000	6.000	
D	530.000	12.000	
E	80.000	700	

1. Qual é a taxa anual de perda de floresta tropical, como porcentagem do total da área florestal, em cada um dos cinco países? Responda preenchendo a coluna em branco na tabela.
2. Qual é a taxa anual de desmatamento tropical coletiva em todos os países representados na tabela?
3. De acordo com a tabela e presumindo que as taxas de desmatamento permaneçam constantes, a floresta tropical de qual país estará completamente destruída primeiro?
4. Supondo que a taxa de desmatamento no país C permaneça constante, quantos anos levarão para que todas as suas florestas tropicais sejam destruídas?
5. Supondo que um hectare (1,0 hectare = 0,01 quilômetros quadrados) de floresta tropical absorva 0,85 toneladas métricas (1 tonelada métrica = 2.200 libras) de dióxido de carbono por ano, qual seria o crescimento anual da pegada de carbono (carbono emitido, mas não absorvido pela vegetação em razão do desmatamento) em toneladas métricas de dióxido de carbono por ano para cada um dos cinco países na tabela?

Sustentando a biodiversidade aquática

11

ESTUDO DE CASO PRINCIPAL

Protegendo as baleias: uma história de sucesso... até agora

Cetáceos são uma ordem de mamíferos marinhos cujo tamanho varia entre 0,9 (golfinhos) e 30 metros (baleia-azul). Eles são divididos em dois grandes grupos: *baleias dentadas* e *baleias de barbatanas*.

As *baleias dentadas*, como o cachalote, a assassina (orca) e os golfinhos, mordem e mastigam a comida, alimentando-se principalmente de lulas, polvos e outros animais marinhos. As *baleias de barba*, como a jubarte, de barbatana azul e as minke, são filtradoras. Nas suas maxilas superiores existem placas córneas, em forma de franjas, usadas para filtrar plâncton, principalmente o minúsculo krill, que tem formato de camarão (observe a Figura 3-13, Capítulo 3), da água do mar.

As baleias são bastante fáceis de matar por causa do seu tamanho, em alguns casos, e também da sua necessidade de vir à superfície para respirar. Modernos caçadores de baleias tornaram-se eficientes na sua caça e matança utilizando radares, observadores em aviões, navios rápidos e arpões. A caça às baleias, principalmente em águas internacionais, seguiu o padrão clássico da tragédia dos comuns (consulte o Capítulo 1), com baleeiros matando um número estimado de 1,5 milhão de baleias entre 1925 e 1975. Essa caça exagerada levou 8 das 11 principais espécies à extinção comercial, ponto em que seus números são tão baixos que encontrá-las e coletar as restantes é muito caro.

Em 1946, a Comissão Baleeira Internacional (CBI) foi criada para regulamentar a indústria baleeira por meio da fixação de quotas anuais para diversas espécies de baleia, a fim de evitar a pesca em excesso. No entanto, essas quotas muitas vezes tinham base em dados insuficientes, ou eram simplesmente ignoradas pelos países que capturavam baleias. Sem poderes de execução, a CBI não foi capaz de interromper o declínio das espécies de baleias mais caçadas comercialmente.

Em 1970, os Estados Unidos parou toda caça comercial e proibiu todas as importações de produtos derivados de baleia. Sob a pressão de ambientalistas e governos de muitos países que não capturavam baleias, em 1986 a CBI começou a impor uma moratória sobre a caça comercial. Funcionou. O número estimado de baleias mortas comercialmente no mundo caiu de 42.480 em 1970 para 1.500 em 2009.

No entanto, apesar da moratória, mais de 33 mil baleias foram caçadas e mortas entre 1986 e 2010, principalmente por nações como Japão e Noruega, que oficialmente recusaram e ignoraram a moratória. Em 2006, a Islândia também deixou de seguir a moratória. Esses três países estão pressionando a CBI para rever a moratória e permitir a retomada da caça comercial de algumas espécies.

Baleias são apenas uma parte da incrível diversidade de espécies aquáticas e habitats que temos de ajudar a sustentar. Neste capítulo, discutiremos este importante desafio.

Figura 11-1 Os cetáceos são classificados em baleias dentadas e baleias de barbatanas.

Questões e conceitos principais

11-1 Quais são as principais ameaças à biodiversidade aquática?

CONCEITO 11-1 Espécies aquáticas estão ameaçadas pela perda de habitat, espécies invasoras, poluição, mudanças climáticas e superexploração, tudo isso agravado pelo crescimento da população humana.

11-2 Como podemos proteger e sustentar a biodiversidade marinha?

CONCEITO 11-2 Podemos ajudar a sustentá-la usando as leis e os incentivos econômicos para proteger as espécies, implantando reservas marinhas para proteger os ecossistemas e usando gestão integrada de zonas costeiras com base na comunidade.

11-3 Como devemos gerir e sustentar a pesca marinha?

CONCEITO 11-3 Sustentar a pesca marinha exigirá melhor fiscalização das populações de peixes e mariscos, gestão cooperada da pesca entre comunidades e nações, redução dos subsídios à pesca e escolhas cuidadosas pelos consumidores nos mercados de frutos do mar.

11-4 Como devemos proteger e sustentar zonas úmidas?

CONCEITO 11-4 Para a manutenção dos serviços ecológicos e econômicos das zonas úmidas é preciso maximizar a preservação das áreas remanescentes e restaurar as degradadas.

11-5 Como devemos proteger e sustentar lagos, rios e pesqueiros de água doce?

CONCEITO 11-5 Ecossistemas de água doce são muito afetados pelas atividades humanas nas terras adjacentes, e sua proteção deve incluir a defesa de suas bacias hidrográficas.

11-6 Quais devem ser nossas prioridades para a manutenção da biodiversidade aquática?

CONCEITO 11-6 Sustentar a biodiversidade aquática do mundo requer mapeamento, proteção dos pontos focais aquáticos, criação de grandes áreas marinhas protegidas, proteção dos ecossistemas de água doce e a restauração ecológica de áreas degradadas nas zonas úmidas costeiras e interiores.

Obs.: Suplementos 2 e 8 podem ser utilizados com este capítulo.

A zona costeira pode ser a parte mais importante do nosso planeta. A perda de sua biodiversidade pode ter repercussões que vão muito além dos nossos piores receios.

G. CARLETON RAY

11-1 Quais são as principais ameaças à biodiversidade aquática?

▶ **CONCEITO 11-1** Espécies aquáticas estão ameaçadas pela perda de habitat, espécies invasoras, poluição, mudanças climáticas e superexploração, tudo isso agravado pelo crescimento da população humana.

Temos muito que aprender sobre a biodiversidade aquática

Embora vivamos em um planeta aquoso, exploramos apenas 5% dos oceanos interligados da Terra (observe a Figura 8-2, Capítulo 8) e sabemos muito pouco sobre sua biodiversidade e seu funcionamento. Em 2009, o biólogo marinho Chris Bowler estimou que apenas 1% das formas de vida no mar foi devidamente identificado e estudado. Também temos conhecimento limitado sobre a biodiversidade de água doce.

No entanto, os cientistas observaram três padrões gerais relacionados à biodiversidade marinha. *Primeiro*, a maior biodiversidade marinha ocorre em recifes de corais e oceano profundo. *Segundo*, a biodiversidade é maior em regiões costeiras do que no mar aberto, em virtude da maior variedade de produtores primários e de habitats das zonas costeiras. *Terceiro*, a biodiversidade geralmente é maior na região inferior do oceano do que na de superfície, em razão da maior variedade de habitats e fontes de alimento no fundo do oceano.

A parte profunda do oceano, onde não há penetração de luz, é o meio ambiente menos explorado do planeta, mas isso está mudando. Mais de 2.400 cientistas de 80 países estão trabalhando em um projeto, cuja duração prevista é de 10 anos, para catalogar as espécies dessa região do oceano. Até agora, eles vêm usando veículos marinhos operados por controle remoto para identificar 17.650 espécies que vivem nessa zona e estão adicionando alguns milhares de novas espécies por ano.

Os sistemas marinhos do mundo fornecem importantes serviços ecológicos e econômicos (observe a Figura 8-5, Capítulo 8). Por exemplo, um estudo de 2009, *Economia dos ecossistemas e biodiversidade*, conduzido por uma equipe de economistas e cientistas, estimou que uma área de recifes de coral aproximadamente igual ao tamanho de um quarteirão oferece serviços econômicos e ecológicos equivalentes a mais de US$ 1 milhão por ano. Assim, a investigação científica dos mal compreendidos sistemas aquáticos marinhos é uma *fronteira de pesquisa* que pode levar a imensos benefícios ecológicos e econômicos. Os sistemas de água doce, que ocupam apenas 1% da superfície da Terra, também oferecem importantes serviços ecológicos e econômicos (observe a Figura 8-15, Capítulo 8).

As atividades humanas estão destruindo e degradando os habitats aquáticos

Tal como acontece com a biodiversidade terrestre, as maiores ameaças à biodiversidade dos ecossistemas marinhos e de água doce do mundo (**Conceito 11-1**) podem ser lembradas com a ajuda do acrônimo HIPPCS, no qual a letra H representa a *perda e degradação do habitat*. Cerca de 90% dos peixes vivos no oceano desovam nos recifes de coral (observe as Figuras 8-1, à esquerda, e 8-12, Capítulo 8), em zonas úmidas costeiras e pântanos (observe a Figura 8-8, Capítulo 8), em florestas de mangue (observe a Figura 8-10, Capítulo 8 ou em rios.

Todos esses ecossistemas estão sob intensa pressão das atividades humanas (observe a Figura 8-13, Capítulo 8). Em 2006, cientistas relataram que esses habitats costeiros estão desaparecendo a taxas de 2 a 10 vezes maiores que as de perda de floresta tropical. Mais da metade dos manguezais em países tropicais e subtropicais foram perdidos. Nos países industrializados, a taxa de destruição de zonas úmidas costeiras é ainda maior.

Canteiros de *seagrass* (gramas marinhas) (observe a Figura 8-9, Capítulo 8) constituem outro habitat importante. Eles servem como berçários para muitas espécies de peixes e crustáceos, que, por sua vez, são importantes fontes de alimento para outros habitats marinhos. Um estudo de 2009 revelou que 58% das pradarias de gramíneas ao redor do mundo vêm sendo degradadas ou destruídas, seja por dragagem ou pelo alto desenvolvimento industrial e urbano das regiões costeiras. O pesquisador William Dennison estima que, a cada 30 minutos, em média, o mundo perde uma área de gramíneas do tamanho de um campo de futebol.

Durante este século, se o nível do mar subir como previsto em decorrência das mudanças climáticas, muitos recifes de coral serão destruídos e algumas

Figura 11-2 Degradação do capital natural: Essas fotos mostram uma área de fundo do mar antes (à esquerda) e depois (à direita) de uma rede de arrasto ter passado por ela como um trator gigante. Essas comunidades de fundo marinho podem levar décadas ou séculos para se recuperar. Segundo o cientista marinho Elliot Norse, "Este tipo de pesca é, provavelmente, o maior distúrbio causado pelo homem na biosfera". Os pescadores de traineiras discordam e afirmam que a vida do fundo do oceano logo se recupera após o arrasto. **Pergunta:** que atividades terrestres podem ser comparadas a essa?

ilhas de baixa altitude alagadas, com suas florestas de mangue de proteção costeira. Essa perda de habitat é também uma ameaça para algumas espécies de baleias (**Estudo de caso principal**).

No mar, os habitats de fundo (bentônicos) não estão em melhores condições, porque são ameaçados por operações de dragagem e barcos de pesca de arrasto. Como escavadeiras gigantes submersas, esses barcos arrastam enormes redes carregadas por pesadas correntes e placas de aço sobre o fundo do oceano para coletar algumas espécies de peixes e crustáceos que aí vivem (Figura 11-2). Todos os anos, milhares de barcos de arrasto perturbam com suas redes uma área de fundo do oceano muitas vezes maior que a área total global de florestas desmatadas anualmente.

Os recifes de coral servem como habitat para centenas de espécies marinhas e são ameaçados pelo desenvolvimento costeiro, pela poluição e pela acidificação dos oceanos, esta última resultante de níveis muito maiores de dióxido de carbono emitidos por atividades humanas (observe a Figura 8-13, Capítulo 8, à direita, e o Estudo de caso principal do Capítulo 8). Cientistas do Global Coral Reef Monitoring Network relataram, em 2008, que quase um quinto dos recifes de coral do mundo foram destruídos ou gravemente danificados, e outros 35% poderão ser perdidos dentro de 10 a 40 anos. Além disso, 85% dos bancos de ostras do mundo foram perdidos, de acordo com um estudo de 2009 realizado pelo The Nature Conservancy. O cientista australiano John Veron prevê que, a menos que as emissões de CO_2 sejam drasticamente reduzidas bem antes de 2050, o aumento da temperatura dos oceanos e da acidez pode matar a maioria dos recifes de coral que restam no mundo até 2100.

A perturbação do habitat também é um problema em zonas aquáticas de água doce. As principais causas de perturbação são a construção de barragens e a retirada excessiva de água dos rios para irrigação e abastecimento urbano. Essas atividades destroem os habitats aquáticos, degradam os fluxos de água e perturbam a biodiversidade de água doce.

Conclusão: estamos imprimindo uma pressão cada vez maior sobre os habitats e as espécies aquáticas no momento em que temos pouco conhecimento sobre a maioria das espécies e de suas a seguir).

Espécies invasoras estão degradando a biodiversidade aquática

Outro problema que ameaça a biodiversidade aquática é a introdução, intencional ou acidental, de centenas de espécies invasoras nocivas (observe a Figura 9-11, Capítulo 9) – o I na sigla HIPPCS – em águas costeiras e áreas alagadas de todo o mundo (**Conceito 11-1**). Esses bioinvasores podem deslocar ou causar a extinção de espécies nativas e romper a continuidade dos serviços prestados pelos ecossistemas e economias humanas (consulte o Estudo de caso).

CIÊNCIA EM FOCO

Submarino robô ao resgate

Um problema sério que enfrentamos na proteção da biodiversidade do oceano é a falta de dados sobre as espécies e os sistemas oceânicos, como eles funcionam e como são ameaçados por níveis crescentes de poluição e aumento da acidez e da temperatura.

Os pesquisadores Jules Jaffe e Peter Frank, da Scripps Institution of Oceanography, planejam coletar esses dados urgentemente. Nos próximos anos, eles pretendem liberar enxames de pequenos dispositivos robóticos flutuantes que se moverão com as correntes oceânicas, a fim de que façam medições e lhes enviem os dados.

Eles denominaram esses robôs miniaturas Exploradores Subaquáticos Autônomos (Autonomous Underwater Explorers – AUEs), ou submarinos robôs. Na fase piloto da pesquisa, os pesquisadores planejam lançar cinco ou seis robôs do tamanho de bolas de futebol, com 20 outras versões menores. Se for bem-sucedido, o programa poderá ser expandido para oferecer uma rede global de tais dispositivos para o estudo dos oceanos do mundo.

Os robôs também podem ser equipados com microscópios minúsculos em chips de computador. Os pesquisadores planejam usar esses dispositivos para coletar informações e dados sobre como os pequenos organismos do oceano, como fitoplâncton marinho, se movem e sobrevivem, além de informações sobre a temperatura e a acidez dos oceanos, florações de algas nocivas e danos causados por derramamento de óleo. Isso os ajudará a saber onde estabelecer áreas marinhas totalmente protegidas e quão bem essas áreas funcionam, além de aumentar a compreensão científica dos ecossistemas oceânicos, o que levará a melhorar modelos de tais sistemas.

Pensamento crítico
Liste duas perguntas sobre o que está acontecendo nos oceanos do mundo que você gostaria que os submarinos robôs ajudassem a responder.

De acordo com o Serviço de Caça e Pesca norte-americano, os bioinvasores são responsáveis por dois terços da extinção de peixes nos Estados Unidos desde 1900 e custam ao país uma média de aproximadamente US$ 16 milhões *por hora*. Muitos desses invasores chegam na água de lastro, que é armazenada nos tanques de navios cargueiros para mantê-los estáveis. Esses navios recolhem a água de lastro de um porto e as despejam em outro local, com todos os microrganismos e espécies de peixes pequenos que ela contém, gerando um efeito ambiental nocivo.

Mesmo que a água de lastro seja liberada do tanque de um navio antes que ele entre em um porto – uma medida agora exigida em muitos portos –, os navios que cruzam o oceano ainda podem trazer invasores. Esse foi provavelmente o caso de uma alga marrom invasora chamada *Undaria*, ou *wakame*, que está se espalhando ao longo da costa da Califórnia. Essa alga invasora pode ter ficado presa ao casco de um navio ou escondida em um carregamento de ostras da Ásia. Ela cresce rapidamente e forma densas florestas, sufocando "kelps" nativos que servem de habitat para as lontras marinhas (leia o Estudo de caso principal do Capítulo 5), peixes e outras espécies marinhas. *Undaria* está também invadindo as áreas costeiras do Mar Mediterrâneo, além da costa atlântica da Europa e Argentina. Uma pequena quantidade dessa alga é colhida e utilizada em sopas e saladas, especialmente no Japão.

Os consumidores também introduzem espécies exóticas invasoras, muitas vezes desavisadamente. Por exemplo, a *enguia de pântano asiática* invadiu os cursos de água do sul da Flórida (Estados Unidos), provavelmente pelo descarte de um aquário doméstico. Essa enguia, que se reproduz rapidamente, come quase tudo, incluindo muitas espécies de peixes, sugando-os como um aspirador de pó. Ela pode sobreviver a baixas temperaturas, secas e predadores ao se esconder na lama. Além disso, pode se arrastar pela terra seca para invadir novos rios, valas, canais e pântanos. Eventualmente, poderá ainda invadir grande parte dos cursos d'água do sudeste ao norte dos Estados Unidos, até a baía de Chesapeake.

Outro invasor que preocupa os cientistas e pescadores na costa leste da América do Norte é uma espécie de peixe-leão nativa do oeste do Oceano Pacífico (Figura 11-3), que, acreditam, pode ter escapado de aquários ao ar livre em Miami, Flórida, que foram danificados pelo furacão Andrew em 1992. As populações de peixes-leão explodiram em taxa mais alta já registrada por cientistas nessa parte do mundo. Eles competem com as espécies de peixes de recife, como a garoupa e o pargo, tomando sua comida e comendo seus filhotes. Um raio de esperança para controlar essa população é o fato de o peixe-leão ter um gosto bom, e os cientistas esperam desenvolver um mercado de consumo para eles.

Além de ameaçar espécies nativas, as invasoras podem perturbar e degradar os ecossistemas (leia o Estudo de caso a seguir). Esse é o foco de estudo para um número crescente de pesquisadores (leia Ciência em foco).

Figura 11-3 Um cientista descreveu este peixe-leão comum como "uma espécie invasora quase perfeitamente projetada". Ela atinge a maturidade sexual rapidamente, tem um grande número de descendentes e é protegida por espinhos venenosos. Nas águas costeiras do leste da América do Norte há poucos, ou nenhum, predadores, exceto, talvez, as pessoas. Espera-se que os pescadores comerciais possam encontrar formas de capturar o peixe-leão de maneira econômica e que os consumidores o escolham como cardápio marinho preferido.

■ ESTUDO DE CASO
Os invasores devastaram o Lago Victoria

O Lago Victoria, um grande e raso lago localizado no leste da África (Figura 11-4, à esquerda), vem tendo problemas ecológicos há mais de duas décadas. Até o início de 1980, ele tinha 500 espécies de peixes que não eram encontradas em nenhum outro lugar. Cerca de 80% delas eram de pequenos peixes conhecidos como ciclídeos, que se alimentam principalmente de detritos, algas e zooplâncton. Desde 1980, cerca de 200 espécies de ciclídeos foram extintas, e algumas das que ainda permanecem estão em apuros.

Ecologia e sustentabilidade

Figura 11-4 Degradação do capital natural: A perca-do-nilo (à direita) é um bom peixe comestível que pode pesar mais de 91 kg. No entanto, esse peixe introduzido deliberadamente teve um papel importante em uma grande perda de biodiversidade no Lago Victoria, na África Oriental (à esquerda).

Vários fatores causaram essa dramática perda de biodiversidade aquática. Primeiro, houve um grande aumento na população da perca-do-nilo (Figura 11-4, à direita). Esse grande peixe predador foi deliberadamente introduzido no lago durante os anos 1950 e 1960 para estimular o negócio de exportação para diversos países europeus, apesar dos avisos de biólogos de que esse peixe poderia reduzir ou eliminar muitas espécies nativas indefesas. A população prolífica de perca-do-nilo explodiu, consumindo os ciclídeos, e em 1986 já dizimara mais de 200 dessas espécies.

A introdução da perca teve outros efeitos sociais e ecológicos. A indústria mecanizada de pesca das percas, que se desenvolveu rapidamente, colocou a maioria dos pescadores de pequena escala e vendedores de peixes fora do mercado, o que levou a um aumento da pobreza e da desnutrição. Por causa do uso de defumadores a lenha, utilizada para preservar a pele oleosa da perca, as florestas locais foram esgotadas no que tange a essa matéria-prima.

Outro fator de perda de biodiversidade no Lago Victoria foi a frequente e densa floração de algas, o que levou à morte de muitos peixes. Essas florações tornaram-se mais comuns na década de 1980, alimentadas pelo escoamento de nutrientes provenientes das explorações agrícolas circundantes, desmatamentos, além do despejo de efluentes de esgotos não tratados. Outra ameaça para a biodiversidade do lago

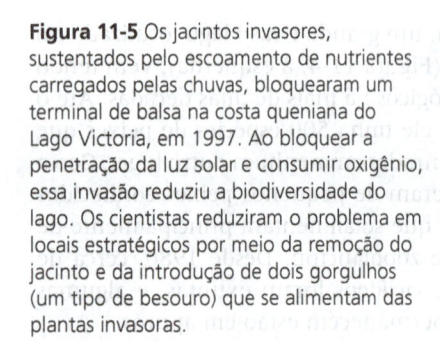

Figura 11-5 Os jacintos invasores, sustentados pelo escoamento de nutrientes carregados pelas chuvas, bloquearam um terminal de balsa na costa queniana do Lago Victoria, em 1997. Ao bloquear a penetração da luz solar e consumir oxigênio, essa invasão reduziu a biodiversidade do lago. Os cientistas reduziram o problema em locais estratégicos por meio da remoção do jacinto e da introdução de dois gorgulhos (um tipo de besouro) que se alimentam das plantas invasoras.

CIÊNCIA EM FOCO

Como as carpas turvaram algumas águas

O Lago Wingra está situado na cidade de Madison, em Wisconsin (Estados Unidos), cercado em boa parte por uma reserva florestal. O lago possui uma série de plantas e espécies de peixes invasoras, incluindo a salgueirinha-roxa (observe a Figura 9-11, Capítulo 9) e a carpa comum. As carpas, introduzidas no final de 1800, acabaram por constituir aproximadamente metade da biomassa de peixes no lago. Elas devoram as algas chamadas chara, que normalmente cobrem o fundo do lago e estabilizam seus sedimentos. Por consequência, os movimentos dos peixes e dos ventos suspendem esses sedimentos, que são responsáveis por grande parte do excesso de turbidez da água.

Sabendo disso, Dr. Richard Lathrup, um limnólogo (estudioso de ecossistemas dulcícolas), que trabalha para o Departamento de Recursos Naturais de Wisconsin, desenvolveu a hipótese de que a remoção das carpas ajudaria a restaurar o ecossistema natural do Lago Wingra. Lathrop especulou que, sem as carpas, os sedimentos do fundo poderiam assentar-se e se tornar estabilizados, permitindo que a água ficasse mais clara. A água mais clara, por sua vez, permitiria que as plantas nativas recebessem mais luz solar e se restabeleceriam no fundo do lago, substituindo a salgueirinha-roxa e outras plantas invasoras que agora dominam as águas rasas.

Lathrop e seus colegas instalaram uma cortina de vinil espessa e pesada em torno de um perímetro de 1 hectare, no formato de um quadrado, a partir da costa (Figura 11-A). Essa barreira ficou pendurada por boias da superfície até o fundo do lago, isolando o volume de água dentro dela. Os pesquisadores, então, retiraram todas as carpas dessa área de estudo e começaram a observar os resultados. Dentro de um mês, as águas dentro da barreira estavam visivelmente mais claras e, dentro de um ano, a diferença na claridade era dramática, como mostra a Figura 11-A.

Lathrop observa que a remoção das carpas do Lago Wingra seria uma tarefa difícil, talvez impossível, mas seu experimento controlado cientificamente evidência os efeitos que as espécies invasoras podem ter em um ecossistema aquático, o que nos faz lembrar que a prevenção da introdução de espécies invasoras, em primeiro lugar, é a melhor maneira e a mais barata de evitar tais efeitos.

Pensamento crítico
Quais são dois outros resultados desse experimento controlado que você poderia esperar? (Dica: pense nas teias alimentares).

Figura 11-A O Lago Wingra, em Madison, Wisconsin (Estados Unidos), tornou-se turvo pelos sedimentos, em razão da introdução da espécie invasora a carpa comum. A remoção das carpas na área experimental mostrada aqui resultou em uma melhora drástica na transparência da água e a subsequente rebrota das espécies de plantas nativas de águas rasas.

---

foi a invasão de jacinto no final da década de 1980. Essa planta de crescimento rápido, acarpetou grandes áreas (Figura 11-5), bloqueando a penetração da luz solar, privando peixes e plâncton de oxigênio e reduzindo a diversidade de importantes espécies de plantas aquáticas.

Agora, a população de perca-do-nilo está diminuindo, porque ela reduziu severamente seu próprio suprimento de alimento de peixes menores, e também por estar sendo drasticamente explorada. O governo de Uganda anunciou, em 2008, que os estoques de perca-do-nilo haviam caído 81% em apenas três anos. Em uma reviravolta irônica, o governo está trabalhando para proteger essa espécie que um dia invadiu e destruiu o ecossistema do Lago Victoria.

Esta história ecológica da dinâmica de grandes sistemas aquáticos ilustra que, quando invadimos ecossistemas que não entendemos, há consequências muitas vezes inesperadas.

> **PENSANDO SOBRE**
> **A perca-do-nilo e o Lago Victoria**
> Será que a maioria das agora extintas espécies de ciclídeos no Lago Victoria ainda existiria se não fosse pela perca-do-nilo ter sido introduzida, ou outros fatores talvez teriam influenciado? Explique.

O crescimento populacional e a poluição podem reduzir a biodiversidade aquática

Segundo o Programa das Nações Unidas para o Meio Ambiente (PNUMA) em 2010, cerca de 80% das pessoas do mundo estavam vivendo junto ou perto das grandes cidades das regiões costeiras. Esse crescimento da população costeira – o primeiro P em HIPPCS – tem adicionado pressão, já intensa, nas zonas costeiras do mundo (observe a Figura 8-13, Capítulo 8), principalmente com a destruição de habitats aquáticos e aumento da poluição (Conceito 11-1).

Um dos resultados do desenvolvimento populacional na região costeira é que, com mais embarcações, construções, recreação, exploração de gás e petróleo, e perfuração de poços, os oceanos estão cada vez mais explorados. Outro resultado dessa crescente atividade costeira é que os oceanos estão se tornando mais barulhentos, um sério problema para as baleias e outros mamíferos marinhos que dependem do som para se comunicar, navegar, encontrar suas presas e acasalar, o que pode ainda resultar em colisões entre baleias (**Estudo de caso principal**) e embarcações.

Em 2004, o PNUMA estimou que 80% de toda poluição dos oceanos – o segundo P de HIPPCS – vem das atividades costeiras. Desde 1860, o homem dobrou o fluxo de nitrogênio para os oceanos, principalmente oriundos dos fertilizantes nitrogenados. A *Avaliação Ecossistêmica do Milênio (Millennium Ecosystem Assessment)* de 2005 estima que esse fluxo aumentará em mais dois terços até 2050. Estes *inputs* de nitrogênio (e *inputs* semelhantes de fósforo) resultam na eutrofização dos sistemas marinhos e de água doce, podendo levar à proliferação de algas (observe a Figura 8-17, Capítulo 8, à direita), morte de peixes e à degradação dos serviços dos ecossistemas.

Os poluentes tóxicos das indústrias e áreas urbanas podem matar algumas formas de vida aquática ao envenená-las. Baleias e golfinhos (**Estudo de caso principal**), como muitas espécies de peixes, estão sujeitos a essa ameaça. Por exemplo, os golfinhos do Irrawaddy, que vivem em partes do rio Mekong no sudeste da Ásia, estão à beira da extinção por causa dos altos níveis de produtos químicos tóxicos, tais como DDT, PCBs e mercúrio, que estão poluindo seu habitat.

Outra crescente forma de poluição são os plásticos de todos os tipos. Anualmente, itens fabricados com essa matéria-prima são deixados nas praias ao serem jogados pelos navios e despejados pelas barcaças de lixo. Esse material mata até 1 milhão de aves e 100 mil mamíferos e tartarugas marinhas. Além disso, esse tipo de lixo, que geralmente contém compostos tóxicos, quebra-se em pequenos pedaços que são ingeridos por aves e outros animais selvagens, que, por sua vez, são comidos por outros animais na cadeia alimentar. Cientistas, trabalhando em um estudo de cinco anos com as aves marinhas chamadas *fulmar* (semelhantes ao albatroz) na região do Mar do Norte na Europa, em 2009, relataram que 95% das aves estudadas tinham plástico em seus estômagos.

Esses poluentes ameaçam a vida de milhares de mamíferos marinhos (Figura 11-6) e inúmeros peixes que os ingerem, neles ficam enroscados, ou por eles são envenenados. Essas formas de poluição levaram a uma redução global na biodiversidade aquática e à degradação dos ecossistemas oceânicos.

As mudanças climáticas são uma ameaça crescente

A mudança climática projetada – o C de HIPPCS – ameaça a biodiversidade aquática (Conceito 11-1) e os serviços dos ecossistemas, em parte fazendo que o nível do mar suba. Durante os últimos 100 anos, por exemplo, os níveis médios do mar aumentaram em 10 a 20 centímetros, e sofisticados modelos de computador desenvolvidos por cientistas do clima estimam que esses níveis subirão outros 18 a 59 cm, e talvez cheguem a até 1 a 1,6 metros entre 2050 e 2100.

Tal elevação do nível do mar destruiria mais recifes de coral, submergeria algumas ilhas de baixa altitude, afogaria muitas zonas úmidas costeiras altamente produtivas e colocaria, sob a água, muitas áreas costeiras, como uma grande parte da Costa do Golfo dos Estados Unidos, incluindo a cidade de Nova Orleans (observe a Figura 8-19, Capítulo 8). Além disso, algumas ilhas do Pacífico poderiam perder mais da metade de suas florestas de mangues de proteção costeira em 2100, de acordo com um estudo realizado em 2006 pelo PNUMA. (Assista a *The Habitable Planet*, Vídeo 5, em www.learner.org/resources/series209.html, para conhecer os efeitos do aumento previsto do nível do mar em áreas costeiras densamente povoadas, como as do Vietnã e Nova York.)

Figura 11-6 Esta foca-monge do Havaí estava lentamente morrendo de fome antes que um pedaço de plástico descartado fosse removido de seu focinho. Por ano, itens fabricados com plástico despejados pelos navios e pelas barcaças de lixo, e deixados como detritos nas praias ameaçam a vida de milhões de mamíferos marinhos, tartarugas e aves marinhas que os ingerem, neles ficam enroscados ou por eles são envenenados.

CONEXÕES

Proteger os manguezais e lidar com as alterações climáticas

As florestas de mangue (observe a Figura 8-10, Capítulo 8) proveem um efeito dramático de amortecimento das ondas de tempestade e tsunamis gerados por terremotos e, assim, ajudam a reduzir esses impactos em algumas zonas costeiras em países tropicais. A proteção e restauração dos manguezais em áreas onde tenham sido destruídos são maneiras importantes de reduzir os danos causados pela elevação do nível do mar e ondas mais intensas trazidas por tempestades. Esses serviços de ecossistema se tornarão mais importante se as tempestades tropicais se tornarem mais intensas como resultado das alterações climáticas, como projetado por alguns cientistas. A proteção e restauração dessas barreiras naturais costeiras é muito mais barata do que construir paredões de concreto ou mover, para o interior, cidades litorâneas ameaçadas.

Os corais terão mais desafios para sobreviver e crescer à medida que os oceanos ficam mais quentes e ácidos por causa do aumento dos níveis de dióxido de carbono dissolvido (que reage com a água para formar um ácido fraco), principalmente pela queima de combustíveis fósseis. O aumento da acidez também torna o meio ambiente ainda mais barulhento para as baleias (**Estudo de caso principal**), que dependem do som para sobreviver. Conforme a água do mar se torna mais ácida, torna-se menos capaz de absorver os sons gerados pelas atividades humanas. Tais mudanças na química do oceano serão irreversíveis por milhares de anos, e os efeitos sobre a biodiversidade poderão durar até mais, de acordo com os cientistas do Monterey Bay Aquarium, na Califórnia (Estados Unidos).

Sobrepesca e extinção: foi pescar e o peixe se foi

A Sobrepesca – o S de HIPPCS – não é novidade. Evidências arqueológicas indicam que, durante milhares de anos, os humanos que vivem em algumas zonas costeiras têm sobre-explorados peixes, mariscos, focas, tartarugas, baleias e outros mamíferos marinhos (**Conceito 11-1**). Hoje, os peixes são pescados em todos os oceanos do mundo com uma frota global de cerca de 4 milhões de barcos pesqueiros. A moderna indústria pesqueira (consulte o Estudo de caso) causou 80% do esgotamento de algumas espécies de peixes em apenas 10-15 anos.

A demanda humana por frutos do mar foi historicamente atendida pelos pesqueiros. **Pesqueiro** é uma concentração de pescado adequada para ser comercializada em certa área do oceano ou em um corpo de água continental. *Fishprint* é definido como a área do oceano necessária para sustentar o consumo médio de peixes por pessoa, por nação ou pelo mundo. O *fishprint* global de peixes tornou-se insustentável. De acordo com o *Fishprint of Nations 2006*, um estudo com base nesse conceito (releia o **Conceito 1-2** e Figura 1-13, Capítulo 1), todas as nações juntas estão pescando em excesso nos oceanos do mundo, retirando 57% a mais do que o rendimento sustentável. Isso significa que estamos capturando mais da metade dos peixes, cujas populações destas espécies poderiam se sustentar a longo prazo.

Na maioria dos casos, a pesca predatória leva à *extinção comercial*, que ocorre quando não é mais rentável continuar pescando as espécies afetadas. Já a sobrepesca em geral resulta apenas em uma depleção temporária dos estoques de peixes, enquanto se permite que as áreas degradadas e os pesqueiros se recuperem. No entanto, enquanto as frotas de pesca industrial capturam cada vez mais peixes e mariscos disponíveis no mundo, o tempo de recuperação das populações severamente exauridas está aumentando, e pode chegar a ser de duas décadas ou mais.

Em 1992, por exemplo, ao largo da costa de Newfoundland, no Canadá, o pesqueiro do bacalhau do Atlântico, com 500 anos de existência, entrou em colapso e foi fechado para pesca, o que deixou pelo

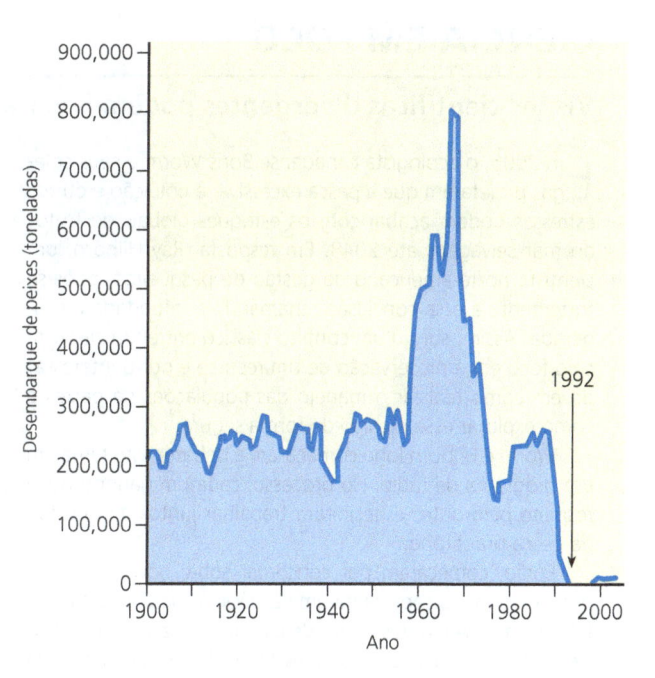

Figura 11-7 Degradação do capital natural: Este gráfico mostra o colapso do pesqueiro de bacalhau do Atlântico, de 500 anos, no Canadá ao longo da costa de Newfoundland, no noroeste do Atlântico. A partir do final da década de 1950, os pescadores usaram barcos de arrastão para capturar mais do estoque, refletido no aumento acentuado neste gráfico, o que resultou na exploração extrema do pesqueiro, que começou um declínio constante em toda a década de 1970, seguido de uma ligeira recuperação em 1980 e, em seguida, um colapso total em 1992, quando foi fechado. Apesar da proibição total da pesca, a população de bacalhau ainda não se recuperou. O pesqueiro foi reaberto de forma limitada em 1998 e, depois, fechado por tempo indeterminado em 2003; até hoje, não mostra sinais de recuperação. (Dados da Avaliação Ecossistêmica do Milênio)

menos 20 mil pescadores e processadores desse pescado sem trabalho e danificou severamente a economia de Newfoundland. Como mostra a Figura 11-7, essa população de bacalhau ainda não se recuperou, apesar de uma proibição total da pesca.

Um dos resultados da busca global cada vez mais eficiente de peixes é que as espécies nativas maiores e de maior valor comercial, incluindo bacalhau, atum, marlim e cavala, estão se tornando escassas. Os pescadores buscam agora outras espécies, como tubarões, que atualmente sofrem com a sobrepesca (releia o Estudo de caso do Capítulo 4 e Conexões). Além disso, como as grandes espécies são objeto dessa prática, a indústria da pesca está buscando pequenas espécies marinhas, como arenques, sardinhas e lulas. Um pesquisador refere-se a isso como "roubar o abastecimento de alimento do oceano", porque essas espécies menores formam grande parte da dieta dos peixes predadores maiores, das aves marinhas e das baleias dentadas (**Estudo de caso principal**). ⬅ ESTUDO DE CASO PRINCIPAL

Outro efeito da sobrepesca se dá quando as espécies predadoras maiores diminuem, e as invasoras, que se reproduzem rapidamente, podem mais facilmente assumir e destruir as teias alimentares marinhas.

De acordo com um estudo realizado em 2003 pelo biólogo conservacionista Boris Worm e seus colegas, 90% ou mais dos grandes peixes predatórios de mar aberto, como atum, espadarte e espadim, desapareceram desde 1950 (Assista a *The Habitable Planet*, Vídeo 9, em www.learner.org/resources/series209.html). Para espanto de muitos, Worm prevê que até 2048 quase todas as principais espécies de peixes comerciais serão levadas à extinção comercial. Outros cientistas se opuseram a essas alegações. Em um caso clássico de como o processo científico funciona, Worm e seus oponentes trabalharam juntos para chegar a uma nova projeção de hipóteses – uma projeção revista um pouco mais esperançosa (Ciência em foco, a seguir).

■ ESTUDO DE CASO
Métodos de pesca industrial

As frotas de pesca industrial dominam a indústria mundial de pesca marinha. Elas usam equipamentos de posicionamento global por satélite, aparelhos de

CIÊNCIA EM FOCO

Visões científicas divergentes podem levar à cooperação e progresso

Em 2006, o ecologista canadense Boris Worm e seus colegas projetaram que a pesca excessiva, a poluição e outros estresses podem acabar com os estoques globais de frutos do mar selvagens até 2048. Em resposta, Ray Hilborn, um cientista norte-americano de gestão de pesqueiros, opôs-se fortemente a essa conclusão, chamando-a infundada e exagerada. Assim, surgiu um conflito clássico entre um cientista cujo foco era a preservação de um recurso e outro interessado em como realizar o manejo das populações de peixes e como explorar esse recurso de forma segura.

Worm e Hilborn logo começaram a debater este tema em um programa de rádio. No processo, cada um ganhou novo respeito pelo outro e decidiram trabalhar juntos na questão da pesca predatória.

Então, começaram por concordar sobre novos métodos para relacionar a captura de uma espécie à sua população total estimada. Além dos dados de captura, utilizaram amostras científicas de redes de arrasto, relatórios de pesca de pequena escala e modelagem por computador. Eles reexaminaram as bases de dados e criaram novas ferramentas analíticas para levantamento dos dados. Uma das medidas que examinaram foi o rendimento máximo sustentável, ou o número de uma dada espécie de peixes que os gestores das pescas tinham presumido que poderia ser pescado sem comprometer o estoque. Ambos concordaram que esses números não deveriam mais ser usados como metas. Em vez disso, formularam novas metas com base tanto nos dados populacionais de peixes, quanto na saúde global dos ecossistemas aquáticos envolvidos.

Worm e Hilborn estudaram dez áreas do planeta. Em 2009, relataram que a sobrepesca ainda era significativa em três delas. No entanto, em cinco outras, onde medidas estavam sendo tomadas para frear a pesca excessiva, as populações de peixes estavam se recuperando. As outras duas áreas estavam sendo bem geridas, e a sobrepesca não era um problema. Ainda assim, os dois cientistas concordaram que, em uma escala global, a pesca excessiva ainda é uma preocupação, com pelo menos 63% dos estoques de peixes globais sendo sobre-explorados ou esgotados.

O relatório concluiu que determinadas alterações na maneira como os pescadores operavam nas áreas em recuperação estava fazendo uma diferença dramática. Essas medidas incluíram o estabelecimento de grandes zonas de defesa, restringindo o uso de determinadas formas de pesca destrutivas, e a atribuição de quotas de capturas totais a pescadores individuais. Os investigadores relataram que estavam confiantes de que os efeitos da sobrepesca poderiam ser revertidos se algumas ou todas essas novas medidas fossem aplicadas globalmente de forma consistente. Eles concordaram que muito vai depender da vontade política de fazer essas mudanças em todo o mundo.

Pensamento crítico
O que poderia ser um ponto de desacordo entre um ecólogo que estuda espécies de peixe e seu ecossistema e um cientista treinado para ajudar a gerenciar a pesca?

CAPÍTULO 11 Sustentando a biodiversidade aquática 275

sonar para a detecção dos peixes, enormes redes e compridas linhas de pesca, aviões de reconhecimento e gigantescos navios de refrigeração que podem processar e congelar suas grandes capturas e ajudam a suprir a demanda crescente de frutos do mar. No entanto, os críticos dizem que essas frotas altamente eficientes estão aspirando o mar, diminuindo a biodiversidade marinha e degradando importantes serviços do ecossistema marinho.

A Figura 11-8 mostra os principais métodos utilizados para a pesca comercial de vários peixes marinhos, crustáceos e moluscos. Até meados da década de 1980, as frotas de pesca dos países mais desenvolvidos dominavam a colheita no oceano. Hoje, a maioria das frotas é proveniente de países menos desenvolvidos, especialmente da Ásia.

Vejamos alguns desses métodos. A *traineira de pesca* é utilizada para capturar peixes, crustáceos e moluscos – especialmente bacalhau, linguado, camarão e vieiras – que vivem sobre ou perto do fundo do oceano. Ela arrasta uma rede em forma de funil aberto no pescoço, carregada com correntes ou chapas de metal, ao longo do fundo do oceano. Esse equipamento arrasta quase tudo que encontra no

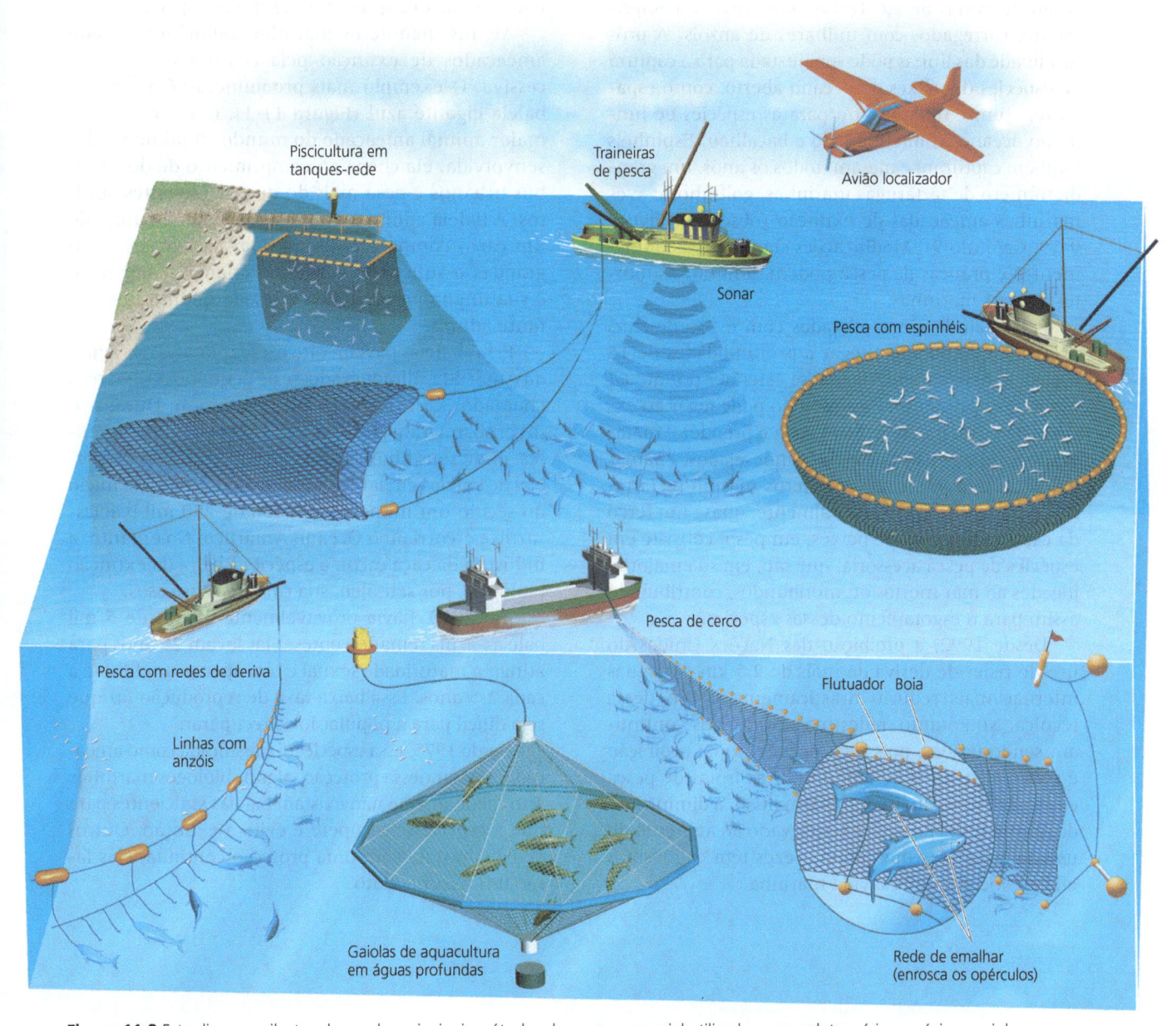

Figura 11-8 Este diagrama ilustra alguns dos principais métodos de pesca comercial utilizados para coletar várias espécies marinhas (com os métodos para criação de peixes na aquacultura) que se tornaram tão eficazes, que muitas espécies de peixes acabaram comercialmente extintas.

fundo do oceano, e muitas vezes destrói esses habitats – como que fazendo um corte raso no fundo do oceano (Figura 11-2, à direita). As novas redes de arrasto são grandes o suficiente para engolir 12 aviões grandes, e outras maiores já estão a caminho.

Outro método, *pesca de cerco*, é utilizado para a captura de espécies pelágicas (que habitam a coluna d'água) como atum, cavala, anchovas e arenque, que tendem a se alimentar de cardumes próximos à superfície ou em áreas rasas. Depois que um avião localiza o cardume, o navio de pesca o cerca com uma grande rede, chamada cerco com retenida. Redes utilizadas para capturar atum albacora no leste do Oceano Pacífico tropical matam um grande número de golfinhos que nadam na superfície, acima dos cardumes de atum.

Os navios de pesca também usam *espinhéis*, colocação de linhas de até 100 quilômetros de comprimento, carregados com milhares de anzóis. A profundidade das linhas pode ser ajustada para a captura de espécies de peixes de oceano aberto, como espadarte, atum e tubarões, ou para as espécies de fundo do oceano, como linguado e bacalhau. Espinhéis também capturam e matam, todos os anos, um grande número de tartarugas marinhas, golfinhos e aves marinhas ameaçadas de extinção (observe a Figura 9-19, Capítulo 9). Modificações simples nos equipamentos e práticas de pesca podem diminuir as mortes de aves marinhas.

Peixes ainda são capturados com o uso de *redes de deriva*, que podem chegar a profundidades de 15 metros abaixo da superfície e se estender por até 64 km de comprimento. Esse método pode levar ao excesso de pesca da espécie desejada e prender e matar grandes quantidades de peixes indesejados, chamados *pesca acessória*, com mamíferos marinhos, tartarugas e aves marinhas. Anualmente, quase um terço da captura mundial de peixes, em peso, consiste em espécies de pesca acessória, que são, em sua maioria, jogados ao mar mortos ou moribundos, contribuindo assim para o esgotamento dessas espécies.

Desde 1992, a proibição das Nações Unidas do uso de redes de deriva de mais de 2,5 km em águas internacionais reduziu drasticamente o uso dessa técnica. No entanto, redes mais compridas continuam sendo usadas, pois o cumprimento da proibição é voluntário, e é difícil monitorar as frotas de pesca em vastas áreas do oceano. Além disso, a diminuição do uso de redes de deriva tem levado ao aumento do uso de espinhéis, que muitas vezes têm os mesmos efeitos nocivos sobre a vida marinha.

A extinção de espécies aquáticas é uma ameaça crescente

Além do colapso dos pesqueiros comerciais, muitas espécies de peixes também estão ameaçadas de extinção *biológica*, principalmente pela pesca excessiva, poluição das águas, destruição de zonas úmidas e retirada excessiva de água dos rios e lagos. De acordo com a Lista Vermelha das Espécies Ameaçadas de 2009, da União Internacional para Conservação da Natureza (IUCN), 37% das espécies marinhas do mundo e 71% das de peixes de água doce do mundo, ambas avaliadas, enfrentarão a extinção nas próximas seis a sete décadas. De fato, peixes marinhos e de água doce estão ameaçados de extinção pelas atividades humanas mais do que qualquer outro grupo de espécies.

Alguns mamíferos marinhos também têm sido ameaçados de extinção pela captura excessiva. O exemplo mais proeminente é a baleia gigante azul (Figura 11-1), que é o maior animal ameaçado do mundo. Totalmente desenvolvida, ela chega ao comprimento de dois ônibus urbanos e pesa mais do que 25 elefantes adultos. A baleia adulta tem um coração do tamanho de um carro compacto, algumas das suas artérias são grandes o suficiente para uma criança nadar nela, e sua língua por si só é tão pesada quanto um elefante adulto.

Essas baleias passam oito meses por ano nas águas da Antártida, alimentando-se de pequenos crustáceos chamados krill (Figura 3-13, Capítulo 3). Durante o inverno, migram para o norte, para águas mais quentes, onde seus filhotes nascem. Antes da caça comercial de baleias em larga escala ter começado, no início do século um número estimado de 250 mil baleias-azuis percorriam o Oceano Antártico. No entanto, a indústria da caça caçou a espécie, à beira da extinção biológica, por seu óleo, sua carne e seus ossos.

Em 2010, havia provavelmente menos de 5 mil baleias-azuis remanescentes. Elas levam 25 anos para atingir a maturidade sexual e têm apenas um filhote a cada 2-5 anos. Essa baixa taxa de reprodução faz que seja difícil para a população se recuperar.

Desde 1975, essa espécie foi classificada como ameaçada. Apesar dessa proteção, alguns biólogos marinhos tem medo de que não existam baleias suficientes para que a espécie se recupere e evite a extinção. Outros acreditam que, com uma proteção contínua, elas farão um retorno lento.

11-2 Como podemos proteger e sustentar a biodiversidade marinha?

▶ **CONCEITO 11-2** Podemos ajudar a sustentá-la usando as leis e incentivos econômicos para proteger as espécies, implantando reservas marinhas para proteger os ecossistemas e usando gestão integrada de zonas costeiras com base na comunidade.

Leis e tratados têm protegido algumas espécies marinhas ameaçadas de extinção

Proteger a biodiversidade marinha é difícil por várias razões. *Primeiro*, as pegadas ecológicas humanas (observe a Figura 1-13, Capítulo 1) e dos peixes estão se expandindo tão rapidamente que é difícil monitorar seus impactos. *Segundo*, grande parte dos danos aos oceanos e outros corpos de água não são visíveis para a maioria das pessoas. *Terceiro*, muitas pessoas, erroneamente, veem o mar como uma fonte de recurso inesgotável que pode absorver uma quantidade quase infinita de resíduos e poluição, e, ainda assim, produzir todos os alimentos do mar que queremos. *Quarto*, a maior parte da área oceânica do mundo encontra-se fora da jurisdição legal de qualquer país. Assim, grande parte do oceano é fonte de recurso sujeito à superexploração (consulte o Capítulo 1).

No entanto, existem várias maneiras de proteger e sustentar a biodiversidade marinha, uma das quais é a abordagem regulatória (**Conceito 11-2**). Leis e tratados nacionais e internacionais para ajudar a proteger espécies marinhas incluem a Convenção sobre o Comércio Internacional de Espécies Ameaçadas (CITES), de 1975; o Tratado Global sobre Espécies Migratórias, de 1979; a Lei de Proteção dos Mamíferos Marinhos dos Estados Unidos, de 1972; a Lei das Espécies Ameaçadas dos Estados Unidos, de 1973; a Lei de Proteção e Conservação de Baleias dos Estados Unidos, de 1976; e a Convenção Internacional sobre a Diversidade Biológica, de 1995.

A Lei das Espécies Ameaçadas (consulte o Capítulo 9) e vários acordos internacionais têm sido usados para identificar e proteger espécies marinhas ameaçadas de extinção, como baleias, focas, leões-marinhos e tartarugas marinhas. O problema é que, com poucos acordos internacionais, é difícil fazer que todas as nações os cumpram (leia o Estudo de caso a seguir).

Em 2004, por exemplo, 1.134 cientistas assinaram uma declaração pedindo que as Nações Unidas declarassem uma moratória sobre a pesca de arrasto em alto-mar até 2006 e a eliminassem globalmente até 2010. As nações pesqueiras, lideradas por Islândia, Rússia, China e Coreia do Sul, bloquearam tal proibição. No entanto, em 2007, esses países (exceto a Islândia) e outros 18 aceitaram impor restrições voluntárias à pesca de arrasto no sul do Pacífico. Embora o monitoramento e a execução sejam difíceis, esse acordo protege parcialmente um quarto do fundo do oceano do mundo da pesca de arrasto destrutiva.

■ ESTUDO DE CASO
A moratória comercial sobre a caça das baleias – International Whaling Commission

Alguns cientistas argumentam que a moratória da IWC sobre a caça à baleia (**Estudo de caso principal**) tem contribuído para que algumas espécies se recuperem e, por isso, alguns países argumentam que a moratória deve ser levantada. Outros discordam, dizendo que ela deve ser mantida para garantir a recuperação do maior número de espécies de baleia possível.

Atualmente, o Japão caça e mata ao menos 900 baleias por ano, incluindo as baleias minke, fin e sei, ameaçadas de extinção, alegando fins científicos. Os críticos veem essa caça anual como uma mal disfarçada caça comercial, porque a carne de baleia é vendida no varejo para ser comercializada em restaurantes e peixarias. A Noruega desafia abertamente a moratória da caça e mata 500 a 800 baleias minke por ano. A Islândia permite a matança de 150 baleias minke e 100 baleias fin ameaçadas por ano.

Japão, Noruega e Islândia esperam derrubar a moratória da CBI sobre a caça comercial e reverter a proibição internacional sobre a compra e venda de produtos de baleia. Argumentam que a caça comercial deve ser permitida, porque é uma parte tradicional das suas economias e culturas. Defensores dessa caça também alegam que a proibição tem motivação emocional, afirmação que é contestada por muitos ambientalistas, os quais argumentam que as baleias são mamíferos inteligentes e altamente sociáveis que devem ser protegidos por razões éticas.

Os proponentes da caça às baleias alegam que a moratória deveria ser levantada, porque as populações de baleias minke, jubarte e várias outras já se recuperaram. Os adversários questionam a IWC sobre as estimativas das espécies de baleias alegadamente recuperadas, observando a imprecisão das estimativas desse tipo no passado.

Incentivos econômicos podem ajudar a sustentar a biodiversidade aquática

Outras maneiras de proteger as espécies aquáticas ameaçadas de extinção envolvem o uso de incentivos econômicos (Conceito 11-2). Por exemplo, segundo um estudo de 2004 da World Wildlife Fund, as tartarugas marinhas valem mais para as comunidades locais vivas do que mortas. O relatório estima que o turismo ligado às tartarugas marinhas traz quase três vezes mais dinheiro do que a venda de seus produtos, como a carne, o couro e os ovos. Sendo assim, educar os cidadãos sobre tal assunto poderia inspirar comunidades a proteger as tartarugas (leia o Estudo de caso a seguir).

■ ESTUDO DE CASO
Buscando esperanças para as tartarugas marinhas

Das sete espécies de tartarugas marinhas (Figura 11-9), seis estão criticamente ameaçadas ou em perigo. Entre estas, está a tartaruga-de-couro, uma espécie que sobreviveu por 100 milhões de anos, mas agora enfrenta a possível extinção. Enquanto sua população está estável no Oceano Atlântico, seus números caíram 95% no Pacífico.

A tartaruga-de-couro, chamada assim pelo seu casco de couro, é a maior de todas as tartarugas marinhas e a única espécie de sangue quente. Adulta, pode chegar a pesar até 91 kg, nada grandes distâncias, migrando entre os oceanos Atlântico e Pacífico, e pode mergulhar a profundidades de até 1.200 metros.

A fêmea põe seus ovos nas praias arenosas, no escuro da noite, e então retorna para o mar. Os bebês nascem simultaneamente em grande número e imediatamente atravessam a areia e chegam à água, tentando sobreviver até a idade adulta nos oceanos. Como o naturalista Carl Safina descreve, "Elas começam do tamanho de uma bolacha e voltam com o de um dinossauro".

Enquanto as tartarugas-de-couro sobreviveram ao impacto do asteroide gigante que provavelmente

> **CONEXÕES**
> **Proteger as baleias e atrair turistas**
> Algumas comunidades costeiras têm interesse em manter a moratória sobre a caça à baleia (Estudo de caso principal) porque podem gerar empregos e trazer receita por meio da cada vez mais popular atividade de observação das baleias. Por exemplo, o The Nature Conservancy promoveu a observação de baleias na cidade de Samaná, na República Dominicana, e ajudou a treinar pescadores a trabalhar como guias de observação de baleias. A comunidade, que antigamente era degradada, tornou-se um dos principais pontos de observação de baleias, com hotéis renovados. Os moradores locais agora têm um interesse econômico na proteção das baleias. Em 2008, mais de 13 milhões de pessoas foram observar baleias em 119 países, gerando mais de US$ 1 bilhão em receitas de turismo para essas economias.

eliminou os dinossauros, elas podem não sobreviver ao crescente impacto humano sobre seu ambiente. As traineiras de arrasto estão destruindo os recifes de corais, que servem como base para sua alimentação. São caçadas pela sua carne e por seu couro, e seus ovos são capturados como alimento. E frequentemente se afogam após terem se enroscado nas redes e linhas de pesca (Figura 11-10), bem como em armadilhas para lagostas e caranguejos.

A poluição é outra ameaça. As tartarugas marinhas podem confundir sacos plásticos descartados com águas-vivas e, com eles, sufocar até a morte. Os banhistas, às vezes, pisoteiam seus ninhos. Luzes artificiais podem desorientar os filhotes enquanto tentam encontrar o caminho para o oceano, indo na direção errada e aumentando suas chances de acabar como alimento para predadores. Adicione a isso a ameaça da elevação do nível do mar pela mudança climática, que inundará os habitats de nidificação e alimentação, alterando as correntes oceânicas, o que poderá perturbar as rotas de migração das tartarugas.

Muitas pessoas estão trabalhando para proteger as tartarugas. Em algumas praias da Flórida, as luzes são desligadas ou cobertas durante a temporada de incubação. As áreas de nidificação são cercadas por cordas, e as pessoas em geral respeitam as tartarugas. Desde 1991, o governo dos Estados Unidos exigiu que as traineiras de camarão da costa utilizassem dispositivos de exclusão de tartarugas (TEDs), que ajudam a mantê-las livres de suas redes ou que escapem de serem capturadas. Os TEDs foram adotados em 15 países que exportam camarão para os Estados Unidos. Em 2004, esse país também proibiu espinhéis para pescar espadarte na costa do Pacífico, para ajudar a salvar as populações de tartarugas marinhas que estão diminuindo por lá.

Na costa noroeste da Costa Rica, a comunidade da Praia Junquillal é uma área importante de nidificação da tartaruga-de-couro, e os moradores aprenderam que o turismo pode trazer quase três vezes mais renda do que a venda dos produtos dessa espécie. Em 2004,

Figura 11-9 Há 150 milhões de anos várias espécies de grandes tartarugas marinhas habitam o mar. A tartaruga-de-pente, a de-kemp e a de-couro estão *criticamente ameaçadas de extinção*. A tartaruga de casco achatado vive ao longo das costas do norte da Austrália e Papua-Nova Guiné e não está classificada como ameaçada de extinção, porque nidifica em lugares muito remotos, mas o governo australiano classifica-a como vulnerável. As tartarugas cabeçuda, verde e olivácea são classificadas como *ameaçadas de extinção*.

com a ajuda de biólogos do World Wildlife Fund, os voluntários saíram para localizar e resgatar ninhos de tartaruga antes que pudessem ser caçados e construíram viveiros para proteger os ovos. Esse programa foi um sucesso. Em 2004, todos os ninhos identificados nas praias locais haviam sido caçados, mas, no ano seguinte, eles foram protegidos e nenhum caçado. A tartaruga-de-couro tornou-se um importante recurso econômico para todos, em vez de para apenas alguns dos moradores da Praia Junquillal.

Santuários marinhos protegem os ecossistemas e as espécies

Pela lei internacional, a zona de pesca marítima de um país estende-se até 370 quilômetros de suas margens. Navios de pesca estrangeiros só podem capturar determinadas quotas de peixe nessas zonas, chamadas *zonas econômicas exclusivas*, mas apenas com a permissão do governo. As áreas oceânicas além da jurisdição legal de qualquer país são conhecidas como *alto-mar*, e as leis e os tratados que lhes dizem respeito são difíceis de controlar e aplicar.

Pela Lei do Tratado do Mar, os países costeiros do mundo têm jurisdição sobre 36% da superfície do oceano e 90% dos estoques de peixes do mundo. Em vez de usar essa lei para proteger seu território de

Figura 11-10 Esta tartaruga-de-couro ameaçada foi presa em uma rede de pesca e poderia ter morrido de fome se não tivesse sido resgatada.

pesca, muitos governos têm promovido a sobrepesca ao subsidiar frotas de barcos de pesca, deixando de estabelecer e impor uma regulamentação mais severa sobre as capturas de pescado em suas águas costeiras.

Alguns países estão tentando proteger a biodiversidade marinha e sustentar a pesca pela criação de santuários marinhos. Desde 1986, a IUCN tem ajudado a implantar um sistema global de *áreas marinhas protegidas* (AMPs) – regiões do oceano parcialmente protegidas das atividades humanas. Há mais de 4 mil AMPs em todo o mundo.

Apesar do seu nome, a maioria das AMPs é apenas parcialmente protegida. Quase todas permitem a dragagem, a pesca de arrasto e outras atividades de extração de recursos ecologicamente prejudiciais. No entanto, em 2007, o Estado da Califórnia, nos Estados Unidos, começou a estabelecer a maior rede de AMPs do país, onde a pesca será proibida ou estritamente limitada. Os biólogos conservacionistas dizem que esse pode servir de modelo para outras áreas marinhas protegidas nos Estados Unidos e em outros países.

A criação de uma rede global de reservas marinhas: uma abordagem ecossistêmica para a sustentabilidade marinha

Muitos cientistas e políticos pedem que se dissemine o uso de uma nova abordagem para a gestão e a manutenção da biodiversidade marinha e dos importantes serviços ecológicos e econômicos fornecidos pelos mares. O principal objetivo dessa *abordagem ecossistêmica* é proteger e sustentar o ecossistema marinho como um todo, para as gerações atuais e futuras, em vez de se concentrar principalmente na proteção das espécies individuais.

O fundamento desta abordagem ecológica é estabelecer uma rede global de *reservas marinhas* totalmente protegidas, algumas das quais já existem. Essas áreas são declaradas fora dos limites para atividades humanas destrutivas, permitindo que seus ecossistemas se recuperem. Essa rede global incluiria grandes reservas em alto-mar, principalmente perto de áreas de ressurgência ricas em nutrientes e extremamente produtivas (observe a Figura 7-2, Capítulo 7) e uma mistura de pequenas reservas em zonas costeiras, que são adjacentes às bem gerenciadas zonas de pesca comercial sustentáveis. Isso estimularia os pescadores locais e as comunidades costeiras a apoiarem tais reservas e a participarem na determinação de suas localizações. Algumas, inclusive, poderiam ser feitas de maneira temporária ou móvel para proteger as espécies migratórias, como as tartarugas.

Tais reservas seriam fechadas para atividades como a pesca comercial, dragagem e mineração, bem como para depósito de resíduos. A maioria delas, nessa rede global proposta, permitiria atividades menos nocivas, como barcos de passeio, transportes e, em alguns casos, algum nível de pesca em pequena escala e não destrutiva, todavia devendo conter zonas centrais onde nenhuma atividade humana seria permitida. Fora da reserva, a pesca comercial seria gerida de maneira mais sustentável pelo uso de uma abordagem ecossistêmica, em vez da atual, que incide sobre espécies individuais.

As reservas marinhas funcionam, e funcionam rapidamente. Estudos científicos mostram que, dentro de áreas marinhas protegidas, as populações de peixes comercialmente valiosos duplicam, seu tamanho cresce em quase um terço, a reprodução triplica e aumenta a diversidade de espécies em quase um quarto. Além disso, essas melhorias acontecem dentro de dois a quatro anos após a proteção rigorosa começar e duram por décadas (Conceito 11-2). Pesquisas mostram também que as reservas beneficiam os pesqueiros nas proximidades, pois os peixes entram e saem das reservas, e as correntes transportam larvas de peixes produzidos dentro das reservas para os pesqueiros adjacentes, reforçando, assim, suas populações.

Em 2009, um grupo de nações insulares do Pacífico Ocidental, buscando salvar o último grande estoque de atuns, colocou quatro áreas de águas internacionais fora dos limites da pesca, criando a maior reserva marinha protegida da história. A área total dessas reservas é mais do que três vezes a área do Estado da Califórnia, nos Estados Unidos. Em 2008, outra grande reserva no Pacífico – aproximadamente do tamanho da Califórnia – foi estabelecida pela Ilha de Kiribati, situada entre as ilhas Fiji e Havaí. Outra, ainda, criada em 2006 pelos Estados Unidos, está localizada a noroeste das ilhas havaianas.

Apesar da importância de tal proteção, menos de 1% dos oceanos do mundo está em reservas marinhas, fechados para a pesca e outras atividades humanas prejudiciais, e apenas 0,1% está totalmente protegido. Em outras palavras, 99,9% dos oceanos do mundo não são protegidos efetivamente de atividades humanas prejudiciais. Além disso, muitas reservas marinhas são pequenas demais para proteger a maioria das suas espécies residentes e não fornecem proteção adequada contra a pesca ilegal, depósitos de lixo ou a poluição que escoa da terra para as águas costeiras.

Muitos cientistas marinhos pedem para que entre 30% e 50% dos oceanos do mundo sejam totalmente protegidos como reservas marinhas. E, ainda, que corredores protegidos sejam estabelecidos para conectar a rede global de reservas marinhas, especialmente aquelas de águas costeiras. Isso também ajudaria as espécies a se deslocarem para diferentes habitats no processo de adaptação aos efeitos do aquecimento dos oceanos, acidificação e muitas formas de poluição dos oceanos. Um estudo de 2004 realizado por uma equipe de cientistas liderada pelo britânico Andrew Balmford analisou 83 reservas bem administradas e concluiu que custaria entre US$ 12 e US$ 14 bilhões por ano para administrar as reservas que cobrem 30% dos oceanos do mundo – praticamente igual aos subsídios anuais que promovem a sobrepesca, oferecidos pelos governos às indústrias de pesca globais.

> **PENSANDO SOBRE**
>
> **Reservas marinhas**
> Você apoia a separação de pelo menos 30% dos oceanos do mundo como áreas marinhas protegidas? Explique. Como isso afetaria sua vida?

Alguns sistemas marinhos podem ser restaurados

Algumas pessoas encontram recompensas pessoais e econômicas na restauração e manutenção de sistemas aquáticos. Um exemplo de recuperação de recifes de coral é a aplicação da *ecologia de reconciliação* (releia o Capítulo 10) por um dono de restaurante (Pessoas fazem a diferença, a seguir).

Outro exemplo dramático de tentativa de recuperação de recifes envolve o esforço do Japão de restaurar seu maior recife de coral pela semeadura de novos corais, pois 90% dele já haviam morrido. Mergulhadores furam os recifes mortos e inserem discos de cerâmica contendo ramos de corais jovens. As taxas de sobrevivência dos corais jovens eram de apenas 33% em 2009, mas estavam aumentando, de acordo com o governo japonês. Os cientistas veem essa experiência como uma possibilidade de surgir um maior esforço global para salvar os recifes de coral por meio de transplante. No entanto, críticos apontam que tais esforços podem fracassar se os problemas que causam a deterioração dos recifes não forem sanados.

Outros ecossistemas que poderiam ser restaurados são manguezais, marismas e pradarias de gramíneas. Além disso, como os exemplos de reservas marinhas têm demonstrado, esses ecossistemas costeiros podem, por vezes, se restaurar naturalmente se não forem perturbados. Mas, novamente, os esforços de restauração podem fracassar, a menos que as causas da degradação dos sistemas marinhos sejam removidas.

Proteger a biodiversidade marinha exige comprometimento das pessoas e das comunidades

Há esperança de um significativo progresso na manutenção da biodiversidade marinha, mas isso exigirá que mudemos nossos caminhos, e logo. Por exemplo, a IUCN e cientistas do The Nature Conservancy relataram, em 2006, que os recifes de coral e os manguezais do mundo poderiam sobreviver às alterações climáticas atualmente projetadas se aliviarmos outras ameaças, como a pesca excessiva e a poluição. Além disso, enquanto algumas espécies de coral podem ser

PESSOAS FAZEM A DIFERENÇA

Criando um recife artificial de coral em Israel

Perto da cidade de Eilat, em Israel, no extremo norte do Mar Vermelho, existe um magnífico recife de corais, que é também uma grande atração turística. Para ajudar a proteger o recife do desenvolvimento excessivo e do turismo destrutivo, Israel manteve uma parte do recife como reserva natural.

No entanto, o turismo, a poluição industrial e o tratamento inadequado de esgotos estão destruindo grande parte do recife remanescente. Isso, até aparecer Reuven Yosef, um pioneiro na ecologia de reconciliação, que desenvolveu um restaurante submarino chamado Red Sea Star Restaurant. Os clientes têm de tomar um elevador para descer dois andares abaixo do nível da rua e entrar em um ambiente rodeado por janelas com vista para um belo recife de coral.

Essa parte do recife foi criada de pedaços de coral quebrado. Normalmente, quando o coral se quebra, as partes se infectam e morrem. No entanto, os pesquisadores descobriram como tratar os fragmentos com antibióticos e armazená-los enquanto ainda estão se curando em grandes tanques com água fresca do mar. Yosef tem uma instalação dessas, e quando os mergulhadores encontram pedaços de coral na reserva perto do seu restaurante, levam-nos para o seu hospital de coral. Após vários meses de tratamento, os fragmentos são levados para a área submersa no exterior do restaurante Red Sea Star Restaurant, onde são ligados a painéis de malha de ferro, nas janelas do restaurante. Os corais crescem e cobrem a matriz de ferro. Logo, peixes e outros organismos começam a aparecer novamente em torno do recife.

Usando sua criatividade e trabalhando com a natureza, Yosef ajudou a criar um pequeno recife de coral que as pessoas podem ver e desfrutar enquanto jantam em seu restaurante. Ao mesmo tempo, ajudou a restaurar e preservar a biodiversidade aquática. E os clientes podem apreciar a beleza e a importância de proteger os ecossistemas de recifes de coral.

capazes de se adaptar às temperaturas mais quentes, talvez não tenham tempo suficiente para isso, a menos que façamos algo agora para diminuir a velocidade da taxa projetada para as alterações climáticas durante este século.

Como resultado do aumento da concentração de dióxido de carbono e das temperaturas atmosféricas, os oceanos tornaram-se 30% mais ácidos do que eram antes da Revolução Industrial, no século XVIII. O aumento da acidez dos oceanos pode ter um grande impacto sobre corais, moluscos e outros organismos marinhos que constroem suas estruturas de carbonato de cálcio, porque certos níveis de dióxido de carbono dissolvem essas estruturas (consulte o Capítulo 8). Em 2009, um artigo do oceanógrafo Samar Khatiwala e seus colegas, bem como outro da oceanógrafa Fiona A. McLaughlin relataram que os níveis de acidez no Oceano Ártico estão prejudicando as conchas ricas em carbonato de cálcio de alguns organismos marinhos na região. Assim, oceanos de latitude alta podem estar atingindo um ponto decisivo de acidez, o que representa uma séria ameaça à vida marinha. Isso poderia servir como um alerta para um problema que provavelmente se tornará mais generalizado neste século. Além disso, alguns ecossistemas recifais são vulneráveis a uma combinação de dois problemas: o aumento das temperaturas e da acidez dos oceanos.

Para lidar com os problemas da poluição e da pesca predatória, as comunidades devem acompanhar de perto e regulamentar a pesca e o desenvolvimento costeiro, além de reduzir significativamente a poluição proveniente das atividades terrestres. As populações costeiras também precisam pensar cuidadosamente sobre quais substâncias químicas utilizam em seus gramados e que tipos de resíduos geram.

E o mais importante é que cada um de nós pode fazer escolhas cuidadosas ao comprar somente frutos do mar pescados de maneira sustentável ou cultivados. As pessoas também podem reduzir sua produção de carbono a fim de minimizar as mudanças climáticas projetadas e os inúmeros efeitos prejudiciais sobre os ecossistemas marinhos e outros.

Uma estratégia emergente em algumas comunidades costeiras é a *gestão integrada das zonas costeiras*, um esforço comunitário para desenvolver e utilizar os recursos costeiros de maneira mais sustentável (Conceito 11-2). A Austrália gerencia seu enorme Parque Marinho do Grande Recife de Corais dessa maneira, e mais de 100 programas integrados de gestão costeira estão sendo desenvolvidos em todo o mundo. Outro exemplo de tal gestão nos Estados Unidos é o Programa da Baía de Chesapeake (releia o Estudo de caso do Capítulo 8).

O objetivo geral desses programas é que pescadores, empresários, empreendedores, cientistas, cidadãos e políticos identifiquem problemas e objetivos comuns no uso dos recursos marinhos. A ideia é desenvolver soluções viáveis, rentáveis e adaptáveis que venham ajudar a preservar a biodiversidade e a qualidade ambiental, além de atender aos objetivos econômicos e sociais.

Isso requer que todos os participantes busquem compromissos razoáveis a curto prazo que possam levar a benefícios ecológicos e econômicos a longo prazo. Por exemplo, os pescadores podem ter de deixar de coletar espécies marinhas em certas zonas até que as reservas se recuperem o suficiente para restaurar a biodiversidade nessas áreas, mas, em contrapartida, isso pode ajudar a fornecer um futuro mais sustentável para eles mesmos e seus negócios.

11-3 Como devemos realizar o manejo e sustentar a pesca marinha?

▶ **CONCEITO 11-3** Sustentar a pesca marinha exigirá melhor fiscalização das populações de peixes e mariscos, gestão cooperada da pesca entre comunidades e nações, redução dos subsídios à pesca e escolhas conscientes pelos consumidores nos mercados de frutos do mar.

Estimar e monitorar as populações pesqueiras é o primeiro passo

O primeiro passo para proteger e sustentar os pesqueiros marinhos do mundo é fazer as melhores estimativas possíveis de suas populações de peixes e de moluscos (Conceito 11-3). A abordagem tradicional tem usado o modelo de *rendimento máximo sustentável* (MSY – *Maximum Sustained Yield*) para projetar o número máximo de indivíduos que podem ser coletados anualmente dos estoques populacionais de peixes ou crustáceos sem causar uma queda populacional. No entanto, esse modelo não tem funcionado muito bem em razão da dificuldade em estimar populações e as taxas de crescimento das populações de peixes, moluscos e crustáceos (consulte Ciência em foco). Além disso, a coleta de uma espécie específica em seu nível máximo sustentável estimado pode afetar as populações de espécies-alvo e não alvo.

Nos últimos anos, alguns biólogos e gestores da pesca começaram a usar o conceito de *rendimento sustentado ótimo (OSY – Optimum Sustained Yield)*, que tenta levar em conta as interações entre as espécies e fornece mais amplitude de erros. De forma semelhante, outra abordagem é a *gestão multiespecífica* de um número de espécies que interagem, levando em conta suas ações competitivas e seu predador-presa. Uma abordagem ainda mais ambiciosa é desenvolver complexos modelos computacionais para a gestão multiespecífica de espécies de pescado em grandes *sistemas marinhos*. No entanto, é um desafio político levar grupos de nações a colaborar com o planejamento e a gestão desses sistemas de grande porte.

Existem incertezas incorporadas na utilização de qualquer uma dessas abordagens por causa do pouco conhecimento da biologia das espécies marinhas e suas interações e dos poucos dados existentes sobre a evolução das condições do mar. Como resultado, muitos cientistas ambientais e de pesca estão cada vez mais interessados em usar o *princípio da precaução* para a gestão dos pesqueiros e de grandes sistemas marinhos, o que significa reduzir drasticamente as retiradas de peixes e o fechamento de algumas áreas excessivamente pescadas até que estas se recuperem e tenhamos mais informações sobre os níveis de pesca que podem sustentar.

Algumas comunidades cooperam para regular a pesca

Um passo óbvio para proteger a biodiversidade marinha e os pesqueiros é a regulamentação da pesca. Tradicionalmente, muitas comunidades de pescadores de zona costeira desenvolveram sistemas de partilha para o controle das capturas de peixe, pelos quais cada pescador recebe uma parcela do total de capturas permitidas. Tais *sistemas de compartilhamento de captura* têm sustentado os pesqueiros e o emprego em muitas comunidades por centenas e até milhares de anos. Um exemplo é o pesqueiro de bacalhau Lofoten, na Noruega, um dos maiores do mundo. Durante 100 anos ele tem sido autorregulado, sem nenhuma participação do governo norueguês. Os pescadores na Nova Inglaterra (Estados Unidos) planejam agora a criação de um sistema semelhante.

No entanto, a afluência de grandes e modernos barcos de pesca e frotas de pesca internacionais enfraqueceu a capacidade de muitas comunidades costeiras de regular e sustentar seus pesqueiros locais. Os sistemas de gestão comunitária têm sido muitas vezes substituídos pela *cogestão*, em que as comunidades costeiras e o governo trabalham juntos para geri-los.

Com essa abordagem, o governo geralmente define cotas para diversas espécies e as divide entre as comunidades. O governo também pode limitar as temporadas de pesca e regulamentar os tipos de equipamentos de pesca que podem ser usados para a captura de determinada espécie. Cada comunidade, então, aloca e faz cumprir sua cota entre seus membros com base em suas próprias regras. Muitas vezes, as comunidades focam a gestão dos pesqueiros costeiros, e o governo central controla a pesca no mar. Quando funciona, a cogestão governo/comunidade mostra que a sobrepesca e os conflitos entre interesses individuais e o bem comum no uso de recursos finitos (consulte o Capítulo 1) não são inevitáveis.

Subsídios governamentais podem encorajar a sobrepesca

Um estudo de 2006 realizado pelos peritos de pesca U.R. Sumaila e Daniel Pauly estimou que os governos ao redor do mundo disponibilizam um total de US$ 30 a US$ 34 bilhões por ano em subsídios aos pescadores para ajudar a manter seus negócios funcionando. Isso representa um terço de todas as receitas geradas pela pesca comercial. Desse montante, aproximadamente US$ 20 bilhões ajudam pescadores a comprar navios, combustível e equipamentos de pesca, e o restante paga pesquisas e gestão dos pesqueiros.

Alguns cientistas marinhos argumentam que, a cada ano, US$ 10 a US$ 14 bilhões desses subsídios são gastos para incentivar a pesca excessiva e a expansão da indústria pesqueira. O resultado são barcos demais pescando peixes de menos. De acordo com um relatório de 2008 do Banco Mundial, as perdas econômicas com a sobrepesca nos oceanos são de um total de US$ 50 bilhões por ano. Alguns argumentam que esses subsídios não são um bom investimento nem promovem a sustentabilidade das espécies-alvo.

> **CONEXÕES**
> **Subsídios e a caça às baleias**
> O Japão e a Noruega concedem grandes subsídios às suas indústrias baleeiras (**Estudo de caso principal**), de acordo com um relatório de 2009 do World Wildlife Fund. Em razão do aumento dos custos da pesca da baleia e diminuição da procura por sua carne, sua caça tornou-se inútil nesses países. Assim, os subsídios governamentais estão sendo usados para apoiar uma indústria que está em descrédito com relação à grande parte do mundo e provavelmente faliria sem esses subsídios.

> **PENSANDO SOBRE**
> **Subsídios à pesca**
> Quais são três possíveis efeitos prejudiciais da eliminação do subsídio governamental à pesca? Você acredita que esses efeitos superam os benefícios de tal ação? Explique.

As escolhas dos consumidores podem ajudar a preservar os pesqueiros e a biodiversidade aquática

Um componente importante de sustentação da biodiversidade aquática e dos serviços do ecossistema é a pressão de baixo para cima exercida por consumidores que exigem *frutos do mar sustentáveis,* o que incentivaria práticas de pesca mais responsáveis. Ao escolher frutos do mar em mercados e restaurantes, os consumidores podem fazer escolhas que ajudarão a sustentar os pesqueiros (Conceito 11-3).

Uma forma de permitir isso é por meio da rotulagem de frutos do mar frescos e congelados para informar os consumidores sobre como e onde foram capturados. No Reino Unido, a cadeia de supermercados Waitrose fornece essas informações em todos os pescados vendidos em suas lojas. Veja informações sobre opções de frutos do mar mais sustentáveis e faça o *download* de um conveniente guia de bolso em www.seafoodwatch.org.

Outro componente importante é a certificação de pescado capturado de forma sustentável. O Conselho de Administração Marinha (*Marine Stewardship Council – MSC*), com sede em Londres (acesse http://www.msc.org/), foi criado em 1999 para apoiar a pesca sustentável e certificar os frutos do mar assim produzidos. Apenas pesqueiros certificados estão autorizados a utilizar a etiqueta ecológica do *MSC Fish Forever*, que garante que os peixes foram capturados por pescadores que utilizavam práticas ecologicamente corretas e socialmente responsáveis. Outra abordagem é certificar e etiquetar os produtos da *aquacultura* sustentável ou operações de piscicultura.

Uma importante maneira de os consumidores de frutos do mar ajudarem a manter a biodiversidade aquática é a escolha de espécies de peixes herbívoros criados em sistema de aquacultura, como a tilápia. Os peixes carnívoros criados no regime de aquacultura são alimentados com ração preparada com peixes capturados. Algumas espécies de peixes do oceano usadas para fazer farinha estão sendo pescadas excessivamente, com taxas cada vez mais elevadas de captura por ano.

A Figura 11-11 resume as ações que pessoas, as organizações e os governos podem tomar para gerir a pesca global de maneira mais sustentável e proteger a biodiversidade marinha e os serviços ecossistêmicos. A história mostra que a maioria das tentativas de melhorar a qualidade ambiental e promover a sustentabilidade ambiental exige pressão política e econômica de baixo para cima por parte dos cidadãos preocupados com a causa. As pessoas fazem a diferença.

Soluções

Gestão dos pesqueiros

Regulamentações
Definir limites de captura baixos
Melhorar o monitoramento e a aplicação das leis

Abordagens econômicas
Reduzir ou eliminar os subsídios à pesca
Certificar pesqueiros sustentáveis

Áreas de proteção
Estabelecer áreas de pesca proibida
Estabelecer mais áreas marinhas protegidas

Informação ao consumidor
Rotular peixes criados de maneira sustentável
Divulgar espécies ameaçadas e superexploradas

Captura acessória
Usar redes que permitem a fuga de peixes menores
Usar redes com dispositivos de escape para aves e tartarugas marinhas

Aquacultura
Restringir localidades costeiras de fazendas de peixes
Melhorar o controle da poluição

Espécies invasoras
Matar ou filtrar organismos da água de lastro de navios
Despejar a água de lastro no mar e substituir com água de mar profundo

Figura 11-11 Existem várias maneiras de gerir pesqueiros de forma mais sustentável e proteger a biodiversidade marinha.
Perguntas: quais dessas quatro soluções você acredita ser as mais importantes? Por quê?

11-4 Como devemos proteger e sustentar zonas úmidas?

▶ **CONCEITO 11-4** Para a manutenção dos serviços ecológicos e econômicos das zonas úmidas é preciso maximizar a preservação das áreas remanescentes e restaurar as degradadas.

Zonas úmidas costeiras e continentais estão desaparecendo ao redor do mundo

As zonas úmidas costeiras, marismas e manguezais, (observe a Figura 8-8, Capítulo 8) e as continentais são importantes reservatórios de biodiversidade aquática que fornecem serviços ecológicos e econômicos essenciais. Apesar de seu valor ecológico, desde 1900 os Estados Unidos perderam mais da metade das suas zonas úmidas costeiras e continentais, e outros países perderam ainda mais. A Nova Zelândia, por exemplo, perdeu 92% das suas zonas úmidas costeiras originais e a Itália, 95%.

Durante séculos, as pessoas têm drenado, aterrado áreas alagáveis para criar campos de lavoura de arroz ou outras, acomodar a expansão das cidades e dos subúrbios, e construir estradas. As zonas úmidas também foram destruídas para extrair minerais, petróleo e gás natural, e, ainda, eliminar criadouros de insetos que causam doenças, como a malária.

Para piorar a situação, as zonas úmidas costeiras em muitas partes do mundo provavelmente estarão debaixo d'água por causa da elevação do nível do mar causada por uma atmosfera mais quente, o que pode degradar seriamente a biodiversidade aquática suportada pelas zonas úmidas costeiras, incluindo peixes e espécies de moluscos comercialmente importantes, assim como milhões de aves aquáticas migratórias e outras. O aumento do nível do mar também reduzirá muito dos outros serviços ecológicos e econômicos fornecidos por essas zonas úmidas.

Podemos preservar e restaurar as zonas úmidas

Cientistas, gestores de terras, fazendeiros e grupos ambientalistas estão envolvidos intensamente para preservar as zonas úmidas existentes e restaurar as áreas degradadas (**Conceito 11-4**), e leis foram aprovadas para protegê-las. Nos Estados Unidos, as leis de zoneamento têm sido utilizadas para que o desenvolvimento aconteça longe dessas áreas. Por exemplo, o governo norte-americano exige uma autorização federal para aterrar as zonas úmidas que ocupam mais de 1,2 hectar ou sobre elas depositar material dragado. De acordo com o Serviço de Caça e Pesca norte-americano, essa lei ajudou a reduzir a perda média anual de zonas úmidas em 80% desde 1969. No entanto, há uma pressão crescente por parte de especuladores para o enfraquecimento das leis de proteção de zonas úmidas. Apenas 6% das áreas remanescentes são protegidas pelo governo federal, e a proteção dos governos estaduais e locais é inconsistente e, em geral, fraca.

A meta declarada da política federal norte-americana atual é zerar a perda líquida dessas zonas em função de seu valor ecológico e econômico. Uma política conhecida como *banco de mitigação* permite a destruição de zonas úmidas existentes quando uma área igual ao mesmo tipo de zona úmida for criada ou restaurada. No entanto, um estudo realizado em 2001 pela Academia Nacional de Ciências concluiu que pelo menos metade das tentativas de criar novas zonas úmidas não foi capaz de substituir as áreas perdidas, e a maioria das zonas úmidas criadas não fornece as funções ecológicas das naturais. O estudo também descobriu que os projetos de criação de zonas úmidas muitas vezes não cumprem as normas estabelecidas nem são monitorados adequadamente.

A criação e restauração de zonas úmidas tornaram-se um negócio rentável. Banqueiros de investimentos privados ganham dinheiro com a compra de zonas úmidas, restaurando-as ou melhorando-as por meio do trabalho em conjunto com o Army Corps of Engineers dos Estados Unidos e o U.S.Environmental Protection Agency – EPA. Isso cria bancos ou créditos de zonas úmidas que os banqueiros podem então vender para desenvolvimentistas.

É difícil restaurar ou criar zonas úmidas, por isso a maioria dos sistemas bancários dos Estados Unidos requer a substituição de cada hectare de pântano destruído por dois ou mais hectares de zonas úmidas restauradas ou criadas (Figura 11-12) como uma apólice de seguro ecológico interno. **CARREIRA VERDE:** Perito em restauração de zonas úmidas

---
PENSANDO SOBRE

Mitigação das zonas úmidas
Uma nova zona úmida deve ser criada e avaliada antes que qualquer um tenha permissão de destruir aquela que supostamente vai substituir? Explique.

Os ecologistas insistem que os bancos de mitigação sejam utilizados somente como último recurso. Apelam ainda para que se certifique de que novas zonas úmidas de substituição estão sendo criadas e avaliadas *antes* que as existentes sejam destruídas. Esse exemplo de aplicação do princípio da precaução é muitas vezes o contrário do que é realmente feito.

Um bom exemplo de tentativa de restaurar uma área úmida que foi significativa é a do Everglades, no Estado da Flórida, Estados Unidos, conforme descrito no Estudo de caso a seguir.

■ ESTUDO DE CASO
Podemos recuperar o Everglades, na Flórida?

O Everglades, no sul da Flórida (Estados Unidos), já foi uma área de 100 quilômetros de extensão, com água na altura dos joelhos que fluía lentamente do sul do Lago Okeechobee para a Baía da Flórida (Figura 11-13). Como esse corpo superficial de água, conhecido como *River of Grass*, lentamente escorria para o sul, criou uma vasta rede de zonas úmidas (Figura 11-13, foto) com uma variedade de habitats de vida selvagem.

Para ajudar a preservar a mata na parte inferior do sistema do Everglades, em 1947 o governo dos Estados Unidos criou o Parque Nacional Everglades, que contém um quinto da área remanescente original. No entanto, esse esforço de proteção não funcionou como os conservacionistas haviam previsto, por causa de uma distribuição intensa de água e de um projeto de reestruturação do Rio Kissimmee elaborado pela Army Corps of Engineers entre 1962 e 1971. Esse rio, que vagava por uma área de 166 quilômetros de extensão (Figura 11-13), transformou-se em um canal reto de 84 quilômetros que flui para o Lago Okeechobee, controlando as inundações, acelerando o fluxo de água e drenando grandes pântanos ao norte do Lago Okeechobee, que foram transformados em áreas de pastagem por agricultores.

Esse e outros projetos forneceram uma fonte de água confiável e proteção contra inundações à crescente população do sul da Flórida. Mas, como resultado, muito do Everglades original foi drenado, desviado, pavimentado, contaminado por resíduos agrícolas e invadido por uma série de espécies animais e vegetais. O Everglades têm agora menos da metade do seu tamanho original, e muito já secou, deixando grandes áreas vulneráveis a incêndios florestais de verão. Cerca de 90% das aves limícolas no Parque Nacional Everglades (Figura 11-13) desapareceram, e as populações de outros vertebrados, de veados a tartarugas, são 75% a 95% menores.

Outra consequência é a degradação da Baía da Flórida, um estuário raso com muitas ilhas, ao sul do Parque Nacional Everglades. Por causa do grande volume de água doce que fluía no parque até a Baía da Flórida ter sido desviado para as culturas e as cidades, a Baía tornou-se mais salgada e mais quente. Isso, somados ao aumento da entrada de nutrientes das culturas agrícolas e das cidades, tem estimulado o crescimento de grandes algas, que, por vezes, chegam a cobrir 40% da baía, o que tem ameaçado os recifes de coral e o mergulho, pesca e turismo da baía e de Flórida Keys, outro exemplo de consequências não intencionais.

Figura 11-12 Esta zona úmida criada pelos homens fica perto de Orlando, na Flórida (Estados Unidos).

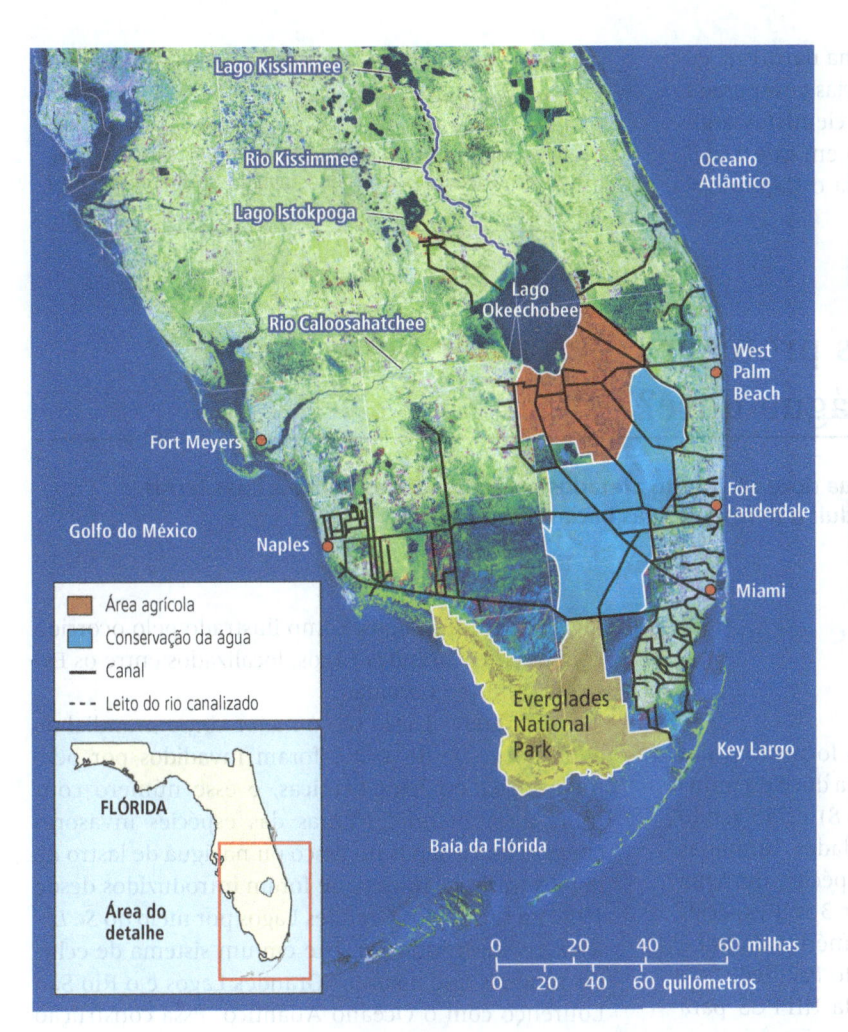

Figura 11-13 O maior projeto de restauração ecológica do mundo é uma tentativa de desfazer e refazer um projeto de engenharia que está destruindo o Everglades, na Flórida (Estados Unidos, observe a foto), e ameaçando o abastecimento de água para a população do sul da Flórida em rápido crescimento.

Na década de 1970, os funcionários federais e estaduais reconheceram que esse enorme projeto de transposição do rio estava reduzindo as espécies de plantas nativas e animais selvagens, uma fonte importante de receitas de turismo para a Flórida, bem como o abastecimento de água para os mais de 5 milhões de habitantes do sul da Flórida. Em 1990, depois de mais de 20 anos de discussões políticas, os governos do Estado da Flórida e federal concordaram com o maior projeto de restauração ecológica do mundo, conhecido como Plano de Restauração Integral do Everglades (Comprehensive Everglades Restoration Plan – CERP). O Army Corps of Engineers dos Estados Unidos realizará esse plano conjunto federal e estadual para restaurar parcialmente o Everglades.

O projeto prevê várias metas ambiciosas. *Primeiro*, restaurar o curso em mais da metade do Rio Kissimmee. *Segundo*, remover 400 quilômetros de canais e diques que bloqueiam o fluxo de água ao sul do Lago Okeechobee. *Terceiro*, comprar 240 quilômetros quadrados de terras agrícolas e permitir que sejam inundadas para criar pântanos artificiais que filtrarão os resíduos agrícolas antes que cheguem ao Parque Nacional Everglades. *Quarto*, criar 18 grandes reservatórios e áreas de armazenamento subterrâneo de água para garantir um abastecimento adequado às áreas abaixo do Everglades e para a população atual e projetada do sul da Flórida. *Quinto*, construir novos canais, reservatórios e grandes sistemas de bombeamento para captar 80% da água que, atualmente, escoa para o mar e devolvê-la ao Everglades.

Será que esse enorme projeto de restauração ecológica funcionará? Ele não depende apenas da capacidade dos cientistas e engenheiros, mas também do apoio político e econômico prolongado dos cidadãos, das poderosas indústrias canavieiras e agrícolas do Estado e dos funcionários eleitos para os cargos estaduais e federais.

Esse projeto cuidadosamente negociado já está começando a ruir. Em 2003, os produtores de cana convenceram o legislativo da Flórida a aumentar a quantidade de fósforo que poderiam descartar e prorrogar o prazo para reduzir tal descarga de 2006 para 2016. O projeto teve muitos problemas de custos e de financiamento, especialmente o financiamento federal, que ficou muito aquém das necessidades projetadas. Os órgãos federais e estaduais estão muito atrasados em quase todas as fases do projeto. Como resultado, pode demorar mais 50 anos para ser concluído, ou ser abandonado em razão da falta de apoio político e financiamento.

A necessidade de combinar esforços caros e politicamente controversos para desfazer alguns dos estragos ecológicos provocados no Everglades, causados por 120 anos de desenvolvimento agrícola e urbano, é outro exemplo da falta de atenção a duas lições fundamentais da natureza: a prevenção do dano ambiental funciona melhor e é menos onerosa do que tentar desfazê-lo; ao intervir na natureza, geralmente provocaremos consequências inesperadas e muitas vezes prejudiciais. Alguns cientistas argumentam que esse é um caso clássico em que a aplicação do princípio da precaução (leia o Capítulo 9) teria sido a escolha mais sábia.

> **PENSANDO SOBRE**
> **Restauração do Everglades**
> Você apoia a execução do plano proposto para restabelecer parcialmente o Everglades, na Flórida, inclusive com o governo federal oferecendo metade do financiamento? Explique.

11-5 Como devemos proteger e gerenciar lagos, rios e pesqueiros de água doce?

▶ **CONCEITO 11-5** Ecossistemas de água doce são muito afetados pelas atividades humanas nas terras adjacentes, e sua proteção deve incluir a defesa de suas bacias hidrográficas.

Ecossistemas de água doce estão sendo muito ameaçados

Os serviços ecológicos e econômicos fornecidos por muitos lagos, rios e pesqueiros de água doce do mundo (observe a Figura 8-15, Capítulo 8) estão sendo gravemente ameaçados pelas atividades humanas (**Conceito 11-5**). A diversidade de espécies de água doce é muito variável. Você pode ter 3 mil espécies diferentes de peixes em um rio na América do Sul e menos de 50 em outro no noroeste do Pacífico.

Novamente, podemos usar a sigla HIPPCS para resumir essas ameaças. Como 40% dos rios do mundo foram represados ou modificados pela engenharia, além de muitas das zonas úmidas de água doce do mundo terem sido destruídas, as espécies aquáticas foram desprovidas de pelo menos metade de seus habitats no mundo. As espécies invasoras, a poluição e as mudanças climáticas ameaçam os ecossistemas de muitos lagos, rios e pântanos. Os estoques de peixes de água doce estão sendo superexplorados. E as pressões crescentes da população humana e da mudança climática durante este século farão que essas ameaças piorem.

Manter e restaurar a biodiversidade e os serviços ecológicos fornecidos por lagos e rios é uma tarefa complexa e desafiadora, como mostra o seguinte Estudo de caso.

■ ESTUDO DE CASO
A região dos Grandes Lagos pode sobreviver a repetidas invasões por espécies exóticas?

As invasões por espécies exóticas são uma grande ameaça à biodiversidade e ao funcionamento ecológico de muitos lagos, como ilustrado pelo ocorrido com os cinco Grandes Lagos, localizados entre os Estados Unidos e Canadá.

Os Grandes Lagos são o maior corpo mundial de água doce. Desde 1920, foram invadidos por pelo menos 162 espécies exóticas, e esse número continua aumentando. Muitas das espécies invasoras chegam incrustadas no casco ou na água de lastro de navios transoceânicos que foram introduzidos desde 1959 na região dos Grandes Lagos por meio do *St. Lawrence Seaway*, que consiste em um sistema de eclusas e canais que ligam os Grandes Lagos e o Rio São Lourenço com o Oceano Atlântico. Essa construção teve início em 1782. Em 1900, uma rede completa de canais de baixo calado já permitia a navegação ininterrupta do Lago Superior para Montreal.

Uma das maiores ameaças, a *lampreia do mar*, chegou até o lado mais ocidental dos Grandes Lagos em 1920. Esse parasita prende-se a quase qualquer tipo de peixe e mata a vítima sugando seu sangue (observe a Figura 5-7, Capítulo 5). Ao longo dos anos, ele tem diminuído populações de muitas espécies de peixes esportivos importantes, como a truta-de-lago. Os Estados Unidos e o Canadá mantêm, a um custo de US$ 15 milhões por ano, a população da lampreia controlada aplicando uma substância química que mata suas larvas, quando elas se reproduzem nos riachos que alimentam os lagos.

Em 1986, larvas do *mexilhão-zebra* (observe a Figura 9-11, Capítulo 9) chegaram na água de lastro descarregada de um navio europeu, perto de Detroit, Michigan (Estados Unidos). Esse molusco miniatura reproduz-se rapidamente e não tem inimigos naturais na região dos Grandes Lagos. Como resultado, desbancou outras espécies de mexilhão e, assim, esgotou a oferta de alimentos para outras espécies aquáticas locais. Os mexilhões também entopem tubos de irrigação, de sucção de água para as usinas de energia e abastecimento de água da cidade, sujam as praias, encravam lemes de navios e crescem em massas enormes nos cascos de embarcações, cais, canos, pedras e em quase toda superfície aquática exposta (Figura 11-14). Esse mexilhão acabou por se espalhar para as comunidades de água doce em algumas partes do sul do Canadá e em 18 Estados dos Estados Unidos, custando para os dois países US$ 1 bilhão por ano, uma média de US$ 114 mil por hora.

Às vezes, a natureza nos ajuda a controlar uma espécie exótica invasora. Por exemplo, populações de mexilhões-zebra estão diminuindo em algumas partes da região dos Grandes Lagos, porque uma esponja nativa que crescem em suas conchas está impedindo que elas abram para respirar. No entanto, não está claro se as esponjas serão eficazes no controle dos mexilhões invasores no longo prazo.

Em 1989, uma espécie maior e potencialmente mais destrutiva, o *mexilhão quagga*, invadiu os Grandes Lagos, provavelmente lançada na água de lastro de um cargueiro russo. Ele pode sobreviver a maiores profundidades e tolerar temperaturas mais extremas do que o mexilhão-zebra. Em 2009, os cientistas relataram que a espécie tinha rapidamente substituído muitos outros habitantes do fundo do Lago Michigan, o que reduziu a oferta de alimentos para muitos peixes e outras espécies, levando, assim, a uma ruptura na cadeia alimentar do lago. Receia-se que os mexilhões quagga possam se espalhar por meio do transporte fluvial e, eventualmente, colonizar ecossistemas do leste dos Estados Unidos, como a Baía de Chesapeake (leia o Estudo de caso do Capítulo 8) e hidrovias em partes da Flórida. Em 2007, descobriu-se que atravessaram os Estados Unidos, provavelmente pegando carona em um barco ou reboque sendo transportado para todo país. Eles agora residem no rio Colorado e em seu sistema de reservatórios.

A *carpa capim*, ou *herbívora* (Figura 11-15), é a ameaça mais recente ao sistema dos Grandes Lagos. Na década de 1970, os criadores de bagre no sul dos Estados Unidos importaram duas espécies de carpas capim para ajudar a remover matéria em suspensão e algas em suas lagoas de piscicultura. Grandes inundações durante a década de 1990 fizeram que muitos desses tanques transbordassem, resultando na liberação de al-

Figura 11-14 Estes mexilhões-zebra estão ligados a um medidor de corrente de água no Lago Michigan. Esse invasor entrou na região dos Grandes Lagos por meio da água de lastro despejada de um navio europeu. Tornou-se um grande incômodo e uma ameaça não só ao comércio, mas também a toda biodiversidade na região dos Grandes Lagos.

Figura 11-15 De acordo com a Agência de Proteção Ambiental dos Estados Unidos (EPA), duas espécies de carpa capim estiveram perto de invadir o Lago Michigan, em 2010. Se tivessem se estabelecido nele, é provável que tivessem se espalhado rapidamente e interrompido a cadeia alimentar que suporta as populações de peixes nativos dos lagos e, eventualmente, poderiam tornar-se as espécies de peixes dominantes nos interligados Grandes Lagos.

gumas das carpas no rio Mississippi. Desde então, elas se moveram para o norte no Rio Illinois, e, em 2010, algumas dessas invasoras robustas e agressivas foram encontradas a poucos quilômetros do Lago Michigan.

Esse peixe altamente prolífico pode crescer rapidamente, chegando a 1,2 metro, e pesar até 50 kg, com um apetite voraz. Ele também é capaz de saltar para fora da água, e várias tripulações já foram feridas ao colidirem com carpas saltando. Esses peixes não têm predadores naturais nos rios Mississippi e Illinois, locais que agora dominam, nem nos Grandes Lagos. Em 2009, Joel Brammeler, presidente da Aliança para os Grandes Lagos, advertiu que, "Se a carpa capim entrar no lago Michigan, não há nada que as detenha".

PENSANDO SOBRE

Espécies invasoras em lagos
Quais são três maneiras pelas quais as pessoas poderiam evitar a introdução de mais espécies invasoras prejudiciais em lagos?

Capital natural

Serviços ecológicos dos rios

- Fornecer nutrientes ao mar para ajudar a sustentar os pesqueiros costeiros
- Depositar sedimentos que mantêm os deltas
- Purificar a água
- Renovar e renutrir zonas úmidas
- Fornecer habitats para a vida selvagem

Figura 11-16 Os rios oferecem alguns serviços ecológicos importantes. Mas, atualmente, têm tido pouco ou nenhum valor monetário quando os custos e benefícios de projetos de barragens e reservatórios são avaliados. Segundo os economistas ambientais, anexar estimativas de valor monetário, ainda que grosseiras, a esses serviços de ecossistemas contribuiria para sustentá-los. **Pergunta:** quais desses dois serviços você acredita ser o mais importante? Por quê?

A gestão de bacias hidrográficas é complexa e controversa

Rios e córregos prestam importantes serviços ecológicos e econômicos (Figura 11-16). Entretanto, sobrepesca, poluição, barragens e retirada de água para irrigação (consulte o Capítulo 8) interrompem esses serviços.

Exemplo desta perturbação – que mostra especialmente a perda da biodiversidade – é o que aconteceu no Rio Columbia, que atravessa parte da região sudoeste do Canadá e noroeste dos Estados Unidos. Nele, há 119 barragens, das quais 19 são grandes geradoras de energia hidrelétrica barata e, ainda, oferta água para grandes áreas urbanas e grandes projetos de irrigação.

O sistema de barragem do Rio Columbia tem beneficiado muitas pessoas, mas reduziu fortemente as populações de salmão nativo. Esses peixes migradores desovam nos níveis superiores dos córregos e rios que formam as cabeceiras do Rio Columbia. Os jovens migram para o oceano, onde passam a maior parte de sua vida adulta, e depois nadam contra a correnteza para voltar ao lugar onde nasceram para desovar e morrer. As barragens interrompem seu ciclo de vida, interferindo com a migração dos peixes jovens a jusante e bloqueando o retorno dos adultos tentando nadar contra a correnteza para alcançar suas áreas de desova.

Desde que as barragens foram construídas, a população de salmão nativo do Pacífico que desova no Rio Columbia caiu 94%, e nove das espécies do Noroeste Pacífico estão listadas como ameaçadas ou em extinção. Desde 1980, o governo federal dos Estados Unidos gastou mais de US$ 3 bilhões em esforços para salvar o salmão, mas nenhum foi eficaz.

Em outro caso – na parte baixa do Rio Snake, no Estado de Washington, Estados Unidos –, conservacionistas, tribos indígenas norte-americanas e pescadores comerciais de salmão querem que o governo retire quatro pequenas centrais hidrelétricas para restaurar o habitat de desova do salmão. Agricultores, operadores de barcaças e trabalhadores da indústria de alumínio argumentam que essa remoção prejudicaria as economias locais por causa da redução da água de irrigação, eliminando o transporte nas áreas afetadas e reduzindo a oferta de energia barata para as indústrias e os consumidores.

Podemos proteger os ecossistemas de água doce ao defender as bacias hidrográficas

A manutenção dos sistemas aquáticos de água doce começa pela compreensão de que a terra e a água estão sempre ligadas de alguma forma. Por exemplo, lagos e córregos recebem muitos de seus nutrientes dos ecossistemas da terra ao seu redor. Tais entradas de nutrientes provenientes de folhas que caem, fezes de animais e poluentes gerados pelas pessoas são todos levados para os corpos de água pelas chuvas e/ou pela neve derretida. Portanto, para proteger um córrego ou lago do *input* excessivo de nutrientes e poluentes, devemos defender sua bacia hidrográfica (Conceito 11-5).

Tal como acontece com os sistemas marinhos, os de água doce podem ser protegidos por meio de leis, incentivos econômicos e esforços de restauração. Por exemplo, a restauração e manutenção dos serviços ecológicos e econômicos dos rios provavelmente exigirão a derrubada de algumas barragens e a restauração dos fluxos dos rios, como pode ser o caso do rio Snake, já mencionado. Além disso, alguns cientistas e políticos têm debatido a proteção de todos os rios de fluxo livre remanescentes.

Com isso em mente, em 1968 o Congresso dos Estados Unidos aprovou a National Wild and Scenic Rivers Act, que estabelece a proteção dos rios que têm valores de vida selvagem, geológicos, paisagísticos, recreativos, históricos ou culturais. A lei classificou como *rios selvagens* aqueles que são de difícil acesso (exceto por trilha) e *rios paisagísticos* aqueles de grande valor paisagístico que estão livres de represas, praticamente não desenvolvidos e acessíveis apenas em alguns lugares por estradas. Esses rios estão agora protegidos de alargamento, retificação, dragagem, aterro e represamento.

Em 2009, o Congresso norte-americano aprovou uma lei que aumenta em 50% a proteção da área total de rios selvagens e paisagísticos. No entanto, essa lei protege apenas 3% dos rios de fluxo livre dos Estados Unidos e menos de 1% da extensão fluvial total do país.

Pesqueiros de água doce necessitam de melhor proteção

A gestão sustentável de pesqueiros de água doce envolve a manutenção das populações de espécies de peixes comerciais e desportivas, evitando que sejam pescadas em excesso, e a redução ou eliminação das populações de espécies invasoras prejudiciais. A maneira tradicional de monitorar espécies de peixes dulcícolas é regular o tempo e a duração das estações de pesca, e o número e o tamanho dos peixes que podem ser pescados.

Outras técnicas incluem a construção de reservatórios e lagos e povoá-los com peixes, além de criar e proteger locais de desova. Além disso, alguns gestores de pesqueiros tentam proteger os habitats dos peixes de acúmulos de sedimentos e outras formas de poluição, além de tentar reduzir o crescimento excessivo de plantas aquáticas por causa das grandes entradas de nutrientes vegetais, trabalhando para reduzi-las ou evitá-las.

Alguns gestores de pesqueiros procuram controlar predadores, parasitas e doenças, melhorar os habitats, criar uma variedade de peixes geneticamente resistentes e utilizar antibióticos e desinfetantes. As incubadoras podem ser utilizadas para repovoar lagoas, lagos e riachos com espécies apreciadas, como a truta, e bacias hidrográficas inteiras podem ser gerenciadas para proteger espécies valorizadas, como o salmão. No entanto, todas essas práticas devem ser embasadas em estudos contínuos dos seus efeitos sobre os ecossistemas aquáticos e a biodiversidade.

CARREIRAS VERDES: limnologia e gestão de pesqueiros

FRONTEIRA DE PESQUISA

Estudar os efeitos das técnicas de gestão de recursos sobre os ecossistemas aquáticos.

11-6 Quais devem ser nossas prioridades para a manutenção da biodiversidade aquática?

▶ **CONCEITO 11-6** Sustentar a biodiversidade aquática do mundo requer mapeamento, proteção dos pontos aquáticos importantes, criação de grandes áreas marinhas protegidas, proteção dos ecossistemas de água doce e a restauração ecológica de áreas degradadas nas zonas úmidas costeiras e interiores.

Utilizar uma abordagem ecossistêmica para sustentar a biodiversidade aquática

No Capítulo 10, com base na pesquisa de Edward O. Wilson e outros especialistas em biodiversidade, descrevemos uma abordagem ecossistêmica de sustentabilidade da biodiversidade terrestre. É possível adaptar essa abordagem e aplicá-la para também manter a biodiversidade aquática (**Conceito 11-6**). Com isso em mente, Wilson propôs as seguintes prioridades:

- Completar o mapeamento da biodiversidade aquática do mundo, identificando e localizando o maior número possível de espécies de plantas e de animais, a fim de tornar os esforços de conservação mais precisos e econômicos.
- Identificar e preservar pontos importantes de biodiversidade aquática mundial e áreas onde a

deterioração dos serviços do ecossistema ameaçam as pessoas e muitas outras formas de vida.
- Criar grandes áreas marinhas totalmente protegidas para permitir que ecossistemas marinhos danificados se recuperem e permitam que as populações de peixes sejam reabastecidas.
- Proteger e restaurar os lagos e sistemas fluviais do mundo, pois são os ecossistemas mais ameaçados de todos.
- Iniciar projetos de restauração ecológica mundiais em sistemas como os recifes de coral e zonas úmidas costeiras e continentais para ajudar a preservar a biodiversidade e os importantes serviços naturais nesses sistemas.
- Encontrar maneiras de aumentar a renda das pessoas que vivem dentro ou perto de áreas terrestres e aquáticas protegidas, para que possam ser parceiras na proteção e no uso sustentável dos ecossistemas.

Há evidências crescentes de que os efeitos prejudiciais atuais das atividades humanas sobre a biodiversidade aquática e serviços dos ecossistemas podem ser revertidos durante as próximas duas décadas. Para tanto, será necessária a aplicação de uma abordagem ecossistêmica para sustentar ambos os ecossistemas terrestres e aquáticos. Segundo Edward O. Wilson, uma estratégia de conservação dessas custaria US$ 30 bilhões por ano, montante que poderia vir do imposto de um centavo por xícara de café consumido no mundo por ano.

Essa estratégia para proteger a biodiversidade vital da Terra não será implementada sem a pressão política de baixo para cima sobre os representantes eleitos. Também exigirá cooperação entre cientistas, engenheiros e pessoas-chave do governo e do setor privado. Além disso, será importante para as pessoas "vestir a camisa" ao tentar comprar somente produtos e serviços que não tenham impactos negativos sobre a biodiversidade terrestre e aquática.

Aqui estão as *três grandes ideias deste capítulo:*

- Os sistemas aquáticos mundiais fornecem importantes serviços ecológicos e econômicos, e a pesquisa científica desses ecossistemas ainda mal entendidos pode levar a imensos benefícios ecológicos e econômicos.

- Os ecossistemas aquáticos e pesqueiros estão sendo severamente degradados pelas atividades humanas que levam à perturbação do habitat aquático e à perda de biodiversidade.

- Podemos manter a biodiversidade aquática com a criação de santuários protegidos, gestão do desenvolvimento costeiro, redução da poluição da água e prevenção da sobrepesca.

REVISITANDO Baleias e sustentabilidade

Este capítulo começou com um olhar sobre como as atividades humanas têm ameaçado as populações de baleias de várias maneiras (Estudo de caso principal). Primeiro, elas foram caçadas e mortas até o ponto em que várias espécies estão criticamente ameaçadas de extinção e a maioria extinta comercialmente. O crescimento da população humana tem resultado em ambientes marinhos mais lotados, onde a poluição sonora e química ameaça a sobrevivência das baleias e outros cetáceos. Espécies invasoras em alguns sistemas aquáticos têm perturbado as cadeias alimentares, das quais as baleias são uma parte, e a sobrepesca teve o mesmo efeito. Além disso, as mudanças climáticas podem também ser um grande desafio, pois oceanos mais quentes e mais ácidos danificam e destroem recifes de coral e outros habitats aquáticos e perturbam ainda mais as cadeias alimentares aquáticas. A elevação do nível do mar resultante do aquecimento dos mares e do derretimento do gelo terrestre também degrada os habitats aquáticos e a biodiversidade.

No entanto, a história das baleias também revela que podemos reverter os efeitos prejudiciais de algumas de nossas atividades. Desde que uma moratória sobre a caça à baleia foi criada, e porque a maioria das nações aderiu a ela, várias espécies estão se recuperando. De forma semelhante, quando as áreas dos oceanos não são perturbadas, os ecossistemas parecem recuperar suas funções naturais, e as populações de peixes se recuperam de forma bastante rápida. Também procuramos formas de gerenciar as zonas úmidas, rios e lagos do planeta de forma mais sustentável.

Podemos obter um maior sucesso na manutenção da biodiversidade aquática ao aplicar os três **princípios da sustentabilidade**. Isso significa reduzir o excesso de entrada de sedimentos e nutrientes que turvam a água, diminuem a entrada de energia solar e perturbam a cadeia alimentar aquática e a ciclagem natural de nutrientes em sistemas aquáticos. Significa também valorizar a biodiversidade aquática e priorizar a preservação da biodiversidade e o funcionamento ecológico dos sistemas aquáticos.

CAPÍTULO 11 Sustentando a biodiversidade aquática

Ao tratar os oceanos com mais respeito e utilizá-los de forma mais sensata, podemos obter mais desses ecossistemas marinhos que suportam uma alta diversidade e, ao mesmo tempo, mantê-los saudáveis e diversificados.

BRIAN HALWEIL

REVISÃO

1. Revise as Questões-chave e os Conceitos para este capítulo. Descreva como as atividades humanas têm ameaçado as populações de baleias (**Estudo de caso principal**). O que é a Comissão Baleeira Internacional e o que tem feito para proteger as baleias?

2. Quanto sabemos sobre os habitats e as espécies que compõem a biodiversidade aquática da Terra? Quais são três padrões gerais de biodiversidade marinha? Descreva a ameaça à biodiversidade marinha provocada pela pesca de arrasto. Como os recifes de coral estão sendo ameaçados? Quais são duas causas de perturbação de habitats de água doce? Dê dois exemplos de ameaça para os sistemas aquáticos marinhos por espécies invasoras e dois para sistemas de água doce. Descreva a experiência ecológica de remoção das carpas no Lago Wingra, de Wisconsin. Resuma a história de como espécies invasoras têm perturbado o ecossistema do Lago Victoria.

3. Quais são dois efeitos nocivos sobre os sistemas aquáticos resultantes do aumento da população humana nas zonas costeiras? Dê dois exemplos de como a poluição está afetando os sistemas aquáticos. Quais são as três formas pelas quais as alterações climáticas projetadas poderão ameaçar a biodiversidade aquática? Defina **pesqueiro**. Quais são três efeitos nocivos principais da sobrepesca? Descreva o colapso do pesqueiro de bacalhau do Atlântico e os efeitos resultantes sobre o ecossistema do pesqueiro. O que é *fishprint*? Descreva os fatores que levaram a baleia-azul a quase ser extinta. Descreva os efeitos da pesca de arrasto, de cerco, com espinhéis e com redes de deriva. O que é captura acessória?

4. Como as leis e tratados têm sido utilizados para ajudar a preservar as espécies aquáticas? Qual é o principal problema que interfere na aplicação dos acordos internacionais? Descreva os esforços internacionais para proteger as baleias da caça excessiva e da extinção prematura. Como os incentivos econômicos podem ajudar a manter a biodiversidade aquática? Dê dois exemplos de onde isso aconteceu. Descreva as ameaças para a tartaruga-de-couro e os esforços de algumas pessoas para ajudar a proteger a espécie.

5. Descreva o uso de áreas protegidas e reservas marinhas para ajudar a manter a biodiversidade aquática e os serviços dos ecossistemas. Que porcentagem dos oceanos do mundo é estritamente protegida contra os efeitos prejudiciais das atividades humanas nas reservas marinhas? Descreva o papel das comunidades de pescadores e consumidores na regulamentação da pesca e desenvolvimento costeiro. Dê dois exemplos da restauração dos ecossistemas marinhos. Descreva as ameaças do aumento da acidez do oceano. O que é gerenciamento costeiro integrado?

6. Descreva e discuta, de três maneiras, as limitações para estimar o tamanho das populações de peixes. Como o princípio da precaução pode ajudar na gestão dos pesqueiros e grandes sistemas marinhos? Descreva os esforços das comunidades pescadoras locais para ajudar a preservar os pesqueiros. Como os subsídios do governo podem incentivar a pesca predatória?

7. Descreva como as escolhas dos consumidores podem ajudar a preservar os pesqueiros, a biodiversidade aquática e os serviços dos ecossistemas. Liste cinco maneiras de gerenciamento sustentável global de pesqueiros.

8. Qual a porcentagem de zonas úmidas costeiras e continentais dos Estados Unidos que já foram destruídas desde 1900? Quais são os principais serviços ecológicos fornecidos pelas zonas úmidas? Como os Estados Unidos estão tentando reduzir as perdas de zonas úmidas? Descreva os esforços para restaurar os Everglades, na Flórida.

9. Descreva as principais ameaças para os rios e outros sistemas de água doce do mundo. Quais são os principais serviços ecológicos oferecidos pelos rios? Descreva as invasões de espécies não nativas nos Grandes Lagos dos Estados Unidos. Descreva maneiras de ajudar a manter os rios. Quais são três maneiras de proteger os habitats de água doce e pesqueiros?

10. Como podemos aplicar a abordagem ecossistêmica para sustentar a biodiversidade aquática? Liste seis passos que podemos seguir para fazer isso. Quais são as três grandes ideias deste capítulo? Como podemos aplicar os três **princípios da sustentabilidade** para proteger as baleias (**Estudo de caso principal**) e outras espécies aquáticas e para a manutenção da biodiversidade aquática e dos serviços dos ecossistemas?

Obs.: Os termos-chave estão em negrito.

PENSAMENTO CRÍTICO

1. Explique como a caça às baleias até a beira da extinção (**Estudo de caso principal**) violou pelo menos dois dos **princípios da sustentabilidade**.
2. Faça uma pequena redação descrevendo como cada um dos seis fatores resumidos pela sigla HIPPCS tem afetado as baleias (**Estudo de caso principal**) ou as afetará ainda mais. Procure e descreva as conexões entre esses fatores. Por exemplo, como um fator aumenta os efeitos de um ou vários outros fatores? Sugira maneiras de reduzir cada um desses fatores.
3. O que você acredita ser as três maiores ameaças à biodiversidade aquática e aos serviços dos ecossistemas? Por quê? De modo geral, por que as espécies aquáticas são mais vulneráveis à extinção prematura pelas atividades humanas do que as terrestres? Por que é mais difícil identificar e proteger as espécies marinhas ameaçadas de extinção do que as terrestres?
4. Por que a biodiversidade marinha é maior **(a)** perto das costas do que em mar aberto e **(b)** no fundo do oceano do que em sua superfície?
5. Por que se acredita que reservas marinhas com proibição de pesca recuperam sua biodiversidade mais rápida e eficazmente do que as áreas protegidas onde a pesca é permitida, mas restrita?
6. Como a sobrepesca contínua de espécies marinhas pode afetar sua vida? Como isso poderia afetar a vida dos filhos ou netos que possa ter? Quais são três coisas que você poderia fazer para ajudar a evitar a sobrepesca?
7. Os pescadores que cultivam peixes nas águas públicas de um país deveriam ser obrigados a pagar taxas ao governo pelos peixes que capturam? Explique. Se sua subsistência dependesse da pesca comercial, você seria a favor ou contra essas taxas?
8. Você acha que o plano de restauração dos Everglades, na Flórida, terá sucesso? Dê três razões para apoiar seu ponto de vista.
9. Parabéns! Você está encarregado de proteger a biodiversidade aquática e os serviços dos ecossistemas do mundo. Liste os três pontos mais importantes da sua política para alcançar esse objetivo.
10. Liste duas questões que gostaria tivessem sido respondidas como resultado da leitura deste capítulo.

ANÁLISE DO *FISHPRINT*

O *fishprint* fornece uma medida da coleta de peixes de um país em termos de área. A unidade de área usada na análise dessa pegada é o hectare global (gha), ponderada com base na produtividade ecológica relativa da área pescada. Quando comparada à biocapacidade sustentável da área de pesca e sua capacidade de fornecimento estável de peixes ano após ano em termos de área, a pegada ecológica de peixe indica se a intensidade de pesca do país é sustentável. O *fishprint* e a biocapacidade são calculadas usando as seguintes fórmulas:

$$\text{Fishprint (gha)} = \frac{\text{toneladas métricas de peixe capturados/ano}}{\text{produtividade em toneladas métricas por hectare}} \times \text{fator de ponderação}$$

$$\text{Biocapacidade (gha)} = \frac{\text{rendimento sustentado de peixes em toneladas métricas/ano}}{\text{produtividade em toneladas métricas/hectare}} \times \text{fator de ponderação}$$

O gráfico a seguir mostra o *fishprint* total e a biocapacidade do planeta. Estude-o e responda às seguintes perguntas.

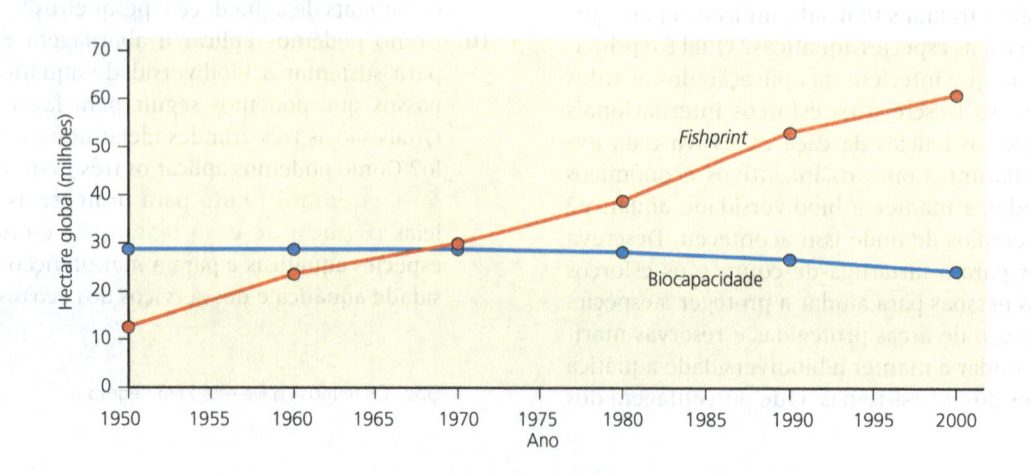

1. Com base no gráfico,
   a. Qual é o *status* atual dos pesqueiros mundiais em relação à sustentabilidade?
   b. Em que ano a pegada ecológica de peixes global começou a ultrapassar a capacidade biológica dos oceanos do mundo?
   c. Quanto é o excesso da pegada ecológica de peixe global em relação à capacidade ecológica dos oceanos do mundo no ano 2000?
2. Suponha que um país colete 18 milhões de toneladas de peixe anualmente de uma área do oceano com produtividade média de 1,3 tonelada métrica por hectare e fator de ponderação de 2,68. Qual é o *fishprint* anual desse país?
3. Se os biólogos determinarem que o rendimento sustentado de peixe desse país é de 17 milhões de toneladas métricas por ano:
   a. qual é a capacidade biológica sustentável do país?
   b. a intensidade da pesca do país é sustentável?
   c. quanto, em termos de porcentagem, o país está abaixo ou acima da sua capacidade biológica?

Suplementos

1 **Unidades de medida S3**
   Capítulos 2, 3

2 **Leitura de gráficos e mapas S4**
   Capítulos 1-11

3 **História ambiental dos Estados Unidos S7**
   Capítulos 3, 9, 10

4 **Um pouco de química básica S13**
   Capítulos 1-4

5 **Classificação e nomenclatura das espécies S21**
   Capítulos 1, 3-5, 9

6 **Componentes e interações nos principais biomas S23**
   Capítulos 3, 7, 10

7 **Princípios do tempo: El Niño, furacões e ciclones tropicais S29**
   Capítulo 7

8 **Mapas S34**
   Capítulos 1, 3, 5-11

Unidades de medida (capítulos 2, 3)

SUPLEMENTO 1

COMPRIMENTO

Métrico
1 quilômetro (km) = 1.000 metros (m)
1 metro (m) = 100 centímetros (cm)
1 metro (m) = 1.000 milímetros (mm)
1 centímetro (cm) = 0,01 metro (m)
1 milímetro (mm) = 0,001 metro (m)

Inglês
1 pé (ft) = 12 polegadas (in)
1 jarda (yd) = 3 pés (ft)
1 milha (mi) = 5.280 pés (ft)
1 milha náutica = 1,15 milha

Métrico Inglês
1 quilômetro (km) = 0,621 milha (mi)
1 metro (m) = 39,4 polegadas (in)
1 polegada (in) = 2,54 centímetros (cm)
1 pé (ft) = 0,305 metro (m)
1 jarda (yd) = 0,914 metro (m)
1 milha náutica = 1,85 quilômetro (km)

ÁREA

Métrico
1 quilômetro quadrado (km^2) = 1.000.000 metros quadrados (m^2)
1 metro quadrado (km^2) = 1.000.000 milímetros quadrados (mm^2)
1 hectare (ha) = 10.000 metros quadrados (m^2)
1 hectare (ha) = 0,01 quilômetro quadrado (km^2)

Inglês
1 pé quadrado (ft^2) = 144 polegadas quadradas (in^2)
1 jarda quadrada (yd^2) = 9 pés quadrados (ft^2)
1 milha quadrada (mi^2) = 27.880.000 pés quadrados (ft^2)
1 acre (ac) = 43.560 pés quadrados (ft^2)

Métrico inglês
1 hectare (ha) = 2,471 acres (ac)
1 quilômetro quadrado (km^2) = 0,386 milha quadrada (mi^2)
1 metro quadrado (m^2) = 1,196 jarda quadrada (yd^2)
1 metro quadrado (m^2) = 10,76 pés quadrados (ft^2)
1 centímetro quadrado (cm^2) = 0,155 polegada quadrada (in^2)

VOLUME

Métrico
1 quilômetro cúbico (km^3) = 1.000.000.000 metros cúbicos (m^3)
1 metro cúbico (m^3) = 1.000.000 centímetros cúbicos (cm^3)
1 litro (L) = 1.000 mililitros (mL) = 1.000 centímetros cúbicos (cm^3)
1 mililitro (mL) = 0,001 litro (L)
1 mililitro (mL) = 1 centímetro cúbico (cm^3)

Inglês
1 galão (gal) = 4 quartos (qt)
1 quarto (qt) = 2 pintas (pt)

Métrico inglês
1 litro (L) = 0,265 galão (gal)
1 litro (L) = 1,06 quarto (qt)
1 litro (L) = 0,0353 pé cúbico (ft^3)
1 metro cúbico (m^3) = 35,3 pés cúbicos (ft^3)
1 metro cúbico (m^3) = 1,30 jardas cúbicas (yd^3)
1 quilômetro cúbico (km^3) = 0,24 milha cúbica (mi^3)
1 barril (bbl) = 159 litros (L)
1 barril (bbl) = 42 galões norte-americanos (gal)

MASSA

Métrico
1 quilograma (kg) = 1.000 gramas (g)
1 grama (g) = 1.000 miligramas (mg)
1 grama (g) = 1.000.000 microgramas (µg)
1 miligrama (mg) = 0,001 grama (g)
1 micrograma (ìg) = 0,000001 grama (g)
1 tonelada métrica (mt) = 1.000 quilogramas (kg)

Inglês
1 tonelada (t) = 2.000 libras (lb)
1 libra (lb) = 16 onças (oz)

Métrico inglês
1 tonelada métrica (mt) = 2.200 libras (lb) = 1,1 tonelada (t)
1 quilograma (kg) = 2,20 libras (lb)
1 libra (lb) = 454 gramas (g)
1 grama (g) = 0,035 onça (oz)

ENERGIA E FORÇA

Métrico
1 quilojoule (kJ) = 1.000 joules (J)
1 quilocaloria (kcal) = 1.000 calorias (cal)
1 caloria (cal) = 4,184 joules (J)

Métrico inglês
1 quilojoule (kJ) = 0,949 Unidade térmica britânica (Btu)
1 quilojoule (kJ) = 0,000278 kilowatt-hora (kWh)
1 quilocaloria (kcal) = 3,97 Unidades térmicas britânicas (Btu)
1 quilocaloria (kcal) = 0,00116 quilowatt-hora (kWh)
1 quilowatt-hora (kWh) = 860 quilocalorias (kcal)
1 quilowatt-hora (kWh) = 3.400 unidades térmicas britânicas (Btu)
1 quad (Q) = 1.050.000.000.000.000 qilojoules (kJ)
1 quad (Q) = 293.000.000.000 quilowatts-hora (kWh)

Conversões de temperaturas
Fahrenheit (°F) em Celsius (°C):
°C = (°F − 32,0) ÷ 1,80
Celsius (°C) em Fahrenheit (°F):
°F = (°C × 1,80) + 32,0

SUPLEMENTO 2
Leitura de gráficos e mapas (capítulos 1-11)

Gráficos e mapas são importantes ferramentas visuais

Gráfico é uma ferramenta para a transmissão de informações que podem ser numericamente resumidas ao ilustrá-las em um formato visual. Essas informações, chamadas *dados*, são coletadas em experimentos, pesquisas e outras atividades de coleta de informações. Uma representação gráfica pode ser uma poderosa ferramenta para resumir e transmitir informações complexas.

Uma importante ferramenta visual usada para resumir dados que variam em áreas pequenas ou grandes é um mapa. Discutimos alguns aspectos da leitura de mapas relativos à ciência ambiental no final deste Suplemento.

Gráficos de linha

Esses costumam representar dados que caem em uma espécie de sequência como uma série de medições ao longo do tempo ou distância. Na maioria dos casos, as unidades de tempo ou distância encontram-se no *eixo horizontal x*. As possíveis medidas de alguma quantidade ou variável, como a temperatura, que muda ao longo do tempo, ou a distância, geralmente se encontram no *eixo vertical y*.

Na Figura 1, o eixo *x* mostra os anos entre 1950 e 2010 e o *y*, os valores possíveis para as quantidades anuais de petróleo consumido, em milhões de toneladas, em todo o mundo durante esse tempo, variando de 0 a 4.000 milhões (ou 4 bilhões) de toneladas. Normalmente, o eixo *y* aparece à esquerda do *x*, embora possa aparecer na extremidade direita, no meio, ou em ambas as extremidades do *x*.

A linha curva em um gráfico de linha representa as medidas tomadas em tempos ou intervalos de distância específicos. Na Figura 1, a curva representa as mudanças no consumo de petróleo entre 1950 e 2009. Para descobrir esse consumo para qualquer ano, buscamos este ano no eixo *x* (um ponto chamado *abscissa*) e traçamos uma linha vertical a partir do eixo até a curva. No ponto onde a linha cruza a curva, traçamos uma linha horizontal até o eixo *y*. O valor naquele ponto do eixo *y*, chamado *ordenada*, é a quantidade que estamos procurando.

Você pode fazer o mesmo processo em sentido inverso para encontrar um ano em que o consumo de petróleo estava em determinado ponto.

Perguntas
1. Qual foi a quantidade total de petróleo consumida no mundo em 1990?
2. Em que ano, entre 1950 e 2000, o consumo de petróleo começou a diminuir?
3. Quanto petróleo foi consumido em 2009? Aproximadamente quantas vezes mais petróleo foi consumido em 2009 do que em 1970? Quantas vezes mais petróleo foi consumido em 2009 do que em 1950?

Gráficos de linha têm vários usos importantes. Uma das aplicações mais comuns é comparar duas ou mais variáveis. A Figura 2 compara duas variáveis: temperatura e precipitação mensal (chuva e neve) durante um ano típico em uma floresta temperada decídua. No entanto, nesse caso, as variáveis são medidas em duas escalas diferentes, por isso há dois eixos *y*. Aquele à esquerda do gráfico mostra uma escala de temperatura centígrada, e o da direita, a variação de medidas de precipitação em milímetros. O eixo *x* mostra as primeiras letras de cada um dos 12 meses do ano.

Perguntas
1. Em que mês há mais precipitação? Qual é o mês mais seco do ano? Qual é o mês mais quente?
2. Se a curva de temperatura for quase plana durante todo o ano em seu ponto mais alto, 30°C, como você acha que a floresta se tornaria diferente do que é agora (consulte a Figura 7-13, Capítulo 7)? Se

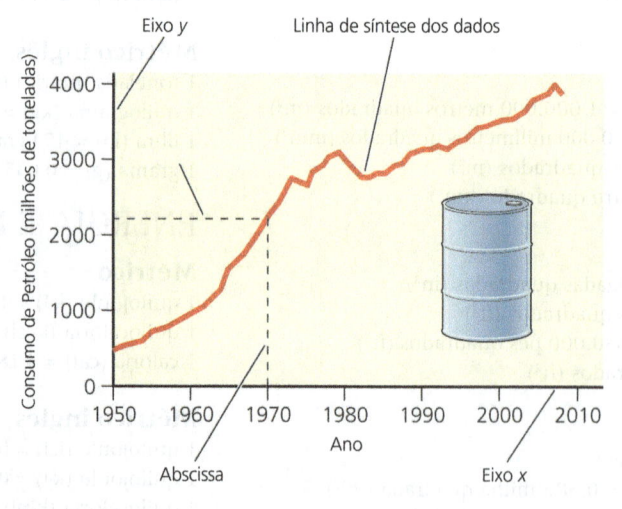

Figura 1 Este gráfico mostra o consumo mundial de petróleo de 1950 a 2009. (Dados do U.S. Energy Information Administration, British Petroleum, International Energy Agency e Organização das Nações Unidas)

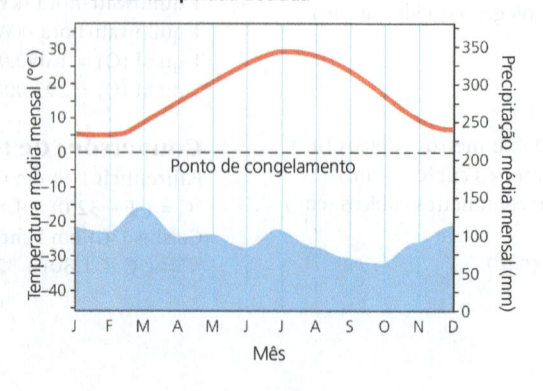

Figura 2 Este gráfico climático mostra as variações típicas da temperatura anual (vermelho) e precipitação (azul) em uma floresta temperada decídua.

S4   Ecologia e sustentabilidade

a precipitação anual de repente caísse e ficasse abaixo de 25 centímetros durante todo o ano, o que você acha que acabaria acontecendo com a floresta?

Também é importante considerar que aspecto de um conjunto de dados está sendo exibido em um gráfico. O criador de um gráfico pode usar dois aspectos diferentes de um conjunto de dados e criar dois gráficos muito diferentes que dariam duas interpretações diferentes do mesmo fenômeno. Por exemplo, quando se fala de qualquer tipo de crescimento, temos de ter cuidado para distinguir a questão de saber se algo está crescendo da de quão rapidamente está crescendo. Apesar de uma quantidade poder continuar crescendo continuamente, sua taxa de crescimento pode subir ou descer.

Um dos muitos exemplos importantes de crescimento utilizados neste livro é o da população humana. Por exemplo, o gráfico da Figura 1-18, Capítulo 1 dá a impressão de que o crescimento da população humana, em sua maior parte, tem sido contínuo e ininterrupto. No entanto, considere a Figura 3, que projeta a taxa de crescimento da população humana desde 1950. Veja que todos os números no eixo *y*, mesmo os menores, representam crescimento. A extremidade inferior da escala representa um crescimento mais lento, e a superior, mais rápido. Assim, enquanto um gráfico projeta o crescimento da população em termos de número de pessoas, o outro mostra a taxa de crescimento.

Perguntas
1. Se este gráfico fosse apresentado como um retrato do crescimento da população humana, qual seria sua primeira impressão?

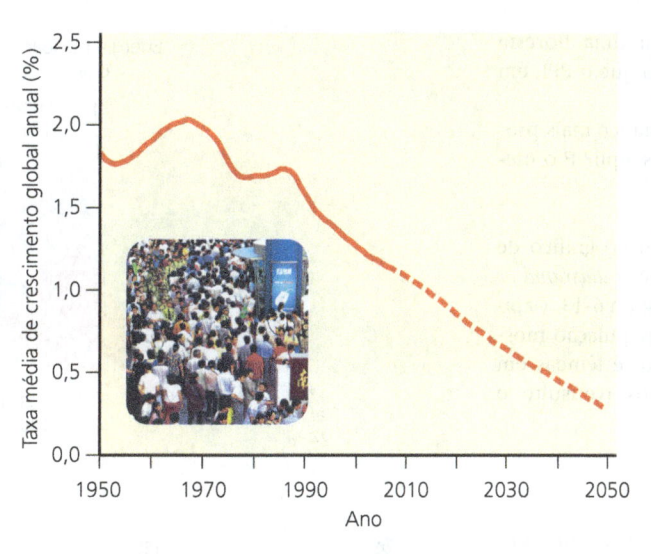

Figura 3 Este gráfico acompanha a taxa de crescimento anual da população mundial, 1950-2010, com projeções para 2050. (Dados da Divisão de População das Nações Unidas e do U.S. Census Bureau)

2. Você acredita que a obtenção de uma taxa de crescimento de 0,5% aliviaria aqueles que estão preocupados com a superpopulação? Por quê?

Gráficos de barras

São utilizados para comparar as medições de uma ou mais variáveis entre categorias. Diferente do de linhas, um gráfico de barras normalmente não envolve uma sequência de medidas ou de distância ao longo do tempo. As medidas nele comparadas costumam representar os dados coletados em algum ponto do tempo ou durante um período bem definido. Por exemplo, podemos comparar a *produtividade primária líquida* (*PPL*), uma medida da energia química produzida pelas plantas em um ecossistema para ecossistemas diferentes, como representado na Figura 4.

Na maioria dos gráficos de barras, as categorias a serem comparadas são estabelecidas no eixo *x*, ao passo que as medidas para a variável em questão encontra-se ao longo do eixo *y*. No nosso exemplo na Figura 4, as categorias (ecossistemas) estão no eixo *y*, e o intervalo variável (PPL) encontra-se no *x*. Em ambos os casos, a leitura do gráfico é simples e direta. Basta traçar uma linha perpendicular à barra que você está lendo a partir do topo da barra (ou na extremidade direita ou esquerda, se estiver na horizontal) do eixo de valor variável. Na Figura 4, você pode ver que o PPL da plataforma continental, por exemplo, está perto de 1.600 kcal/m²/ano.

Perguntas
1. Quais são os dois ecossistemas terrestres que estão mais próximos em valores de PPL de todos os pares de ecossistemas?

Figura 4 A média anual da produtividade primária líquida estimada em zonas importantes de vida e de ecossistemas é mostrada neste gráfico, medida em quilocalorias de energia produzida por metro quadrado por ano (kcal/m²/ano). (Dados de R. H. Whittaker, *Communities and Ecosystems*, 2. ed., Nova York: Macmillan, 1975).

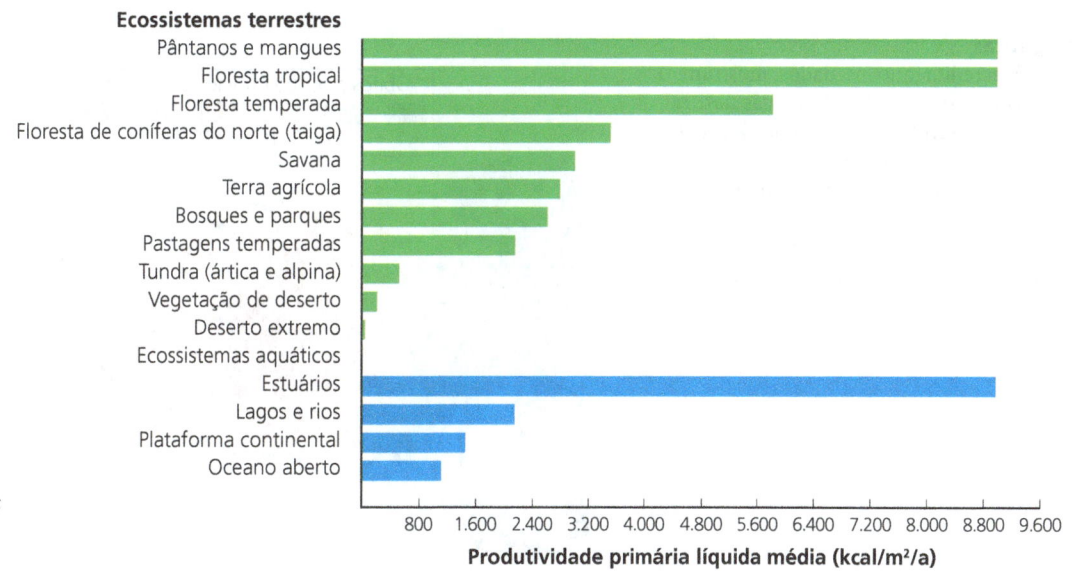

Quantas vezes o PPL em uma floresta tropical úmida é maior do que o PPL em uma savana?
2. Qual é o ecossistema aquático mais produtivo entre os mostrados aqui? E o menos produtivo?

Uma importante aplicação do gráfico de barras utilizado neste livro é o *diagrama de estrutura etária* (consulte a Figura 6-13, Capítulo 6), que descreve uma população mostrando o número de machos e fêmeas em determinados grupos etários (consulte o Capítulo 6).

Gráficos pizza

Como os de barra, estes gráficos apresentam valores numéricos para duas ou mais categorias. Mas, além disso, também podem mostrar a proporção de cada categoria no total de todas as medições. As categorias são geralmente evidenciadas da maior para a menor, para facilitar a comparação, embora este nem seja sempre o caso. Como os de barra, os de pizza são geralmente amostras instantâneas de um conjunto de dados em um ponto no tempo ou durante um período de tempo definido. Ao contrário dos de linhas, estes não podem apresentar alterações ao longo do tempo.

Por exemplo, a Figura 5 mostra o quanto cada uma das grandes fontes de energia contribui para a quantidade total de energia utilizada no mundo. Esse gráfico inclui os dados numéricos usados para construí-lo: as porcentagens do total utilizadas por cada parte da pizza. No entanto, podemos usar esses gráficos sem incluir os dados numéricos e estimar grosseiramente essas porcentagens. Eles oferecem, portanto, uma imagem generalizada da composição de um conjunto de dados.

Perguntas

1. Você acredita que os dados mostram o crescimento da utilização de gás natural, carvão e petróleo ao longo dos anos significa que o uso de outras categorias de energia nesse gráfico diminuíram nesse período? Explique.
2. Quantas vezes o uso do petróleo é maior do que o uso da biomassa?

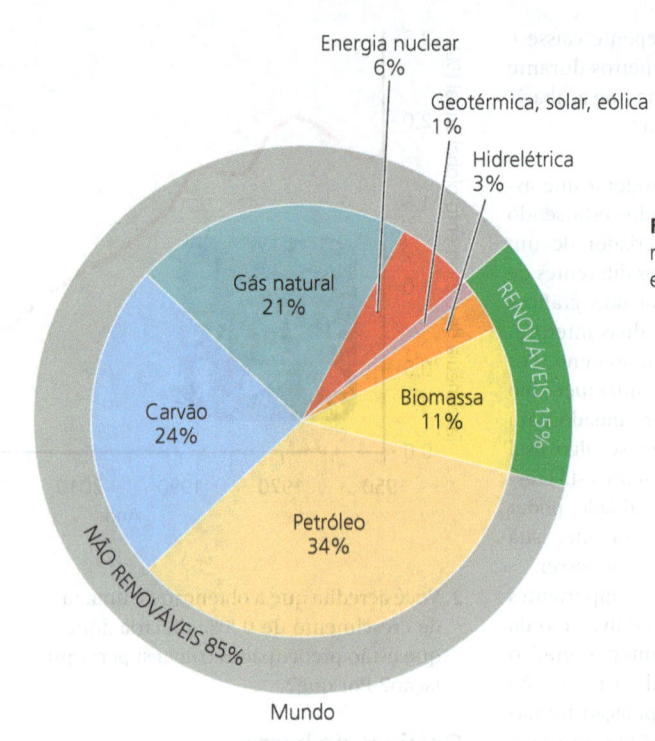

Figura 5 Este gráfico pizza representa o uso mundial de energia por fonte em 2008.

Energia nuclear 6%
Geotérmica, solar, eólica 1%
Hidrelétrica 3%
Gás natural 21%
Biomassa 11%
Carvão 24%
Petróleo 34%
RENOVÁVEIS 15%
NÃO RENOVÁVEIS 85%
Mundo

Leitura de mapas

Podemos usar mapas para muito mais do que apenas mostrar onde os lugares estão em relação aos outros. Por exemplo, nas ciências ambientais, eles podem ser muito úteis na comparação de como as pessoas ou diferentes áreas são afetadas por problemas ambientais, como a poluição do ar e a deposição ácida (uma forma de poluição do ar). A Figura 6 é um mapa dos Estados Unidos que mostra os números relativos de mortes prematuras em decorrência da poluição do ar nas diferentes regiões do país.

Perguntas

1. Qual é a parte do país que tem o nível mais baixo, em termos gerais, de mortes prematuras por causa da poluição do ar?
2. Qual parte do país tem o nível mais alto? Qual é o nível na área onde você mora ou estuda?

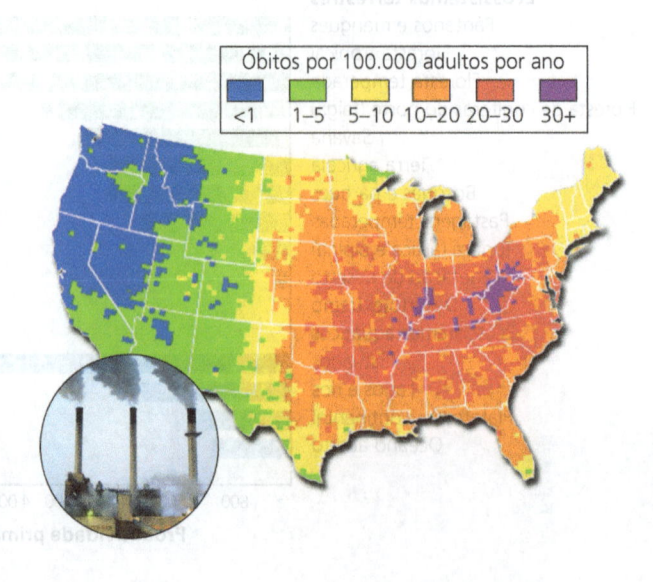

Óbitos por 100.000 adultos por ano
<1 | 1–5 | 5–10 | 10–20 | 20–30 | 30+

Figura 6 Este mapa mostra o número de mortes prematuras decorrentes da poluição atmosférica nos Estados Unidos, principalmente por partículas muito pequenas adicionadas à atmosfera por usinas a carvão. (Dados da Agência de Proteção Ambiental dos EUA [U.S. Environmental Protection Agency])

Ecologia e sustentabilidade

História ambiental dos Estados Unidos (capítulos 3, 9, 10)

SUPLEMENTO 3

As quatro grandes eras da história ambiental dos Estados Unidos

Podemos dividir a história ambiental dos Estados Unidos em quatro eras. Durante a *era tribal*, as pessoas (agora chamadas Nativos Americanos), representando centenas de tribos, distintas pela língua e cultura, ocuparam a América do Norte durante pelo menos 13 mil anos antes que os colonos europeus começassem a chegar no início de 1600. Esses caçadores-coletores geralmente tinham formas de vida sustentáveis e de baixo impacto em razão do seu número relativamente limitado e da sua modesta utilização de recursos por pessoa.

Em seguida, veio a *era de fronteira* (1607-1890), quando os colonizadores europeus começaram a habitar a América do Norte. Confrontados com um continente que oferecia recursos aparentemente inesgotáveis, os primeiros colonizadores desenvolveram uma **visão do mundo de fronteira ambiental**. Eles viram uma selva a ser conquistada e controlada para o uso humano.

Em seguida, veio a *era inicial de conservação* (1832-1870), que se sobrepõe ao final da era anterior. Durante esse período, algumas pessoas ficaram alarmadas com o escopo de esgotamento dos recursos e a degradação dos Estados Unidos. Argumentaram que parte da natureza intocada em terras públicas deveria ser protegida como um legado para as futuras gerações, porém, a maioria desses avisos e ideias não era levada a sério.

Esse período foi seguido por uma era – de 1870 até o presente – com um papel cada vez maior do governo federal e de cidadãos particulares na conservação dos recursos, na saúde pública e na proteção do meio ambiente.

A era de fronteira (1607-1890)

Durante esta era, os colonos europeus espalharam-se pela terra, desmatando florestas para lavouras e assentamentos. No processo, deslocaram os nativos norte-americanos que, em sua maior parte, tinham vivido na terra de forma sustentável por milhares de anos.

Figura 1 Henry David Thoreau (1817-1862) foi um escritor norte-americano e naturalista que mantinha diários sobre suas excursões por áreas selvagens em partes do nordeste dos Estados Unidos e Canadá e no lago Walden, em Concord, Massachusetts. Ele procurava a autossuficiência, um estilo de vida simples e uma convivência harmoniosa com a natureza.

O governo dos Estados Unidos acelerou esta colonização do continente e a utilização de seus recursos por meio da transferência de vastas áreas de terras públicas a interesses privados. Entre 1850 e 1890, mais da metade das terras públicas do país foram doadas ou vendidas mais baratas pelo governo para estradas de ferro, madeireiras, empresas de mineração, desenvolvedores de terra, Estados, escolas, universidades e posseiros para incentivar o povoamento. Essa era chegou ao fim quando o governo declarou a fronteira oficialmente fechada em 1890.

Os primeiros conservacionistas (1832-1870)

Entre 1832 e 1870, alguns cidadãos ficaram alarmados com o escopo de esgotamento dos recursos e a degradação dos Estados Unidos e incitaram o governo a preservar parte da natureza intocada em terras públicas pertencentes conjuntamente a todas as pessoas (mas administradas pelo governo) e protegê-la como um legado para as gerações futuras.

Dois destes primeiros conservacionistas foram Henry David Thoreau (1817-1862) e George Perkins Marsh (1801-1882). Thoreau (Figura 1) ficou alarmado com a perda de inúmeras espécies selvagens de sua terra natal, o leste de Massachusetts. Para melhor compreensão da natureza, ele construiu uma cabana na floresta de Walden Pond perto de Concord, Massachusetts, onde morou sozinho por dois anos e escreveu o livro *Walden*, ou *A Vida nos Bosques*, um clássico ambiental.*

Em 1864, George Perkins Marsh, um cientista e membro do Congresso de Vermont, publicou *O homem e a natureza*, que ajudou os legisladores e os cidadãos a enxergarem a necessidade de preservação dos recursos. Marsh questionou a ideia de que os recursos do país eram inesgotáveis e também usou estudos científicos e estudos de caso para mostrar como a ascensão e queda das civilizações do passado estavam ligadas ao uso e abuso de seus solos, águas e outros recursos. Alguns de seus princípios de conservação dos recursos são usados até hoje.

O que aconteceu entre 1870 e 1930?

Entre 1870 e 1930, uma série de ações aumentou a função do governo federal e dos cidadãos privados na conservação de recursos e saúde pública. A *Lei da Reserva Florestal*, de 1891, foi um marco ao estabelecer a responsabilidade do governo federal pela proteção das terras públicas da exploração de recursos.

Em 1892, o preservacionista e ativista ambiental John Muir (Figura 2) fundou o Sierra Club. Ele se tornou líder do *movimento preservacionista*, que pedia pela proteção de grandes áreas de selva em terras públicas da exploração humana, com exceção de atividades recreativas de baixo impacto, como caminhadas e acampamentos. Essa ideia não foi

---

* Eu (Miller) me identifico com Thoreau. Passei 10 anos vivendo na floresta estudando e pensando sobre como a natureza funciona e escrevendo as primeiras edições do livro que você está lendo. Vivia em um ônibus escolar remodelado com uma estufa em anexo. Utilizei esse ônibus como um laboratório científico para avaliar as tecnologias ambientais, tais como ativos e passivos de tecnologias de energia.

Figura 2 John Muir (1838-1914) era geólogo, explorador e naturalista. Passou seis anos estudando, escrevendo diários e fazendo esboços na selva de Yosemite Valley, na Califórnia, e depois passou a explorar áreas de selva em Utah, Nevada, no Noroeste e no Alasca. Foi um dos responsáveis pela criação do Parque Nacional de Yosemite em 1890. Também fundou o Sierra Club e passou 22 anos ativamente lutando por leis de conservação.

Figura 3 Theodore (Teddy) Roosevelt (1858-1919), escritor, explorador, naturalista, ávido ornitólogo e o vigésimo sexto presidente dos Estados Unidos. Ele foi a primeira figura política nacional a trazer as questões de conservação para a atenção do público norte-americano. De acordo com muitos historiadores, Theodore Roosevelt contribuiu mais do que qualquer outro presidente dos Estados Unidos para a conservação dos recursos naturais nos Estados Unidos.

transformada em lei até 1964. Muir também propôs e fez *lobby* para a criação de um sistema de parques nacionais em terras públicas.

Principalmente por causa da oposição política, a proteção efetiva das florestas e dos animais selvagens nas terras federais não começou até que Theodore Roosevelt (Figura 3), um conservacionista apaixonado, se tornasse presidente. Seu mandato, de 1901 a 1909, é chamado de *Época de Ouro da Conservação*.

Durante esse período, ele convenceu o Congresso a dar ao presidente o poder de atribuir terras públicas como refúgios de vida silvestre federal. Em 1903, Roosevelt criou o primeiro desses refúgios no Pelican Island (consulte a Figura 9-21, Capítulo 9), ao largo da costa leste da Flórida, para a preservação do pelicano-pardo em perigo, e acrescentou mais 35 reservas até 1904. Ele também mais do que triplicou o tamanho das reservas florestais nacionais.

Em 1905, o Congresso criou o Serviço Florestal Norte-Americano para gerir e proteger as reservas florestais. Roosevelt nomeou Gifford Pinchot (1865-1946) como seu primeiro chefe. Pinchot foi pioneiro na gestão científica dos recursos florestais em terras públicas. Em 1906, o Congresso aprovou a *Lei de Antiguidades*, que permite ao presidente proteger as áreas de interesse científico ou histórico em terras federais como monumentos nacionais. Roosevelt usou essa lei para proteger o Grand Canyon e outras áreas selvagens que mais tarde se tornariam parques nacionais.

O Congresso ficou chateado com Roosevelt em 1907, porque até então ele tinha acrescentado vastas extensões às reservas florestais e aprovou uma lei proibindo novos levantamentos executivos de florestas públicas. No entanto, no dia anterior de o projeto se tornar lei, Roosevelt desafiadoramente reservou outro grande bloco de terra. A maioria dos historiadores ambientais vê Roosevelt como o melhor presidente ambiental do país.

No início do século XX, o movimento de conservação dos Estados Unidos dividiu-se em duas facções pela forma como as terras públicas deveriam ser utilizadas. A ala do *uso sábio*, ou *conservacionista*, liderada por Roosevelt e Pinchot, acreditava que todas as terras públicas deveriam ser geridas de forma sensata e científica para fornecer os recursos necessários. A ala *preservacionista*, liderada por Muir, queria que as áreas selvagens em terras públicas permanecessem intocadas, controvérsia esta sobre o uso de terras públicas que continua até hoje.

Em 1916, o Congresso aprovou o *National Park Service Act*, ou Lei de Serviços de Parques Nacionais, que declarou que os parques devem ser mantidos de forma que permaneçam intactos para as futuras gerações. A lei também criou o Serviço Nacional de Parques (dentro do Departamento do Interior) para gerenciar o sistema de parques. Sob seu primeiro chefe, Stephen T. Mather (1867-1930), a política dominante dos parques era a de encorajar visitas turísticas, permitindo que os concessionários privados operassem as instalações dentro dos parques.

Após a Primeira Guerra Mundial, o país entrou em uma nova era de crescimento econômico e expansão. Durante as administrações dos presidentes Harding, Coolidge e Hoover, o governo federal promoveu o aumento das vendas de madeira, energia, minerais e outros recursos encontrados em terras públicas a preços baixos para estimular o crescimento econômico.

O presidente Herbert Hoover foi ainda mais longe e propôs que o governo federal devolvesse todas as terras federais para os Estados ou as vendessem a interesses privados para o desenvolvimento econômico. No entanto, a Grande Depressão (1929-1941) tornou a posse dessas terras pouco atraentes para os governos estaduais e investidores privados. A Depressão foi uma má notícia para o país, mas alguns dizem que sem ela não teríamos muito ou quase nada das terras públicas que hoje representam cerca de um terço da área total dos Estados Unidos.

O que aconteceu entre 1930 e 1960?

Com uma segunda onda de conservação dos recursos nacionais e melhorias na saúde pública, no início dos anos 1930, o presidente Franklin D. Roosevelt (1882-1945) também passou a se esforçar para tirar o país da Grande Depressão, convencendo o Congresso a aprovar os programas do governo federal para gerar empregos e ajudar a restaurar o ambiente degradado do país.

Durante esse período, o governo comprou grandes extensões de terra dos latifundiários sem dinheiro e estabeleceu o *Civilian Conservation Corps* (CCC) em 1933, o que colocou 2 milhões de pessoas desempregadas para trabalhar no plantio de árvores e no desenvolvimento e na manutenção de parques e áreas de recreação. O CCC também restaurou cursos de água navegáveis assoreados e diques e barragens construídas para controlar enchentes.

O governo construiu e operou muitas grandes barragens no Vale do Tennessee, bem como nos Estados áridos ocidentais, incluindo Hoover Dam no rio Colorado. Os objetivos eram oferecer postos de trabalho, controle de enchentes, água de irrigação e eletricidade baratas para a indústria.

Em 1935, o Congresso aprovou a Lei de Conservação do Solo, estabelecendo o *Soil Erosion Service*, ou serviço de erosão do solo, como parte do Departamento de Agricultura para corrigir os enormes problemas de erosão que tinham arruinado muitas fazendas nos Estados do Great Plains durante a Grande Depressão, criando uma grande área de terras degradadas, conhecida como *Dust Bowl*. Seu nome foi mudado mais tarde para *Serviço de Conservação do Solo*, e agora chama-se *Serviço de Conservação dos Recursos Naturais*. Muitos historiadores ambientais louvam Franklin D. Roosevelt (um democrata) por seus esforços para tirar o país de uma grande depressão econômica e contribuir para a recuperação de áreas ambientalmente degradadas.

A política federal de conservação de recursos pouco mudou durante os anos 1940 e 1950, principalmente em razão da preocupação com a Segunda Guerra Mundial (1941-1945) e da recuperação econômica depois da guerra.

Nos anos 1930 a 1960, entre as melhorias na saúde pública estão a criação de conselhos de saúde e órgãos públicos nos níveis municipais, estaduais e federal, aumento da educação para questões de saúde pública, introdução de programas de vacinação e uma redução acentuada na incidência de doenças infecciosas transmitidas pela água, principalmente em decorrência do saneamento básico e da coleta de lixo.

O que aconteceu durante a década de 1960?

Alguns marcos na história ambiental norte-americana ocorreram durante a década de 1960. Em 1962, a bióloga Rachel Carson (1907-1964) publicou *Silent Spring*, que documentou a poluição do ar, da água e da vida selvagem pelo uso de pesticidas como o DDT. Esse livro influente ajudou a ampliar o conceito de conservação dos recursos para incluir a preservação da *qualidade* do ar, da água, do solo e da vida silvestre do planeta.

Muitos historiadores ambientais citam o texto de Carson como o início do movimento ambiental moderno nos Estados Unidos, que floresceu quando um número crescente de cidadãos se organizou para exigir que os líderes políticos promulgassem leis e formulassem políticas para reduzir a poluição, limpar os ambientes poluídos e proteger as áreas intocadas da degradação ambiental.

Em 1964, o Congresso aprovou a *Lei da Vida Selvagem*, inspirado pela visão de John Muir de mais de 80 anos atrás, que autorizava o governo a proteger as áreas não desenvolvidas de terras públicas como parte do Sistema Nacional de Vida Selvagem, a menos que ele mesmo decidisse mais tarde que elas fossem necessárias para o bem nacional. As terras nesse sistema são para ser usadas apenas para formas não destrutivas de lazer, como caminhadas e acampamentos.

Entre 1965 e 1970, a emergente ciência da *ecologia* recebeu grande atenção da mídia. Ao mesmo tempo, os escritos populares de biólogos como Paul Ehrlich, Barry Commoner e Garrett Hardin despertaram os norte-americanos para as interdependências das relações entre crescimento populacional, uso de recursos e poluição.

Durante esse período, o número de eventos aumentou a consciência pública sobre a poluição, como a percepção de que a poluição e a perda de habitat estavam colocando em perigo espécies selvagens bem conhecidas, como a águia careca norte-americana, o urso marrom, o grous e o falcão-peregrino.

Durante a missão da Apollo 8 à Lua em 1968, os astronautas fotografaram a Terra pela primeira vez da órbita lunar. Isso permitiu que as pessoas vissem a Terra como um pequeno planeta azul e branco no vazio negro do espaço, e levou ao desenvolvimento da *visão ambiental da nave terra*, o que nos faz lembrar que vivemos em uma nave espacial planetária que não devemos prejudicar, porque é o único lar que temos.

O que aconteceu durante a década de 1970? A década ambiental

Durante essa década, a atenção da mídia, a preocupação pública com os problemas ambientais, a pesquisa científica e as ações para lidar com as preocupações ambientais cresceram rapidamente. Esse período é às vezes chamado de *década ambiental*, ou a *primeira década do meio ambiente*.

O primeiro *Dia da Terra* anual foi realizado no dia 20 de abril de 1970. Este evento foi proposto pelo senador Gaylord Nelson (1916-2005) e organizado por Denis Hayes. Cerca de 20 milhões de pessoas em mais de 2 mil comunidades nos Estados Unidos tomaram as ruas para aumentar a consciência ambiental da nação e reivindicar melhorias na qualidade ambiental.

A *Agência de Proteção Ambiental* (Environmental Protection Agency – EPA) foi criada em 1970. Além disso, a *Lei de Espécies Ameaçadas de 1973* fortaleceu o papel do governo federal na proteção das espécies ameaçadas e seus habitats.

Em 1978, a *Lei de Gestão e Política Agrária Federal* deu ao *Escritório de Gestão Agrária* (Bureau of Land Management – BLM) sua primeira autoridade real para gerenciar as terras públicas sob seu controle, 85% das quais em 12 Estados do oeste. Essa lei irritou uma série de partes interessadas do oeste, pois a utilização dessas terras públicas era restringida pela primeira vez.

Em resposta, uma coalizão de fazendeiros, garimpeiros, madeireiros, criadores, agricultores, alguns funcionários eleitos e outros cidadãos nos Estados afetados lançou uma campanha política conhecida como a *Rebelião de Artemísia*, que tinha dois objetivos principais. *Primeiro*, reduzir drasticamente a regulamentação governamental do uso de terras públicas. *Segundo*, remover a maioria das terras públicas no oeste dos Estados Unidos da propriedade e gestão federal e entregá-las aos Estados. Depois disso, o plano era convencer os legisladores estaduais a vender ou arrendar as terras ricas em recursos a preços baixos para a pecuária, mineração, exploração madeireira, urbanização e outros interesses privados. Isto representou um retorno ao plano do presidente Herbert Hoover de se livrar de todas as terras públicas, frustrado pela Grande Depressão. Esse movimento político continua a existir.

Em 1977, o Congresso criou o Departamento de Energia, a fim de desenvolver uma estratégia energética de longo alcance para ajudar a reduzir a forte dependência do país do petróleo importado. Em 1980, o Congresso criou o *Superfund* como parte da *Lei Abrangente de Resposta, Compensação e Responsabilidade Ambiental*. Sua meta era limpar áreas de resíduos perigosos abandonadas, incluindo o desenvolvimento habitacional de Love Canal, em Niagara Falls, Nova York, que teve de ser abandonado quando os resíduos perigosos do local de uma antiga empresa química começaram a vazar para os terrenos, pátios e porões de escolas.

Durante esse período, a área das terras no Sistema Nacional de Vida Selvagem triplicou, e a área do Sistema de Parques Nacionais duplicou (principalmente pela adição de grandes áreas no Estado do Alasca).

O que aconteceu durante a década de 1980? Recuo ambiental

Durante esta década, os agricultores, pecuaristas e lideranças das indústrias de petróleo, carvão, automóveis, mineração e madeira opuseram-se a muitas das leis e dos regulamentos ambientais desenvolvidos nas décadas de 1960 e 1970. Organizaram e financiaram inúmeros esforços para derrubar as leis e dos regulamentos ambientais – que persistem até hoje.

Em 1980, os Estados Unidos liderava o mundo na pesquisa e desenvolvimento de

Figura 4 Este rebanho de bisões-americanos (também chamados búfalos) está pastando em Custer State Park, nos Black Hills do Estado de Dakota do Sul, nos Estados Unidos. Esse mamífero terrestre outrora abundante, o maior da América do Norte, foi trazido de volta da beira da extinção. Esses animais enormes parecem dóceis, mas ficam nervosos e imprevisíveis quando se sentem ameaçados por um predador, o que pode resultar um estouro, uma corrida frenética de centenas ou milhares de animais em pânico. Um bisão maduro pode jogar um urso de barriga para cima e chutar feito uma mula.

energia eólica e tecnologias de energia solar. Entre 1981 e 1983, porém, o Congresso cortou em 90% os subsídios do governo para pesquisa de energia renovável e da eficiência energética, e eliminou incentivos fiscais para programas de energia solar residencial e de conservação de energia decretados no final da década de 1970. Como resultado, os Estados Unidos perderam sua liderança no desenvolvimento e na venda de turbinas eólicas e painéis solares, que estão rapidamente se tornando dois dos maiores e mais rentáveis negócios deste século. Assim, os norte-americanos agora compram muitas de suas células solares do Japão, da Alemanha e da China, e grande parte dos componentes para usinas eólicas da Dinamarca, Alemanha e China. Durante a década de 1980, o Congresso, influenciado por uma crescente reação contra as leis ambientais aprovadas na década de 1970, também aumentou o desenvolvimento privado de energia e mineração, além do corte de madeira em terras públicas, abaixou os padrões de milhagem de gás de automóveis e diminuiu os padrões federais da qualidade da poluição da água e do ar.

Em 1988, uma aliança apoiada pela indústria, chamada *Movimento do Uso Sábio*, foi formada. Seus objetivos principais eram enfraquecer ou anular a maioria das leis ambientais e regulamentos do país, e destruir a eficácia do movimento ambiental nos Estados Unidos. Os interesses politicamente poderosos do carvão, do petróleo, da mineração, dos automóveis, da madeira, da pecuária ajudaram a apoiar esse movimento. Argumentavam que as leis ambientais tinham ido longe demais e estavam impedindo o crescimento econômico.

O que aconteceu de 1990 a 2010?

Neste período, a oposição às leis e regulamentos ambientais ganharam força, em virtude do contínuo apoio político e econômico de patrocinadores corporativos, que não só defenderam que as leis ambientais estavam dificultando o crescimento econômico, mas também ajudaram a eleger muitos membros do Congresso insensíveis às preocupações ambientais. Desde 1990, os líderes e apoiadores do movimento ambientalista tiveram de gastar muito do seu tempo e de seus fundos no combate a esses esforços de desacreditar o movimento e enfraquecer ou eliminar a maioria das leis ambientais aprovadas durante os anos 1960 e 1970.

Durante os anos 1990, muitas organizações ambientais, em sua maioria pequenas e locais, surgiram para ajudar a lidar com as ameaças ambientais em suas comunidades locais. O interesse nas questões ambientais aumentou entre muitos universitários e universidades, resultando na expansão dos programas de estudos ambientais nessas instituições. Além disso, havia uma crescente consciência dos problemas ambientais críticos e complexos, como sustentabilidade, crescimento populacional, proteção da biodiversidade, as ameaças do aquecimento ambiental e a mudança climática.

■ ESTUDO DE CASO
O retorno do bisão-americano

Em 1500, antes de os europeus terem colonizado a América do Norte, entre 30 e 60 milhões de bisões norte-americanos (Figura 4) – também comumente chamado búfalo – pastavam nas planícies, pradarias e florestas de grande parte do continente. Um único rebanho em movimento poderia levar horas para se mover de um ponto a outro.

Inúmeras tribos indígenas norte-americanas dependiam muito do bisão, usando praticamente todas as suas partes para alimentação, vestuário, abrigo e uma grande variedade de ferramentas e armas. Normalmente, eles matavam apenas o número de animais de que precisavam. No entanto, no ano de 1906, a grande gama de bisão de outrora havia encolhido a uma pequena área, e as espécies tinham sido levadas à beira da extinção.

Como isso aconteceu? Primeiro, os colonos se deslocaram para o oeste após a Guerra Civil ter perturbado o equilíbrio sustentável que existia entre índios norte-americanos e bisão. Muitas tribos das Grandes Planícies tinham começado a comercializar peles de bisões a colonos em troca de armas de fogo e facas de aço, e esses itens eram tão valiosos que as tribos começaram a matar mais bisões por suas peles. No entanto, um dano muito maior foi feito quando os novos colonos desencadearam uma matança implacável ao bisão. Conforme as estradas de ferro se espalharam para o oeste, no final da década de 1860, as empresas ferroviárias contrataram caçadores de bisão profissionais – incluindo Buffalo Bill Cody – para fornecer carne para suas equipes de construção. Os passageiros também atiravam em bisões das janelas do comboio por esporte, deixando as carcaças apodrecendo.

Os caçadores comerciais atiraram em milhões de bisões por suas línguas (consideradas uma iguaria) e couro, deixando a maior parte da carne apodrecendo. Os "Catadores de ossos" recolhiam os ossos branqueados, que esbranquiçavam as pradarias e os enviavam para o leste, onde seriam moídos como fertilizante.

Os agricultores atiravam nos bisões porque estes danificavam as culturas, as cercas, as casas de gramado e os postes telegráficos. Pecuaristas matavam-nos porque competiam com os bovinos e ovinos pela grama. O exército norte-americano matava pelo menos 12 milhões de bisões como parte de sua campanha para subjugar ou eliminar as tribos das Grandes Planícies, matando sua principal fonte de alimento. Sem o bisão, essas tribos começaram a morrer de fome e foram obrigadas a abandonar a luta para preservar suas terras tradicionais, movendo-se para pequenas reservas onde recebiam rações de comida do governo. Isso, por sua vez, permitiu ainda maior expansão para o oeste por imigrantes europeus e seus descendentes dedicados à agricultura, pecuária e construção de ferrovias.

Em 1892, havia apenas 85 bisões em rebanhos, depois de ter atingido dezenas de milhões. Eles receberam refúgio no Parque Nacional de Yellowstone e foram protegidos por uma lei de 1893 que proíbe o abate de animais silvestres em parques nacionais.

Em 1905, dezesseis pessoas formaram a American Bison Society para proteger e reconstruir a população em cativeiro. Logo depois, o governo federal estabeleceu o National Bison Range, perto de Missoula, Montana, e, mais tarde, o Tallgrass Prairie National Reserve, em Oklahoma, como parte do sistema de Parques Nacionais nos Estados Unidos. Hoje há uma estimativa de 500 mil bisões, cerca de 97% deles em fazendas de propriedade privada e o restante em parques e reservas protegidas.

A história do retorno do bisão-americano mostra que até mesmo uma espécie seriamente ameaçada pode se recuperar se algumas pessoas se importarem o suficiente para ajudá-la.

ESTUDO DE CASO
Poluição do ar no passado: Os maus velhos tempos

A civilização moderna não inventou a poluição do ar. Ela provavelmente começou quando o homem descobriu o fogo e o usou para queimar a madeira em cavernas mal ventiladas, para obter calor e cozinhar, e inalou sua fumaça e fuligem insalubres.

Durante a Idade Média (entre os séculos V e XVI d.C.), uma névoa de fumaça de madeira pairava sobre áreas urbanas densamente povoadas na Europa. A Revolução Industrial (dos séculos XVIII ao XIX) trouxe uma poluição do ar ainda pior, enquanto o carvão era queimado para energizar as fábricas e aquecer as casas. Como resultado, houve um grande aumento nas doenças respiratórias, como asma e bronquite, além de alergias. Muitas pessoas morreram por essas doenças, especialmente crianças e idosos.

Na década de 1850, as densas misturas de fumaça de carvão e nevoeiros "espessos como uma sopa de ervilhas", algumas vezes referidos como nevoeiro amarelo, envolviam Londres em uma melancolia sem sol durante os meses de inverno. Em 1880, uma névoa de carvão prolongada matou cerca de 2.200 pessoas. Em 1905, um médico usou a palavra *smog* para descrever a mistura mortal de fumaça e neblina que atingiu Londres. Outro episódio em 1911 matou mais de 1.100 londrinos.

Em dezembro de 1952, um nevoeiro amarelo ainda pior durou cinco dias e matou entre 4 mil e 12 mil londrinos. A visibilidade era tão baixa que as pessoas andando na rua durante o dia não podiam ver seus pés. Tanta gente morreu que as funerárias ficaram sem caixões.

Essa tragédia levou o Parlamento britânico a aprovar a Lei do Ar Limpo de 1956. Antes que os efeitos benéficos da lei pudessem ser concretizados, outras catástrofes de poluição do ar em 1956, 1957 e 1962 mataram mais 2.500 pessoas. Por causa das fortes leis de poluição do ar, hoje o ar de Londres é mais limpo e os nevoeiros "sopa de ervilhas" são coisa do passado. Agora, a grande ameaça vem de poluentes do ar emitidos pelos veículos a motor.

A Revolução Industrial, alimentada pelo carvão, trouxe a poluição do ar para os Estados Unidos e as grandes cidades industriais, como Pittsburgh, Pensilvânia, e St. Louis, no Missouri, eram conhecidas por seu ar enfumaçado. Por volta de 1940, o ar de algumas cidades ficou tão poluído que as pessoas tinham de ligar os faróis de seus automóveis durante o dia.

A primeira catástrofe da poluição do ar documentada nos Estados Unidos ocorreu em 29 de outubro de 1948, na pequena cidade industrial de Donora, em Monongahela River Valley, ao sul de Pittsburg, na Pensilvânia. Os poluentes provenientes das fábricas que queimavam carvão, as usinas siderúrgicas, as fundições de zinco e as plantas de ácido sulfúrico na região ficaram presas em uma névoa densa que se estagnou no vale por cinco dias. Esse nevoeiro assassino resultou de uma combinação de terrenos montanhosos que rodeiam o vale e as condições do tempo que prenderam e concentraram os poluentes mortais. Cerca de 6 mil dos 14 mil habitantes da cidade ficaram doentes e 20 morreram.

Em 1963, as altas concentrações de poluentes atmosféricos na cidade de Nova York mataram cerca de 300 pessoas e feriram milhares. Incidentes como estes, finalmente, resultaram em programas municipais, estaduais e federais de controle da poluição do ar nos Estados Unidos, com o Estado da Califórnia liderando o caminho. Como resultado, a qualidade do ar tem melhorado dramaticamente em todo o país.

No entanto, muitos dos grandes centros urbanos em países menos desenvolvidos, como a China, Índia e partes da Europa Oriental que dependem da queima de carvão nas indústrias, usinas de energia e casas, enfrentam níveis de poluição do ar semelhantes aos de Londres, na Inglaterra, e cidades industriais norte-americanas na década de 1950.

> **PENSANDO SOBRE**
>
> **Poluição do ar externo – passado e presente**
>
> Explique por que você concorda ou discorda da afirmação: "A poluição do ar nos Estados Unidos deve deixar de ser uma grande preocupação por causa do significativo progresso alcançado na sua redução desde 1970".

ESTUDO DE CASO
A produção de lixo e a reciclagem em Nova York: Passado, presente e futuro

Você pode imaginar que a produção de lixo em Nova York tem aumentado. Mas está errado. Em 2002, o professor adjunto da Columbia University, Daniel C. Walsh, descobriu alguns fatos surpreendentes ao analisar registros detalhados sobre o que os moradores da cidade de Nova York jogaram fora entre 1900 e 2000.

Ele descobriu que a produção por pessoa, em peso, de lixo despejado pelos nova-iorquinos foi maior entre 1920 e 1940 do que é hoje – principalmente por causa da cinza de carvão produzida por pessoas que queimam carvão para aquecer e cozinhar. A maior produção de lixo por pessoa da cidade foi em 1940, quando a taxa foi de mais de duas vezes a produção atual.

Durante os anos de 1962 e 1963, a produção de lixo por nova-iorquino estava em seu nível mais baixo para o século XX, pois a queima de carvão para uso doméstico havia sido extinta e o papel se tornou o maior componente do lixo. Entre 1964 e 1974, a produção de lixo por pessoa da cidade subiu ligeiramente acima dos níveis atuais conforme garrafas retornáveis e reutilizáveis foram eliminadas e o uso de itens descartáveis aumentou. Desde 1975, o peso do lixo jogado fora por nova-iorquino tem permanecido praticamente o mesmo por causa de produtos mais leves e do aumento na reciclagem.

Em 1999, a cidade de Nova York aprovou uma lei de reciclagem obrigatória, mas essa não foi sua primeira experiência com reciclagem. Entre 1896 e 1914, a cidade teve um programa que exigia a separação obrigatória seletiva de lixo. No entanto, esse esforço de reciclagem desapareceu e morreu antes da Primeira Guerra Mundial.

O Professor Walsh também descobriu que a produção de lixo por pessoa aumentou em momentos econômicos bons, quando as pessoas podiam comprar mais, e caiu nos momentos ruins, quando elas reduziam seus gastos.

Apesar de algum progresso, a cidade de Nova York foi uma das primeiras a não ter mais espaço de aterro para o lixo. Até 2001, a maior parte do lixo da cidade era despejada em seu aterro Fresh Kills, na Staten Island, o maior aterro público do mundo. No seu auge, em 2001, essa estrutura artificial enorme, um monumento à mentalidade do jogar fora, era mais alta que a Estátua da Liberdade. No entanto, após seu enchimento em 2001, ela foi fechada. Agora está sendo transformada em instalações de lazer, zonas úmidas restauradas e parques públicos.

Desde 2001, a cidade tem levado suas enormes quantidades de lixo para aterros em Nova Jersey, Pensilvânia e Virgínia e a cada dia cerca de 600 caminhões reboques, de energia ineficiente e poluentes, que, se enfileirados, formariam um comboio de cerca de 14 quilômetros de comprimento, transportam o lixo para fora de Nova York até os aterros, alguns a 480 quilômetros de distância.

À medida que sobem os preços do petróleo e as preocupações com as emissões de CO_2 aumentam, pode se tornar muito caro para Nova York (e para outras cidades) transportar seu lixo por longas distâncias até os locais de aterro. E, então, o que fazer?

Em vez de se concentrar principalmente sobre o que fazer com seu lixo (uma abordagem de produção), os cientistas ambientais pedem que as autoridades de Nova York reflitam mais sobre como evitar uma produção de lixo tão grande (uma abordagem de entrada). A cidade poderia reduzir sua produção de resíduos sólidos em 60% a 80% e se tornar um modelo global de como passar de uma economia urbana de descarga a uma de redução, reutilização e reciclagem. Essa transição poderia ser impulsionada por um sistema *"pague como você joga"* de coleta de lixo, na qual as famílias e as empresas pagam pelos resíduos sólidos que jogam, mas não por aqueles que reciclam ou fazem compostagem.

> **PENSANDO SOBRE**
> **Analisar o lixo**
> Quais são as duas lições que podemos aprender com esta análise de dados sobre o lixo de Nova York?

■ **ESTUDO DE CASO**
Destruindo um grande sistema de transporte coletivo nos Estados Unidos

Em 1917, todas as grandes cidades dos Estados Unidos possuíam um eficiente sistema de bondes elétricos. Muitas pessoas pensam em Los Angeles, na Califórnia, como a cidade original do domínio do automóvel, mas, no início do século XX, ela tinha o maior sistema de transporte coletivo por trilhos elétricos nos Estados Unidos.

Isso mudou quando General Motors, Pneus Firestone, Standard Oil da Califórnia, Phillips Petroleum e Mack Truck (que também fabricou ônibus) formaram uma *holding* denominada National City Lines. Em 1950, a companhia havia comprado os sistemas privados de bonde em 83 grandes cidades. Em seguida, os desmantelaram para aumentar as vendas de carros e ônibus.

As Cortes julgaram as empresas culpadas de conspiração para eliminar o sistema ferroviário leve do país, mas o estrago já estava feito. Cada executivo responsável foi multado em US$ 1, e cada empresa pagou uma multa de US$ 5.000 – menos do que o lucro retornado pela substituição de um único bonde por ônibus.

Durante esse mesmo período, o National City Lines trabalhou para converter as locomotivas movidas a eletricidade que ligavam as cidades e os subúrbios para as mais caras, mais poluentes e menos confiáveis locomotivas a diesel. Os aumentos de custo decorrentes contribuíram significativamente para o declínio acentuado do sistema nacional de ferrovias.

> **PENSANDO SOBRE**
> **Sistemas ferroviários leves**
> Se a National City Lines não tivesse desmontado muitos sistemas ferroviários leves, você acredita que eles ainda estariam operando hoje? Explique.

Ecologia e sustentabilidade

Um pouco de química básica (capítulos 1-4)

SUPLEMENTO 4

Os químicos usam a tabela periódica para classificar elementos com base em suas propriedades químicas

Os químicos desenvolveram uma forma de classificar os elementos de acordo com seu comportamento químico, chamada *tabela periódica dos elementos* (Figura 1). Cada linha horizontal na tabela é chamada *período*, e cada coluna vertical lista os elementos com propriedades químicas similares, chamada *grupo*.

A tabela periódica parcial na Figura 1 mostra como os elementos podem ser classificados em *metais, não metais* e *metaloides*. A maioria dos elementos encontrada à esquerda e na parte inferior da tabela são *metais*, que geralmente conduzem eletricidade e calor e são brilhantes. Exemplos são sódio (Na), cálcio (Ca), alumínio (Al), ferro (Fe), chumbo (Pb), prata (Ag) e mercúrio (Hg).

Os átomos de metais tendem a perder um ou mais de seus elétrons para formar íons carregados positivamente, como Na^+, Ca^{2+} e Al^{3+}. Por exemplo, um átomo do elemento metálico sódio (Na, número atômico 11), com 11 prótons de carga positiva em seu núcleo e 11 elétrons com carga negativa fora dele, pode perder um de seus elétrons. Ele então se torna um íon de sódio, com uma carga positiva de 1 (Na^+), porque agora tem 11 cargas positivas (prótons), mas apenas 10 negativas (elétrons).

Os *não metais*, encontrados na parte superior direita da tabela, não são bons condutores de eletricidade. Exemplos são hidrogênio (H), carbono (C), nitrogênio (N), oxigênio (O), fósforo (P), enxofre (S), cloro (Cl) e flúor (F).

Os átomos de alguns não metais, como cloro, oxigênio e enxofre, tendem a ganhar um ou mais elétrons perdidos por átomos metálicos para formar íons negativamente carregados, tais como O^{2-}, S^{2-} e Cl^-. Por exemplo, um átomo do elemento não metálico cloro (Cl, número atômico 17) pode ganhar um elétron e se tornar um íon de cloro. O íon tem uma carga negativa de 1 (Cl^-), porque tem 17 prótons de carga positiva no seu núcleo e 18 elétrons com carga negativa fora dele. Os átomos de não metais também podem se combinar entre si para formar moléculas que compartilham um ou mais pares de elétrons.

O hidrogênio, um metaloide, é colocado sozinho acima do centro da tabela, porque não se encaixa muito bem em nenhum dos grupos.

Os elementos dispostos em um padrão de escada diagonal entre os metais e não metais têm uma mistura de propriedades metálicas e não metálicas, chamados *metaloides*.

A Figura 1 também identifica os elementos necessários como *nutrientes* (quadrados pretos) para todas ou algumas formas de

> **PENSANDO SOBRE**
> **A tabela periódica**
> Use a tabela periódica para identificar pelo nome e símbolo dois elementos que devem ter propriedades químicas semelhantes às do (a) Ca, (b) potássio, (c) S, (d) chumbo.

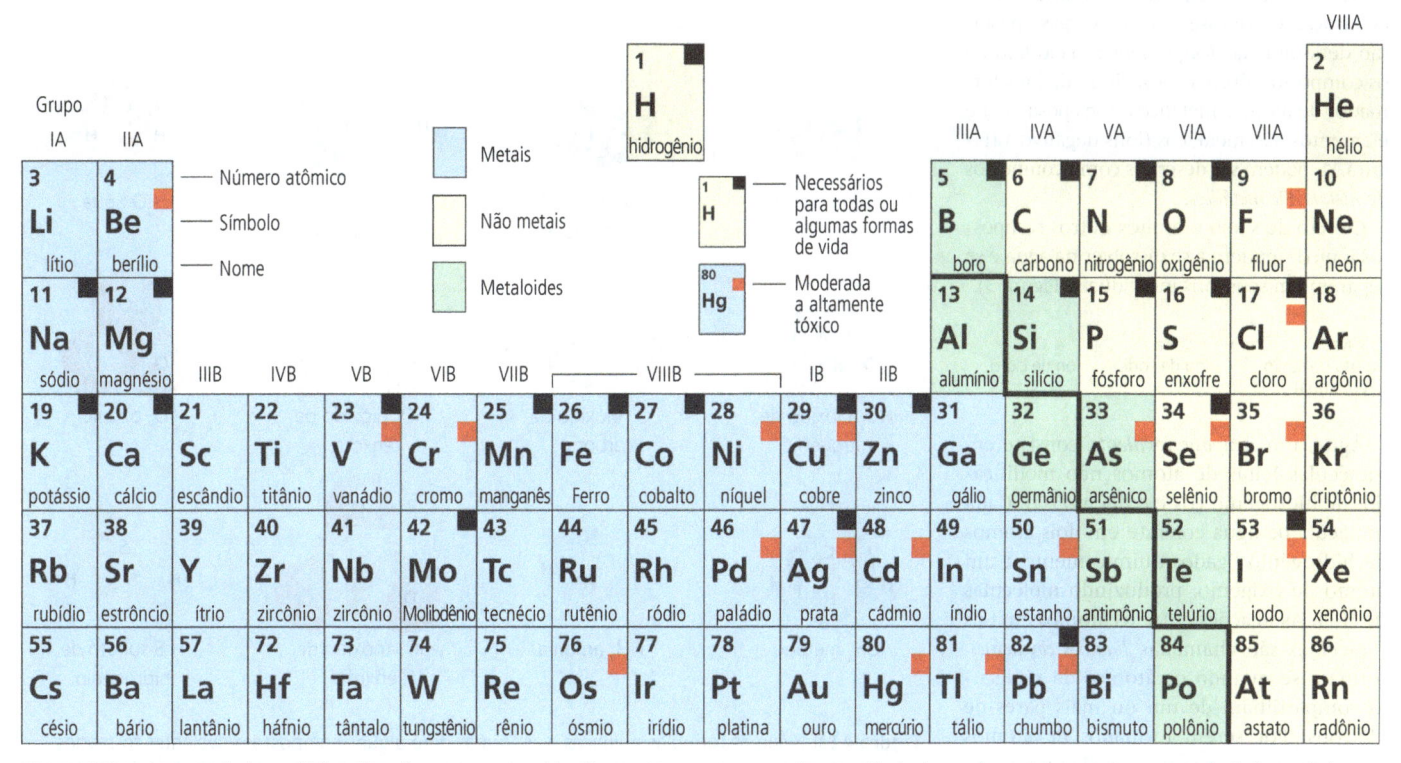

Figura 1 Esta é uma tabela periódica dos elementos resumida. Elementos na mesma coluna vertical, chamados grupos, possuem propriedades químicas semelhantes. Para simplificar as coisas neste nível introdutório, apenas 72 dos 118 elementos conhecidos são mostrados.

Figura 2 Um cristal sólido de um composto iônico, como o cloreto de sódio, é constituído por um arranjo tridimensional de íons de cargas opostas unidos por ligações iônicas que resultam das fortes forças de atração entre cargas elétricas opostas. Elas são formadas quando um elétron é transferido de um átomo metálico, como o sódio (Na), para um elemento não metálico, como o cloro (Cl). Na⁺ Cl⁻

Íons de sódio em solução   Moléculas de água   Sal cloreto de sódio (NaCl)

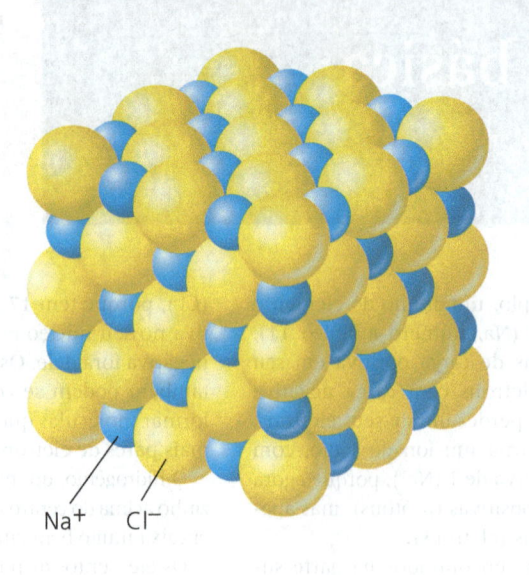

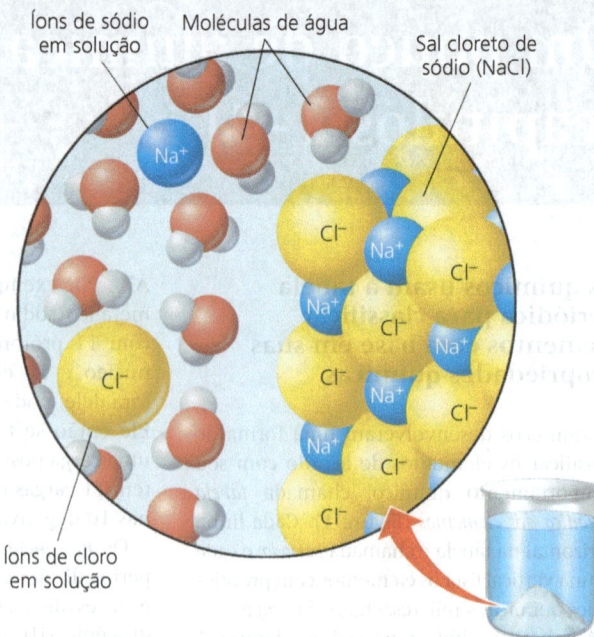

Íons de cloro em solução

Figura 3 Este modelo ilustra como um sal se dissolve na água.

vida, e elementos que são moderada ou altamente tóxicos (quadrados vermelhos) para todos ou a maioria das formas de vida. Seis elementos não metálicos – carbono (C), oxigênio (O), hidrogênio (H), nitrogênio (N), enxofre (S) e fósforo (P) – constituem cerca de 99% dos átomos de todas as coisas vivas.

As ligações iônicas e covalentes seguram os compostos juntos

Cloreto de sódio (NaCl) consiste em uma rede tridimensional de *íons* de carga oposta (Na⁺ e Cl⁻), mantida junta pelas forças de atração entre cargas opostas (Figura 2). As fortes forças de atração entre esses íons de cargas opostas são denominadas *ligações iônicas*. Pelo fato de os compostos iônicos consistirem de íons formados de átomos metálicos (íons positivos) e elementos não metálicos (íons negativos) (Figura 1), podem ser descritos como compostos de *metais não metálicos*.

Cloreto de sódio e muitos outros compostos iônicos tendem a se dissolver na água e se separam em seus íons individuais (Figura 3).

NaCl → Na⁺ + Cl⁻
cloreto de sódio (em água)   íon de sódio   íon de cloro

Água, um *composto covalente*, consiste em moléculas feitas de átomos não modificados de hidrogênio (H) e oxigênio (O). Cada molécula de água consiste em dois átomos de hidrogênio ligados quimicamente a um átomo de oxigênio, produzindo moléculas de H₂O. As ligações entre os átomos em tais moléculas são chamadas *ligações covalentes*; formam-se quando os átomos da molécula compartilham de um ou mais pares de elétrons. Por serem formados de átomos de elementos não metálicos (Figura 1), os compostos covalentes podem ser descritos

H₂ hidrogênio   O₂ oxigênio   N₂ nitrogênio   Cl₂ cloro

NO óxido nítrico   CO monóxido de carbono   HCl cloreto de hidrogênio   H₂O água

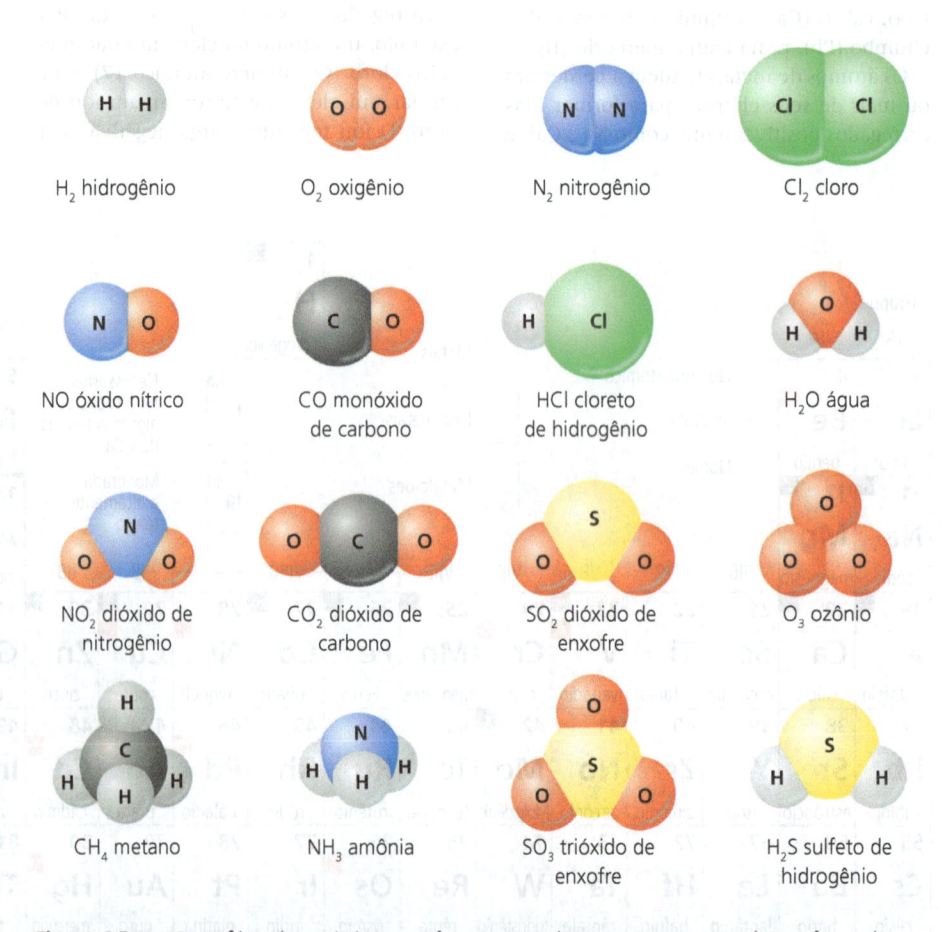

NO₂ dióxido de nitrogênio   CO₂ dióxido de carbono   SO₂ dióxido de enxofre   O₃ ozônio

CH₄ metano   NH₃ amônia   SO₃ trióxido de enxofre   H₂S sulfeto de hidrogênio

Figura 4 Estas são as fórmulas químicas e as formas para alguns compostos covalentes formados quando átomos de um ou mais elementos não metálicos se combinam entre si. As ligações entre os átomos em tais moléculas são chamadas *ligações covalentes*.

como *compostos não metálicos – não metálicos*. A Figura 4 mostra as fórmulas químicas e as formas das moléculas que são os blocos de construção de vários compostos *covalentes comuns*.

O que torna as soluções ácidas? Íons de hidrogênio e pH

A *concentração*, ou o número de íons de hidrogênio (H+), em determinado volume de uma solução (geralmente um litro), é uma medida de sua acidez. A água pura (não água da torneira ou da chuva) tem número igual de íons de hidrogênio (H+) e hidróxido (OH-). É chamada **solução neutra**. **Solução ácida** tem mais íons de hidrogênio do que íons de hidróxido por litro. **Solução básica** tem mais íons de hidróxido do que íons de hidrogênio por litro.

Os cientistas usam o pH como uma medida da acidez de uma solução com base na sua concentração de íons de hidrogênio (H+). Por definição, uma solução neutra tem pH 7, solução ácida inferior a 7 e solução básica superior a 7.

Cada mudança unitária de pH representa um aumento ou diminuição de dez vezes a concentração de íons de hidrogênio por litro. Por exemplo, uma solução ácida com pH 3 é dez vezes mais ácida do que uma solução com pH 4. A Figura 5 mostra o pH aproximado e a concentração de íons de hidrogênio por litro de solução para várias substâncias comuns.

A medida da acidez é importante no estudo das ciências ambientais, pois alterações que a envolvem podem ter graves impactos ambientais. Por exemplo, quando o carvão e o petróleo são queimados, emitem compostos ácidos que podem retornar à terra na forma de *deposição ácida*, um dos principais problemas ambientais atuais.

Existem forças fracas de atração entre algumas moléculas

Ligações iônicas e covalentes entre íons ou átomos *dentro* de um composto. Há forças mais fracas também de atração *entre* as moléculas de compostos covalentes (como a água), resultando de uma partilha desigual de elétrons entre dois átomos.

Por exemplo, um átomo de oxigênio tem atração muito maior para elétrons do que um átomo de hidrogênio. Assim, os elétrons compartilhados entre o átomo de oxigênio e seus dois átomos de hidrogênio em uma molécula de água é puxado mais perto do átomo de oxigênio, mas não transferido para ele. Como resultado, o átomo de oxigênio em uma molécula de água tem carga parcial ligeiramente negativa, e seus dois átomos de hidrogênio têm carga parcial ligeiramente positiva (Figura 6).

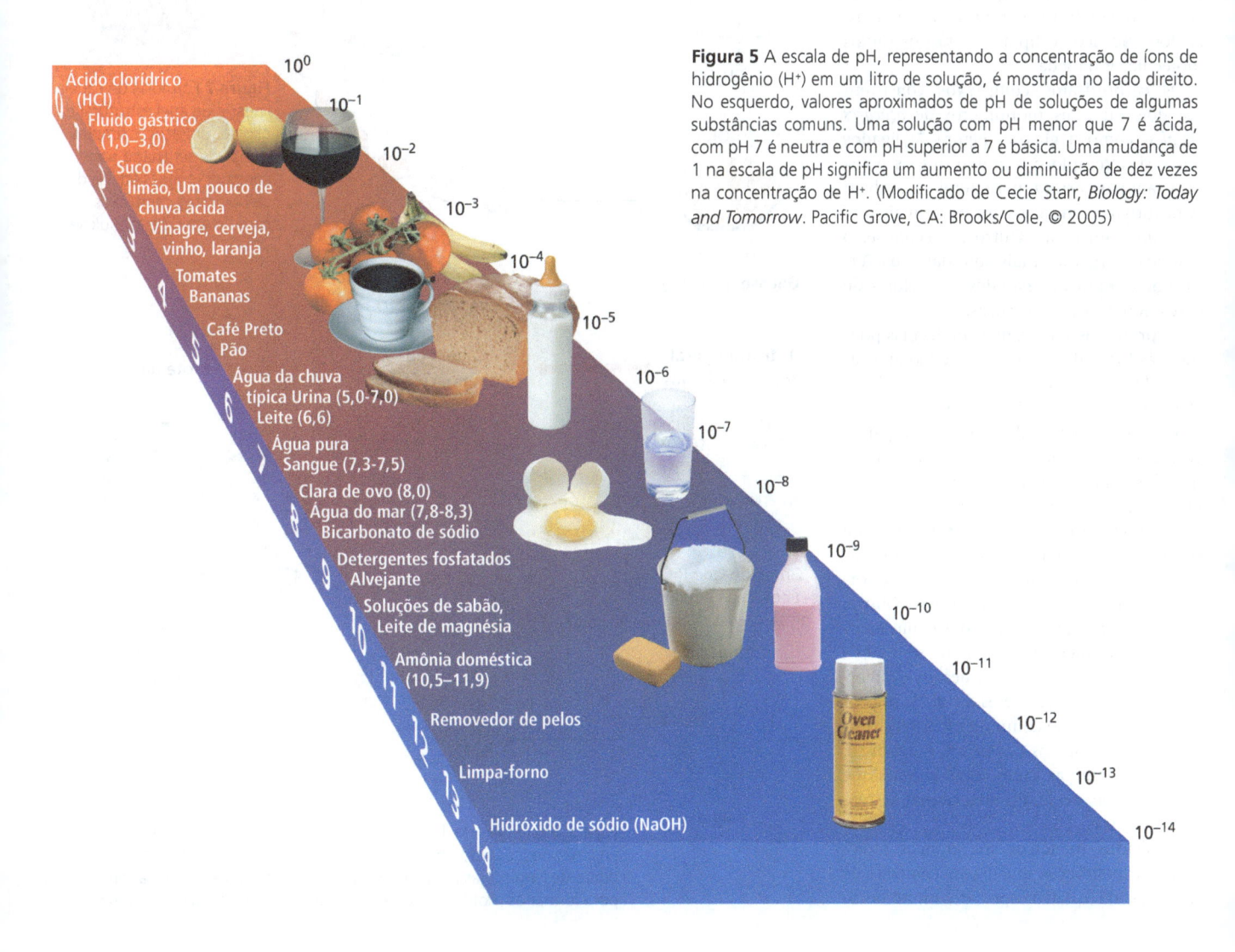

> **PENSANDO SOBRE**
> **pH**
> Uma solução tem pH 2. Quantas vezes mais ácida ela é do que uma com pH 6?

Figura 5 A escala de pH, representando a concentração de íons de hidrogênio (H+) em um litro de solução, é mostrada no lado direito. No esquerdo, valores aproximados de pH de soluções de algumas substâncias comuns. Uma solução com pH menor que 7 é ácida, com pH 7 é neutra e com pH superior a 7 é básica. Uma mudança de 1 na escala de pH significa um aumento ou diminuição de dez vezes na concentração de H+. (Modificado de Cecie Starr, *Biology: Today and Tomorrow*. Pacific Grove, CA: Brooks/Cole, © 2005)

Os átomos de hidrogênio ligeiramente positivos em uma molécula de água são então atraídos para os átomos de oxigênio ligeiramente negativos em outra molécula de água. Essas forças de atração *entre* as moléculas de água são chamadas *ligações de hidrogênio* (Figura 6).

Elas são responsáveis por muitas das propriedades únicas da água (consulte o Capítulo 3, Ciência em foco). As ligações de hidrogênio também se formam entre outras moléculas covalentes ou entre partes de tais moléculas contendo átomos de hidrogênio e não metálicos com uma forte capacidade de atrair elétrons.

Quatro tipos de grandes compostos orgânicos são os tijolos moleculares da vida

Compostos orgânicos maiores e mais complexos, chamados *polímeros*, consistem em um número de unidades estruturais básicas ou moleculares *(monômeros)* ligadas por elos químicos, algo como vagões ligados a um trem de carga. Quatro tipos de macromoléculas – carboidratos complexos, proteínas, ácidos nucleicos e lipídios – são os tijolos moleculares da vida.

Os **carboidratos complexos** consistem em dois ou mais monômeros de *açúcares simples* (como a glicose, Figura 7) ligados entre si. Exemplo é o amido que as plantas usam para armazenar energia e também para fornecer energia para os animais que se alimentam delas. Outro é a celulose, o composto orgânico mais abundante da Terra, encontrado nas paredes das células de casca, folhas, caules e raízes.

As **proteínas** são grandes moléculas poliméricas formadas pela ligação de longas cadeias de monômeros chamados *aminoácidos* (Figura 8). Os organismos vivos usam 20 moléculas diferentes de aminoácidos para a construção de uma variedade de proteínas, que desempenham funções diferentes. Algumas ajudam a armazenar energia, outras são componentes do *sistema imunológico* que protege o corpo contra doenças e substâncias nocivas, formando anticorpos que tornam os agentes invasores inofensivos. Outras, ainda, são *hormônios*, utilizados como mensageiros químicos na corrente sanguínea dos animais para ativar ou desativar diversas funções corporais. Nos animais, as proteínas também são componentes do cabelo/pelo, pele, músculos e tendões. Além disso, algumas proteínas agem como *enzimas* que catalisam ou aceleram determinadas reações químicas.

Os **ácidos nucleicos** são grandes moléculas de polímeros que ligam centenas de milhares de quatro tipos de monômeros

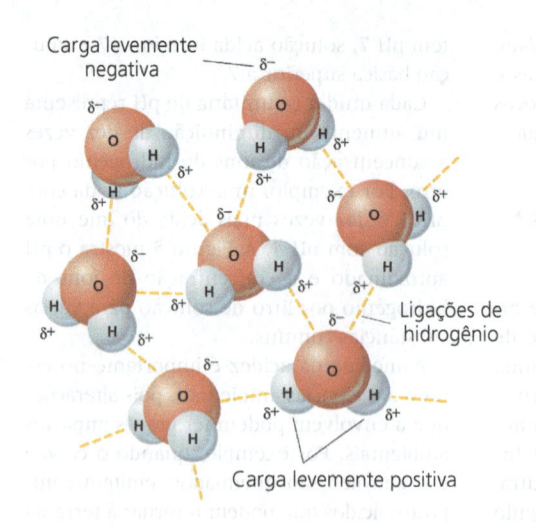

Figura 6 Ligações de hidrogênio: A partilha um pouco desigual dos elétrons na molécula da água cria uma molécula com um final levemente carregado negativamente e um final levemente carregado positivamente. Em razão dessa polaridade elétrica, os átomos de hidrogênio de uma molécula de água são atraídos para os átomos de oxigênio em outras moléculas de água. Essas forças relativamente fracas de atração entre as moléculas (representadas pelas linhas tracejadas) são chamadas ligações de hidrogênio.

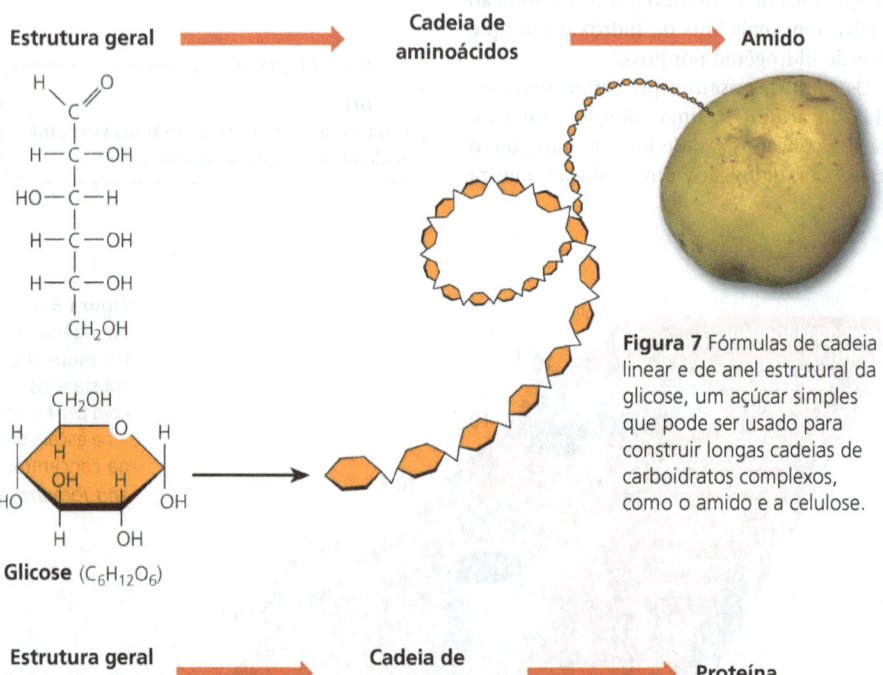

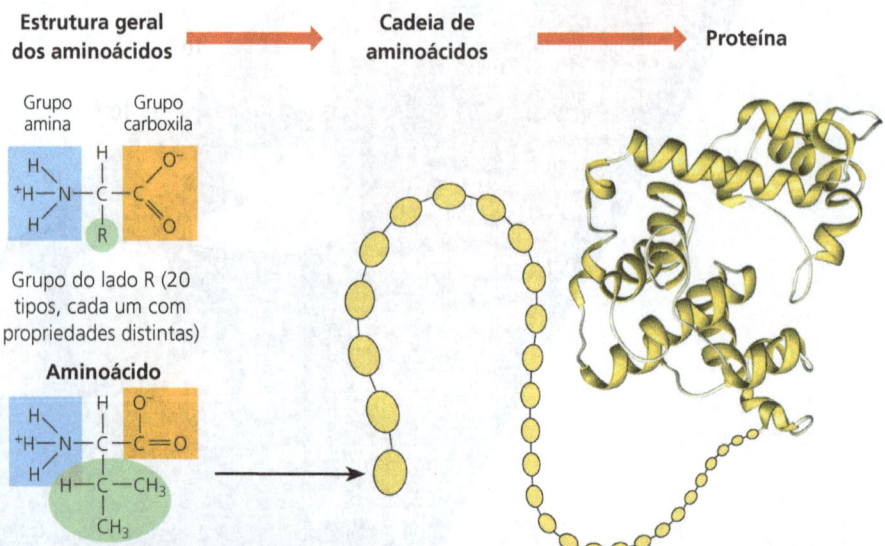

Figura 7 Fórmulas de cadeia linear e de anel estrutural da glicose, um açúcar simples que pode ser usado para construir longas cadeias de carboidratos complexos, como o amido e a celulose.

Glicose ($C_6H_{12}O_6$)

Figura 8 Este modelo ilustra tanto a fórmula estrutural geral dos aminoácidos, quanto uma fórmula estrutural específica de uma das 20 diferentes moléculas de aminoácidos que podem ser interligadas em cadeias para formar as proteínas que se duplicam em formas mais complexas.

Ecologia e sustentabilidade

chamados *nucleotídeos*. Dois ácidos nucleicos – DNA (**á**cido **d**esoxirribo**n**ucleico) e RNA (**á**cido **r**ibo**n**ucleico) – participam da construção das proteínas e transporte das informações hereditárias usadas para transmitir as características de pais para filhos. Cada nucleotídeo consiste em um grupo *fosfato*, uma *molécula de açúcar* contendo cinco átomos de carbono (desoxirribose em moléculas de DNA e ribose em moléculas de RNA), e uma das quatro *bases de nucleotídeos* diferentes (representados por A, G, C e T, a primeira letra em cada um dos seus nomes, ou A, G, C e U no RNA) (Figura 9). Nas células de organismos vivos, essas unidades de nucleotídeos se combinam em diferentes números e sequências para formar *ácidos nucleicos,* como vários tipos de RNA e DNA (Figura 10).

As ligações de hidrogênio formadas entre as partes dos quatro nucleotídeos no DNA ligam os dois filamentos de DNA juntos, como uma escada em espiral, formando uma dupla hélice (Figura 10). As moléculas de DNA podem se desprender e se replicar.

O peso total do DNA necessário para reproduzir todos os povos do mundo é de apenas cerca de 50 miligramas – o peso de um fósforo pequeno. Se o DNA enrolado em seu corpo fosse desenrolado, poderia ser alongado por cerca de 960 milhões de quilômetros (600 milhões de milhas), mais de seis vezes a distância entre o Sol e a Terra.

As diferentes moléculas de DNA que compõem milhões de espécies encontradas na Terra são como uma vasta e diversificada biblioteca genética. Cada espécie é um livro único nessa biblioteca, e o *genoma* de uma espécie é composto por toda a sequência das "letras" de DNA ou de pares de bases que se combinam para "soletrar" os cromossomos

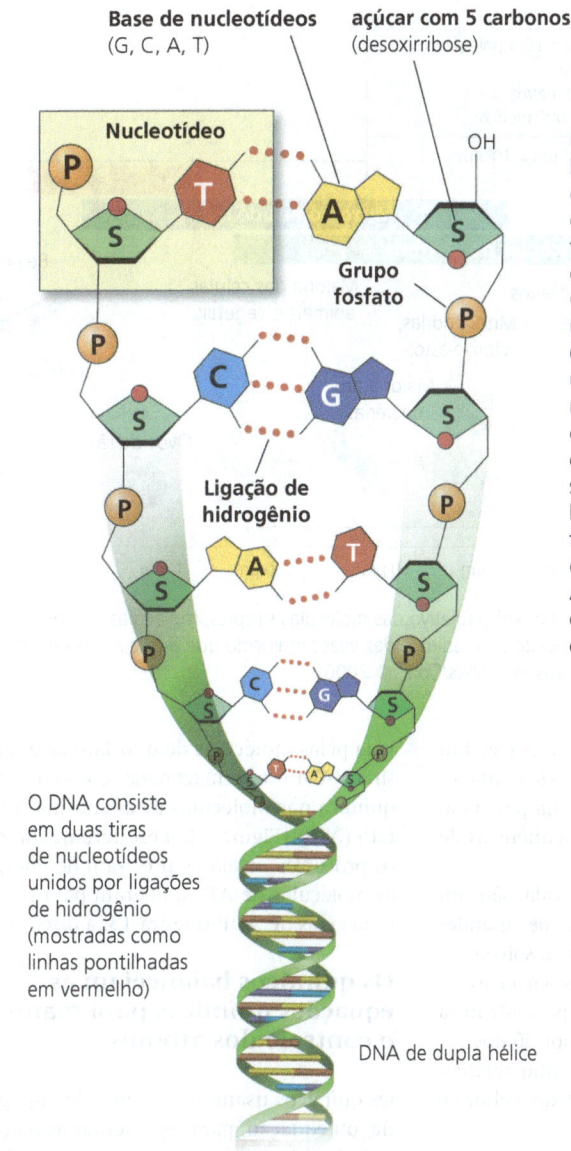

Figura 10 Porção da dupla hélice de uma molécula de DNA. A dupla hélice é composta de duas tiras de nucleotídeos em espiral (helicoidais). Cada nucleotídeo contém uma unidade de fosfato (P), desoxirribose (S) e uma das quatro bases de nucleotídeos: guanina (G), citosina (C), adenina (A) e timina (T). As duas tiras são mantidas juntas por ligações de hidrogênio formadas entre vários pares de bases de nucleotídeos. A guanina (G) liga-se à citosina (C) e a adenina (A) com a timina (T).

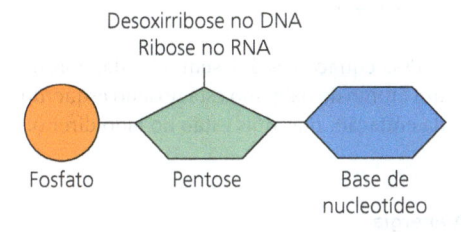

Figura 9 Este diagrama mostra as estruturas generalizadas das moléculas de nucleotídeos ligadas em vários números e sequências para formar grandes moléculas de ácido nucleico, como vários tipos de DNA (ácido desoxirribonucleico) e RNA (ácido ribonucleico). No DNA, a pentose (açúcar com 5 carbonos) em cada nucleotídeo é a desoxirribose; no RNA é a ribose. Os quatro nucleotídeos de base usados para fazer vários tipos de moléculas de DNA diferem nos tipos de bases de nucleotídeos que contêm - guanina (G), citosina (C), adenina (A) e timina (T). (Uracila, rotulado de U, ocorre no lugar da timina no RNA).

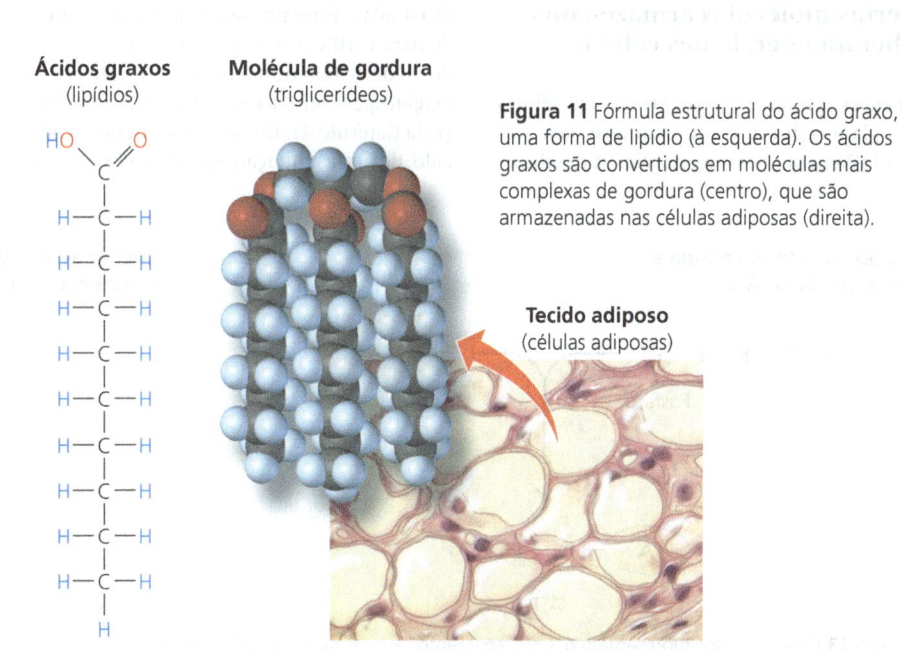

Figura 11 Fórmula estrutural do ácido graxo, uma forma de lipídio (à esquerda). Os ácidos graxos são convertidos em moléculas mais complexas de gordura (centro), que são armazenadas nas células adiposas (direita).

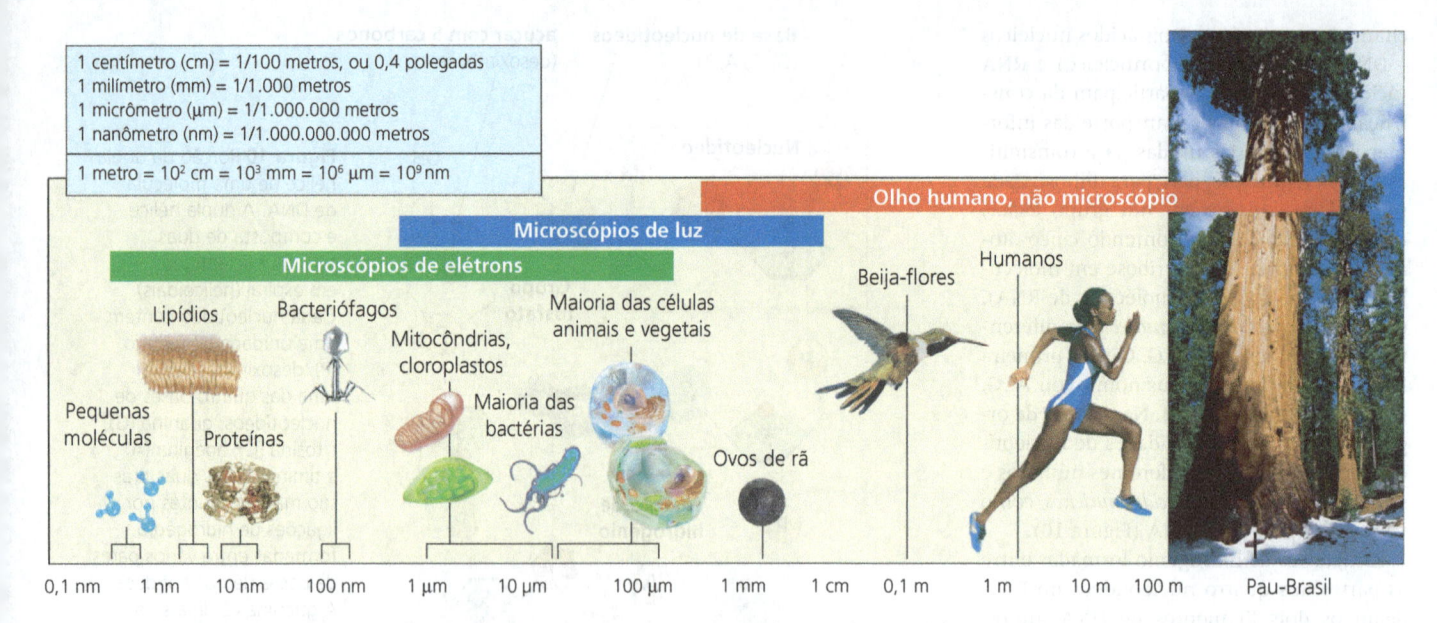

1 centímetro (cm) = 1/100 metros, ou 0,4 polegadas
1 milímetro (mm) = 1/1.000 metros
1 micrômetro (μm) = 1/1.000.000 metros
1 nanômetro (nm) = 1/1.000.000.000 metros

1 metro = 10^2 cm = 10^3 mm = 10^6 μm = 10^9 nm

Microscópios de elétrons — Lipídios, Bacteriófagos, Mitocôndrias, cloroplastos, Maioria das bactérias, Pequenas moléculas, Proteínas

Microscópios de luz — Maioria das células animais e vegetais, Ovos de rã

Olho humano, não microscópio — Beija-flores, Humanos, Pau-Brasil

0,1 nm   1 nm   10 nm   100 nm   1 μm   10 μm   100 μm   1 mm   1 cm   0,1 m   1 m   10 m   100 m

Figura 12 Este gráfico compara o tamanho relativo das moléculas simples, moléculas complexas, células e organismos multicelulares. Esta escala é exponencial e não linear. Cada unidade de medida é dez vezes maior do que a que a precede. (Usado com permissão de Cecie Starr e Ralph Taggart, Biology, 11. ed. Belmont, CA: Thomson Brooks/Cole, © 2006)

em membros típicos de cada espécie. Em 2002, os cientistas foram capazes de mapear o genoma da espécie humana por meio da análise das 3,1 bilhões de sequências de bases do DNA humano.

Lipídios, o quarto tijolo da vida, são um grupo quimicamente diverso de grandes compostos orgânicos que não se dissolvem na água. Exemplos são *gorduras e óleos* para armazenar energia (Figura 11), *ceras* para estrutura e *esteroides* para a produção de hormônios.

A Figura 12 mostra o tamanho relativo de moléculas simples e complexas, células e organismos multicelulares.

Certas moléculas armazenam e liberam energia nas células

Reações químicas que ocorrem nas células das plantas durante a fotossíntese (veja Capítulo 3) para liberar a energia, que é absorvida pelas moléculas de difosfato de adenosina (ADP) e armazenada como energia química nas moléculas de adenosina trifosfato (ATP) (Figura 13, à esquerda). Quando os processos celulares precisam de energia, as moléculas de ATP a liberam para formar moléculas de ADP (Figura 13, à direita).

Os químicos balanceiam as equações químicas para manter o controle dos átomos

Os químicos usam um sistema de taquigrafia, ou equação, para representar as reações químicas. Essas equações químicas também são usadas como um sistema de contabilidade para verificar se nenhum átomo foi criado ou destruído numa reação química como exigido pela lei da conservação da matéria (veja Capítulo 2). Como consequência, cada lado de uma equação química deve ter o mesmo número de átomos ou íons de cada elemento envolvido. Garantir que essa condição seja satisfeita leva ao que os químicos chamam *equação química balanceada*. A equação para a queima de carbono (C + O_2 → CO_2) está equilibrada porque um átomo de carbono e dois átomos de oxigênio estão em ambos os lados da equação.

Considere a seguinte reação química: Quando a eletricidade passa através da água (H_2O), esta pode ser decomposta em hidrogênio (H_2) e oxigênio (O_2), como representado pela seguinte equação:

H_2O → H_2 + O_2

2 átomos de H   2 átomos de H   2 átomos de O
1 átomo de O

Essa equação está desequilibrada, porque um átomo de oxigênio está no lado esquerdo da equação, mas dois estão do lado direito.

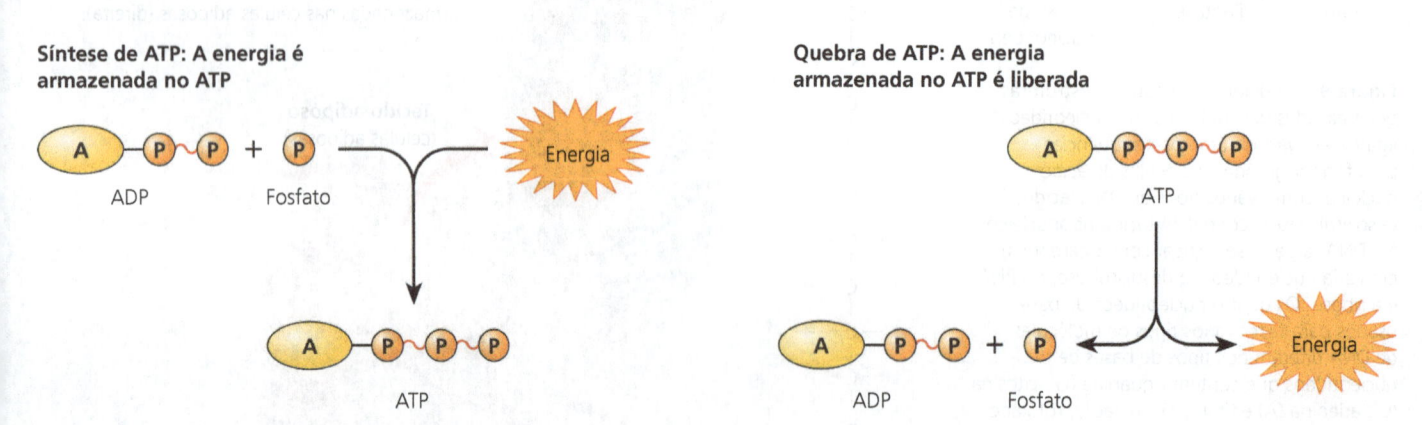

Síntese de ATP: A energia é armazenada no ATP

ADP + Fosfato → ATP (Energia)

Quebra de ATP: A energia armazenada no ATP é liberada

ATP → ADP + Fosfato (Energia)

Figura 13 Esses modelos representam o armazenamento de energia e liberação nas células.

Ecologia e sustentabilidade

Não podemos mudar os índices de qualquer uma das fórmulas para equilibrar essa equação, porque isso alteraria o arranjo dos átomos, levando a diferentes substâncias. Em vez disso, devemos usar números diferentes das moléculas envolvidas para equilibrar a equação. Por exemplo, poderíamos usar duas moléculas de água:

$$2 H_2O \rightarrow H_2 + O_2$$

4 átomos de H   2 átomos de H   2 átomos de O
2 átomo de O

Essa equação ainda não está equilibrada. Embora os números de átomos de oxigênio em ambos os lados da equação estejam iguais, os de de hidrogênio não estão.

Podemos corrigir esse problema fazendo a reação produzir duas moléculas de hidrogênio:

$$2 H_2O \rightarrow 2 H_2 + O_2$$

4 átomos de H   4 átomos de H   2 átomos de O
2 átomo de O

> **PENSANDO SOBRE**
> **Equações químicas**
> Tente equilibrar a equação química para a reação do gás nitrogênio (N_2) com gás hidrogênio (H_2) para formar o gás de amônia (NH_3).

Agora a equação está equilibrada, e a lei da conservação da matéria foi observada. Para cada duas moléculas de água pela qual passamos a eletricidade, duas moléculas de hidrogênio e uma de oxigênio são produzidas.

Os cientistas estão aprendendo a criar materiais de baixo para cima

A nanotecnologia utiliza átomos e moléculas para criar materiais de baixo para cima usando átomos dos elementos na tabela periódica como suas matérias-primas. Um *nanômetro* (nm) é um bilionésimo de um metro – igual ao comprimento de cerca de 10 átomos de hidrogênio alinhados lado a lado. Uma molécula de DNA (Figura 9) tem cerca de 2,5 nanômetros de largura. O cabelo humano tem a largura de 50 mil a 100 mil nanômetros.

Para objetos menores que 100 nanômetros, as propriedades dos materiais mudam drasticamente. Nessa escala *nanométrica*, os materiais podem exibir novas propriedades, como força extraordinária ou aumento da atividade química que não apresentam no nível de *macroescala* com o qual estamos familiarizados.

Por exemplo, os cientistas aprenderam como transformar minúsculos tubos de átomos de carbono ligados entre si em hexágonos. Experimentos têm mostrado que esses nanotubos de carbono são os mais fortes materiais já produzidos – 60 vezes mais fortes que o aço de alta qualidade – e foram unidos para formar uma corda tão fina que é invisível, mas forte o suficiente para suspender uma caminhonete.

Na macroescala, o óxido de zinco (ZnO) pode ser esfregado na pele, como uma pasta branca, para proteger contra os raios solares ultravioleta prejudiciais; na nanoescala, ele se torna transparente e está sendo usado em revestimentos invisíveis para proteger a pele e os tecidos dos danos UV. Pelo fato de a prata (Ag) poder matar bactérias nocivas, nanocristais de prata estão sendo incorporados a ataduras para feridas e outros produtos antibacterianos e antifúngicos, como imitação de cabelo em alguns brinquedos de animais, além de incorporados também a camas e roupas para os animais de estimação.

Os pesquisadores esperam incorporar nanopartículas de hidroxiapatita com a mesma estrutura química que o esmalte dos dentes nas pastas de dentes para revesti-los, impedindo a penetração de bactérias. Os revestimentos nanotecnológicos agora utilizados em tecidos de algodão formam uma barreira impenetrável que faz que os líquidos se transformem em gotas e escorram. Esses tecidos resistentes a manchas, usados para fazer roupas, tapetes, estofados e móveis poderiam eliminar a necessidade de utilizar produtos químicos nocivos para a remoção de sujeiras.

Vidros de janelas autolimpantes revestidos com uma camada de partículas de dióxido de titânio (TiO_2) em nanoescala já estão disponíveis. Conforme as partículas interagem com os raios solares UV, a sujeira na superfície do vidro se solta e é lavada com a chuva. Produtos similares podem ser utilizados para pias e vasos sanitários autolimpantes.

Os cientistas estão trabalhando em maneiras de substituir o silício nos chips de computadores por nanomateriais de carbono que aumentam o poder de processamento. Engenheiros biológicos pesquisam dispositivos em nanoescala que poderiam fornecer medicamentos em nível celular. Tais dispositivos penetrariam nas células do câncer e distribuiriam nanomoléculas que teriam a faculdade de matar as células cancerosas a partir do interior. Os pesquisadores também esperam desenvolver cristais em nanoescala que podem mudar de cor ao detectar pequenas quantidades (medidas em partes por trilhão) de substâncias prejudiciais, como produtos químicos e agentes biológicos e patógenos em alimentos. Por exemplo, uma mudança de cor nas embalagens de alimentos poderia alertar o consumidor quando um alimento está contaminado ou começando a estragar. E a lista de possibilidades continua crescendo.

Até 2010, mais de mil produtos contendo partículas em nanoescala estavam disponíveis comercialmente, e outros tantos milhares na linha de pesquisa e desenvolvimento. Exemplos são encontrados em produtos cosméticos, protetores solares, tecidos (incluindo meias que absorvem odores), pesticidas, aditivos alimentares, bebidas energéticas, células solares e embalagens de alimentos (incluindo alguns recipientes de hambúrgueres e garrafas plásticas de cerveja).

Até agora, esses produtos não estão regulamentados nem têm rótulos. Além disso, consumidores e funcionários do governo não sabem quais empresas estão usando nanomateriais, que tipos e quantidades que estão usando, nem em quais produtos. Isto é preocupante, especialmente para cientistas ambientais e de saúde, porque o tamanho minúsculo das nanopartículas pode permitir que penetrem nas defesas naturais do organismo contra as invasões de produtos químicos e agentes patogênicos externos e potencialmente nocivos. As nanopartículas de uma substância química tendem a ser muito mais reativas do que as macropartículas do mesmo produto químico, principalmente porque têm áreas de superfície relativamente grandes em relação a sua pequena massa. Isso significa que um produto químico que é inofensivo em macroescala pode ser perigoso em nanoescala quando inalado, ingerido ou absorvido pela pele.

Sabemos pouco sobre esses efeitos e riscos em um momento em que o uso de nanopartículas não testadas e não regulamentadas está aumentando exponencialmente. Alguns estudos toxicológicos estão levantando bandeiras vermelhas:

- Em 2004, Eva Olberdorster, toxicologista ambiental na Southern Methodist University, no Estado do Texas, Estados Unidos, constatou que peixes que nadam em água carregada com um tipo de nanomolécula de carbono chamada buckyballs tiveram danos cerebrais no prazo de 48 horas.

- Em 2005, pesquisadores da Nasa descobriram que a injeção de nanotubos de carbono comercialmente disponíveis em ratos provocou danos significativos nos pulmões.

- Um estudo de 2005 feito por pesquisadores do Instituto Nacional de Segurança e Saúde Ocupacional dos Estados Unidos encontraram danos substanciais nos

corações e nas aortas de camundongos expostos a nanotubos de carbono.
- Em 2008, uma equipe de pesquisadores, incluindo Andrew Maynard e Ken Donaldson, injetou nanotubos retos curtos e longos em tecidos de camundongos. Eles descobriram que os curtos não causaram lesões, mas os longos produziram lesões que podem evoluir para mesotelioma, uma forma mortal de câncer de pulmão causado pela inalação de pequenas agulhas de fibras de amianto. O estudo também sugere que nanotubos de carbono curvos não têm tais efeitos prejudiciais, dando a entender que mais pesquisas poderiam levar a produtos seguros com estes fabricados.

Em 2004, a British Royal Society e a Royal Academy of Engineering recomendaram que evitemos a liberação ambiental de nanopartículas e nanotubos tanto quanto possível, até que se saiba mais sobre seus potenciais impactos nocivos.

Como medida de precaução, recomendaram que as fábricas e os laboratórios de pesquisas tratem as nanopartículas e nanotubos como se fossem perigosos para seus trabalhadores e o público em geral. Outros pedem a regulamentação da utilização de nanopartículas em materiais, a rotulagem de produtos com tais materiais e o aumento da pesquisa sobre os potenciais efeitos nocivos das nanopartículas para a saúde. **CARREIRA VERDE**: Nanotecnologia

---

PENSANDO SOBRE

Nanotecnologia

Você acredita que os benefícios da nanotecnologia superam seus efeitos potencialmente prejudiciais? Explique. Quais são as três coisas que você faria para reduzir efeitos potencialmente prejudiciais?

Ecologia e sustentabilidade

Classificação e nomenclatura das espécies (capítulos 1, 3-5, 9)

SUPLEMENTO 5

Hoje, todos os organismos da Terra são descendentes de organismos unicelulares que viveram há quase 4 bilhões de anos. Como resultado da evolução biológica por meio da seleção natural, a vida evoluiu em seis grandes grupos de espécies, chamados *reinos*: *eubactérias, arqueobactérias, protistas, fungos, plantas* e *animais* (consulte o Capítulo 4). Essa perspectiva evolutiva vê o desenvolvimento da vida como uma árvore da diversidade de espécies em constante ramificação, às vezes chamada *árvore da vida* (Figura 1).

Com base na sua estrutura celular, podemos classificar os organismos como *eucariotas* ou *procariotas*. Uma célula eucariota está rodeada por uma membrana e tem um *núcleo* distinto (uma estrutura limitada por uma membrana contendo material genético sob a forma de DNA) e vários outros componentes internos chamados *organelas*, que também são envoltas por membranas. A maioria dos organismos é constituída por células eucariotas. Uma célula procariota é cercada por uma membrana, mas não tem um núcleo distinto e nenhuma outra parte interna envolta por membranas.

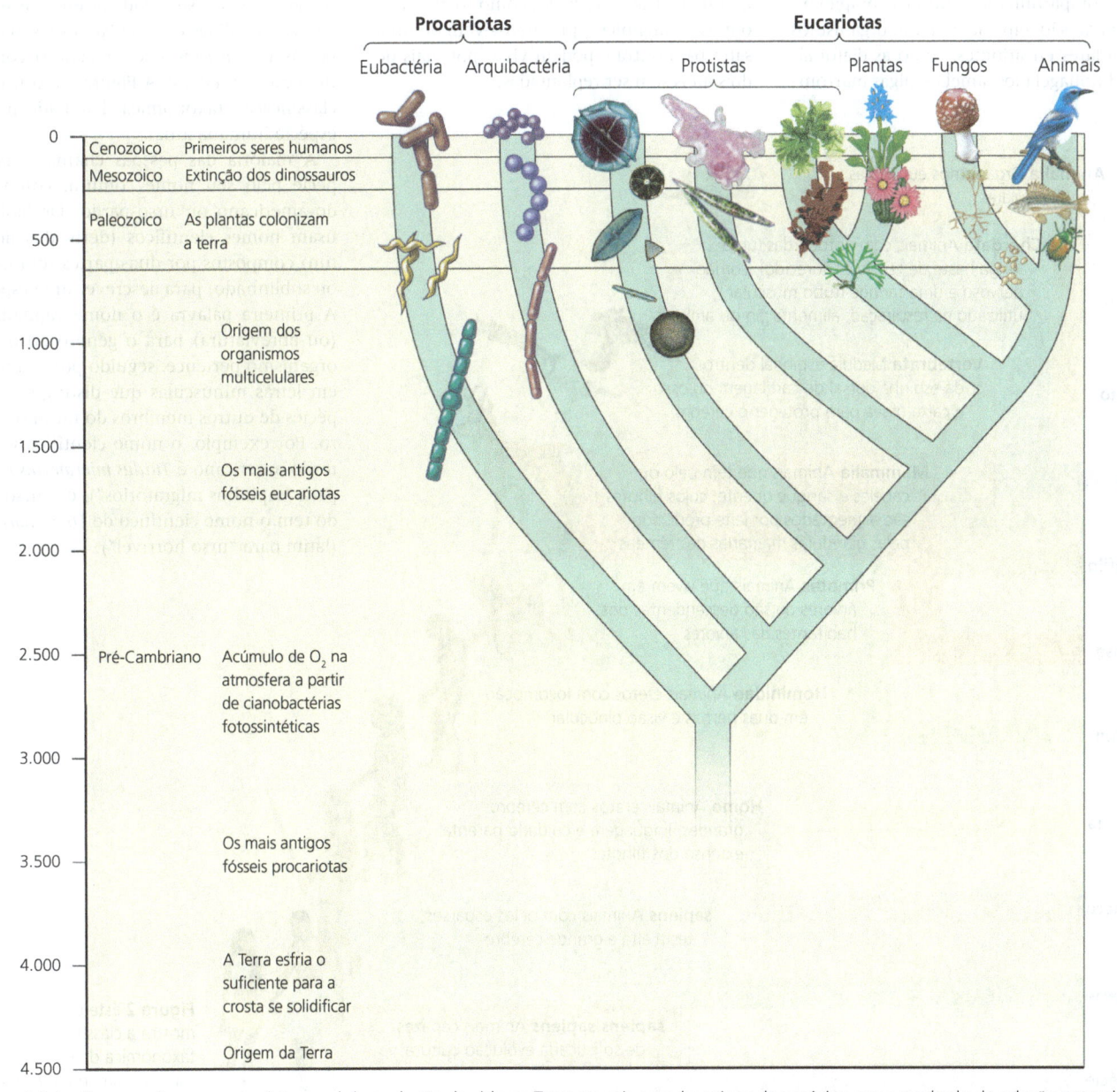

Figura 1 Este diagrama fornece uma visão geral da evolução da vida na Terra em seis grandes reinos de espécies como resultado da seleção natural.

Suplementos

Eubactérias são procariontes com células únicas que não contêm um núcleo e outros compartimentos internos encontrados nas células das espécies de outros reinos. Exemplos são várias cianobactérias e bactérias, como *estafilococos* e *estreptococos*.

Arquibactérias são bactérias unicelulares que estão mais próximas das células eucarióticas do que as eubactérias, encontradas em ambientes extremos. Exemplos são metanogênicos, que vivem nos sedimentos livres de oxigênio de lagos e pântanos e nos intestinos dos animais; halófilos, que vivem em água extremamente salgada; e termofílicos, que vivem em águas termais, ventos hidrotermais e solos ácidos.

Os outros quatro reinos – protistas, fungos, plantas e animais – são eucariotas com uma ou mais células que possuem um núcleo e compartimentos internos complexos. Os *protistas* são, em sua maioria, organismos unicelulares eucariontes, como as diatomáceas, dinoflagelados, amebas, algas marrom-douradas, verde-amareladas e protozoários. Alguns protistas causam doenças humanas, como a malária e a doença do sono.

Fungos são em sua maioria organismos eucariotas multicelulares, por vezes microscópicos, como os cogumelos, bolores, mofos e leveduras. Muitos fungos são decompositores (consulte a Figura 3-9, Capítulo 3, à esquerda). Outros matam várias plantas e animais, e causam enormes perdas em colheitas e árvores.

Plantas são em sua maioria organismos eucariontes multicelulares, como as algas vermelhas, marrons e verdes, os musgos, as samambaias e as plantas com flores que produzem sementes e perpetuam a espécie). Algumas plantas, como milho e malmequeres, são *anuais*, o que significa que completam seu ciclo de vida em uma estação de crescimento. Outras são *perenes*, como rosas, uvas, olmos e magnólias, que sobrevivem de uma safra para outra e podem viver por mais de dois anos sem ser replantadas.

Animais também são organismos eucariotas multicelulares. A maioria não tem espinha dorsal e, portanto, são chamados *invertebrados*. Estes incluem esponjas, medusas, vermes, artrópodes (camarões, caranguejos, insetos e aranhas), moluscos (caracóis, moluscos e polvos) e equinodermos (ouriços e estrelas do mar). Os *vertebrados* (animais com coluna vertebral e cérebro protegido por ossos do crânio) incluem peixes (tubarões e atum), anfíbios (sapos e salamandras), répteis (crocodilos e cobras), aves (águias e tordos) e mamíferos (morcegos, elefantes, baleias e os seres humanos).

Dentro de cada reino, os biólogos criaram subcategorias com base nas características anatômicas, fisiológicas e comportamentais. Os reinos são divididos em *filos*, que, por sua vez, o são em subgrupos chamados *classes*. Estas são subdivididas em *ordens*, por sua vez divididas em *famílias*, que são compostas por *gêneros*, e cada gênero contém uma ou mais *espécies*. A Figura 2 mostra essa classificação taxonômica detalhada para a espécie humana atual.

A maioria das pessoas chama uma espécie pelo seu nome comum, como tordo-americano ou urso-pardo. Os biólogos usam nomes científicos (derivados do latim) compostos por duas partes (em itálico ou sublinhado) para descrever uma espécie. A primeira palavra é o nome capitalizado (ou abreviatura) para o gênero ao qual o organismo pertence, seguido por um nome em letras minúsculas que distingue as espécies de outros membros do mesmo gênero. Por exemplo, o nome científico para o tordo-americano é *Turdus migratorius* (latim para "sapinhos migratórios"), e o urso-pardo tem o nome científico de *Ursus horribilis* (latim para "urso horrível").

Reino — **Animalia** Organismos eucariotas multicelulares

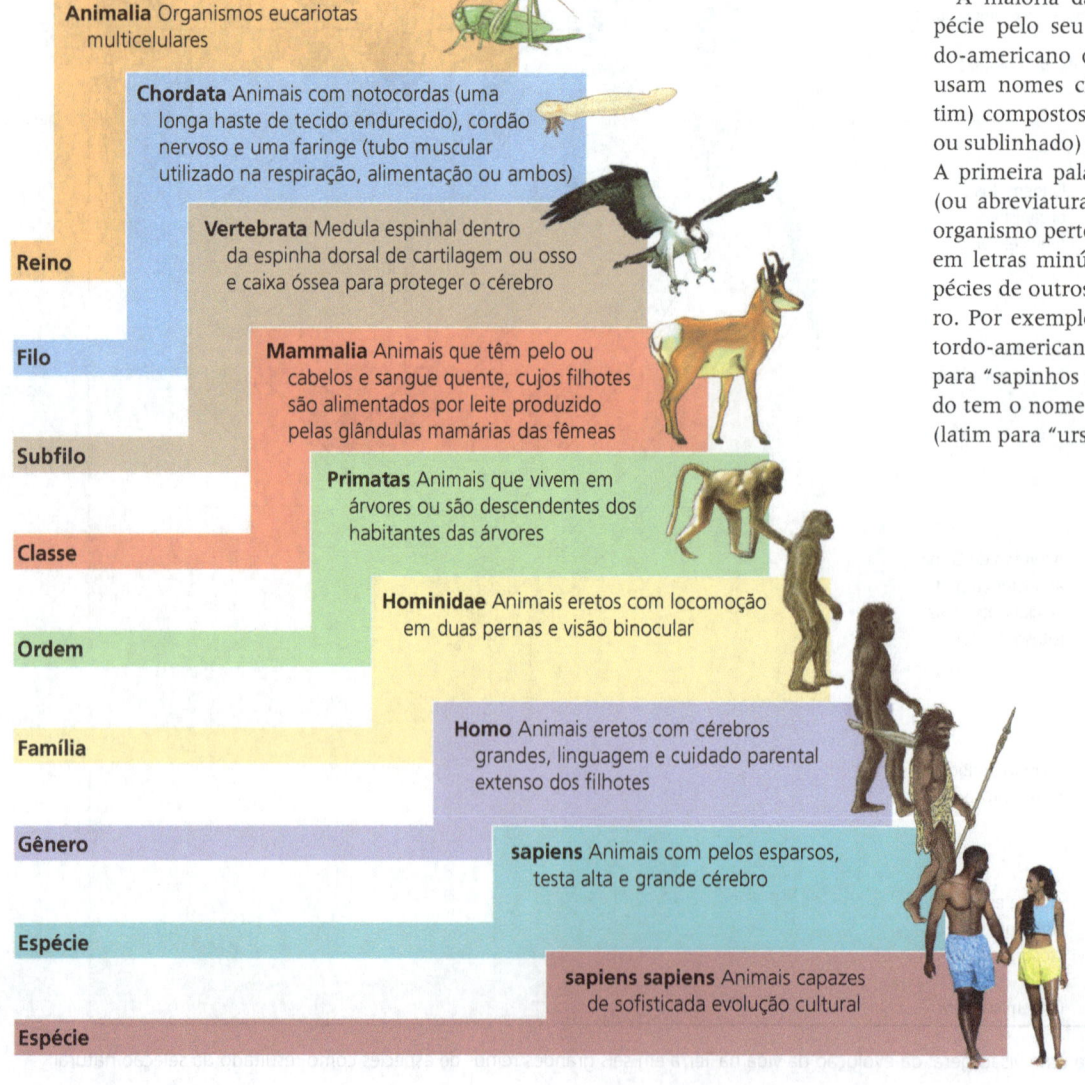

Filo — **Chordata** Animais com notocordas (uma longa haste de tecido endurecido), cordão nervoso e uma faringe (tubo muscular utilizado na respiração, alimentação ou ambos)

Subfilo — **Vertebrata** Medula espinhal dentro da espinha dorsal de cartilagem ou osso e caixa óssea para proteger o cérebro

Classe — **Mammalia** Animais que têm pelo ou cabelos e sangue quente, cujos filhotes são alimentados por leite produzido pelas glândulas mamárias das fêmeas

Ordem — **Primatas** Animais que vivem em árvores ou são descendentes dos habitantes das árvores

Família — **Hominidae** Animais eretos com locomoção em duas pernas e visão binocular

Gênero — **Homo** Animais eretos com cérebros grandes, linguagem e cuidado parental extenso dos filhotes

Espécie — **sapiens** Animais com pelos esparsos, testa alta e grande cérebro

Espécie — **sapiens sapiens** Animais capazes de sofisticada evolução cultural

Figura 2 Este diagrama mostra a classificação taxonômica da última espécie humana, o *Homo sapiens sapiens*.

Componentes e interações nos principais biomas (capítulos 3, 7, 10)

SUPLEMENTO 6

Figura 1 Este diagrama ilustra alguns componentes e interações em um ecossistema de deserto temperado na América do Norte. Quando esses organismos morrem, os decompositores quebram a matéria orgânica em minerais que as plantas podem utilizar. As setas coloridas indicam a transferência de matéria e energia entre produtores, consumidores primários (herbívoros); consumidores secundários ou de nível superior (carnívoros) e decompositores. Os organismos não estão em escala.
Pergunta: quais espécies poderiam sofrer crescimento populacional e quais poderiam sofrer um declínio populacional se a cascavel fosse eliminada desse ecossistema?

Organismos identificados: Búteo-de-cauda-vermelha, Perdiz elegante, Iúca, Lebre-antílope, Lagarto de colar, Agave, Cacto de pera espinhosa, Papa-léguas, Escaravelho, Bactérias, Cascavel, Fungos, Rato-canguru.

Legenda das setas:
- → (verde) Produtor para consumidor primário
- → (amarelo) Consumidor primário para secundário
- → (vermelho) Secundário para consumidor de alto nível
- → (laranja) Todos os consumidores e produtores para decompositores

Suplementos **S23**

Figura 2 Alguns dos componentes e algumas das interações em um ecossistema temperado de grama alta na América do Norte estão representados aqui. Quando esses organismos morrem, os decompositores quebram a matéria orgânica em minerais que as plantas podem utilizar. As setas coloridas indicam a transferência de matéria e energia entre produtores, consumidores primários (herbívoros), consumidores secundários ou de nível superior (carnívoros) e decompositores. Os organismos não estão em escala. **Pergunta:** quais espécies podem aumentar e quais podem diminuir em tamanho populacional se o cão-da-pradaria, ameaçado de extinção, fosse eliminado desse ecossistema?

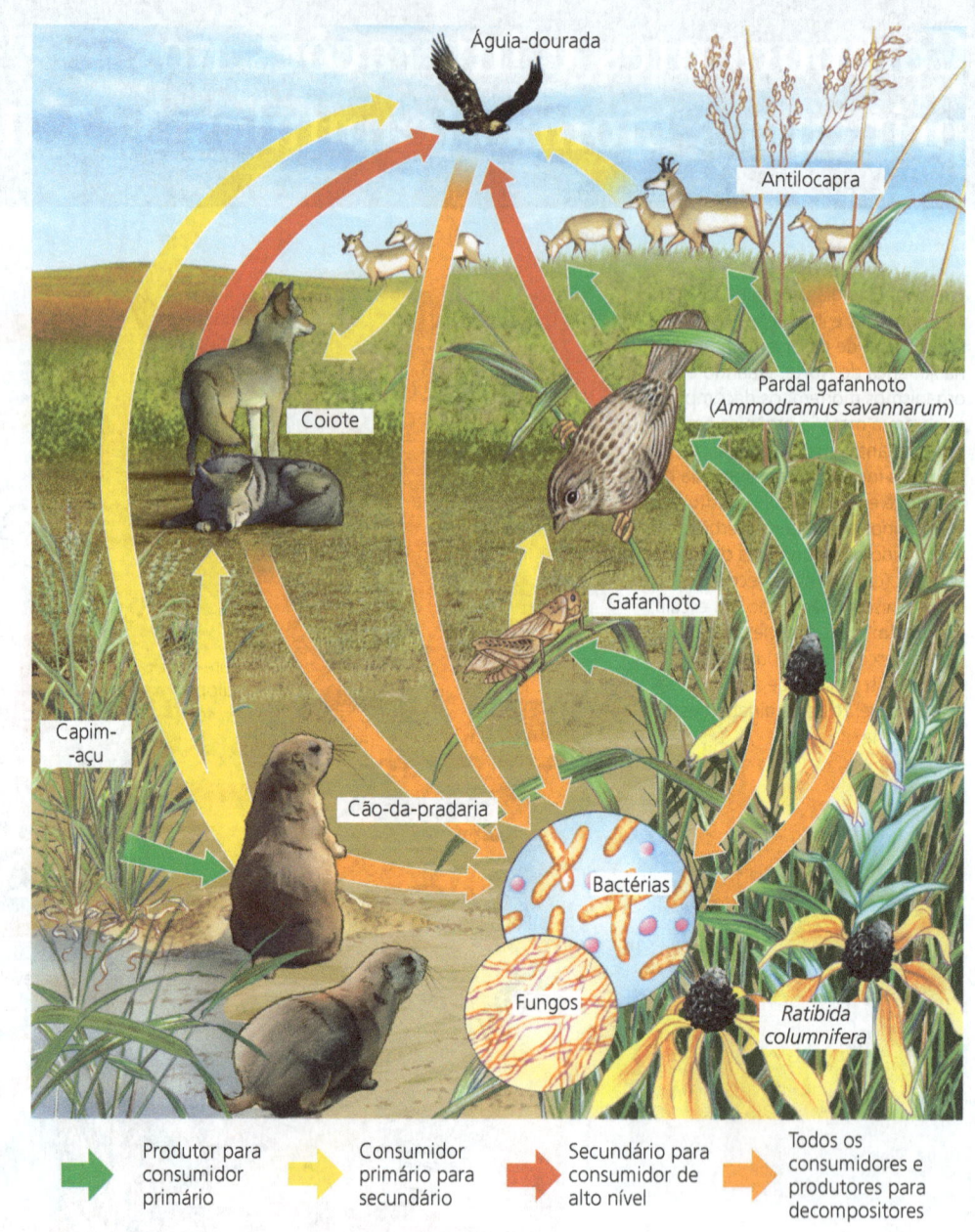

Águia-dourada
Antilocapra
Coiote
Pardal gafanhoto (*Ammodramus savannarum*)
Gafanhoto
Capim-açu
Cão-da-pradaria
Bactérias
Fungos
Ratibida columnifera

→ Produtor para consumidor primário
→ Consumidor primário para secundário
→ Secundário para consumidor de alto nível
→ Todos os consumidores e produtores para decompositores

Ecologia e sustentabilidade

Figura 3 Alguns dos componentes e algumas das interações em um ecossistema de tundra ártica (pastagens frias) na América do Norte são mostrados aqui. Quando esses organismos morrem, os decompositores quebram a matéria orgânica em minerais que as plantas podem utilizar. As setas coloridas indicam a transferência de matéria e energia entre produtores, consumidores primários (herbívoros), consumidores secundários ou de nível superior (carnívoros) e decompositores. Os organismos não estão em escala.
Pergunta: quais espécies podem aumentar e quais podem diminuir em tamanho populacional se a raposa-do-ártico, ameaçada de extinção, for eliminada desse ecossistema?

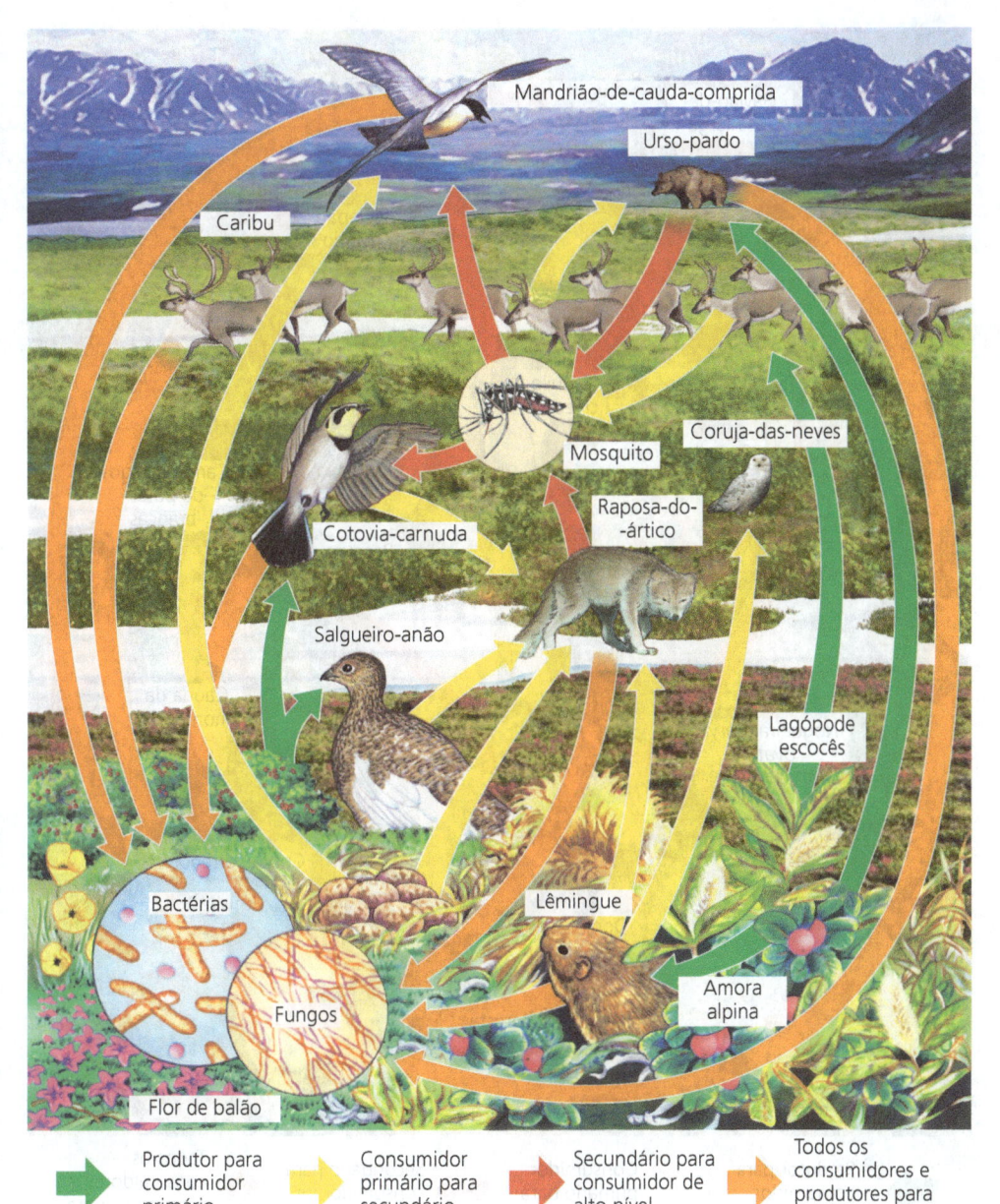

Suplementos

Figura 4 Este diagrama ilustra alguns dos componentes e algumas das interações em um ecossistema decíduo temperado na América do Norte. Quando esses organismos morrem, os decompositores quebram a matéria orgânica em minerais que as plantas podem utilizar. As setas coloridas indicam a transferência de matéria e energia entre produtores, consumidores primários (herbívoros), consumidores secundários ou de nível superior (carnívoros) e decompositores. Os organismos não estão em escala. **Pergunta:** quais espécies podem aumentar e quais podem diminuir em tamanho populacional se o gavião-de-asa-larga, ameaçado de extinção, for eliminado desse ecossistema?

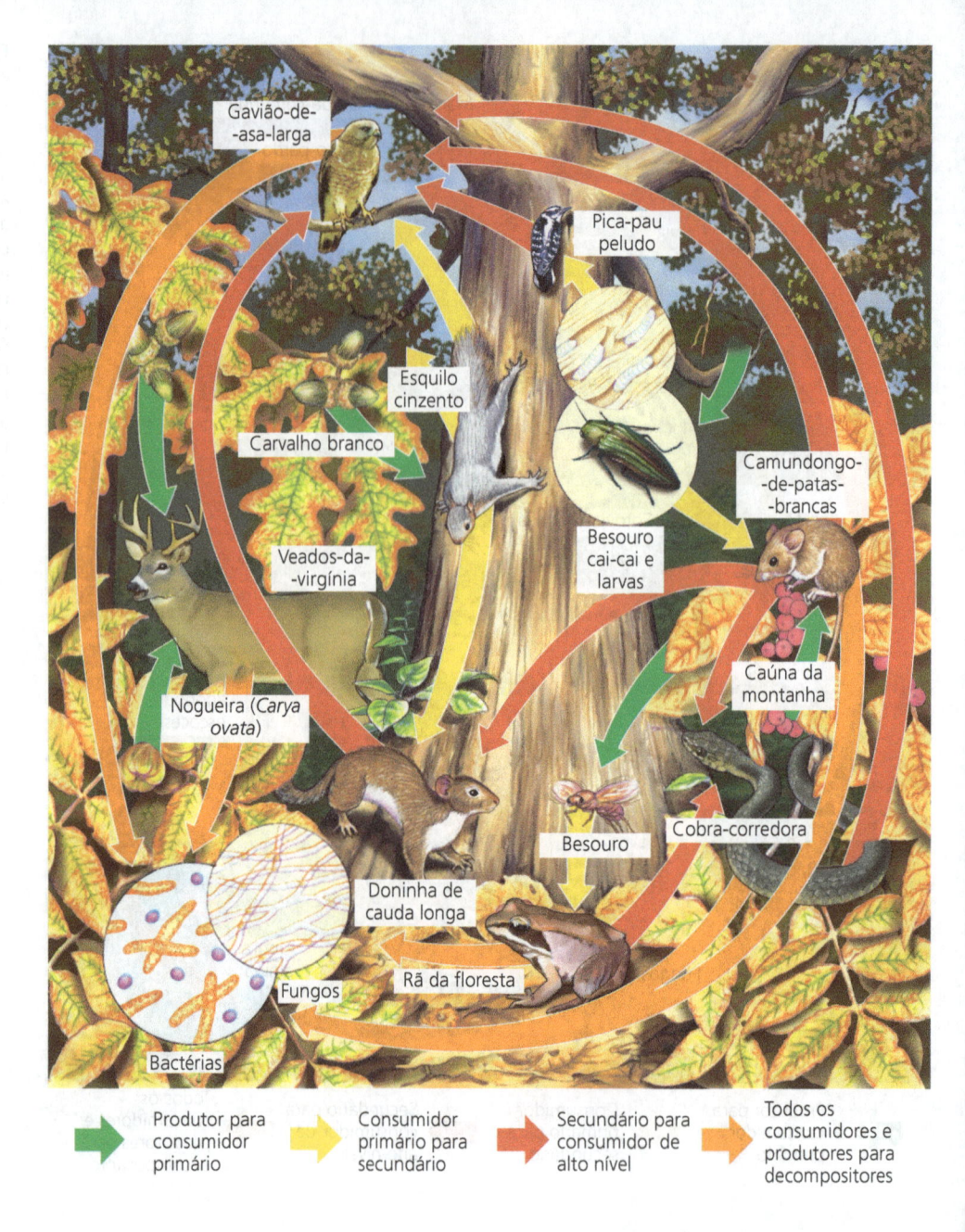

Gavião-de-asa-larga
Pica-pau peludo
Esquilo cinzento
Carvalho branco
Camundongo-de-patas-brancas
Veados-da-virgínia
Besouro cai-cai e larvas
Caúna da montanha
Nogueira (*Carya ovata*)
Besouro
Cobra-corredora
Doninha de cauda longa
Rã da floresta
Fungos
Bactérias

→ Produtor para consumidor primário
→ Consumidor primário para secundário
→ Secundário para consumidor de alto nível
→ Todos os consumidores e produtores para decompositores

Ecologia e sustentabilidade

Figura 5 Alguns dos componentes e algumas das interações em um ecossistema de coníferas perenes (boreal ou taiga) na América do Norte são mostrados aqui. Quando esses organismos morrem, os decompositores quebram a matéria orgânica em minerais que as plantas podem utilizar. As setas coloridas indicam a transferência de matéria e energia entre produtores, consumidores primários (herbívoros), consumidores secundários ou de nível superior (carnívoros) e decompositores. Os organismos não estão em escala. **Pergunta:** quais espécies podem aumentar e quais podem diminuir em tamanho populacional se o corujão-da-virgínia, ameaçado de extinção, for eliminado desse ecossistema?

- ➡ Produtor para consumidor primário
- ➡ Consumidor primário para secundário
- ➡ Secundário para consumidor de alto nível
- ➡ Todos os consumidores e produtores para decompositores

Suplementos S27

Figura 6 Este diagrama ilustra alguns dos componentes e interações em um ecossistema de recifes de coral. Quando esses organismos morrem, os decompositores quebram a matéria orgânica em minerais que são utilizados pelas plantas. As setas coloridas indicam a transferência de matéria e energia entre produtores, consumidores primários (herbívoros), consumidores secundários ou de nível superior (carnívoros) e decompositores. Os organismos não estão em escala. Veja a foto de um recife de coral na Figura 8-1, Capítulo 8, à esquerda. **Pergunta:** como as espécies desse ecossistema seriam afetadas se as populações de fitoplâncton sofressem uma queda acentuada?

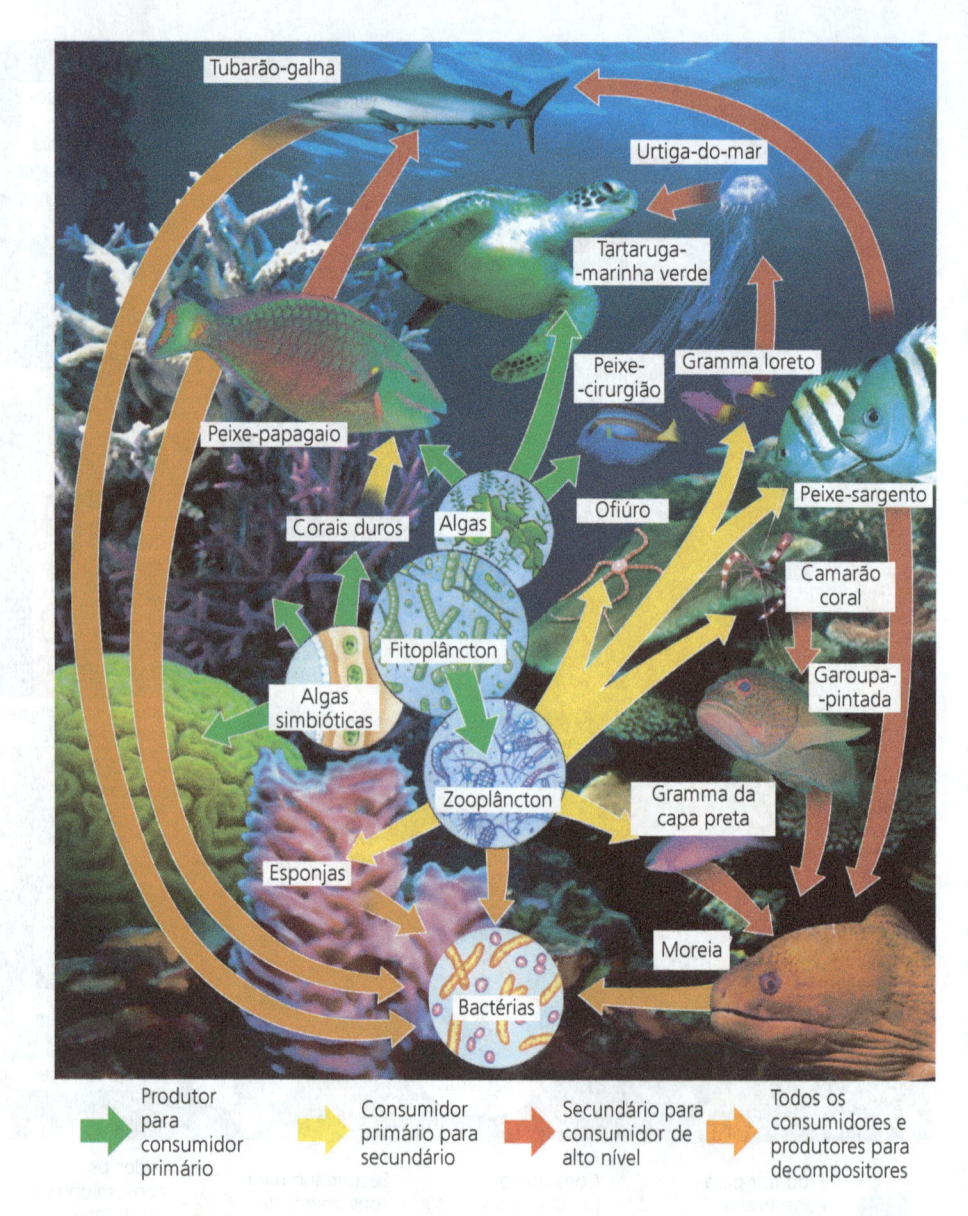

Tubarão-galha
Urtiga-do-mar
Tartaruga-marinha verde
Peixe-cirurgião
Gramma loreto
Peixe-papagaio
Peixe-sargento
Corais duros
Algas
Ofiúro
Camarão coral
Fitoplâncton
Algas simbióticas
Garoupa-pintada
Zooplâncton
Gramma da capa preta
Esponjas
Moreia
Bactérias

Produtor para consumidor primário
Consumidor primário para secundário
Secundário para consumidor de alto nível
Todos os consumidores e produtores para decompositores

Ecologia e sustentabilidade

SUPLEMENTO 7

Princípios do tempo: El Niño, furacões e ciclones tropicais (capítulo 7)

O tempo é afetado pela movimentação de massas de ar quente e frio

Tempo é o conjunto das condições atmosféricas, a curto prazo, que ocorrem normalmente durante horas ou dias em determinada área. Exemplos de condições atmosféricas podem ser temperatura, pressão, umidade, precipitação, insolação, nebulosidade, direção e velocidade do vento.

Os meteorologistas utilizam equipamentos montados em balões meteorológicos, aviões, navios e satélites, além de radares e sensores estacionários, para obter dados relativos às variáveis meteorológicas. Então, inserem esses dados em modelos de computador para desenhar mapas meteorológicos. Outros modelos de computador projetam o tempo durante um período de vários dias, calculando as probabilidades de massas de ar, ventos e outros fatores mudarem de direção.

Muito do tempo que experimentamos resulta das interações entre as bordas de massas de ar quente e frio que se movem. O tempo muda conforme uma massa de ar substitui ou se encontra com outra. As mudanças mais dramáticas no clima ocorrem em uma **frente**, a fronteira entre duas massas de ar com diferentes temperaturas e densidades.

Frente quente é o limite entre uma massa de ar quente que está avançando e outra mais fria que está sendo substituída (Figura 1, esquerda). Como o ar quente é menos denso (pesa menos por unidade de volume) do que o frio, uma frente quente avançando se eleva sobre uma massa de ar frio. Conforme a frente quente sobe, a umidade começa a se condensar em gotículas, formando camadas de nuvens a altitudes diferentes. Gradualmente, as nuvens engrossam, descem a uma altitude inferior e muitas vezes liberam umidade na forma de chuva. Uma frente quente e úmida pode trazer dias de céu nublado e garoa.

Frente fria (Figura 1, à direita) é a de uma massa de ar frio que está avançando. Como o ar frio é mais denso que o quente, uma frente fria avançando fica próxima ao chão e entra debaixo do ar mais quente e menos denso. Uma frente fria se aproximando produz nuvens altas e de movimento rápido, chamadas *nuvens de trovoadas*, com topos retos e formato de bigornas.

Conforme uma frente fria passa, pode causar ventos de superfície elevados e trovoadas. Depois que sai da área, geralmente resulta em temperaturas mais baixas e céu claro.

Perto do topo da troposfera, ventos com força de furacão circulam a Terra. Esses ventos fortes, chamados *correntes a jato*, seguem caminhos que sobem e descem, e têm uma forte influência sobre os padrões climáticos (Figura 2).

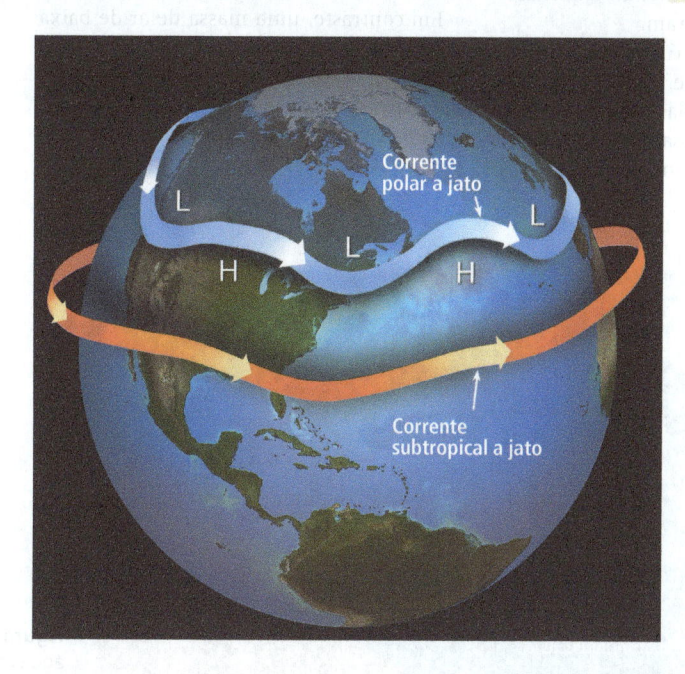

Figura 2 *Corrente a jato* é uma torrente de ar fluindo rapidamente que se move de oeste para leste, em um padrão ondulado. Essa figura mostra uma corrente a jato polar e outra subtropical durante o inverno. Na realidade, as correntes a jato são descontínuas, e suas posições variam de um dia para outro. (Utilizado com permissão de C. Donald Ahrens, *Meteorology Today*, 8. ed. Belmont, CA: Brooks/Cole, 2006)

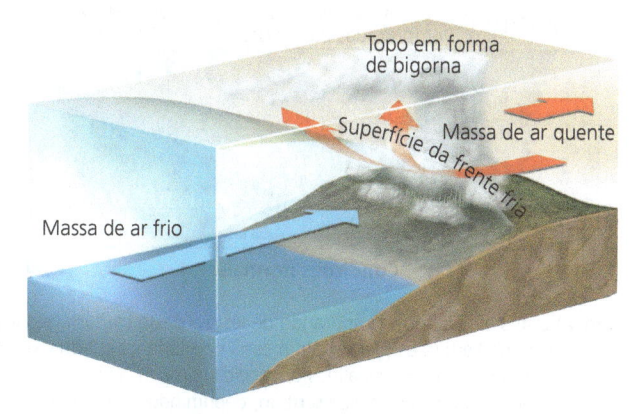

Figura 1 Frentes de tempo: Frente quente (à esquerda) ocorre quando uma massa de ar quente encontra e avança sobre outra de ar frio mais denso. Frente fria (à direita) forma-se quando uma massa móvel de ar frio entra embaixo de outra de ar quente menos densa.

O tempo é afetado por mudanças na pressão atmosférica

Também afetam o clima alterações na *pressão atmosférica*, que resulta de moléculas de gases (principalmente nitrogênio e oxigênio) na atmosfera, movendo-se ao redor de velocidades muito altas, batendo e quicando em tudo o que encontram.

A pressão atmosférica é maior perto da superfície da Terra porque as moléculas na atmosfera estão espremidas sob o peso do ar acima delas. Uma massa de ar com alta pressão, chamada **alta**, contém ar frio e denso que desce lentamente em direção à superfície da Terra e se torna mais quente. Em razão desse aquecimento, a condensação da umidade geralmente não ocorre e as nuvens em geral não se formam. O tempo bom com céu aberto continua enquanto essa massa de ar de pressão alta permanece sobre a área.

Em contraste, uma massa de ar de baixa pressão, chamada **baixa**, produz tempo nublado e às vezes tempestades. Em razão das suas baixas pressão e densidade, o centro de uma baixa sobe e seu ar quente se expande e esfria. Quando a temperatura cai abaixo de certo nível em que ocorre a condensação, chamado *ponto de orvalho*, a umidade do ar condensa e forma nuvens.

Se as gotas nas nuvens se unem em gotas maiores ou flocos de neve pesados o suficiente para cair do céu, ocorre a precipitação. A condensação do vapor de água em gotas de água normalmente requer que o ar contenha partículas minúsculas suspensas de materiais como poeira, fumaça, sais marinhos ou cinzas vulcânicas. Esses chamados *núcleos de condensação* oferecem superfícies sobre as quais as gotas de água podem se formar e se fundir.

A cada poucos anos, grandes mudanças na direção dos ventos no oceano Pacífico afetam os padrões meteorológicos globais

Uma **ressurgência**, ou o movimento ascendente da água do oceano, pode misturar os níveis superiores da água do mar com os mais baixos, levando a água fria e rica em nutrientes do fundo do oceano para a superfície mais quente, que suporta grandes populações de fitoplâncton, zooplâncton, peixes e aves marinhas que se alimentam de peixes.

Figura 3 Uma ressurgência da costa ocorre quando águas profundas, frias e ricas em nutrientes são trazidas para substituir a água de superfície, afastadas de uma costa rochosa pelo vento que flui ao longo da costa em direção ao equador.

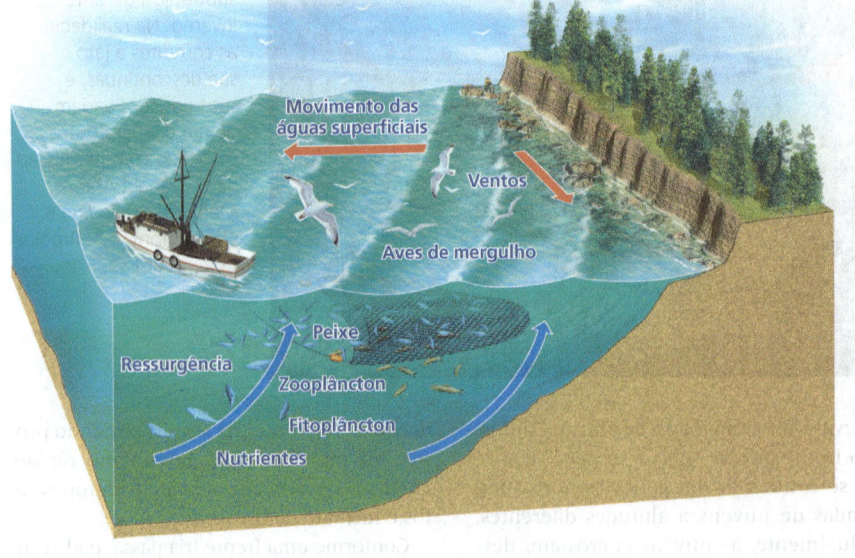

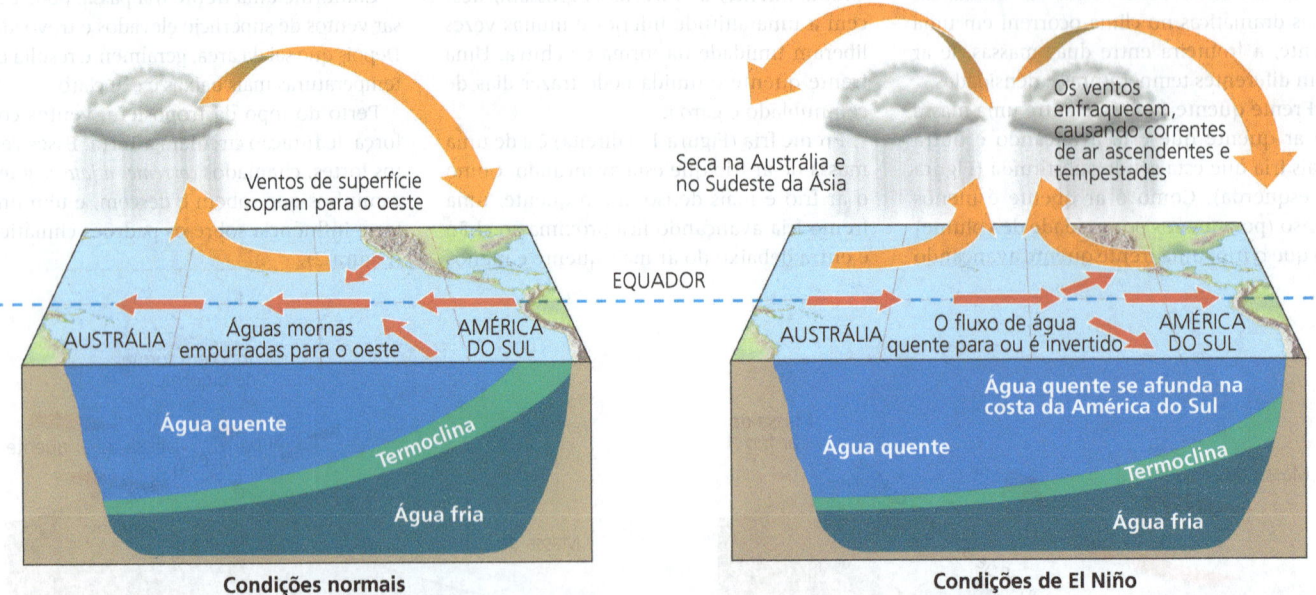

Figura 4 Ventos alísios normais soprando de leste a oeste causam ressurgências da água fria de fundo, rica em nutrientes, para o Oceano Pacífico tropical perto da costa do Peru (à esquerda). Uma zona de mudança gradual de temperatura chamada termoclina separa a água quente e fria. A cada poucos anos, uma mudança nos ventos alísios conhecida como El Niño-Oscilação Sul (ENSO) interrompe esse padrão. Os ventos alísios que sopram de leste para oeste enfraquecem ou invertem seu sentido, deprimindo as ressurgências costeiras e aquecendo as águas de superfície na América do Sul (à direita). Quando o El Niño tem duração de 12 meses ou mais, perturba seriamente as populações de plâncton, peixes e aves marinhas em áreas de ressurgência e pode alterar as condições meteorológicas em grande parte do globo (Figura 5).

Ecologia e sustentabilidade

A Figura 7-2, Capítulo 7, mostra as grandes zonas de ressurgência dos oceanos. Aquelas longe da costa ocorrem quando as correntes de superfície se afastam e trazem a água das camadas mais profundas para cima. Fortes ressurgências também são encontradas ao longo das íngremes costas ocidentais de alguns continentes, quando ventos que sopram ao longo das costas empurram a água da superfície para longe da terra e trazem a água do fundo do oceano para cima (Figura 3).

A cada poucos anos, ressurgências normais da costa no Oceano Pacífico (Figura 4, à esquerda) são afetadas por mudanças nos padrões climáticos, chamadas *El Niño-Oscilação Sul*, ou *ENSO* (Figura 4, à direita). Neste, muitas vezes simplesmente chamado *El Niño*, os ventos predominantes (Figura 7-3, Capítulo 7), chamados ventos alísios tropicais, que sopram de leste para oeste, enfraquecem ou invertem a direção. Isso permite que as águas mais quentes do Pacífico oeste se movam em direção à costa da América do Sul, que suprime as ressurgências normais de água fria, ricas em nutrientes (Figura 4, à direita). A diminuição em nutrientes reduz a produtividade primária e causa um acentuado declínio nas populações de algumas espécies de peixes.

Um forte ENSO pode alterar o tempo de pelo menos dois terços do globo (Figura 5), especialmente nas terras ao longo do Pacífico e Índico. Os cientistas não sabem exatamente o que causa o El Niño, mas sabem como detectar sua formação e acompanhar seu progresso.

O *La Niña*, inverso do El Niño, esfria algumas águas superficiais costeiras e traz as ressurgências de volta. Normalmente, o La Niña significa mais furacões no Oceano Atlântico, invernos mais frios no Canadá e nordeste dos Estados Unidos, e invernos mais quentes e mais secos no sudeste e sudoeste dos Estados Unidos. Geralmente também leva a invernos mais úmidos no noroeste do Pacífico, chuvas torrenciais no sudeste da Ásia, menor rendimento de trigo na Argentina e mais incêndios florestais na Flórida.

Furacões e ciclones tropicais são extremos climáticos violentos

Às vezes experimentamos *extremos climáticos*. Dois exemplos são as violentas tempestades chamadas *furacões* (que se formam sobre a terra) e os *ciclones tropicais* (que se formam sobre as águas quentes do oceano e às vezes passam sobre as zonas costeiras).

Furacões ou *tornados* são nuvens em forma de funil giratórias que se formam sobre a terra. Eles podem destruir casas e causar sérios danos nas áreas onde atingem a superfície da Terra. Os Estados Unidos são o país mais propenso a furacões do mundo, seguido pela Austrália.

Os tornados nas planícies do oeste dos Estados Unidos geralmente ocorrem quando uma grande frente fria seca se deslocando para o sul do Canadá encontra outra, também grande, de ar úmido e quente indo para o norte do Golfo do México. A maioria dos tornados ocorre na primavera e no verão, quando as frentes de ar frio do norte penetram profundamente nas Grandes Planícies e no Centro Oeste. Como a grande massa de ar quente se move rapidamente sobre a

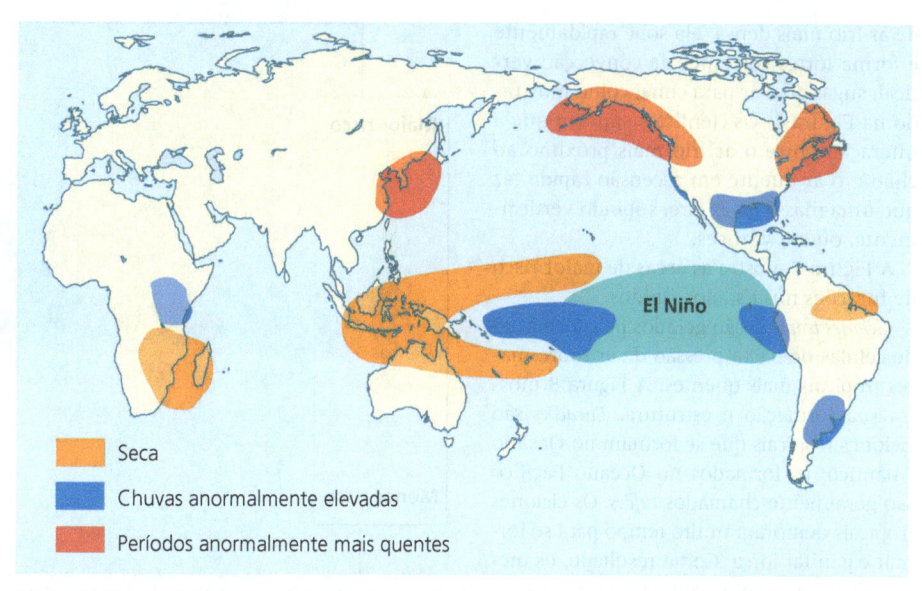

Figura 5 Efeitos climáticos globais típicos de um El Niño-Oscilação Sul. **Pergunta:** Como o El Niño pode afetar o clima onde você mora ou estuda? (Dados da Organização das Nações Unidas para Alimentação e Agricultura)

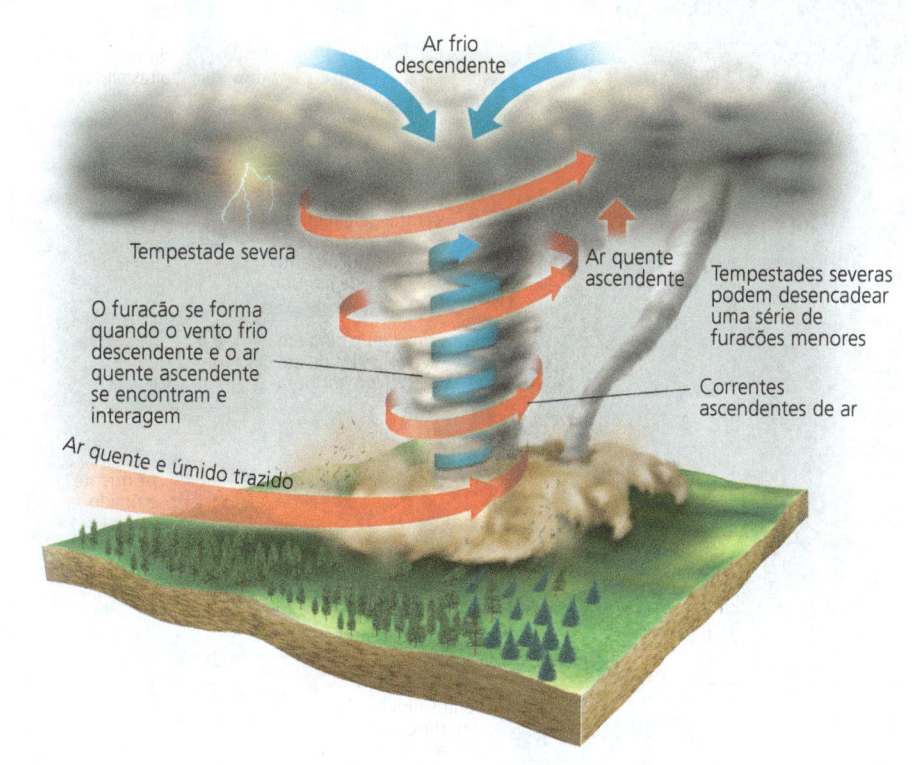

Figura 6 Formação de um *furacão*, ou *tornado*. Embora os furacões possam se formar em qualquer época do ano, a temporada mais ativa nos Estados Unidos é geralmente entre março e agosto. Os meteorologistas ainda não podem prever exatamente onde os furacões se formarão em um determinado momento, mas a pesquisa sobre furacões e os avanços na modelagem computacional podem ajudá-los a identificar áreas de risco para a formação dessas tempestades mortais.

de ar frio mais densa, ela sobe rapidamente e forma fortes correntes de convecção vertical, sugando o ar para cima, como mostrado na Figura 6. Os cientistas supõem que a interação entre o ar frio mais próximo ao chão e o ar quente em ascensão rápida faz que uma massa de ar gire, subindo verticalmente, ou em vórtices.

A Figura 7 mostra as áreas de maior risco de furacões nos Estados Unidos.

Ciclones tropicais são gerados pela formação de células de baixa pressão de ar sobre mares tropicais mais quentes. A Figura 8 mostra sua formação e estrutura. *Furacões* são ciclones tropicais que se formam no Oceano Atlântico; os formados no Oceano Pacífico são geralmente chamados *tufões*. Os ciclones tropicais demoram muito tempo para se formar e ganhar força. Como resultado, os meteorologistas podem acompanhar seus caminhos e a velocidade do vento, e advertir as pessoas em zonas suscetíveis de ser afetadas por essas tempestades violentas.

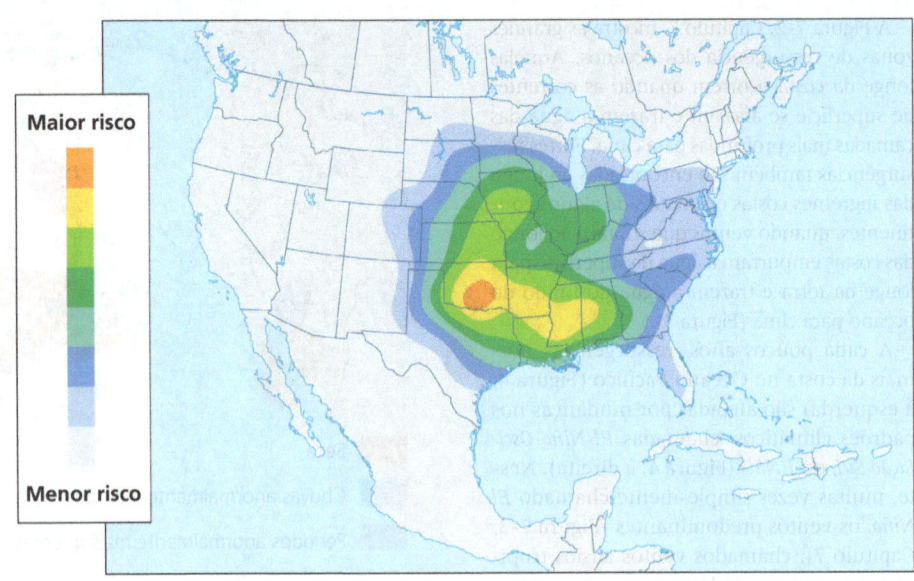

Figura 7 Este mapa mostra o risco relativo de furacões em todo o território continental dos Estados Unidos. (Dados do NOAA)

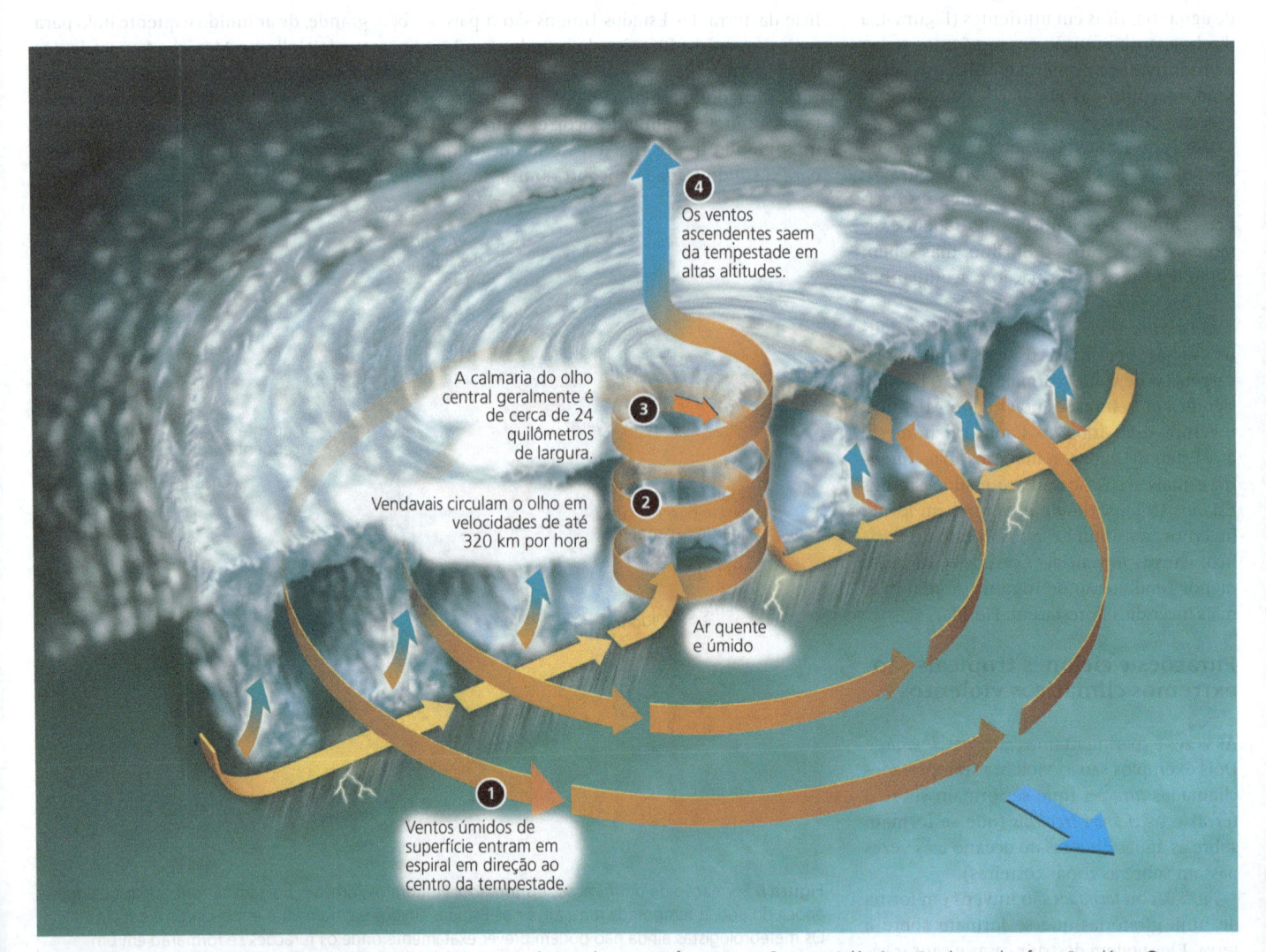

Figura 8 Este diagrama ilustra a formação de um ciclone tropical. Aqueles que se formam no Oceano Atlântico são chamados furacões; já no Oceano Pacífico, tufões.

Ecologia e sustentabilidade

Para que um ciclone tropical se forme, a temperatura da água do mar tem de estar a pelo menos 27°C a uma profundidade de 46 metros. Um ciclone tropical se forma quando as áreas de baixa pressão sobre o oceano quente trazem o ar das áreas de maior pressão ao seu redor. A rotação da Terra faz que esses ventos girem em espiral anti-horário no hemisfério norte e no sentido contrário no hemisfério sul (veja Figura 7-3, Capítulo 7). O ar úmido, aquecido pelo calor do oceano, ergue-se em um vórtice pelo centro da tempestade até se tornar um ciclone tropical (Figura 8).

As intensidades dos ciclones tropicais são classificadas em diferentes categorias, com base em suas velocidades de vento sustentadas. *Categoria 1:* 119-153 quilômetros por hora; *Categoria 2:* 154-177 quilômetros por hora; *Categoria 3:* 178-209 quilômetros por hora, *Categoria 4:* 210-249 quilômetros por hora; *Categoria 5:* mais que 249 quilômetros por hora. Quanto mais tempo um ciclone tropical permanece sobre águas quentes, mais forte fica. Ventos de força de furacão significativos podem se estender a 64-161 quilômetros do centro, ou olho, de um ciclone tropical.

Tufões e furacões matam, ferem pessoas e danificam propriedades e a produção agrícola. Às vezes, porém, os benefícios ecológicos e econômicos a longo prazo de um ciclone tropical podem superar seu efeito prejudicial a curto prazo.

Por exemplo, em partes do Estado do Texas, nos Estados Unidos, ao longo do Golfo do México, as baías costeiras e pântanos, por causa de suas formações naturais e das ilhas barreira que as protegem, recebem, normalmente, muito poucas entradas de água doce e salgada. Em agosto de 1999, o furacão Brett atingiu essa zona costeira. Segundo os biólogos marinhos, a tempestade lavou o excesso de nutrientes da drenagem urbana e varreu as algas marinhas mortas e a vegetação em decomposição das baías costeiras e pântanos. Também esculpiu 12 canais através das ilhas barreira ao longo da costa, permitindo que grandes quantidades de água fresca do mar inundassem as baías e os pântanos.

Essa lavagem das baías e dos pântanos reduziu as marés marrons compostas pelo crescimento excessivo de alga, alimentando-se do excesso de nutrientes. Além disso, aumentou o crescimento das algas marinhas, que servem como viveiros de camarões, caranguejos e peixes, e de alimento para milhões de patos invernantes nas baías do Texas, assim como a produção de espécies comercialmente importantes de mariscos e peixes.

Mapas (capítulos 1, 3, 5-11)

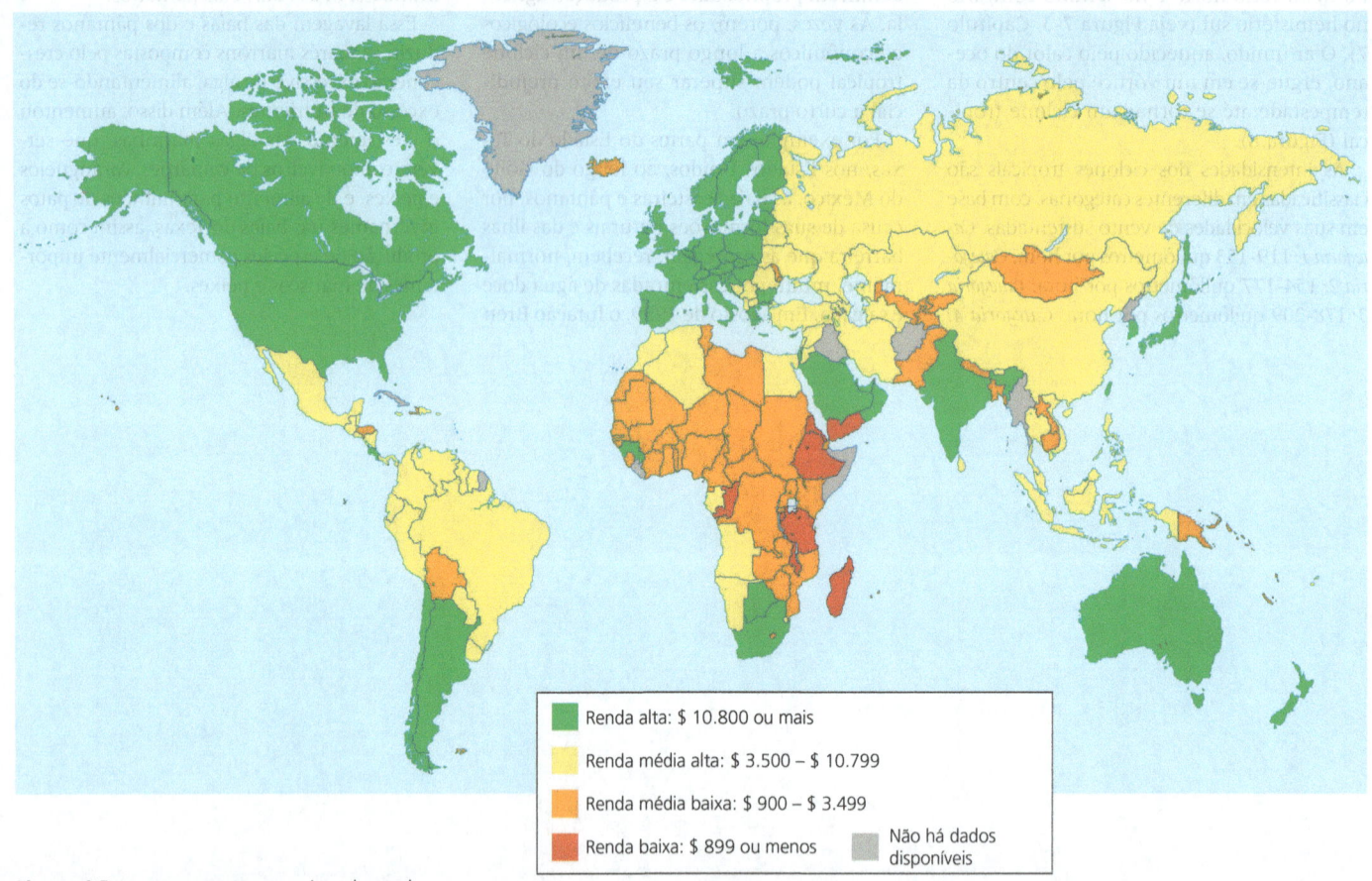

SUPLEMENTO 8

Legenda do mapa:
- Renda alta: $ 10.800 ou mais
- Renda média alta: $ 3.500 – $ 10.799
- Renda média baixa: $ 900 – $ 3.499
- Renda baixa: $ 899 ou menos
- Não há dados disponíveis

Figura 1 Este mapa mostra os países de rendas alta, média alta, média baixa, e os de baixa renda em termos de rendimento nacional bruto (RNB) PPP *per capita* (dólares americanos) em 2008. (Dados do Banco Mundial e Fundo Monetário Internacional)

Análise de dados e mapa
1. Em quantos países a renda per capita média é de 899 dólares ou menos?
2. Em quantos casos um país de renda média baixa ou baixa faz fronteira com outro de renda alta?

Ecologia e sustentabilidade

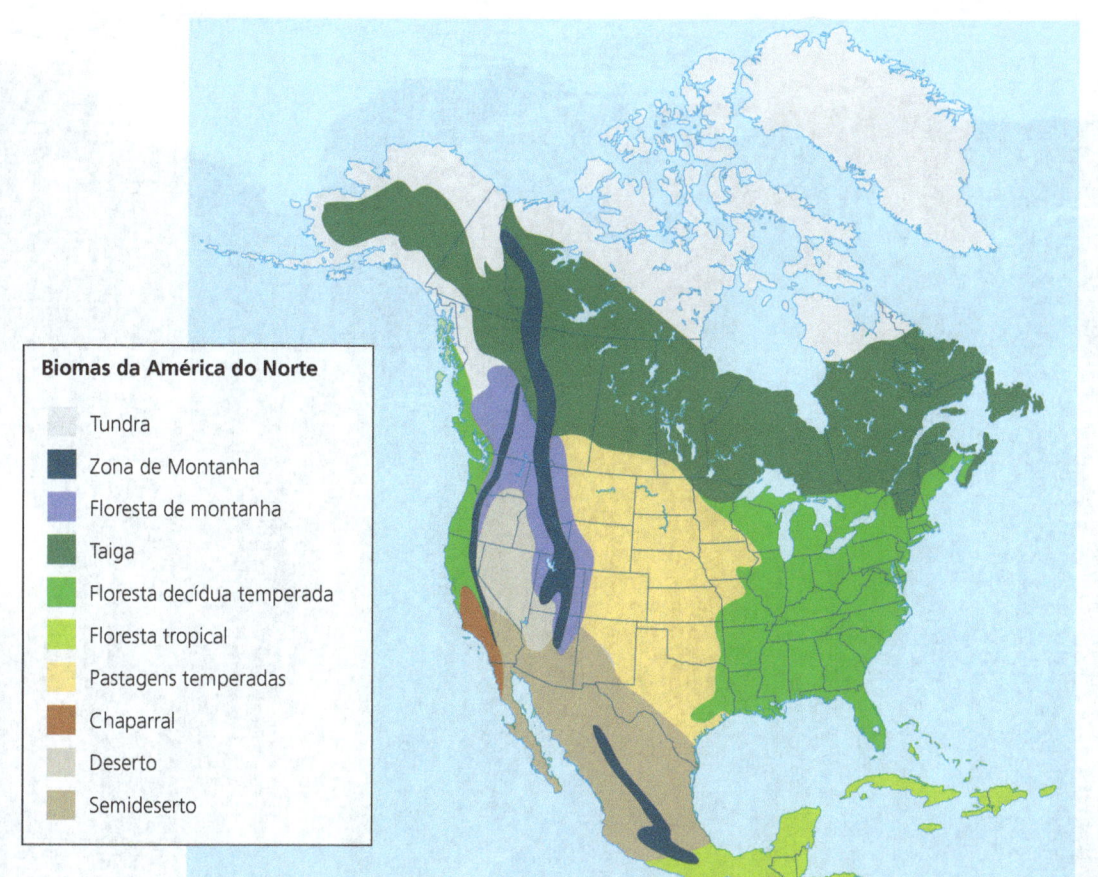

Figura 2 Capital natural: Este mapa mostra os principais biomas encontrados na América do Norte.

Análise de dados e mapa
1. Que tipo de bioma ocupa a maior área costeira?
2. Que bioma é o mais raro na América do Norte?

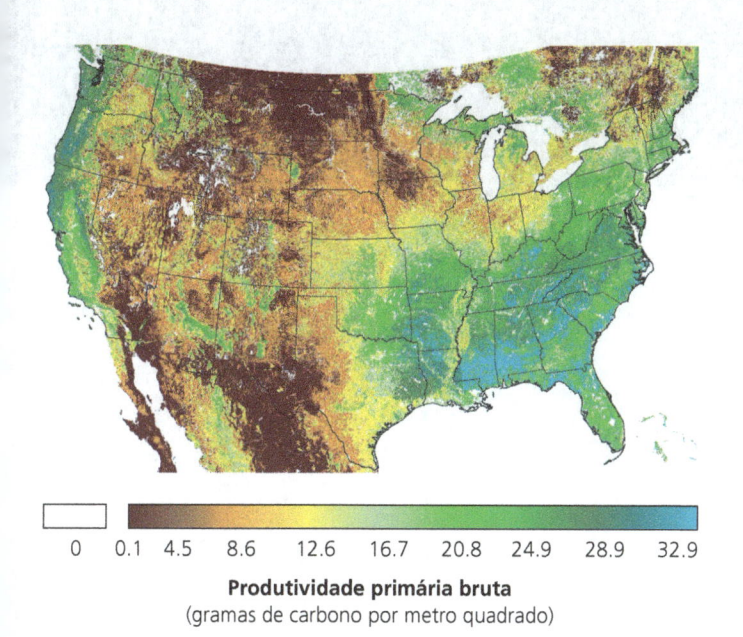

Biomas da América do Norte
- Tundra
- Zona de Montanha
- Floresta de montanha
- Taiga
- Floresta decídua temperada
- Floresta tropical
- Pastagens temperadas
- Chaparral
- Deserto
- Semideserto

Figura 3 Este mapa ilustra a produtividade primária bruta na área continental dos Estados Unidos com base em dados de satélite remoto. As diferenças estão mais ou menos correlacionadas com as variações na umidade e tipos de solo. (Observatório da Terra da Nasa)

Análise de dados e mapa
1. Comparando-se os cinco Estados mais ao noroeste com os cinco mais ao sudeste, qual dessas regiões tem a maior variedade em níveis de produtividade primária bruta? Qual dessas regiões possui o maior nível global?
2. Compare este mapa com o da Figura 2. Qual bioma nos Estados Unidos está associado ao nível mais alto de produtividade primária bruta?

0 0.1 4.5 8.6 12.6 16.7 20.8 24.9 28.9 32.9
Produtividade primária bruta
(gramas de carbono por metro quadrado)

Suplementos

Figura 4 Essa visão da Terra, composta por satélite, mostra seus principais recursos terrestres e aquáticos.

Análise de dados e mapa
1. Em que continente o deserto constitui a maior porcentagem da área total?
2. Que dois continentes contêm grandes áreas de gelo polar?

Ecologia e sustentabilidade

Nasa Goddard Space Flight Center Imagem por Reto Stöcki (superfície da terra, águas rasas, nuvens). Melhorias por Robert Simmon (cor do oceano, composição, globos 3D, animações)

Suplementos

Figura 5 Mapa global da biodiversidade vegetal. (Utilizado com permissão de Kier, et al., "Global Patterns of Plant Diversity and Floristic Knowledge", *Journal of Biogeography* (Wiley-Blackwell), 32, n. 6, (2005): 921-1106)

Análise de dados e mapa
1. Qual continente possui a maior área contínua de terra que abriga mais de 5 mil espécies por região ecológica? Em que continente está a segunda maior área de tal terra?
2. Das seis categorias representadas por seis cores diferentes no mapa, qual parece ocupar a maior área terrestre no mundo (sem contar a Antártida, a grande massa de terra na parte inferior do mapa, e a Groenlândia)?

Número de espécies por ecorregião
- <500
- 500–1000
- 1000–2000
- 2000–3000
- 3000–5000
- >5000

Ecologia e sustentabilidade

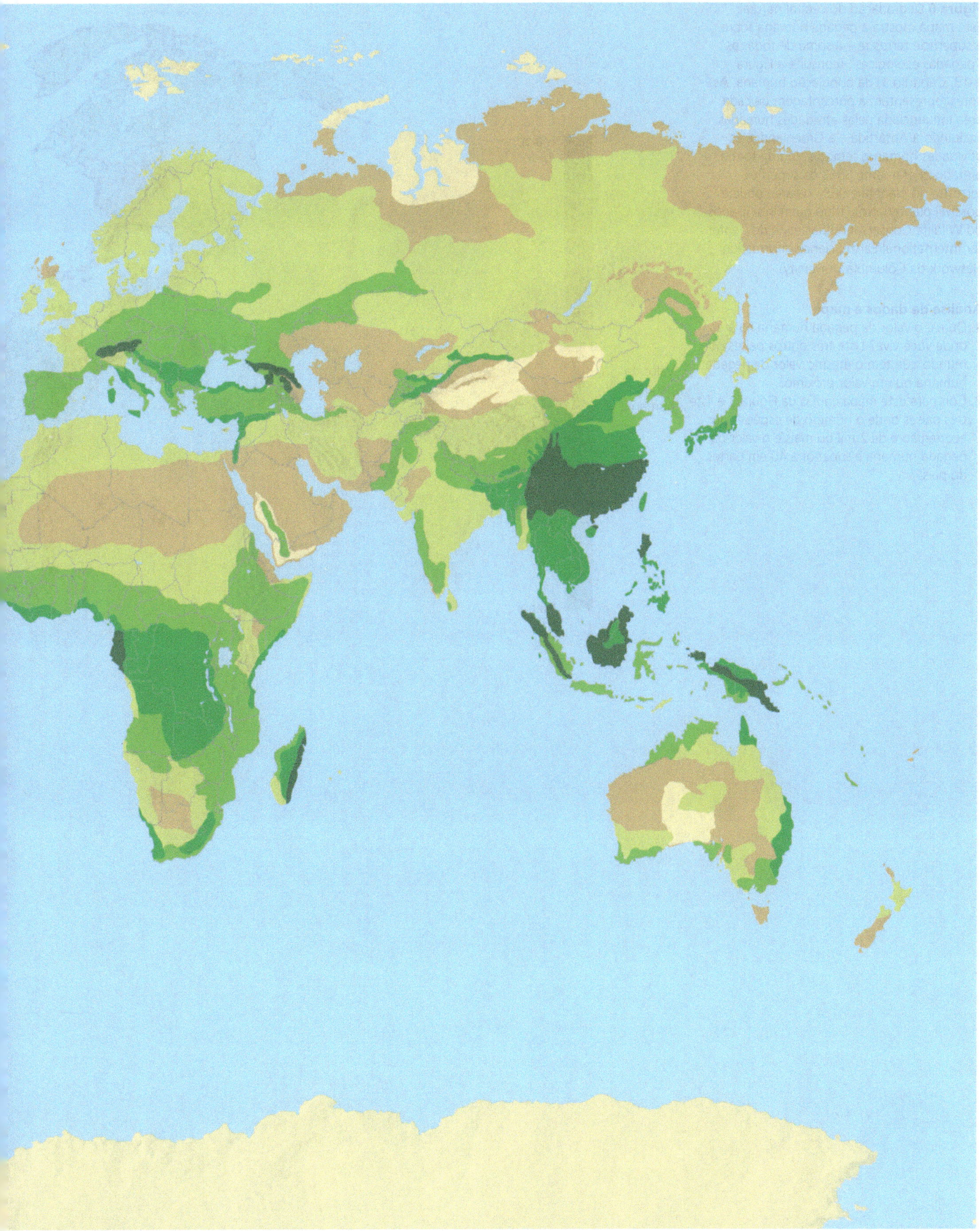

Figura 6 Degradação do capital natural: Este mapa mostra a pegada humana sobre a superfície terrestre – a soma de todas as "pegadas ecológicas" (consulte a Figura 1-13, Capítulo 1) da população humana. As cores representam a porcentagem de cada área influenciada pelas atividades humanas. Excluindo a Antártida e a Groenlândia, as atividades humanas têm, de alguma forma, afetado diretamente 83% da superfície terrestre do planeta e 98% da área onde é possível plantar arroz, trigo ou milho. (Dados do Wildlife Conservation Society e do Center for International Earth Science Information Network da Columbia University)

Análise de dados e mapa
1. Qual é o valor da pegada humana na área onde você vive? Liste três outros países no mundo que têm o mesmo valor de pegada humana ou um valor próximo.
2. Compare este mapa com o da Figura 3 e liste três países onde o número de espécies por ecorregião é de 2 mil ou mais e o valor da pegada humana é superior a 40 em partes do país.

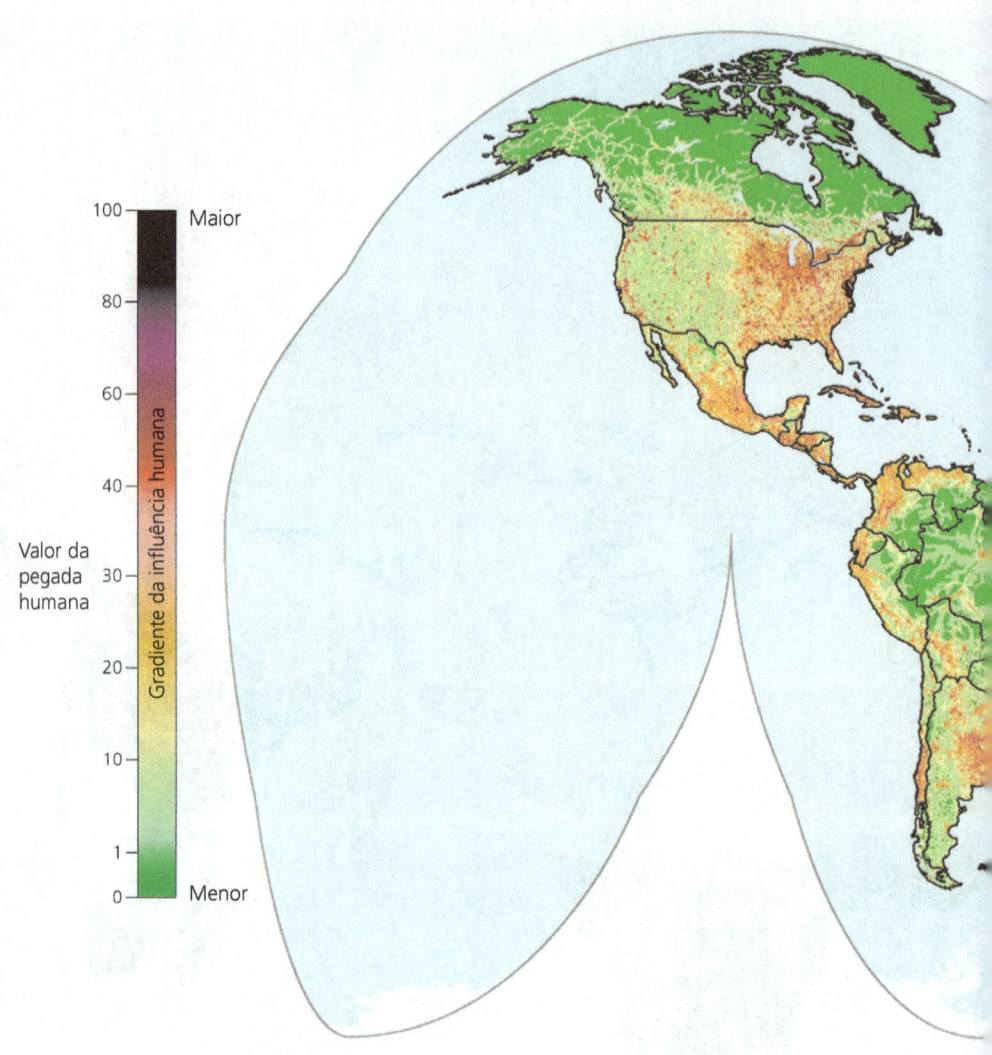

Ecologia e sustentabilidade

Suplementos S41

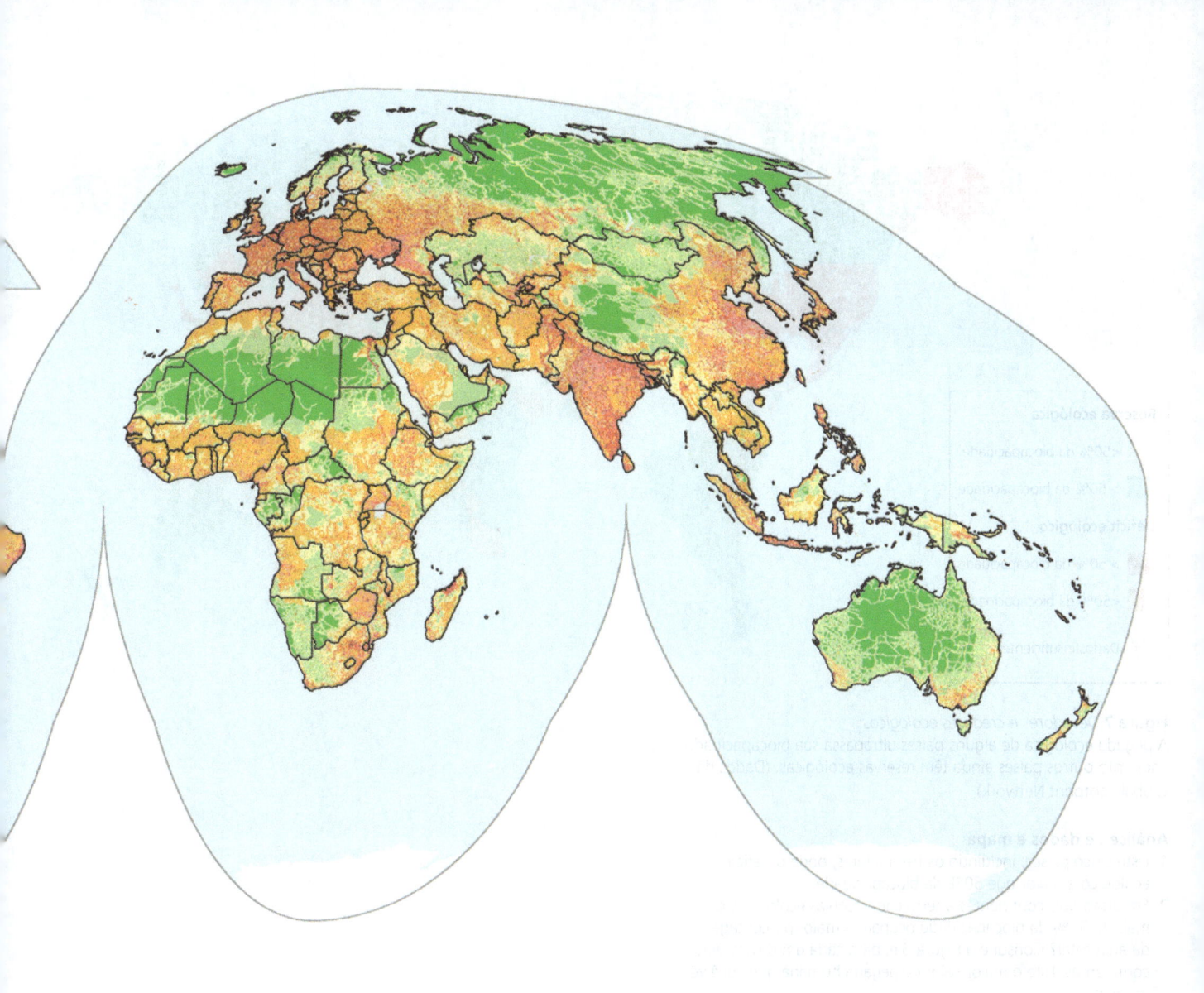

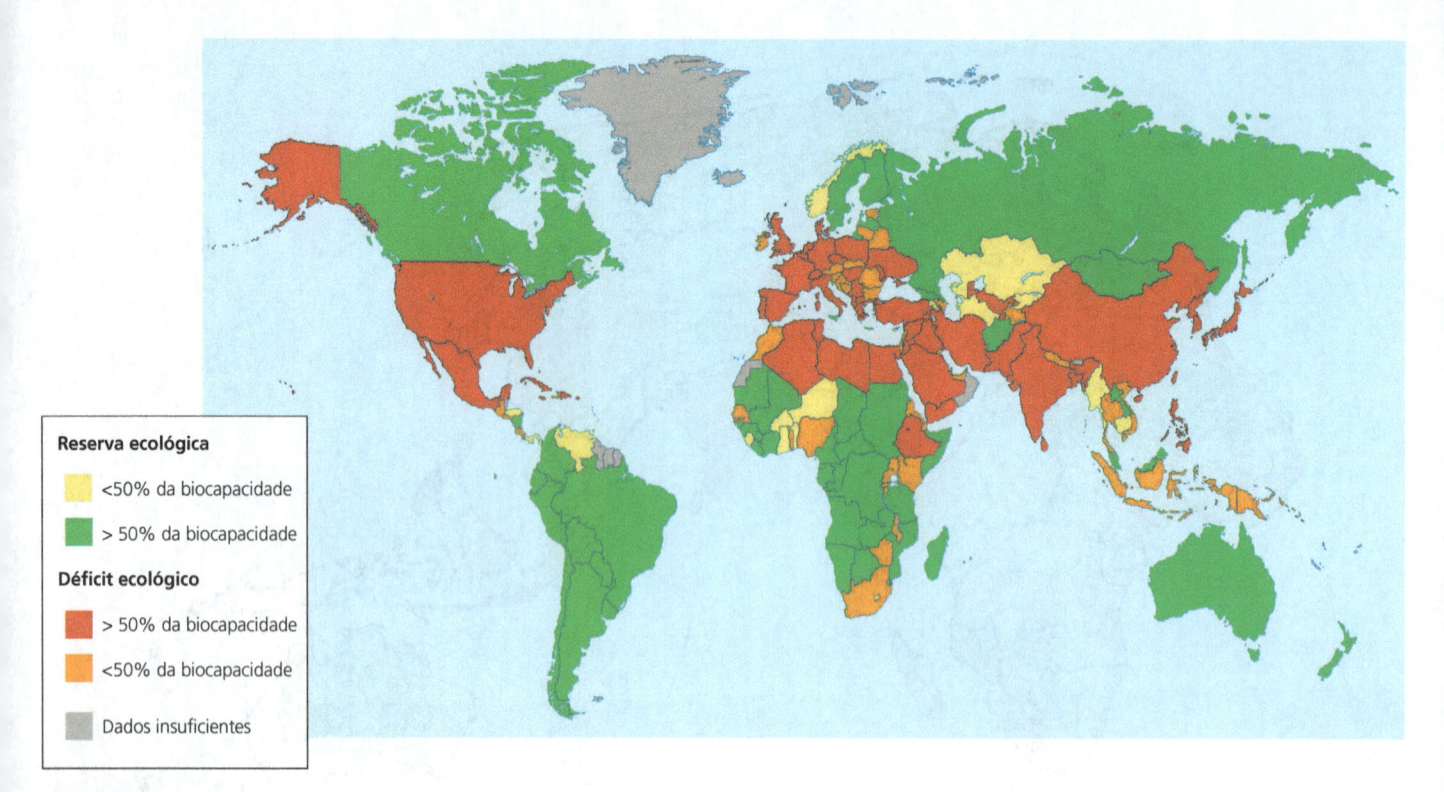

Figura 7 *Devedores e credores ecológicos*:
A pegada ecológica de alguns países ultrapassa sua biocapacidade, enquanto outros países ainda têm reservas ecológicas. (Dados da Global Footprint Network)

Reserva ecológica
- <50% da biocapacidade
- > 50% da biocapacidade

Déficit ecológico
- > 50% da biocapacidade
- <50% da biocapacidade
- Dados insuficientes

Análise de dados e mapa
1. Liste cinco países, incluindo os três maiores, onde o déficit ecológico é maior que 50% da biocapacidade.
2. Em quais dois continentes a terra com reservas ecológicas de mais de 50% da biocapacidade ocupam a maior porcentagem da área total? Consulte a Figura 6 e, para cada um desses dois continentes, liste o maior valor de pegada humana que você vê no mapa.

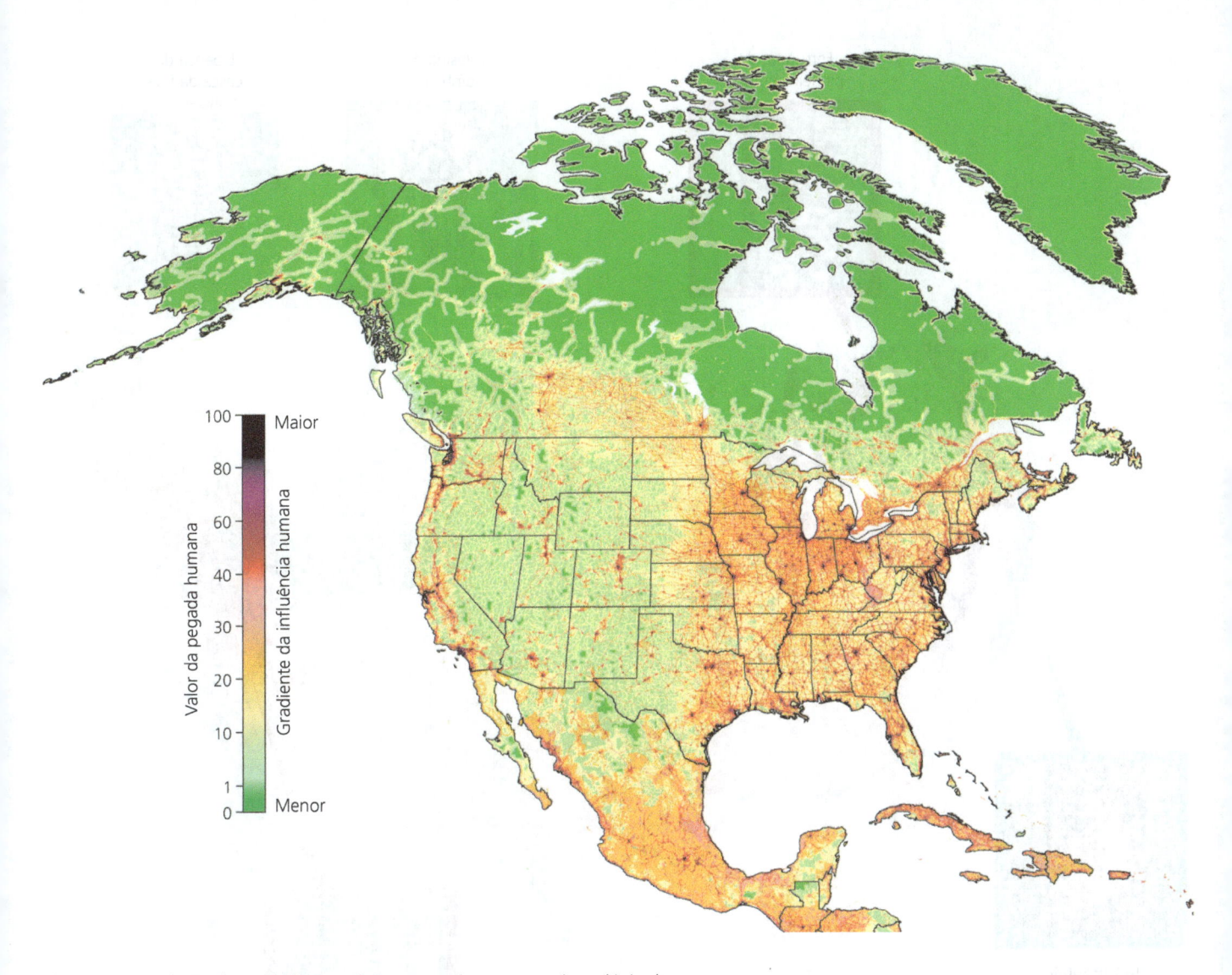

Figura 8 Degradação do capital natural: Este mapa ilustra a pegada ecológica humana na América do Norte. As cores representam a porcentagem de cada área influenciada pelas atividades humanas. Esta é uma parte expandida da Figura 6, mostrando a pegada humana sobre toda a superfície terrestre do planeta. (Dados do Wildlife Conservation Society e do Center for International Earth Science Information Network da Columbia University)

Análise de dados e mapa
1. Que canto do país tem a maior concentração de áreas com os maiores valores de pegada humana?
2. Comparando este mapa com o da Figura 4, que bioma da América do Norte está localizado em áreas com os maiores valores globais de pegada humana?

Ferrugem do pinheiro branco

Hilésina do pinheiro

Doença da casca da faia

Morte súbita de carvalho

Pulgão lanoso da Tsuga

Figura 9 Degradação do capital natural: Este mapa mostra algumas das espécies não nativas de insetos e organismos patogênicos que invadiram as florestas dos Estados Unidos e estão causando prejuízos de bilhões de dólares em danos e perdas de árvores. As cores verde-claro e laranja no mapa mostram áreas onde o verde ou o vermelho estão em sobreposição com o amarelo. (Dados do Serviço Florestal dos Estados Unidos)

Análise de dados e mapa
1. Com base neste mapa, qual destas cinco infestações você diria é a mais difundida?
2. Das duas infestações de insetos, qual se encontra em maior número de Estados?

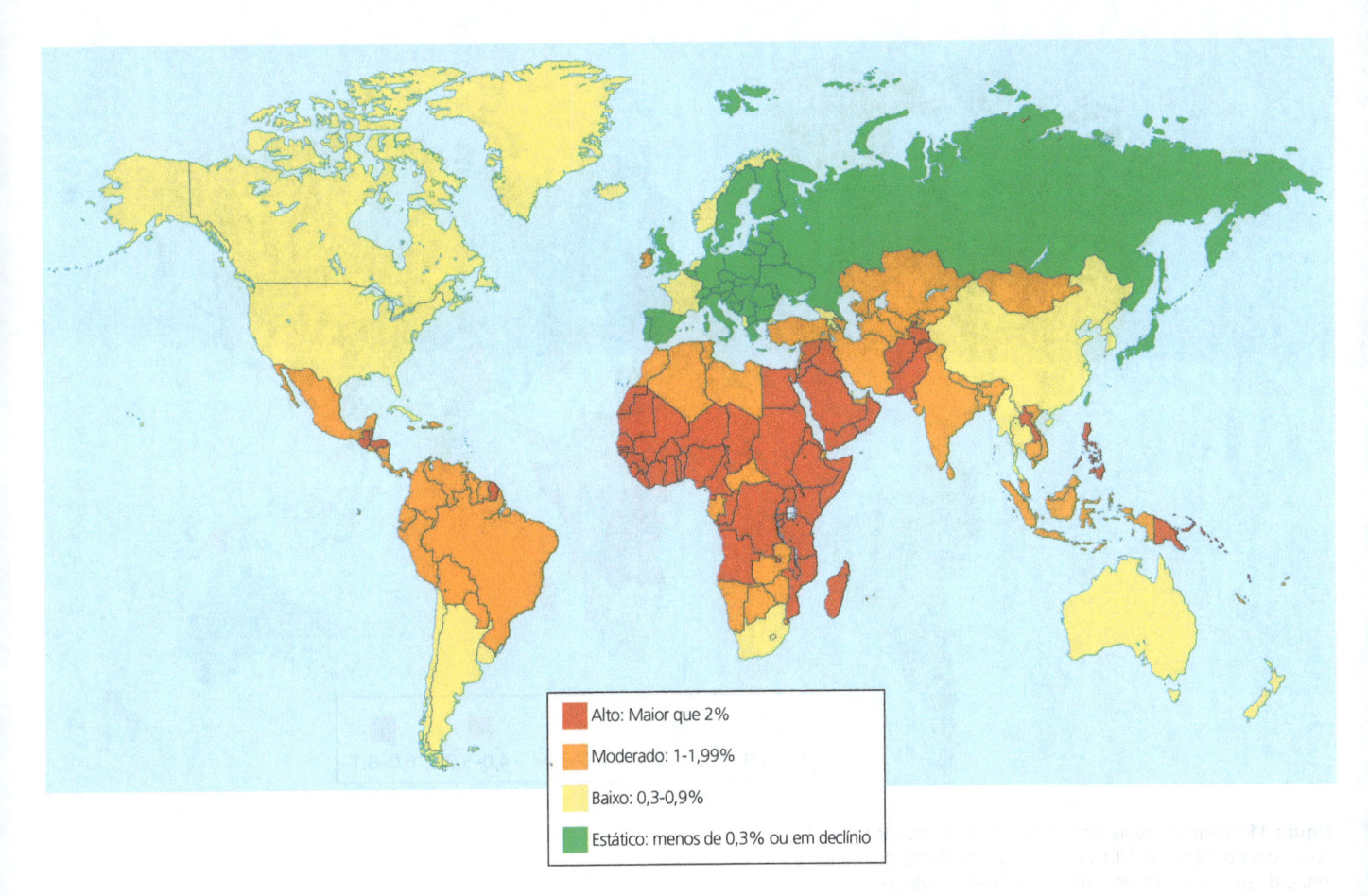

Figura 10 Esta figura mostra a taxa de crescimento populacional (%) em todo o mundo em 2010. (Dados do Population Reference Bureau e Divisão de População das Nações Unidas)

Legenda:
- Alto: Maior que 2%
- Moderado: 1-1,99%
- Baixo: 0,3-0,9%
- Estático: menos de 0,3% ou em declínio

Análise de dados e mapa
1. Qual continente tem o maior número de países com altas taxas de crescimento populacional? Qual tem o maior número de países com taxas de crescimento populacional estáticas?
2. Para cada categoria neste mapa, dê o nome de dois países que você acredita serem os maiores em termos de área total.

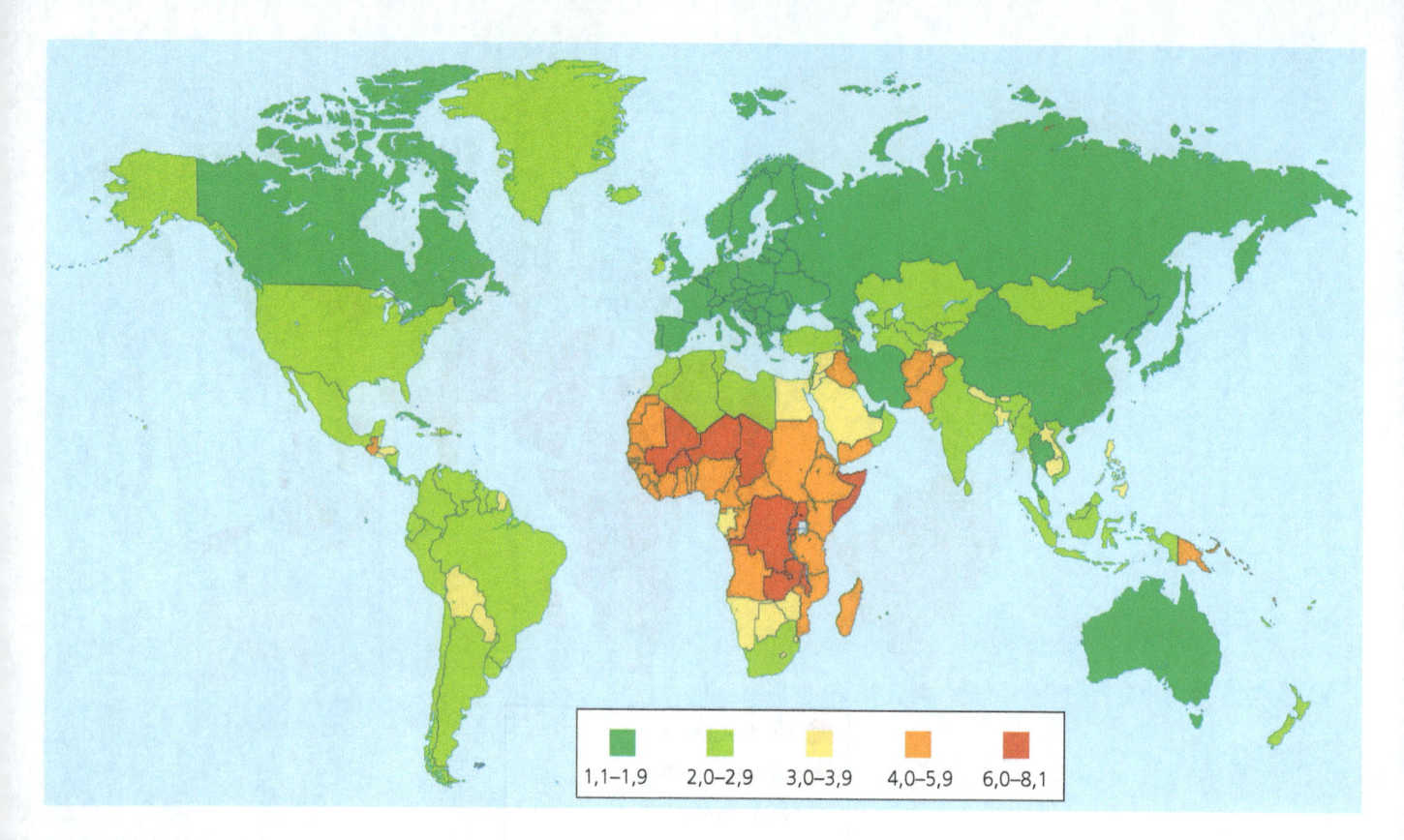

Figura 11 Este mapa representa a taxa de fecundidade total (TFT), ou o número médio de filhos nascidos das mulheres do mundo ao longo de suas vidas, como medida em 2010. (Dados do Population Reference Bureau e Divisão de População das Nações Unidas)

Análise de dados e mapa
1. Que país na categoria de maior TFT faz fronteira com dois na categoria mais baixas? Quais são eles?
2. Descreva dois padrões geográficos que você vê neste mapa.

S46 Ecologia e sustentabilidade

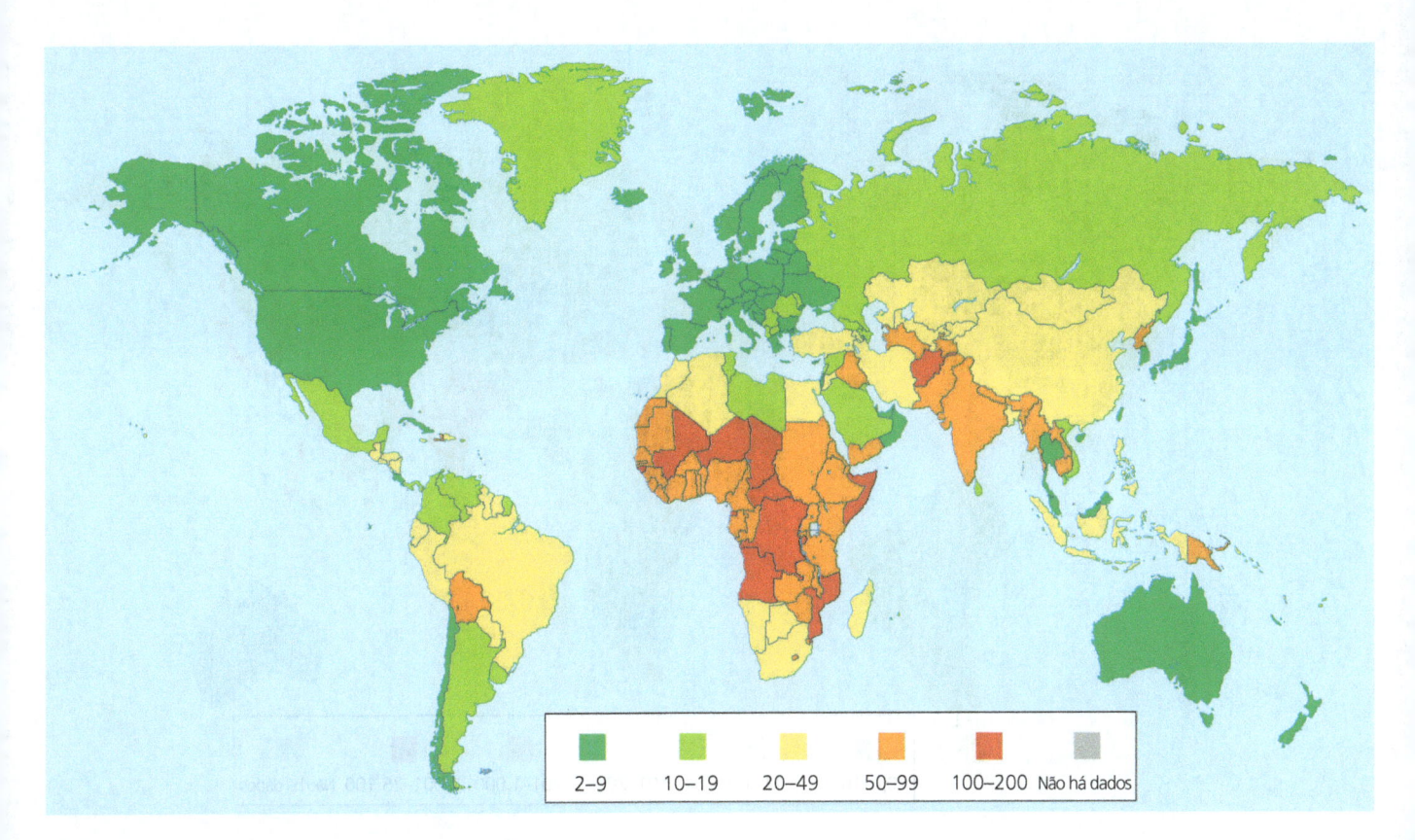

Figura 12 Esta figura mostra as taxas de mortalidade infantil em 2010. (Dados do Population Reference Bureau e Divisão de População das Nações Unidas)

Análise de dados e mapa
1. Descreva um padrão geográfico que você pode ver relacionado com as taxas de mortalidade infantil como refletido neste mapa.
2. Descreva todas as semelhanças que você vê em padrões geográficos entre este mapa e o da Figura 10.

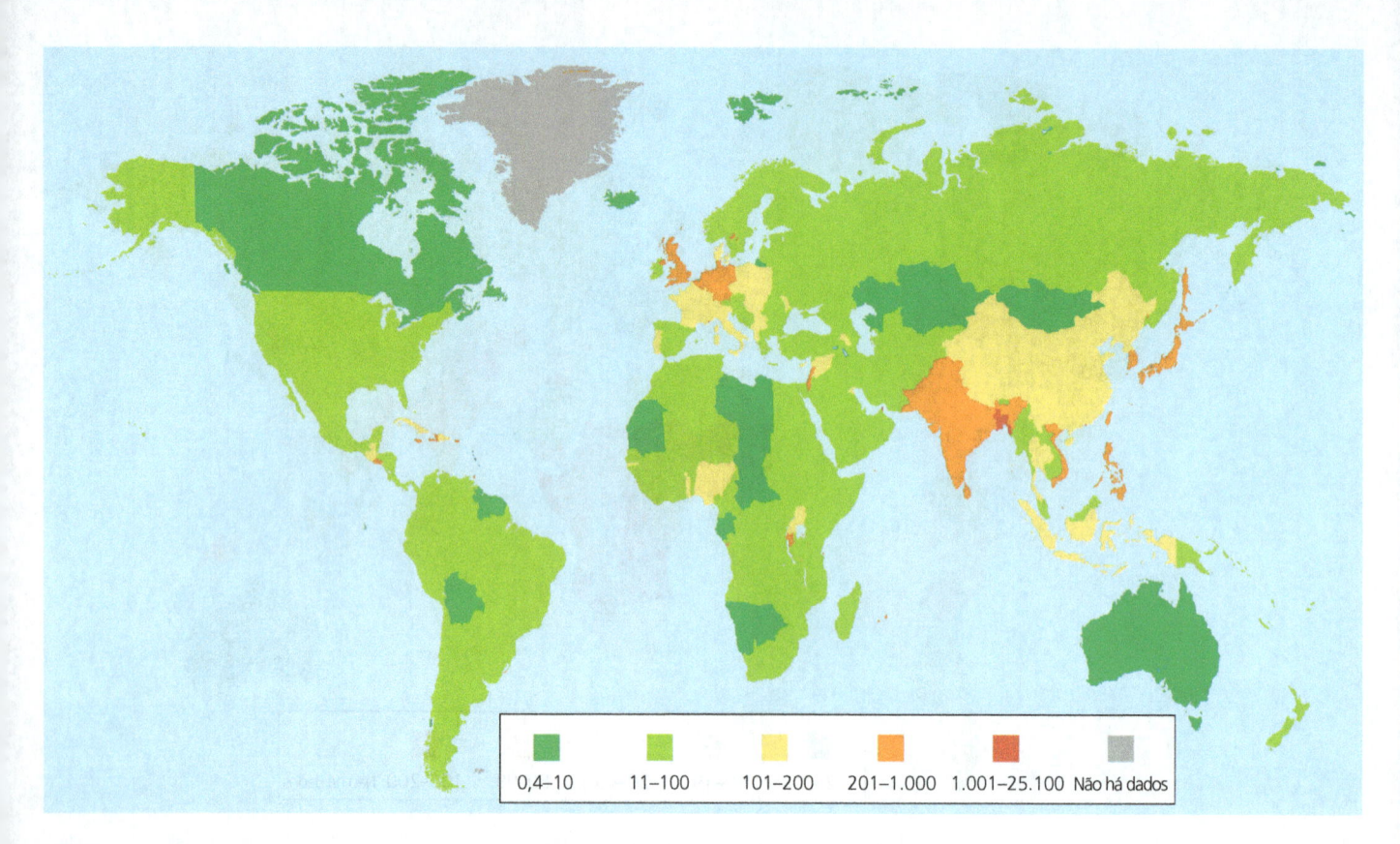

Figura 13 Este mapa reflete a densidade populacional global por quilômetro quadrado em 2008. (Dados do Population Reference Bureau e Divisão de População das Nações Unidas)

Análise de dados e mapa
1. Qual país tem a maior densidade populacional?
2. Liste os continentes na ordem, em geral, do mais para o menos densamente povoado.

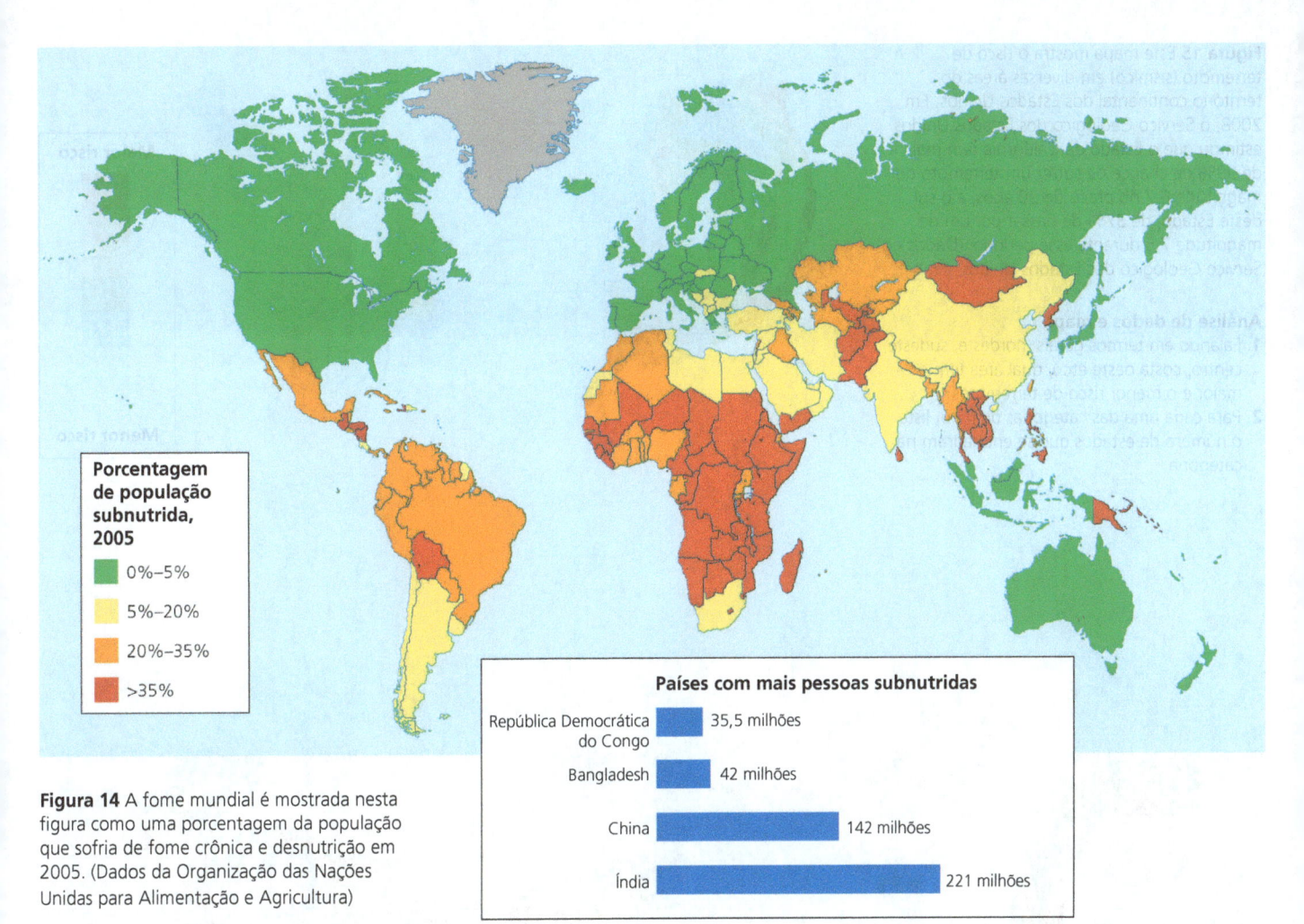

Figura 14 A fome mundial é mostrada nesta figura como uma porcentagem da população que sofria de fome crônica e desnutrição em 2005. (Dados da Organização das Nações Unidas para Alimentação e Agricultura)

Porcentagem de população subnutrida, 2005
- 0%–5%
- 5%–20%
- 20%–35%
- >35%

Países com mais pessoas subnutridas
- República Democrática do Congo: 35,5 milhões
- Bangladesh: 42 milhões
- China: 142 milhões
- Índia: 221 milhões

Análise de dados e mapa
1. Liste os continentes em ordem, começando com aquele que tem o maior percentual de pessoas subnutridas e terminando com o que tem o menor percentual.
2. Em que continente está o maior bloco de países que sofrem os mais altos níveis de subnutrição? Liste cinco desses países.

Figura 15 Este mapa mostra o risco de terremoto (sísmico) em diversas áreas do território continental dos Estados Unidos. Em 2008, o Serviço Geológico dos Estados Unidos estimou que o Estado da Califórnia tem mais de 99% de chance de sofrer um terremoto de magnitude 6,7 no prazo de 30 anos, e o sul deste Estado, de 37% de passar por um de magnitude 7,5 durante esse período. (Dados do Serviço Geológico dos Estados Unidos)

Análise de dados e mapa
1. Falando em termos gerais (nordeste, sudeste, centro, costa oeste etc.), qual área tem o maior e o menor risco de terremotos?
2. Para cada uma das categorias de risco, liste o número de estados que se enquadram na categoria.

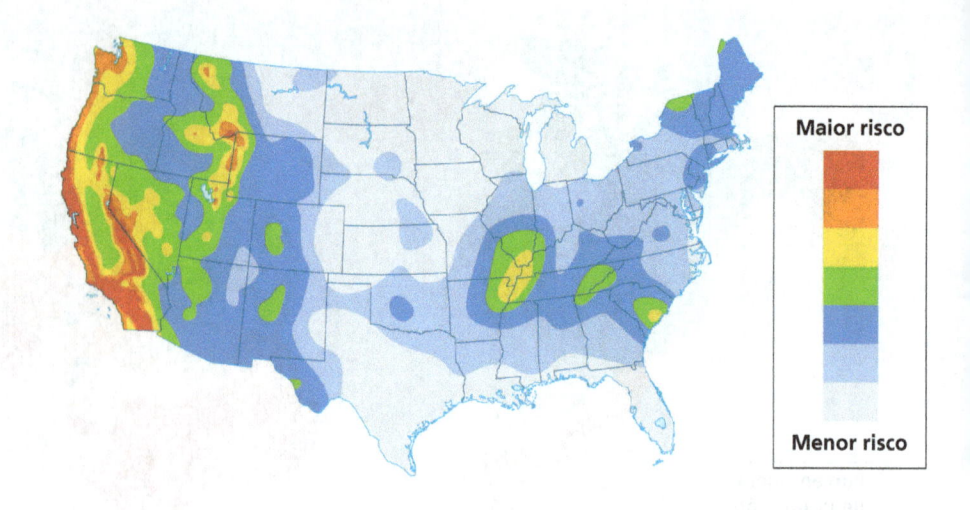

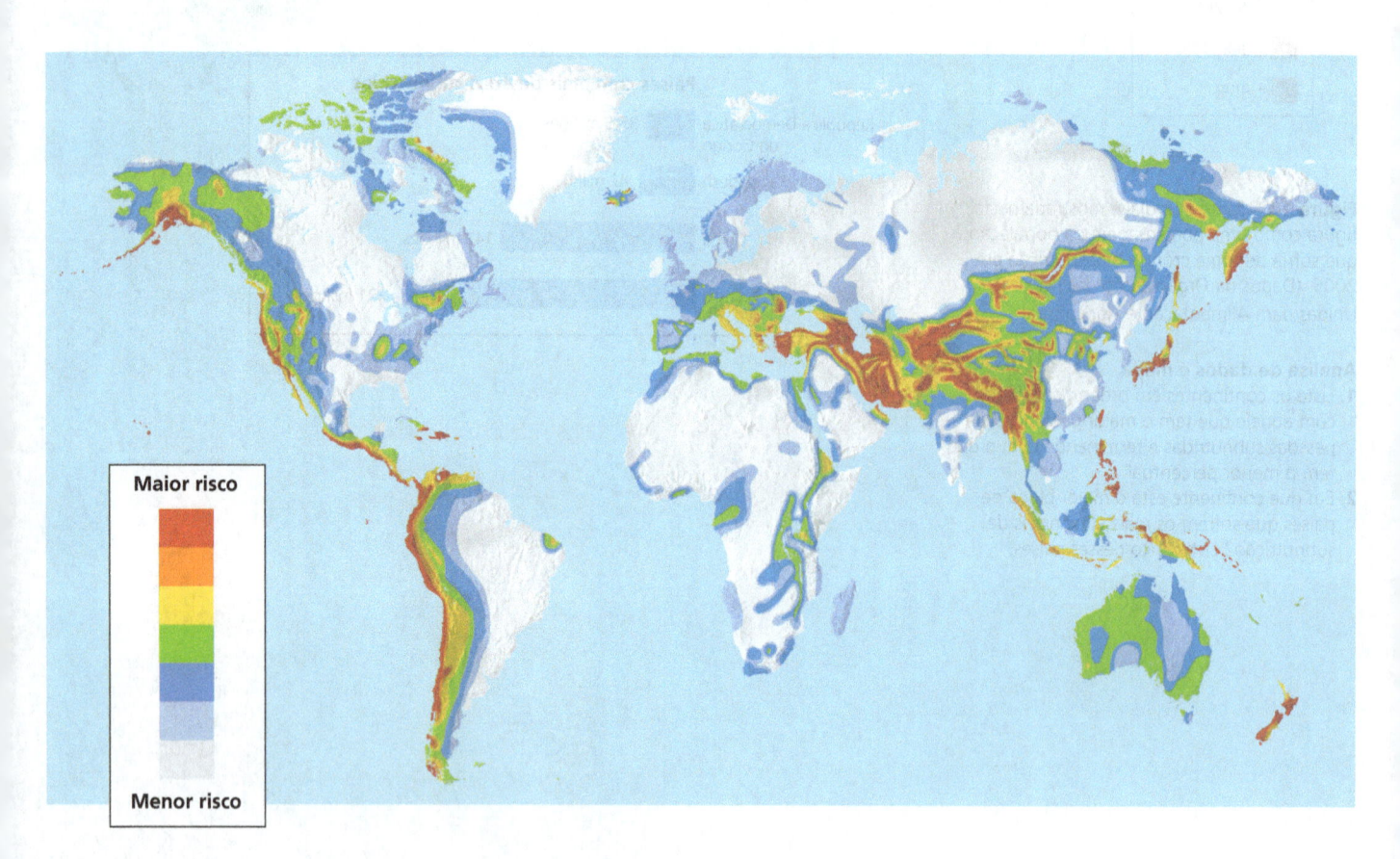

Figura 16 Este mapa mostra o risco de terremoto (sísmico) no mundo. (Dados do Serviço Geológico dos Estados Unidos)

Análise de dados e mapa
1. Como essas áreas estão relacionadas com as fronteiras das principais placas tectônicas da Terra?
2. Que continente tem a maior área costeira sujeita ao maior risco possível? Qual continente tem a segunda mais longa dessas áreas costeiras?

Ecologia e sustentabilidade

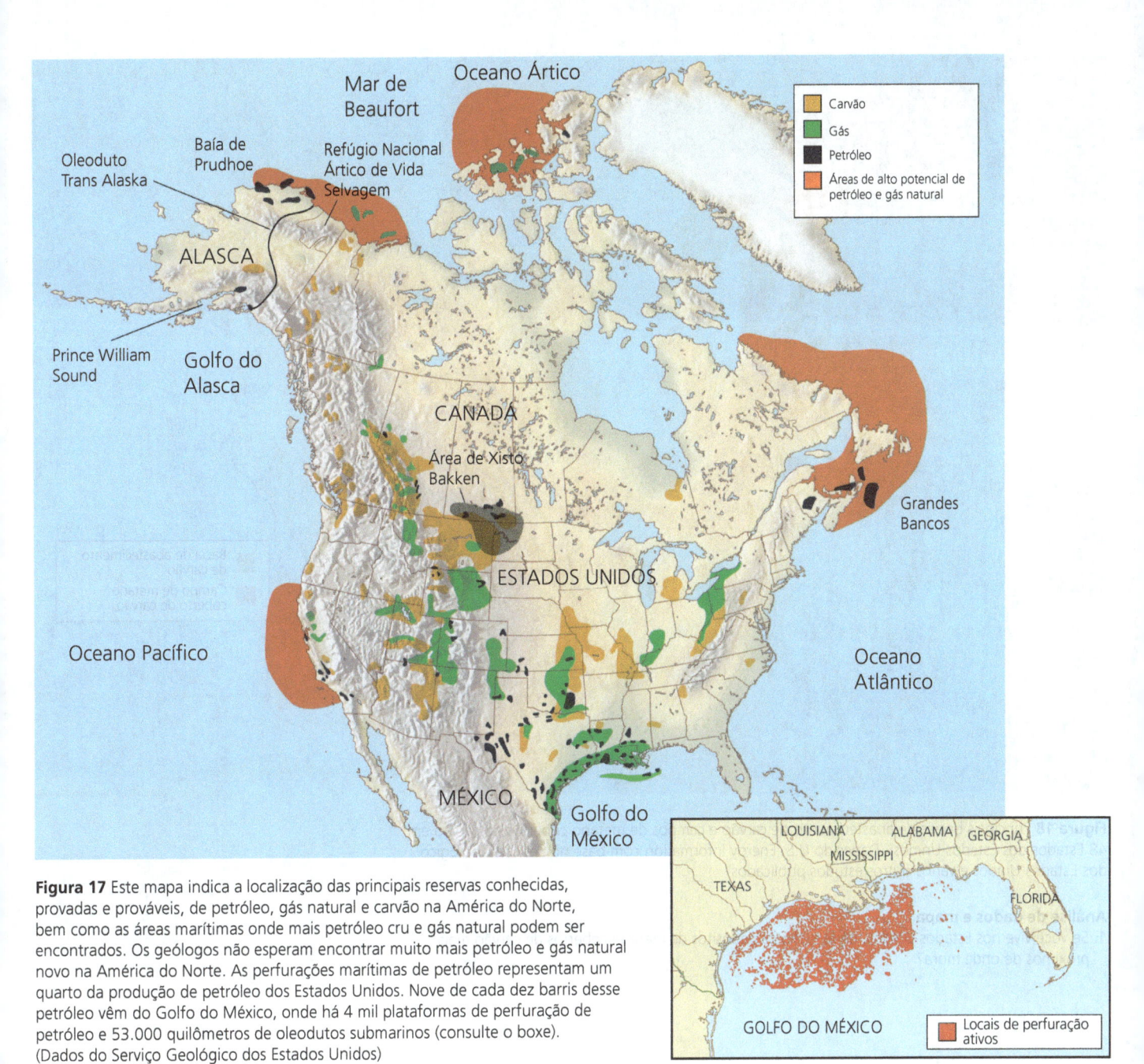

Figura 17 Este mapa indica a localização das principais reservas conhecidas, provadas e prováveis, de petróleo, gás natural e carvão na América do Norte, bem como as áreas marítimas onde mais petróleo cru e gás natural podem ser encontrados. Os geólogos não esperam encontrar muito mais petróleo e gás natural novo na América do Norte. As perfurações marítimas de petróleo representam um quarto da produção de petróleo dos Estados Unidos. Nove de cada dez barris desse petróleo vêm do Golfo do México, onde há 4 mil plataformas de perfuração de petróleo e 53.000 quilômetros de oleodutos submarinos (consulte o boxe). (Dados do Serviço Geológico dos Estados Unidos)

Análise de dados e mapa
1. Se você vive na América do Norte, onde estão os depósitos de carvão, petróleo e gás natural mais próximos de onde mora?
2. Que país faz fronteira com as maiores áreas de grande potencial de petróleo e gás natural?

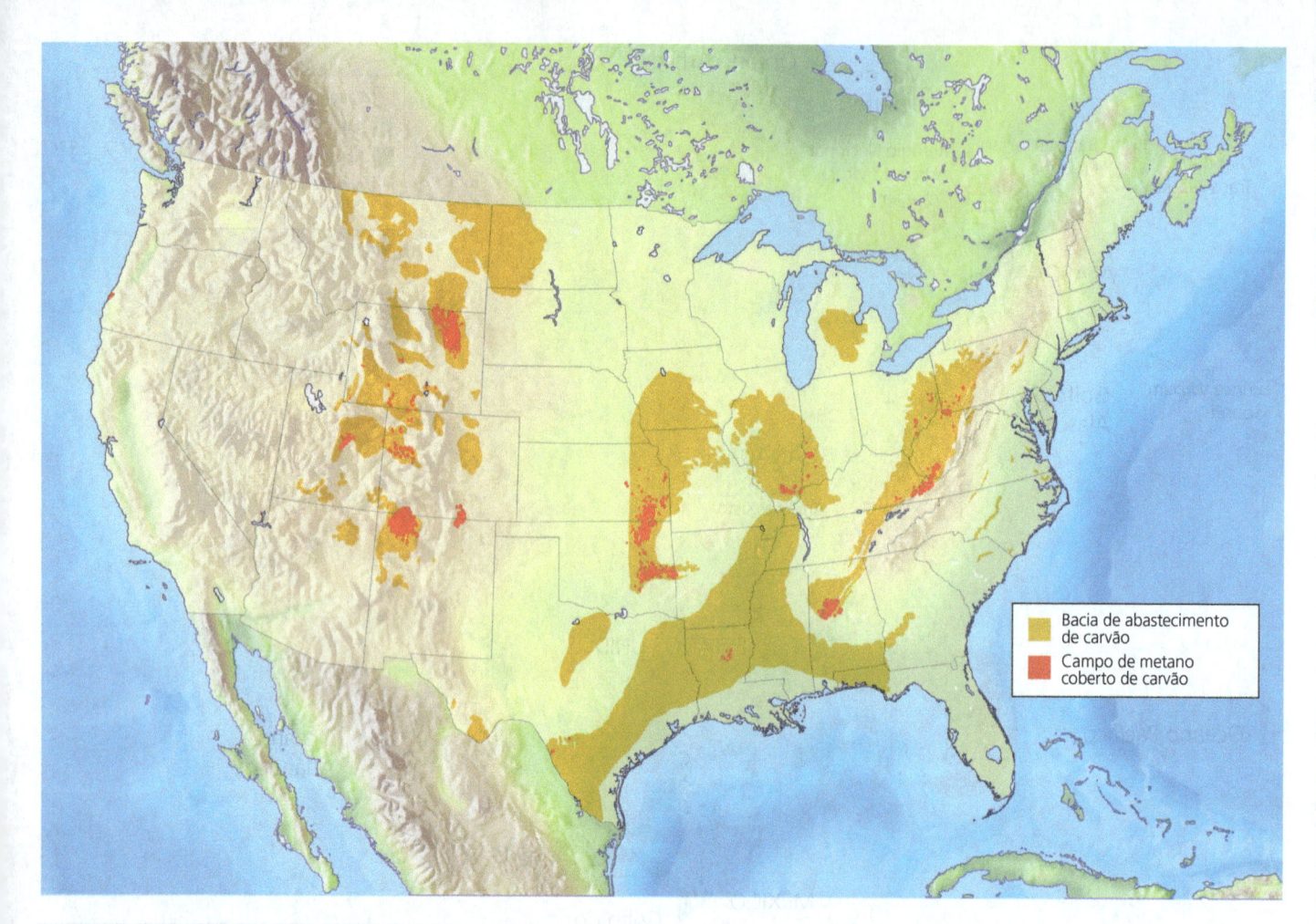

Figura 18 Principais bacias de abastecimento de carvão e campos de metano cobertos de carvão em 48 Estados dos Estados Unidos. (Dados do U.S. Energy Information com base no Serviço Geológico dos Estados Unidos e vários outros estudos publicados)

Análise de dados e mapa
1. Se você vive nos Estados Unidos, onde estão os depósitos de metano cobertos de carvão mais próximos de onde mora?

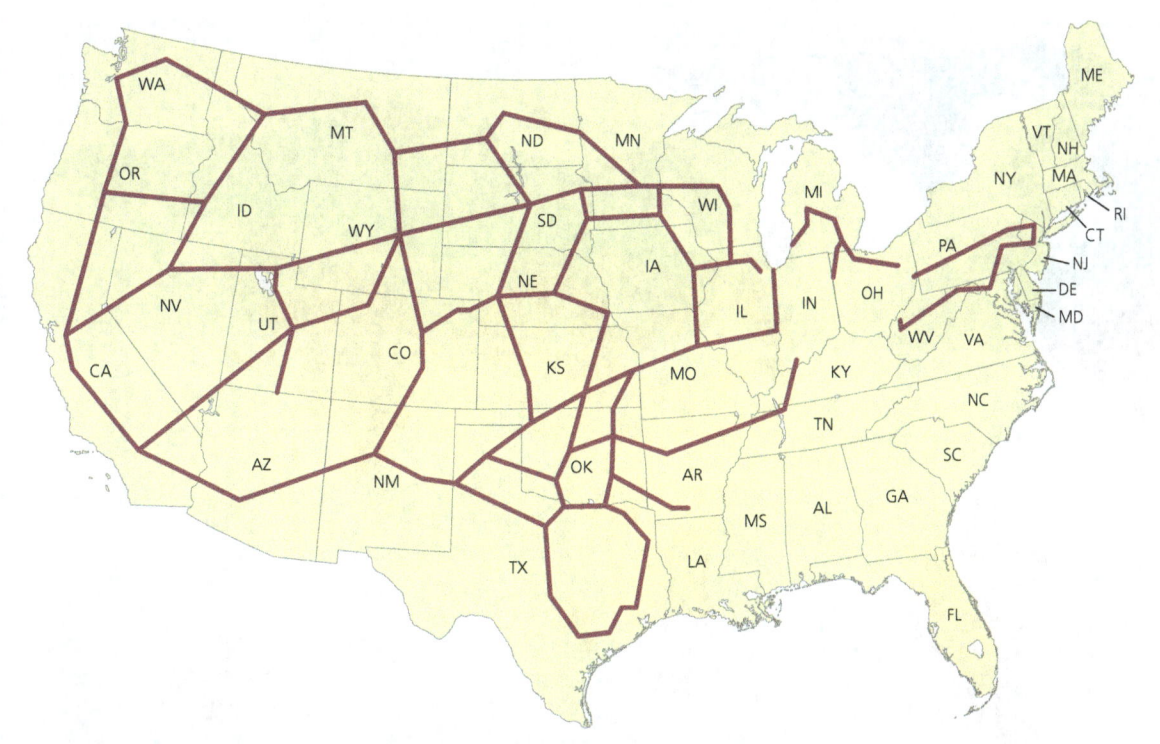

Figura 19 Linhas de transmissão elétrica de ultra-alta tensão propostas no território continental dos Estados Unidos. Existem outras inúmeras linhas elétricas de alta e baixa tensão na grade nacional atual. (Dados da American Electric Power).

Análise de dados e mapa
1. De acordo com este mapa, quais duas áreas do país não estão sendo consideradas para novas linhas de transmissão de alta tensão?
2. Que seção do país teria a maior concentração de novas linhas?

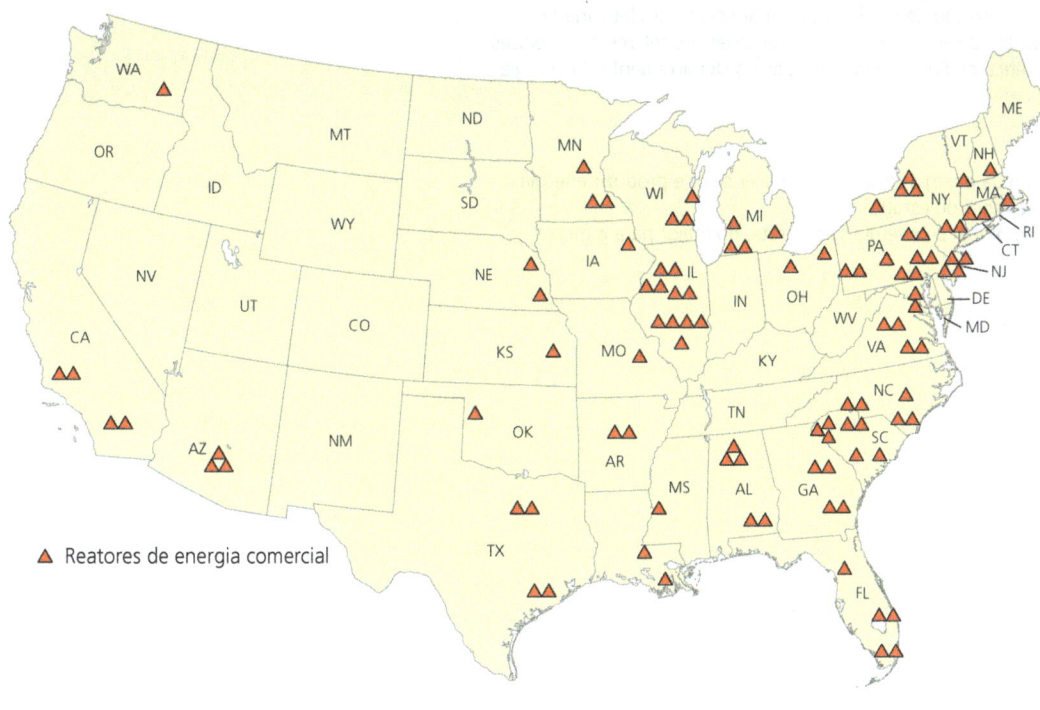

△ Reatores de energia comercial

Figura 20 Este mapa mostra a localização dos 104 reatores nucleares comerciais nos Estados Unidos. (Dados da Comissão Reguladora Nuclear dos Estados Unidos)

Análise de dados e mapa
1. Se você mora nos Estados Unidos, reside ou vai para a escola em uma área próxima a um reator nuclear comercial?
2. Qual Estado tem o maior número de reatores nucleares comerciais?

Suplementos **S53**

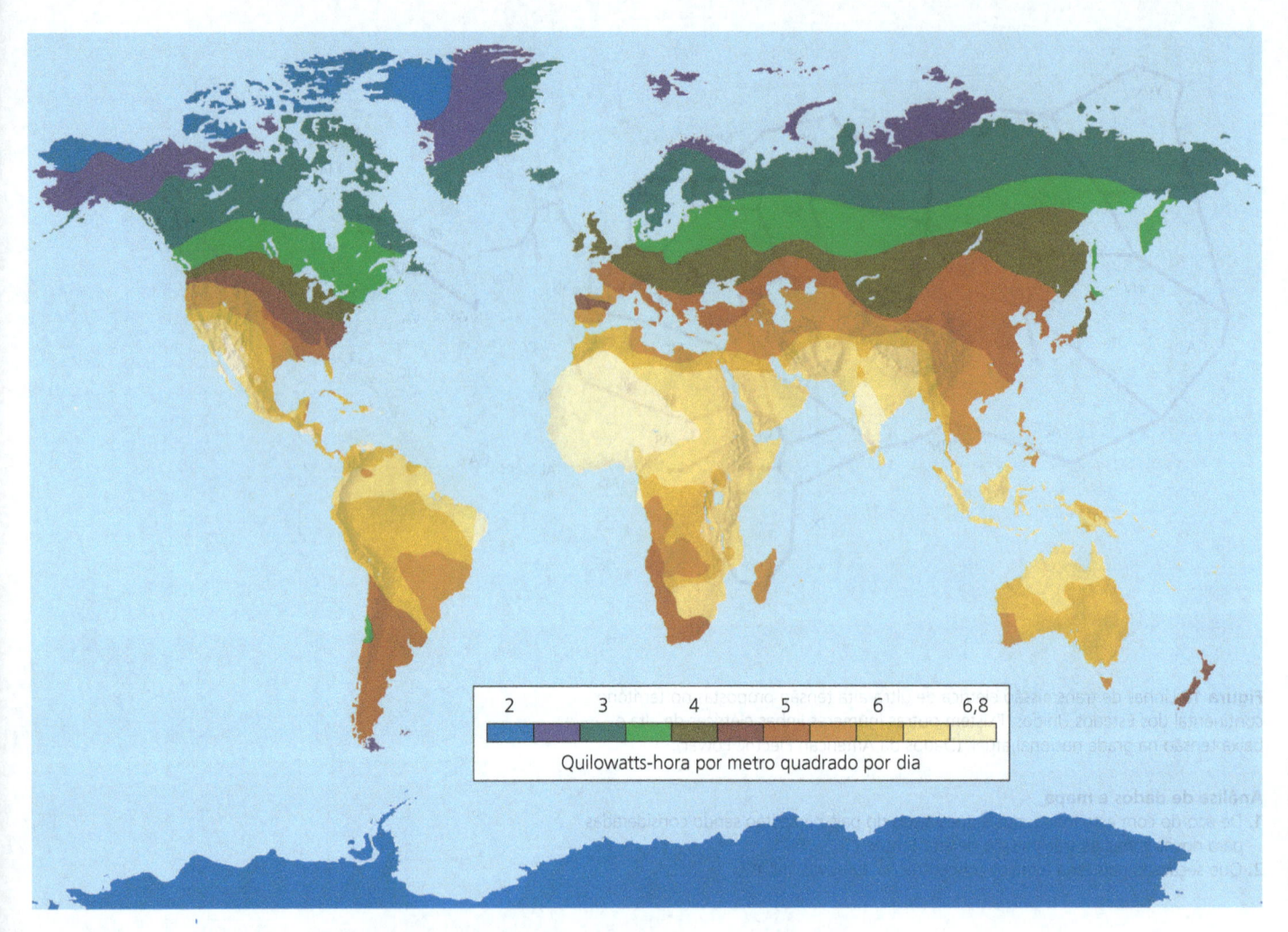

Figura 21 Este mapa mostra a disponibilidade global de energia solar direta. As áreas com mais de 3,5 quilowatts-hora por metro quadrado por dia (veja escala) são boas candidatas para sistemas de aquecimento solar passivos e ativos, e utilização de células solares para produzir eletricidade. As Nações Unidas estão mapeando o potencial do vento e dos recursos energéticos solares de 13 países em desenvolvimento na África, Ásia, América do Sul e Central. (Dados do Departamento de Energia dos Estados Unidos)

Análise de dados e mapa
1. Qual é o potencial para maior utilização da energia solar para fornecer calor e produzir energia elétrica (com células solares) onde você mora ou estuda?
2. Liste os continentes por disponibilidade global de energia solar direta, do maior para o menor.

Ecologia e sustentabilidade

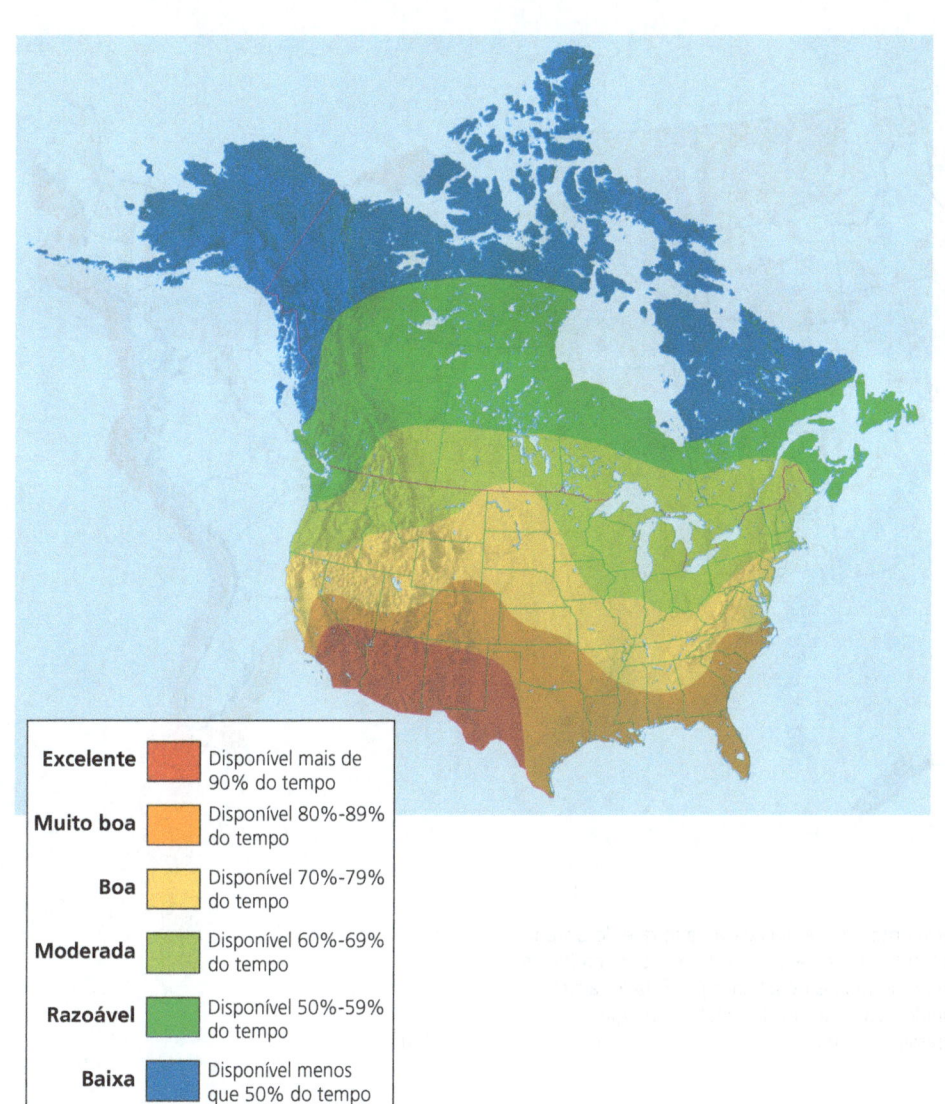

Figura 22 Esta figura mostra a disponibilidade de energia solar direta no território continental dos Estados Unidos e do Canadá. Se os preços baixarem conforme o esperado, grandes bancos de células solares em áreas do deserto do sudoeste dos Estados Unidos poderiam produzir energia suficiente para atender todas as necessidades de eletricidade dos Estados Unidos. A eletricidade produzida por usinas destas células solares seria distribuída por meio da rede de energia elétrica do país. (Dados do Departamento de Energia dos Estados Unidos e da National Wildlife Federation)

Análise de dados e mapa
1. Se você mora nos Estados Unidos, qual é o potencial para maior utilização da energia solar para fornecer calor e produzir energia elétrica (com células solares) onde mora ou estuda?
2. Quantos Estados têm áreas com disponibilidade de energia solar direta excelente, muito boa ou boa?

Excelente	Disponível mais de 90% do tempo
Muito boa	Disponível 80%-89% do tempo
Boa	Disponível 70%-79% do tempo
Moderada	Disponível 60%-69% do tempo
Razoável	Disponível 50%-59% do tempo
Baixa	Disponível menos que 50% do tempo

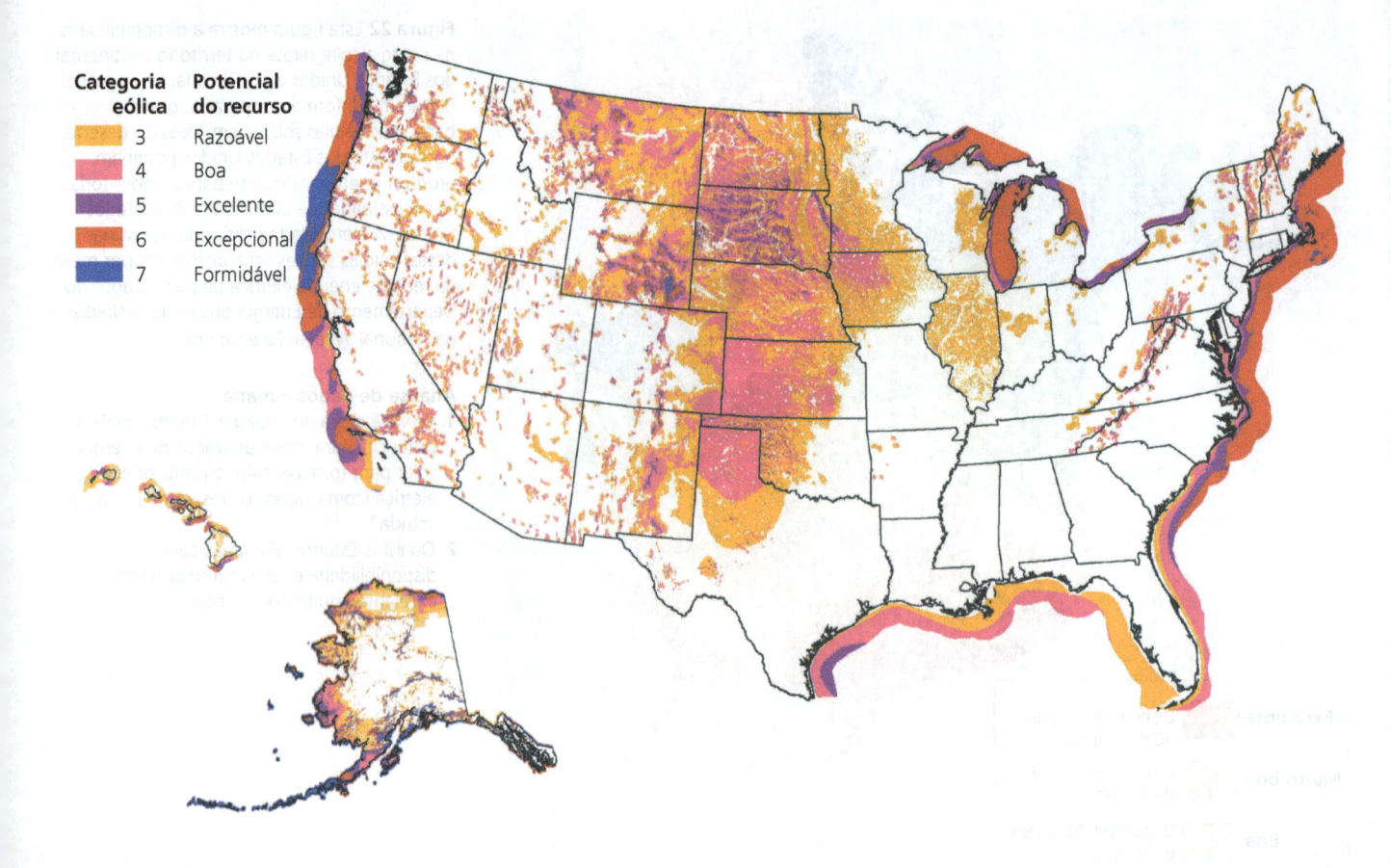

Categoria eólica	Potencial do recurso
3	Razoável
4	Boa
5	Excelente
6	Excepcional
7	Formidável

Figura 23 Este mapa indica o potencial de abastecimento de energia eólica da terra e do oceano (uma forma indireta de energia solar) nos Estados Unidos. Localize as áreas terrestres e marítimas com o maior potencial de energia eólica. Para obter mais mapas detalhados por Estado, acesse o site do Departamento de Energia dos Estados Unidos, Laboratório Nacional de Energia Renovável: http://www.nrel.gov/wind/resource_assessment.html.

Análise de dados e mapa
1. Se você vive nos Estados Unidos, qual é o potencial energético do vento em geral onde mora ou estuda?
2. Quantos Estados têm áreas com bom ou melhor potencial para a energia eólica?

Figura 24 Este mapa ilustra as reservas globais conhecidas de energia geotérmica de temperatura moderada a alta. (Dados do Canadian Geothermal Resources Council)

Análise de dados e mapa
1. Entre a América do Norte e do Sul, que continente parece ter o maior potencial total para a energia geotérmica?
2. Qual país da Ásia tem as maiores reservas conhecidas de energia geotérmica?

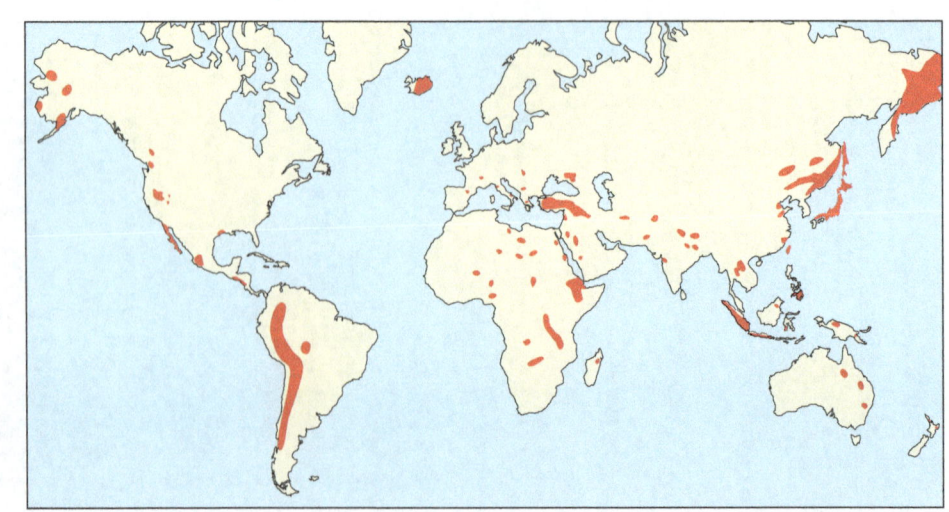

Ecologia e sustentabilidade

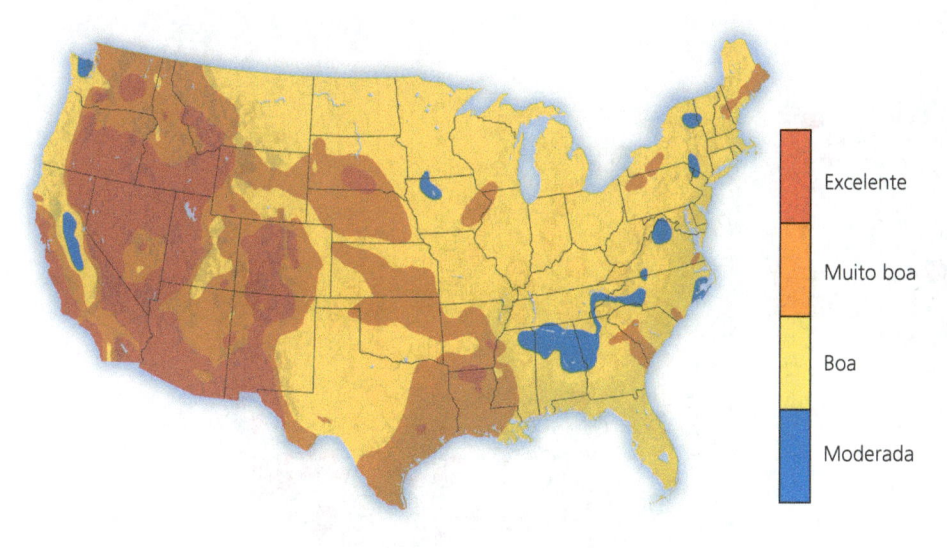

Figura 25 Esta figura mostra o potencial de recursos de energia geotérmica no território continental dos Estados Unidos. (Dados do Departamento de Energia dos Estados Unidos)

Análise de dados e mapa
1. Se você vive nos Estados Unidos, qual é o potencial para maior utilização da energia geotérmica para fornecer calor ou produzir energia elétrica onde mora ou estuda?
2. Quantos Estados têm áreas com potenciais muito bom e excelentes para o uso da energia geotérmica?

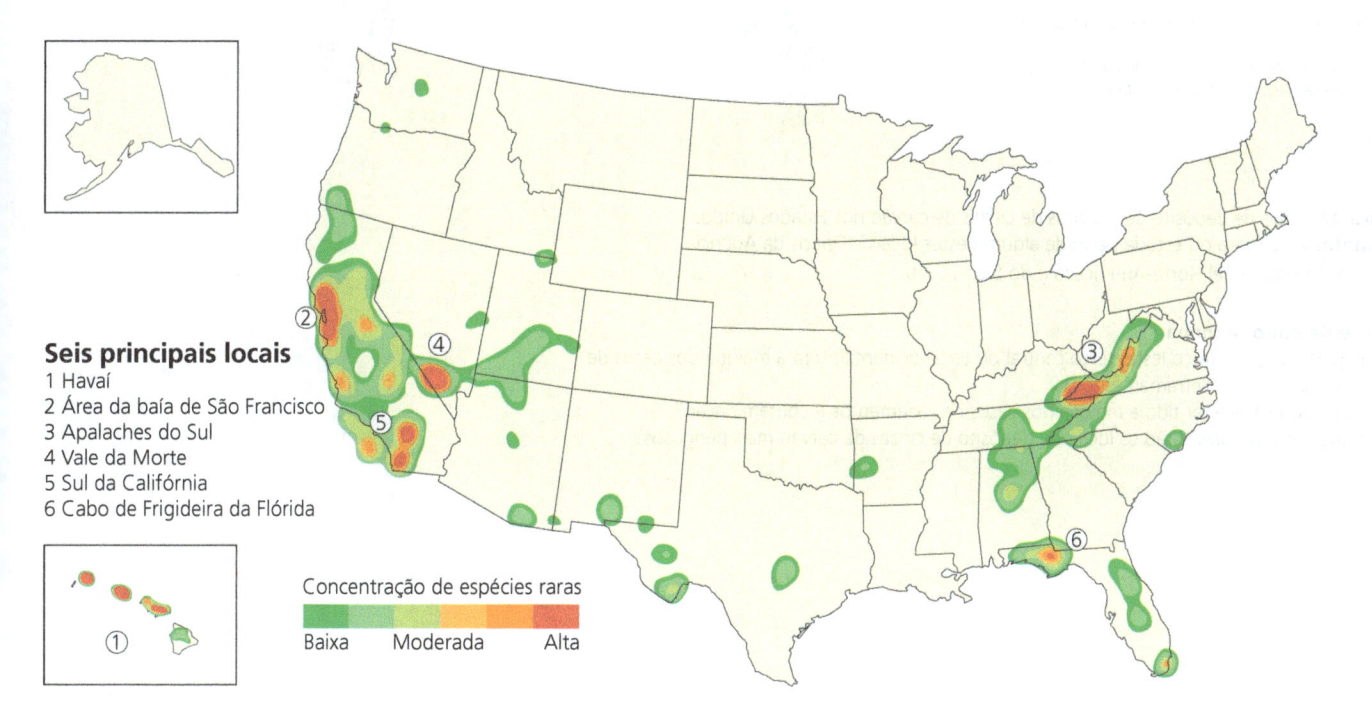

Seis principais locais
1 Havaí
2 Área da baía de São Francisco
3 Apalaches do Sul
4 Vale da Morte
5 Sul da Califórnia
6 Cabo de Frigideira da Flórida

Figura 26 Capital natural em risco de extinção: Este mapa mostra os principais pontos de biodiversidade nos Estados Unidos que precisam de proteção emergencial. As áreas sombreadas contêm as maiores concentrações de espécies raras e potencialmente ameaçadas. Compare estas áreas com as do mapa de pegada ecológica humana na América do Norte mostradas na Figura 8 deste Suplemento. **Pergunta:** você acredita que os pontos principais perto de áreas urbanas seriam mais difíceis de proteger do que aqueles em áreas rurais? Explique. (Dados dos Programas de Patrimônio Natural do Estado, do Nature Conservancy e da Associação para Informações de Biodiversidade)

Análise de dados e mapa
1. Se você vive nos Estados Unidos, qual dos seis principais pontos está mais próximo de onde mora ou estuda?
2. Qual parte geral do país tem a maior concentração total de espécies raras? Que parte tem a segunda concentração mais alta?

○ Depósitos de resíduos de cinzas de carvão
○ Depósitos de resíduos de cinzas de carvão de alto risco
○ Locais de depósito de cinzas de carvão onde ocorreram vazamentos ou contaminação

Figura 27 Locais de depósito de resíduos de cinzas de carvão nos Estados Unidos.
Pergunta: você mora ou estuda perto de algum destes locais? (Dados da Agência de Proteção Ambiental Norte-Americana e do Sierra Club)

Análise de dados e mapa
1. Que parte do país (terço leste, terço central ou terço ocidental) tem a maioria dos casos de contaminação e de derramamentos?
2. Qual Estado parece ter tido a maioria dos casos de vazamentos e contaminação?
3. Em que parte do país estão os locais de depósito de cinzas de carvão mais perigosos?

Glossário

abióticos Não vivos. Compare com *bióticos*.

acidez Característica química que ajuda a determinar como uma substância dissolvida em água (uma solução) irá interagir e afetar seu ambiente; com base nos valores comparativos de íons de hidrogênio (H^+) e de hidróxido (OH^-) contidos em um determinado volume da solução. Veja *pH*.

ácido Veja *solução ácida*.

adaptação Qualquer característica estrutural, fisiológica ou comportamental controlada geneticamente que ajuda um organismo a sobreviver e se reproduzir em determinado conjunto de condições ambientais. Geralmente resulta de uma mutação benéfica. Veja *evolução biológica, reprodução diferencial, mutação, seleção natural*.

adaptação genética Mudanças na composição genética de organismos de uma espécie que permitem que a espécie se reproduza e tenha uma vantagem competitiva em condições ambientais em transformação. Veja *reprodução diferencial, evolução, mutação, seleção natural*.

afluência Riqueza que resulta em elevados níveis de consumo e desperdício desnecessário de recursos, fundamentada principalmente no pressuposto de que a compra de vários bens materiais trará satisfação e felicidade.

agrossilvicultura Plantação de árvores e culturas juntas.

águas subterrâneas A água que afunda no solo e é armazenada em reservatórios subterrâneos, que fluem e são renovados lentamente, chamados *aquíferos;* a água subterrânea na zona de saturação, abaixo do lençol freático. Compare com *águas superficiais*.

Águas superficiais Precipitação que não infiltra no solo nem retorna à atmosfera por evaporação ou transpiração. Compare com *águas subterrâneas*.

alta Massa de ar com alta pressão. Compare com *baixa*.

alteração física Processo que altera uma ou mais propriedades físicas de um elemento ou um composto sem alterar sua composição química. Exemplos: alteração do tamanho e formato de uma amostra de matéria (picar gelo e cortar uma folha de alumínio) e mudar uma amostra de matéria de um estado físico para outro (ebulição e congelamento da água). Compare com *alteração química, alteração nuclear*.

alteração nuclear Processo no qual núcleos de determinados isótopos mudam espontaneamente, ou são forçados a mudar, para um ou mais isótopos diferentes. Os três principais tipos de alterações nucleares são radioatividade natural, fissão nuclear e fusão nuclear. Compare com *alteração química, alteração física*.

alteração química Interação entre produtos químicos na qual a composição química dos elementos ou compostos envolvidos muda. Compare com *alteração nuclear, alteração física*.

altitude Altura acima do nível do mar. Compare com *latitude*.

ambientalismo Movimento social dedicado a proteger os sistemas de apoio à vida da Terra para nós e outras espécies.

ambientalista Pessoa preocupada com os impactos das atividades humanas sobre o meio ambiente.

ameaça Algo que pode causar lesões, doenças, perdas econômicas ou danos ambientais.

amplificação biológica Veja *biomagnificação*.

antropocêntrico Centrado no homem.

anual Planta que cresce, fornece sementes e morre em uma estação de crescimento. Compare com *perene*.

aquacultura Cultivo e pesca de peixe e mariscos para uso humano em lagoas de água doce, valas de irrigação e lagos, gaiolas e cercados, em áreas de lagoas costeiras e de estuários ou, ainda, em mar aberto.

aquático Pertencente à água. Compare com *terrestre*.

aquecimento global O aquecimento da atmosfera inferior da Terra (troposfera), por causa do aumento nas concentrações de um ou mais gases de efeito estufa, resultando alterações climáticas, que podem durar de décadas a milhares de anos. Veja *efeito estufa, gases de efeito estufa, efeito estufa natural*.

aquíferos Camadas de areia, cascalho ou rocha porosa e saturada de água que podem fornecer uma quantia economicamente significativa deste elemento.

área de recarga Qualquer área de terra que permite filtrar a água a caminho de um aquífero. Veja *aquíferos*.

áreas úmidas continentais Terra longe da costa, tal como pântano, mangue ou brejo, que é coberta toda ou parte do tempo com água doce. Compare com *zonas úmidas costeiras*.

árido Seco. Deserto ou outra área de clima árido com pouca precipitação.

árvores coníferas Árvores, principalmente as perenes, que têm folhas em forma de agulha ou parecidas com escamas. Produzem madeira conhecida comercialmente como macia. Compare com *plantas caducifólias*.

árvores de folhas largas caducifólias Plantas, como árvores de carvalho e maple, que sobrevivem à seca e ao frio perdendo folhas e tornando-se inativas. Compare com *plantas folhosas perenes, plantas coníferas perenes*.

atmosfera Massa total de ar ao redor da Terra. Veja *estratosfera, troposfera*. Compare com *biosfera, geosfera, hidrosfera*.

átomo Unidade muito pequena, feita de partículas subatômicas; é o elemento básico de todos os compostos químicos e, portanto, de toda matéria. A menor unidade de um elemento que pode existir e ainda assim conservar suas características únicas. Compare com *íon, molécula*.

atraso Em um sistema complexo, o período de tempo entre a entrada de um estímulo de *feedback* e a resposta do sistema a ele. Veja *ponto decisivo*.

autótrofo Veja *produtor*.

bacia de drenagem Veja *bacia hidrográfica*.

bacia hidrográfica Área do terreno que fornece água, sedimentos e substâncias dissolvidas através de pequenos córregos para um fluxo mais importante (rio).

bactérias Organismos procarióticos, unicelulares. Algumas transmitem doenças. A maioria atua como decompositor e obtém os nutrientes de que necessita pela decomposição de compostos orgânicos complexos de tecidos de organismos vivos ou mortos, transformando-os em compostos de nutrientes inorgânicos mais simples.

baixa Massa de ar com baixa pressão. Compare com *alta*.

barragem Estrutura construída em um rio para controlar seu fluxo ou para criar um reservatório. Veja *reservatório*.

bentos Organismos que habitam no fundo. Compare com *decompositor, nécton, plâncton*.

bioacúmulo Aumento na concentração de uma substância química em órgãos ou tecidos específicos em um nível mais elevado do que seria normalmente esperado. Compare com *biomagnificação*.

biodegradável Capaz de ser degradado por decompositores.

biodiversidade Variedade de espécies diferentes (*diversidade de espécies*), variabilidade genética entre os indivíduos dentro de cada espécie (*diversidade genética*), variedade de ecossistemas (*diversidade ecológica*) e funções, como fluxo de energia e ciclagem de matéria necessária para a sobrevivência das espécies e comunidades biológicas (*diversidade funcional*).

biologia da conservação Ciência multidisciplinar criada para lidar com a crise de manter os genes, espécies, comunidades e ecossistemas que compõem a diversidade biológica da Terra. Seus objetivos são investigar os impactos humanos sobre a biodiversidade e desenvolver abordagens práticas para a preservação da biodiversidade.

biomagnificação Aumento da concentração de DDT, PCB e outros produtos químicos lentamente degradantes, solúveis em gordura, em organismos de níveis tróficos sucessivamente superiores da cadeia alimentar. Compare com *bioacúmulo*.

biomas Regiões terrestres habitadas por certos tipos de vida, especialmente vegetação. Exemplos podem ser vários tipos de desertos, pradarias e florestas.

biomassa Matéria orgânica produzida por plantas e outros produtores fotossintéticos; peso seco total de todos os organismos vivos que podem ser suportados em cada nível trófico de uma cadeia alimentar; peso seco de toda a matéria orgânica em plantas e animais de um ecossistema, materiais vegetais e resíduos animais utilizados como combustível.

Biomimética Processo de observação de certas mudanças na natureza, estudando como os sistemas naturais responderam a tais mudanças e condições em milhões de anos, e aplicar o que foi aprendido em desafios ambientais.

biosfera Zona da Terra onde a vida é encontrada. Trata-se de partes da atmosfera (troposfera), hidrosfera (a maioria das águas superficiais e subterrâneas) e a litosfera (a maioria das rochas no solo e superfícies e sedimentos no fundo dos oceanos e outros corpos de água) onde a vida é encontrada. Compare com *atmosfera, geosfera, hidrosfera*.

bióticos Organismos vivos. Compare com *abióticos*.

cadeia alimentar Série de organismos em um ciclo no qual cada um come ou decompõe o anterior. Compare com *teia alimentar*.

calor Energia cinética total de todos os átomos, íons ou moléculas que se deslocam de forma aleatória dentro de uma determinada substância, excluindo o movimento global de todo o objeto. O calor sempre flui espontaneamente de uma amostra de matéria mais quente para uma mais fria. Esta é uma das formas de afirmar a *segunda lei da termodinâmica*. Compare com *temperatura*.

caloria Unidade de energia; quantidade de energia necessária para elevar a temperatura de um grama de água em 1°C (unidade na escala Celsius de temperatura). Veja também *quilocaloria*.

camada de ozônio Camada de ozônio gasoso (O_3) na estratosfera que protege a vida na Terra ao filtrar a radiação ultravioleta mais nociva do sol.

câncer Grupo de mais de 120 doenças diferentes, uma para cada tipo de célula do corpo humano. Cada tipo de câncer produz um tumor no qual as células se multiplicam de forma descontrolada e invadem tecidos circundantes.

capacidade cultural de carga Limite do crescimento populacional que permitiria que a maioria das pessoas em uma área ou no mundo vivesse com conforto razoável e liberdade, sem prejudicar a capacidade do planeta de sustentar as gerações futuras. Compare com *capacidade de carga*.

capacidade de carga (K) População máxima de uma espécie específica que um determinado habitat pode suportar durante determinado período. Compare com *capacidade de carga cultural*.

capital natural Os recursos e serviços naturais que nos mantêm vivos e a outras espécies e que apoiam nossas economias. Veja *recursos naturais, serviços naturais*.

carnívoro Animal que se alimenta de outros animais. Compare com *herbívoro, onívoro*.

célula A menor unidade viva de um organismo. Cada célula é envolta por uma membrana exterior ou parede e contém material genético (DNA) e outras partes para executar sua função vital. Organismos como as bactérias consistem em apenas uma célula, mas a maioria deles contém muitas células.

célula eucariota Célula que é rodeada por uma membrana com um núcleo distinto. Compare com *célula procariota*.

célula procariota Célula que não contém nenhum núcleo ou organela distinta. Compare com *célula eucariota*

ciclagem de nutrientes Circulação de produtos químicos necessários para a vida do meio ambiente (principalmente do solo e da água) por meio dos organismos retornando de volta a ele.

ciclo biogeoquímico Conjunto de processos naturais que reciclam nutrientes em várias formas químicas, do meio ambiente inanimado aos organismos vivos e, em seguida, voltam para o meio ambiente inanimado. Exemplos: ciclos de carbono, oxigênio, nitrogênio, fósforo, enxofre e hidrológicos.

ciclo da água Veja *ciclo hidrológico*.

ciclo de *feedback* Ocorre quando uma saída de matéria, energia ou informação é realimentada no sistema como uma entrada e leva a mudanças neste. Veja *ciclo de retroalimentação positiva* e *ciclo de retroalimentação negativa*.

ciclo de nutrientes Veja *ciclo biogeoquímico*.

ciclo de retroalimentação corretiva Veja *ciclo de retroalimentação negativa*.

ciclo de retroalimentação negativa Circuito de *feedback* que faz que um sistema mude na direção oposta à que está em movimento. Compare com *ciclo de retroalimentação positiva*.

ciclo de retroalimentação positiva Ciclo de *feedback* que faz que um sistema mude ainda mais na mesma direção. Compare com *ciclo de retroalimentação negativa*.

ciclo do carbono Movimento cíclico de carbono em diferentes formas químicas no meio ambiente, dos organismos para o meio ambiente e vice-versa.

ciclo do enxofre Movimento cíclico do enxofre em várias formas químicas do meio ambiente para organismos e depois voltando para o meio ambiente.

ciclo do fósforo Movimento cíclico do fósforo em diferentes formas químicas do meio ambiente para organismos, e depois voltando para o meio ambiente.

ciclo do nitrogênio Movimento cíclico do nitrogênio em diferentes formas químicas do meio ambiente para organismos e depois voltando para o meio ambiente.

ciclo hidrológico Ciclo biogeoquímico que recolhe, purifica e distribui o suprimento fixo de água da terra do meio ambiente para os organismos vivos e depois de volta para o meio ambiente.

ciência Tentativa de descobrir a ordem na natureza e usar este conhecimento para fazer previsões sobre o que é provável que aconteça na natureza. Veja *ciência confiável, dados científicos, hipótese científica, lei científica, métodos científicos, modelo científico, teoria científica, ciência experimental, ciência não confiável*.

ciência ambiental Estudo interdisciplinar que utiliza informações e ideias das ciências físicas (como biologia, química e geologia) com as das ciências sociais e humanas (como economia, política e ética) para saber como a natureza funciona, como interagimos com o meio ambiente e como podemos ajudar a lidar com problemas ambientais.

ciência barata Veja *ciência não confiável*.

ciência confiável Conceitos e ideias que são amplamente aceitos por especialistas em um determinado campo das ciências naturais ou sociais. Compare com *ciência experimental*, *ciência não confiável*.

ciência de fronteira Veja *ciência experimental*.

ciência experimental Dados, hipóteses e modelos científicos preliminares, que ainda não foram amplamente testados e aceitos. Compare com *ciência confiável*, *ciência não confiável*.

ciência não confiável Resultados científicos ou hipóteses apresentados como ciência confiável sem terem sido submetidos aos rigores do processo de revisão por pares. Compare com *ciência confiável*, *ciência experimental*.

ciência sólida Veja *ciência confiável*.

cientista ambiental Cientista que usa informações das ciências físicas e sociais para compreender como a Terra funciona, como os seres humanos interagem com a Terra e desenvolver soluções para problemas ambientais. Veja *ciência ambiental*.

clima Propriedades físicas da troposfera de uma área, baseadas na análise dos registros de seu tempo durante um longo período (pelo menos 30 anos). Os dois principais fatores que determinam o clima de uma área são a temperatura média, com as variações sazonais, e quantidade média e distribuição da precipitação. Compare com *tempo*.

coevolução Evolução na qual duas ou mais espécies interagem e exercem pressões seletivas entre si, podendo levar cada espécie a sofrer adaptações. Veja *evolução*, *seleção natural*.

colapso da população Perecimento de uma população que utilizou sua oferta de recursos, superando a capacidade de carga de seu meio ambiente. Veja *capacidade de carga*.

combustíveis fósseis Produtos de decomposição parcial ou total de plantas e animais; ocorre na forma de petróleo bruto, carvão, gás natural ou óleo pesado, como resultado da exposição ao calor e pressão na crosta terrestre durante milhões de anos. Veja *carvão*, *petróleo bruto*, *gás natural*.

comedor de detritos Veja *detritívoro*.

comensalismo Interação entre organismos de espécies diferentes na qual um tipo se beneficia e o outro tipo não é nem ajudado nem prejudicado. Compare com *mutualismo*.

competição Dois ou mais organismos individuais de uma única espécie *(competição intraespecífica)* ou dois ou mais indivíduos de espécies diferentes *(competição interespecífica)* tentando usar os mesmos recursos escassos no mesmo ecossistema.

competição interespecífica Tentativas dos membros de duas ou mais espécies de usar os mesmos recursos limitados em um ecossistema. Veja *competição*, *competição intraespecífica*.

competição intraespecífica Tentativas por dois ou mais organismos de uma única espécie de utilizar os mesmos recursos limitados em um ecossistema. Veja *competição*, *competição interespecífica*.

composto Combinação de átomos ou íons de carga oposta, de dois ou mais elementos unidos por forças atrativas chamadas ligações químicas. Exemplo: $NaCl$, CO_2, $C_6H_{12}O_6$. Compare com *elemento*.

compostos inorgânicos Todos os compostos não classificados como orgânicos. Veja *compostos orgânicos*.

compostos orgânicos Compostos contendo átomos de carbono combinados entre si e átomos de um ou mais elementos, como hidrogênio, oxigênio, nitrogênio, fósforo, enxofre, cloro e flúor. Todos os outros compostos são chamados compostos *inorgânicos*.

comunidade Populações de todas as espécies que vivem e interagem em uma área em determinado momento.

comunidade biológica Veja *comunidade*.

comunidade clímax Veja *comunidade madura*.

comunidade imatura Comunidade em estágio inicial de sucessão ecológica. Geralmente tem um baixo número de espécies e de nichos ecológicos e não pode capturar nem usar energia e ciclos de nutrientes críticos tão eficientemente quanto comunidades mais maduras e complexas. Compare com *comunidade madura*.

comunidade madura Comunidade estável e autossustentável em um estágio avançado de sucessão ecológica; geralmente tem um leque diversificado de espécies e de nichos ecológicos; capta e usa a energia dos ciclos químicos críticos mais eficientemente do que comunidades mais simples e imaturas. Compare com *comunidade imatura*.

comunidade pioneira Primeiro conjunto integrado de plantas, animais e decompositores encontrados em uma área em sucessão ecológica primária. Veja *comunidade imatura, comunidade madura*.

concentração Quantidade de uma substância química em determinado volume ou peso do ar, água, solo ou outro meio.

conjunto de genes Soma total de todos os genes encontrados nos indivíduos da população de uma determinada espécie.

conservação Uso sensato e prudente dos recursos naturais pelo homem. Pessoas com este ponto de vista são chamadas *conservacionistas*.

conservação de energia Reduzir ou eliminar o desperdício desnecessário de energia.

conservacionista Pessoa interessada na utilização de áreas naturais e vida selvagem de maneira sustentável para as gerações atuais e futuras de seres humanos e outras formas de vida.

consumidor Organismo que não consegue sintetizar os nutrientes orgânicos de que necessita, obtendo-os por meio da alimentação em tecidos de produtores ou de outros consumidores; geralmente divididos em *consumidores primários* (herbívoros), *secundários* (carnívoros), *terciários* (nível superior), *onívoros* e *detritívoros* (decompositores e alimentadores de detritos). Na economia, aquele que usa bens econômicos. Compare com *produtor*.

consumidor primário Organismo que se alimenta de algumas ou todas as partes de plantas (herbívoros) ou de outros produtores. Compare com *detritívoro*, *onívoro*, *consumidor secundário*.

consumidor secundário Organismo que se alimenta apenas de consumidores primários. Compare com *detritívoro*, *onívoro*, *consumidor primário*.

consumidores terciários (nível superior) Animais que se alimentam de animais que comem animais. Eles se alimentam em níveis tróficos elevados nas cadeias e teias alimentares. Exemplos: falcões, leões, robalos e tubarões. Compare com *detritívoro*, *consumidor primário e secundário*

controle da poluição produzida Veja *prevenção da poluição*.

controle da produção de poluição Veja *limpeza da poluição*.

córrego Corpo de água superficial fluindo. Exemplos: riachos e rios.

correntes Veja *correntes oceânicas*.

correntes oceânicas Movimentos maciços de água de superfície produzidos por ventos que sopram sobre os oceanos.

corte em tira Variação de corte raso, no qual uma faixa de árvores é cortada ao longo do contorno do terreno, com corredor estreito o suficiente para permitir a regeneração natural dentro de poucos anos. Após a regeneração, outra tira é cortada acima da primeira, e assim por diante. Compare com *corte raso, corte seletivo*.

corte raso Método de extração de madeira pelo qual todas as árvores em uma área de floresta são removidas em um único corte. Compare com *corte seletivo, corte em tira*.

Glossário

corte seletivo Corte de árvores de meia-idade, maduras ou doentes em uma área florestal sem igualdade de idade, individualmente ou em pequenos grupos. Isto estimula o crescimento de árvores jovens e mantém uma posição de desigualdade de idades. Compare com *corte raso, corte em tira*.

crescimento econômico Aumento da capacidade de proporcionar bens e serviços às pessoas; aumento do Produto Interno Bruto (PIB). Compare com *desenvolvimento econômico, desenvolvimento econômico ambientalmente sustentável*. Veja *produto interno bruto*.

crescimento exponencial Crescimento no qual alguma quantidade, como o tamanho da população ou produção econômica, aumenta a uma taxa constante por unidade de tempo. Exemplo é a sequência de crescimento 2, 4, 8, 16, 32, 64 e assim por diante, com um aumento de 100% a cada intervalo. Quando o aumento na quantidade ao longo do tempo é traçado, este tipo de crescimento fornece uma curva em forma de J. Compare com *crescimento linear*.

crescimento linear Crescimento no qual uma quantidade aumenta a uma taxa fixa em cada unidade de tempo. Exemplo é o crescimento em duas unidades na sequência 2, 4, 6, 8, 10 e assim por diante. Compare com *crescimento exponencial*.

crescimento logístico Padrão em que o crescimento exponencial da população ocorre quando a população é pequena, e seu crescimento diminui progressivamente com o tempo conforme a população se aproxima da capacidade de carga. Veja *curva em forma de S*.

cromossomo Agrupamento de genes e proteínas associados em células vegetais e animais, que carregam certos tipos de informações genéticas. Veja *genes*.

crosta Zona exterior sólida da Terra. Constituída pela crosta oceânica e crosta continental. Compare com *núcleo, manto*.

cultura Todo conhecimento, crença, tecnologia e prática de uma sociedade.

curva com forma de S Nivelamento de uma curva exponencial em forma de J, quando uma população em rápido crescimento atinge ou ultrapassa a capacidade de carga de seu ambiente e deixa de crescer.

curva em forma de J Curva com formato semelhante ao da letra J; pode representar um crescimento exponencial prolongado. Veja *crescimento exponencial*.

dados Informações factuais recolhidas por cientistas.

dados científicos Fatos obtidos por meio de observações e medições. Compare com *hipótese científica, lei científica, métodos científicos, modelo científico, teoria científica*.

decompositor Organismo que digere as partes de organismos mortos e libera fragmentos e resíduos de organismos vivos ao quebrar as moléculas orgânicas complexas em compostos inorgânicos mais simples, em seguida absorvendo os nutrientes solúveis. Produtores retornam a maioria desses produtos químicos para o solo e para a água para reutilização. Decompositores consistem em vários tipos de bactérias e fungos. Compare com *consumidor, detritívoro, produtor*.

degradação ambiental Esgotamento ou destruição de um recurso potencialmente renovável, como solo, pastagens, floresta ou vida selvagem, que é usado mais rapidamente do que pode ser naturalmente reabastecido. Se tal uso continuar, o recurso torna-se não renovável (em uma escala de tempo humana) ou inexistente (extinta). Veja também *rendimento sustentável*.

degradação da terra Diminuição da capacidade da terra de apoiar o plantio, a pecuária ou espécies selvagens no futuro como resultado de processos naturais ou induzidos pelo homem.

degradação do capital natural Veja *degradação ambiental*.

densidade Relação da massa por unidade de volume.

densidade populacional Número de organismos em uma determinada população encontrada em determinada área ou volume.

desenvolvimento econômico Melhoria da qualidade da vida humana com o crescimento econômico. Compare com *crescimento econômico, desenvolvimento econômico ambientalmente sustentável*.

desenvolvimento econômico ambientalmente sustentável Desenvolvimento que satisfaz as necessidades básicas das gerações atuais de seres humanos e outras espécies sem impedir que as futuras satisfaçam suas necessidades básicas. É o componente econômico de uma sociedade *ambientalmente sustentável*. Compare com *desenvolvimento econômico, crescimento econômico*.

desenvolvimento sustentável Veja *desenvolvimento econômico ambientalmente sustentável*.

deserto Bioma no qual a evaporação excede a precipitação, e a quantidade média de precipitação é inferior a 25 centímetros (10 polegadas) por ano. Tais áreas têm pouca vegetação ou baixa e muito espaçada. Compare com *floresta, pastagens*.

desmatamento Remoção de árvores de uma área florestada.

desnutrição Veja *desnutrição crônica*.

desnutrição crônica Condição sofrida por pessoas que não podem cultivar ou comprar alimentos suficientes para satisfazer suas necessidades básicas de energia. A maioria das crianças cronicamente subnutridas vive em países em desenvolvimento e é propensa a sofrer atraso mental, crescimento atrofiado e a morrer de doenças infecciosas. Compare com *malnutrição crônica, supernutrição*.

destruição do ozônio Diminuição na concentração de ozônio (O_3) na estratosfera. Veja *camada de ozônio*.

detritívoro Organismo consumidor que se alimenta de detritos, partes de organismos mortos, fragmentos e resíduos descartados de organismos vivos. Exemplos: minhocas, cupins e caranguejos. Compare com *decompositor*.

detrito Partes de organismos mortos, fragmentos e resíduos descartados de organismos vivos.

dinâmica populacional Principais fatores abióticos e bióticos que tendem a aumentar ou diminuir o tamanho da população e afetar a composição por idade e sexo de uma espécie.

dispersão da população Padrão geral no qual membros de uma população estão dispostos ao longo do seu habitat.

distribuição da população Variação da densidade populacional sobre uma determinada área geográfica ou volume. Por exemplo, um país tem elevada densidade populacional nas áreas urbanas e muito menor nas áreas rurais.

diversidade biológica Veja *biodiversidade*.

diversidade de espécies Número de diferentes espécies (riqueza de espécies) combinado com a abundância relativa de indivíduos dentro de cada uma delas (equabilidade de espécies) em determinada área. Veja *biodiversidade, equidade de espécies, riqueza de espécies*. Compare com *diversidade ecológica, diversidade genética*.

diversidade ecológica Variedade de florestas, desertos, pastagens, oceanos, rios, lagos e outras comunidades biológicas interagindo umas com as outras e com seu ambiente não vivo. Veja *biodiversidade*. Compare com *diversidade funcional, diversidade genética, diversidade de espécies*.

diversidade funcional Processos biológicos, químicos ou funções, como o fluxo de energia e ciclo de matéria, necessários para a sobrevivência das espécies e comunidades biológicas. Veja *biodiversidade, diversidade ecológica, diversidade genética, diversidade de espécies*.

diversidade genética Variabilidade na composição genética entre indivíduos dentro de uma única espécie. Veja *biodiversidade*. Compare com *diversidade ecológica, diversidade funcional, diversidade de espécies*.

DNA (ácido desoxirribonucleico) Grandes moléculas nas células de organismos vivos que carregam as informações genéticas.

ecologia Ciência biológica que estuda as relações entre os organismos vivos e seu meio ambiente; estudo da estrutura e funções da natureza.

ecologia aplicada Veja *ecologia de reconciliação*.

ecologia de reconciliação Ciência que inventa, estabelece e mantém habitats para conservar a diversidade de espécies em locais onde as pessoas vivem, trabalham ou se divertem.

ecologia de restauração Pesquisas e estudos científicos dedicados à restauração, reparação e reconstrução de ecossistemas degradados.

ecologista Cientista biólogo que estuda as relações entre organismos vivos e seu meio ambiente.

ecosfera Veja *biosfera*.

ecossistema Uma ou mais comunidades de diferentes espécies que interagem entre si e com os fatores químicos e físicos que compõem seu ambiente não vivo.

efeito de sombra de chuva Baixa precipitação no lado de sotavento de uma montanha, quando ventos predominantes fluem para cima e sobre uma montanha elevada ou cadeia de montanhas altas, criando condições semiáridas e áridas neste lado.

efeito estufa Efeito natural que libera calor na atmosfera perto da superfície da Terra. Vapor de água, dióxido de carbono, ozônio e outros gases na atmosfera baixa (troposfera) absorvem um pouco da radiação infravermelha (calor) emitida pela superfície da Terra. Suas moléculas vibram e transformam a energia absorvida em radiação infravermelha com comprimento de onda maior na troposfera. Se as concentrações atmosféricas de gases de efeito estufa aumentarem e outros processos naturais não os remover, a temperatura média da baixa atmosfera aumentará. Compare com *aquecimento global*.

efeito estufa natural Veja *efeito estufa*.

efeito limiar Efeito nocivo ou fatal de uma pequena mudança nas condições ambientais que exceda o limite de tolerância de um organismo ou população de uma espécie. Veja *lei de tolerância*.

eficiência energética Porcentagem da entrada total de energia que produz trabalho útil e não é convertida em calor de baixa qualidade, geralmente inútil, em um sistema de conversão de energia ou processo.

elemento Químicos, como hidrogênio (H), ferro (Fe), sódio (Na), carbono (C), nitrogênio (N), ou oxigênio (O), cujos átomos distintamente diferentes atuam como blocos de construção básicos de toda a matéria. Dois ou mais elementos se combinam para formar os compostos que constituem a maioria da matéria do mundo. Compare com *composto*.

elétron (e) Partícula minúscula que se move ao redor do lado externo do núcleo de um átomo. Cada elétron possui uma unidade de carga negativa e quase nenhuma massa.

elevação Distância acima do nível do mar.

emigração Movimento de saída das pessoas de uma área geográfica específica. Compare com *imigração, migração*.

energia Capacidade de realizar trabalho por meio de tarefas mecânicas, químicas, físicas e elétricas, ou de causar transferência de calor entre dois objetos de temperaturas diferentes.

energia cinética Energia que a matéria tem devido à sua massa e velocidade. Compare com *energia potencial*.

energia de alta qualidade Energia que está concentrada e tem grande capacidade de realizar trabalho útil. Exemplos são o calor de alta temperatura e a energia em eletricidade, carvão, petróleo, gasolina, luz solar e núcleos de urânio-235. Compare com *energia de baixa qualidade*.

energia de baixa qualidade Energia que está dispersa e tem pouca habilidade para fazer trabalho útil. Exemplo é o calor de baixa temperatura. Compare com *energia de alta qualidade*.

energia potencial Energia armazenada em um objeto por causa de sua posição ou de suas partes. Compare com *energia cinética*.

energia solar Energia radiante direta do sol e uma série de formas indiretas de energia produzidas pela entrada direta de tal energia radiante. Principais formas indiretas de energia solar incluem vento, queda d'água corrente (energia hidráulica) e biomassa (energia solar convertida em energia química armazenada em ligações químicas dos compostos orgânicos em árvores e outras plantas) – nenhuma delas existiria sem a energia solar direta.

engenharia genética A inserção de um gene estranho em um organismo para lhe dar uma característica genética benéfica. Compare com *seleção artificial, seleção natural*.

entrada Matéria, energia ou informação que entram em um sistema. Compare com *saída, produtividade*.

EPA Agência de Proteção Ambiental norte-americana; responsável pela gestão de esforços do governo federal para controlar a poluição do ar e da água, perigos de radiação e agrotóxicos, pesquisa ambiental, resíduos perigosos e eliminação de resíduos sólidos.

epífita Planta que usa suas raízes para se fixar nos galhos altos das árvores, especialmente em florestas tropicais.

equidade de espécies Grau em que os números comparativos dos indivíduos de cada uma das espécies presentes na comunidade são semelhantes. Veja *diversidade de espécies*. Compare com *riqueza de espécies*.

erosão Processo ou conjunto de processos pelos quais os materiais soltos ou consolidados da terra, especialmente solo superficial, são dissolvidos, soltos ou desgastados e removidos de um local para ser depositados em outro.

erosão do solo Movimento dos componentes do solo, especialmente solo superficial, de um lugar para outro, geralmente pelo vento, água corrente ou ambos. Este processo natural pode ser bastante acelerado por atividades humanas que removem a vegetação do solo.

escoamento de confiança Escoamento superficial da água que geralmente pode ser contado como uma fonte estável de água de ano para ano. Veja *escoamento*.

especiação Formação de duas espécies a partir de uma em virtude da seleção natural divergente em resposta às mudanças nas condições ambientais; normalmente leva milhares de anos. Compare com *extinção*.

espécie Grupo de organismos semelhantes e, para organismos de reprodução sexuada, um conjunto de indivíduos que podem se acasalar e produzir descendentes férteis. Cada organismo é um membro de determinada espécie.

espécie de fundação Espécie que desempenha papel importante na formação de uma comunidade por meio da criação e melhoria de um habitat que beneficia outras espécies. Compare com *espécies indicadora, chave, nativas e não nativas*.

espécie pioneira Primeira espécie resistente – muitas vezes micróbios, musgos e líquens – que começa a colonizar um local como o primeiro estágio de sucessão ecológica. Veja *sucessão ecológica, comunidade pioneira*.

espécies ameaçadas Espécies selvagens que ainda são abundantes em seu habitat natural, mas prováveis de se tornar ameaçadas por causa do declínio em seus números. Compare com *espécies em risco de extinção*.

espécies ameaçadas de extinção Espécies selvagens com tão poucos sobreviventes individuais que poderão em breve se tornar extintas em todos ou em grande parte de sua escala natural. Compare com *espécies ameaçadas*.

espécies de caça Tipo de animais selvagens que as pessoas caçam ou pescam como fonte de alimento, por esporte ou recreação.

espécies domesticadas Espécies selvagens domesticadas ou alteradas geneticamente por cruzamentos, para uso por seres humanos para se alimentar (bovinos, ovinos e culturas alimentares), como animais de estimação (cães e gatos), ou para a apreciação (animais em jardins zoológicos e plantas em jardins botânicos). Compare com *espécies selvagens*.

espécies endêmicas Espécies que se encontram em uma única área, especialmente vulneráveis à extinção.

espécies especializadas Espécies com um nicho ecológico restrito. Podem ser capazes de viver em apenas um tipo de habitat, tolerar apenas uma faixa estreita de clima e outras condições ambientais, ou utilizar apenas um tipo ou alguns poucos tipos de alimentos. Compare com *espécies generalistas*.

espécies exóticas Veja *espécie não nativa*.

espécies exóticas Veja *espécies não nativas*.

espécies generalistas Espécies com um amplo nicho ecológico, que podem viver em muitos lugares diferentes, comer uma variedade de alimentos e tolerar uma ampla gama de condições ambientais. Exemplos: moscas, baratas, ratos, camundongos e seres humanos. Compare com *espécies especializadas*.

espécies imigrantes Veja *espécies não nativas*.

espécies indicadoras Espécies cujo declínio serve de alerta precoce para indicar que uma comunidade ou ecossistema está sendo degradado. Compare com *espécies de fundação, chave, nativas e não nativas*.

espécies invasoras Veja *espécies não nativas*.

espécies não nativas Espécies que migram para um ecossistema ou são deliberada ou acidentalmente introduzidas em um ecossistema por seres humanos. Compare com *espécies nativas*.

espécies nativas Espécies que normalmente vivem e prosperam em um ecossistema específico. Compare com *espécies de fundação, indicadoras, chave e não nativas*.

espécies selvagens Espécies encontradas no meio ambiente natural. Compare com *espécies domesticadas*.

espécies-chave Espécies que desempenham funções que afetam muitos outros organismos em um ecossistema. Compare com *espécies de fundação, indicadoras, nativas e não nativas*.

estratosfera A segunda camada da atmosfera, estendendo-se cerca de 17-48 km (11-30 milhas) acima da superfície da Terra. Contém pequenas quantidades de ozônio gasoso (O_3), que retém cerca de 95% da radiação ultravioleta nociva emitida pelo sol. Compare com *troposfera*.

estrutura etária Porcentagem da população (ou número de pessoas de cada sexo) de cada faixa etária em uma população.

estuário Zona costeira parcialmente fechada na foz de um rio onde sua água doce, carregando sedimentos férteis e escoamento da terra, mistura-se com a salgada do mar.

ética ambiental Crenças humanas sobre o que é certo ou errado na forma como tratamos o meio ambiente.

eutrofização Mudanças físicas, químicas e biológicas que ocorrem depois que um lago, estuário ou córrego de fluxo lento recebe entradas de nutrientes das plantas – principalmente nitratos e fosfatos – da erosão natural e do escoamento da bacia do terreno circundante. Veja *eutrofização cultural*.

eutrofização cultural Supernutrição das reservas de ecossistemas aquáticos com nutrientes (principalmente nitratos e fosfatos) por causa de atividades humanas, como agricultura, urbanização e descargas das instalações industriais e estações de tratamento de esgoto. Veja *eutrofização*.

evaporação Conversão de um líquido em gás.

evolução Veja *evolução biológica*.

evolução biológica Mudança na composição genética da população de uma espécie em gerações sucessivas. Se continuar por tempo suficiente, pode levar à formação de uma nova espécie. Perceba que as populações evoluem, não os indivíduos. Veja também *adaptação, reprodução diferencial, seleção natural, teoria da evolução*.

expectativa de vida Número médio de anos que se espera um recém-nascido viva.

experimento Processo que um cientista usa para estudar alguns fenômenos em condições conhecidas. Cientistas realizam algumas experiências em laboratório e outras na natureza. Os dados ou fatos científicos resultantes devem ser verificados ou confirmados por observações e medições repetidas, de preferência por vários pesquisadores diferentes.

extinção Veja *extinção biológica*.

extinção biológica Completo desaparecimento de uma espécie da terra. Acontece quando uma espécie não consegue se adaptar e reproduzir com sucesso sob as novas condições ambientais, ou quando se transforma em uma ou mais espécies novas. Compare com *especiação*. Veja também *espécies ameaçadas de extinção, extinção em massa, espécies ameaçadas*.

extinção comercial Esgotamento da população de uma espécie selvagem usada como recurso em um nível no qual a colheita desta espécie deixa de ser rentável.

extinção em massa Evento catastrófico, amplo, geralmente global, em que os principais grupos de espécies são eliminados durante um curto período de tempo em comparação a extinções normais. Compare com *taxa de extinção de fundo*.

fator limitante Único fator que limita o crescimento, abundância ou a distribuição da população de uma espécie em um ecossistema. Veja *princípio do fator limitante*

fazenda de árvores Veja *plantação de árvores*.

feedback Qualquer processo que aumenta (retroalimentação positiva) ou diminui (retroalimentação negativa) uma mudança em um sistema.

fermentação Veja *respiração anaeróbica*.

fertilidade do nível de reposição Número médio de filhos que um casal deve ter para sua própria substituição. A média de um país ou do mundo é ligeiramente superior a duas crianças por casal (2,1 nos Estados Unidos e 2,5 em alguns países em desenvolvimento), principalmente porque alguns filhos morrem antes de atingir seus anos reprodutivos. Veja também *taxa de fertilidade total*.

fitoplâncton Pequenas plantas que ficam à deriva, principalmente algas e bactérias, encontradas em ecossistemas aquáticos. Compare com *plâncton, zooplâncton*.

fixação de nitrogênio Conversão de gás nitrogênio atmosférico por relâmpagos, bactérias e cianobactérias em formas úteis para as plantas; é parte do ciclo de nitrogênio.

floresta Bioma com precipitação média anual suficiente para suportar o crescimento de espécies arbóreas e formas de vegetação menores. Compare com *deserto, pastagens*.

floresta antiga Veja *floresta de crescimento antigo*.

floresta comercial Veja *plantação de árvores*.

floresta de crescimento antigo Floresta velha e virgem, de segundo crescimento, com árvores que muitas vezes têm centenas e até milhares de anos de existência. Exemplos são as florestas de Douglas de abetos, cicuta ocidental, sequoias gigantes e costeiras do oeste dos Estados Unidos. Compare com *floresta secundária, plantação de árvores*.

floresta secundária Área coberta de árvores resultantes da sucessão ecológica secundária. Compare com *floresta de crescimento antigo, plantação de árvores*.

fluxos Veja *produtividade*.

fogo de chão Fogo que queima as folhas deterioradas, ou turfa, bem abaixo da superfície do solo. Compare com *fogo de coroa, fogo de superfície*.

fogo de coroa Incêndios florestais que queimam a vegetação rasteira e as árvores. Compare com *queima controlada, fogo de chão, fogo de superfície*.

fogo de superfície Incêndio florestal que queima apenas vegetação rasteira no chão da floresta. Compare com *fogo de coroa, fogo de chão*. Veja *queima controlada*.

fome Veja *desnutrição crônica*.

fonte pontual Fonte de identificação única que descarrega poluentes no meio ambiente. Exemplos podem ser a chaminé de uma usina ou planta industrial, os encanamentos de uma planta industrial frigorífica, a chaminé de uma casa ou o escapamento de um automóvel. Compare com *fontes difusas*.

fontes difusas Áreas amplas e difusas, ao invés de pontos, a partir das quais os poluentes entram em corpos de água superficiais ou no ar. Exemplos são escoamento de produtos químicos e sedimentos de terras cultiváveis, confinamento de gado, florestas desmatadas, vias urbanas, estacionamentos, gramados e campos de golfe. Compare com *fonte pontual*.

fórmula química Forma abreviada de mostrar o número de átomos (ou íons) na unidade estrutural básica de um composto. Exemplos: H_2O, $NaCl$, $C_6H_{12}O_6$.

fósseis Esqueletos, ossos, conchas, partes do corpo, folhas, sementes ou impressões de tais itens que fornecem evidências reconhecíveis de organismos que viveram há muito tempo.

fotossíntese Processo complexo que ocorre nas células das plantas verdes. A energia radiante do sol é utilizada para combinar o dióxido de carbono (CO_2) e a água (H_2O) para produzir oxigênio (O_2), carboidratos (como glicose, $C_6H_{12}O_6$) e outras moléculas de nutrientes. Compare com *respiração aeróbica, quimiossíntese*.

fragmentação de habitat Quebra de um habitat em pequenos pedaços, geralmente como resultado de atividades humanas.

frente Fronteira entre duas massas de ar com diferentes temperaturas e densidades. Veja *frente fria, frente quente*.

frente fria Vanguarda do avanço de uma massa de ar frio. Compare com *frente quente*.

frente quente Limite entre uma massa de ar quente e a mais fria que está sendo substituída. Como o ar quente é menos denso que o fresco, uma frente quente avançando eleva-se sobre uma massa de ar frio. Compare com *frente fria*.

gases de efeito estufa Gases na atmosfera inferior da Terra (troposfera) que causam o efeito estufa. Exemplos são dióxido de carbono, clorofluorcarbonos, ozônio, metano, vapor d'água e óxido nitroso.

genes Unidades codificadas de informações sobre traços específicos que são passados de pai para filho durante a reprodução. Consistem em segmentos de moléculas de DNA encontrados nos cromossomos.

geosfera Compreende o núcleo extremamente quente da Terra, um grosso manto composto principalmente de rochas, e a crosta fina que contém o solo e o sedimento da terra. Compare com *atmosfera, biosfera, hidrosfera*.

habitat Lugar ou tipo de local onde um organismo ou população de organismos vive. Compare com *nicho ecológico*.

herbicida Substância química que mata uma planta ou inibe seu crescimento.

herbívoro Organismo que se alimenta de plantas. Exemplos: cervos, ovelhas, gafanhotos, zooplâncton. Compare com *carnívoro, onívoro*.

heterótrofo Veja *consumidor*.

hidrocarbonetos Compostos orgânicos feitos de átomos de hidrogênio e carbono. O hidrocarboneto mais simples é o metano (CH_4), principal componente do gás natural.

hidrosfera A *água líquida* da Terra (oceanos, lagos, outros corpos de água superficiais e águas subterrâneas), a *água congelada* (calotas polares, camadas de gelo flutuantes, gelo no solo, conhecido como *"permafrost"*), e *vapor d'água* na atmosfera. Veja também *ciclo hidrológico*. Compare com *atmosfera, biosfera, geosfera*.

hipereutrófico Resultado da entrada excessiva de nutrientes em um lago. Veja *eutrofização cultural*.

hipótese científica Palpite que tenta explicar uma lei científica ou certas observações científicas. Compare com *dados científicos, lei científica, métodos científicos, modelo científico, teoria científica*.

HIPPCO Sigla usada por biólogos conservacionistas para as seis mais importantes causas secundárias de extinção prematura: (H) Destruição, degradação e fragmentação do **H**abitat; (I) Espécies **I**nvasivas (não nativas); (P) Crescimento **P**opulacional (pessoas demais consumindo recursos demais), (P) **P**oluição, (C) alterações **C**limáticas; e (O) **S**uperexploração.

hospedeiro Planta ou animal em que o parasita se alimenta.

imigração Migração de pessoas para um país ou região a fim de assumir residência permanente.

inseticida Produto químico que mata insetos.

interação sinérgica Interação de dois ou mais fatores ou processos, de modo que o efeito combinado seja maior do que a soma dos seus efeitos separados.

intervalo de tolerância Faixa de condições químicas e físicas que deve ser mantida para as populações de uma espécie específica permanecerem vivas e em crescimento, desenvolvimento e funcionando normalmente. Veja *lei de tolerância*.

invertebrados Animais que não têm espinha dorsal.

íon Átomo ou grupo de átomos com uma ou mais cargas elétricas positivas (+) ou negativas (-). Exemplos são Na^+ e Cl^-. Compare com *átomo, molécula*.

isolamento geográfico Separação das populações de uma espécie em diferentes áreas por longos períodos de tempo.

isolamento reprodutivo Separação geográfica a longo prazo de membros de uma espécie específica de reprodução sexuada.

isótopos Duas ou mais formas de um elemento químico que têm o mesmo número de prótons, mas números de massa diferentes porque têm diferentes números de nêutrons em seus núcleos.

justiça ambiental Tratamento justo e envolvimento significativo de todas as pessoas, independente de raça, cor, sexo, origem nacional ou renda, no que diz respeito ao desenvolvimento, implementação e aplicação das leis ambientais, regulamentações e políticas.

lago Grande corpo natural de água doce parada, formado quando a água da precipitação, o escoamento dos solos ou o fluxo de água subterrânea preenchem uma depressão na terra criada pela glaciação, movimento de terras, atividade vulcânica ou um meteorito gigante. Veja *lago eutrófico, lago mesotrófico, lago oligotrófico*.

lago eutrófico Lago com uma grande ou excessiva fonte de nutrientes de plantas, principalmente nitratos e fosfatos. Compare com *lago mesotrófico, lago oligotrófico*.

lago mesotrófico Lago com fonte moderada de nutrientes para as plantas. Compare com *lago eutrófico, lago oligotrófico*.

lago oligotrófico Lago com baixa oferta de nutrientes para as plantas. Compare com *lago eutrófico, lago mesotrófico*.

latitude Distância do equador. Compare com *altitude*.

LDC Veja *país menos desenvolvido*. Compare com *país mais desenvolvido*.

lei científica Descrição do que os cientistas descobrem acontecendo na natureza várias vezes da mesma maneira, sem exceção conhecida. Veja *primeira lei da termodinâmica, lei da conservação da matéria, segunda lei da termodinâmica*. Compare com *dados científicos, hipótese científica, métodos científicos, modelo científico, teoria científica*.

lei da conservação da matéria Em qualquer alteração física ou química, matéria não é criada nem destruída, apenas muda de um formato para outro; em alterações físicas e químicas, os átomos existentes são reorganizados em diferentes padrões espaciais (alterações físicas) ou combinações diferentes (alterações químicas).

lei da conservação de energia Veja *primeira lei da termodinâmica*.

lei da natureza Veja *lei científica*.

lei de tolerância A existência, abundância e distribuição das espécies em um ecossistema são determinadas pelo fato de os níveis de um ou mais fatores físicos ou químicos estarem dentro da faixa tolerada pela espécie. Veja *efeito limiar*.

lei natural Veja *lei científica*.

limites de tolerância Limite mínimo e máximo para as condições físicas (como a temperatura) e as concentrações de substâncias químicas além do qual nenhum membro de uma determinada espécie pode sobreviver. Veja *lei de tolerância*.

limpeza da poluição Dispositivo ou processo que elimina ou reduz o nível de um poluente depois de ter sido produzido

Glossário

ou entrado no meio ambiente. Exemplos: dispositivos de controle das emissões de automóveis e estações de tratamento de esgoto. Compare com *prevenção da poluição*.

litosfera Camada exterior da Terra, composta pela crosta e a parte rígida e mais externa do manto fora da astenosfera; material encontrado nas placas da Terra. Veja *crosta, geosfera, manto*.

malnutrição crônica Nutrição defeituosa, causada por uma dieta que não fornece proteínas, gorduras essenciais, vitaminas, minerais e outros nutrientes necessários em quantidades suficientes para uma boa saúde. Compare com *supernutrição, desnutrição crônica*.

manguezais Pântanos encontrados no litoral, em climas tropicais quentes. São dominados por árvores de mangue, ou seja, qualquer uma das cerca de 55 espécies de árvores e arbustos que pode viver parcialmente imersa no ambiente de pântanos salgados costeiros.

manto Zona do interior da Terra entre seu núcleo e sua crosta. Compare com *núcleo, crosta*. Veja *geosfera, litosfera*.

mar aberto Parte de um oceano que está além da plataforma continental. Compare com *zona costeira*.

massa Quantidade de material em um objeto.

mata ciliar Fina faixa ou pedaço de vegetação que circunda um córrego. Estas zonas são habitats e recursos muito importantes para a fauna.

matéria Qualquer coisa que tenha massa (a quantidade de material em um objeto) e ocupe espaço. Na Terra, onde a gravidade se faz presente, pesamos um objeto para determinar sua massa.

matéria de alta qualidade Matéria que está concentrada e contém elevada concentração de um recurso útil. Compare com *matéria de baixa qualidade*.

matéria de baixa qualidade Matéria que é diluída, dispersa ou contém baixa concentração de um recurso útil. Compare com *matéria de alta qualidade*.

MDC Veja *país mais desenvolvido*.

meio ambiente Todas as condições externas, fatores, matéria e energia, vivos e não vivos, que afetam todos os organismos ou outros sistemas especificados.

metabolismo Capacidade de uma célula ou organismo vivo de captar e transformar a matéria e a energia de seu meio ambiente para atender a suas necessidades de sobrevivência, crescimento e reprodução.

métodos científicos Maneiras como cientistas coletam dados, formulam e testam hipóteses, modelos, teorias e leis científicas. Veja *dados científicos, hipótese científica, lei científica, modelo científico, teoria científica*.

microrganismos Organismos, como bactérias, que são tão pequenos que é necessário o uso de microscópio para vê-los.

migração Movimento de pessoas entrando e saindo de áreas geográficas específicas. Compare com *emigração* e *imigração*.

modelo Representação ou simulação aproximada de um sistema que está sendo estudado.

modelo científico Simulação de processos e sistemas complexos. Muitos são modelos matemáticos executados e testados usando computadores.

modelo de equilíbrio de espécies Veja *teoria da biogeografia de ilhas*.

molécula Combinação de dois ou mais átomos do mesmo elemento químico (como O_2) ou elementos químicos diferentes (como H_2O) mantidos juntos por ligações químicas. Compare com *átomo, íon*.

mudança climática global Termo amplo que se refere às mudanças no longo prazo em todos os aspectos do clima da Terra, principalmente na temperatura e precipitação. Compare com *tempo*.

mudança populacional Aumento ou diminuição no tamanho de uma população. É igual a (Nascimentos + Imigração) - (Mortes + Emigração).

mutação Mudança aleatória nas moléculas de DNA que compõem os genes e podem alterar a anatomia, fisiologia e comportamento da prole.

mutação do gene Veja *mutação*.

mutualismo Tipo de interação entre espécies na qual ambas geralmente se beneficiam. Compare com *comensalismo*.

necrófago Organismo que se alimenta de organismos que foram mortos por outros ou morreram naturalmente. Exemplos: urubus, moscas e corvos. Compare com *detritívoro*.

nécton Organismos que nadam de maneira forte encontrados em sistemas aquáticos. Compare com *bentos, plâncton*.

nicho Veja *nicho ecológico*.

nicho ecológico Modo de vida ou papel total de uma espécie em um ecossistema. Inclui todas as características físicas, químicas e biológicas que uma espécie necessita para viver e se reproduzir em um ecossistema.

nível trófico Todos os organismos que estão a um mesmo número de transferências de energia da fonte original de energia (a luz solar, por exemplo) que entram em um ecossistema. Por exemplo, todos os produtores pertencem ao primeiro nível trófico e todos os herbívoros ao segundo nível trófico de uma cadeia ou teia alimentar.

núcleo Centro extremamente minúsculo de um átomo que constitui a maior parte da sua massa. Contém um ou mais prótons carregados positivamente e um ou mais nêutrons sem carga elétrica (exceto pelo átomo de hidrogênio-1, que tem um próton e nenhum nêutron em seu núcleo).

núcleo Zona interior da Terra. Constituída por um núcleo interno sólido e um externo líquido. Compare com *crosta, manto*.

número atômico Número de prótons no núcleo de um átomo. Compare com *número de massa*.

número de massa Soma do número de nêutrons (n) e de prótons (p) no núcleo de um átomo. Fornece a massa aproximada desse átomo. Compare com *número atômico*.

nutriente Qualquer produto químico que um organismo deve obter para viver, crescer e se reproduzir.

OGM Veja *organismo geneticamente modificado*.

onívoro Animal que pode utilizar tanto as plantas quanto outros animais como fontes de alimento. Exemplos: porcos, ratos, baratas e seres humanos. Compare com *carnívoros, herbívoros*.

organismo Qualquer forma de vida.

organismo geneticamente modificado (OGM) Organismo cuja constituição genética foi alterada pela engenharia genética.

organismos transgênicos Veja *organismos geneticamente modificados*.

ozônio (O_3) Gás incolor e altamente reativo, um dos principais componentes do *smog* fotoquímico. Também encontrado na camada de ozônio na estratosfera.

país desenvolvido Veja *país mais desenvolvido*.

país em desenvolvimento Veja *país menos desenvolvido*.

país mais desenvolvido País que é altamente industrializado e tem elevado PIB *per capita*. Compare com *país menos desenvolvido*.

país menos desenvolvido País que tem baixa a moderada industrialização e baixo a moderado PIB *per capita*. A maioria está localizada na África, Ásia e América Latina. Compare com *país mais desenvolvido*.

parasita Organismo consumidor que vive sobre ou dentro de um animal ou planta e dele(a) se alimenta, conhecido como hospedeiro, durante um período prolongado. O parasita se alimenta e enfraquece gradualmente seu hospedeiro; pode até matá-lo. Veja *parasitismo*.

parasitismo Interação entre espécies na qual um organismo, denominado parasita, fixa-se a outro, chamado hospedeiro, vivendo dele. Veja *hospedeiro, parasita*.

partículas subatômicas Partículas extremamente pequenas – elétrons, prótons e nêutrons – que compõem a estrutura interna dos átomos.

partilha de recursos Processo de divisão de recursos em um ecossistema de modo que espécies com necessidades semelhantes (nichos ecológicos sobrepostos) usem os mesmos recursos escassos em momentos diferentes, de maneiras diferentes, ou em lugares diferentes. Veja *nicho ecológico*.

pastagens Terras que fornecem forragem ou vegetação (gramíneas, plantas em forma de grama e arbustos) para animais de pastoreio e de pastagem, não intensivamente manejada. Compare com *pradaria*.

pegada ecológica Quantidade de terra e água biologicamente produtivas necessárias para abastecer uma população com os recursos renováveis que ela usa e para absorver ou eliminar os resíduos do uso de tais recursos. É uma medida da média de impacto ambiental das populações em diferentes países e áreas. Veja *pegada ecológica per capita*.

pegada ecológica de peixe (*fishprint*) Área do oceano necessária para sustentar o consumo de uma pessoa média, nação ou do mundo. Compare com *pegada ecológica*.

pegada ecológica *per capita* Quantidade de terra e água biologicamente produtivas necessárias para abastecer uma pessoa ou população com os recursos renováveis que usam e absorver ou eliminar os resíduos do uso de tais recursos. Mede o impacto ambiental médio dos indivíduos ou populações em diferentes países e áreas. Compare com *pegada ecológica*.

perecimento Grande redução da população de uma espécie, quando seu número ultrapassa a capacidade de carga de seu habitat. Veja *capacidade de carga*.

perene Planta que pode viver por mais de dois anos. Compare com *anual*.

permafrost Camada perenemente congelada do solo que se forma quando a água congela. É encontrado na tundra ártica.

perturbação Evento que interrompe um ecossistema ou comunidade. Exemplos de *distúrbios naturais*: incêndios, furacões, tornados, secas e inundações. Exemplos de *distúrbios causados pelo homem*: desmatamento, sobrepastoreio e aração.

pesqueiro Concentração de determinadas espécies aquáticas adequadas para ser comercializadas em certa área do oceano ou em um corpo de água no continente.

pH Valor numérico que indica a acidez ou alcalinidade relativa de uma substância em uma escala de 0 a 14, com o ponto neutro em 7. Soluções ácidas têm pH menor que 7, básicas ou alcalinas, maior que 7.

PIB Veja *produto interno bruto*.

PIB *per capita* Produto interno bruto (PIB) de um país dividido pela população total no meio do ano. Fornece a fatia média do bolo econômico por pessoa. Costumava ser chamado de produto nacional bruto *per capita* (PNB). Veja *produto interno bruto*.

pirâmide do fluxo de energia Diagrama representando o fluxo de energia através de cada nível trófico em uma cadeia ou teia alimentar. A cada transferência de energia, apenas uma pequena parte (normalmente 10%) da energia utilizável entrando num nível trófico é transferida para os organismos no próximo.

piscicultura Veja *aquacultura*.

plâncton Pequenos organismos vegetais (fitoplâncton) e animais (zooplâncton) que flutuam nos ecossistemas aquáticos.

planejamento familiar Fornecimento de informações, serviços clínicos e contraceptivos para ajudar as pessoas a escolher o número e espaçamento de filhos que querem ter.

plantação de árvores Área plantada com uma ou somente algumas espécies de árvores com idades iguais. Quando a área plantada amadurece, é normalmente colhida por corte raso e, em seguida, replantada. Essas fazendas normalmente plantam espécies de árvores de rápido crescimento para lenha, madeira ou polpa de madeira. Compare com *floresta de crescimento antigo, floresta secundária*.

plantas caducifólias Árvores, como carvalhos e maples, e outras plantas que sobrevivem durante as estações secas ou frias derrubando suas folhas. Compare com *árvores coníferas, plantas suculentas*.

plantas coníferas perenes Plantas produtoras de cones (como abetos, pinheiros e epíceas) que mantêm algumas de suas folhas estreitas, pontiagudas (em forma de agulhas) durante todo o ano. Compare com *árvores de folhas largas caducifólias, plantas folhosas perenes*.

plantas folhosas perenes Plantas que mantêm a maioria de suas folhas largas durante todo o ano. Exemplo são as árvores encontradas no dossel das florestas tropicais. Compare com *árvores de folhas largas caducifólias, plantas coníferas perenes*.

plantas perenes Plantas que mantêm algumas de suas folhas ou agulhas ao longo do ano. Exemplos incluem árvores coníferas, como pinheiros, abetos, sequoias e pau-brasil. Compare com *plantas caducifólias, plantas suculentas*.

plantas suculentas As plantas, como cactos do deserto, que sobrevivem em climas secos por não ter folhas, reduzindo assim a perda de água pela *transpiração*. Armazenam água e usam a luz solar para produzir o alimento de que precisam no tecido grosso e carnudo dos seus caules e ramos verdes. Compare com *plantas caducifólias, plantas perenes*.

pobreza Incapacidade das pessoas de satisfazerem suas necessidades básicas de alimentação, vestuário e abrigo.

poluente Produto químico ou forma de energia que pode afetar a saúde, a sobrevivência ou as atividades dos seres humanos ou outros organismos vivos. Veja *poluição*.

poluição Alterações indesejáveis nas características físicas, químicas ou biológicas do ar, água, solo ou alimentos que podem prejudicar a saúde, sobrevivência ou as atividades dos seres humanos e outros organismos vivos.

poluição biótica Efeito causado por espécies invasoras que pode reduzir ou eliminar as populações de muitas espécies nativas e desencadear perturbações ecológicas.

poluição do ar Uma ou mais substâncias químicas no ar em concentrações altas o suficiente para prejudicar seres humanos, outros animais, vegetação ou certos materiais. O excesso de calor também é considerado uma forma de poluição do ar. Tais produtos químicos ou condições físicas são chamados poluentes atmosféricos. Veja *poluente primário, poluente secundário*.

ponto decisivo Nível limiar no qual um problema ambiental causa uma mudança fundamental e irreversível no comportamento de um sistema. Veja *ponto decisivo ecológico, ponto decisivo climático*.

ponto decisivo ecológico Ponto em que um problema ambiental atinge determinado limiar, provocando uma mudança muitas vezes irreversível no comportamento de um sistema natural

pontos focais de biodiversidade Áreas especialmente ricas em espécies de plantas que não são encontradas em nenhum outro lugar e estão em grande perigo de extinção. Tais áreas sofrem perturbações ecológicas graves, principalmente por causa do rápido crescimento da população humana e consequente pressão sobre os recursos naturais.

população Grupo de organismos individuais da mesma espécie que vive em uma área particular.

potencial biótico Taxa máxima a que a população de uma determinada espécie pode aumentar quando não há limites para seu crescimento. Veja *resistência ambiental*.

potencial reprodutivo Veja *potencial biótico*.

PPB Veja *produtividade primária bruta*.

PPL Veja *produtividade primária líquida*.

pradaria Bioma encontrado em regiões onde a precipitação anual média é suficiente para suportar o crescimento de gramíneas e pequenas plantas, mas não para suportar grandes extensões de árvores. Compare com *deserto, floresta*.

precipitação Água em forma de chuva, granizo e neve que cai da atmosfera para a terra e corpos d'água.

predação Interação em que um organismo de uma espécie (predador) captura e se alimenta de algumas ou todas as partes de um organismo de outra espécie (presa).

predador Organismo que captura e se alimenta de algumas ou todas as partes de um organismo de outra espécie (presa).

presa Organismo que é morto por outro de outra espécie (o predador) e serve como fonte de alimento.

pressão atmosférica Força ou massa por unidade de área do ar, causada pelo bombardeamento de uma superfície por moléculas do ar.

prevenção da poluição Dispositivo, processo ou estratégia usado para evitar que um poluente em potencial se forme ou entre no ambiente, ou para reduzir drasticamente a quantidade de entrada desse poluente no meio ambiente. Compare com *limpeza da poluição*.

primeira lei da termodinâmica Sempre que a energia é convertida de uma forma em outra em uma alteração física ou química, nenhuma energia é criada ou destruída, mas pode ser alterada de uma forma para outra; você não pode obter mais energia de algo que você colocou; e em termos de quantidade de energia, não se consegue algo por nada. Esta lei não se aplica às alterações nucleares, nas quais grandes quantidades de energia podem ser produzidas a partir de pequenas quantidades de matéria. Veja *segunda lei da termodinâmica*.

princípio do fator limitante Muito ou pouco de qualquer elemento abiótico pode limitar ou impedir o crescimento da população de uma espécie em um ecossistema, mesmo se todos os outros fatores estiverem dentro ou próximo do intervalo ideal de tolerância para a espécie.

princípios da sustentabilidade Princípios pelos quais a natureza tem se sustentado por bilhões de anos dependendo da energia solar, biodiversidade e da reciclagem de nutrientes.

probabilidade Declaração matemática sobre quão provável é a ocorrência de algo.

produtividade Taxa de fluxo de matéria, energia ou informações através de um sistema. Compare com *entrada, saída*.

produtividade energética Veja *eficiência energética*.

produtividade primária Veja *produtividade primária bruta, produtividade primária líquida*.

produtividade primária bruta (PPB) Taxa na qual os produtores de um ecossistema capturam e armazenam uma determinada quantidade de energia química, como a biomassa, em um determinado período de tempo. Compare com *produtividade primária líquida*.

produtividade primária líquida (PPL) Taxa na qual todas as plantas em um ecossistema produzem energia química líquida útil; igual à diferença entre esta (produtividade primária bruta) e a taxa em que elas usam parte desta energia através da respiração celular. Compare com *produtividade primária bruta*.

produto interno bruto (PIB) Valor de mercado anual de todos os bens e serviços produzidos por todas as empresas e organizações, nacionais e estrangeiras, que operam dentro de um país. Veja *PIB per capita*.

produtor Organismo que utiliza a energia solar (plantas verdes) ou química (algumas bactérias) para fabricar compostos orgânicos de que necessitam, como nutrientes de compostos inorgânicos simples obtidos em seu meio ambiente. Compare com *consumidor, decompositor*.

produtos químicos perigosos Produtos químicos que podem causar danos, pois são inflamáveis ou explosivos, podem irritar ou danificar a pele ou os pulmões (como fortes substâncias ácidas ou alcalinas), ou causar reações alérgicas no sistema imunológico (alérgenos).

propriedade comum Recurso que é de propriedade conjunta de um grande grupo de indivíduos. Exemplo: aproximadamente um terço da terra dos Estados Unidos é de propriedade conjunta de todos os seus cidadãos e mantida e gerida para eles pelo governo. Outro exemplo é uma área de terra que pertence a uma aldeia inteira e que pode ser usada por qualquer pessoa para deixar vacas ou ovelhas pastando. Compare com *recursos renováveis de livre acesso*. Veja *tragédia dos comuns*.

próton (p) Partícula carregada positivamente no núcleo de todos os átomos. Cada próton tem uma massa relativa de 1 e uma única carga positiva. Compare com *elétron, nêutrons*.

qualidade da energia Habilidade de uma forma de energia de fazer trabalho útil. Calor em alta temperatura e energia química de combustíveis fósseis e nucleares são energias concentradas de alta qualidade. Energia de baixa qualidade, como calor de baixa temperatura, está dispersa ou diluída e não pode fazer muito trabalho útil. Veja *energia de alta qualidade, energia de baixa qualidade*.

qualidade da matéria Medida da utilidade de uma fonte de matéria, com base na sua disponibilidade e concentração. Veja *matéria de alta qualidade, matéria de baixa qualidade*.

queima controlada Fogo de superfície aceso deliberadamente e controlado com cuidado, que reduz o lixo inflamável e diminui as chances do prejudicial *fogo de coroa*. Veja *fogo de chão, fogo de superfície*.

quilocaloria (kcal) Unidade de energia equivalente a 1.000 calorias. Veja *caloria*.

quimiossíntese Processo no qual certos organismos (principalmente bactérias especializadas) extraem compostos inorgânicos de seu meio ambiente e os transformam em compostos orgânicos de nutrientes sem a presença da luz solar. Compare com *fotossíntese*.

radiação eletromagnética Formas de energia cinética que viajam como ondas eletromagnéticas. Exemplos: ondas de rádio, televisão, micro-ondas, radiação infravermelha, luz visível, radiação ultravioleta, raios X e gama.

reação química Veja *alteração química*.

reciclar Coletar e reprocessar um recurso para que este possa ser transformado em novos produtos; um dos três Rs da utilização dos recursos. Exemplo é a coleta de latas de alumínio, derretendo-as e utilizando o alumínio para fazer novas latas ou outros produtos de alumínio. Compare com *reduzir e reutilizar*.

recifes de coral Formação produzida por colônias maciças contendo bilhões de minúsculos corais, chamados pólipos, que secretam uma substância pedregosa (carbonato de cálcio) em torno de si para se proteger. Quando os corais morrem, seus esqueletos externos vazios formam camadas e fazem o recife crescer. Recifes de coral são encontrados em zonas costeiras de oceanos tropicais e subtropicais quentes.

recurso Qualquer coisa obtida do meio ambiente para atender às necessidades e desejos humanos. Também pode ser aplicado a outras espécies.

recurso esgotável Veja *recurso não renovável*.

recurso mineral Concentração de material natural, sólido, líquido ou gasoso no interior ou na superfície terrestre, na forma e quantidade tal que sua extração e conversão em materiais úteis ou produtos é atual ou potencialmente lucrativa. Os recursos minerais são classificados como *metálicos* (como minérios de ferro e estanho) ou *não metálicos* (combustíveis fósseis, areia e sal).

recurso não renovável Recurso que existe em quantidade fixa (estoque) na crosta da Terra e tem potencial de renovação por processos físicos, geológicos e químicos que ocorrem ao longo de centenas de milhões a bilhões de anos. Exemplos são cobre, alumínio, carvão e petróleo. Classificamos esses recursos como não renováveis porque os estamos extraindo e utilizando em um ritmo muito mais rápido do que são formados. Compare com *recurso renovável*

recurso perpétuo Recurso essencialmente inesgotável na escala de tempo humana porque se renova continuamente. Energia solar é um exemplo. Compare com *recurso não renovável, recurso renovável*.

recurso renovável Recurso que pode ser reposto rapidamente (de horas a várias décadas) por meio de processos naturais, desde que não seja usado mais rápido do que é substituído. Exemplos podem ser árvores em florestas, pastos em pastagens, animais selvagens, águas doces superficiais de lagos e riachos, a maioria das águas subterrâneas, ar puro e solo fértil. Se esse recurso é usado mais rapidamente do que é reposto, pode ser esgotado e convertido em um recurso não renovável. Compare com *recurso não renovável* e *recurso perpétuo*. Veja também *degradação ambiental*.

recursos da fauna Espécies de animais selvagens que tenham valor econômico real ou potencial para as pessoas.

recursos naturais Materiais como ar, água, solo e energia na natureza, que são essenciais ou úteis aos seres humanos. Veja *capital natural*.

recursos renováveis de livre acesso Recursos renováveis de propriedade de ninguém e disponíveis para o uso por qualquer pessoa com pouco ou nenhum custo. Exemplos são ar limpo, fontes de água subterrâneas, oceanos abertos, seus peixes e a camada de ozônio. Compare com *recurso de propriedade comum*.

reduzir Consumir menos e viver uma vida mais simples; um dos três Rs da utilização dos recursos. Compare com *reciclar* e *reutilizar*.

reflorestamento Renovação de árvores e outros tipos de vegetação em terras onde árvores foram removidas; pode ser feito naturalmente, por sementes de árvores próximas, ou artificialmente, com o plantio de sementes ou mudas.

regra dos 70 A duplicação do tempo (em anos) = 70 / (taxa de crescimento percentual). Veja *tempo de duplicação*, *crescimento exponencial*.

relação predador-presa Relacionamento que evoluiu entre dois organismos, no qual um se tornou presa para o outro, este último chamado predador. Veja *predador, presa*.

renda natural Recursos renováveis, como plantas, animais e solo, fornecidos pelo capital natural.

rendimento máximo sustentável Veja *rendimento sustentável*.

rendimento sustentável A maior taxa em que podemos utilizar um recurso potencialmente renovável indefinidamente sem reduzir sua oferta. Veja também *degradação ambiental*.

reprodução Produção de descendentes por um ou mais seres.

reprodução diferencial Fenômeno no qual os indivíduos com características genéticas adaptativas produzem mais descendentes vivos que aqueles sem tais características. Veja *seleção natural*.

reservatório Lago artificial criado quando um rio é represado. Veja *barragem*.

resistência ambiental Todos os fatores contrários que atuam em conjunto para limitar o crescimento de uma população. Veja *potencial biótico, fator limitante*.

respiração Veja *respiração aeróbica*.

respiração aeróbica Processo complexo, que ocorre nas células da maioria dos organismos vivos, no qual moléculas orgânicas de nutrientes, como glicose ($C_6H_{12}O_6$), combinam-se com o oxigênio (O_2) para produzir dióxido de carbono (CO_2), água (H_2O) e energia. Compare com *fotossíntese*.

respiração anaeróbica Forma de respiração celular na qual alguns decompositores obtêm a energia de que necessitam da degradação da glicose (ou outros nutrientes) na ausência de oxigênio. Compare com *respiração aeróbica*.

resposta Quantidade de dano à saúde causado pela exposição a certa dose de uma substância nociva ou forma de radiação.

restauração ecológica Alteração deliberada do habitat ou ecossistema degradado para restaurar o quanto for possível de sua estrutura e funções ecológicas.

reutilizar Utilizar um produto repetidamente na mesma forma. Exemplo é a coleta, lavagem e reuso de garrafas de vidro. Um dos 3 Rs. Compare com *reduzir e reciclar*.

revisão por pares Processo que consiste em cientistas relatando detalhes dos métodos e modelos que utilizaram, os resultados de seus experimentos, e o raciocínio por trás de suas hipóteses para outros cientistas que trabalham no mesmo campo (seus pares) para análise e crítica.

riqueza de espécies Variedade de espécies, medida pelo número de diferentes espécies contidas em uma comunidade. Veja *diversidade de espécies*. Compare com *equidade de espécies*.

saída Matéria, energia ou informação que saem de um sistema. Compare com *entrada, produtividade*.

salinidade Quantidade de vários sais dissolvidos em um determinado volume de água.

seca Condição diante da qual uma área não recebe água suficiente por causa da precipitação abaixo do normal e temperaturas acima do normal, que aumentam a evaporação.

segunda lei da termodinâmica Sempre que a energia é convertida de uma forma em outra em uma alteração física ou química, acabamos com uma energia de menor qualidade ou menos usável do que aquela com que começamos. Em qualquer conversão de energia térmica em trabalho útil, algumas das entradas iniciais de energia são sempre degradadas a uma forma de energia de menor qualidade, mais dispersa – geralmente calor de baixa temperatura que flui para o ambiente; não é possível ter uma conversão justa em termos de qualidade de energia. Veja *primeira lei da termodinâmica*.

segunda lei de energia Veja *segunda lei da termodinâmica*.

seleção artificial Processo pelo qual os seres humanos selecionam um ou mais traços genéticos desejáveis na população de uma espécie vegetal ou animal e, em seguida, usam a reprodução seletiva para produzir populações de muitos indivíduos com as características desejadas. Compare com *engenharia genética, seleção natural*.

seleção natural Processo pelo qual um determinado gene (ou conjunto de genes) benéfico é reproduzido em sucessivas gerações mais do que outros. O resultado da seleção natural é uma população com maior proporção de organismos mais bem adaptados a determinadas condições ambientais. Veja *adaptação, evolução biológica, reprodução diferencial, mutação*.

selva Área onde a Terra e seus ecossistemas não tenham sido seriamente perturbados por seres humanos e onde os seres humanos são apenas visitantes temporários.

série de tolerância Série de condições físicas e químicas que deve ser mantido para espécies particulares de populações para se manterem vivos e crescerem, desenvolverem-se e funcionaram normalmente.

serviços de ecossistemas Serviço ou capital natural que suporta a vida na Terra, essencial para a qualidade de vida humana e para o funcionamento das economias do mundo. Exemplos disso são os ciclos químicos, o controle natural de pragas e a purificação natural do ar e da água. Veja *recursos naturais*.

serviços naturais Processos da natureza, como a purificação do ar e da água e o controle de pragas, que sustentam a vida e as economias humanas. Veja *capital natural*.

sinergia Veja *interação sinérgica*.

sistema Conjunto de componentes que funcionam e interagem de alguma forma regular e teoricamente previsível.

sobrepesca Pesca de tantos peixes de uma espécie, especialmente indivíduos imaturos, que não há estoque de reprodução suficiente para repor as espécies, deixando então de ser rentável pescá-las.

sociedade ambientalmente sustentável Sociedade que atende às necessidades atuais e futuras de recursos básicos de seu povo de uma forma justa e equitativa, sem comprometer a capacidade de as futuras gerações de seres humanos e outras espécies satisfazê-las.

sociedade sustentável Sociedade que gere sua economia e o tamanho da população sem causar danos ambientais irreparáveis ou sobrecarregar a capacidade do planeta de absorver agressões ambientais, reabastecendo seus recursos e sustentando formas humanas

Glossário

e outras formas de vida durante um período determinado, por tempo indeterminado. Durante esse período, a sociedade satisfaz as necessidades de seu povo sem esgotar os recursos naturais e pôr em risco as perspectivas das gerações atuais e futuras dos seres humanos e outras espécies.

solo Mistura complexa de minerais inorgânicos (argila, silte, cascalho e areia), matéria orgânica em decomposição, água, ar e organismos vivos.

solução ácida Qualquer solução aquosa com mais íons de hidrogênio (H^+) do que de hidróxido (OH^-); qualquer solução aquosa com pH inferior a 7. Compare com *solução básica, solução neutra*.

solução básica Solução aquosa com mais íons de hidróxido (OH^-) do que de hidrogênio (H^+); solução aquosa com pH superior a 7. Compare com *solução ácida, solução neutra*.

solução neutra Solução aquosa com igual número de íons de hidrogênio (H^+) e hidróxido (OH^-); solução aquosa com pH 7. Compare com *solução ácida, solução básica*.

sucessão Veja *sucessão ecológica, sucessão ecológica primária, sucessão ecológica secundária*.

sucessão ecológica Processo no qual comunidades de espécies animais e vegetais em uma determinada área são substituídas ao longo do tempo por uma série de diferentes comunidades, muitas vezes mais complexas. Veja *sucessão ecológica primária, sucessão ecológica secundária*.

sucessão ecológica primária Sucessão ecológica em uma área sem sedimentos do solo ou de fundo. Veja *sucessão ecológica*. Compare com *sucessão ecológica secundária*.

sucessão ecológica secundária Sucessão ecológica em uma área onde a vegetação natural tenha sido removida ou destruída, mas o solo ou sedimento de fundo não foram destruídos. Veja *sucessão ecológica*. Compare com *sucessão ecológica primária*.

supernutrição Dieta tão rica em calorias, gorduras (animais) saturadas, sal, açúcar e alimentos processados, e tão baixa em hortaliças e frutas, que o consumidor corre um alto risco de desenvolver diabetes, hipertensão, doenças cardíacas e outros problemas de saúde. Compare com *desnutrição, malnutrição*.

sustentabilidade Habilidade dos vários sistemas da Terra, incluindo os sistemas culturais e economias humanas, de sobreviver e se adaptar às mudanças nas condições ambientais indefinidamente.

tamanho da população Número de indivíduos que compõem o grupo genético de uma população.

taxa bruta de mortalidade Número anual de mortes por mil habitantes na população de uma área geográfica no ponto médio de um determinado ano. Compare com *taxa bruta de natalidade*.

taxa bruta de natalidade Número anual de nascimentos por mil habitantes na população de uma área geográfica no ponto médio de um determinado ano. Compare com *taxa bruta de mortalidade*.

taxa de extinção Porcentagem ou número de espécies que se extinguem em determinado período de tempo, como um ano, por exemplo.

taxa de extinção de fundo Extinção normal de várias espécies como resultado de mudanças nas condições ambientais locais. Compare com *extinção em massa*.

taxa de fertilidade Número de crianças nascidas de uma mulher média em determinada população durante sua vida. Compare com *fertilidade do nível de reposição*.

taxa de fertilidade total (TFT) Estimativa do número médio de filhos que nascerão vivos de uma mulher durante sua vida se ela passar por todos os seus anos férteis (15-44 anos) de acordo com a taxa de fecundidade específica de um determinado ano. Mais simplesmente, é uma estimativa do número médio de filhos que as mulheres em determinada população terão durante sua idade fértil.

taxa de mortalidade Veja *taxa bruta de mortalidade*.

taxa de mortalidade infantil Número de bebês em cada mil nascidos a cada ano que morre antes de seu primeiro aniversário.

taxa de natalidade Veja *taxa bruta de natalidade*.

taxa intrínseca de aumento (r) Taxa na qual a população poderia crescer se tivesse recursos ilimitados. Compare com *resistência ambiental*.

taxa natural de extinção Veja *extinção de fundo*.

teia alimentar Rede complexa de muitas cadeias alimentares e relações de alimentação interconectadas. Compare com *cadeia alimentar*.

temperatura Medida da velocidade média do movimento dos átomos, íons ou moléculas de uma substância ou combinação de substâncias em um dado momento. Compare com *calor*.

tempo Mudanças de curto prazo na temperatura, pressão barométrica, umidade, precipitação, insolação, nebulosidade, direção, velocidade do vento e outras condições na troposfera em um determinado lugar e hora. Compare com *clima*.

tempo de duplicação Tempo que leva (geralmente em anos) para a quantidade de algo crescer exponencialmente até dobrar. Pode-se calcular dividindo-se a taxa de crescimento anual percentual por 70.

teoria atômica Ideia de que todos os elementos são compostos de átomos; teoria científica mais aceita na química.

teoria celular Ideia de que todos os seres vivos são compostos por células; teoria científica mais aceita na biologia.

teoria científica Uma hipótese científica bem testada e amplamente aceita. Compare com *dados científicos, hipótese científica, lei científica, métodos científicos, modelo científico*.

teoria da biogeografia de ilhas Teoria científica amplamente aceita que alega que o número de diferentes espécies (riqueza de espécies) encontrado em uma ilha é determinado pela interação de dois fatores: a taxa com que novas espécies imigram para a ilha e aquela em que as espécies se tornarão *extintas*, ou deixarão de existir, na ilha. Veja *riqueza de espécies*.

teoria da evolução Ideia científica amplamente aceita de que todas as formas de vida se desenvolveram de formas de vida anteriores. É a maneira como a maioria dos biólogos explica como a vida mudou nos últimos 3,6-3,8 bilhões de anos e por isso é tão diversa hoje.

terra arável Terra que pode ser usada para o cultivo.

terremoto Agitação da terra resultante da fratura e deslocamento de rochas abaixo da superfície, produzindo uma falha ou movimento subsequente ao longo da falha.

terrestre Pertencente à terra. Compare com *aquático*.

traço Característica transmitida de pais para seus descendentes durante a reprodução de um animal ou planta.

traço adaptativo Veja *adaptação*.

tragédia dos comuns Destruição ou degradação de um recurso potencialmente renovável ao qual as pessoas têm acesso livre e não gerenciado. Um exemplo é o esgotamento das espécies de peixes comercialmente desejáveis em mar aberto fora das áreas controladas pelos países costeiros. Veja *recurso de propriedade comum, recurso renovável de livre acesso*.

transição demográfica Hipótese de que os países, conforme se industrializaram, tiveram quedas nas taxas de mortalidade seguidas de quedas nas de natalidade.

transpiração Processo no qual a água é absorvida pelo sistema radicular das plantas, move-se através delas, passa através dos poros (estômatos) em suas folhas ou outras partes e evapora na atmosfera como vapor de água.

troposfera Camada mais interna da atmosfera. Contém cerca de 75% da massa de ar da Terra e se estende por cerca de 17 quilômetros (11 milhas) acima do nível do mar. Compare com *estratosfera*.

tsunami Série de grandes ondas geradas quando uma parte do fundo do oceano sobe ou desce repentinamente.

turbidez Nebulosidade em um volume de água; medida de transparência da água nos lagos, córregos e outros corpos de água.

união genética (*splicing*) Veja *engenharia genética*.

várzea Área de fundo de vale ao lado de um canal de igarapé. Para efeitos jurídicos, o termo geralmente se aplica a qualquer área baixa que tem potencial para inundações, incluindo algumas áreas costeiras.

veneno Produto químico que prejudica a saúde de um ser humano ou animal, causando ferimentos, doenças ou morte.

vida selvagem Todas as espécies livres, não domesticadas. Às vezes, o termo é usado para descrever apenas animais.

vida sustentável Não retirar mais recursos potencialmente renováveis do mundo natural do que podem ser repostos naturalmente nem sobrecarregar a capacidade do ambiente de se limpar e se renovar por processos naturais.

visão ambiental global Conjunto de suposições e crenças sobre como as pessoas pensam que o mundo funciona, o que pensam sobre seu papel no mundo e o que acreditam ser comportamentos ambientais certos e errados (ética ambiental). Veja *visão de sabedoria ambiental, visão de gestão planetária, visão de administração*.

visão de administração Visão que afirma que podemos e devemos gerir a Terra para nosso benefício, mas que temos a responsabilidade ética de cuidar e ser gestores ou *administradores* responsáveis da terra. Pede pelo incentivo de formas ambientalmente benéficas de crescimento e desenvolvimento econômico, e desencoraja formas prejudiciais ao ambiente. Compare com *visão global, visão de sabedoria ambiental, visão de gestão planetária*.

visão de gestão planetária Visão global que afirma que os humanos estão separados da natureza, que a natureza existe principalmente para atender às nossas necessidades e desejos e que podemos usar nossa criatividade e tecnologia para gerenciar os sistemas de apoio à vida da Terra, principalmente para nosso benefício. Presume que o crescimento econômico seja ilimitado. Compare com *visão de sabedoria ambiental, visão de administração*.

visão de sabedoria ambiental Visão que sustenta que somos parte e dependemos totalmente da natureza e que a natureza existe para todas as espécies, não só para nós. Nosso sucesso depende de aprendermos como a terra se sustenta e integrarmos tais sabedorias ambientais na maneira como pensamos e agimos. Compare com *visão de gestão planetária, visão de administração*.

visão global Como as pessoas pensam que o mundo funciona e o que acreditam ser seu papel no mundo. Veja *visão de sabedoria ambiental, visão de gestão planetária, visão de administração*.

zona costeira A parte superficial do oceano quente, rica em nutrientes, que se estende da marca da maré alta em terra até a borda de uma extensão em formato de prateleira de massas de terras continentais, conhecidas como plataforma continental. Compare com *mar aberto*.

zona de vida marinha Veja *zonas de vida de água salgada*.

zona eufótica Camada superior de um corpo de água através da qual a luz solar pode penetrar e apoiar a fotossíntese.

zona intertidal Área da costa entre as marés alta e baixa.

zona úmida Terra coberta em sua totalidade ou parte do tempo com água salgada ou água doce, excluindo córregos, lagos e mar aberto. Veja *zonas úmidas costeiras, áreas úmidas continentais*.

zonas de vida aquática Porções de água doce e marinha da biosfera. Exemplos podem ser zonas de vida de água doce (lagos e córregos, por exemplo) e zonas de vida de oceanos ou mares (estuários, zonas costeiras, recifes de coral e mar aberto, por exemplo).

zonas de vida de água doce Sistemas aquáticos nos quais a água com concentração de sais dissolvidos de menos de 1% em volume se acumula ou flui através das superfícies dos biomas terrestres. Exemplos: *corpos de água doce* estáticos (lênticos), como lagos, lagoas e zonas úmidas do interior, *e sistemas fluentes* (lóticos), como córregos e rios. Compare com *bioma*.

zonas de vida de água salgada Zonas de vida aquática associadas aos oceanos: oceanos e suas baías, estuários, zonas úmidas costeiras, linhas costeiras, recifes de coral e mangues.

zonas úmidas costeiras Terras ao longo de uma linha costeira, estendendo-se no interior de um estuário que é coberto com água salgada durante todo ou parte do ano. Exemplos: pântanos, baías, lagoas, planícies de maré e manguezais. Compare com *áreas úmidas continentais*.

zooplâncton Plâncton animal; pequenos herbívoros flutuantes que se alimentam de plâncton vegetal (fitoplâncton). Compare com *fitoplâncton*.

Índice remissivo

Observação: Os números de página em **negrito** referem-se a termos em negrito no texto. Os números de página seguidos por f, t ou c em itálico indicam figuras, tabelas e caixas.

abelhas
    selvagens africanas, 99f
    utilização de pesticidas, declínio de populações de, e preços dos alimentos, 215c
aberturas hidrotérmicas, 60-61
abordagem
    das espécies para a manutenção da biodiversidade, 199-227
    atividades humanas como ameaça para as espécies e, 207-219
    bancos de genes, jardins botânicos, e fazendas de vida selvagens, 223
    estudo de caso do condor da Califórnia, 224
    Lei de Espécies Ameaçadas dos Estados Unidos como, 220-221, 221c
    papel do indivíduo na, 216c, 224f
    princípio da precaução e, 224-225
    razões para preocupação com a extinção das espécies, 204-206
    refúgios e áreas protegidas como, 222-223
    taxa atual de extinção de espécies, 200-204
    tratados internacionais e leis nacionais, 220-222
    zoológicos e aquários, 223-224
    de prevenção, espécies não nativas e, 212-213
    ecossistêmica para sustentar a biodiversidade, 229-264
    biodiversidade aquática e, 291-292
    ecologia de reconciliação e, 260-261
    ecossistemas florestais, ameaças aos, 230-241
    ecossistemas florestais, gestão e sustentabilidade, 242-246
    efeitos humanos em, 170-171, 171f
    estratégia de quatro pontos para, 256
    estratégias de proteção das espécies, 259-260
    manutenção da biodiversidade das espécies em veja abordagem, de espécies para a manutenção da biodiversidade
    movimento Cinturão Verde como exemplo de, 229, 237, 261
    parques e reservas naturais, gestão e sustentabilidade, 249-256
    pastagens, gestão e manutenção, 246-249
    produtividade primária líquida em, 67f

proteção dos *hotspots* globais de biodiversidade, 256-257
proteção dos serviços ecossistêmicos, 257-258
reabilitação e restauração dos ecossistemas, 258
reservas marinhas e santuários como, 279-281
aborto, a disponibilidade legal de, 137
acidez, **41**
    da água do oceano, 175, 282
ácidos nucleicos, 42
ações populares, de baixo para cima, 27
acordos internacionais
    convenções, 220, 277
    sobre a biodiversidade e espécies ameaçadas de extinção, 220, 277
adaptação, **88**
    de animais e plantas em desertos, 162c
    limitações na, 89
afluência, **15**, 17, 21-22
afluenza, 21-22
África
    biodiversidade aquática do Lago Victoria, 269-271
    consumo de carne de animais selvagens na, 217-218
    Movimento Cinturão Verde no Quênia, 229, 237
água
    de superfície, **190**
    densidade da, e correntes oceânicas, 156-157
    propriedades únicas da, 69c
subterrânea, 70
AIDS (síndrome da imunodeficiência adquirida), 122, 143, 144f
albatrozes como espécies ameaçadas, 219f
alimentação humana, desnutrição, fome e, 22-23
alimentadores de detritos, **61**, 62f
alimentados por depósitos, 185
alimento(s)
    carne de animais selvagens como, 217-218
    frutos do mar sustentáveis, 284
    pesticidas, abelhas e o aumento do preço de, 215c
alteração física na matéria, **44**
alterações
nucleares na matéria, 44f, **45**
químicas da matéria (reação química), 44-45
alto-mar, 279
ambientalismo, 7

aminoácidos, 42
amonificação, fixação de nitrogênio e, 72
análise da viabilidade populacional (AVP), 201c
anfíbios como espécies indicadoras, 100-101
animais
    acúmulo de DDT nos tecidos de, 213f
    de estimação, mercado de exóticos, 216, 218
    deserto, 162-163
    em florestas, 167f, 168f, 169
    espécies-chave *veja* espécies-chave
    pastadores, 164, 246-249
    pastagens, 164
    zoológicos e aquários para a proteção dos ameaçados de extinção, 223-224
antibióticos, resistência genética aos, 88
A Origem das Espécies por Meio da Seleção Natural (Darwin), 87
aparências e comportamentos enganadores como estratégia de defesa, 112f
aptidão, medida de sucesso reprodutivo, 89
aquários, proteger espécies em risco de extinção em, 223-224
aquecimento global
    derretimento das geleiras, 170
    derretimento do gelo polar, 50, 199
    elevação do nível do mar, 192, 193f, 272-273
    espécies ameaçadas/em risco e, 199
aquíferos, 69
arboretos (arboreto), 223
área selvagem, **255**
áreas marinhas protegidas (AMPs), 280
áreas úmidas continentais, 192-193
    desaparecendo, 285
    preservação e restauração, 285-286
armas químicas, defesa contra a predação por, 111, 112f
árvore(s) *veja também* floresta(s)
    coníferas perenes, 169, 169f
    decídua, 166f, 168-169
    métodos de colheita, 234-235, 234f
    Movimento Cinturão Verde para plantar, 229, 237
    reduzir a demanda de colheita, 243-244
    sucessão ecológica secundária de, 124f
asteroides, 92
atividades humanas, o impacto ambiental de, em hábitats aquáticos, 267-268
    alterações climáticas, gases do efeito estufa, e, 58-59, 157
    ciclos de nutrientes, 68f, 71f, 73f, 73, 74f, 75f
    em ecossistemas de água doce, 194

em ecossistemas marinhos, 185-188
extinção de espécies causada por, 200-219
nos ecossistemas terrestres, 170-171
pegada ecológica *veja* pegada ecológica
poluição da água e *veja* poluição, da água
utilização de pesticidas e *veja* pesticidas
atmosfera, **56**, 57*f*
    clima e *veja* clima; mudanças climáticas
    destruição do ozônio na, 72
    efeito das atividades humanas sobre, 157
    efeito dos gases de efeito estufa na parte inferior da, 157
    transferência de energia por convecção na, 156*f*
átomo(s), 39-42, 59*f*
átomo de carbono, 40*f*
atraso no sistema, **51**
autótrofos, **60**
    Avaliação Ecossistêmica do Milênio (Millennium Ecosystem Assessment), Nações Unidas (2005), 13, 72-73, 78, 170, 201, 247, 257-258, 272
ave(s)
    ameaçados e em risco de extinção, 202*f*, 206*f*, 218-219, 219*f*
    arara azul, 206*f*, 217
    calau rinoceronte, 216*c*
    condor da Califórnia, 202*f*, 224
    declínio no número e espécies de, 218-219
    espécies especialistas de drepanidíneos havaianos, 110*f*
    extinção do pombo-passageiro, 204
    mutualismo entre animais, plantas e beija-flores, 114*f*
    nichos de alimentação especializados de aves marinhas, 98*f*
    partilha de recursos entre mariquitas, 109*f*

bacia de drenagem, **190**
bacias hidrográficas, **190**, 290
Bacon, Francis, 127
bactérias, 63*c*
    ciclo do nitrogênio e o papel das, 72-73
    evolução de, por meio da seleção natural, 88*f*
    mutualismo de habitantes do intestino, 114
    papel ecológico das, 63*c*
    tamanho e crescimento da população, 117
baleia(s), 265, 276, 277-278, 278*c*, 292*c*
baleia azul, 265*f*, 276
bambu como material de construção sustentável, 246*c*
banco de mitigação, 285
bancos
    de algas marinhas, 182*f*
    de genes, 223
    de sementes, 223
Bangladesh, 145*f*, 147-148
baratas, estudo de caso, 98-99
base de dados, estudos dos ecossistemas e, 76-78
bentos, **178**
bioacúmulo de produtos químicos tóxicos, 213*f*
biodiversidade, **8**, 8*f*, 57*f*, 81-105, 239*f*
    abordagem ecossistêmica para preservar *veja* abordagem, ecossistêmica para sustentar a biodiversidade
    aquática, 175-197, 265-295
        água doce, 188-194
        estrutura dos biomas aquáticos e, 176-179
        estudo de caso sobre a proteção das baleias, 265
        estudo de caso sobre os recifes de coral, 175
        gestão e manutenção da pesca marítima para, 282-284
        marinha, 179-188
        principais ameaças à, 266-276
        prioridades para a manutenção da, 291-292
        proteção, manutenção e restauração de zonas úmidas, 285-288
        proteger e gerenciar os lagos de água doce, rios, e pesqueiros, 288-291
        proteger e sustentar as marinhas, 277-282
        como princípio da sustentabilidade, 8, 8*f*, 27
        componentes da, da Terra, 83*f*
        corte raso de florestas e a perda da, 234
    de água doce, principais ameaças à biodiversidade aquática, 266-276
    definição, **82**
    efeitos da extinção, especiação e atividades humanas em, 92-94. *Veja também* extinção, de espécies
    E.O. Wilson como defensor da, 86*c*
    espécies e diversidade de espécies, 95-103. *Veja também* espécies
    estudo de caso sobre tubarões e, 81
    evolução biológica e, 86-92
    marinha, 265-288
        baleias, 265, 277-278, 292*c*
        compromisso individual/da comunidade para proteger, 281-282
        gestão e manutenção de pesqueiros marítimos, 282-284
        incentivos econômicos para a proteção de, 278
        leis e tratados para proteger, 277
        principais ameaças à água doce e, 266-276
        proteger e manter as zonas úmidas marinhas, 285-288
        recifes artificiais de coral para proteger, 281*c*
        reservas marinhas para proteção de, 280-281
        santuários marinhos para a proteção de, 279-280
        tartarugas marinhas, 278-279
        razões para proteger, 82-86
    terrestre, abordagem ecossistêmica para sustentar, 229-261
        ecologia de reconciliação como, 260-261
        em parques e reservas naturais, 249-256
        em pastagens, 246-249
        estratégia de quatro pontos, 256
        humanos e outras espécies como, 259-260
        Movimento Cinturão Verde como exemplo de, 229, 237, 260, 261*c*
        na proteção dos *hotspots* globais de biodiversidade, 256-257
        nas florestas, 230-246
        reabilitação e restauração dos ecossistemas, 258-259
        serviços de ecossistemas e, 258
biogeografia das ilhas, teoria da, 86*c*, 96*c*, 201*c*, 208-209
biomagnificação de produtos químicos tóxicos, 213*f*
biomas, **85**, **158**
    aquáticos, 153. *Veja também* ecossistemas, aquáticos
        água doce, 188-194
        biodiversidade em *veja* biodiversidade, aquática
        espécies que vivem nas camadas de, 177-179
        fatores limitantes para as populações em, 116-117
        marinho, 179-188. *Veja também* zonas, de vida marinhas
        recifes de coral em, 175, 184, 195, 267-268, 272, 281
        Terra como planeta água, 176-177, 177*f*
    terrestres
        clima e, 153, 158-170
        deserto, 161-163, 163*f*, 162*c*
        floresta, 166*f*, 167, 169
        latitude e altitude em, 159, 160*f*
        montanhas em, 169-170
        no paralelo 39° nos Estados Unidos, 85*f*
        pradarias, 163*f*, 164
        precipitação e temperatura em, 160*f*
        principais da Terra, 159*f*
biomassa, **64**
bioprospectores, 205
biosfera, **57**, 57*f*
Bolivia, desmatamento na, 55*f*
Bormann, F. Herbert, 31
Brasil, desmatamento tropical no, 60*f*, 239*f*, 240*f*, 245-246
Brown, Lester R., 18, 147*c*, 149
buracos em pradarias, 192

caça comercial de baleias, 265
caçadores, ameaças a espécies selvagens de, 215-216, 215*f*, 216*c*
caçadores coletores, 19, 21*f*
cacto saguaro, 162*c*, 217
cadeia alimentar, **64**
    bioacúmulo e biomagnificação de toxinas em, 213*f*
    diminuição da energia utilizável em elos de, 64-66
    níveis tróficos de, 64*f*
calor, **46**
capacidade
    biológica, 16, 16*f*
    de carga/suporte (K), 118
        cultural, 134
        perecimento como resultado do excesso, 120, 121*f*
    de suporte cultural, **134**
capital, 9-10. *Veja também* capital natural
capital natural, **9**, 9*f*, 233*c*
    ameaçadas e em risco de extinção, 202*f*, 203*f*, 205*f*, 257*f*
    biodiversidade como, 57*f*, 83*f*, 204-206
    biomas como, 159*f*, 160*f*

cadeias alimentares e teias alimentares como, 64f, 65f
ciclagem de matéria (nutrientes) como, 68f, 71f, 73f, 74f, 75f
ciclo do nitrogênio como, 73f
ciclo hidrológico (água) como, 68f
correntes oceânicas como, 155f
diversidade de espécies como, 204-206
ecossistemas como, 63f
ecossistemas marinhos como, 179f
em florestas, 231f, 232f
Estrutura da Terra como, 57f
plantas medicinais como, 206f
preços de mercado e valor de, 23-24, 24f
proteger, em sociedade ambientalmente sustentável, 25
recifes de coral como, 184f
zonas climáticas como, 155f, 160f
capital social, **25**-26
capturas, acessórias (pesca), 276
características de superfície da Terra, afetando o clima, 157-158
carboidratos
complexos, 42
simples, 42
carne de animais selvagens, doenças ligadas ao consumo de, 218
carnívoros, **61**, 110
carpa capim, 289-290, 289f
carpas, como espécies invasoras não nativas, 271c
carvão, 47f
casamentos, a fertilidade e média de idade em, 137
casas, circuito de *feedback* negativo no aquecimento de, 51f
castores como espécies engenheiras, 103, 103f
catástrofes, naturais, 91-92
célula(s), **42**, 59f
cerrado temperado (chaparral), 165
cetáceos, 265
Chaparral, 165
Chattanooga, Tennessee, estudo de caso de qualidade ambiental em, 26, 26f
Chesapeake Bay, poluição da água em, 187-188
China
afluência e consumismo, 18
envelhecimento da população na, 142-143
meninos e a escassez de noivas, 138
regulação da população humana na, 129, 135, 149
chuva *veja* precipitação
chuva ácida *veja* deposição ácida (chuva ácida)
ciclagem de nutrientes (ciclagem química), **8-9**, 10, 10f, 58, 63f
ciclagem química (ciclagem de nutrientes), **8-9**, 9f, 10f, 58, 58f
ciclo
da água (hidrológico), **68**-70
do carbono, **70**-72, 71f
do enxofre, **74**-76, 75f
do fósforo, **73**, 74f
do nitrogênio, 72-73, 73f
hidrológico (água), 68-70. *Veja também* ciclo, da água (hidrológico)

ciclos
biogeoquímicos (nutrientes), **67**-76
de nutrientes (ciclos biogeoquímicos), 63f, **67**-76
ciclo da água (hidrológico), 68-70
ciclo do azoto, 72-73
ciclo do carbono, 70-72
ciclo do enxofre, 74-76
ciclo do fósforo, 73-74
ciência, **32**-38
ambiental, 5
confiável, **37**
confiável ou não confiável, resultados, 36-37
curiosidade, ceticismo e evidências na, 34
de fronteira, **36**
em foco
adaptações para a sobrevivência no deserto, 162c
água, propriedades únicas da, 69c
carpas invasoras em lagos de Wisconsin, 271c
certificação da madeira de crescimento sustentável, 243
condições adequadas para a vida na Terra, 91c
estatística e probabilidade na ciência, 38c
estimar taxas de extinção, 201c
floresta de kelp, ameaças à, 111c
insetos, 84c
limites ao crescimento da população humana, 133c
lobo cinzento reintroduzido em Yellowstone National Park, 251c
lontras marinhas do sul ameaçadas de extinção, 118c
micro-organismos, 63c
mudando as características genéticas das populações, 94
precificando os serviços ecológicos da natureza, 233c
projetando a mudança populacional, 132c
realizações da Lei de Espécies Ameaçadas dos Estados Unidos, 221c
revisando a história ambiental da Ilha de Páscoa, 35c
riqueza de espécies em ilhas, 96c
satélites, Google Earth e o meio ambiente, 77c
substituição de espécies na sucessão ecológica, 125c
urubus em perigo, 219c
usando submarinos robôs em hábitats aquáticos, 268c
utilidade dos modelos 50c
visões científicas divergentes levando ao progresso, 274c
estatística e probabilidade na ciência, 37, 38c
estudos do ecossistemas, 76-79
limitações da, 37-38
não confiável, **37**
observações, experimentos e modelos em, 32-34, 50c
pensamento crítico e criatividade em, 34-36
provisória, **36**
resultados da, 36-37

teorias e leis de, 36
trabalho de, 32-34
visões divergentes que podem levar ao progresso em, 274c
ciências
ambientais, **5, 7**
naturais, 6-7
cientistas
métodos de estudo de ecossistemas por, 76-79
natureza do trabalho realizado por, 32-34
circuito
de *feedback* em sistemas, 49-51
de feedback negativo (corretivo), **51**, 51f
de feedback positivo, **49**-50, 49f
circulação do ar, clima e global, 155f, 157
Clean Water Act, Estados Unidos, 188
clima, 153-171
características de superfície afetando local, 157-158, 158f
correntes oceânicas e, 155f, 156f
definição, **154**
efeito dos gases de efeito estufa na atmosfera e, 157
efeitos de montanha sobre, 158, 158f, 170
efeitos de, sobre as características do bioma e localização, 158-170. *Veja também* biomas, terrestres
estudo de caso sobre a biodiversidade e biomas, 153
fatores que afetam a diversidade da Terra, 154-158
mudança no *veja* mudanças climáticas; aquecimento global
sustentabilidade e, 172
tempo e, 70, 154
cobras, espécies introduzidas de pítons e jiboias, 212
coevolução, 112-113
cogestão dos sistemas de pesca, 283
coleta de ovos, 223
coloração de advertência, 111-112, 112f
combustíveis fósseis, **47**, 47f
ciclo do carbono e, 71
efeitos da queima, na atmosfera da Terra, 157
comensalismo, **108**, **114**, 115f
comércio de espécies selvagens, 215-216, 217, 218
Comissão Baleeira Internacional (CBI), 265
competição interespecífica, **108**
componentes
abióticos nos ecossistemas, 59, 60f
bióticos (vivos) nos ecossistemas, 59, 60f
composição química, 44
compostos, **39**
fórmulas químicas para, 41
inorgânicos, **42**
molecular, e iônico, 41
orgânicos, **42**
utilizados neste livro, 41t
compromissos/compensações, vantagens e desvantagens, 11, 235f
comunidade(s)
clímax, 125
ecológica, 59f
espécies-chave *veja* espécies-chave

humana, proteção de biodiversidade marinha, por, 281-282
sucessão ecológica em, 123-126
conceito
de gestão multiespecífica para pesqueiros, 283
de zona de amortecimento, 254
concessões de conservação, 245
condor da Califórnia, 202f, 224
conservação
com base na comunidade, 260
da matéria, lei da, 45, 48, 51
de energia, lei da, **48**, 51
consumidores
consumo excessivo por, 18, 133, 213-214
na China, 18
nos ecossistemas, **61**
preservação dos pesqueiros e biodiversidade aquática e decisões de, 284
primários, **61**
relações alimentares entre produtores, decompositores, e, 59-63
secundários, **61**
sustentabilidade e o papel dos, 246
terciários, **61**
consumo
excessivo, 18, 133c, 213-214
excessivo, por seres humanos, 18, 133
modelo de, de pegadas ecológicas e, 15, 17
modelo de impacto ambiental e, 17-18, 17f
controle da poluição produzida, **14**. *Veja também* abordagem, de prevenção
controles populacionais
dependentes da densidade, 121
independentes da densidade, 121
Convenção Internacional sobre a Diversidade Biológica (1995), 277
convenção(ões), internacionais, 220, 277
Convenção sobre Diversidade Biológica (CDB), 220, 277
Convenção sobre o Comércio Internacional de Espécies Ameaçadas (CITES), 220, 277
corpos de água estáticos (lóticos), 190
corredores de hábitats, 254
córregos *veja* rios e riachos
correntes oceânicas, **156**
clima e, 154, 155f, 156f, 157
corte
em faixa, em florestas, 234f, 235
seletivo de florestas, 234f
Costa Rica
reservas e parques naturais em, 254-255
restauração ecológica em, 259c
Costanza, Robert, 233
costas
arenosas, 182-184
rochosas, 182-184
cotas de peixes, 283
Cousteau, Jacques-Yves, 195
crenças religiosas, taxas de fertilidade humana e, 137-138
crescimento
econômico, **12**
exponencial, **20**
crescimento logístico e, 119f, 120
da população humana, 21f

logístico, 119f, 120
populacional
curvas em J e em S do, 117-119
estrutura etária e, 116
estudo de caso do veado-de-cauda-branca, 119-120
exponencial e logístico, 20-21, 120
humana, 20-21, 21f, 213-214, 271-272. *Veja também* população humana
limites no, 116-117
padrões reprodutivos e, 120-121
crianças
como trabalhadores, 137, 137f
custo de criar e educar, 137
desnutrição e doenças em, 23, 23f
efeitos da pobreza extrema em, 22f
taxas de mortalidade entre, 138-139
criatividade, 34-36
crise de especiação, 203
cromossomos, **42**
crosta, da Terra, 57f
cultura, **19**
mudança necessária em, 27
pegada ecológica humana e, 19-20
sustentabilidade e *veja* sustentabilidade
curva de crescimento em forma de J, 21f, 118, 134
população humana, 21f
curva em S (crescimento da população), 117-119
custos ambientais, a exclusão de, 21f, 23-24

dados
ecológicos, em bancos de dados, 76-78
científicos, **34**
Darwin, Charles, 82, 87, 108
DDT, bioacúmulo e biomagnificação de, 213f
decaimento radioativo, 44f
decompositores, **61**, 62f
nas zonas de vida aquática, **178**
relações alimentares entre produtores, consumidores, e, 61-63
déficit Ecológico, 16, 30
degradação ambiental, **13**, 35c. *Veja também* problemas ambientais
degradação do capital natural, 13f
alterar a natureza para atender as necessidades humanas, 171f
crescimento da população humana e, 133c
desmatamento como, 10f, 55f, 237f, 238f, 240f
em ecossistemas de água doce, 189f, 270f
em ecossistemas marinhos, 186f, 267f, 273f
em ecossistemas terrestres, 171f
em florestas tropicais, 55f
em parques nacionais, 250f
em pastagem, 165f
em pastagens e pradarias, 247f, 248f
em pesqueiros, 273f
em recifes de coral, 186f
espécies ameaçadas e em risco como, 205f, 206f, 208f
espécies introduzidas e, 210f, 270f
monoculturas e, 165f
pegada ecológica humana e, 16f
por estradas em ecossistemas florestais, 233f

solo superficial e, 165f
veículos off-road e, 250f
delta(s), 191-192
efeitos do furacão Katrina no rio Mississippi, 192, 193f
demógrafos, 132, 134, 144
denitrificação, 72
densidade populacional, efeitos sobre a mudança populacional, **121**
deposição ácida (chuva ácida), causas e formação de, 72, 75
desafio Blackfoot, ecologia de reconciliação, 260-261
desenvolvimento econômico, **12**
desacelerando o crescimento da população humana através de, 144-146
deserto(s), 161-163
efeito da sombra de chuva e criação de, 158, 158f
frio, 161f, 162
impactos humanos no, 171f
plantas e animais adaptados à vida no, 162c
temperado, 162, 162f
temperatura e precipitação em, 161f
tropicais, 161f, 162
desmatamento, **236**-237
crise da lenha como causa do, 244-245
das florestas tropicais, 238-241
efeitos do, sobre as condições meteorológicas locais, 70
métodos de colheita de árvores e, 234f, 236-237
na Ilha de Páscoa, 35c
perda de espécies causada por, 207
desnutrição, 23, 23f
destruição do ozônio, 72
detritívoros, **61**, 62f
dióxido de carbono (CO_2), 70
acidez dos oceanos e, 282
armazenamento oceânico de, 175
dióxido de enxofre (SO_2), 41t, 75
direito ambiental *veja* direito ambiental, Estados Unidos; acordos internacionais, tratados
direito ambiental, Estados Unidos
Endangered Species Act *veja* Lei de Espécies Ameaçadas, Estados Unidos
parques nacionais e terras públicas, 250
preservação de áreas selvagens, 255-256
rios, 290-291
zoneamento, 285
diversidade
biológica, 8, **82**. *Veja também* biodiversidade
de ecossistemas, 84-85
de espécies, 83f, 84f, 96-97. *Veja também* biodiversidade; abordagem das espécies para a manutenção da biodiversidade
em ilhas, 96c, 207
nas comunidades, 96-97
nos ecossistemas, 96-97
perda da *veja* extinção de espécies
ecológica, 83f
funcional, 83f, 85
genética, 83f, 84, 84f
DNA (ácido desoxirribonucleico), 42
doença infecciosa
comércio de animais de estimação e, 216c

em controles populacionais dependentes de densidade, 121
HIV e AIDS, 122
raiva, 219c
drogas medicinais de plantas, 206f
Dubos, René, 6
dunas, 184

ecolocalização, 113, 113f
ecologia, **6, 59**
definição, 59
de reconciliação, 260-262
projeto Desafio Blackfoot como, 260-261
proteger sistemas marinhos com, 281c
ecossistemas e, 59-76. *Veja também* ecossistema(s)
espécies e *veja* espécies
organismos e, 59. *Veja também* organismo(s)
sistemas de suporte à vida na Terra, 56-59
ecólogos, o trabalho de, 59
ecossistemas, **7**, 55-80
água doce *veja* zonas de vida de água doce
altamente estressados, 258
aquáticos
água doce, 188-193
atividades humanas e impacto sobre, 185-188, 194
intervalo de tolerância de temperatura em, 117f
marinho, 179-188
natureza geral de, 176-179
produtividade primária líquida de, 66, 67f
recifes de corais como, 175, 195, 267-268, 272, 281
teias alimentares em, 64, 65f
avaliando a saúde global de, 78
biodiversidade em, 83f, 84. *Veja também* biodiversidade
biomas *veja* biomas, aquáticos; biomas, terrestres
componentes bióticos e abióticos de, 59-63
componentes de, 59-63
energia em, 64-66
estudo científico de, 76-78
inércia e resistência em, 126
interações de espécies em, 108
marinho *veja* zonas de vida marinha
matéria e ciclagem de nutrientes em, 67-76
nível alimentar (trófico), 59-63
organização da matéria em, 59f
papel das espécies em, 97-104
produtividade primária de, 66, 67f
ricos em espécies, 96-97
sistemas de suporte à vida na Terra, 56-59
sucessão ecológica em, 123-125
terrestres *veja também* biomas, terrestres
ecossistemas florestais, ameaças aos, 230-241
ecossistemas florestais, gestão e sustentabilidade, 242-246
efeitos humanos em, 170-171, 171f
parques e reservas naturais, gestão e sustentabilidade, 249-256
pastagens, gestão e manutenção, 246-249
produtividade primária líquida de, 67f

sustentando a biodiversidade de espécies em *veja* abordagem de espécies para a manutenção da biodiversidade
sustentando a biodiversidade em, 256-261
ecoturismo, 205
Eddington, Arthur S., 48
efeito
da sombra da chuva, **158**, 158f
estufa, **157**. *Veja também* mudanças climáticas
estufa natural, **59**, **157**
Ehrlich, Paul, 17
Einstein, Albert, 6, 32, 36, 52
Eisley, Loren, 176
elemento, **39**
elementos químicos, 39t
elétrons (e), **40**
elevação, clima, biomas e efeitos de, 159, 159f, 160f
enchentes em Nova Orleans após o furacão Katrina, 191-192, 193f
energia, 45-48
cinética, **45**, 45f
comercial, 47, 47f
de alta qualidade, **47**
fluxo de, e vida na Terra, 57-58, 58f
de baixa qualidade, **47**
de biomassa, 46-47
eólica, 27f, 45f, 46-47
fluxo *veja* fluxo de energia
formas de, 45-47
geotérmica, 61
leis que regem as alterações no, 47-48
potencial, **46**
potencial, **46**, 46f
qualidade e utilidade da, 47
solar, **8**, 8f, 27, 46-47
armazenamento oceânico de, 47f
clima, circulação global do ar, e, 155f, 156, 156f
dependência de, como princípio da sustentabilidade, 8, 8f
fluxo de energia de/para a Terra e, 57-58, 58f
engenharia genética, 94c
enguia de pântano asiática, 269
entradas em sistemas, **49**, 49f
envelhecimento da população, 141, 143
epífitas (plantas aéreas), 114-115
equação química, 44
equidade de espécies, 95
equilíbrio da natureza, significado do, 125
escoamento, 191f
superficial, 68-69
especiação, **92**, 92f, 204
espécie(s), **7, 82**
ameaçadas (vulneráveis), **203**
aves como, 218-219
características das, 203f
hotspots de biodiversidade para, 256-257, 257f
jacarés como, 102-103
tubarões como, 81
ursos polares como, 199
chave, 101-102. *Veja também* espécies-chave
diversidade de, 83f, 84f, 96-97. *Veja também* biodiversidade

em ilhas, 96c, 207
em risco de extinção, **203**
ameaça de extinção para, 100-101
anfíbios, 100-101
aquáticos, 81, 101, 265, 277-281
atividades humanas e, 207-219
aves como, 218-219
características das, 203f
gorila-das-montanhas, 215f
jacaré americano, 102-103
lobo cinzento, 251c
lontras marinhas do sul, 107c, 118c
pandas gigantes, 97f, 98
proteção, 220-225
razões para preocupação com, 204-206
rinocerontes brancos, 215f
taxas de, 200-204
tubarões como, 81, 101c
urubus, 219c
endêmicas, **93**, 170
engenheira, **103**
especialistas, **98**
aves, 98f, 109f, 110f
panda gigante, e guaxinim, 97f, 98
estratégias para a proteção em ecossistemas, 259-260
evolução e desenvolvimento de novas, 92-93
exóticas (não nativas)
extinção da *veja* extinção de espécies
extintas, 93f
generalistas, 97f, **98**, 98f
baratas como, 98-99
indicadora, 99-101, 216c
anfíbios como, 100-101
lontras marinhas como, 118c
interações de, 108-115, 167f
introduzidas, **99**
abelhas silvestres africanas, 97f
acidentalmente, 210f, 211-212
carpas em lagos de Wisconsin, 271c
deliberadamente, 209-211
em ecossistemas aquáticos, 187c, 268-271
enguia de pântano asiática, 269
jacintos, 270f
nos Grandes Lagos, 288-290
Perca do Nilo no Lago Vitória, África, 269-271, 270f
videira kudzu, 209-211, 211f
invasoras, 209, 210f, 212-213
biodiversidade aquática degradada por, 268-271
não nativas introduzidas acidentalmente, 210f, 211-212
nas zonas de vida aquática, 177-179, 178f
nativas, **99**
nicho ecológico de, **97**, 99
papel do ecossistema de, 97-104
populações de *veja* população(ões)
proteção da diversidade em *veja* abordagem das espécies para a manutenção da biodiversidade
sucessão ecológica e substituição de, 125c
espécies-chave, **101**
jacarés como, 102-103
lobo cinzento como, 251c
lontras marinhas do sul, 107c, 111c, 118c
ostras como, 187

espectro eletromagnético, 46f
espinhéis (pesca), 275f, 276
estabilidade ou sustentabilidade, 96
Estado das Aves, 218
Estados debilitados, 145
Estados Unidos
  biomas ao longo do paralelo 39º de, 85f
  Chesapeake Bay, poluição na, 187-188
  crescimento da população nos, 135-136
  direito ambiental em *veja* direito ambiental, Estados Unidos
  efeitos ambientais da afluência em, 21-22
  geração *baby boom* nos, 135, 141-142
  Grandes Lagos, espécies exóticas nos, 288-290
  imigração e crescimento populacional em, 139-140, 142c
  mudanças sociais e econômicas em (anos 1900-2000), 136f
  New Orleans e as inundações pós-furacão Katrina, 192, 193f
  parques nacionais, 249-253
  pastoreio e desenvolvimento urbano no oeste, 248-249
  populações de veado em, 119-120
  restauração do Everglades na Flórida, 286-288
    taxas de fertilidade total para os anos 1917–2010, 136f
    transição demográfica em, 145f
Estatística, na ciência, 38c
estradas, impacto de construção, nas florestas, 233f
estratégias
  comportamentais para evitar a predação, 112f
  de camuflagem, 110, 112f
  de emboscada, 110
  de perseguição, 110
estratosfera, 56, 58f
estrutura etária de uma população, 116, 140-142
  "*baby boom*" nos Estados Unidos e, 142f
  diagramas dos efeitos humanos, 141f, 142f, 144f
  do HIV e AIDS no ser humano, 143, 144f
  em nações mais e menos desenvolvidas, 141f
  envelhecimento da população, 141, 143
estuário(s), 180-182, 180f
  estudo de caso sobre a baía de Chesapeake, 187-188, 187f
estudos de caso *veja também* estudos de caso principal
  abelhas, o uso de pesticidas, preço dos alimentos, 214-215
  baratas como espécie generalista, 98-99
  caça comercial de baleias, 277-278
  condor de Califórnia, 224
  consumidores afluentes da China, 18
  crescimento da população nos Estados Unidos, 135-136
  desmatamento e a crise da lenha, 244-245
  diminuindo o crescimento populacional na Índia, 148-149
  espécies de anfíbios, 100-101
  espécies de aves, declínio e extinção, 218-219

evolução humana, 88-89
florestas dos Estados Unidos, 237-238
geração *baby boom* nos Estados Unidos, 141-142
  Grandes Lagos, espécies invasoras nos, 288-290
  imigração nos Estados Unidos e o crescimento da população, 139-140
  jacaré americano, 102-103
  métodos industriais de pesca, 274-276
  moratória sobre a caça às baleias, 277-278
  parques nacionais nos Estados Unidos, 249-253
  perca-do-nilo como espécies invasoras no Lago Victória, 269-271
  poluição das águas da Baía de Chesapeake, 187-188
  pombo-passageiro, a extinção do, 204
  populações de veados-de-cauda-branca nos Estados Unidos, 119-120
  reservas e parques naturais da Costa Rica, 254-255
  restauração do Everglades na Flórida, 286-288
  restaurando pradarias pastadas excessivamente, 247-248
  tartarugas marinhas, 278-279
  transformação ambiental de Chattanooga, Tennessee, 26, 26f
  videira kudzu como espécie invasora, 209-211
estudos de caso principal
  desaparecimento das florestas tropicais, 55
  efeitos do clima sobre a biodiversidade e biomas, 153
  experimentos controlados na Floresta de Hubbard Brook, 31
  lontras marinhas do sul, 107
  Movimento Cinturão Verde no Quênia, 229, 237
  recifes de coral, 175
  regulação do crescimento da população na China, 129
  sustentabilidade, 5
  tubarões, 81
  ursos polares, efeitos das alterações climáticas sobre, 199
ética ambiental, 24
eutrofização cultural dos lagos, 190, 194
evaporação, 68
Everglades, na Flórida, 286-288
  estresses nos Estados Unidos, 249-253
  reintrodução do lobo cinzento em Yellowstone, 251c
  soluções para manter, 252f
Everglades, restauração da Flórida, 286-288, 287f
evolução, 86-89
  alterações climáticas, e catástrofes que afetam, 90-92
biológica, 87
  coevolução, 112-113
  das características genéticas das populações, 94
  de espécies, 92-93. *Veja também* espécies
  definição, 87
  dos seres humanos, 88-89

mitos sobre, 89
processos geológicos que afetam, 90-92, 90f
registro fóssil de, 86-87
seleção natural e processos de adaptação em, 87-88, 89
teoria da, 87
expectativa de vida, 138
experimento controlado, 31, 34, 44c
exploração excessiva das espécies selvagens
  abate ilegal ou a venda de espécies selvagens, 215-217
  demanda por carne de caça como, 217-218
  em ecossistemas marinhos, 273-274, 283
Exploradores Subaquáticos Autônomos (submarino robô), 268c
extinção
biológica das espécies, 200. *Veja também* extinção de espécies
de espécies, 92-94, 200-219
  abate ilegal, ou a captura e venda de espécies selvagens, 215-217
  ameaça de, para os anfíbios, 100-101
  aquáticas, 276
  atividades humanas e taxa de, 201, 207-219
  aumento contemporâneo rápido na taxa de, 202-203
  características das espécies vulneráveis a, 203f
  causas do empobrecimento e, 207f
  crescimento populacional, poluição e alterações climáticas como causa de, 213-214
  de fundo, 93
  demanda por carne de caça como causa de, 217-218
  em massa, 93-94, 200-201
  espécies em risco ou ameaçadas de extinção, 203. *Veja também* espécies, ameaçadas (vulneráveis); espécies, em risco de extinção
  espécies introduzidas ligadas a, 209-212, 213f
  estimativa da taxa de, 201c
  estudo de caso: abelhas, 214-215
  estudo de caso: aves, 218-219
  estudo de caso: pombo-passageiro, 204
  papel dos indivíduos na prevenção, 216c
  perda de hábitat como causa de, 207-209
  prevenção de, 212-213
  proteger as espécies de, 220-225
  razões para preocupação com aumento da taxa de, 204-206
  taxas de, 200-201, 201c, 202-203
de fundo, 93
local de espécies, 93-94
extinções
em massa, 93, 200-201
secundárias, 200

fatores limitantes nos ecossistemas, 116, 117
  precipitação e temperatura como, 116-117, 117f
fazenda de árvores, 11, 231, 231f
feedback, 49-52
fermentação (respiração anaeróbica), 62

filtradores, 185
Fish and Wildlife Service dos Estados Unidos, 218
fishprint, **273**
fissão nuclear, 44f
fitoplânctons, 60, 63c, 177, 178, 178f
fixação do nitrogênio, 72
floresta(s), 229-246. *Veja também* árvore(s)
    antigas, **230**, 231f, 237
    boreais, 166f, 169, 230, 236-237
        colheita de árvores em, 232-235, 243-244
    comercial, **231**
    de coníferas perenes, 166f, 169
    de corte raso, 231, 234f
        vantagens e desvantagens de, 235f
    de kelp, ameaças às, 110, 111c
    de mangue, 182f, 273c
        desmatamento de, 236-237, 245-246. *Veja também* desmatamento
        experimentos controlados em Hubbard Brook, 31, 52c
        fogo, insetos e as alterações climáticas como uma ameaça a, 235-236, 242-243
        gestão e manutenção, 242-246
        idade, características e origens de, 230-231
        impactos humanos na, 171f
        nos Estados Unidos, 238-239
        projetos de reflorestamento no Quênia, 229
    secundárias, **231**
        serviços ecológicos e econômicos fornecidos por, 232, 232f
    temperadas decíduas, 166f, 168-169
    tipos de, 165-169, 166f
    tropicais, 165-169, 238-241
        causas de destruição/degradação de, 239-241, 240f, 242
        componentes e interações em, 167f
        desmatamento de, 10f, 55, 238-241
        estratificação de nicho ecológico em, 168f
        estudo de caso sobre desaparecimento, 55
        no dossel, 167
        restauração ecológica de, 259c
        restauração, na Costa Rica, 259c
        soluções para sustentar, 246f
        sustentabilidade e, 79c
        temperatura e precipitação em, 166f
Flórida, Everglades, restauração, 286-288, 287f
flutuações cíclicas do tamanho da população, 122, 122f
fluxo de energia
    de e para o sol, 58f
    nos ecossistemas, 63f, 64-66
    pirâmide do, **65**, 66f
fluxo em sistemas, 49
foca-monge, 272f
fontes
    difusas de poluição, **14**
        da água, 187
    pontuais de poluição, **14**, 187, 187f
Forest Stewardship Council (FSC), 243c
formiga(s), 86c, 210f, 211-212
    argentina, 210f, 211
fórmula química, **41**
fosfato, 73
fóssil(eis), **86**, 87f

fotossíntese, 8, **60**, 70
fragmentação do hábitat, 207-209, 207f, 208f
frutos do mar sustentáveis, 284
furacão Katrina, 192, 193f
fusão nuclear, 44f, 47f

gás natural, 47f
gases de efeito estufa, **56**
    atividades humanas e o aumento, 58-59
    efeito estufa natural e, **157**
geleira(s), 69, 70f
    derretimento, devido ao aquecimento global, 170
gelo glacial, mudanças climáticas e, 91f
genes, **42**
geologia, 90-91
Geological Survey dos Estados Unidos, 218
geosfera, **57**, 57f
geração *baby boom*, Estados Unidos, 142f
gestão integrada das zonas costeiras, na Baía de Chesapeake, 187-188
Global Coral Reef Monitoring Network, 175, 268
Google Earth, estudos dos ecossistemas e, 77c
governo(s)
    direito ambiental *veja* direito ambiental, Estados Unidos
    exploração madeireira em florestas, subsídios para, 242
    redução do desmatamento por políticas de, 245-246
    subsídio de pesqueiros, 283
    subsídios nocivos e benéficos de, 283
Grandes Lagos, espécies invasoras nos, 288-290
gravidade, 58
grupos
    de população, 115
    privados, protegendo terras, 253

hábitat, 97
    atividades humanas e a destruição de, aquáticos, 267-268
    ilhas de, 96c, 208
    perda, degradação e fragmentação dos, 207-209
Haiti, desmatamento no, 244-245, 245f
Hardin, Garrett, 15
Hawken, Paul G., 130
herbívoros, **61**, 110
    hábitos alimentares de, em pradarias, 164
heterótrofos, **61**. *Veja também* consumidores
hidrelétricas, 46-47
hidrocarbonetos, 42
    clorados, 42
hidrosfera, **56**, 57f
hipóteses científicas, **33-34**
    HIPPCS (Destruição, degradação e fragmentação do Hábitat; Espécies Invasoras; Aumento da População e do seu uso de recursos; Poluição; Mudança Climática; Superexploração), 207, 272, 288
HIV (vírus da imunodeficiência humana) AIDS e, 122
    consumo de carne de animais selvagens e transmissão de, 218
    declínio da população humana causada por, 143, 144f

Holdren, John, 17
Homo sapiens sapiens, 7, 7f, 82, 88, 318f. *Veja também* humanos(s)
hospedeiro de parasitas, 113
hotspots de biodiversidade, 202, 256-257, 257f
Hubbard Brook Floresta Experimental, New Hampshire, experimentos controlados em, 31, 52c
humano(s)
    efeitos das atividades de *veja* atividades humanas
    evolução de, 88-89
    intervalo de tempo de vida na Terra e, 7f
    mudanças culturais e aumento da pegada ecológica de, 19-20, 19f
    população *veja* população humana
    uso da produtividade primária líquida da Terra por, 66-67

Ilha de Páscoa, degradação ambiental em, 35c
ilha(s)
    barreira, 184
    diversidade de espécies em, 96c, 207-209
    imagens de satélite, estudos do ecossistema e, 77c
imigração e emigração
    efeitos da, no tamanho da população, 116
    nos Estados Unidos, 139-140, 139f, 142c
incêndios
    alterações climáticas e, 236c
    nas florestas, 235-236, 240f, 241, 242-243
    de superfície em florestas, 235-236, 235f
incentivos econômicos, 278
Índia
    diminuindo o crescimento populacional na, 148-149
    pobreza na, 146f, 148f
indicadores ambientais, espécies como, 100-101, 118c, 216c, 219
inércia (persistência), **126**
demográfica, 140
informações genéticas, 42
inseto(s)
    abelhas selvagens africanas, 99f
    baratas, 98-99
    borboletas, 100
    como pragas, 84c
    formiga argentina, 210f, 211
    formigas, 86c
    papel ecológico dos, 84c
    pesticidas químicos e controle de, 214-215
    polinização das plantas por, 101-102
interação sinérgica, **51**
intervalo de tolerância, **116**
    para a temperatura em ambientes aquáticos, 117f
íon(s), **39**, 41t, 41f
nitrato, 72
isolamento
    geográfico, especiação e, **92**, 92f
    reprodutivo, especiação e, **93**
isótopo(s), **40**, 44f
Israel, recife de coral artificial em, 281c

jacarés, 102-103, 102f, 212f
jacinto como espécie invasora, 270f
jardins botânicos, 223
jiboia, 212

Kenaf, papel produzido por, 244f

lago(s), **188**
  estudo de caso de espécies exóticas no Lago Victoria, África, 269-271
  estudo de caso de espécies exóticas nos Grandes Lagos, Estados Unidos, 288-290
eutrófico, **190**, 190f
mesotróficos, **190**
oligotróficos, **189**, 190f
  zonas de, 188-189, 189f
Lago Victoria, África, ameaças à biodiversidade em, 269-271
lâmpadas incandescentes, desperdício de energia por, 48f
lampreia do mar, 113f, 288
latitude, clima, biomas, e efeitos de, 159, 159f, 160f
lebre americana e lince canadense, regulagem da população, 122f
lei
  da conservação da matéria, **45**, 51
    resíduos e, 45c
  da conservação de energia, **48**, 51
  da natureza (lei científica), **36**
  da termodinâmica, 48, 51, 52, 64f, 65
  veja também direito ambiental, Estados Unidos
Lei de Espécies Ameaçadas, Estados Unidos, 220-222, 251c, 259
  realizações da, 221c
Lei de Proteção dos Mamíferos Marinhos (1972), Estados Unidos, 277
Lei de Proteção e Conservação de Baleias (1976), 277
Lei de Reforma e Controle da Imigração de 1986, Estados Unidos, 139f
Lei do Tratado do Mar, 279-280
leis científicas, 33f, **36**
lenha, desmatamento causado pela escassez de, 244-245
Leopold, Aldo, 200, 262
ligações químicas, 40
Likens, Gene, 31
limiar (ponto crítico) em sistemas, 51
limpeza da poluição, **14**
lipídios, 41
Lista Vermelha de Espécies Ameaçadas, 218, 276
lobo, 202f
  reintrodução do lobo cinzento, em Yellowstone, 151c
lobo cinzento, reintrodução do, 251c
localização geográfica, diversidade de espécies ligada a, 95
lontras marinhas, do sul, 110, 115
  estudo de caso sobre a recuperação das populações de, 107
  futuro incerto de, 118c
  sustentabilidade e, 126c

Maathai, Wangari, Movimento do Cinturão Verde e, 229, 237, 245-246, 260
MacArthur, Robert H., 96c, 154
macromoléculas, 42
madeira
  certificação da, de crescimento sustentável, 243c
  colheita, 232-235
  reduzir a demanda de, 243-244

Malpai, áreas fronteiriças, restauração de pradarias em, 247-248
manto, da Terra, 57f
mar aberto, 180f, **185**
margem, restauração, 248f
matéria, 39-43
  alterações químicas, físicas e nucleares em, 44-45
  átomos, moléculas e íons de, 39-42
  ciclagem de, nos ecossistemas, 67-76
  compostos orgânicos da, 42
  de alta qualidade, **43**, 43f
  de baixa qualidade, **43**, 43f
    elementos e compostos de, 39
    em genes, cromossomos, e células, 42
    lei de conservação de, 45
    níveis organizacionais de, na natureza, 59f
    qualidade e utilidade da, **42**-43, 43f
Mead, Margaret, 27
megarreservas, 254
meio Ambiente, **6**
  efeitos humanos em veja atividades humanas
  resposta da comunidade e do ecossistema a alterações, 123-126
  visão do, 5
menandro, 79
método científico, 32, 33f
métodos de controle de natalidade, disponibilidade de, 138-138
mexilhão quagga, 289
mexilhão-zebra, 288-289
micróbios (micro-organismos), 63c
migração, tamanho da população e, **139**, 139f
mimetismo, 112, 112f
miscigenação alterando características genéticas em populações por, 94c
modelo(s), **34**
  de equilíbrio de espécies, 96c
  de impacto ambiental IPAT, 17-18, 17f
    dos ecossistemas, 76-78
    equilíbrio de espécies, 96c
    pegada ecológica, 15-17, 16f
    utilidade dos, na ciência, 50c
molécula(s), **40**, 59f
monocultura(s)
  em pastagem, 165f
  plantações de árvores em, 231f
monômeros, 42
montanhas
  clima e, 169-170
  efeito da sombra de chuva e, 158, 158f
  impactos humanos no, 171f
  papéis ecológicos das, 169-170
morcegos, ecolocalização entre, 113, 113f
motor de combustão interna, desperdício de energia por, 48, 48f
Movimento Cinturão Verde no Quênia, 229, 237, 260, 261c
mudança populacional, **134**
  efeitos da densidade populacional em, 121
  projetando a mudança populacional, 132c
mudanças climáticas
  aves e, 218-219
  como ameaça à biodiversidade aquática, 272-273
  efeitos das, em parques naturais, 252c

elevação do nível do mar devido ao aquecimento global e, 192, 193f, 272-273
extinção de espécies ligadas às, 199, 214
geleiras e, 170
gelo polar e, 50, 199
incêndios florestais e, 235f, 241c
os ursos-polares e os efeitos da, 199
refugiados ambientais e, 139
seleção natural, evolução biológica e os efeitos da, 91
Muir, John, 172
mulheres
  estado das, e taxas de fertilidade, 134-135, 137-138
  redução do crescimento demográfico, ao capacitar, 146-147
mutações, **87**
genéticas, evolução e, 87-88
mutagênicos, 87
mutualismo, **108**, **114**
  dentro do intestino, 114

National Wild and Scenic Rivers Act (1968), 291
Nature Conservancy, trabalho de, 253, 253f
néctons, **178**, 178f
Nepal, reutilização de recursos, 12f
nêutrons (n), **40**
neve marinha, 185
nicho, **97**
ecológicos, **97**
  de espécies de aves em zonas úmidas costeiras, 98f
  de jacarés, 102-103
  estratificação de, em uma floresta tropical, 168f
  generalista, e especialista, 97f, 98-99, 110f
  nos ecossistemas, 99-102
  partição de recursos e especialização de, 109f
  pastagens, 164
  sobreposição de, 108-109
nitrificação, 72
níveis do mar, mudanças climáticas e níveis crescentes de, 192, 193f, 272-273
nível trófico
  em cadeias alimentares, 64f
  em ecossistemas, **59**-63
Nova Orleans, Louisiana
  degradação das zonas úmidas, o furacão Katrina, e alagamento de, 192, 193f
  efeitos da elevação do nível do mar em, 193f
núcleo (átomo), **40**
núcleo, da Terra, 57f
nucleotídeos, 42
número(s), 39c
atômico, **40**
de massa, **40**
nutrição, mutualismo e, 114, 114f
nutriente(s), 8

oceano(s) veja também zonas, de vida marinha
  acidez da água em, 175, 282
  aumento do nível do mar em, 192, 193f, 272
  biodiversidade em veja biodiversidade marinha

correntes *veja* correntes oceânicas
energia solar e de armazenamento de calor em, 47f
global, 176, 176f
mar aberto e as zonas do fundo do oceano, 185
ressurgências, 155f, 185
salinidade de, 117
zonas costeiras de, 179-180
zonas de vida e zonas verticais de, 180f, 188-189
onda(s), eletromagnética(s), 46
onívoros, **61**
organismo(s), **7**, 59f. *Veja também os nomes de determinados organismos, como* animal(is)
ciclagem de nutrientes e formas de, 67c
sistemas de suporte à vida na Terra para, 56-59
ostras como espécies-chave, 187
ouriços-do-mar, 110, 111c
ovelhas, crescimento populacional exponencial e logístico de, na Tasmânia, 119f
óxido nítrico (NO), 72

padrões reprodutivos, 120-121
país em desenvolvimento *veja* países menos desenvolvidos
países desenvolvidos *veja* países mais desenvolvidos
países mais desenvolvidos, **12**. *Veja também nomes de países específicos, como* Estados Unidos
estrutura etária em, 141f
impacto ambiental de, 17-18, 17f
taxa de fertilidade total em, 135f
países menos desenvolvidos, **12**. *Veja também nomes de países específicos, como* Brasil
crescimento populacional em, 131f
estrutura etária em, 141f
impacto ambiental de, 17f, 18
taxa de fertilidade total em, 135f
transição demográfica em, 144-145, 145f
paleontologia, 87
pântanos, 192
continental de água doce, 192-193
costeiro de água salgada, 181, 181f
de água salgada, 181
papel higiênico, perda de florestas antigas e produção de, 238c
papel, plantas alternativas para a produção de, 244f
parasitas, 113
parasitismo, **108**, **113**
Parque Nacional de Yellowstone, Estados Unidos, 124f, 251
Parque Nacional Great Smoky Mountains, Estados Unidos, 250-251
parques nacionais, 249-253
ameaças ambientais para os, 249
efeitos das alterações climáticas em, 252c
na Costa Rica, 254-255
partição de recursos, 109f
entre as aves, 109f, 110f
pastagens, 163-165, 246-247
degradação do capital natural, 165f
desenvolvimento urbano em, 248-249
frias, 163f, 164

gestão e manutenção, 248
gestão sustentável de, 248
impactos humanos nas, 165f, 171f, 207-208
produção de gado e sobrepastoreio de, 246-247
restauração de, 248f
sobrepastoreio de, 247-248
tipos de, 163-165, 163f
pastejo rotativo, 248
pegada ecológica, 13-20
como modelo, 15-17
da China, 18
definição, **16**
insustentabilidade dos humanos, 13
modelo de impacto ambiental IPAT e, 17-18
mudanças culturais e, 19-20
per capita, **16**
poluição e, 14
ponto crítico dos sistemas naturais e, 18-19, 19f
tragédia dos comuns e, 15
peixe
espécies invasoras de, 269f, 269, 271c
extinção comercial de, 273
intervalo de tolerância para temperatura em, 117f
mutualismo entre anêmona-do-mar e peixe-palhaço, 114f
sobrepesca de, 273-274, 283
peixe-leão, 269, 269f
pensamento crítico, 34-36
permafrost, 56, **164**
persistência, inércia e, **126**
pesca
com redes de deriva, 275f, 276
de arrasto, destruição causada em ecossistemas marinhos por, 267f, 277
de cerco com retenida, 275f, 276
de traineira, 275-276, 275f, 278
industrial, 274-276, 275f
como ameaça para as aves, 218
pesqueiro(s), **273**
água doce, 291
marinhos
colapso do bacalhau, 273f
escolhas dos consumidores e proteção dos, 284
estimar/monitorar as populações pesqueiras em, 282-283
industrial, 274-276, 275f
regulamentar a pesca em, 283
rendimento máximo sustentável em, 274c, 282-283
rendimento sustentável ótimo em, 283
sobrepesca de, 273-274, 283
soluções para a gestão dos, 284f
subsídios governamentais e sobrepesca, 283
oceânicos *veja* pesqueiros, marinhos
pesquisa
de campo, 76
de laboratório, 76
pessoas fazem a diferença, 11, 26-27
abordagem ecossistêmica para sustentar biodiversidade, 229
criação de recifes artificiais de corais, 281c

defensor da biodiversidade Edward O. Wilson, 86c
no controle de espécies não nativas invasoras, 213c
Pilai Poonswad, resistência a caçadores por, 216c
proteção da biodiversidade marinha, 281-282
proteção das espécies selvagens, 224f
redução do desmatamento, 245-246
sustentando a biodiversidade terrestre, 261f
peste bubônica, 122
pesticidas
abelhas, colheitas, preços dos alimentos e uso de, 215c
bioacúmulo e biomagnificação de DDT, 213f
petróleo, 47f
pH, **41**
PIB (produto interno bruto) per capita, **12**
pirâmide de fluxo de energia, **65**, 65c, 66f
pítons birmanesas, 212
placas tectônicas, 90-91, 90f
plâncton, **177**, 178f
planejamento familiar, **147**-148
capacitação das mulheres e, 146-147
na China, 129
transição demográfica e, 147c
planta(s), 60. *Veja também* árvore(s)
comensalismos entre, **114**-115, 115f
deserto, 162-163
em florestas, 165-169, 166f, 167f, 168f, 169f
em pastagens, 163f, 163-165
medicinais, 206f
plantação de árvores, **231**, 231f
plásticos como ameaça para as espécies selvagens, 272f
plataforma continental, 179, 180f
pobreza, 21f, **22**-23
polímeros, 42
polinização, o papel dos insetos na, 84c
pólipos, corais, 175
polos, alterações climáticas e derretimento do gelo na Terra, 199
poluentes
biodegradáveis, 14
não degradáveis, 14
poluição, **14**
biodegradável, e não degradável, 14
da água, fontes não pontuais de, 14f
do ar, fontes pontuais de, 14f
extinção de espécies causada por, 213-214
fontes pontuais e fontes difusas, 14
oceânica na baía de Chesapeake, conforme o estudo de caso, 187-188
prevenção *versus* limpeza da, 14
ponto crítico, **51**
ecológico, **19**, 19f
Poonswad, Pilai, proteção de espécies selvagens por, 216c
população(ões), 59f, **115**
crescimento da *veja* crescimento populacional
das lontras marinhas do sul, 115, 118c
densidade de, 121
de veados nos Estados Unidos, 119-120

envelhecendo, 141, 142, 143
    estrutura etária da, **116**
    falhas na, 121f
    humana *veja* população humana
    mudando as características genéticas das, 94c
    padrões de dispersão, 116f
    tamanho flutuante da, 116. *Veja também* tamanho da população
população humana, 129-151
    ameaças à biodiversidade aquática devido à crescimento de, 271-272
    consumo excessivo por, 133, 213-214
    controles naturais de população que afetam, 122
    crescimento da, 20-21, 21f, 130-134, 271-272
    desacelerar o crescimento da, 144-149
    envelhecimento da, 141, 142, 143
    estrutura etária, crescimento e declínio da, 140-144
    estudo de caso sobre a desaceleração do crescimento da população na China, 129
    extinção de espécies causada pelo crescimento de, 213-214
    fatores que afetam o tamanho da, 134-140
    impacto ambiental de, 17f, 18, 20-21. *Veja também* atividades humanas
    limites ao crescimento da, 133c
    migração e, 139
    países mais populosos do mundo, 131f
    pobreza e crescimento de, 22-23
    problema do rápido declínio em, 143, 143c
    projetar mudanças em, 132c
pradarias, 163f, 164. *Veja também* pastagens
    altas, 164
    baixas, 164
    temperadas, 163f, 164
praga(s), inseto, 84c
praias barreira, 183-184, 183f
precipitação, 68
    como fator limitante do tamanho da população, 116-117
    deposição ácida, 74-76
    efeito da sombra da chuva e, 158, 158f
preços de mercado, valor do capital natural e, 23-24, 24f
predação, **108**, **110**-113. *Veja também* predadores; presa
    estratégias para evitar, 110-112
predadores, **110**
    como espécies-chave, 102, 251c
    lobo cinzento, 251c
    relação de, para caçar, 110-112
    tubarões como, 81, 101c
presa, **110**
    evasão ou defesa contra predadores entre, 110-112
prevenção da poluição, **14**
primeira lei da termodinâmica, **48**, 51
princípio da precaução
    gestão de pesqueiros marinhos, 283
    impedir a extinção das espécies com, 224-225
princípio do fator limitante, **116**

probabilidade na investigação científica, 37, 38c
problemas ambientais, 5-30. *Veja também* degradação do capital natural
    atividades humanas e, *veja* atividades humanas
    causas dos, 20-25
    pegada ecológica e, 13-20
    perda de biodiversidade *veja* espécies, ameaçadas; extinção de espécies
    pobreza e, 22-23
    população humana e, 20-25. *Veja também* população humana
    princípios de sustentabilidade e, 6-12
    sociedade ambientalmente sustentável e, 25-28
    vida sustentável e, 5. *Veja também* sustentabilidade
    visões ambientais globais e, 24-25
processos geológicos, 90-92
produção
    animal, pastagens, gestão de, 246-249
    sustentável, **11**
produtividade
    nos sistemas, **49**, 49f
    primária, 66
Produtividade Primária Bruta (PPB), **66**
Produtividade Primária Líquida (PPL), **66**
    em ecossistemas terrestres e aquáticos, 67f
    nas zonas de vida aquática, 185
Produto Interno Bruto (PIB), **12**
produtores, **60**
    relações alimentares entre consumidores, decompositores, e, 59-63
produtos
    medicinais, 206f
    químicos tóxicos como ameaça à vida aquática, 272
projetos de reflorestamento, 229
proliferação de algas, 179
propriedade
    comum, 15
    privada, 15
proteínas, 42, 217f
prótons (p), **40**

qualidade
    da energia, **47**, 48
    da matéria, **42**-43, 43f
queda da população (morte), 121f, 122
queimadas prescritas, 243
Quênia
    crescimento populacional em, 132
    Movimento Cinturão Verde no, 229, 237, 242
quimiossíntese, **60**

radiação eletromagnética, **46**, 46f. *Veja também* energia, solar
raposa, especiação, do Ártico e cinza, 92f
Ray, G. Carleton, 266
reabilitação de ecossistemas, 258
reação química, **44**
reciclagem, **11**-12
recifes de coral
    artificial, 281c
    branqueamento de, 175

efeitos humanos no, e degradação dos, 186f, 207, 268, 272
    estudo de caso sobre a importância ecológica do, 175
    sustentabilidade e, 195
recurso(s), **11**. *Veja também* capital natural
    direitos de, 15
    energéticos, 11, 49f
    IPAT e modelos de impacto ambiental na utilização de, 17-18
    minerais, 11
    minerais metálicos, 11
    minerais não metálicos, 11
    não renováveis, **11**
    naturais, **9**, 9f, 15, 15f. *Veja também* capital natural
        pegada ecológica como modelo de uso insustentável dos, 15-17
    perpétuo, **11**
    renovável, **11**
    renováveis, 11-12, 13f
    de livre acesso, 15
        tragédia dos comuns e, 15
        uso insustentável dos, 21f, 21-22
refugiados ambientais, 139
refúgios de vida selvagem, 222-223
Refúgios de Vida Silvestre Nacional, Estados Unidos, 223
região ártica, ursos polares ameaçados e derretimento do gelo do mar em, 199
registro fóssil, 86-87
    regulação populacional, controles de cima para baixo, e de baixo para cima, 122, 122f
relação
    espécie-área, 201c
    populacional entre o lince canadense e a lebre americana, 122f
    predador-presa, **110**-112
    coevolução e, 112-113
    lebre americana e o lince canadense, 122f
    urso-pardo e salmão, 110f
    relações alimentares entre produtores, consumidores, e decompositores, 59-63
renda ecológica, 233c
rendimento
    máximo sustentado em pesqueiros, 274c, 282-283
    natural, **25**
    sustentável ideal de pesqueiros, 273
reprodução
    diferencial, **88**
    em cativeiro, 223
    seletiva, 94c
reservas
    da biosfera, 254
    marinhas, 280-281
    naturais, 253-256
        área selvagem como, 255
        na Costa Rica, 254-255
        projetando e conectando as, 253-254
resíduos
    de recursos energéticos, 49f
    lei da conservação da matéria e, 45c
resiliência, **126**
resistência
    ambiental, **117**-118
    genética, 88

respiração
 aeróbica, 61-62, 70
 anaeróbica (fermentação), **62**
ressurgências, oceano, 155f, 185
restauração
 do capital natural
  lobos cinzentos, 251c
  mata ciliar, Rio San Pedro, 248f
 do ecossistema, 258
 ecológica, 124f, 248f, **258**
  na Costa Rica, 259c
  nos Everglades na Flórida, 286-288
retardo de tempo reprodutivo, 120
retirada de madeira nas florestas, 232-235
 corte em faixas, 234f, 235
 corte raso, 231, 234f, 235, 235f
 corte seletivo, 234f
 reduzir a demanda de, 243-244
 sustentável, 242
reutilização, **11**-12, 12f
revisão por pares, **34**
revolução
 da globalização-informação, 19f, 20
 de sustentabilidade, 20
 médica-industrial, 19f, 20
 Revolução Agrícola, 19-20, 21f
rinocerontes, 114f, 215f
rio Mississippi, furacão Katrina, 192, 193f
rios
 paisagísticos, 291
 selvagens, 291
rios e riachos, 190-191, 290
 gestão de bacias hidrográficas, 290
 gestão de pesqueiros de água doce em, 291
 National Wild and Scenic Rivers Act, proteção dos Estados Unidos, 291
 restauração ecológica de, 248f
 rio Mississippi, 192, 193f
 serviços ecológicos de, 290f
 zonas no fluxo de descida de, 191f
riqueza de espécies, 95, 95f, 96c

saídas dos sistemas, **49**, 49f
salinidade, 117, 177
santuários marinhos, 279-280
sapos, como espécies em risco de extinção, 100-101
saúde humana
 desnutrição, fome, e, 22-23
 pobreza como risco para, 22-23, 22f
savana, 163f, 164
Scientific Certification Systems (SCS), 243c
segunda lei da termodinâmica, **48**, 52
 em sistemas vivos, 64f
seleção natural, **87**
 evolução biológica por meio de mutações e adaptações, 87-88, 88f
 limites de adaptação através de, 89
serviços
 ecossistêmicos, proteção, 257-258
 naturais, **9**, 9f
 ecológicos
  fornecidos pelas florestas, 232f
  fornecidos pelos ecossistemas marinhos, 179f
  fornecidos pelos rios, 290f
  fornecidos por sistemas de água doce, 189f

precificando a natureza, 233c
econômicos
 fornecidos pela diversidade de espécies, 205
 fornecidos pelas florestas, 232f
 fornecidos pelos ecossistemas marinhos, 179f
 fornecidos por sistemas de água doce, 189f
sinergia, **51**
sistema(s), **49**-52
 atraso em, e ponto crítico, 51
 circuito de feedback em, 49-51
de compartilhamento de captura, 283
de suporte à vida, da Terra, 56-57, 91c
 componentes de, 56-57, 57f
 energia solar e, 58-59
 fatores de sustentação da vida, 57-58
 de vida *veja* sistemas, vivos
 entradas, fluxos e saídas, 49
fluidos (lóticos), 188
 sinergia e, 51-52
 suporte à vida na Terra, 56-58, 91c
vivos
 estabilidade e sustentabilidade de, através da mudança, 125-126
 segunda lei da termodinâmica em, 64f
Sistema de Floresta Nacional, Estados Unidos, 237
Sistema de Parques Nacionais, Estados Unidos, 249-253
Sistema Nacional de Preservação de Áreas Selvagens, Estados Unidos, 255
sobrepesca como uma ameaça à biodiversidade aquática, 273-274, 283
 métodos de pesca industrializada e, 274-276
sobrepastoreio, 247, 247f
sociedade ambientalmente sustentável, **25**-28. *Veja também* sustentabilidade
 capital social em, **25**
 estudo de caso de Chattanooga, Tennessee, 26
 pessoas fazem a diferença em, 26-27. *Veja também* pessoas fazem a diferença
 protegendo o capital natural, 25
soluções, 24-25
 como componentes da sustentabilidade, 10-11
de compromissos, 26
 gestão de pesqueiros marinhos, 284f
 manejo florestal sustentável, 242f, 246f
 para parques nacionais, 252f
 produção de papel de kenaf, 244f
Somália, 145-146
submarino robô, aprendendo sobre biodiversidade aquática usando, 268c
subsídios, 24
 gestão florestal, 242
 para pesqueiros marinhos, 283
sucessão ecológica, **123**-125
 caminho imprevisível de, 125
 primária, **123**, 123f
  restauração ecológica natural e, 124f, 125
 secundária, **123**, 124f
  substituição de espécies em, 125c
 superando a capacidade de suporte, 121f
superpopulação humana, 133c
sustentabilidade, **5**

baleias e, 292c
clima, biodiversidade, e, 172c
componentes-chave de, 9-11
crescimento populacional na China e, 149c
estabilidade ecológica e, 96-97
estudo de caso da Ilha da Páscoa e, 35c
florestas tropicais e, 79c
Movimento Cinturão Verde e, 261c
na floresta experimental de Hubbard, 31, 52c
países diferem em níveis de insustentabilidade, 12
populações de lontras marinhas e, 126c
princípios de, 6-12, 27
recifes de coral e, 195c
recursos e, 11-12
temas de, 8. *Veja também* biodiversidade; ciclagem química; energia solar
tubarões e, 104c
ursos polares e, 225c
visão de, 28c

taiga, 166f, 169
Tailândia, desmatamento tropical na, 238c
tamanho da população
 capacidade de suporte e, 120
 ciclos em, 116, 122, 122f
 circunstâncias que afetam o, 121. *Veja também* população humana
 densidade populacional e, 121
 estrutura etária e, 116
 estudo de caso do veado-de-cauda-branca nos Estados Unidos, 119-120
 fatores limitantes, 116-117
 impacto ambiental e, 17, 17f,
 padrões reprodutivos das espécies e, 120-121
 problema do rápido declínio em, 143, 143f
 variáveis que afetam, 116
tartarugas, proteção das, marinhas, 278-279, 279f
taxa
 bruta de mortalidade, **134**. *Veja também* taxa, de mortalidade
 bruta de natalidade, **134**. *Veja também* taxa, de natalidade
 de extinção de fundo, **200**
 de fecundidade de substituição, **134**
 de fertilidade, **134**, 144-148
 de fertilidade total (TFT), **135**
  para países mais e menos desenvolvidos, 135f
  redução, 144-149
 de mortalidade infantil, **138**-139, 138f
 de mortalidade (taxa bruta de mortalidade), **134**
  declínio populacional devido à AIDS, 143-144
  fatores afetando humanos, 138-139
  tamanho da população e, 116
 de natalidade (taxa bruta de natalidade), 116, **134**
  fatores que afetam, 137-138
  reduzir, por meio da capacitação das mulheres, 137, 146-147
tecnologia, impacto ambiental de, 17f
teia alimentar, **63**

bioacúmulo e biomagnificação de toxinas em, 213f
diminuição da energia utilizável em ligações de, 64-66
no hemisfério sul, 65f
temperatura, intervalo de tolerância de organismos para, 117f
tempo, 71, **154**. *Veja também* clima
teor de oxigênio dissolvido, 117
teores de energia, 46
teoria
    atômica, **39**
    celular, 42
    científica, 33f, **34**
    da biogeografia de ilhas, 86c, 96c, 201c, 208-209
    da evolução, **87**
    termodinâmica, as leis da, 47-48, 51-52, 65
Terra
    atmosfera, **56**, 57f, 156f, 157
    biomas da *veja* biomas
    climas da, 154-170
    como o planeta água, 176, 176f
    condições "perfeitas" para a vida na, 91c
    derretimento das calotas polares, 51, 199
    evolução da vida na *veja* evolução
    fluxo de energia solar para/de, 58f
    mudança climática *veja* mudanças climáticas
    rotação da, sobre seu eixo, 155f, 156
    sistemas de suporte à vida na, 56-59
terras públicas, Estados Unidos
    florestas nacionais, 237
    parques nacionais, 249-253
    refúgios nacionais de vida selvagem, 222-223
terremotos, 90-91
Thoreau, Henry David, 28
traço(s), **42**, 87
    adaptativo, **88**
    hereditário, 88
    mudança, em populações, 94c
tragédia dos comuns, 15
transição demográfica, **144**, 145f
    planejamento familiar e, 147-148
transpiração, 68
Tratado Global sobre Espécies Migratórias (1979), 277
tratados, proteção de espécies selvagens com, 220, 277, 279-280
trocas de dívida por natureza, 245
troposfera, **56**, 58f
tubarões, 101c, 104c
    estudo de caso de, 81

tundra
    alpina, 165
    ártica, 163f, 163-165
turbidez, **179**, 271c
turismo, 205, 278-279

ultraplâncton, 178
União Internacional para a Conservação da Natureza (IUCN), 218, 276
urbanização, taxas de fertilidade e, 137
ursos polares, 199, 225
urubus, papel ecológico de espécies ameaçadas, 219c

van Leeuwenhock, Antoine, 104
variabilidade genética, 87
vegetação, efeitos ecológicos pela diminuição, 49f
veículos a motor, custos ambientais de, 24f
vida sustentável, 25
videira Kudzu, 209-211, 211f
vírus e doenças virais, HIV e AIDS, 122
visão
    ambiental, 24-25
    da sabedoria ambiental, **25**
    de mundo da gestão planetária, **25**
    do mundo da gestão planetária, **25**
vulcões e erupções vulcânicas, 91

Wallace, Alfred Russel, 87
Ward, Barbara, 6
Wheeler, Douglas, 56
Wilderness Act, Estados Unidos, 255
Wilson, Edward O., 95, 96c, 112c, 201, 202, 203, 206, 225, 230
    como defensor da biodiversidade, 86c

zona
    abissal, mar aberto, 180f, 185
    batial, mar aberto, 180f, 185
    costeira, **179**, 187
    de origem, riachos, 190f
    de transição em córregos, 191f
    de várzea, 190-191, 191f
    eufótica, 179, 180f, 185
    fótica, 179, 185
    intertidal, **182**-183
    limnética, lagos, 188, 189f
    litorânea, lagos, 189, 189f
zonas
    bentônicas, lago, 189, 189f
    de vida aquática, **177**. *Veja também* zonas, de vida de água doce; zonas, de vida marinha

    de vida de água doce, **177**, 188-193
        ameaças a, 288
        áreas úmidas continentais, 192-193
        atividades humanas e os efeitos sobre, 194
        estudo de caso das barragens, deltas, zonas úmidas e efeitos dos furacões em, 191-192, 193f
        lagos, 177f, **188**, 189f, 190f, **190**
        pesqueiros em, 291
        proteger, ao defender as bacias hidrográficas, 290-291
        rios e riachos, 177f, 188, 190-191, 191f
        serviços ecológicos e econômicos fornecidos por, 189f
    de vida de água salgada, **177**. *Veja também* biodiversidade, marinha; zonas, de vida marinha
    de vida marinha, **177**. *Veja também* oceano(s)
        atividades humanas, e efeitos sobre, 185-186, 186f
        estuários, zonas úmidas costeiras e florestas de manguezais, 180-182, 187-188
        importância ecológica de, 179-185
        marismas, 181f
        oceanos e zonas costeiras, 179-180, 180f
        oceanos, mar aberto e fundo do oceano, 185
        organismos em costas rochosas e arenosas, 182-184
        recifes de coral, 175, 184, 184f
        serviços ecológicos e econômicos de, 179f
        zona intertidal, **182**, 183f
econômicas exclusivas, oceano, 279
profundas, lagos, 188-189, 189f
úmidas, 285-288
    áreas úmidas continentais, **192**-193, 285
    costeiras, 98f, **181**, 285
    estudo de caso para restaurar o Everglades na Flórida, 286-288
    inundações ligadas com a destruição de, 191, 193f
    preservação e restauração, 285
úmidas costeiras, **181**
    desaparecendo, 285
    impacto humano sobre, 207
    preservação e restauração, 285-286
zoneamento em ecossistemas marinhos, 285
zoológicos, proteger espécies em risco de extinção em, 223-224
zooplâncton, 61, 178
zooxantelas, 175